土井光祐 編著

鎌倉時代法談聞書類の国語学的研究

影印篇 (一)

汲古書院

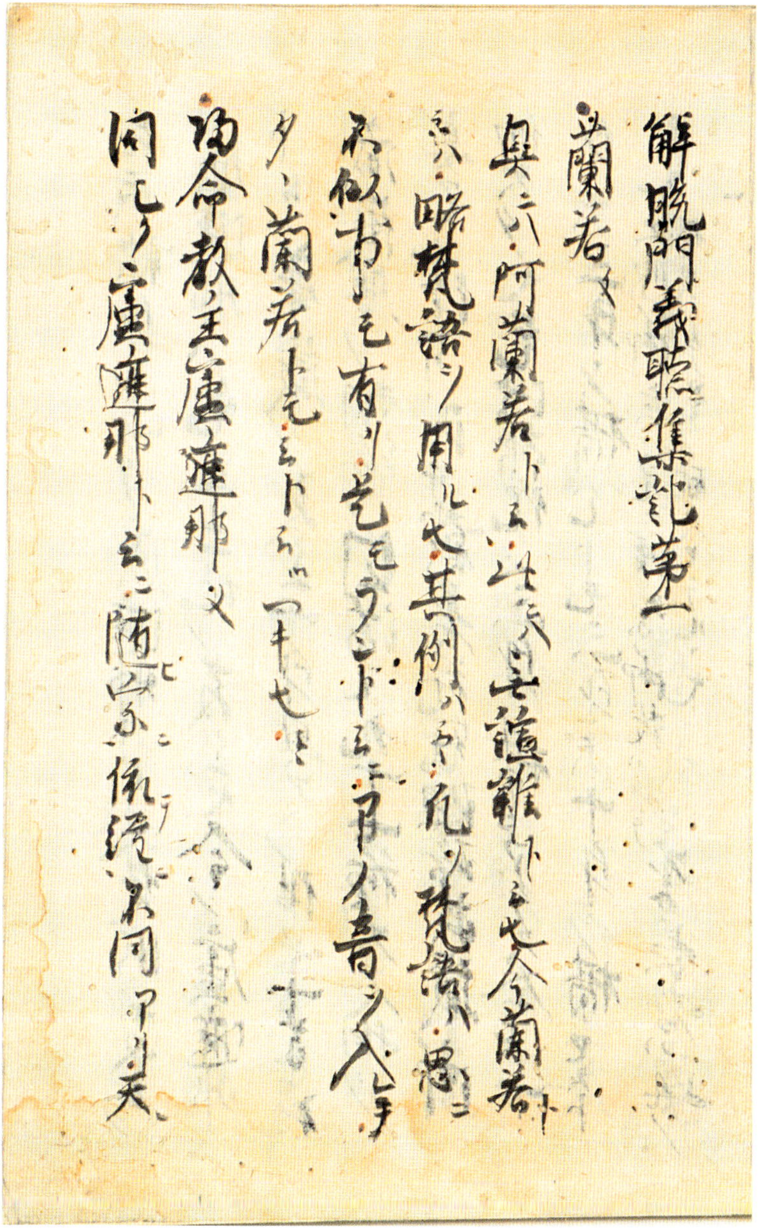
解脱門義聴集記第一
一蘭若文
奥ニハ阿蘭若ト云此ニハ云遠離ト云也今蘭若ト
云ハ略梵語ヲ用ル也其例ハ多シ凡ソ梵語ハ恩ニ
不似市モ有リ色モランドト云ニアノ音シ入テ
タヽ蘭若トモ云トニハ一キモ
阿命教ノ主廬遮那文
同ヒク二廬遮那ト云ニ随ヒ宗ニ依テ経不同アリ矣

解脱門義聴集記　第一（一オ）

ソレヨリラムサレハ設ヒ正シクノ識心文トモ云

観法ミノソミテハ即ノ解文ノ猶ニテヤウク

トアル平文玉カニ無相ノ理観シスルニコ

ハ十信十住等ニ当ルトオホヘテイク文

読《ヨ》ノカントリ海シノコヽノニヨーハ姫《ヒメ》ノハ本筆

ナントモカクシ紀洲ノ海路ニ於テ見レドクラナラハアル事

ウスカリヌ事ニ海ニテノスハカシコニ當ト云

モコリノタメノモミモト事ニテノアレサレハ学

序文

土井光祐氏の「鎌倉時代法談聞書類の国語学的研究」が成り、先ずその「影印篇㈠」が上梓されるに到った。「解脱門義聴集記」「華厳信種義聞集記」の二書を、影印篇二冊に収める計画の内の第一冊である。

土井氏は、駒澤大学卒業後、中央大学大学院に進学し、北海道大学助手・実践女子大学助教授を経て、現在、駒澤大学教授の任にある。この間、高山寺、大覚寺、神奈川県立金沢文庫、仁和寺、高野山・本覚院、随心院、東大寺図書館などの経蔵の調査に従事し、平安・鎌倉時代を中心とする、古寺経蔵の調査の経験を積み重ねて来た。その中で、学僧による法談聞書の類の国語史学的研究、特に、明恵（一一七三〜一二三二）に関する文献に重点を置いて、多くの成果を挙げ、既に「観智記」「入解脱門義」「解脱門義聴集記」等の研究を重ねて、明恵聞書類における「口語」と「文語」との混在、「聞書」から「撰述書」への展開などについての新見を公刊している。

ここに公刊の「解脱門義聴集記」「華厳信種義聞集記」は、明恵の講義をその弟子が編輯した法談聞書で、鎌倉時代の国語資料として、年来、重視されている文献である。既に全文の翻刻、解題が刊行されているが、今回、改めてその鎌倉時代の写本である金沢文庫蔵本が、土井氏によって集録され、影印篇二冊、翻字篇一冊、索引篇一冊、研究篇一冊の刊行計画が整い、その影印篇第一冊が公刊される運びとなった。

本書は、編者自身の記した識語によって、その成立事情、編纂年代などが、克明に知悉される文献で、鎌倉時代に成立した文献は少くないが、このようにその言語的環境を明確に把握出来るものは、例が稀である。明恵は、当時の学匠としての第一人者であり、その言語が後世に及した影響も、他に例が少ないほど多大である。明恵の弟子の間で整備された形で、鎌倉時代当時の写本が現存することも、国語資料としての価値を一層高くするものである。

従来、鎌倉時代の国語資料の扱い方は、その「口語的性格」を追求することに中心があった。これは、二十世紀初頭以降の国語史研究が「口語史研究」の大筋で遂行されていたための必然的な結果であり、鎌倉時代は、平安時代以後、室町時代以降に及ぶ、「口語」の変遷を反映する時期の言語形態として見られることが多かった。しかし現在では、各時代・時期ごとについて、「文語」「口語」などの諸要素を含むとする総体的見地から把握されることが重視され、土井氏の観点も、この姿勢の上に立って進められ、これらの文献が慎重適切に扱われている。

「解脱門義聴集記」各巻の巻中・巻末の識語に、明恵の弟子高信（一一九三〜一二六四）が、高山寺石水院・丹州神尾山寺において、「承訓説」「清書」「類集書」「重談」などを行ったことが記されている。巻第一・二・三・四・五・七・十の各巻に奥書がある。奥書は、多くが本文と同筆と見られ、巻第三に「書本云」、巻第四に「写本云」、巻第五に「本書云」、巻第六に「本記云」等の注記があり、これらの断り書きの無いものを含めて、何れも本奥書と認められる。文中、高信の名が現れることが多いが、高信が自分自身の名を記した文章を引用したとは解し難く、これらの例を高信の自筆と見ることは出来ない。又「書本云」等という注記は、総ての箇条にはないけれども、筆跡等からして、注記の有無に拘らず、何れも鎌倉時代後期の書写に係るものと見るのが無難であろう。この点については、土井氏による略解題（「影印篇㈡」巻末）において詳説される予定である。

本書の本文は、法談聞書の対象となった原典の漢文と、その法談聞書の片仮名交り文とが、交互に書写された形を執っている。両者の表記形態も判然と区別されており、その文体は混同する所が無い。しかも、その原作者の自筆本が完全な形で現存しており、このような文献は、古代中世を通じて、他に例が稀であり、国語表記史料としても、非常に貴重な存在と認められる。ここに、影印と原本に忠実な翻刻とが提示されることは、これによって、同時代に、同一人によっての、異なった文体による表記が併記されるという事例が土井氏によって始めて明示されたこととなるのであって、その克明な分析も、従来例を見ない研究であり、国語史研究上、大いに注目に値すべきものである。

平成二十二年三月

築　島　　裕

序文

このたび駒澤大学文学部教授・土井光祐氏は『鎌倉時代法談聞書類の国語学的研究』と題する全五冊からなる学術研究書を今夏から継続出版されるはこびになった。その内容は、称名寺所蔵・金沢文庫保管の『解脱門義聴集記』全十巻と『華厳信種義聞集記』零本四巻を中心にしたものである。両書は冊数が多く、さらに異体字、崩し字なども混在する鎌倉時代の古写本であるが、土井氏は自ら紙背文書までも写真撮影し、ほぼ原寸大の精細な影印、正確な翻字、詳細な索引に添えて、資料解読によって判明した書誌的内容や特色などをもりこんだ学術研究の成果である。

土井氏が出版の対象にされた写本資料はたしかに大部なものであるが、土井氏がそうしたことを煩わしく思わず、その完成にひたむきであったのは、華厳と密教を深く学習した明恵上人という人物とその学問に魅力を感じ、明恵自身の信仰のありかを探ると同時に、その人が門弟に語り聞かせた仏教聖典の講義記録に深い関心を注がれてきたからに相違ない。ことにその本文の国語学的特質に意を留め、終始専一にその本文を検討し続け、斯学の研究者に有益な資料を提供したいとの願いを抱かれたからであろう、と思われる。

称名寺所蔵の写本は現在、貴重な仏教典籍として重要文化財に指定されているが、土井氏が恩師築島裕博士の紹介を挺して原本調査を試みられた頃はまだその指定を受ける前であった。しかしその当時は、大学院生には、原本閲覧は遠慮してもらっていたのであるが、私は土井氏の温和な人柄と向学心の熱意に感じ、また土井氏が駒澤大学を卒業した後、築島博士の指導を受けながら国語学の勉強をしている中央大学の大学院生で、しかも明恵上人の華厳典籍に施された訓点状況を自らの眼で確かめたいとのことであったので、上司から特別な許しを得るなど、多少の便宜を図ってあげたように記憶している。さらに後年、私が金沢文庫長という重責を担っていた時に、原本の写真撮影ならびに出版掲載の許可を得たいとの意向を胸に秘めて訪ねてこられたので、所蔵者の称名寺住職・須方隆證師との面会をとりつけ、持参した申請書に認印を押してもらったこともある。

したがってその刊行は、即座に実現をみていたはずであるが、学問に真剣に向きあう土井氏だけに、字句の異同その他につき念には念を入れ、また解説論証等の文意に熟考する時間を重ねられたのであろう。ためにその公刊が多少遅延したようであるが、しかし温存時間を少なからず持たれたことは、むしろ有益なことではなかったかと思われる。というのは写本資料の公刊というのは、一見簡単なようで、むしろ容易ならざる性格を帯びているからである。まして影印に翻刻を添えた構成をとるとなると、はたして原本通りの丁数配列になっているか、翻刻の活字組みは正確であるか入念に点検しなければならないからである。ことに土井氏は高山寺典籍文書綜合調査団の一員として悉皆調査に加わっていただけに、研究成果の公表は斯学の研究者の厳しい点検を受けることになる。

ところで、『解脱門義聴集記』は納富常天氏が『金沢文庫研究紀要』第四号（昭和四十二年三月）に、また『華厳信集義聞集記』は木村清孝氏が『金沢文庫資料全書』第二巻（昭和五十年三月）にそれぞれ翻刻されているが、惜しむらくは発行部数が少なく、また写真図版も口絵として数葉を掲載する程度であったので、研究者に活用される機会が乏しかった。土井氏はその状況を補うべく、原本に即した行数、字数の配分など、原本に忠実な形式の影印公刊を企図されたのである。これによって明恵上人が側近の弟子たちに講じられた講義録の全容が蘇ったわけである。

土井氏は高山寺の典籍文書の調査員として中世写本の仏教典籍群の眼福に恵まれた研究者である。そんなことも幸いしてか、高山寺資料叢書（第三期）に『明恵上人資料』第五（東京大学出版会）には、同寺所蔵の『華厳修禅観照入解脱門義』および『華厳信種義』の影印、訳読を分担すると共に両資料の講義と聞書に関する論文も収録されている。また『金沢文庫研究』三〇一号には「金沢文庫保管『華厳信種義聞集記』の本文の性格について」と題する論文、『訓点語と訓点資料』第九十五輯には「高山寺関係聞書類の資料的性格と学統―講説聞書と伝授聞書とをめぐって―」と題する詳細な論文を発表されるなど、このたびの大著収録の資料の内容分析を徹底的に究明されている。さらにまた金沢文庫保管の宋版一切経を悉皆調査するという大きな業務が計画された時、土井氏には『大般若経』などに施されている朱点を丁寧に調べてもらったこともあるが、その時の調査カードの記載内容もふくめ、土井氏が執筆された論文や解説は、内容は詳密、論旨は丁寧で、一途に学問研究するとはどういうことかというあるべき姿勢を見せつけられるようである。

明恵上人といえば「あるべきようわ」「なすべきことわ」などの名句を残した学僧であり、また清楚な和歌などを通じて多くの人々に敬慕されている高僧の一人であるが、土井氏は築島博士の薫陶を受けた研究者としての「あるべきよう」を模索し、また自ら掲げた「なすべきこと」の目標にむかって努力する学究者という印象を強くするだけに、このたびのご労作は、北海道大学、実践女子大学、そして駒澤大学と教育環境を変えながらも、最初に掲げた目標に向って不断に取り組まれた研究成果として大いに評価されよう。本書は明恵上人を敬慕する人々のみならず、仏教学や国語学の分野の研究者にひろく歓迎されるであろうし、学術研究の進展にも大いに寄与するに違いない。このご労作が斯学の金字塔となり、多くの学徒が育つことを心から期待してやまない。

平成二十二年三月

高橋秀榮

緒言

本書は、鎌倉時代言語の解明に資することを目的として、鎌倉時代成立の法談聞書類の内、特に、栂尾高山寺を中興開山し、希代の学僧として名高い明恵上人高弁（一一七三〜一二三二）の講説を基盤に有する、重要文化財・称名寺蔵（神奈川県立金沢文庫保管）「解脱門義聴集記」、同「華厳信種義聞集記」の二資料の全文の影印を公刊するものである。

今日に伝存する鎌倉時代法談聞書類は極めて多く、その性格は多様であるが、国語史資料として認知されている文献は、その極く一部に過ぎない。その代表的な資料群の一つが明恵関係の法談聞書類である。一等資料が多いこと、いわゆる中世語的言語事象・口語的徴証を多く含有すること、成立に関与した学僧が明確であること、内部構造が整備されており、その編集過程を推定し得ること等、国語史資料として極めて有利な特質を有している。従来、高山寺所蔵の主な法談聞書類については、高山寺典籍文書綜合調査団によって影印、翻刻及びその一部には総索引が付されて、高山寺資料叢書『明恵上人資料第一〜第五』『高山寺典籍文書の研究』に収載されて学界に提供されているが、山外所蔵の重要資料の影印は未だ学界への提供が十分でないのが現状である。

鎌倉時代書写にかかる明恵関係の聞書類としては、高山寺蔵「光言句義釈聴集記」、高山寺蔵「観智記」、高山寺蔵「梅尾御物語」、高山寺蔵「真聞集」等数点が伝存するが、その中で最大の言語量を誇るのが「解脱門義聴集記」全十帖であり、それに次ぐのが「華厳信種義聞集記」零本四帖である。

両資料については、既に、

○納冨常天「解脱門義聴集記　解題」（「金沢文庫研究紀要」第四号、昭和四十二年（一九六七）三月）

○木村清孝「華厳信種義聞集記　解題」（『金沢文庫資料全書　仏典第二華厳篇』昭和五十年（一九七五）三月）

によって全文の翻刻と解題とが公にされており、共に裨益するところ大であって、従来は主として右に基づいて研究が進められてきたものである。

この度、称名寺御当局並びに神奈川県立金沢文庫より御允許を賜り、両資料の全文の影印を公刊する機会が与えられた。

称名寺御住職・須方隆證師、神奈川県立金沢文庫御当局関係各位の深い御理解と御厚情御高配に対し、衷心より厚く御礼申し上げる次第である。

二資料の詳細については『影印篇㈡』巻末の「略解題」及び後日公刊の『研究篇』に譲り、ここでは極く簡単に成立背景の概要を紹介しておく。

「解脱門義聴集記」は、鎌倉時代後期の書写にかかり、漢字片仮名交り文を主体とする全十帖の冊子本であって、聞書部分と非聞書部分とが截然と分かれる構造を有すること、聞書部分には極めて多種多様な口語的徴証・中世語的言語事象が確認されること、声点付和語が豊富に見られること等、多くの注目すべき特徴を有している。又、「華厳信種義聞集記」は弘安八年（一二八五）以前の書写にかかり、漢字片仮名交り文を主体とする零本四帖の冊子本であって、中世語的言語事象も目立っており、法談聞書類の文章構造にみる編集方針の発展過程、本文の生成過程を知る上でも重要な位置付けにある。

　金沢称名寺に多数の高山寺関係書が伝来していることは周知の事実であって、その中には他に所蔵の確認されない貴重書も少なくない。特に華厳関係の典籍は東大寺戒壇院の凝然（一二四〇～一三二一）の高弟・智照（一二五四～一三一二存）と称名寺第三世長老・湛睿（一二七一～一三四六）とによって称名寺にもたらされたものが極めて多数に上ることが納冨常天博士によって指摘されている。「解脱門義聴集記」全十帖、「華厳信種義聞集記」零本四帖は、それぞれ明恵自撰の「華厳修禅観照入解脱門義」、「華厳信種義」を原典として、明恵自身が講説を行ったところを弟子が筆録、編集して成立した鎌倉時代書写の聞書類である。前者は湛睿により、後者は智照によって称名寺に将来されたものであって、共に称名寺蔵本が現存唯一の伝本である。平成十八年（二〇〇六）には称名寺聖教一万三千余点と共に重要文化財に指定されている。

　明恵による華厳の実践的学風は栂尾華厳と称され、栂尾高山寺では多くの関係聖教類の書写、加点、編纂等が行われた。しかし、史実として確認される栂尾華厳の隆盛ぶりに比して、現経蔵の鎌倉時代書写の華厳関係書の伝存状況は、往時の体系を今に伝えているとは認めがたく、特に密教関係書の多さに比して華厳関係書はむしろ非常に少数と言ってよい。これには様々な歴史的経緯が想定されるが、根本的な要因の一つに、明恵示寂後の華厳の学問が直弟子の義林房喜海（一一七八～一二五〇）から順性房高信（一一九三～一二六四）に至った段階で、その拠点が高山寺から丹州神尾山寺に移り、以後高山寺では江戸時代に華厳学が再興されるまで方便智院第一世・空達房定真（一一七三～一二五〇）の系譜を中心とする密教が教学の中心に位置したという事情が指摘される。結果的に明恵による華厳系典籍に対する講説の聞書類は、高山寺の学僧ではなく、栂尾華厳を重視した東大寺、称名寺等の学僧達によって書写、伝承されたものが山外に辛うじて伝存するに過ぎない状況を生むこととなった。

史実により確認される明恵の特定典籍に対する講説は、建久九年（一一九八）二十六歳の折の「華厳経探玄記」に対するものが最初とされ、以後、貞永元年（一二三二）六十歳で示寂するまで約四十点の仏典が対象となった。貞応元年（一二二二）（明恵五十歳）以前は「華厳経疏演義抄」「大乗起信論義記」「大日経疏」等、本邦将来の典籍が対象であったが、貞応二年（一二二三）以降は自撰書を頻繁に取り上げている。「華厳修禅観照入解脱門義」に対しては貞応二年（一二二三）、貞応三年（一二二四）、嘉禄二年（一二二六）に、「華厳信種義」に対しては貞応二年、嘉禄二年に行ったことが確認されているが、二書は内容的に極めて密接な関係を有しており、同時期に取り上げられることも多かったのであろう。原典の「華厳修禅観照入解脱門義」、「華厳信種義」は、共に明恵自筆本が高山寺経蔵に伝存しており、先に高山寺典籍文書綜合調査団編『明恵上人資料第五』に影印、訳読文、解題が収められて公刊されたところである。

抑も国語史上において、古代語という「古典」を有して久しい鎌倉時代は、言文二途の深化と書記言語の多様化とが著しく、言語生活の体系的な把握が最も困難な時代の一つとされてきた。総じて鎌倉時代は言語規範の墨守と弛緩の許容とを文語体の成熟の中に多様化させた時代と見なし得るのであって、言語表現の目的や場、典拠性の有無、付随する言語意識等に応じて、書記言語は大きな振幅を見せるようになる。

個人レベルでは多様な書記言語を柔軟に使いこなし、資料レベルではこれらが程度差を持ちつつ複雑に混在する状況を生んでいる。この状況は、従来口語的徴証の含有が指摘されている資料群、或いは物語、説話等における会話文・心話文においても例外なく言えることであって、資料全体を視野に入れた上で個々の言語徴証の国語史的意義を言語生活史上に的確に定位させることは、依然として容易なことではない。

言うまでもなく個々の資料には、元来の成立目的を有するのが普通であって、殊に宗教、学問資料の場合は、極めて確固とした編纂目的が存在している。言語的特徴はそれらの目的を実現する過程において、或いはその結果として具有するものであろうから、それらを等閑視して言語研究を進めることは困難である。

明恵関係聞書類が高山寺における教学活動上に本来的目的を有し、仏書訓点資料や一般の仏書注釈書の撰述等と共通する成立基盤を有しているという事実は、常識にも等しい基本的な事柄であるが、従来は口語的徴証の抽出が重視されたために必ずしも十分に配慮されてきたとは言い難い面がある。

このような状況の中で、鎌倉時代の言語の研究を推進させるには、結局の所、良質で、豊富な言語量を有する、書写年代の明らかな一等資料を対象として、当該資料の成立背景を確認し、関わった人物の事績と周辺の言語資料とを視野に入れて、資料全体を総合的な視点で分析すること、そしてこれらを相補的に積み重ねる以外にないという、極めて基本的かつ常識的な方法論に帰着せざるを得ないように思われる。本『影印篇』は、この視点からの研究の基盤に位置付けられるものであり、今後、本『影印篇』に即した『翻字篇』『索引篇』と関連資料も視野に入れた『研究篇』の完成に向けて微力を尽くしたく思う。

筆者が今日まで本研究テーマを継続させる過程においては、高山寺御当局並びに高山寺典籍文書綜合調査団の諸先生を始めとして、極めて多くの諸先学、諸機関の御学恩を賜っているが、本『影印篇』の公刊に際して、直接に御芳情御高配を賜った築島裕先生、高橋秀榮先生に、先ずは記して深甚なる感謝の意を表したいと思う。

築島裕先生には、筆者が中央大学大学院に進学して以来、今日に至るまで終始暖かい御指導御鞭撻を賜ってきた。築島先生の御紹介により初めて金沢文庫に「華厳信種義聞集記」の原本調査に伺ったのは昭和六十三年六月のことであり、この度本書を汲古書院より公刊することになったのも又築島先生の御推薦によるものである。この間、高山寺、隨心院、大覚寺、仁和寺等、多くの寺院経蔵の綜合調査への参加をお許しいただき、古典籍原本の取り扱い方、調書の取り方、資料の解読方法、書写年代・資料性の判断方法、更には分析方法の適否等に至る様々な面に亙って、親しく御指導を賜ってきた。その過程で多くの先学、同学の研究者の方々に御指導をいただく機会を得るようになったのも築島先生のお陰であって、今日に至るまで正に言葉では言い尽くせぬほどの御学恩を賜っている。

高橋秀榮先生には、前述の金沢文庫における初めての原本調査において格別の御高配を賜って以来、折に触れ御指導御誘掖を賜ってきた。本『影印篇』公刊に際して、称名寺御当局の御允許を賜ることができたのは、偏に当時金沢文庫長であられた高橋先生の御高配と御尽力とによるものである。

その上両先生には本『影印篇』に過分の御序文を賜った。改めて衷心より深謝申し上げ、今後の精進をお誓い申し上げたいと思う。

最後になったが、本書の公刊をお引き受けくださった汲古書院の石坂叡志社長、本書の構成や細部の書式に亙るまで終始的確な御助言を賜った編集部の大江英夫氏に対し、深く感謝の意を表する次第である。

平成二十二年三月

土井光祐

影印篇㈠ 目次

影印篇(二) 目次

影印篇凡例

解脱門義聴集記

一、本影印篇には、「解脱門義聴集記」の全文と覆表紙（紙背文書）との全てを収める。

二、影印は、原寸の約六十七％の縮小率で、原本の一面を本影印篇一頁に影印した。各資料の実寸は略解題に記した。

三、影印の各ページ柱に、書名　巻次（丁次）を記した。

四、現状の「解脱門義聴集記」巻第四原本には、修理時の仕儀とおぼしき錯簡が認められるが、影印に際しては本来の正しい順序に基づいて、その丁数を示した（原本第三十七丁→正しくは三十八丁、原本第三十六丁→正しくは第三十七丁）。

五、「解脱門義聴集記」の覆表紙にある紙背文書は、原寸の約五十四％の縮小率で、前後の繋がりがわかるように見開き二頁に分割して影印した。

華厳信種義聞集記

一、本影印篇には、「華厳信種義聞集記」の全文と断簡との全てを収める。

二、影印は、原寸の約七十三％の縮小率で、原本の一面を本影印篇一頁に影印した。各資料の実寸は略解題に記した。

三、影印本の各ページ柱に、書名　巻次（丁次）を記した。

四、首欠、尾欠がある場合は、それぞれ直後、直前のページ柱にその旨を注記した。途中に欠丁のある部分には、その前後のページ柱にその旨を注記した。

五、「華厳信種義聞集記」には、本文の文字の記された十八片の断簡があり、筆跡により巻第一の一部と推定されるが、巻第四の後に纏めて影印した。但し、断簡の掲載順序は不同である。

解脱門義聴集記　第一〜第七

解脱門義聴集記　第一（覆表紙付）

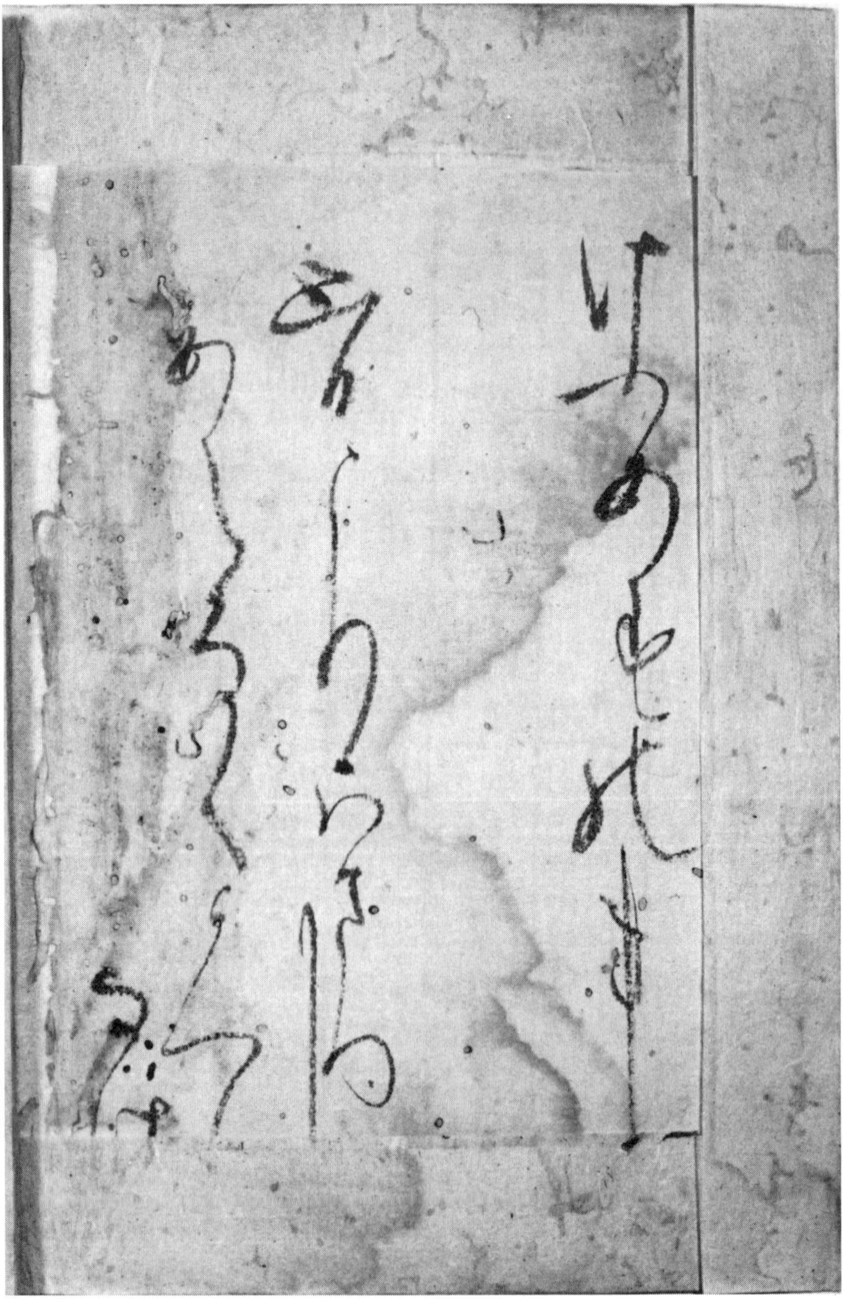

解脱門義聴集記　第一（覆表紙裏）

解脱門義聴集記　第一（共紙原表紙）

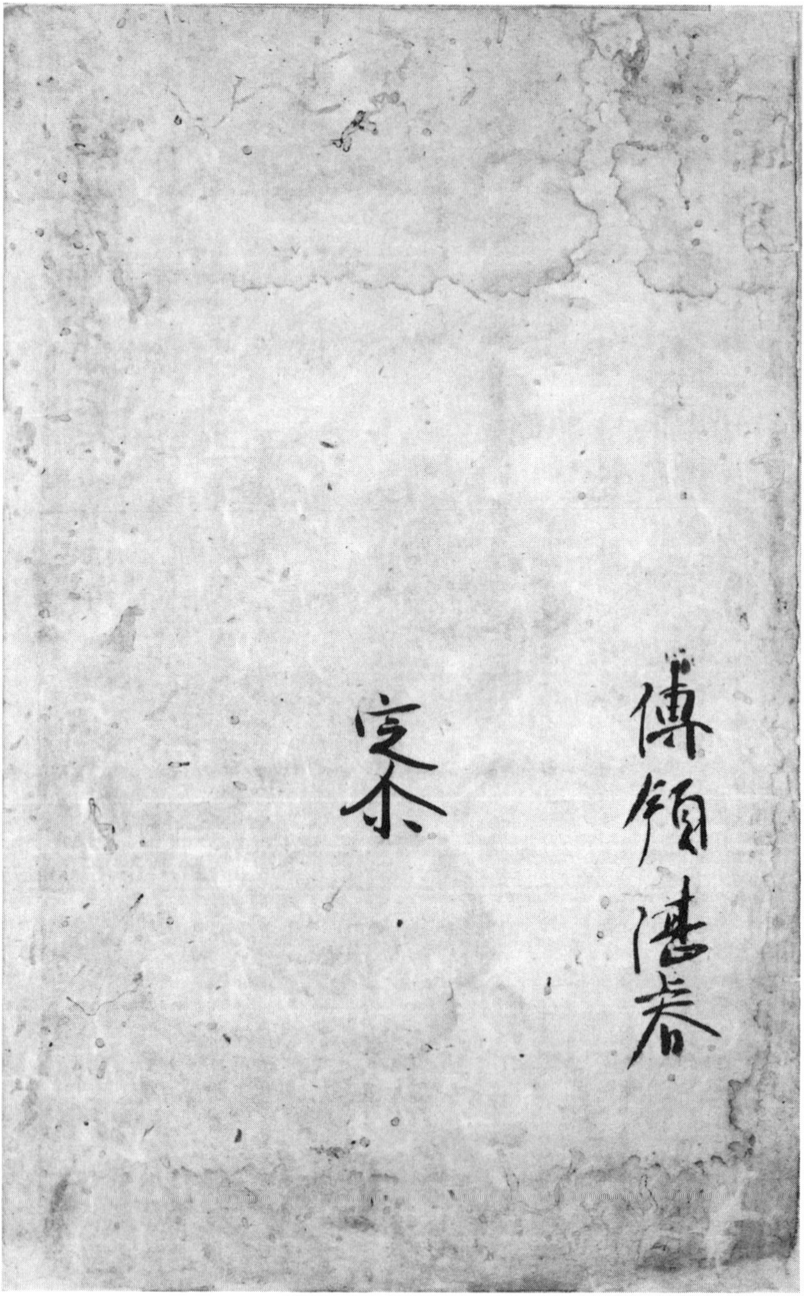

解脱門義聴集記　第一（共紙原表紙見返）

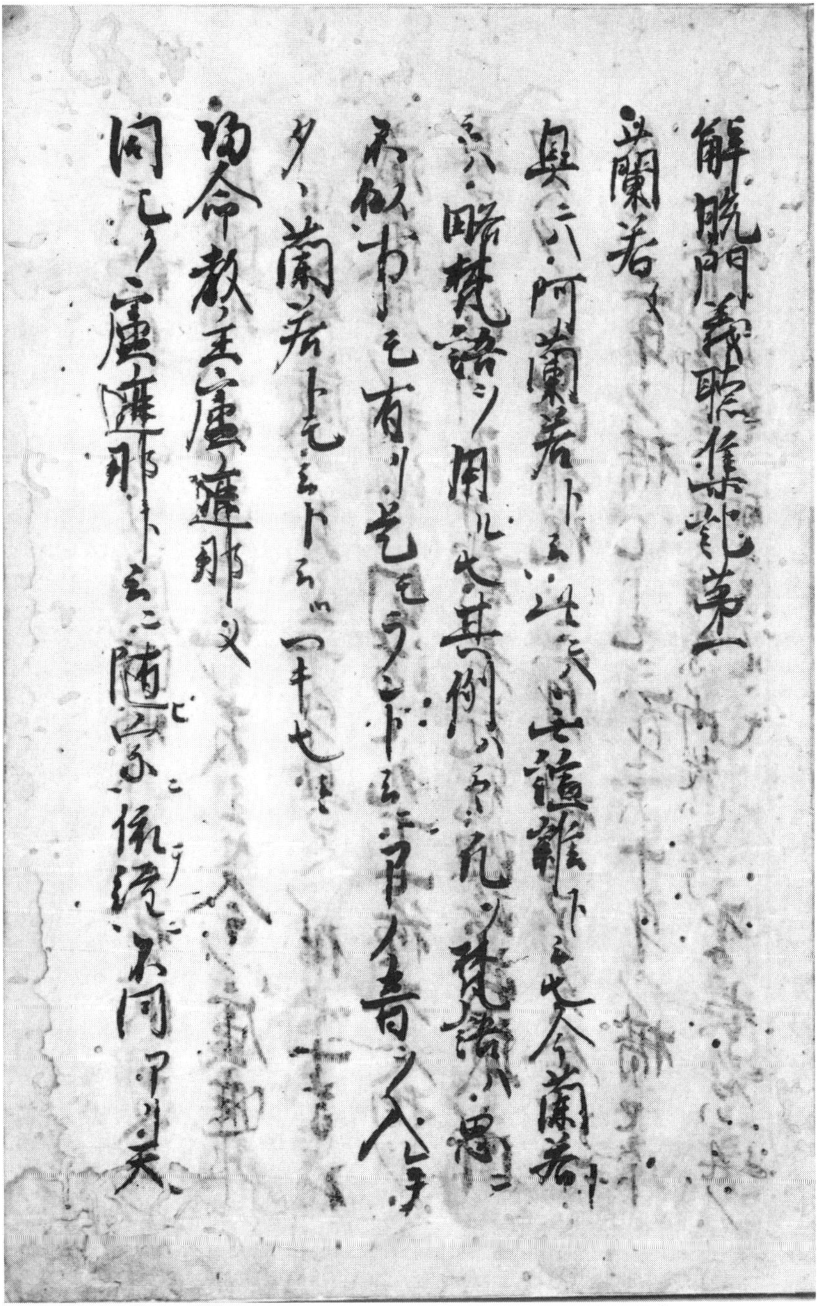
解脱門義聴集記第一
蘭若　文
具ニハ阿蘭若ト云。此ニハ云無諍離ト云也。今蘭若ト
云ハ略梵語ヲ用ル也。其例ハ多シ。凡ソ梵語ハ略ニ
不似也。有リ。色下云三印ノ音ノ入ヲ
多シ。蘭若ト云ト云ハ一キ也
瑜伽教主毘盧遮那　文
問ヒノ毘盧遮那ト云ニ随宗ニ依経ニ不同アリ矣

台ニハ報身ニシテノ盧遮那ト云又梵網ノ菩薩
盧遮那ハ是第二地ノ菩薩也今ノ盧遮那
ト云ハ華厳ノ菩薩十身具足ノ佛也十蓮花
蔵微塵ノ相海ヲ円満シ九十七種大人相ヲ
具足シ給ヘリ又千ヽ戴着花冠瓔珞荘厳ノ御
貌タ也是法報化ノ三身ノ横ニアラス今ハ十
身ニハ三身ヲ横スレトモ三身ヲ十身ニシテ横セスト
云也此師ノ御意ニヨル也清涼御教ハ讃テ李長者ハ此ノ
稱セントテ是ノ所存セラルヽ也

徳ノ義ヲ立シテ本報身ナト釋シ給ヘル覚ハ別門ノ意也
又善巧ノ義ヲ瓔珞荘厳ノ御形チ大宮華厳ノ
義ヲ立ト示シテモヨシ義摘地[従]ノ別ハ多分ニ
染ニ寄シテ修セリ況テ智轉得テハ修義ノ
所修也此ノ淺義ノ速ヲ立シハヘテ深又修スル秘
密ト花也又佛身ニモ顕ノ意ハ二身ニ深淺アル
ナモ意ニハ二身ニ法流身ト具シテ宮身皆ナ汰
身ナト方便シテ外モニ深ノ云モ元ノ佛ニハ二種ノ形チ

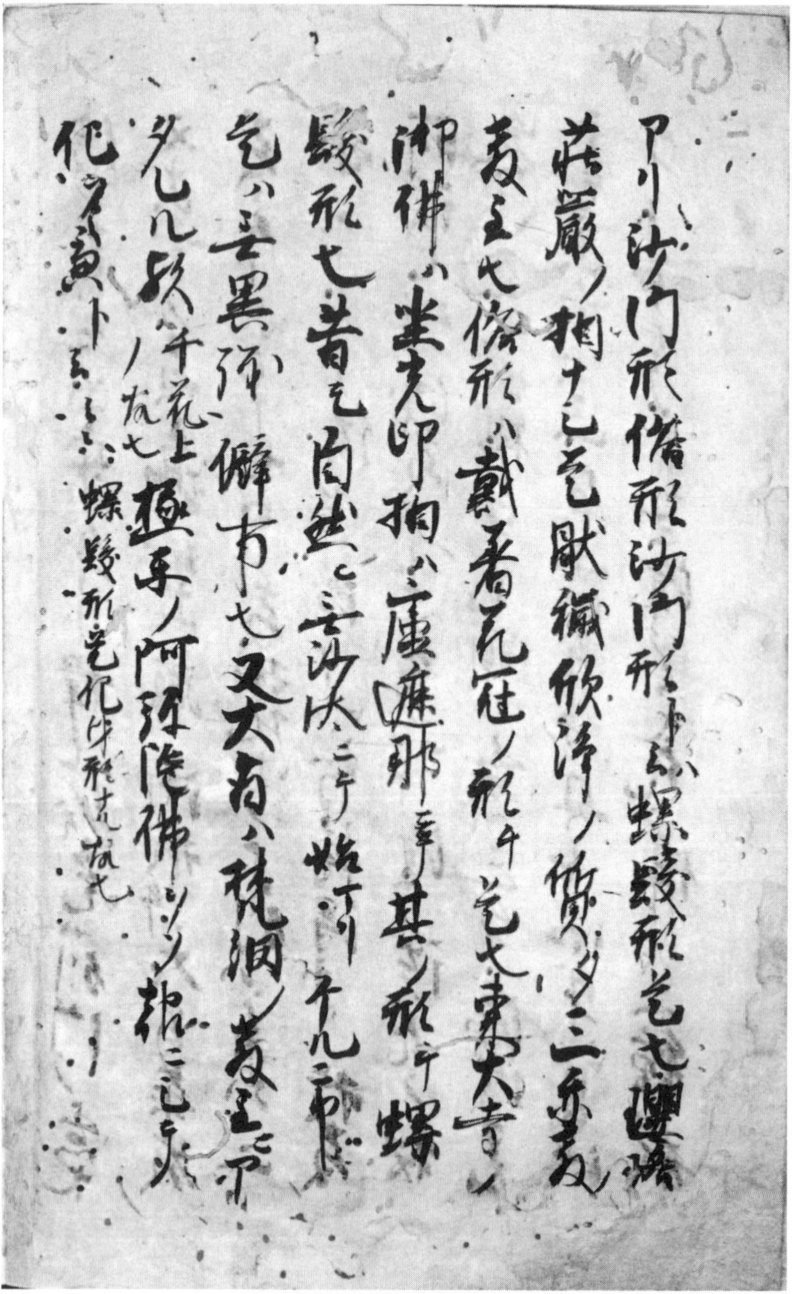

アリ沙門形備形沙門形トハ螺髪形ニモ瓔珞
荘厳ノ相ナルモ獣織欣浄ノ僧ノ覚タ三示𦬇
𦬇モ備形ハ戴番花冠ノ形ナルモ其モ東大寺ノ
御佛ハ坐光即相ハ盧遮那等ノ其ノ形ナ螺
髪形モ着モ肩然ニ言法ニテ始ナリ千丸ニ而ト
モハ云異弥ハ僻事モ又大有ハ梵網ノ𦬇戒ニテ
タル故ハ千花上ノ故モ極楽ノ阿弥陀佛ニシテ報佛ニモ也
化シ名ク異ト云々　螺髪形モ化佛形ナル故モ

一、字義釈仕宝蔵文。
一、字義釈トハ花厳宗ニ字義釈ト云也
大疏ニ義ヲ出シテ但余ニハ彼釈語讃名此色行
詮釈トニテ名句文ヲ釈トスト云々。有非字義也
名句文ハ色上ニ能所詮ノ所ハ義ニ彰ハ二性ニ大旨ノ
心ハ名句文皆ナ義ニ〻 通ストニ云也 後ノ智ノ所起ナルカ故ニ十地論ニシ 見ルヘシ趣ヲ大乗ハ皆ナ此ニ云也
此ノ義ヲ理有ニ字号有ニ字号ホノ義釈ヲ立
ルカ故ニ字義ニ〻ノ義釈文

文殊普賢大海衆　文
大海衆ト云ニ二ノ義アリ一ニハ其ノ覚リ深ク広キニ大
海ト云二ニハ菩薩衆モノ数多カ広キ大海衆ト云也
開演妙義法大師　文
已上三句ハ僧宝也下句ノ中ニ挙テ三宝ヲ致ス
又蛇牛飲水自成毒等云々　文
花厳経ニ牛飲水成乳蛇飲水成毒智学成
菩提愚学成生死ト云此ノ文ヲ以テ本文ト云々

書キ兆モ權非嫡ノ序ニハ經文ヲ不沒ル事

之モ今案トシハ乳ニ花ヲ喩之

是爲聞法ニハ有邪正ノ異文

是若ハ法ヲ聞テ邪ヲ取ル方有ニ聞法カ還テ過ト

十九モ爲者ハ法ヲ聞テ正ヲ得ル方有ニ可作德ヲ

成スル也

偏莫滞一味ノ水ヲ濫其損益ヲ文

牛ノ水ヲ飲テ蓋ト成スヲ只人テ一向ニ不可滞蛇飲ノ

毒アルカ有ト令ヒハ能飲ノ者ニ随テ一味ノ水モ異
アルモ愚智ノ関此所ニ如此ノ言、
受可得言二ノ法ヲ弁其德失文
十味言二ノ法ヲ開テワルヽ智者ハ德ヲ成シ愚者ハ
失ヲ成ス有トモ言二ノ法ヲ得テモ必ス罪咎シ知リ德
失ヲ弁ヘシ
若唯捨能弁者可足乎乳老之文書文
乳薬老母ノ毒モ德ヲ立テ過ヲ捨ルヲ内論ニ

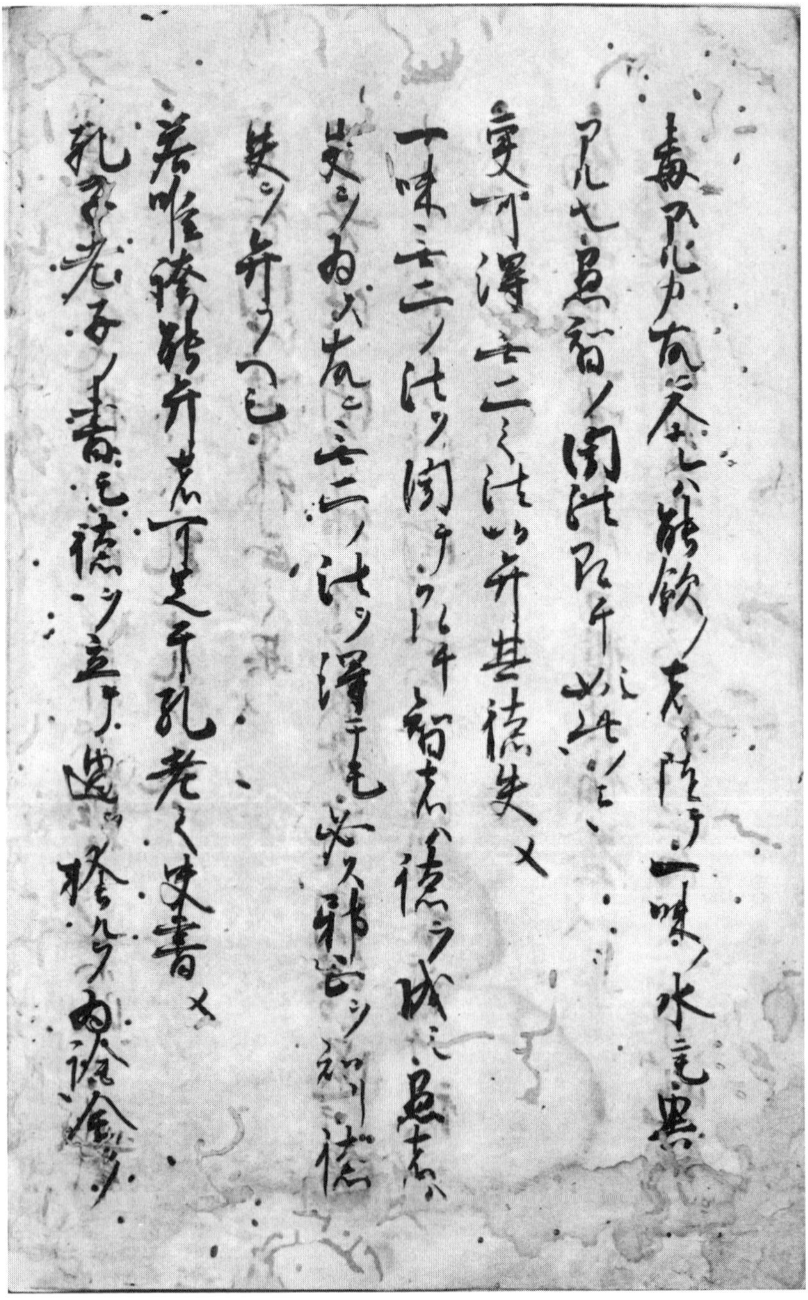

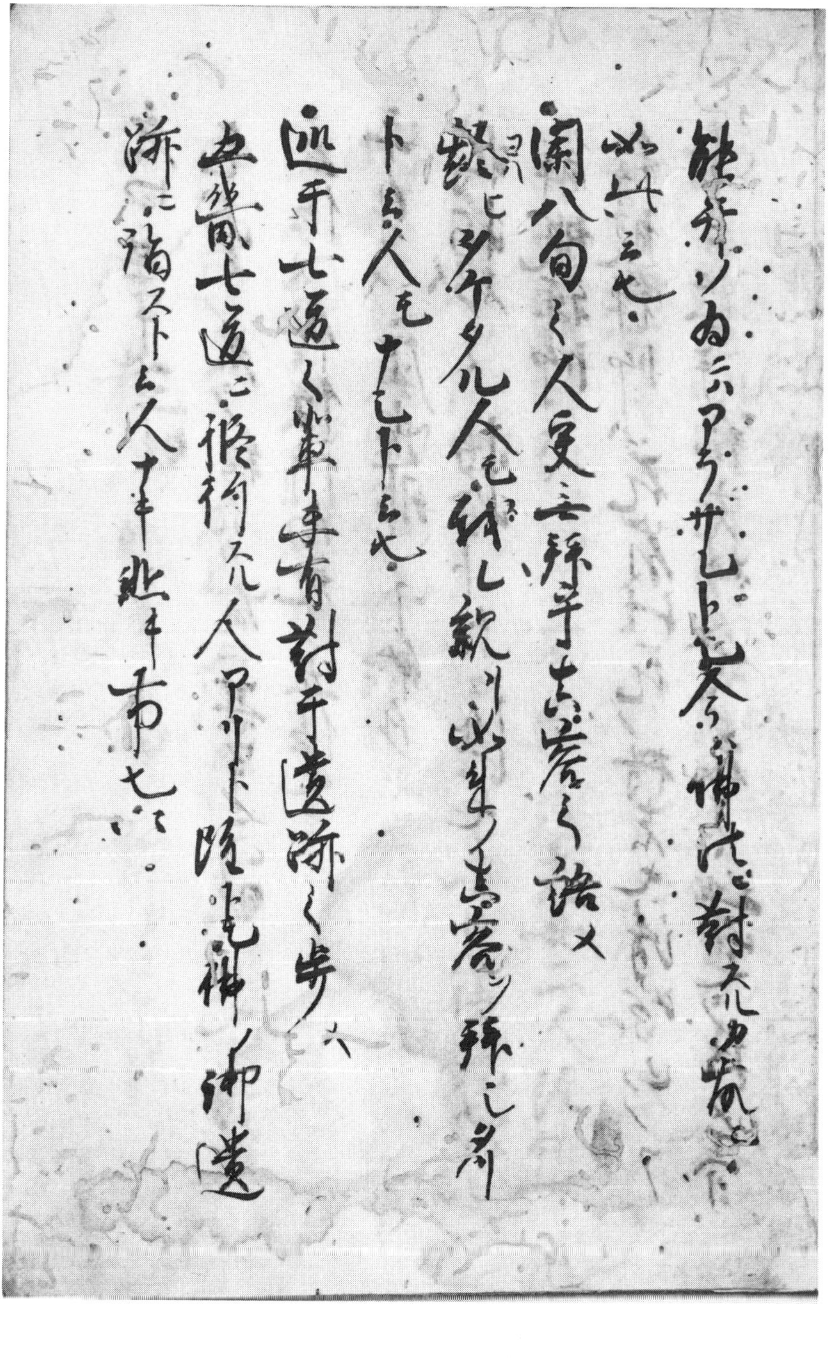
雖非ソ為ニアラサレトモ今佛法ニ對スル如ク尊敬ニ下
如此云也
聞八句ノ人更ニ誹ヲ生ス毀ノ語文
毀ヒ少ナル人モ結ヒ歎ヲ以テ生毀ノ疑ヲ離レ剤
卜云人モナシト云也
過千七百遍ノ以草年有對千遺跡ノ歩　六
無量七百遍ニ遊行スル人アリト雖モ佛ノ御遺
跡ニ値スト云人ナキ雖キ事也

名曰華厳三昧
是ハ定ノ名ソ縁スルカ故ニ華厳三昧ト云也
五位ト信住行向地ノ五位也
十身ト、盧遮那ノ十佛身也
情猶ト情猶ト云ハ教法也
解脱禅師
解脱禅師ハ花厳法花ノ精者也清涼山ノア
是ニ住シテ佛光精舎ヲ趣テ、此處之ヲ傳受

彼ノ孝子ニ明曜試所指ヒ續テ行此定シ去ル
道玄居士ト
華嚴論ヲ製作ノ間五千年後天女二人給侍
蜀祖師ノ御事ハ不思議ニモ身ニ見ル傳記也
開思ク智惠假名義於經論ニ入
除惠ハ殊義ヲ、開思ハ程ラ不釋文シ也
已上帝文了。又今此ノ帝ハ初ノ草案ニハ非ス。又
改文ハ清書テ載シ。先度ノ論ヲ御加ヘ直ス歟 六

アラス。其難キトキ答ニ列セ云角ナリ将　時過　集サム
已ハ孔ソ文策ノ常ノ習ハ一名ヒ其ノ風錯シ隔ツ
已ハ一二字ナシトハ直スト不立トモ種シテ元當シク
安キアト大常也。其文ニ自在シテ和ルル時ノ市モ
答ニ。書キ段文テラル其依ナリキ出サリキ
并常行十心所謂信心等
十心ノ中ニ定心トイハ恐クハ三摩地ト云ニ非ス。文ニ点
下云也。迴心トイハ三寶ニ迴向スル也。護心トイハ護

法心也此法ニ入ルカ故ニ法ヲ議スル也戒心下去ハ此法ヲ
修シテ悪ヲ止メ善ヲ修スル也。
重役ノ位中餘心増勝也
十信ノ中ニハ智増勝也
問此信心ノ十心随テ位ニ増勝アリト云ハ上ニ説ク
俱起申々
答林師云不ノ俱起ノ心也但シ増勝スルニ依ル此
心ハ十波羅密ニ當ル也云々

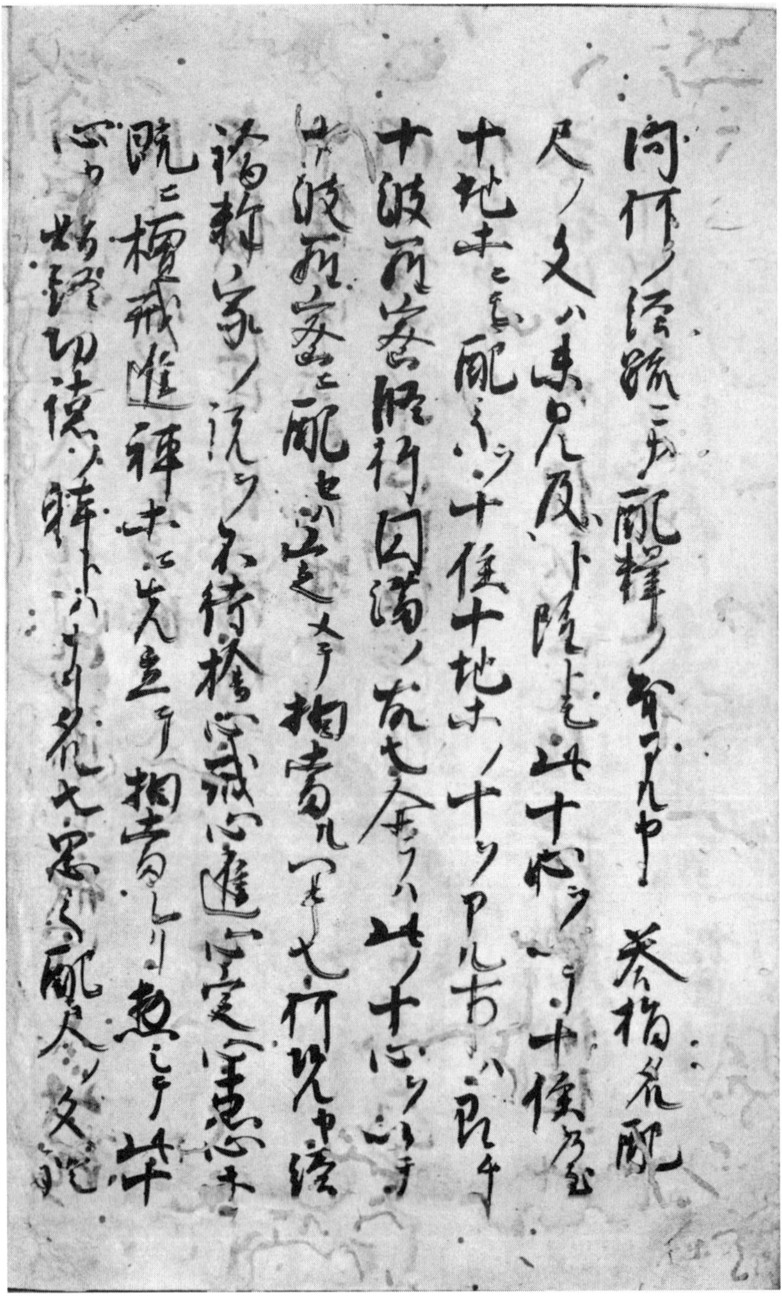

更勘ヘシ

私云問明品ノ十信并観解深文

此十甚深ハ此信ニ依テ起ス所ノ智也。此ニ有甚

深集十九ハ玄妙ト云也。

伝教大師意也 余師ト云ハ香象清涼ノ意也。若学品ヲハ以賢首ノ

所業トス。若ハ前ニ依テ起ル故ニ四諦品ヲハ以テ証業

トス。娑婆世界等ノ説法ナル故ニ光明覚品ヲハ

意業トス。光業ノ意業ハ遍覚ノ事アル故ニ答

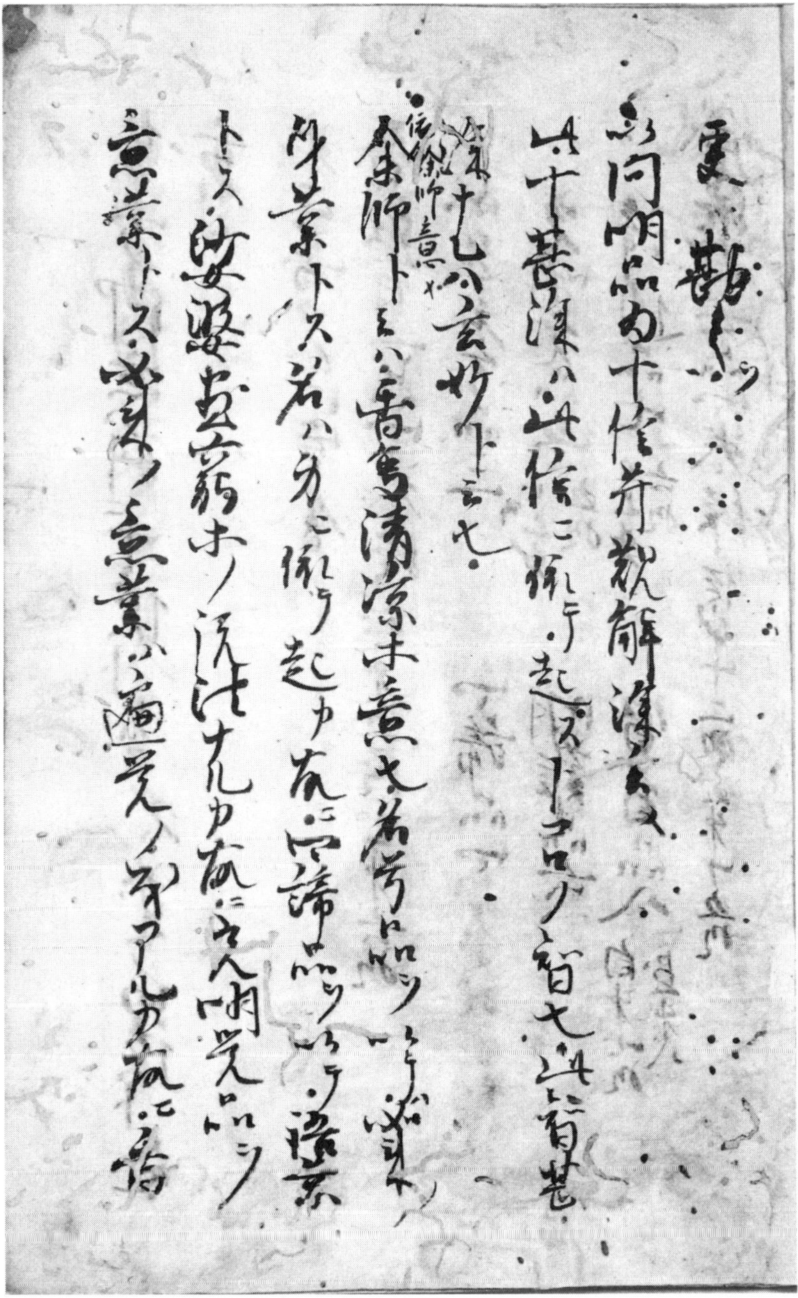

第ノ御意ハ彌ニ十徳ト云又ハ業ノ功徳ト云
高也云
第二普光法堂会
晋経有六品六十巻経　従第五段至第六段
如来名号品三　四諦品四
光明覚品五　已上第五段　明難品六
浄行品七　已上第六段　賢首品八　自第七段至第八
唐経有六品八十巻経　従第十二段至第十五段

名号品七　四諦品八　已上二品第十二巻

光明覚品九　問明品十　已上二品第十三巻

浄行品十一　第十四巻　華厳　賢首品十二　自第十四巻至第十五巻

一光明覚品因如来意業顕因所信境非能信法文

大師ハ光明覚品ハ如来ノ意業ト釈スルカ故ニ

所信ノ境ト判シテ能信ノ法トハ不云也能信法ト

云ハ能信ノ心也

高師意計其言意可会之　文

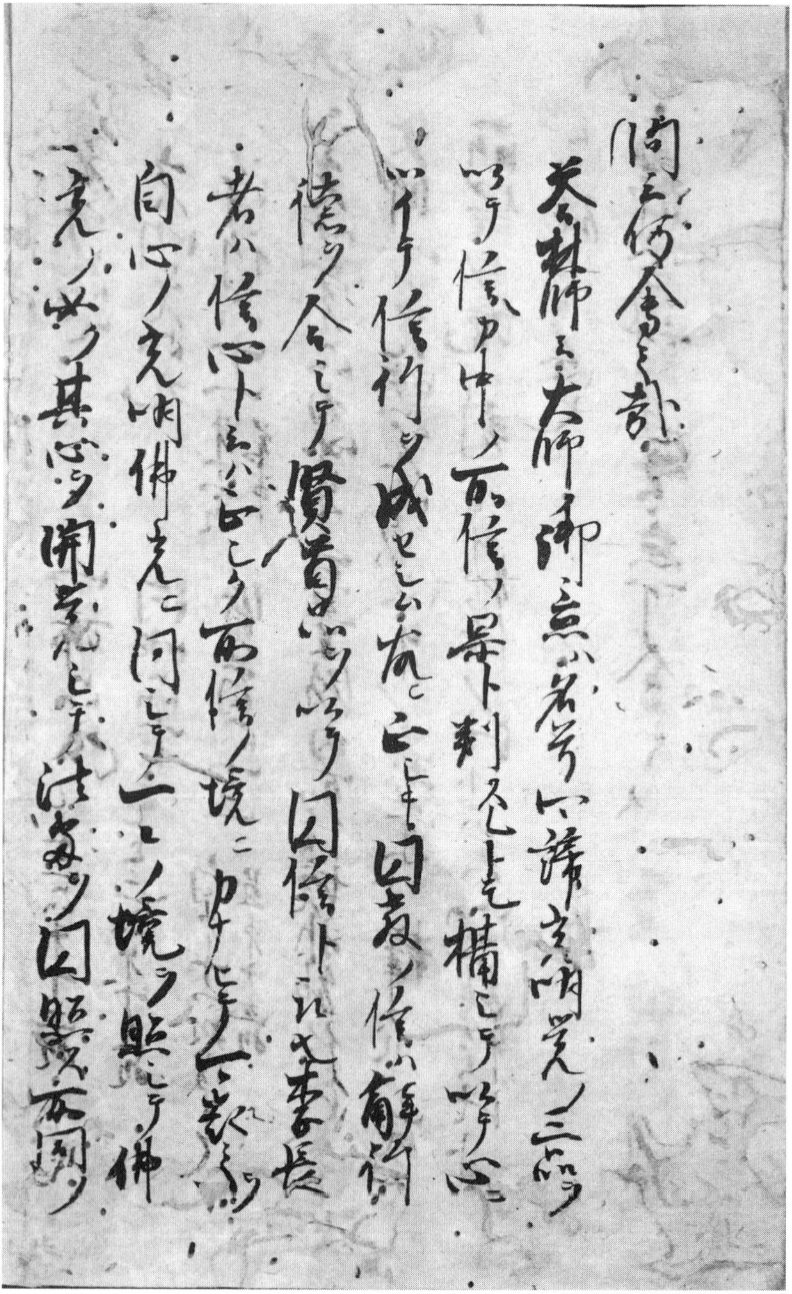
問ニ何含ミ許
答。樹師モ大師モ御点ハ名字ハ諦ニ明覚ノ三ヲ
以テ信ヲ中中ノ百信ノ最ト判スル上ヲ精シテ以テ心ニ
以テ信行ヲ成セシムル故ニ云上ニ因義ノ信ハ解行
信ヲ合シテ賢首ニ以ヲ以テ因信ト此文書長
者ハ信心ト云ハ合シテ百信ノ境ニ加テ此ヲ一ト云ヲ歎ス
自心ノ覚明仏覚ニ同シテ一ニシテノ境ヲ照シテ仏
一覚ノ必ラ其心ヲ開発シテ法界ヲ因照スル所

佛覚トシテ始テ修行ノ功ニ依テ一性平等ニシテ云ハン斯而
如意ナルヲ名テ信ニ依ト云也。獨リ百修ノ佛ヲ開
忍土ニ佛ノ意業ト云トモ上下公ヘカラサル故ニ
深般若ノ位於真理名為位本
覚ハ正覚ノ位ノ辨シテ云フ也。法空智云性ノ理ニ加也
信位ニハ未智未現名也。初住ニ入ルニ即チ佛智恵家ニ
生在也
正覚未住等云々文

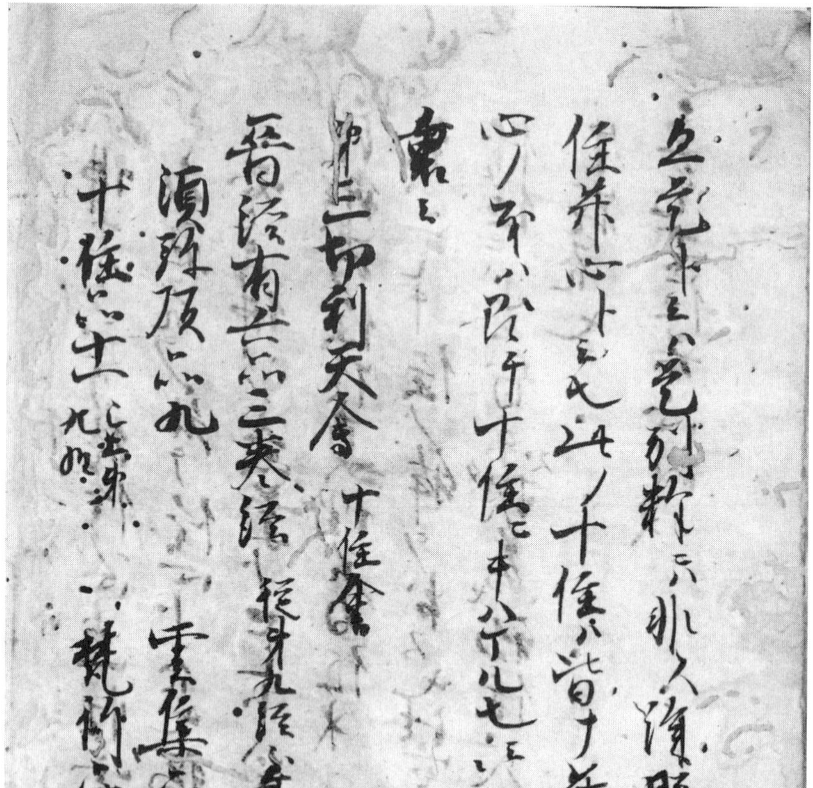

発心品十三 上ノ十九行 明法品十四 十六行 [illegible]
唐経有六品三巻経 従十六行 [illegible] 十八経 [illegible]
須弥頂品十三 偈讃品十四 [illegible]
十住品十五 上ノ六行 梵行品十六
発心品十七 上ノ七行 明法品十八 上ノ十八行
問云覚卜云二覚卜云ム何ノ失カアラム耶
答云 [illegible] 識ニ立卜及卜ノ意ハ覚智遍教ノ義也
随 [illegible] 此ノ人 [illegible] 甚深又 [illegible] 非人 [illegible]

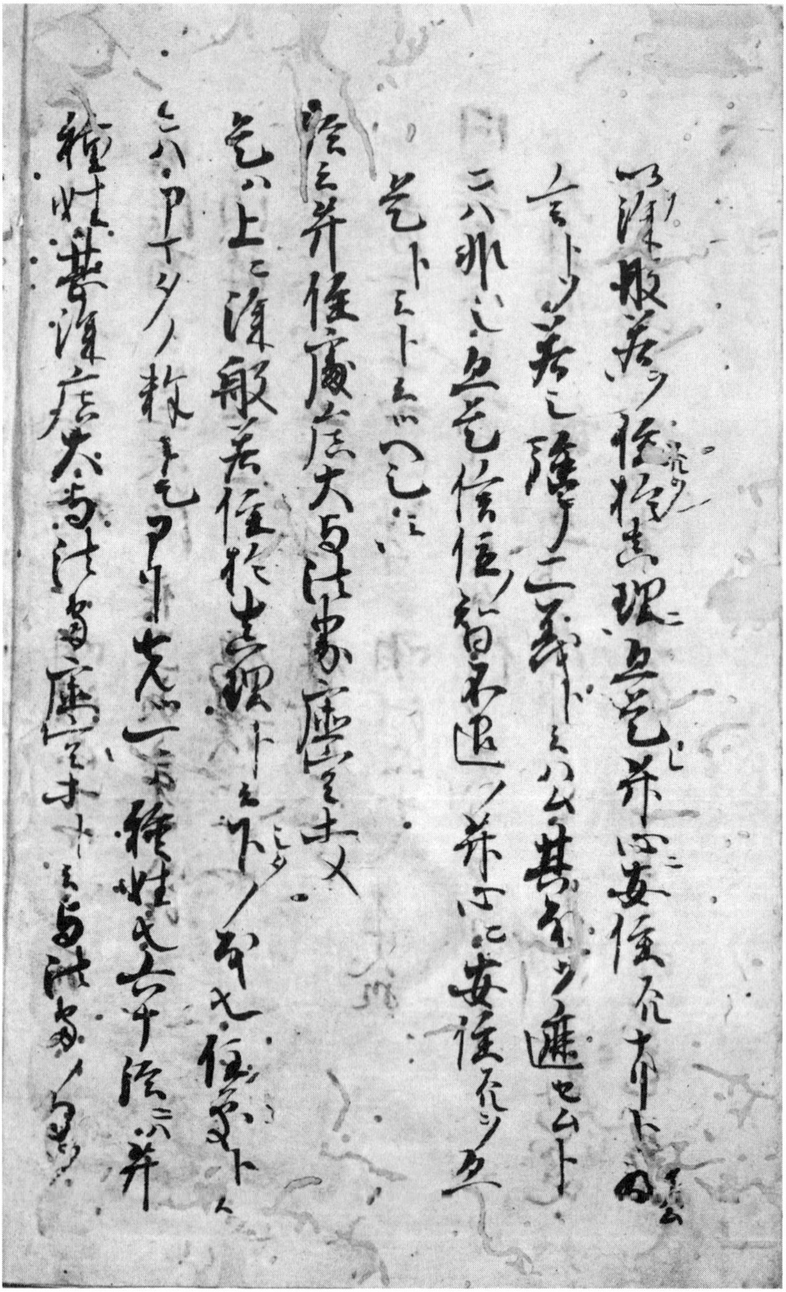

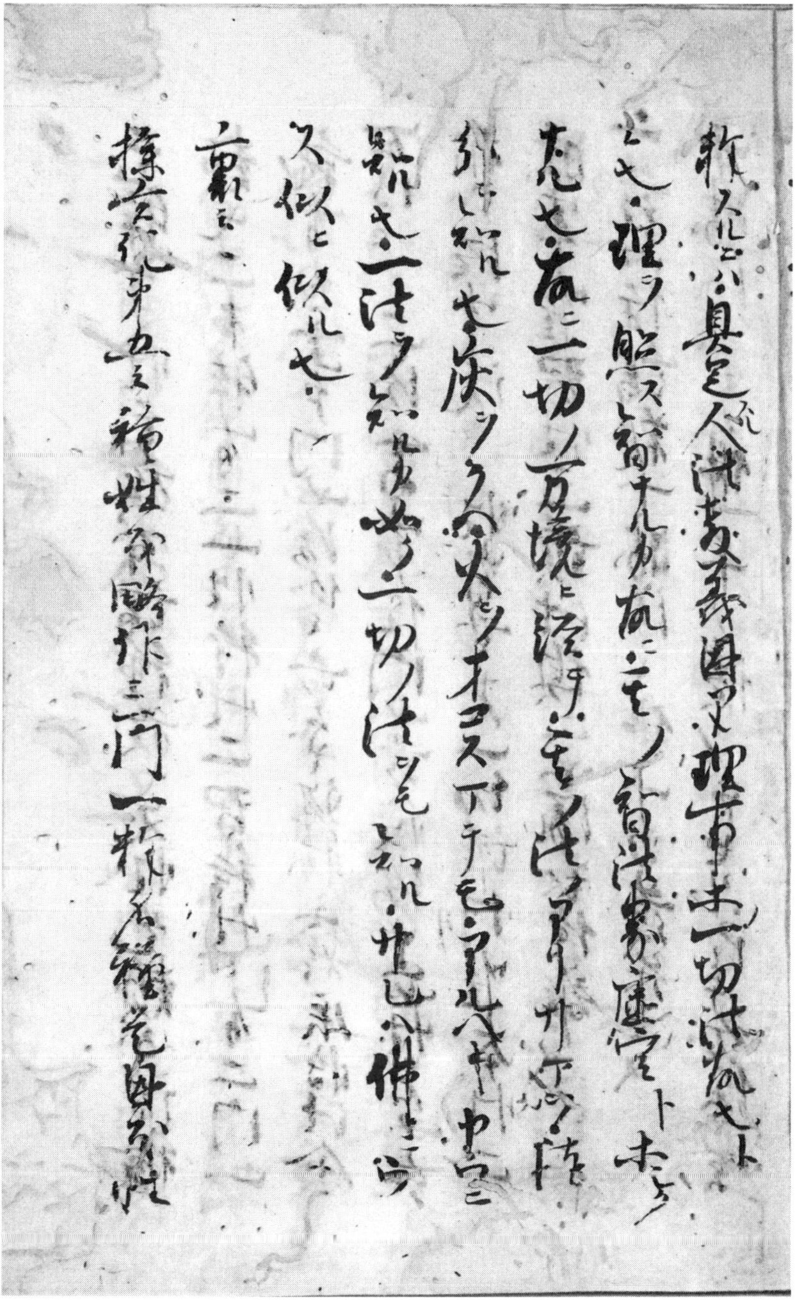

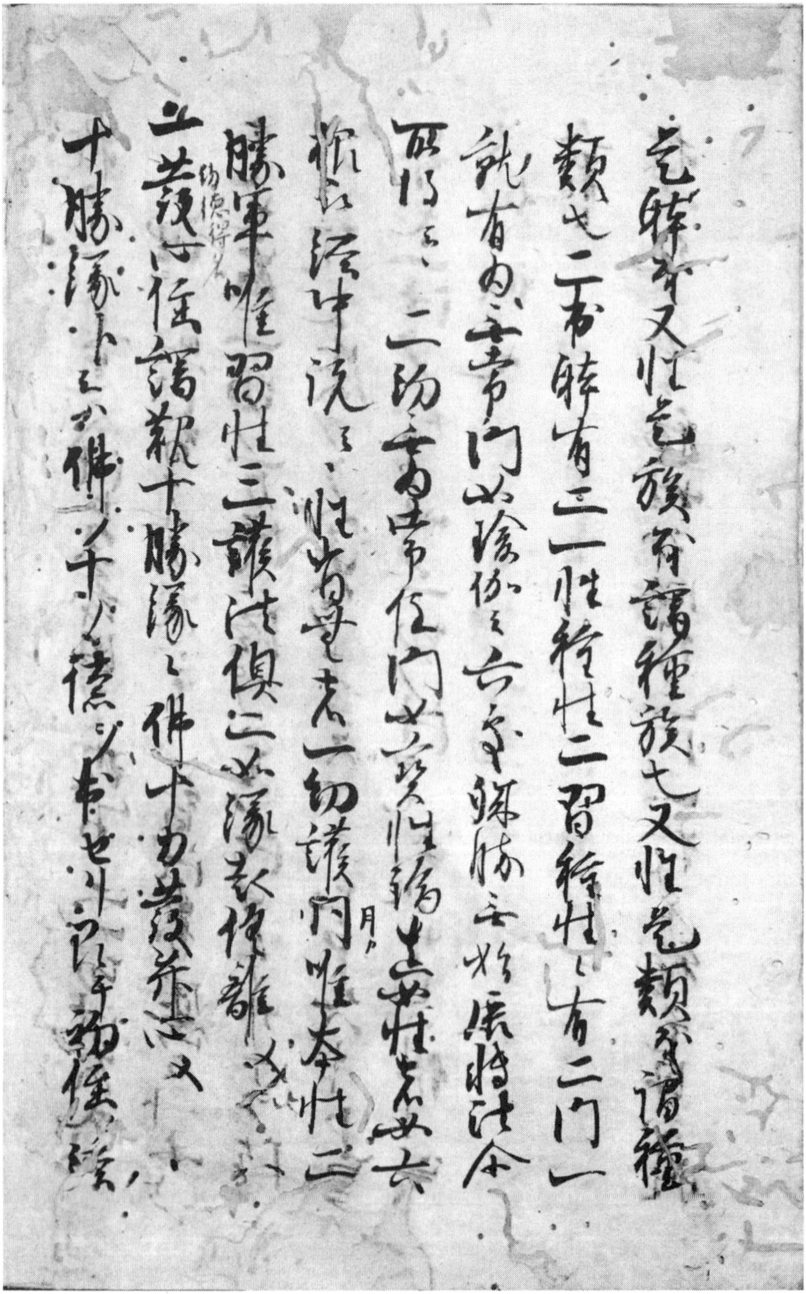

又二形貌端厳巻指因満未半一倍了已上

第七

唐経第十六云佛子何為菩薩修係乃至有百阿[illegible]

自開解不由他故文

大疏釈云謂信自遍覚心為従何生発有智由他之者二

種一他人二者心外三者性非自然所了四者熏

習成性為能自為二了唯心三了唯性為下之知一

切法自性若令会何度又云有百闍耶論流論閑

以上ハ法蔵也

菩薩心地一切智此并ニ縁十種難浄除浄(?)在心行

者有十力謂是處非處智・業報智・諸根勝劣

智・種々解智・種々界智・一切至處道

智・諸禪解脱三昧智・宿命無礙智・天眼無礙智・斷

三世漏普盡智　文

凡ソ五位修行ノ階降ト云ハ文義深シ見ルニ似タリト雖

十心假行門ニ於テハ一念ノ時ニ五位ノ行悉ク具セルナリ

又前書スヘカラサルカ故ニ前後異ルニ似タリ信位ト
云ハ是種性ノ成就之信ハ生得善ナリト説ト見大
乗ノ心ハ開悟ノ時ト名ト云ヘリ外道天仙ナトノ信位ハ
邪信ト云ニ小乗ノ信位ヲハ小乗ノ信ト云ヘリ三乗ノ信
位ヲハ三乗ノ信ト名ケ一乗善法ノ信位ヲハ一乗ノ
信ト名ク所信ノ法ニ随テ浅深アリト可心得
位ニハ未タ是邪見等ヲ不分別セス只善知識ノ教訓ニ用
而發ノ文為ニ日ニ生得善心ノ中ニ於テ一念

心ヲ起ス只今一念菩提ノ意ニヨルニモ所修下具ニ五位ヲ修ト
佛ニ至ル一念菩提ノ門也所修ノ法五位ニ遍通スル故ニ修行
修ノ位ノ中ニ五位ノ法ヲ構ス位前後ハ位ニ随テ増減
全ク異ナリ今ハ後位ノ法門修ヲ離レテハ更ニ不成
乃至成佛ノ位モアルベカラザルモノ自体ナルガ故
故ニ初修ハ邪正ノ分別モスト雖モ修学漸ク進テ
終ニ十住已上ノ後ニ位ニ至テ進テ修初地ニ入法二空
ノ理ヲ分別スル智ヲ智又能修ノ種始メテ観ヲ成モノ也

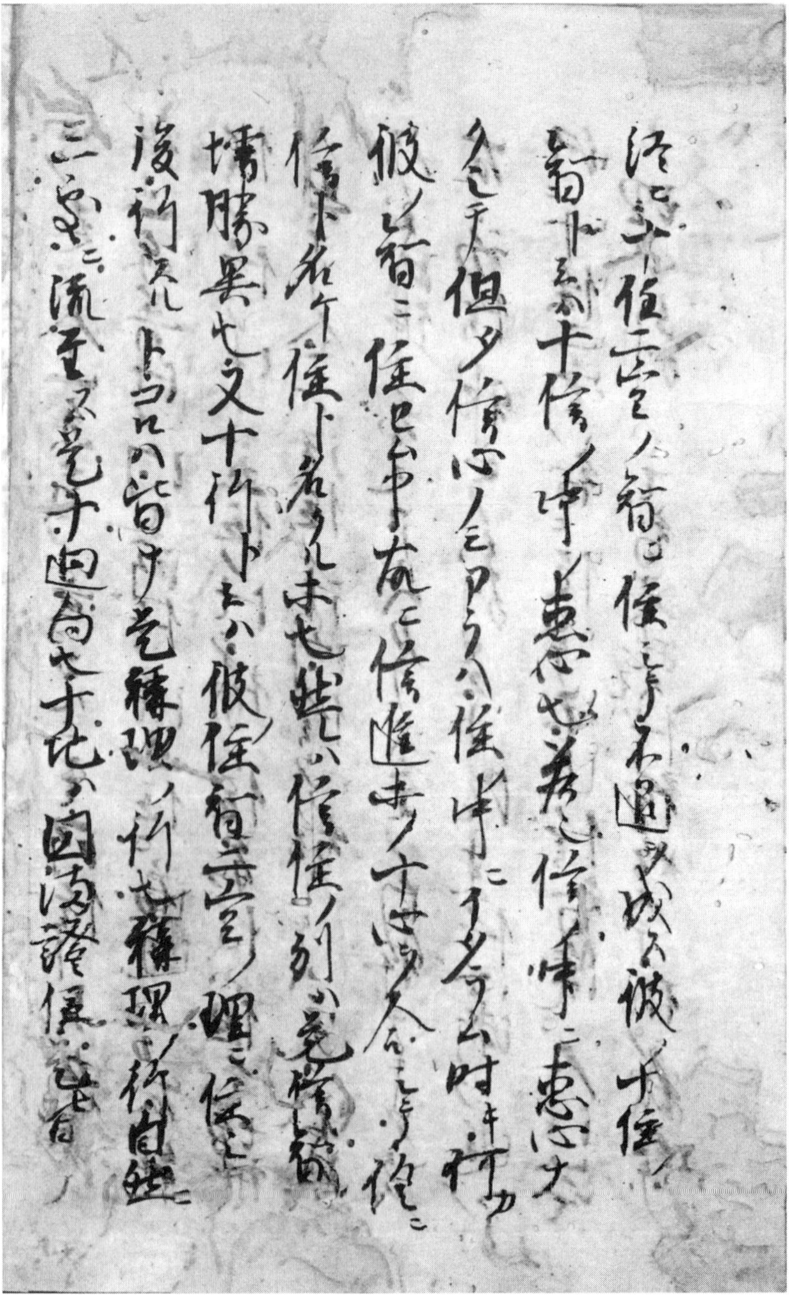

漸進ノ果海ニ来テ構ヘテ信ノ中ニアルヘキ也シ
経中ニ信位ヲ説ニ云所ノ経アリ所信ノ仏法ニ
於テ三ノアリ若労四諦次明覚ハ亦必決佛ナル
説意ノ切法ヲ説テ能信ノ行ニオイテ又三アリ問
明浄行賢首ハ亦必決解ナリ法ヲ二法ヲ説テ又聞
明心ノ十甚深ト云ハ已テ信満入住ノ前也初ノ
縁起甚深ハ色則チ人法二執モ因縁ノ因ノ計シノ様
縁起唯心ノ観ニ説力有ニ色物無ハ住無定着

解七乃至第十佛地等甚深ト云ハ深密経第五讃度
位也。次浄土ニ所説ノ二百四十大願。行ハ是位
中ノ行法ナリトイヘトモ元全ニ十住ノ後ノ精理ノ大
行ニテアル也。既ニ二空ニ智ニ住シテ得ルトコロノ諸
行ニ依テ所々ノ聞覚知ノ境界ニヨリテ精理ニ照
云キ。此次ニ娑婆首ニ所説ノ位ノ位ト云ハ此上縁ノ縁
發心時便成正覺ハ即チ信位ノ終ニ成佛スル也。
而ニ信門一位ノ中ニ悉ク行布ニ佛果ヲ備ヘタリ

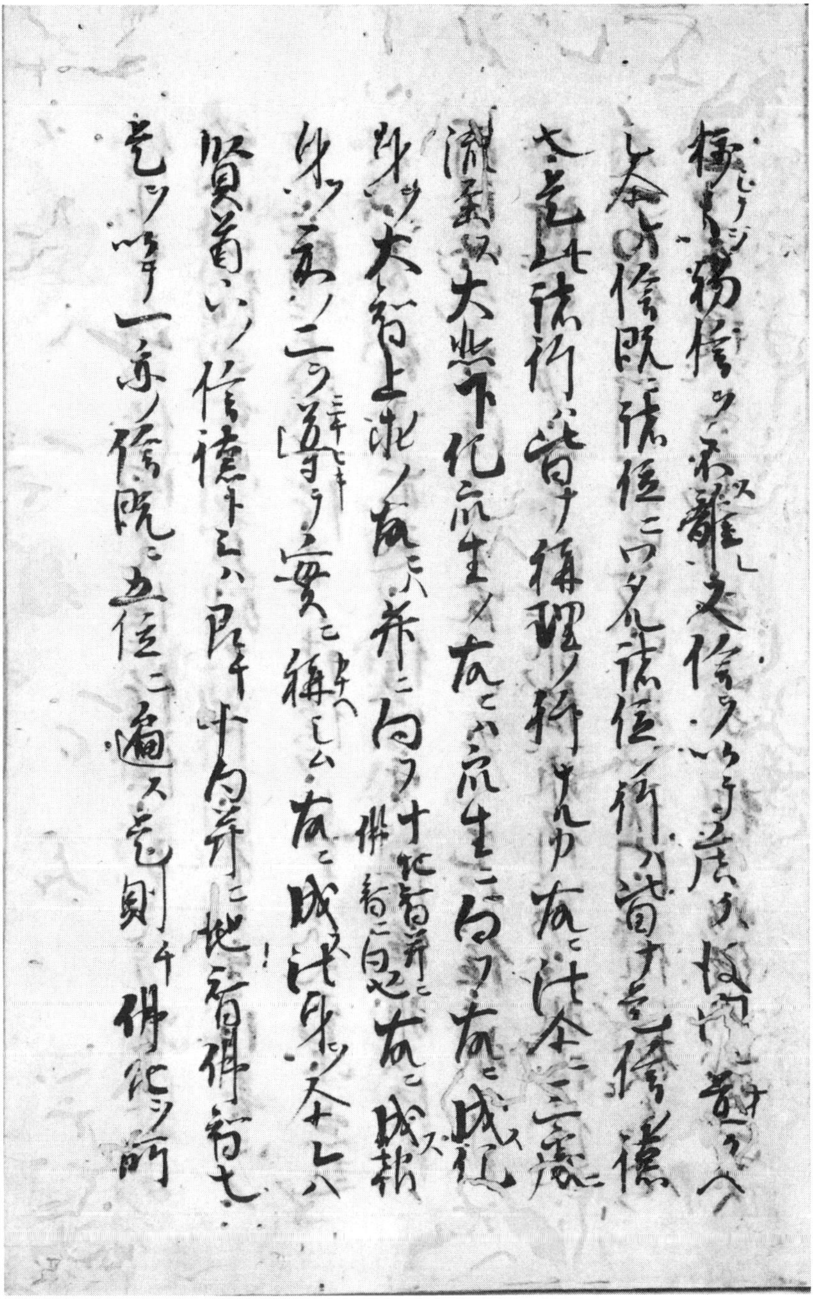

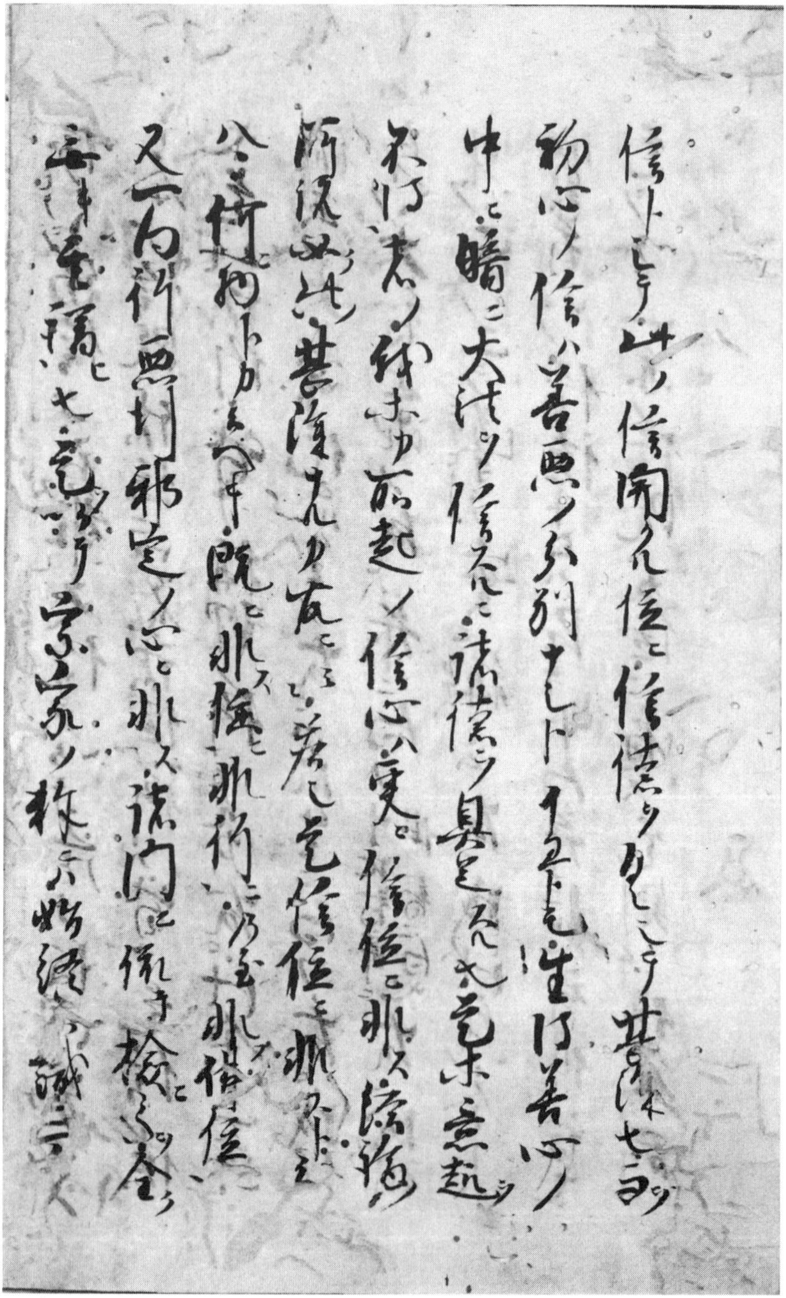

名号ヲ称ヘ一念信スルトモ教家ニハ別願ヲ以テ
流七・又リ久シクトモ亦ヲ以テ名ノ機モ通ノ佛
境界ヲ隔テ永ク佛地ヲハナレタルム
釋ニ玄沙ホニ云
妙徳具満不識二ト彰ス彼四衆剏一念信心計ルヽ如
荒ニ太本ニ来ルヽェ
初徳
二汚地候諸常陸念照法門阿降念地位又
宣心下云ホ上ノ楊侯ヲ楢ヌ大彼涅槃念ニ陸犢破

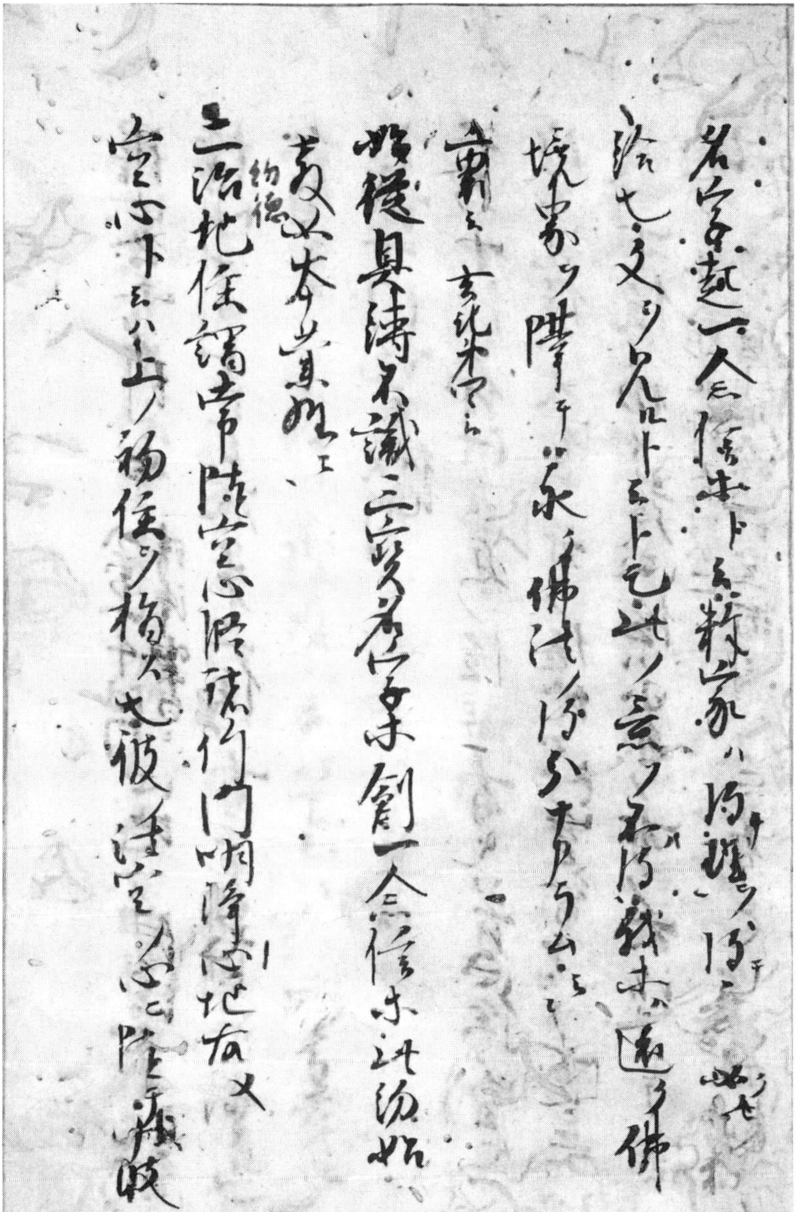

罪塞スル所ニ亨ハ八萬四千法門清浄潔白ニ心地ヲ讃詮スル所ノ此旨
擇明セラレタルカ故ニ來ニ二位ハ有ニ十九也
重云
知識十門鈔云　先師口私記
前ノ十信ハ條法未意ノ位ニテ有也發心住ハ位也
後ノ九住ハ又有也并ノ位地ハ法宣旨ヲ以テ[illegible]立テ給フカ
故ニ十住ノ初メ發心住ハ不退ノ有ヲ安治スレトモ宗ト
說ノ乳嘆ニ在ル對不味ハ二宗ハ宗ニト云人アリ法宣旨ニ背ニシテ二無有ト云也此業ニ住此人

有トモハ此ノ有ハ空ヲモタモタモタル有也云云
功徳　三賢行位観空有情ニ行成スヘ
有文ノ有二乗ノ空ニカハリテノ空有并ヘ観スルヲ云
行トモ云、又中道也云云
功徳　四生貴ノ位生佛法家種姓尊貴成スヘ
此位ヲハ三諦ノ理既ニ本ハ下乙ハ種姓尊貴也
功徳　乙テ諸佛ノ長子タリ此位ニ至テ自利行満スル也
五具足方便位帯真俗修習身菩提種成スヘ

真俗ニ於テ合歓シテノ違ニノ離スレハ具足方便ト云。

化生住ト云ハ空有ニ依ル又凡夫ハ有ニ住シ二乗ハ

空ニ住スル也今此ノ位ニハ真ヨリ帯シ俗ニ随テ物ニ應ム

三ハ利他ノ德也。（功徳）

六正心住成就般若在乃至其心真実念不動也。

上ノ五住ニ於テ自利ト他行満シテ上ノ不退住ヨリハ

乃至十灌頂住成仏ノ果ニ向ル也。物住ノ上ニ自ヨリ空ニ住ニ

加之大菩薩心ニ安住スレハ空ニ空ノ相也。　一住

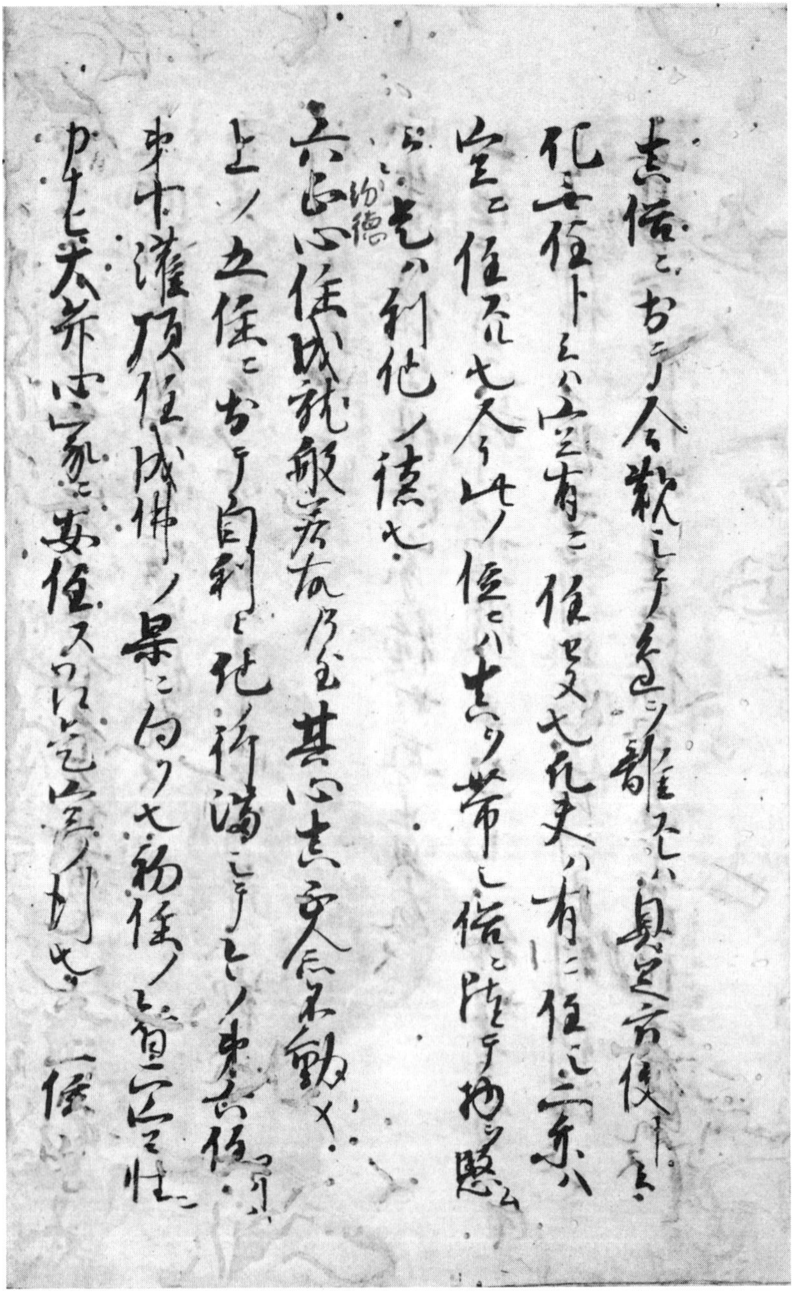

理所趣ノ諸行ニ依テ皆是種理相応也ト云ニ字
始ハ是有ノ行也既ニ空有ニ住シテ両行ノ増スハ是
其ノ修行也空有ノ相既ニ満足シハ是諸佛ノ家ニ生ス
也佛法家ニ生シテ種姓尊貴ナリ佛家ノ嫡子タリ
為ニ所作ニ無シ煩ヲ生シ悩ニ四多利他ノ善巧ヲ習ス
化ニ無シ但為ニ初発心住ノ智空有ヲ具ス此ノ位ニ
第十住ニ至テ円満ス也是一周ノ自利行満也ニ〻
問題如ハ上ノ五位ハ自利〻他ノ行満ト云ハ諸ニ与

一周ノ自利々満ト云事義遠カラン
衆云
私云、此ハ第五位ノ勝進ニテ一周ノ自利々満ト云ハ第六位
ハ第八第十灌頂位ニ向トスル也、彼ハ五位ヲ勝進ノ
行也。是ニ對シテノ今ハ前ノ五位ヲ以テ自利ノ行
満トスルハ已ニ自利ト化他ト對ノ分ニ滞シテ疑ヲ成ス
ヘカラス
又勝進ニ一周ノ自利々満トハ自利ノ満足ト云

奪ト云ニ甚遠也ト云事両人ト云ハ次上ノ願菩薩ノ依ノ経
空有ノ無下説スルハ空ト云フ是自利ノ智有ト
云ハ利他ノ智ニ当ル也故ニ空有ノ無下ニ語ノ
下ニ自他行アル也爰ノワクルハ即チ一位ノ中ニ之
此ハ自利ト他ノ行アリ又二ニ但相対シテ自利
他ノ智ニ配スルト云トモアルヘシ今ノ料簡ニ向フ
一切ノ行ハ大ニ別ルト云トモ空有ニテ有ヘシ也云ハ空有ト
云ハ即チ自利ト他ノ行也トハ自利一周ノ行ニ

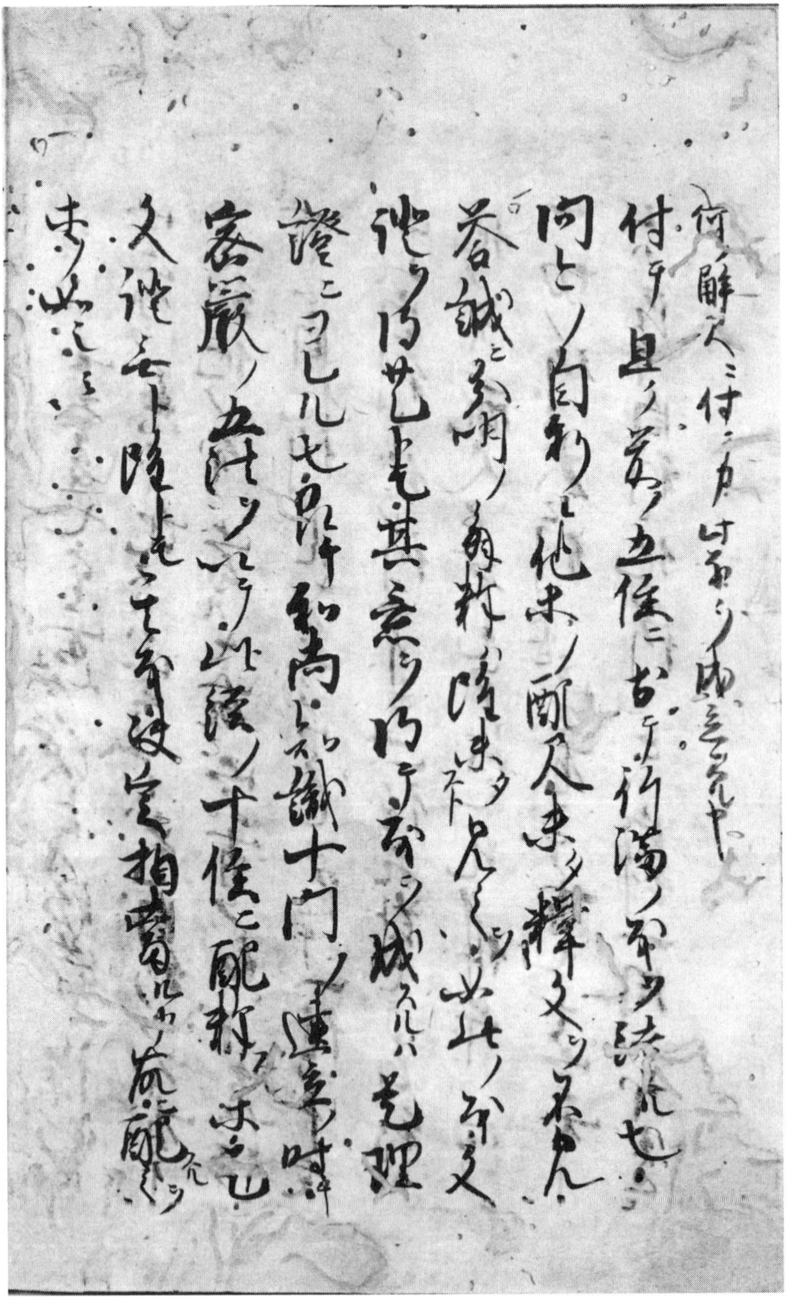

第六住ハ般若現前ノ位ニ三義アリ一ニハ實智
證乃至破ノ前法生ノ義アリ生シテ後ニ諸佛ノ
法水ヲ心頂ニ灌《ソヽ》カ有ニ上ノ五位ハ自行ノ前後ノ
五位ハ第十灌頂位ニ向ヲ後ニ成佛果ノ七種ノ證
位ハ中ノ第六行ノ三諦ノ般若第六迴向ノ[illegible]
第十第六地ノ縁起智般若現前ス皆ナ數ニ
[illegible]上ノ五位ハ自向行ノ前後ノ五位ハ皆ナ成佛ニ
向ノ前諸位是同シ中七ニ此第六位ヲ佛法僧ノ

僕賤ナルヲ閑テ正心不動ト云ハ既ニ般若波羅蜜ヲ
成就シテ法空ノ智ニ無性ト契ヘ有無ノ関キ
ソ文字モ文字ホノヨリアヒテ云ツマルト云事モ
アルモシソ文字モ文字ル文字ト云ニヨリテ又
生不生ト知ルカ故ニ無智故ノ性離ト知テ正心不動故ニ
服ノ五ツ事モ十十七生云ノ所観ホノ
付テ種々ノ観門ヲ生ト見ニ無ニ
於テ有無ノ一字ト云ノ

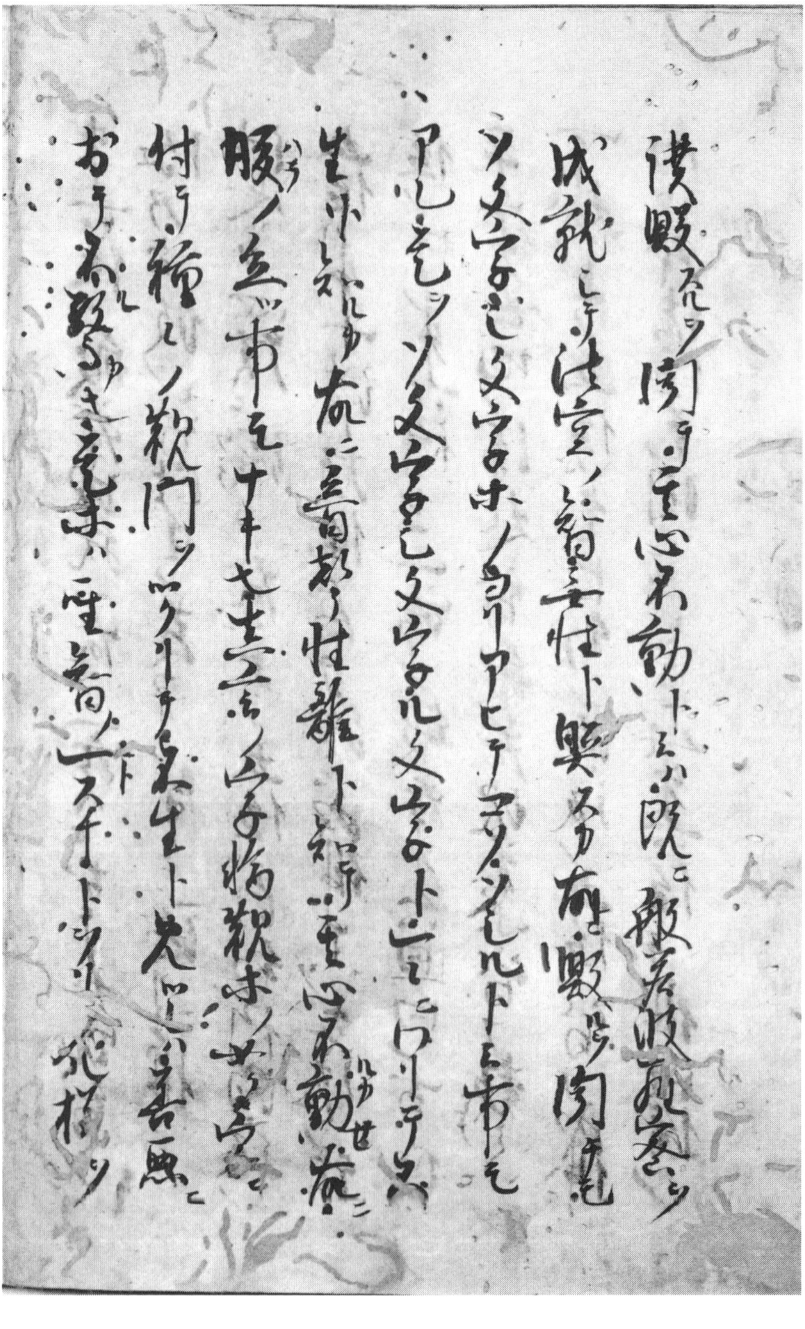

作之實ニハ一往僞ニモ假實二諦アリ假諦ノ中ニ二諦アリ
凡夫ト同シク亦親シテモ喜ヒ亦悲シテモ悲フコト凡
夫ヨリモ深キ大本ハ初心ハ先佛法ノ悦ビ多キモ苦テハ
ノ讃歎シテ聞テハ喜ヒテ歡《ソエ》ヒテ聞テハ悲シムヘキモ
之不退《物部造》位乃至止觀備運縁不壊故又
定恵ヲ只ニ本ハナリテ縁ニヨリテ退スル習ナキ也ハ
不退ノ名ヲ得ル也云々
問深キ義ハ止觀備運ノ習ハ初心ヨリ有ヤ何ソ

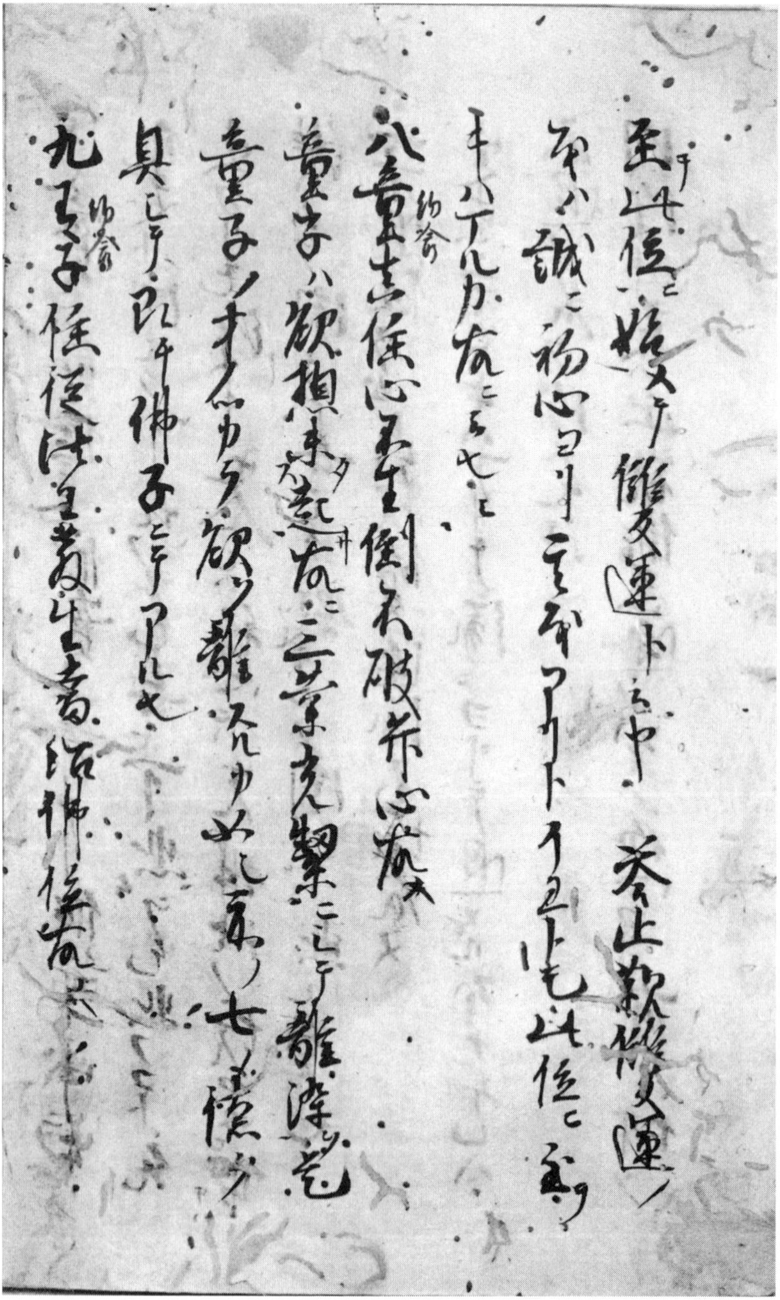

至此位ニ始テ修蓮トスヤ、答止観修蓮ノ
習ハ識ニ初心ヨリ言習アリト云ヘトモ此位ニ至ルノ
キハアルカ故ニ云也ト、
八童真住心至倒不破菩心故也
童真ト者ハ欲想未起故ニ云等文、楽ニ離渋苦
童子ノ未タ女欲ヲ離スルカ如シ此ノ七ノ徳ヲ
具足スル仏子ト云アル也、
九法王子住従法王教生解紹仏位故也、

上ノ普賢ノ位四十心ハナシトスミテ暇コトシ大寿云々
又此ノ位ニ至テ上ト合シテ自利々他円満ノ義アリ
阿含又譬ハ輪王ノ王子ノ政コトスル人民普ク為
有主ノ如シ又此々ノ菩薩此位ニ住シテ流々有事
尚在ニシテ修行之
十灌頂住従上九住常観空理乃至諸佛法水灌
心頂故文
九住常観空理ト云ハ十住ハ皆ナ法空ノ上ノ行ナルカ

故ニ観空理ト云モ既ニ法界ト成テ佛性ヲ覚更不ルニ
タヘテ有ニ諸佛既テ法界ヲ以テ是ヲ頂ニシテ々モニ
因果無差体十住位満已成佛有也メ
立位ノ位転トニハ復十住十地ニテアル也佛地ヲ満ス
十地トモ十地ト名ク近テ十住トス十地ハ是所位十住ハ
此観ノ位也仍テ十地ノ行相ト一ニ相順也十行
十迴向ハ十住等ノ上ノ諸行也是ハ諸住ノ中ノ又
移発心住ニ於テ信ヲ建立スル也意ニ云ト也云々

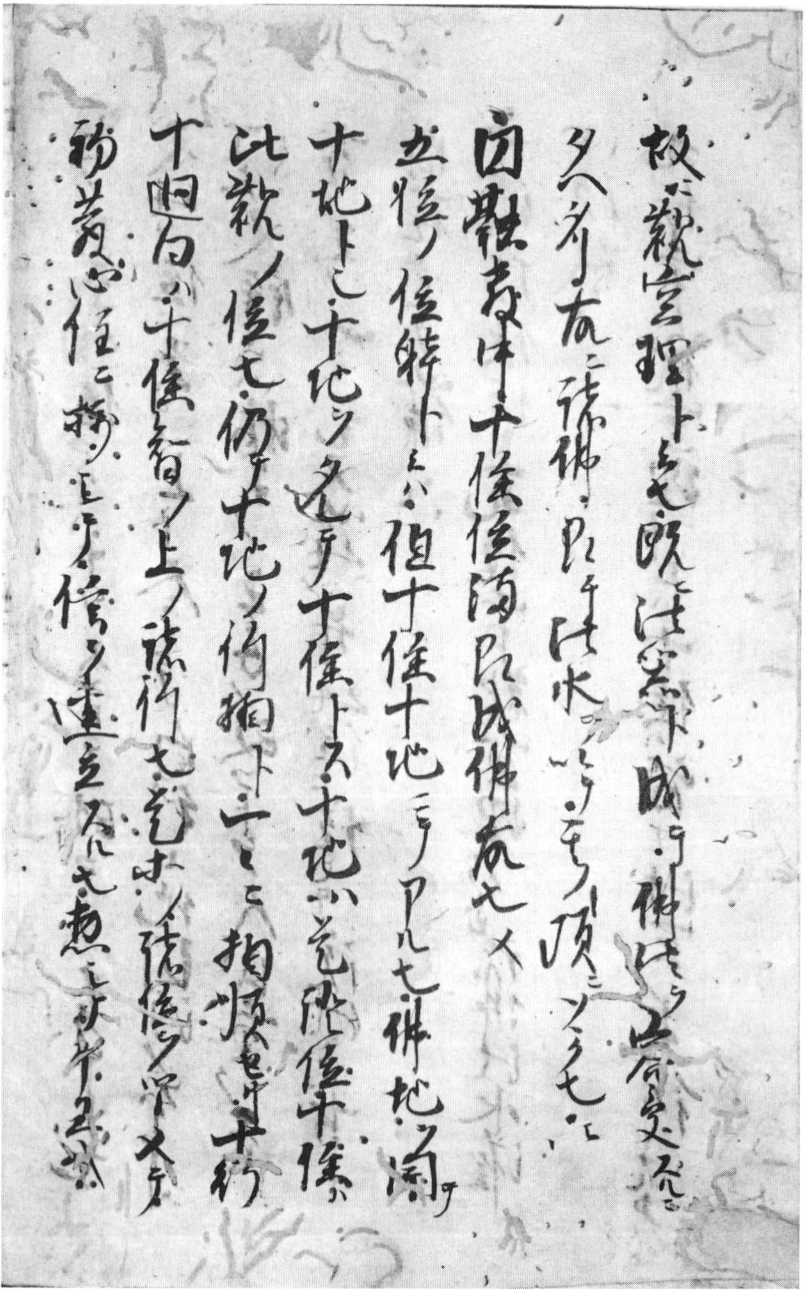

信ハ縁法相應ノ位ニテ有也十住ハ空也空也ヲ以テ理ニ
会ニ空ニ歸入ハ信智十住ニ趣入スル所ノ住ノ体モ是有
法ヲ説ケトモ大智也空也ヲ照スル所ニ皆是空也又十行ハ
有ノハ位也是ノ一々ノ行ハ皆是普賢行ヲ訳テ大智ノ上ノ
徳ナル所ニ塵ヲ積ル理ノ行ニアラサル也十迴向ハ空
不空ヲ并ス理智大悲願ト会ニ摂シテ積理ノ
行自然ニ三界ニ流出ス十地ハ是因満ノ位也詳地ト
云ハ三也使習気ヲ塵ヲ斷シテ餘ヲ所有云々十地ノ眼

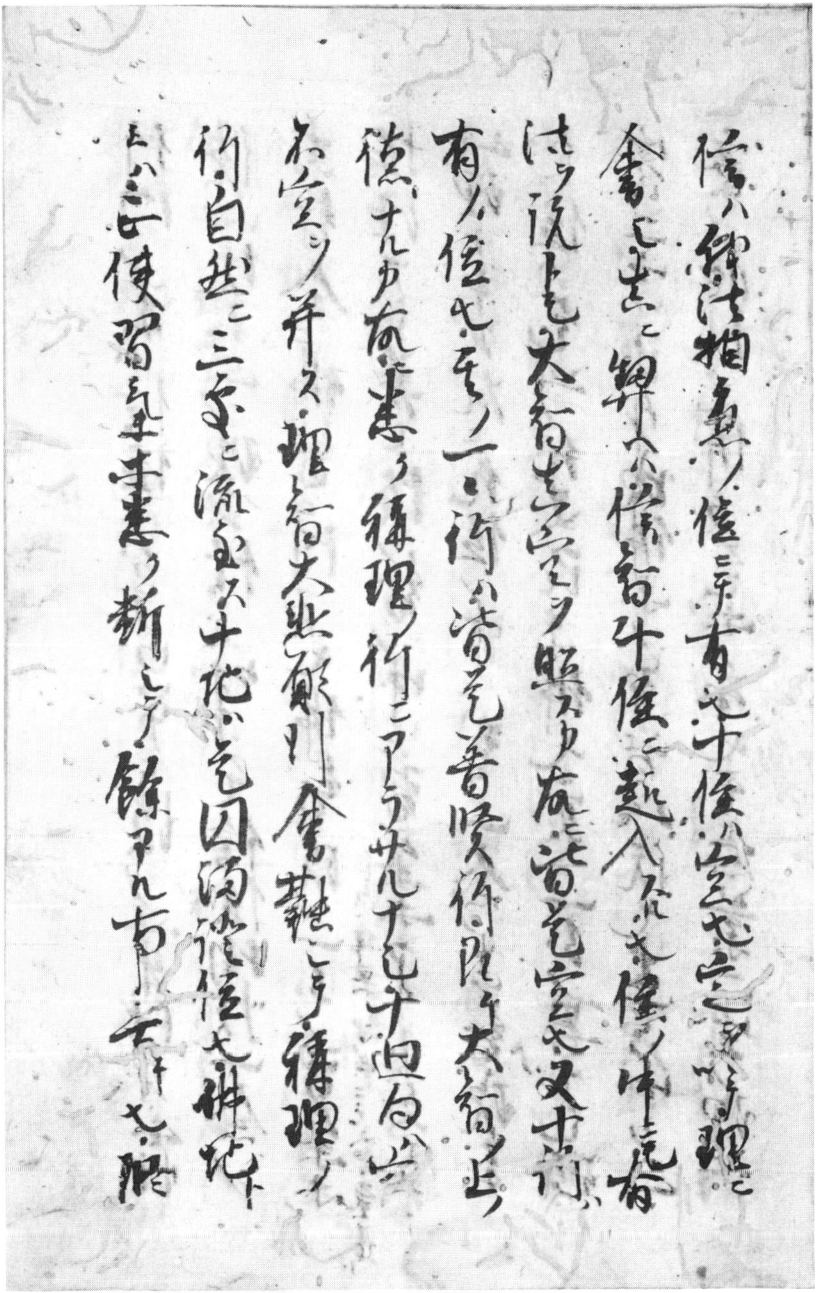

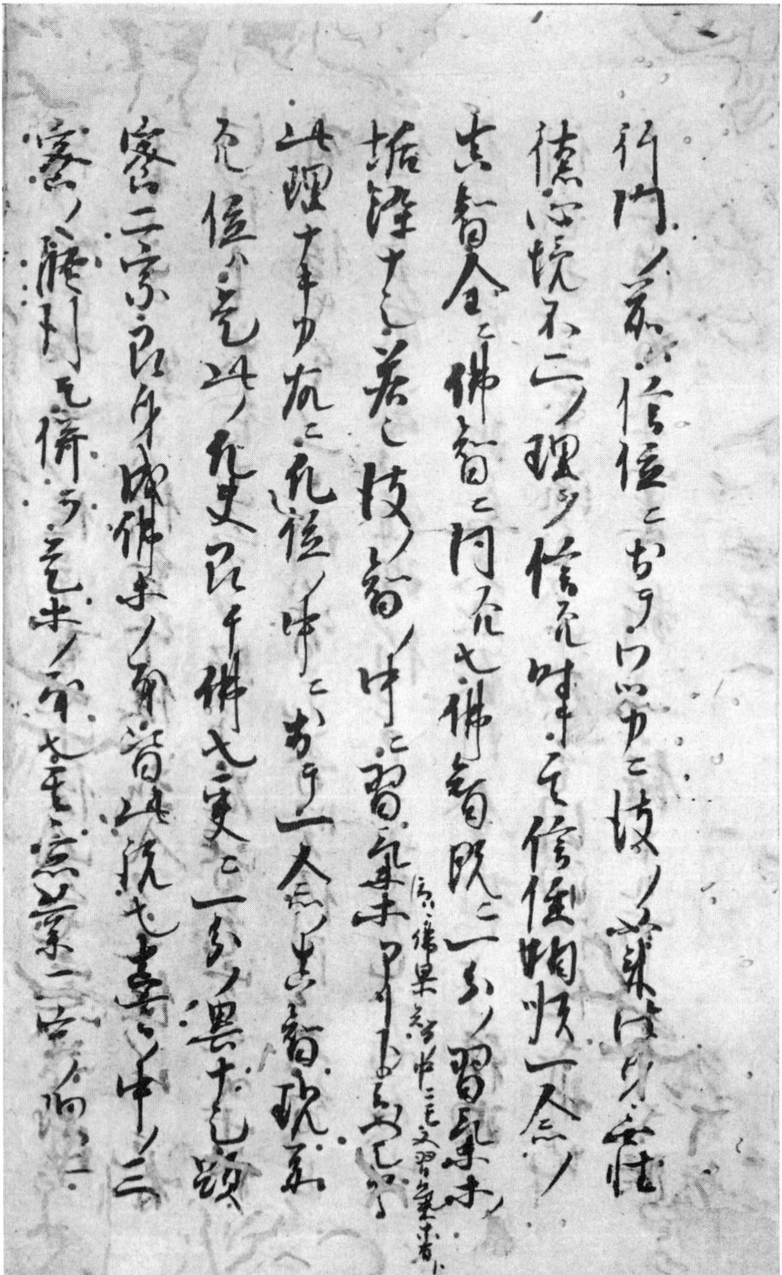

行門ノ義ハ信位ニ於テ四十心ニ彼ノ義ハ此ノ信
徳ハ境不二ノ理ヲ信スル時モ信位相似一念ノ
真智合ニ佛智ニ同スルモ佛智既ニ一分ノ習氣未
断除セシ若シ彼ノ智ノ中ニ習氣未尽セス（信ハ佛果ニ至ル中ニモ文習氣未尽者ト）
此理ナキカ故ニ凡位ノ中ニ於テ一念ノ真智現ス
凡位ハ是レ此ノ凡更ニ佛ト佛モ更ニ一分ノ異ナシ顕
密二宗ニ即身成佛ト云ノ義皆此ノ流モ真言ノ中ノ三
密ノ勝用ヲ備テ是レ凡夫ノ行モ是レ真言ノ業ニ古ノ向ニ

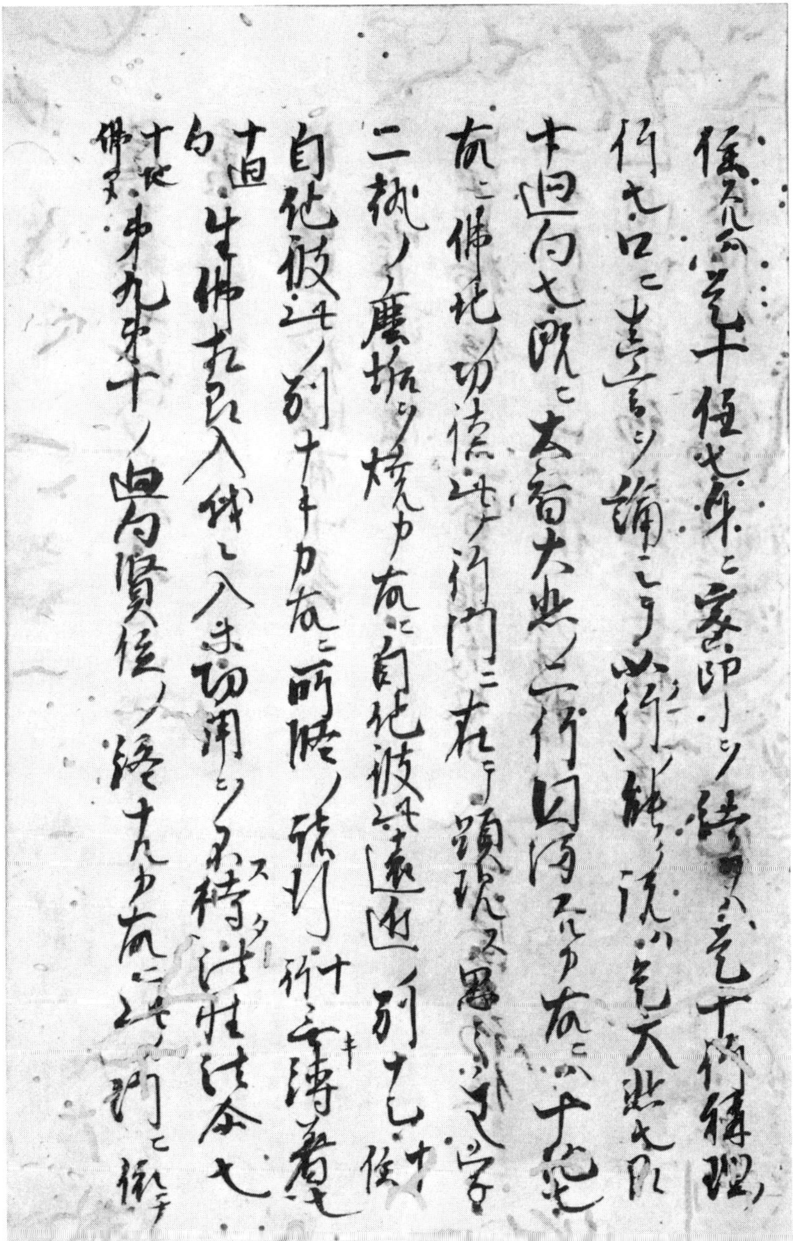

建立スル也。彼ノ外ハ九ツ也云

畧之

依大乗定位略有十義

一 唯識五位

一資糧位　三賢　煩悩伏ス　今十住當初位

二加行位　四善根　煩悩ス

三通達位　初地入心ニ種見道

四修習位　従初地住心乃至金剛無間　十地

次究竟位┬入金剛心後
　　　　└得脱道　──　佛果
二依構諸出世立四位
一勝解行位　十住　至賢　今十住當初住之初
二見
三修　与五位中同後三〻
四究竟
三依瑜伽四十七位立十三住
一種姓住

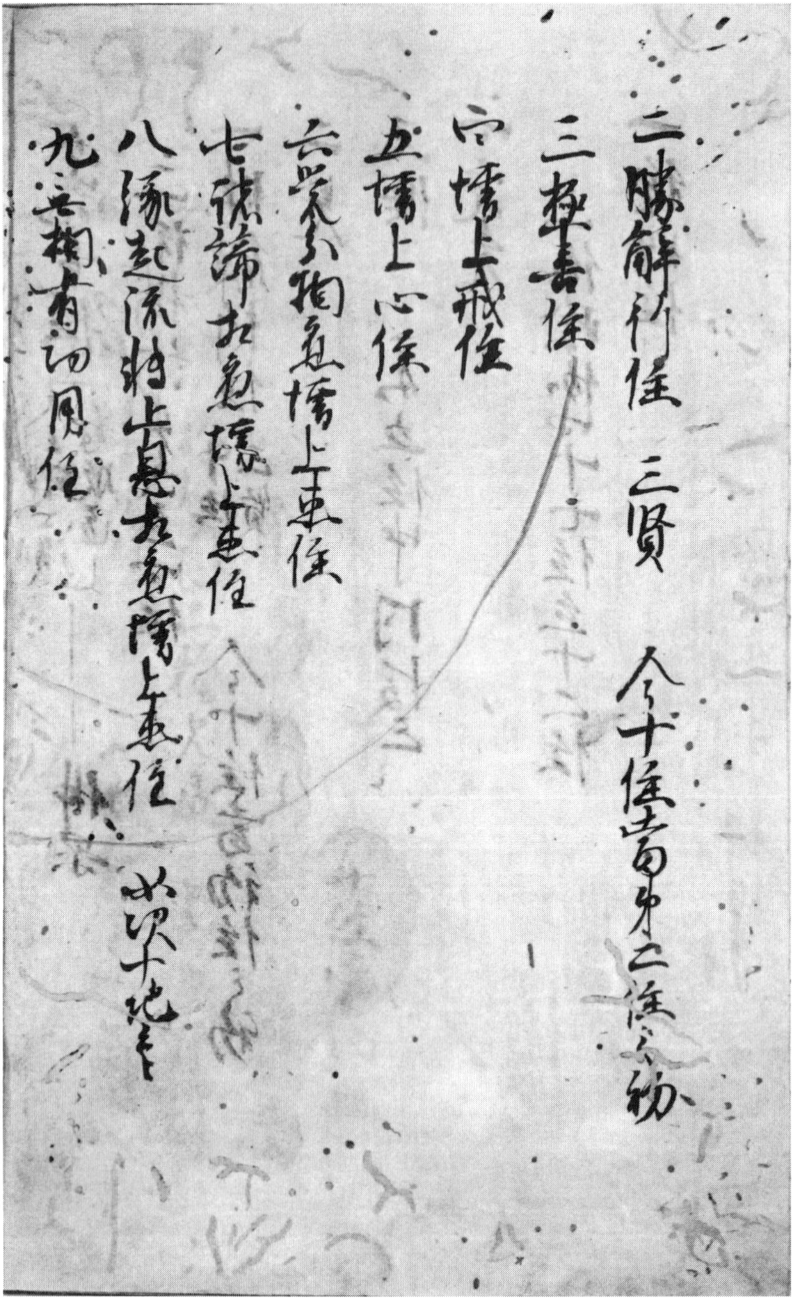

二勝解行住　三賢　今十住當第二住之初
三極喜住
四增上戒住
五增上心住
六覺分相應增上慧住
七諸諦相應增上慧住
八緣起流轉止息相應增上慧住　以上七地
九無相有功用住

十无相无功用位
十一无礙解位
十二最上𦬇位
十三究竟上乗位
以依瑜伽中卌九及顕揚中七攝十三住立七地
一種姓地
二勝解行地
三浄勝意楽地
前三住

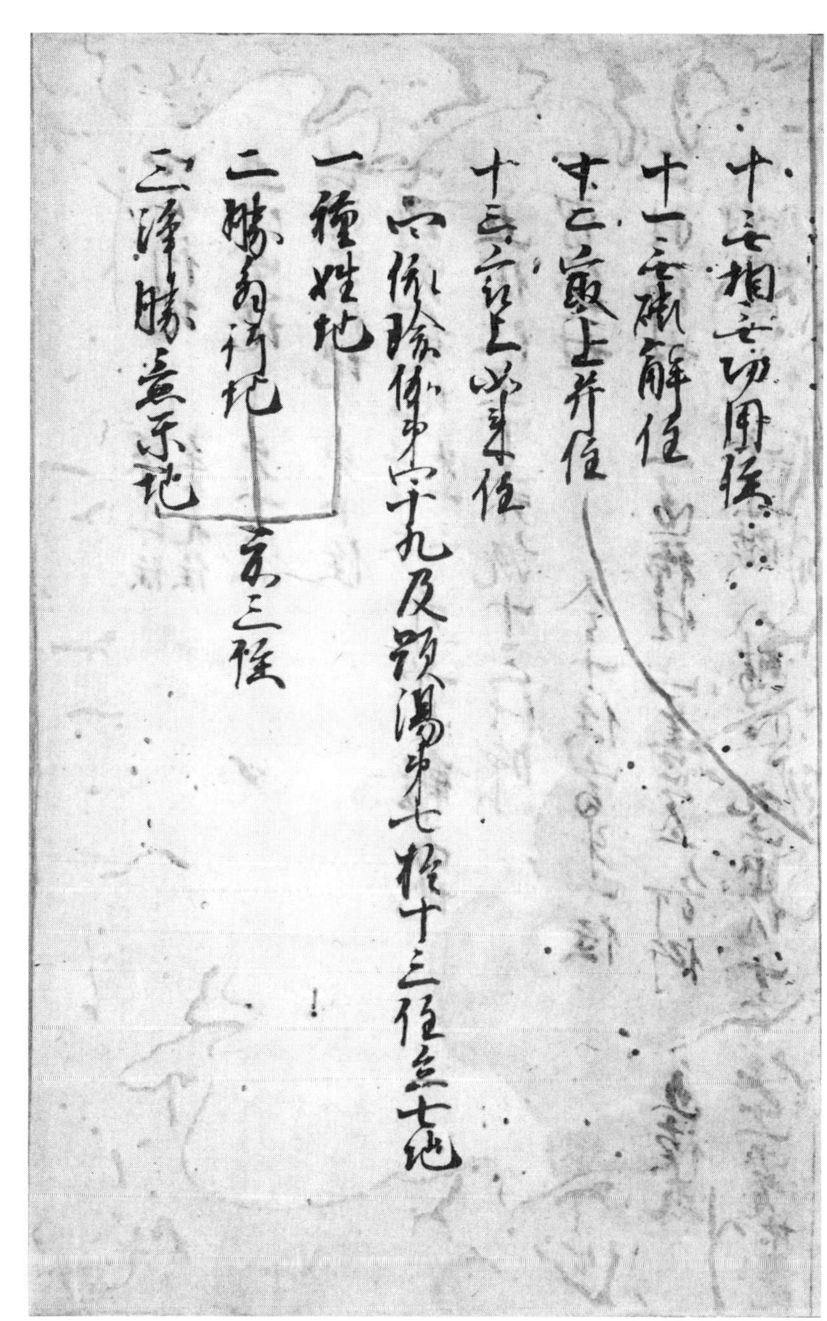

四行正行地　従第四住至第九住
五決定地　第十住
六決定行地　第十住
七到究竟地　第十二　第十三　并如来雑因地
五依仁王下巻説十三法師
一習種性　今十信当第一住
二性種性　三道種性　四善覚人行衍　五徳慧
六明慧∴　七爾焔　八勝達　九常現　十玄達　十一等覚八地

十王支分事　九地　十三觀行菩薩　十地及仏地十三歟　七
未覚

六仁王上巻説五忍

一伏忍　上中下　三賢　又〻十住當伏忍下

二信忍　初地 二地 三地　配及人会中十五忍〻

三順忍　四地 五地 六地

四無生忍　七地 八地 九地

五寂滅忍　十地 等覚 妙覚

七仁王五有五十二位

十信

十住　ヒ十住當第二

十行

十廻向

十地

等覚

妙覚

八　依瓔珞有六十二賢四十二位

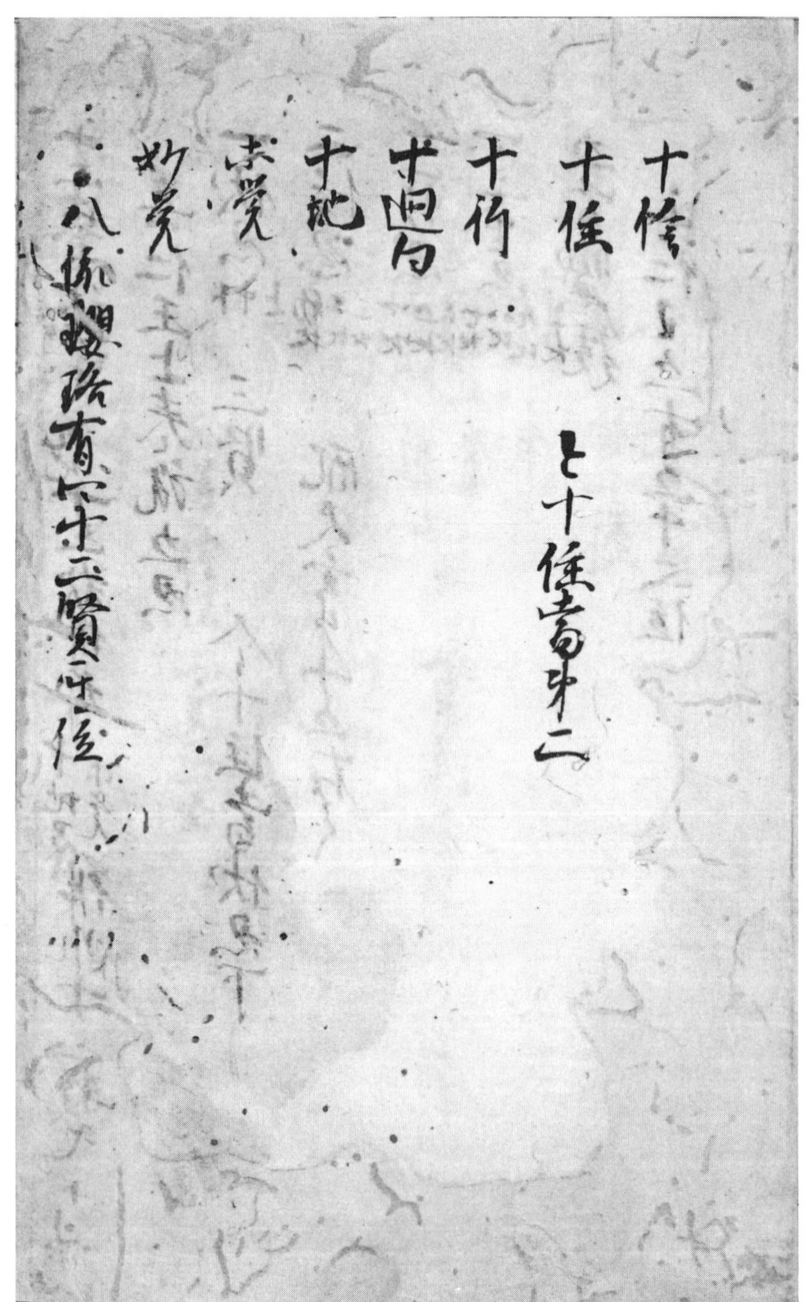

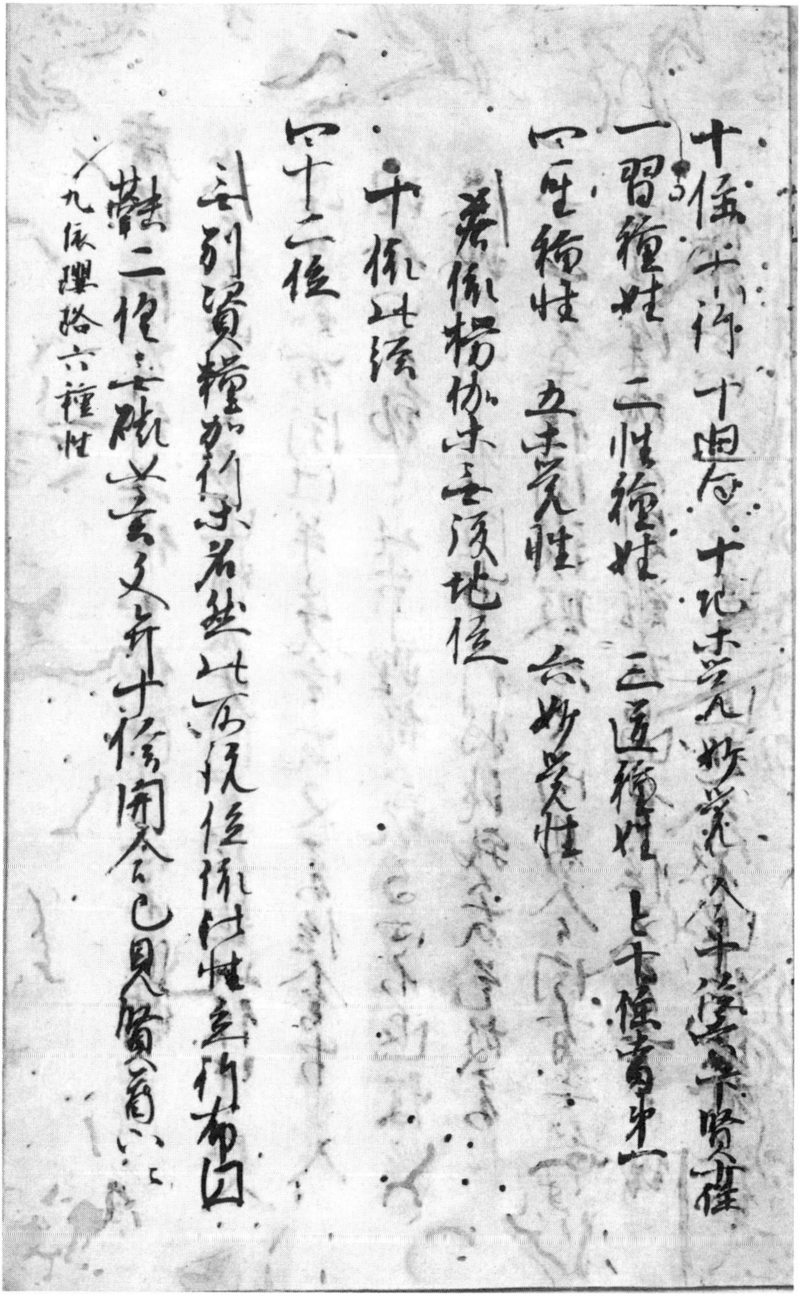
十住　十行　十廻向　十地　等覚　妙覚[illegible]
一習種性　二性種性　三道種性　已上十住當中也
四聖種性　五等覚性　六妙覚性
若依楞伽不立須地位
十依此経
四十二位
云別資楞伽行不若然此不說位依住性立行布門
難二俱〔是〕依華厳文許十信開合已見賢首云々
九依瓔珞六種性

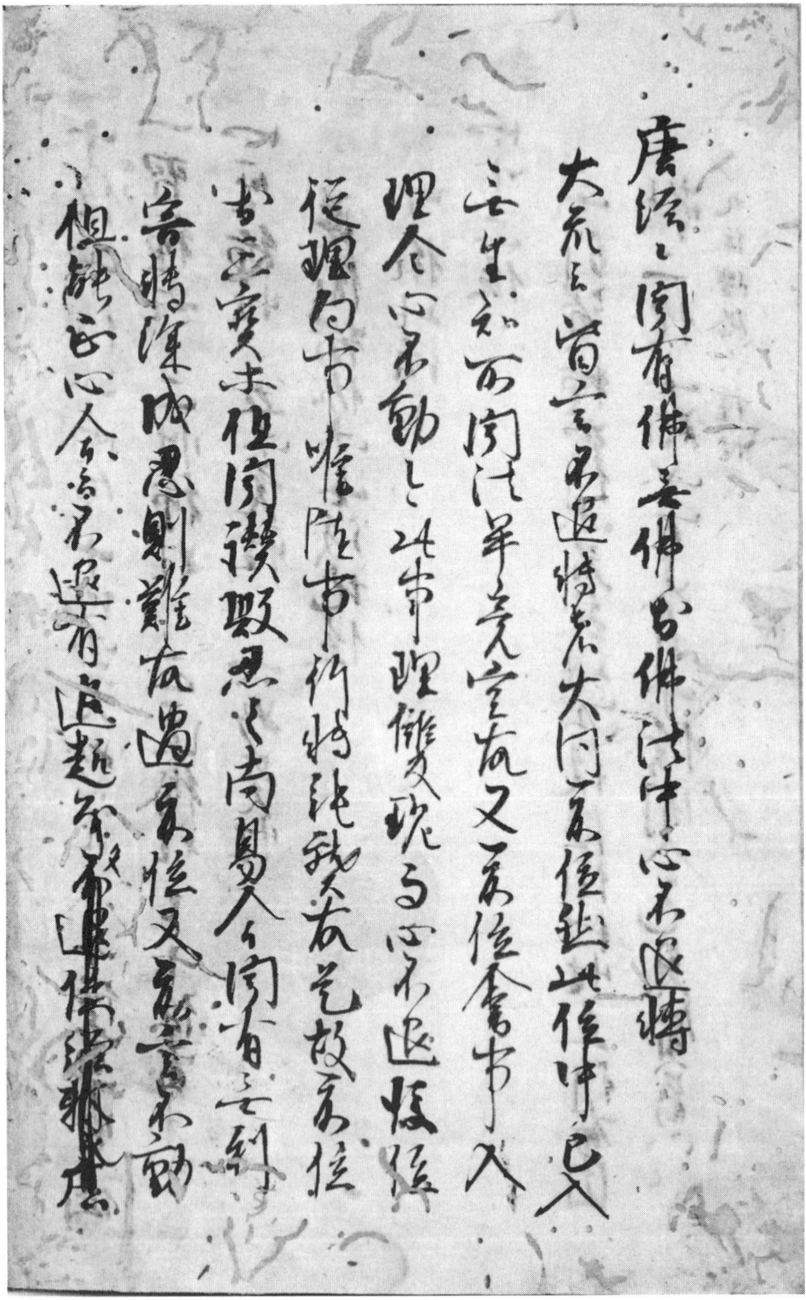

華厳云遍修諸叡七處並經疏

問此發ノ意初發心時便成正覚ト云ヘルハ何ッ十信

位満即成佛歟ト云ヘ也答初發心時便成正

覚ト云也第十信ヲ進テ出文又ハ云ト七十住ヲ説テ説リ

ヲトニハ知ニ一切法即心自性具足恵心不由他悟ト云

八十經ニハ成就恵身不由他悟等ト云故ニ余教ハ

竪ニ長ク次位ヲ階歴シテ信住行向地ト上ヘテ

説リ横ニ一切教ノオクル也円教ノ意ハナロク現テ

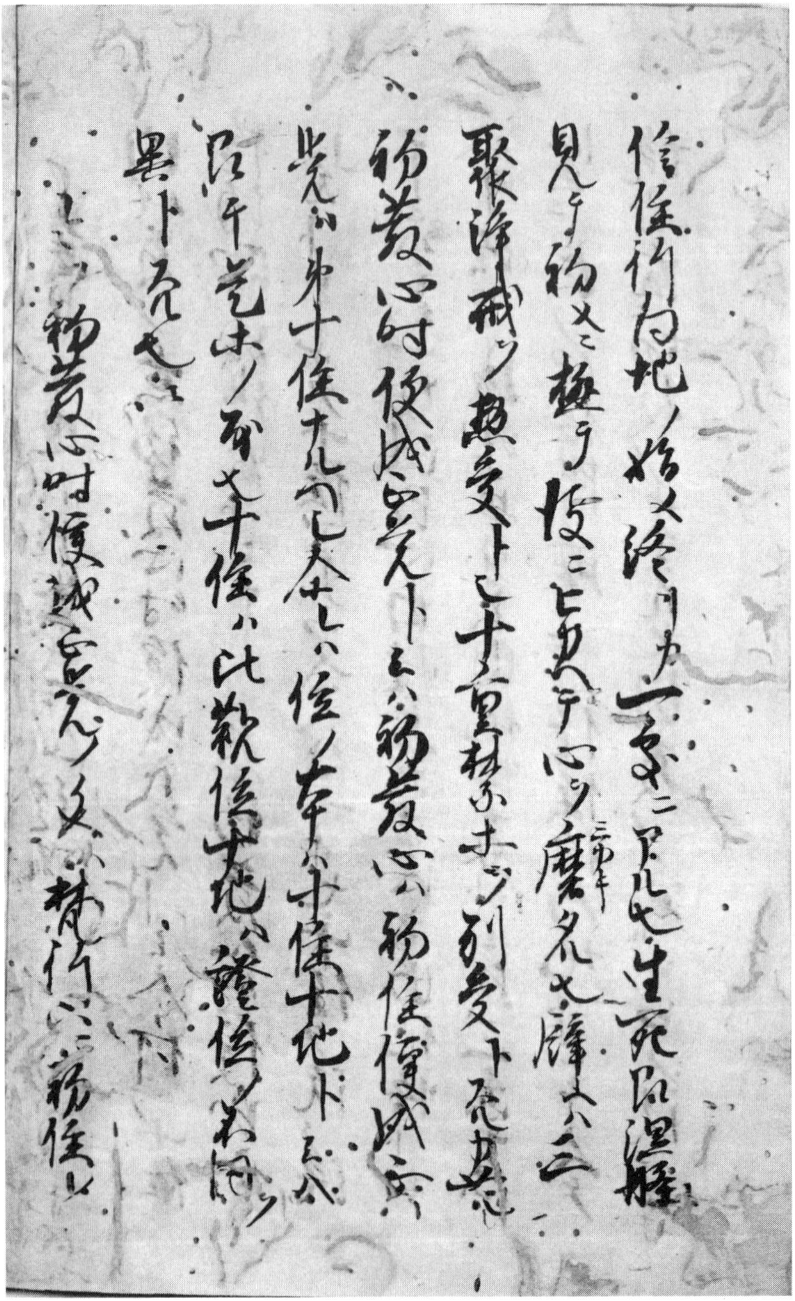
信住行向地ノ始ヨリ終リカ一念ニアル也生死即涅槃
見ルニ初メニ極テ後ニ亡見ニ心ヲ磨名也辞ハ三
聚浄戒ノ無受ト云十重禁戒ヲ列受ト云也
初發心時便成正覺ト云ハ初發心ハ初住便成正覺ハ
此ハ第十住ナルヘシ今ナレハ位ノ本ハ十住十地ト云ハ
即千覚未ノ砂ヲ十住ハ比観位十地ハ證位ノ都ニ
異ト云也云
初發心時便成正覺ノ文ハ精行ニハ初住以

成仏ヲ顕ス文七

裏云

梵行品第十六之 唐経 巻八

経云初発心時即得阿耨多羅三藐三菩提

大疏云上言疑得疑在何時有二答云 初発心時

行法現前證無上菩提

経云知一切法即心自性

釈云亦无前後因何故是初心為始究竟為終

何以初心便成正覚者、上釈云、知一切法即自心性名
覚法自性即名為仏、故経云、仏心是有他正覚
以世間断即説也、断則菩提覚開発云菩提非菩
提云菩提也、何修現前云指史仏智非離情
習遠情已智現則一時非遠既云知一切法即
心自性則知此心即一切法性令理現自心即心
性已備云々、委在文疏矣
頌云、成就法身

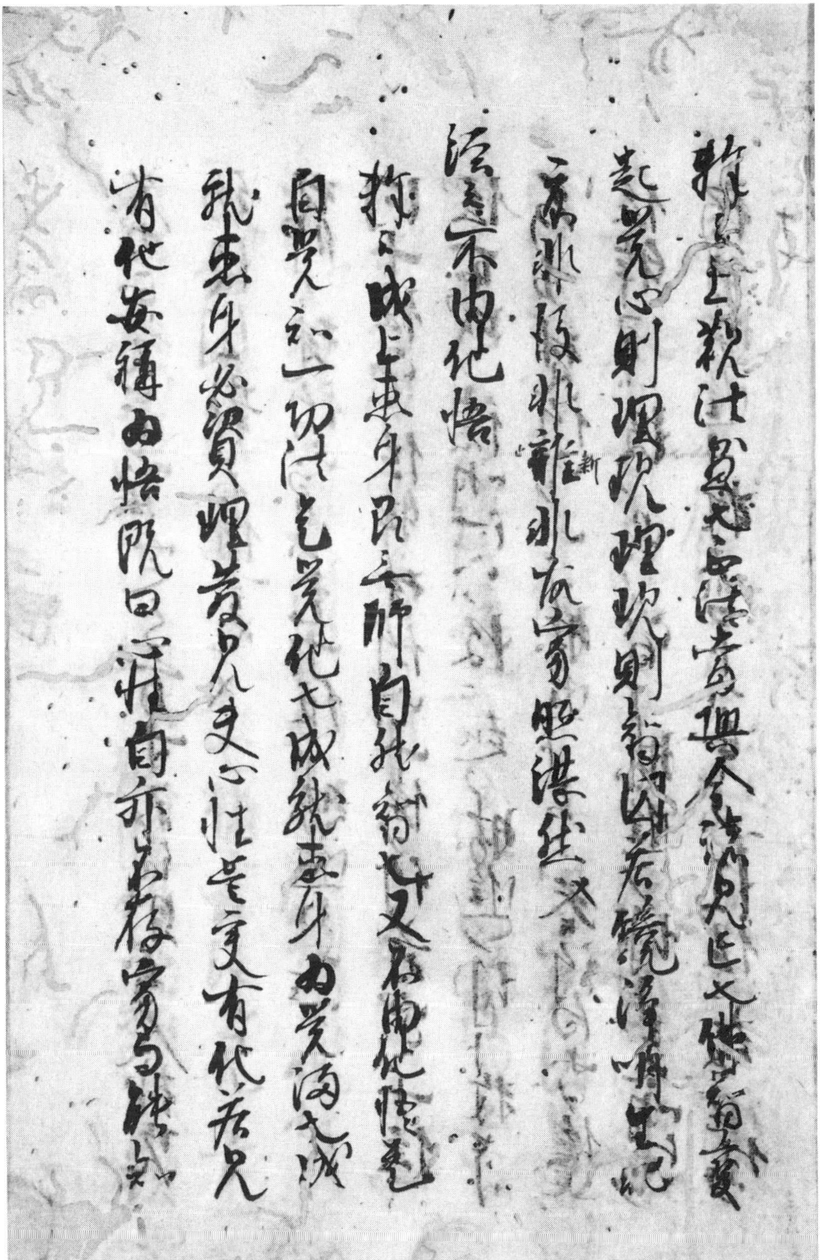

若向上無之唯進之方寸不知則尋人執取

初後同離不得也文

勝之梵行ハ尋ハ第七十住ノ勝進分也

問十住ハ住梵行ハ十住ノ行發心ハ十住

住下成ノ德明法ハ後ニ起ノ勝進ノ行ト教ヘリ

為ノ梵行ハシテ以ノ勝進ト云ヤ　答行向未ノ住モ

住梵行後ノ德ハ皆十勝進ノ行ト見明ス

相勝進ト教スル事ハ爲也後位ニ知故從得

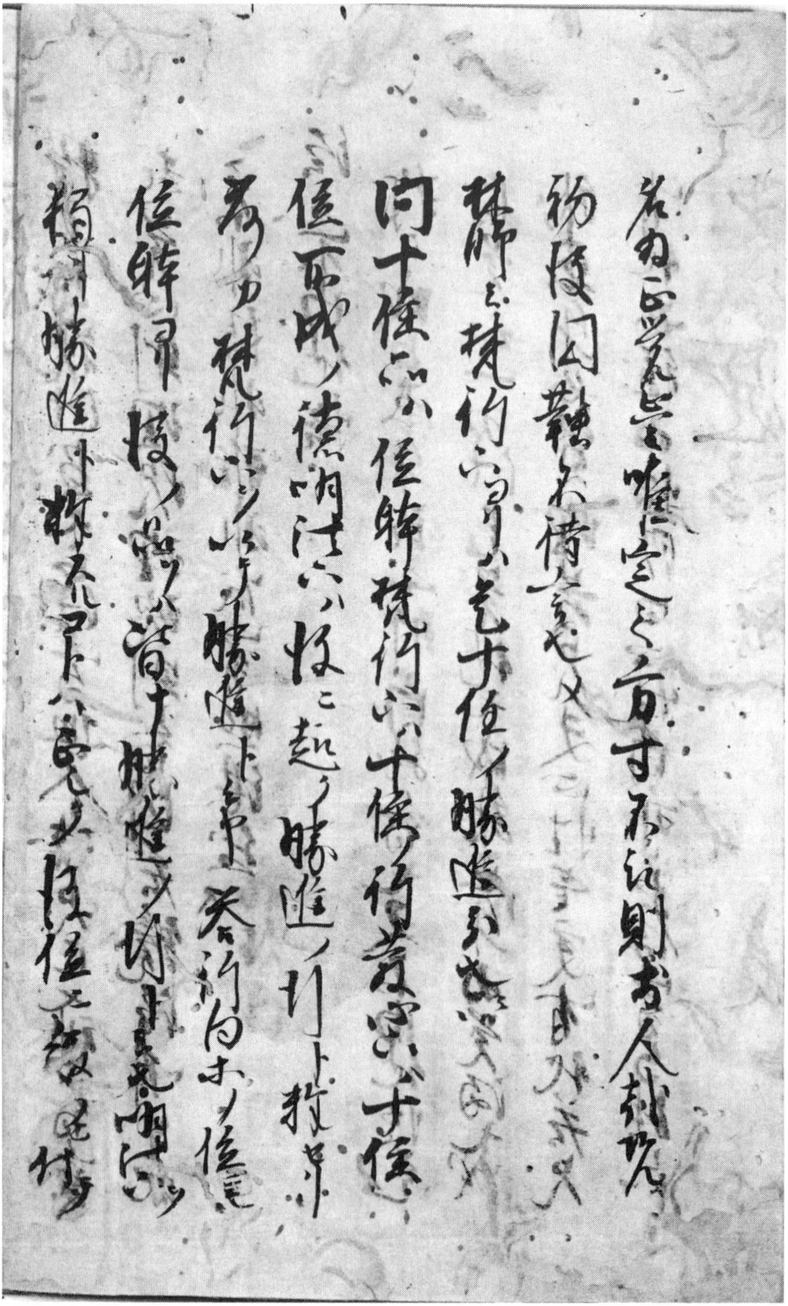

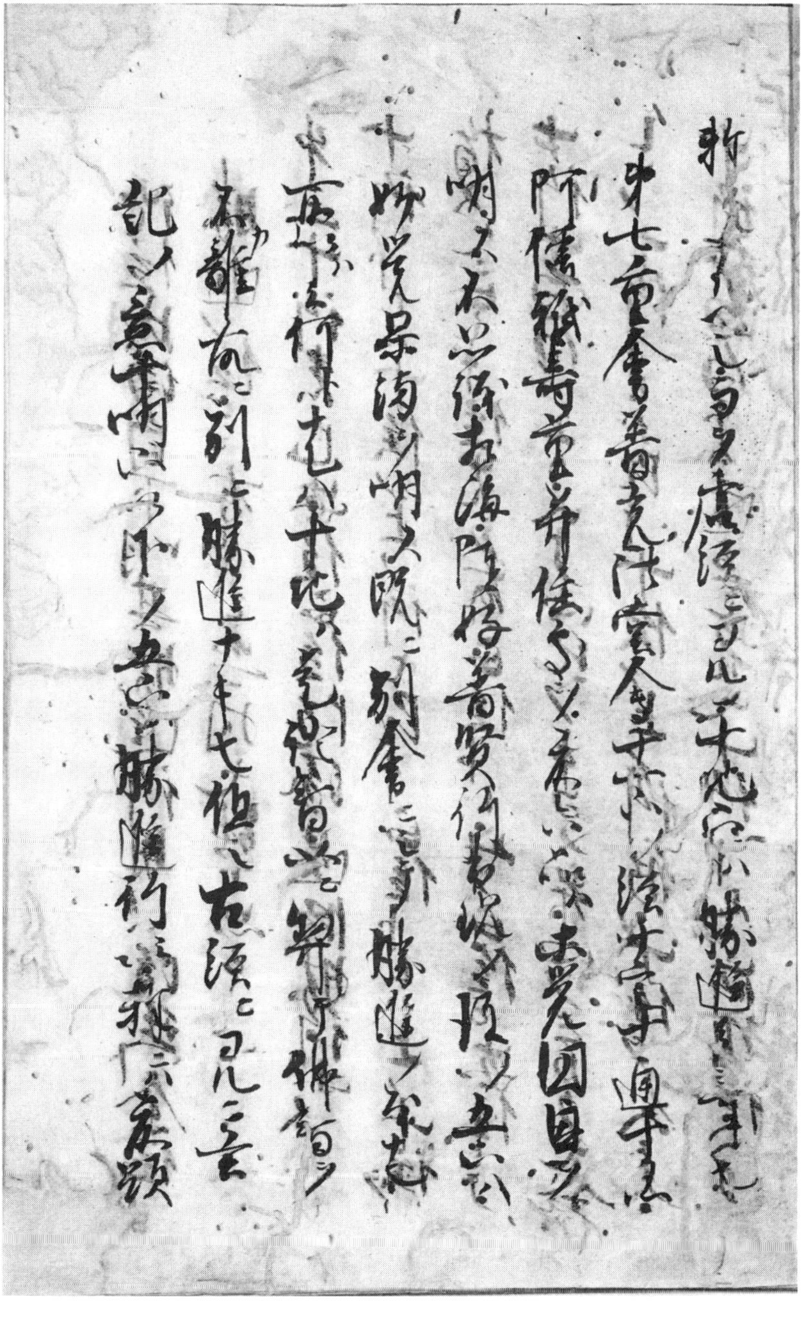

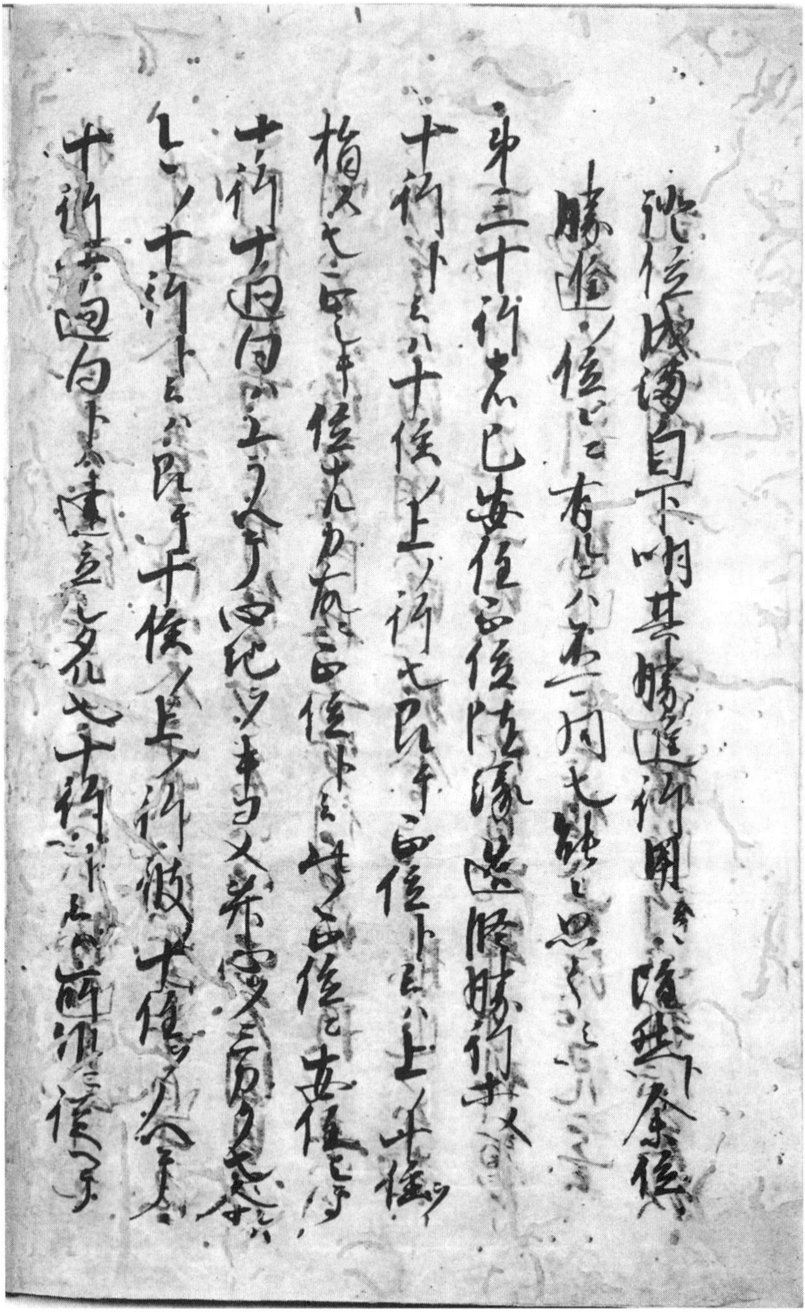

若人欲知十住十行十廻向ハ皆十十度ノ行シテ十ノ名ニ
皆ノ十重ヲ名ル也
問已安住正位ノ上ハ位下ヨリ上ノ十住ヲ指也ト云ハ余
深妙中事十行ハ歩此一釋ヲ上由致此義人正
説互顯ナル時自分正位勝行時修進勝自在ナル
行ヨリ云也又ハ自分正位ト云ヲ上向位ヲ修ノ自分
位ト見ルヘキ約ヲ云ニ上ノ有勝ノ中ノ立位安住ノ文
自分ノ深要ト云ヘ問ヨリ路ルニ自分正位ノ約ノ其ヲ

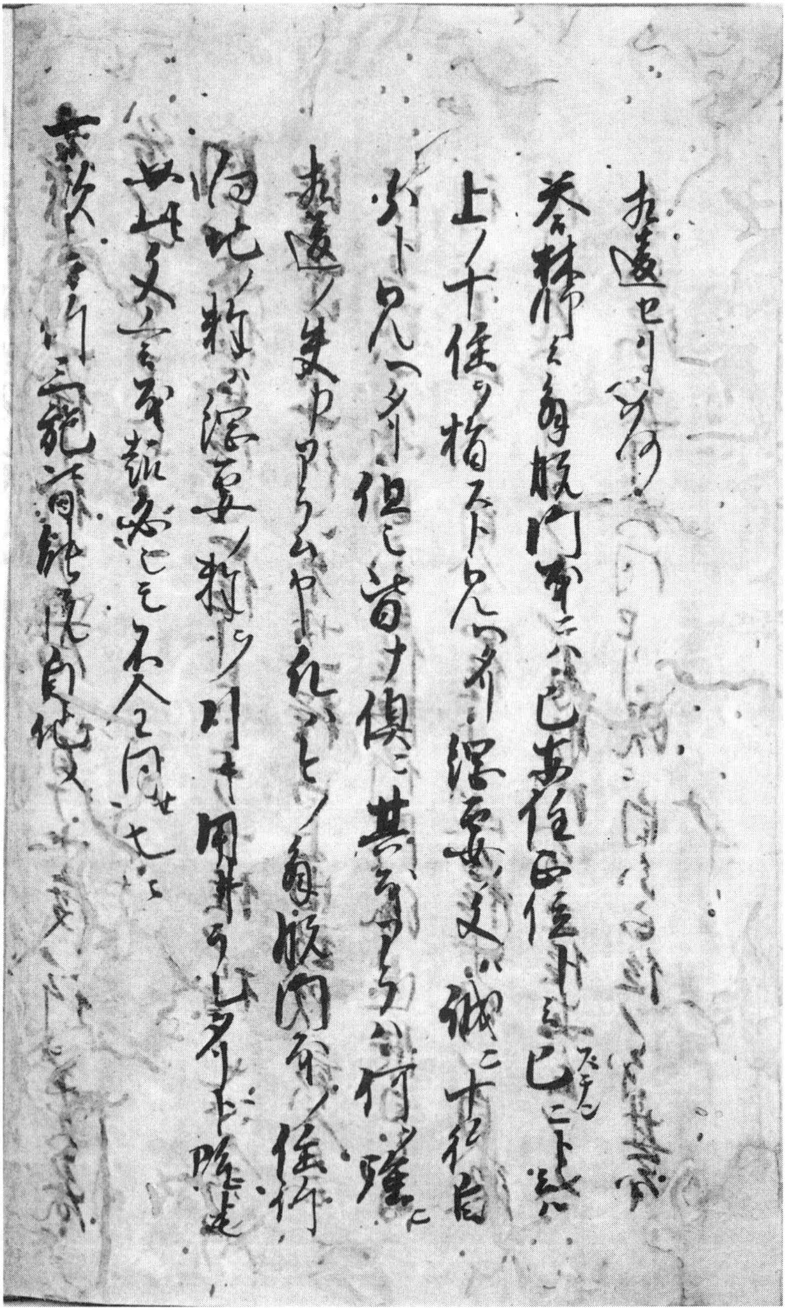

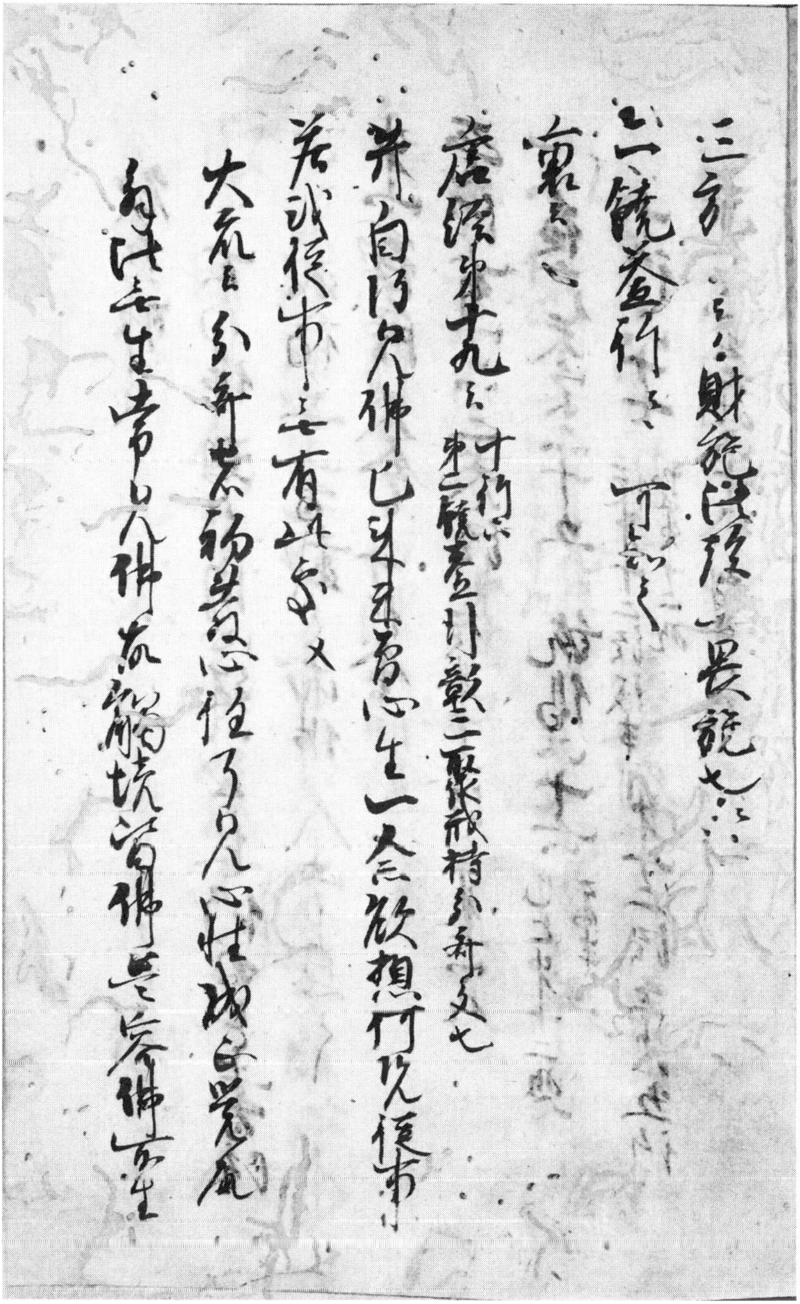

三方〻〻財施法施无畏施文〻〻
二ハ鏡益行〻　可〻知〻
甯〻〻
唐経第十九〻　十行品　第二鏡益行歎三聚戒精分奇文七
并自行及佛己具足無心生一念欲想何况從中
若我從中亦有此〻文
大乘〻分齊若初発心住乃凡心性識〻覚風
自他共生常〻入佛家於諦境得佛甚深佛家生

釈五部 文
十方佛想々内心縁以必安仍有上書隆
兆指安書載々求佛人常忠々
第四夜摩天會　十行會
晋経有品三巻経　從第十二経至第十四巻
夜摩天宮品第十五　說偈品第十六　已上第十二巻　一品半
十行品第十七　從第十二経後半　至第十三巻　第十二経至十八五行
十無盡藏品第十八　第十四巻

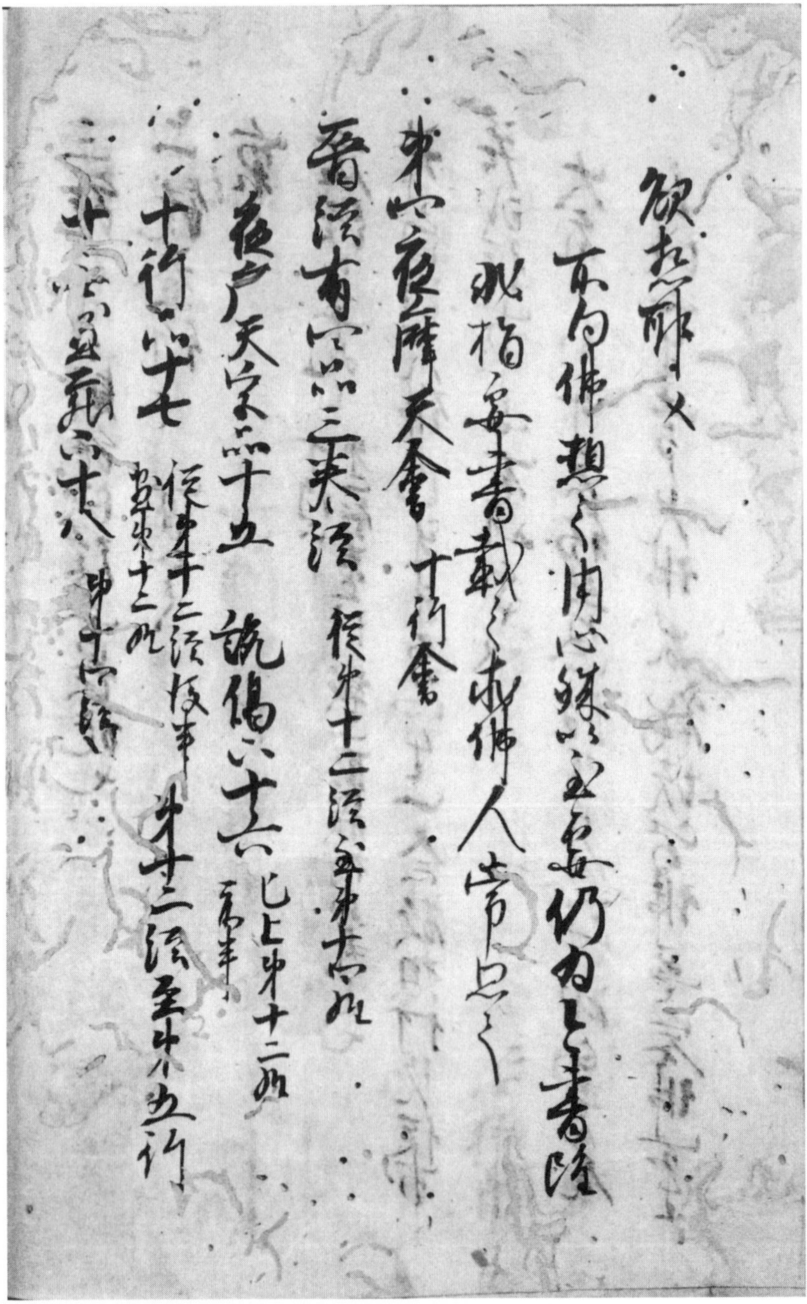

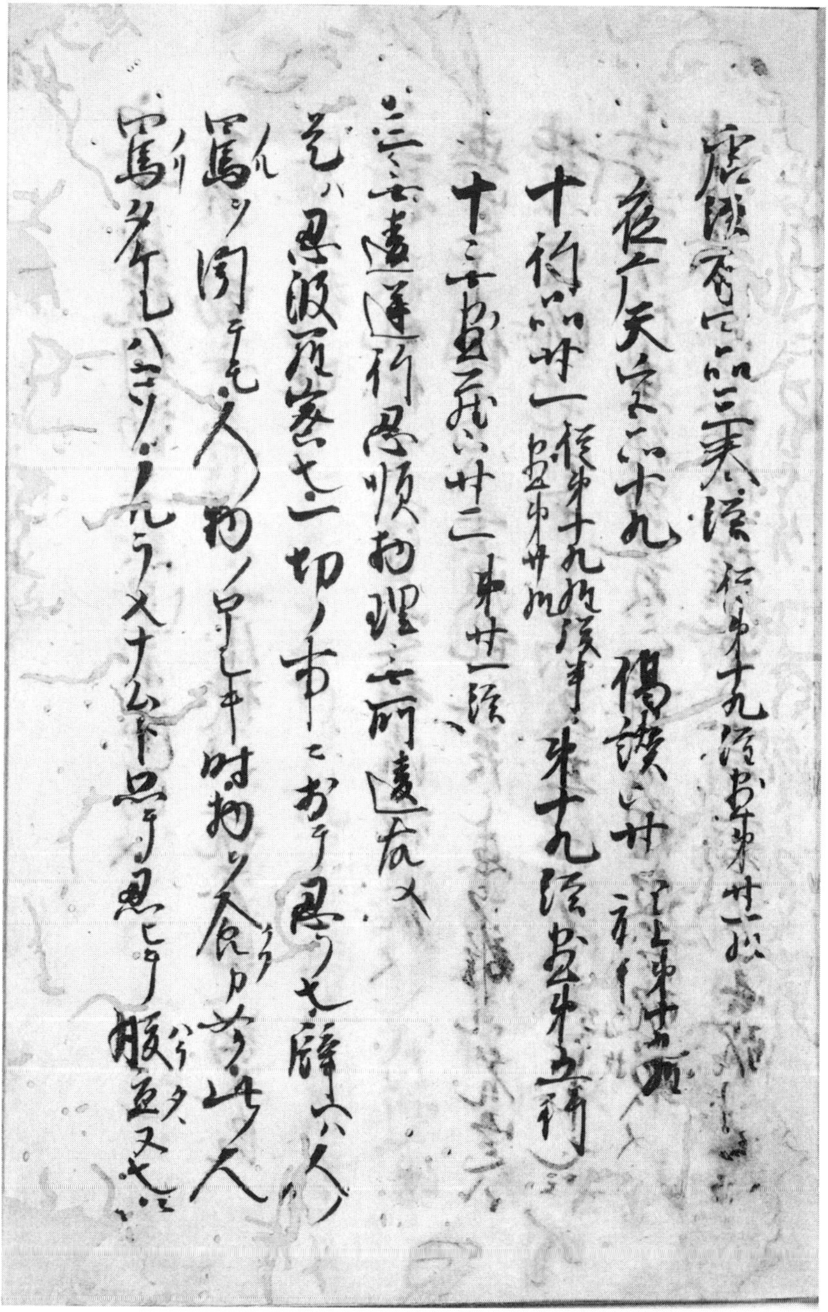

四ニテ勇悍行勤ニテ怠退不ル羸弱 又
大乗ハ勤ニテ怠退者ニテ勇悍ト、悍者曲也弱也已
無倦精進也ト、
五離散乱行ト是實定離沈掉者 又
是定ト慎也ハ云散乱也、若ハ是ヲ離ル名定ト
甚ノ字沈ム也、定中是ハ又甚字ン由ハ沈掉也ト
六善現行是純照善及ニ歸ス理般若現前故 又
清字ト云ハ瑜伽ハ權要ニ云善現ト云々

と云此理ヲ顕ス門ナリ二諦ト云ハ世諦勝義與ナル義

題也ニ

此菩薩行不滞中理遠離稠林及鐵石尺ト

是ハ十度ノ中ニハ方便度ヲ明也方便ト云ハ

離ス人ハ是レハ方ハ是方法ノ稱便ハ善巧ノ智ヲ以テ其

實ノ理ニカナヒテ善巧ニ説ク故ニ是ヲ名用ト

度ノ中ニハ智ハ體ニ約シ方便ハ用ニ約スル也

章中ニ云ク一權ヲ以テ安住心攝集諸善根又以悲智相

道行ニモ住著ニモ著シ行ニモ著ス既行既方便度也
八難得行大願下尊文也并大願方能得有也
難得行トイハ難得ノ法難得ハ純リ得ル也并大願分得トイハ
譬ヘハ地振ヘトイヘハ少々テ振ヒ花雨シトイヘハ雨ル
如也一切ノ事皆ナ此也ノ意也如ハ既ニ信ヒ深キ斗
去也人所有也ヲ信信忍動地ノ神変アリ
但シモハ信ノ終ニテハコソ生ル也セ人ハ信力ニヨリテ
動地ノヤル也遍ヨ人ヘノ心ヘルハ信忍ノ釋

義云也八信位也経十方ニ界ニ現身ノ下ニ説ニ事ニ極文
名偏事也ニ
九善法行善巧説法成就物機故文
大疏云善巧説法若善法行ニ特此力故ニ
並云也此位同第九地ニ無碍弁力以説因故此位満
後即便成仏不待餘文
十真実行言行不虚稱二諦故也文
大疏云言行不虚若真実又稱二諦故也彼

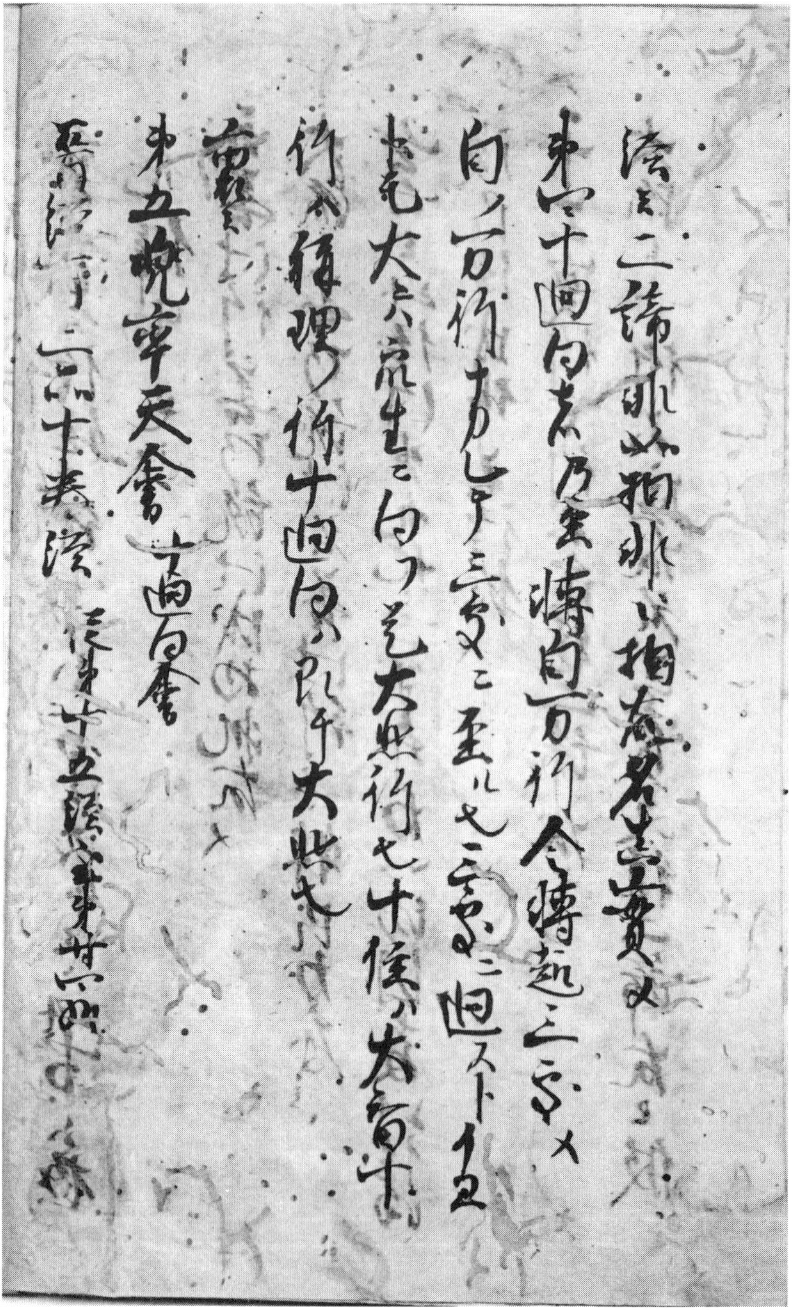

論云二縛非以相非以相應者實義
第四十回向者乃至時向回行會時起云云
向ノ方行ナリシテ三祇ニ至ル之云ニ迴ストイフ
十地大ナル流生ニ向フ也大悲行也十信ハ大旨十
行ハ縁理ノ行十迴向ハ縁于大悲也
[illegible]
第五晩夜天會十迴向會
[illegible]十五談

夜摩天宮品十九　實積八十上　第十五経

十四句品廿　依第十六経　第十四

唐経有三品十二巻経　依第廿二経　至第廿二経

兜率天宮品廿三　第廿二経　偈讃品廿四　第廿二経　二品第

十回向品廿五　依第廿三経　後第廿三　第三十二

大悲下化衆生大智上求衆生并上二陀揺九人

衆生并八邑揃七以尊家二人皆稱安衆衆生安隱

上ト有丸以月手生以安隱　力十九七衆生離丸文

前ノ

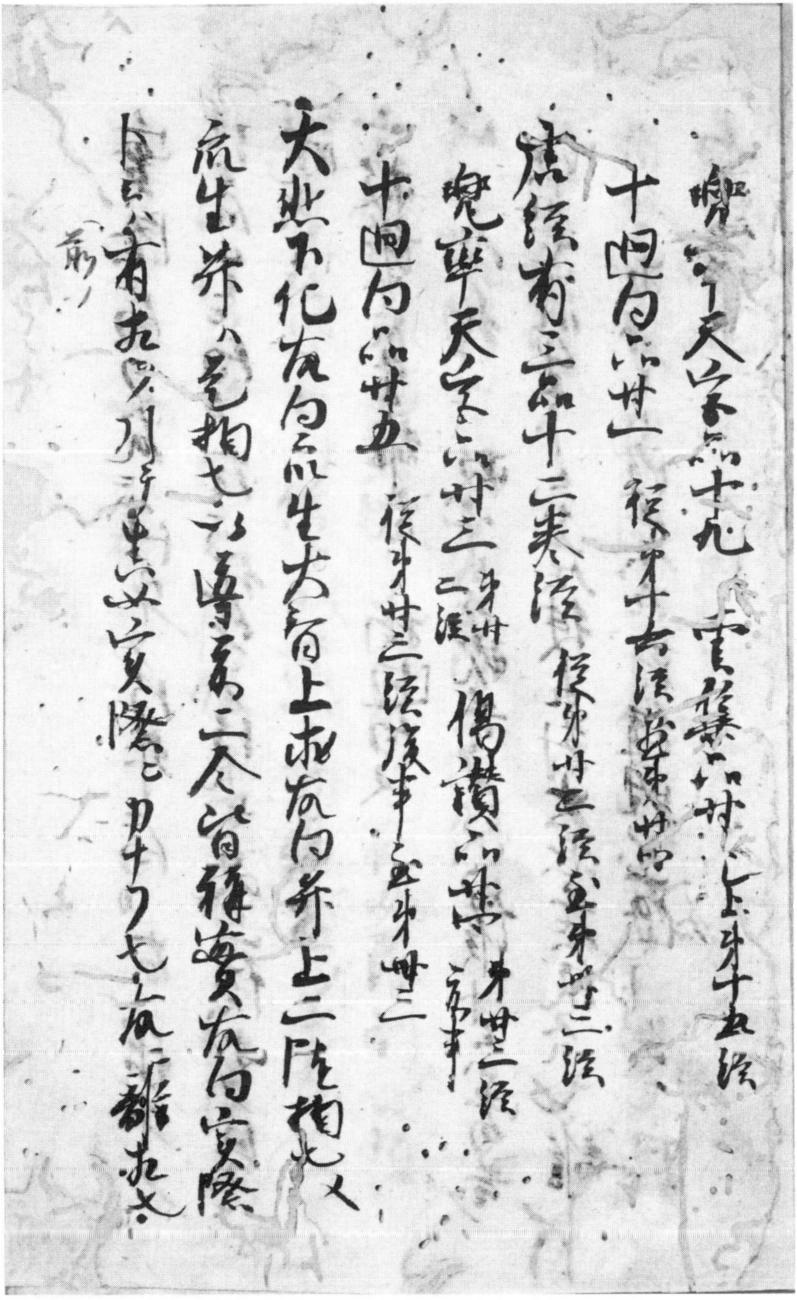

實際ニ向フ義ニハ法身ヲ得菩提ニ向カ義ニハ報身ヲ
得衆生ニ向フ義ニハ化身ヲ得ル也又三徳ノ中ノ恩
配ス云云

一救護衆生離衆生相迴向文
此ノ名ヲ釈セハ救ト云ハ既苦ヲ救ヒ護ト云ハ當苦ヲ
護ルモ云衆生ト云ハ在俗者ニ對ス大悲在俗衆七離
衆生者ト云ハ深位者ニ對ス菩薩ノ衆生トスヘキ過
句並云云

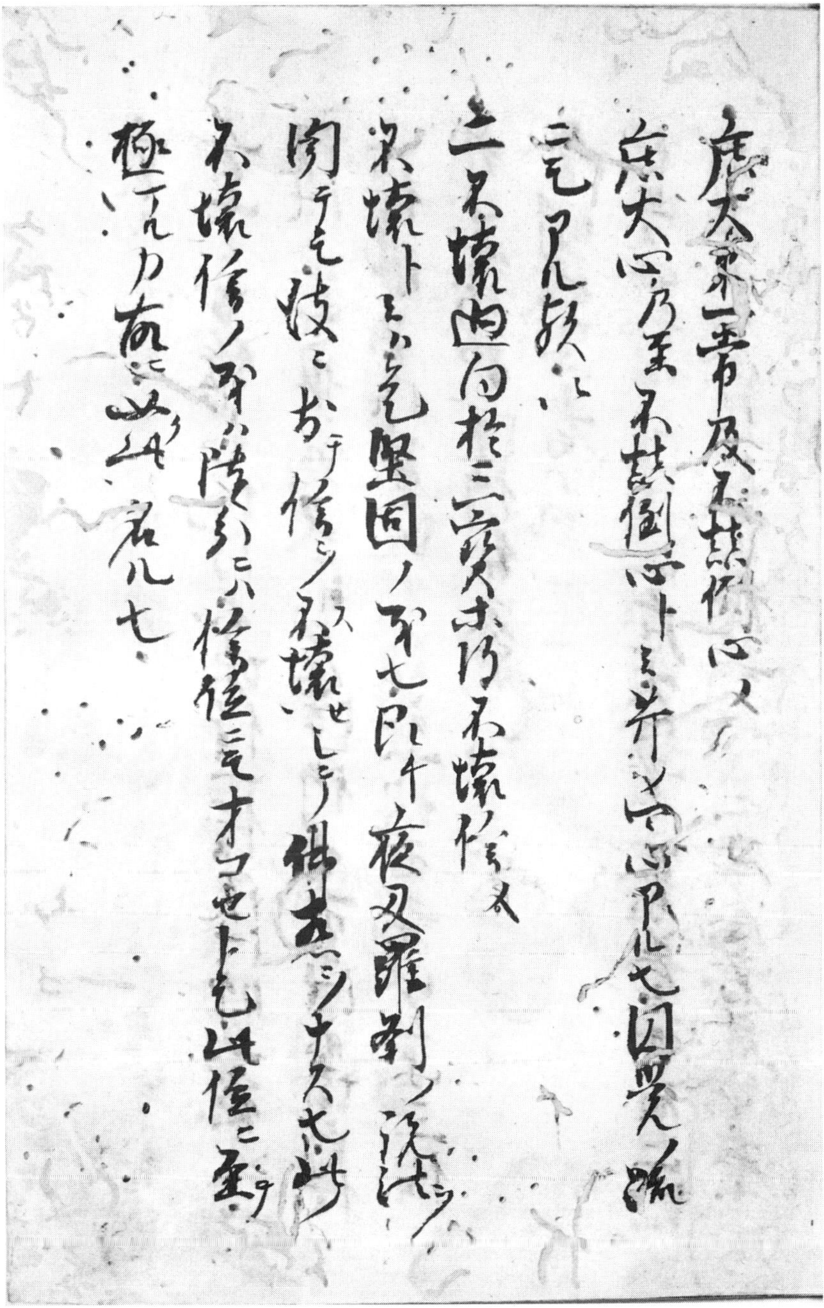
底大衆ノ一帯及不甚信心人ノ
底大心乃至不甚倒心トモ并ニ皆心アルモ因果ノ流
二モアル歟ト云々
二不壊迴向捨二一寶ヲ求バ不壊信各
不壊トハ是堅固ノ習也既ニ夜叉羅刹ノ說ニ
聞テモ法ニ於テ信ノ不壊セシメ佛ニ於テ十ノ七此
不壊信ノ習ハ後ニハ信位ニモオコセトモ此位ニ至テ
極マルカ故ニ此ノ名ル也

東大
言とヽ古雖知境巧不壞信一依流汁師女復又
流汁立起佛擔又諸久運行カ重汁不壞自信
二依佛又仍用運吸難定吹カ老止よ三依
所吾仍吹運行秘卷々市ヽ
金間護以心者
囚異昭抄キ十五・一店大心者ニ小普応有二
中近…有乃命仍仏紅上觀是故二常心者氣十上本

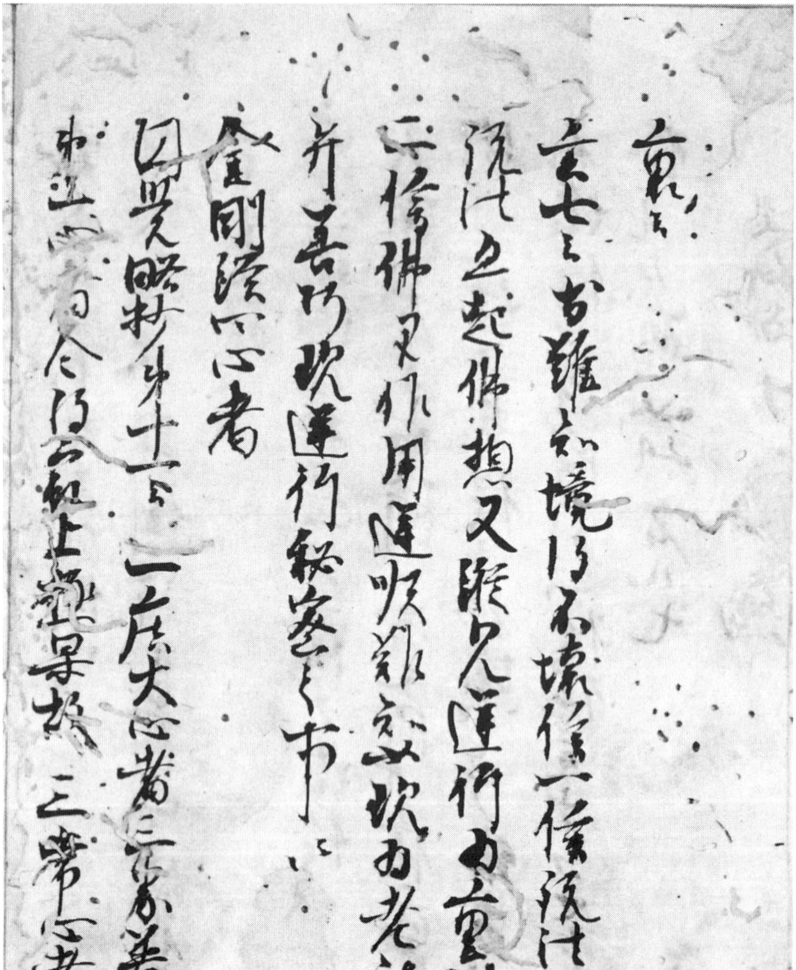

實無住不實度之性無相一不生倒也者無縁慈也
然相無所度衆生相故若有我人ハ生相即非𦬇
無人ミ下見抄七
三云一切佛出同隨學三世佛所修迴向文
此經ノ𦬇ハ讀ノ花香等ノ見人ヲハ為大佛ニ從衆ヒ
喜ケムト思フモ又讀ノ善根ヲ隨喜佛ノ三昧大悲
等ノ乗ヲ壊シ喜ケムト思テ文・譬ヘハ小兒ノ父母ノ
年ヨリ入食起シ何テ手タナテニ・スロウ引ナシテ文

モノ物ヲ与反テハ父母ニアタヲ父母ニ報シテ愛シテ
其ノ志ヲ世間ス此後ノ者モ又此モ佛ニコテ為
意業無諸根清浄ニシテ歓喜悦楽スルコトシノ
諸此ノ楽ヲ得ル時反テ又心ヲ以テ諸佛ノ三昧
解脱等ノ楽ヲ増シ長セラムト思フ七種ノ意説ニ之
問答アリ云々
又ハ此一切佛出同ナリトモ諸佛モ諸佛ノ普現色身ヲ供
養セムト思フ又流ヒ給シ給ヘル佛モ滅セムト思フ

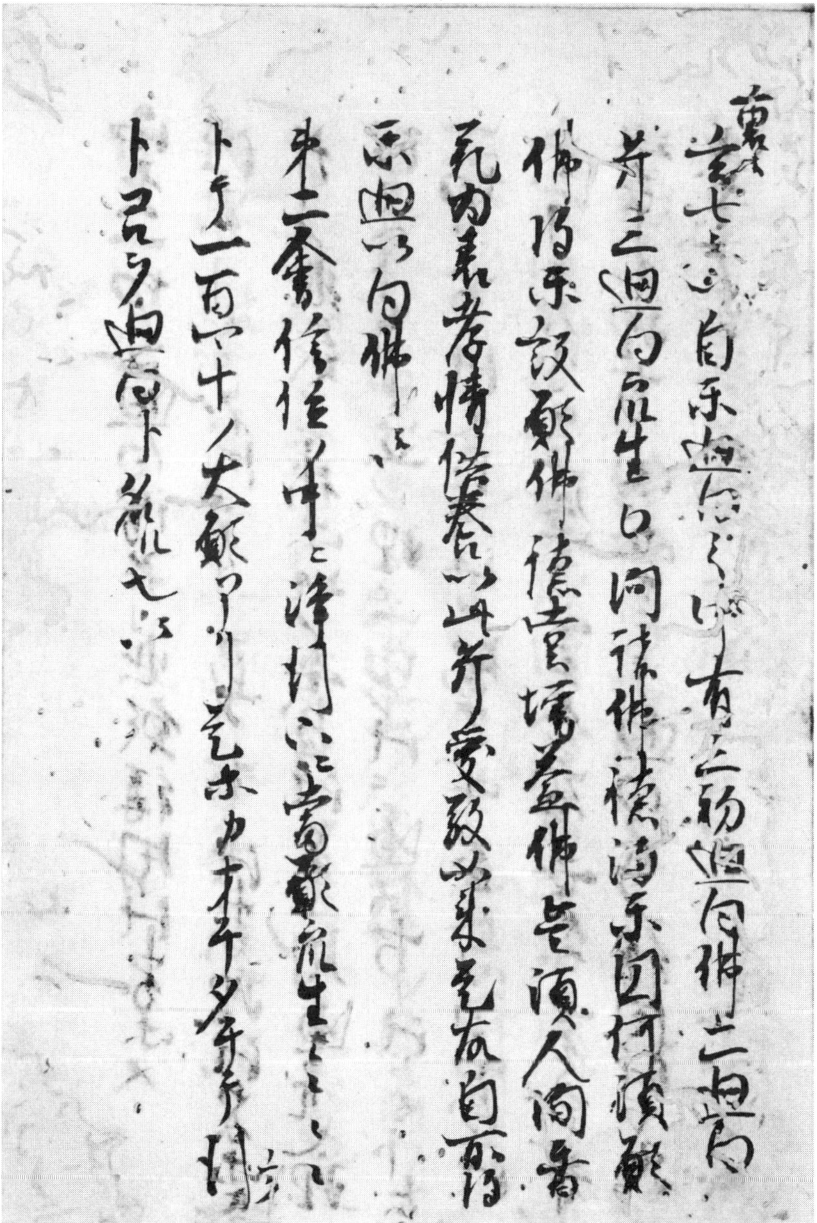

空是一切處遍句謂并此類縛周法界等文。
法界ト云ニ不同アリ。既ニ第一法界理法界等也。
并ノ此類善根等此ノ無盡法界ニ周遍スル也理
法界ト云ハ妄立ノ理ニ一切ノ法ニ遍ス第一法界ト云ヘリ。
一切ノ第一法是既ニ此ノ賜見等ニ並ルヲ三無盡法
界ト云ハルヽ也。屡三無盡ノ在ニ無盡三無盡也并
此無盡理第一法ニカキヒテ遍句スルノ縛周法界
云也。

五之十重以信成ロ句ニ依テ縁ニ無盡境乃至得十無盡義
十无盡トニハ依成懺悔関中ノ十无盡ニハアラス
是ハ得已入佛ニ無盡蔵得入法界ニ無盡蔵ト云
無盡ノ十句已上ノ七ヽ上ノ十住ノ中五住ニ因円融ノ
位也第六住ヨリハ又第十灌頂住成佛ノ果ニ向フト
云カ如ク入ノ内句ヲ説テ十無盡ノ果ヲ得トハ見タリ又
中第五ハ因満ノ前也第六ヨリハ又第十ニ向フ也云云
衆云

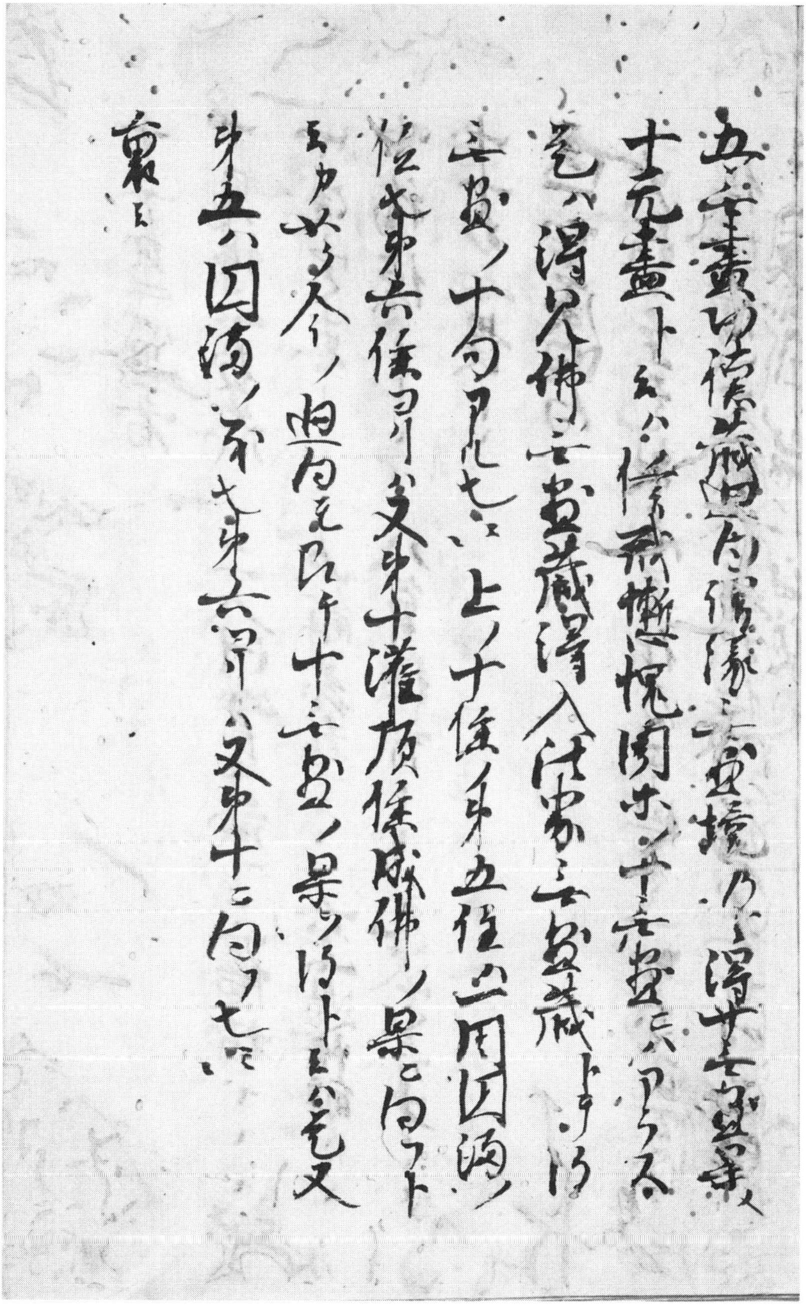

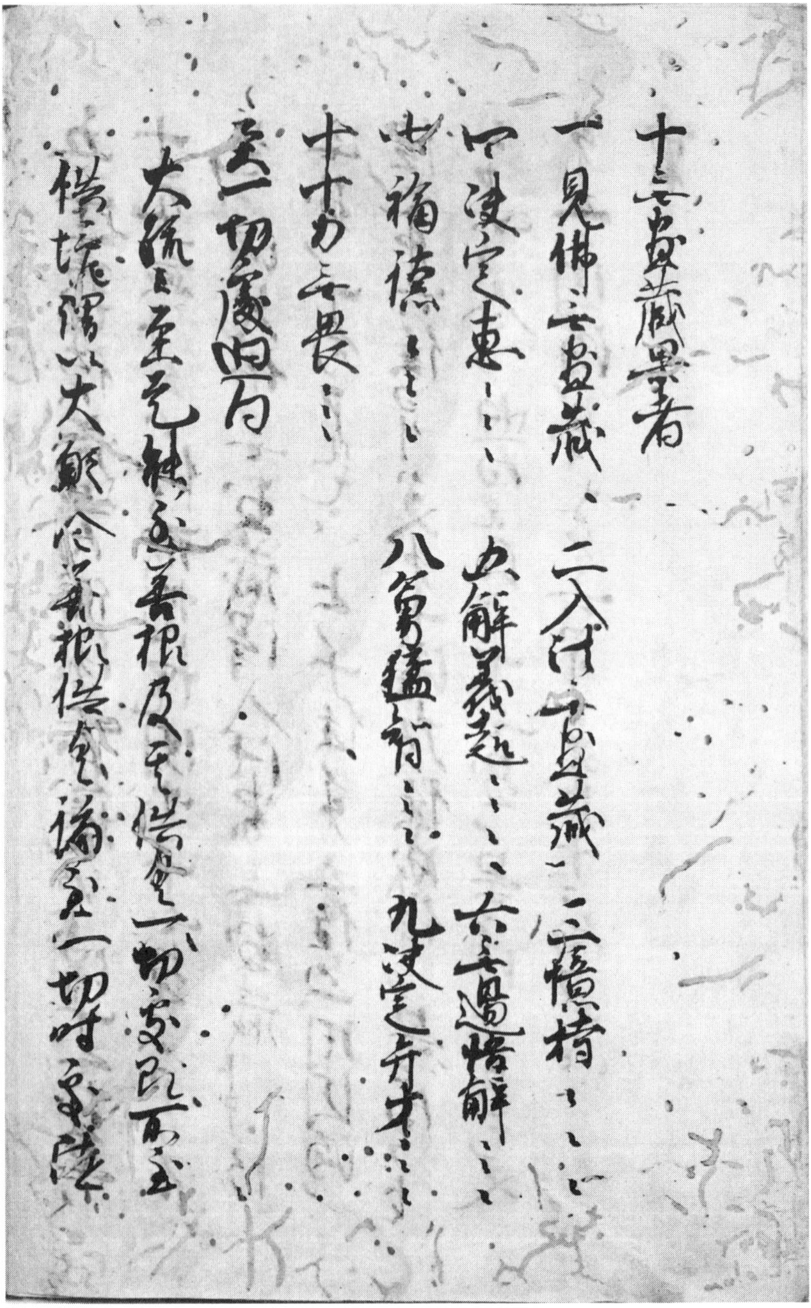
十无盡藏畧者
一見佛无盡藏 二入佛无盡藏 三憶持云々
四決定恵云々 五解義趣云々 六无邊悟解云々
七福徳云々 八勇猛智云々 九決定弁才云々
十十力无畏云々
文二切處内句
大疏云是色[illegible]善根及定恵一切處[illegible]可云
[illegible]以大[illegible]論云一切時處[illegible]

百ニ息得ト諸攝伏大菩薩云云　以智慧力入一切佛
國中ト供養一切佛所云云　以智慧力及善根力ニ二攝
資故雖偏無又
虚空界世界云云　譬如實際無處不至一切物無一切
處同　乃至一切総無音聲文
疏云　如實際者　謂一切法本實際　為云不在一切物
者　謂凡是有形物普徧皆名一切有形無不知云
六随順堅固一切善根迴向品云

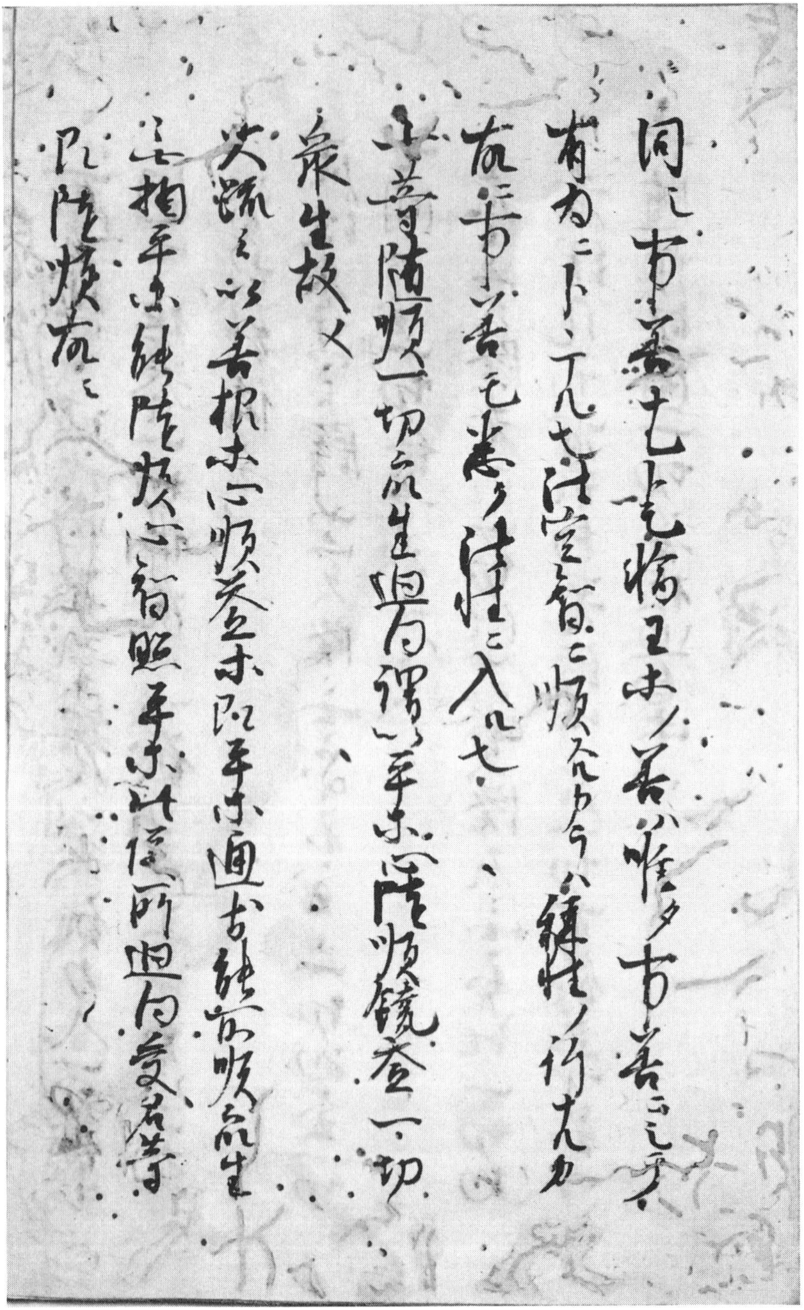

問フ有漏善モ是将来ノ善ハ唯タ有漏善ニシテ
有為ニト、アルモ法空智ニ順スルカ今ハ纏性ノ行ナルカ
有ニ有漏善モ終ニ法性ニ入ルモ。
答菩薩随順一切衆生廻向ノ習ハ平等ニ随順鏡登一切
衆生故也
文疏ニ云以善根平等心順衆生平等随平等通古純衆順衆生
是摂平等純随順心智照平等所回向受者等
ニ随順スル也

八真如相迴向謂善根ヲ如ニ稱如虚空無盡也
善根ヲ稱如ト云也空ヲ所如トスル也經ニ譬如虚空遍一
切衆生ニ有為際善根迴向亦復如虚空遍一切衆生ニ
有為際ト云テ譬如虚空〳〵ト數十ノ句アリ
見ル經文也然ニ有漏人天ノ善根モ盡也ノ用大ト云
カタカラハ用トナラルレトモ然ニ人天モセシハ果ハ人天ニ
トモナル今ハ今不然ニ善根ナルカ故ニ善根モ無盡也
九無著無縛解脱迴向謂不為摂縛云々

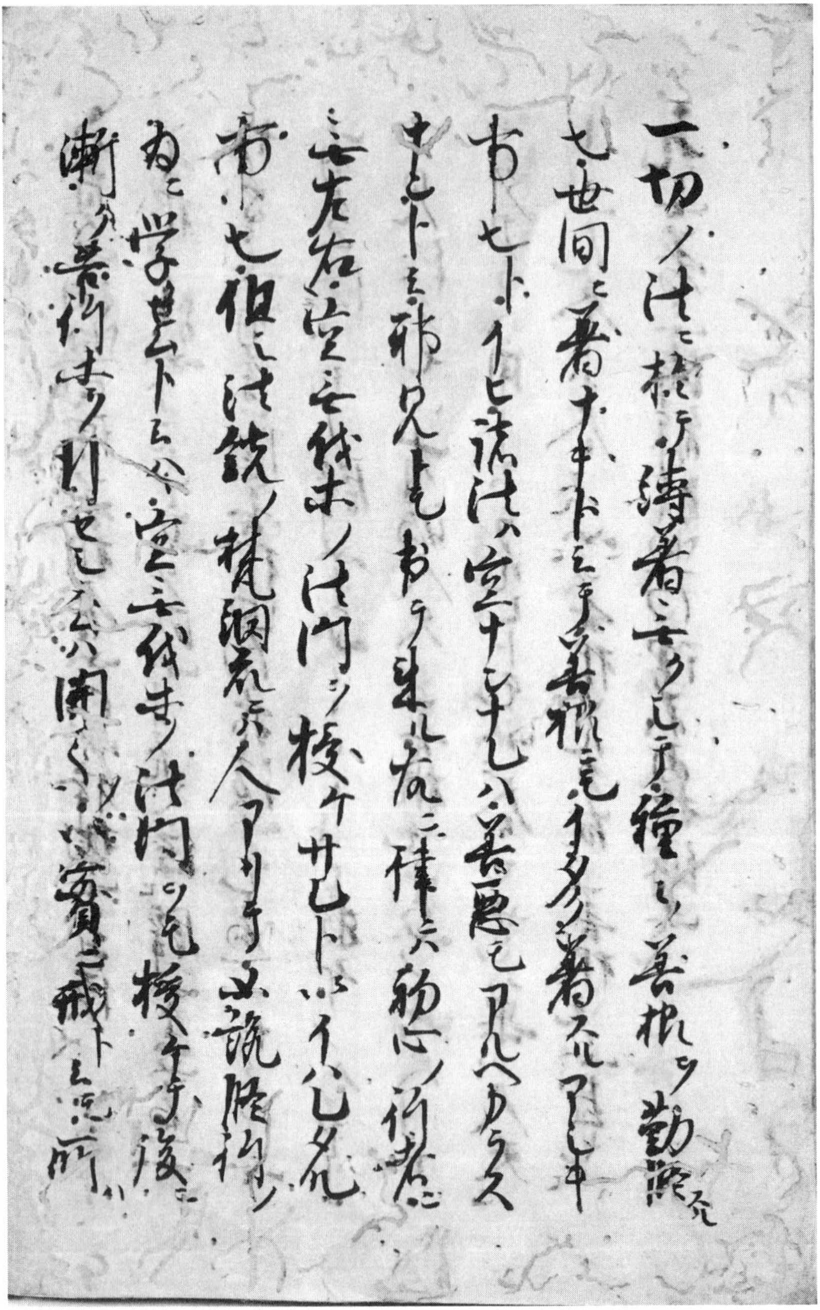

論ニ云ク、未顕理ニ向フ照ヲ助ケタルシ證セントスル者ノ
内ニ閑ハ八ニ云 思云説、
文ニ云ク理智ト云ハ依内能所見著相縛所縛由此
即名解脱此論行相状ノ疏ニ曰ク内行未所縛者那略
此上説別有十一五対一由離亦有不縛生死等
小乗不著二亦二離六識取不縛外境離第七執不
著種門三離現行縛云種子著ハ不取有縛不執
空著五云識陰縛云智障著云纏縛麁著細著

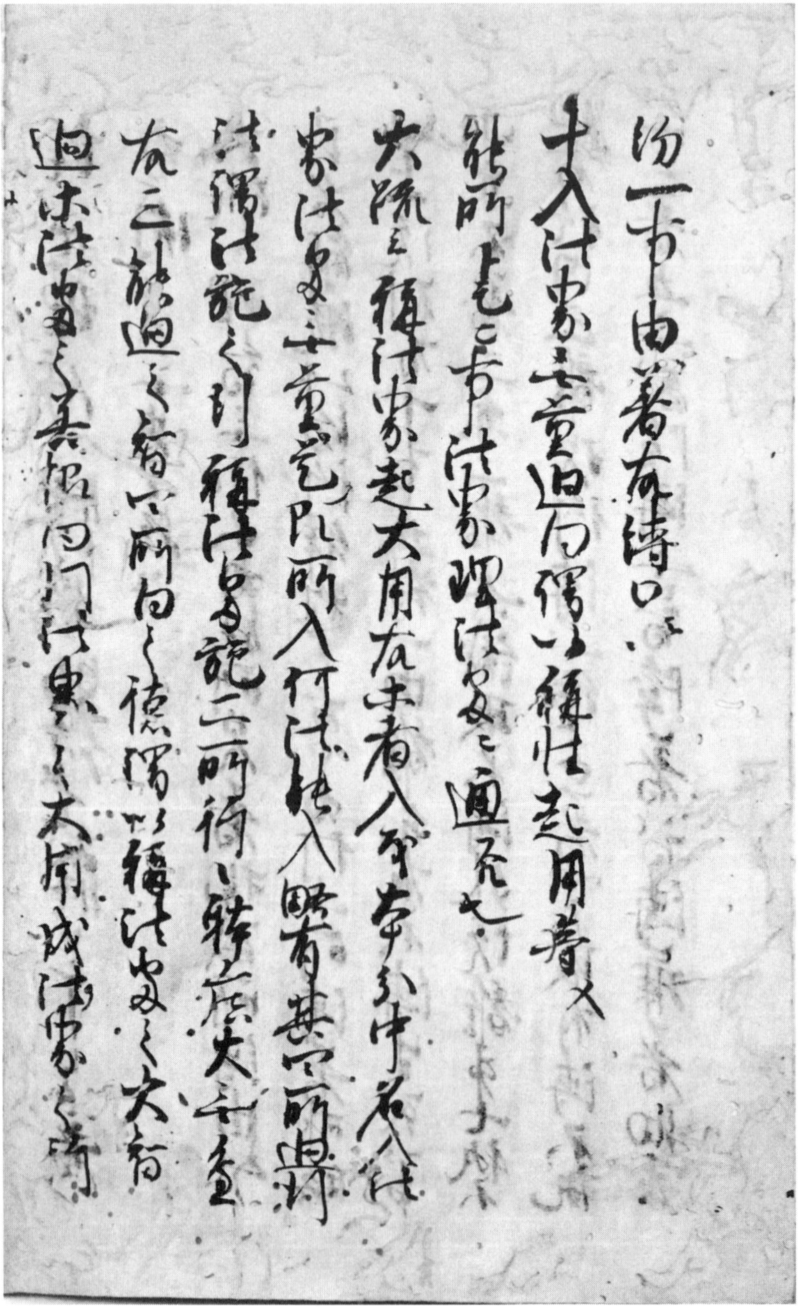

緣此則從淺至極有樣法ニハ、無常法爰條未門
法界此通ノ義一ニ理法界也、二事法界也、
三ニ理事無礙法界也、四事事無礙法界也、

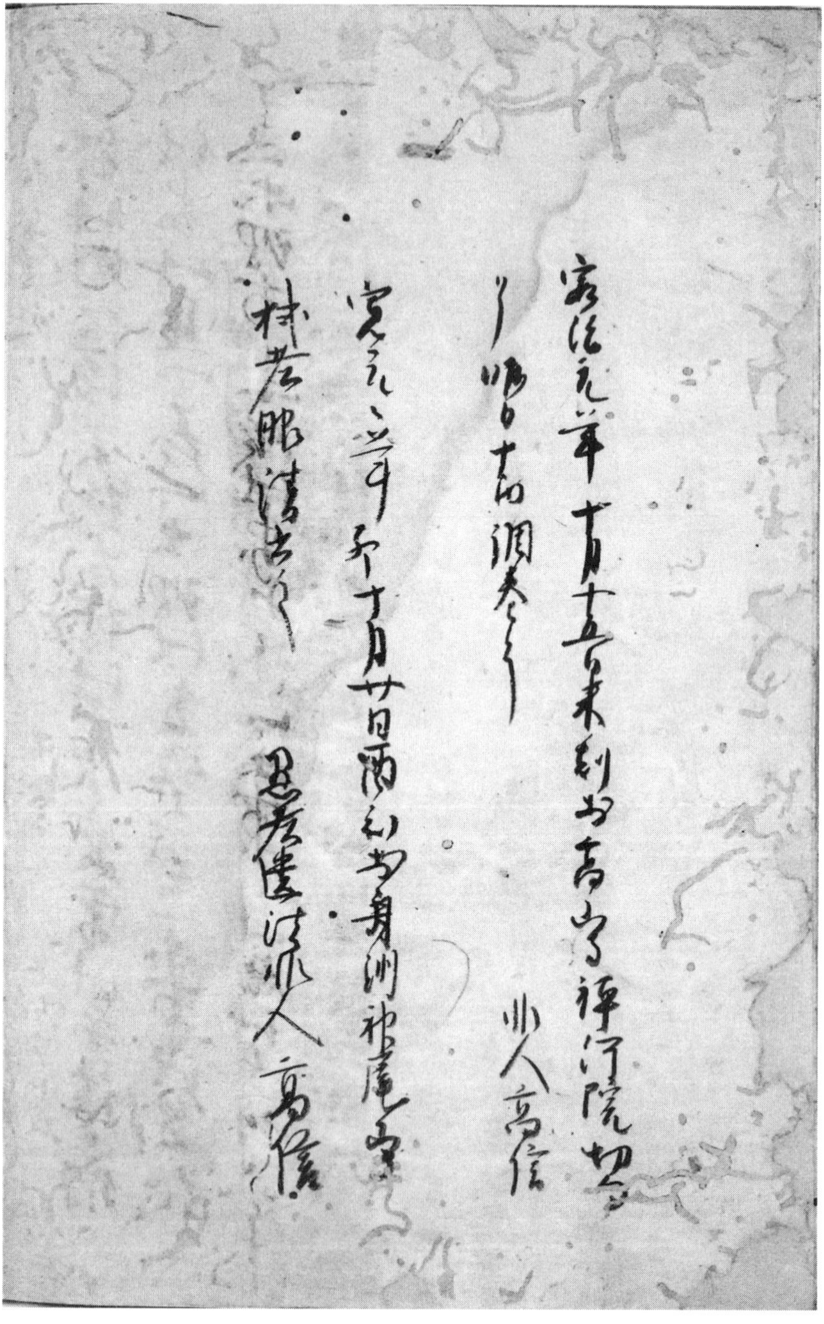
寛元元年十一月十五日未刻於高山寺禅河院切之
[illegible]明恵[illegible]之〃　小人高信
寛元〃〃年丙午十一月廿日酉刻於[illegible]洲神尾寺
拭老眼清書之〃　愚老[illegible]法師小人高信

解脱門義聴集記第二

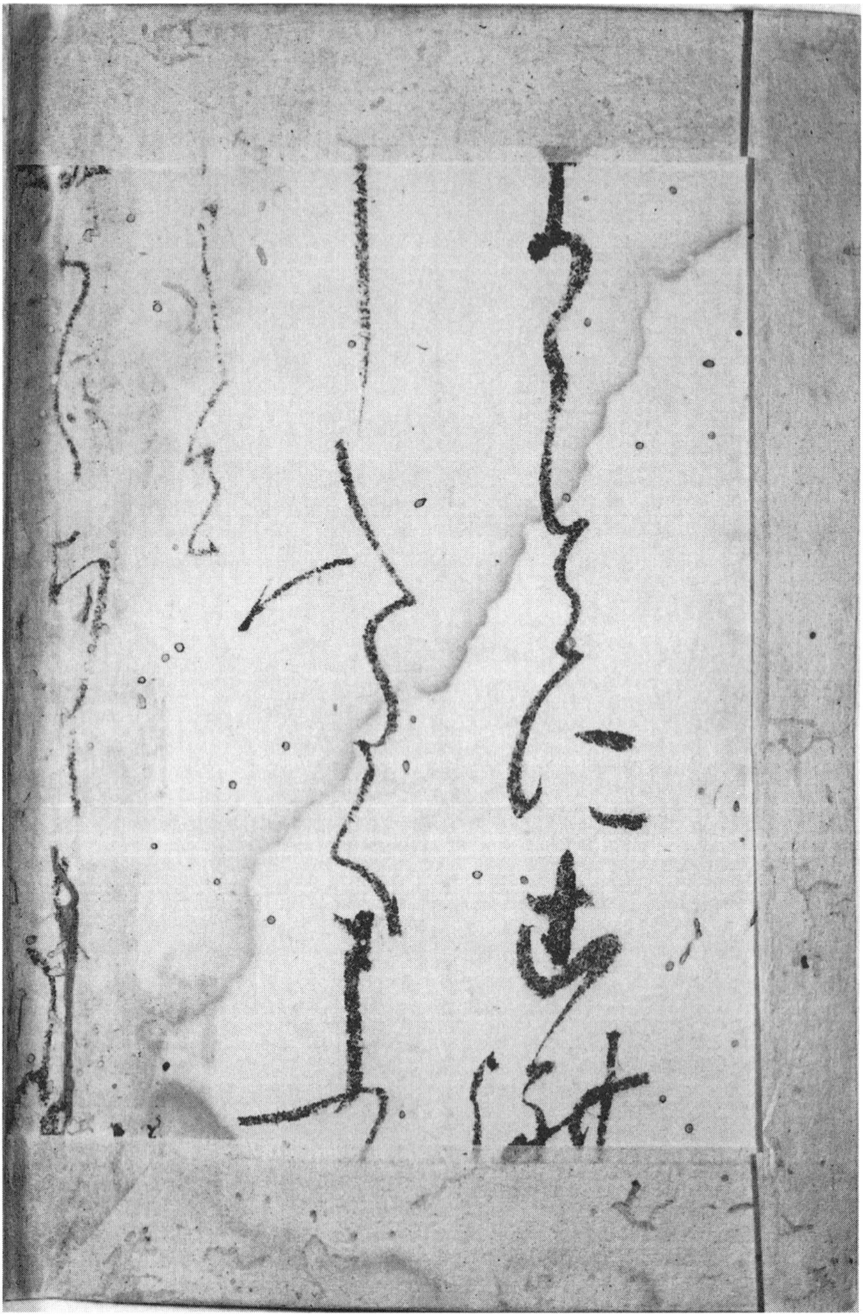

解脱門義聴集記　第二（覆表紙裏）

解脱門義聴集記　第二（共紙原表紙）

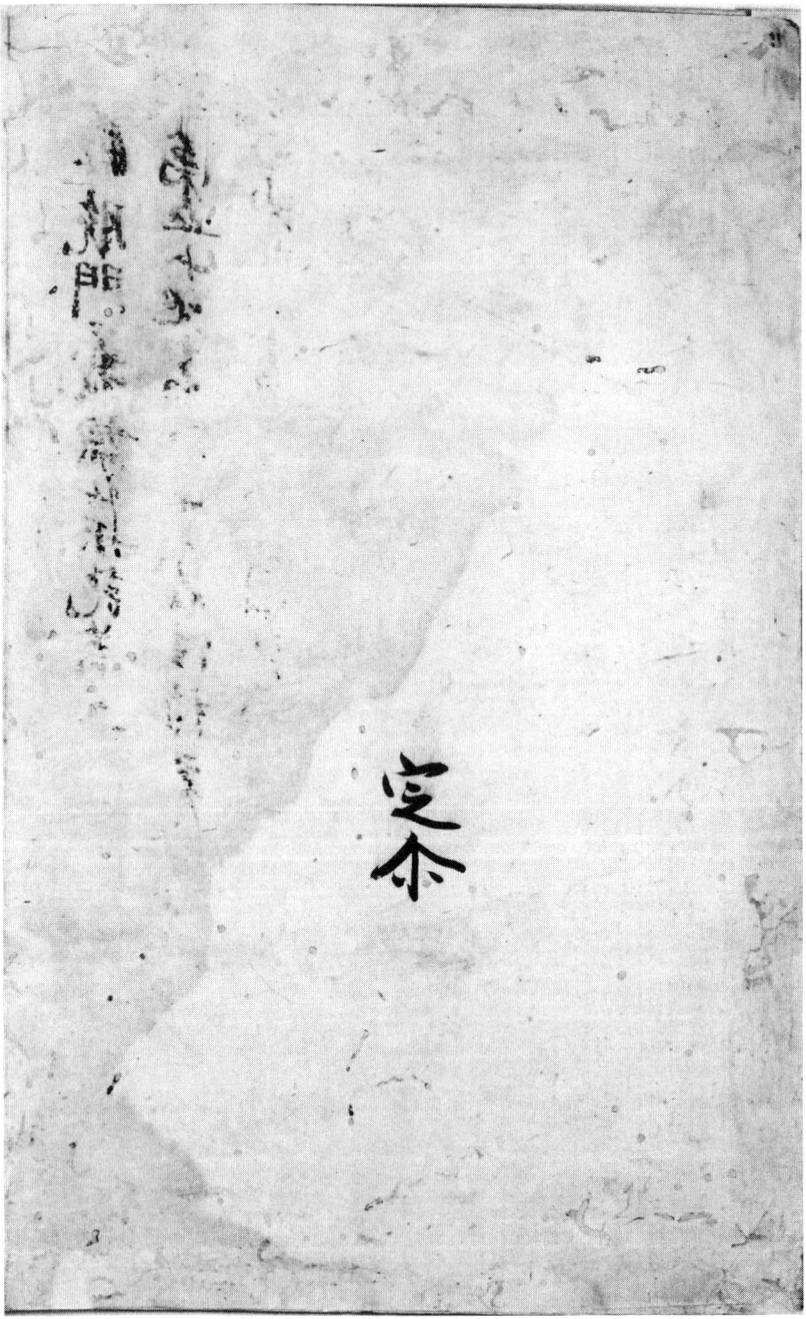

解脱門義聴集記　第二（共紙原表紙見返）

解脱門義聴集記第二

第五十地者有生成住持義亦云
玄第九云十是一周因果地是就義得
名謂生成佛智住持猶故云
一歓喜地々
言歓喜地初地中略作七門　一釈名二来意
三断障四證理五成行六得果七釈文初々
名者唯識論第九云一極喜地初獲聖性具證

二空之縁益自他生大善故然此有三第一約
依二諦理之成行菩薩約成生歡喜之稱
論中唯識之二成行不釋故安住及生歡喜名第
七由此二諦菩薩約縁成并自他不利勝功能故謂
此菩薩入現觀時約縁成并自他兼利之勝功能
縁生極歡喜此故云未入現觀時雖約成并自
利他縁生此是善成不說彼名歡喜地縁十信歟
遮此論唯約種理未技論之略約清淨生大歡

喜依瑜伽七十八及解深密経唯門幼二義即人故云
成就大義得未曾得出世間心生大歓喜故財之大
義即是二分行成出世間心是乃住同十地論
成就二行及乃至住此本義中釋餘義亦不入
若不弁二地未意已云
私云宗無総以七門尽之解脱門出一之地
此有四一所成行二不断三不退四入居不壊
後之云七門之中同一二四五七但云

能斷果行說丈夫斷果利樂有情文
言第十二ニ一心修行言勝者四種一所增勝能成施行
二所成起丈夫斷ニ所能成謂信等十行四所受
行謂十度等行云々體者能餘不能行状文自顯文
裏書云同種等ノ十度所嘗顯文云何嘗顯ニ哉
答林抄先ツ起ニ十度ヲ行シストニ云ハ初地ニテ十度ヲ
行シ之第三ニテ十度ヲ行シ丸七并ノ能行ハ十
度ヲ行トス十アルカ故ニ即チ十地ヲ達スル

也、故ニ寧信ニ御下色弥勒檀度増勝餘ヲ雖
為ニ會縁入ヲ失シ云御無別縁ノ故ニ十人アリ
別十一ニ會縁ノ故ニ十度會縁アル也、
同宮等ノ地対初二ニ説五問五問十ニ宮
同見也　答宮問ト云ハ等信行ノ儒ルト云
ノ三ニ非ズ初地・檀度ト云ハ五問ニ人ニ施シ与ルト
云モ施シテ人ニ施スル也佛法ノ檀モ自作他作ノ財施
ホシ其足シテ他人ニ施シ与ルニ不足ノ絶ホシ死恩

大悲ト云ハ是又法也此種因縁ハ即チ大悲ノ初現也
喜同上主君ニ有リ下モ民戸ニ臨ミハ此是
喜ノ礼節也此礼節ノハシノ乃チ元チ施テ元シハ
出喜ト云五六地宮ニ多法ホモ又此人空ノ上
ハシノ乃チ救テ小乗ト云ヒ小乗終ニ為ト大乗ト
巻剣シテ一味ノ不存チ出大ハ菩薩ノ行等ト
新説ニ下乗ヤ小乗ノ人空下云ハ即此ニ五乗絶
ノ道ハ出離縁生ニ四乗ノ人我ノ一理ト自尊

取テ頭ヲ以テ小分ト名ク也有味無常ニ殊勝ナル
便結斷異生性障謂二障中分別起者文
異生性障ト云ハ未ル所ノ俱生分別起ノ種ニ付テ異
生性ト云ハ言ル也二障ト云ハ煩所知也此ノ二障ニ各ノ
分別俱生アリ今ハ二障ノ上ノ分別起ヲ皆斷スル也
言未千云示所者雖御論第九云一異生性障謂二障
中ノ分別起者依彼種立異生性故二乘見道現在
前時唯斷一種名得聖性菩薩見道現在前時具斷

二種名得正性離〻生〻者執異見之生故曰
異生即若倫名凡夫也性者即是不別二障種
上假立之者於法依彼種上立此性故即依彼種
名異生性障此所異生之障依之尺攝論名凡
夫性無明十地論名凡夫我相障解云此分二執通
若我相故云我遠又此異生性雖依種立唯見
道前現行不別且此障稱故唯識之執著我法愚
即是此障〻故〻知通現間者不別二障現種者

從作二異雖現非種答既覺異徒有ニ不相違
又對異生性隨因隨分判現種然由純善ゝ
所引義有ニ貪嗔異不積滅二純云々
行願品義鈔記第二云種識異生性隨之是此
所詮《ナリ》謂於二障分別起者依彼種立異生性故
異生者即所招果以五道為性ゝ者因不離果是
枝因有《ナキカ》哉是枝轉有名異生性ト此從果為名
以勝顯《シ》劣《シ》異《ヲ》生之性依主尺也又異生性即詮

ニテハ実ニ性ヲ隔テ障セラルヽ初地見道ニ至ル時刹那ハ
無也云ハ初地見道ノ位ニ至ル時ハ如来ノ性ヲ見ル
ラハ云也十方ヲ見ルニ説法ニ於テ塵ニテ如来性云
少モ有ニ刹那ハ無ト云也
断此後説遍満真如常住真如二空所顕文
法我ハ空ト云ニ帰リテ真如顕ルト云空ニ至テ理
三ハ即チ挙ハ也縁起ハ二空ヲ以テ理ト云起信論者
心ハ本ヨリ推ノ妄中性ノ顕ハルヽ空ト云今ハ三一

空ニヨリテ初メテ顕ハルト云也

同ニ空ニ不顕ノ義ハ権宗ノ談也云々一家ノ実義ノ心

初ニ於テ作ハ権宗ノ説義ニ同ル也

答此所ハ云其ノ義ハ誠ニ一家ノ大節学者ノ頭

ル難也而七宗ニ深秘ノ諸相ノ違ヲ大略同カ

二乗ニ於テ深位遠近法義名数等ニ於テ不合ニ

権実ノ行ヲ用ル一家同ノ歎キノ不可シ以テ言

中離シ只セリ此故ニ実ヲ為スハ勝ナル者

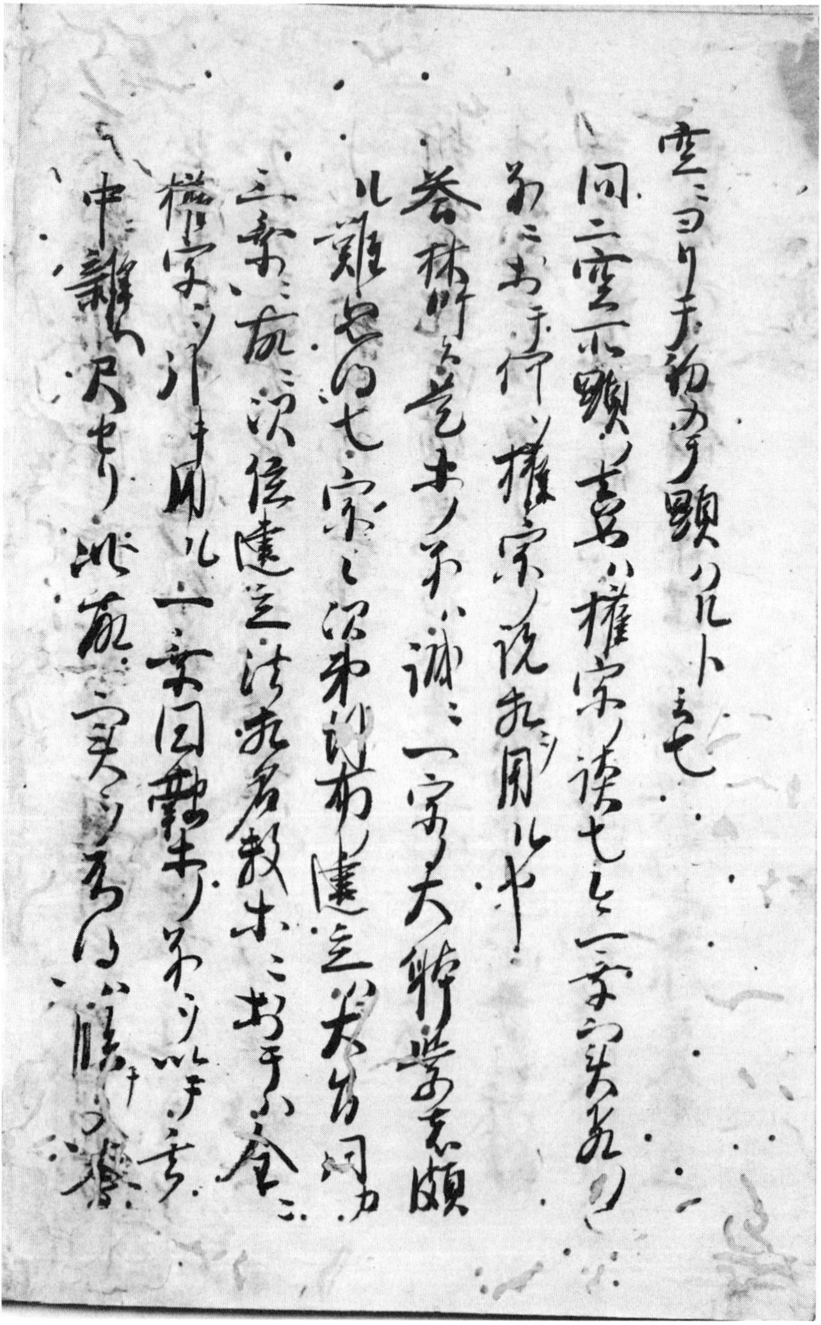

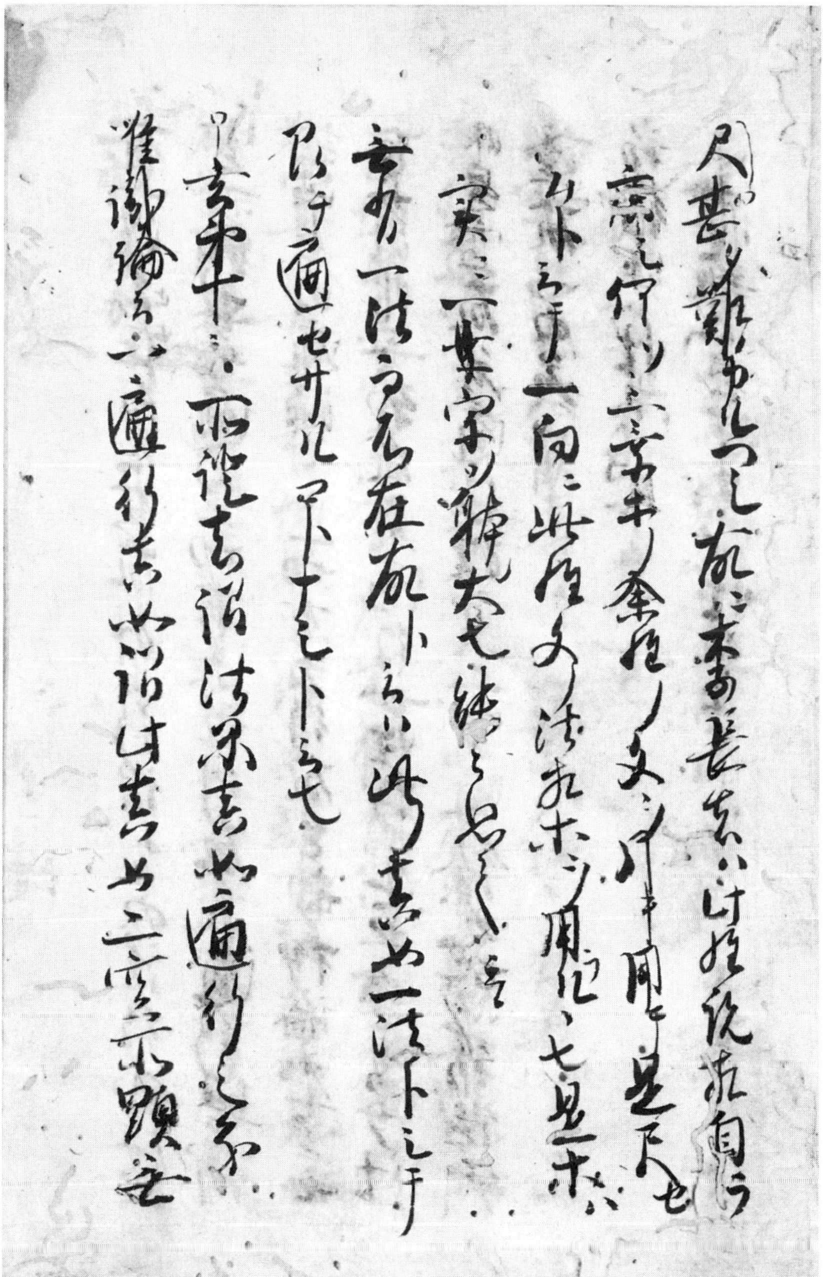

有一法名此法性不在故好云行諸無為諸行我法二
空之所顕真如遍於一切有為諸行故名遍行梁摂
論中名為遍満々々一切有為行故也親摂論第七云也
有一法非無我故名遍行文無性摂論第七巻云無有一法
非是空故名遍行理実二空之遍餘九地以初准例
證故以為名文
初證真性文
真性下ニハ真空ノ性也云々

私云初地ハ性依種ニ立、現行ハ間断スルカ故ニ非
　問答云第十一可見之也
経云自他生大歓喜文　経中ニハ種々ノ歓喜トモアリ云々
唐経第卅四云入一切菩薩平等性中故生歓喜遠離
一切怖畏毛竪等事故生歓喜何以故此菩薩得
歓喜地已所有怖畏悉皆遠離所謂不活畏悪
名畏死畏悪道畏大衆威徳畏如是怖畏皆得永離文
二離垢地等文

玄第十一云第二地中七門同前初釋名者依唯識
論第九具浄尸羅遠離能起微細犯戒垢故名十住論
云行十善道離諸垢故名離垢攝大乘云由極遠離犯
戒垢故世親釋云性戒成就非如初地思擇護戒文
性亦同瑜伽深密金光明等並同此説地論釋
名也三前本中云云
明浄尸羅行文
玄第十一云一明成戒謂成就戒度具足三聚戒

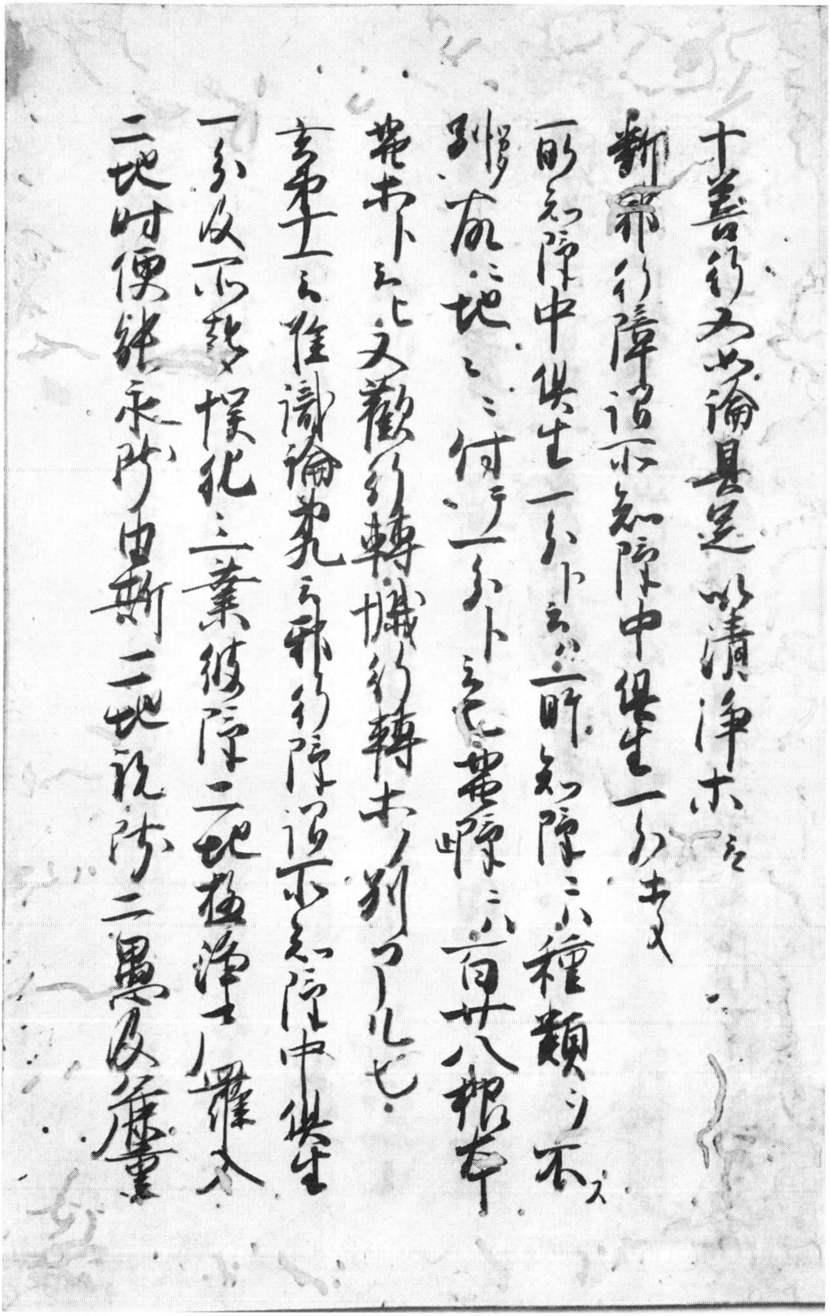
十善行又此論具足 此清浄ナル云
断邪行障謂所知障中倶生一分文
一所知障中倶生一分ト云ハ一所知障ニハ種類シ不ス
別々有ハ地々ニ付テ一分ト云也 当障ニハ百廿八根本
煩悩ト云也 又観行転識行転ト判スル也
玄奘上人唯識論云邪行障謂所知障中倶生
一分及所起誤犯三業彼障二地極浄尸羅入
二地時便能永断由斯二地説断二愚及彼麁重

一麁細犯愚限是此中生下二種々業起愚限
枝末起撲犯三業或唯起業乃至業愚發此二
愚中初是發業後是潤生義同下之説為發業
業亦非潤生之行此中發業三業苦唯識第一云
續生能發犯感業通下之説此初撲犯取不乱
遠又此二愚一是發業々愚二是乃至業愚
於備所釋二愚皆開無明於性淨寂理陰翳倫皆
同可知又准此頌中想陰五法一不知障一分二故

示義業三性障麁重四及其他麁重ハ十地所除障ニ
断煩悩障所知依性障ヲ云麁重五及離縛障也意
意示離縛不生唯前云々此上助相教等依総義也
此異論ハ云二種初地永無唯有性習云示之障
下ノ麁重亦初地無餘ハ及習種現中有別所〻
所断品義記第二云言能所障者何不知障中後
生下ノ末云々
問云此ノ但生下云然若有之ハ識未起ノ現生歟

答。是ハ強テ差別シテヤウアリテ云ハ、別ノ第七ハ所知障モ煩悩ニチカツク方ハ煩悩障ト云ヒ、煩悩障モ所知障ニナルカハ所知障ト云フ。所知障ト云ハ意識カ法執ト為シ、至サトリ名カ依ニテ別俱生シ六識共親ト云フ。七識ノ俱生ト云ハ六識ト入識ノ終ハナルカ故ニ云フ。例セ有時ハ六識七餘識ニモアラハ是煩悩也。百法論疏上云、或障煩悩、或謂根本及随煩悩、根本中六通俱生、十分別、其為分別共日道

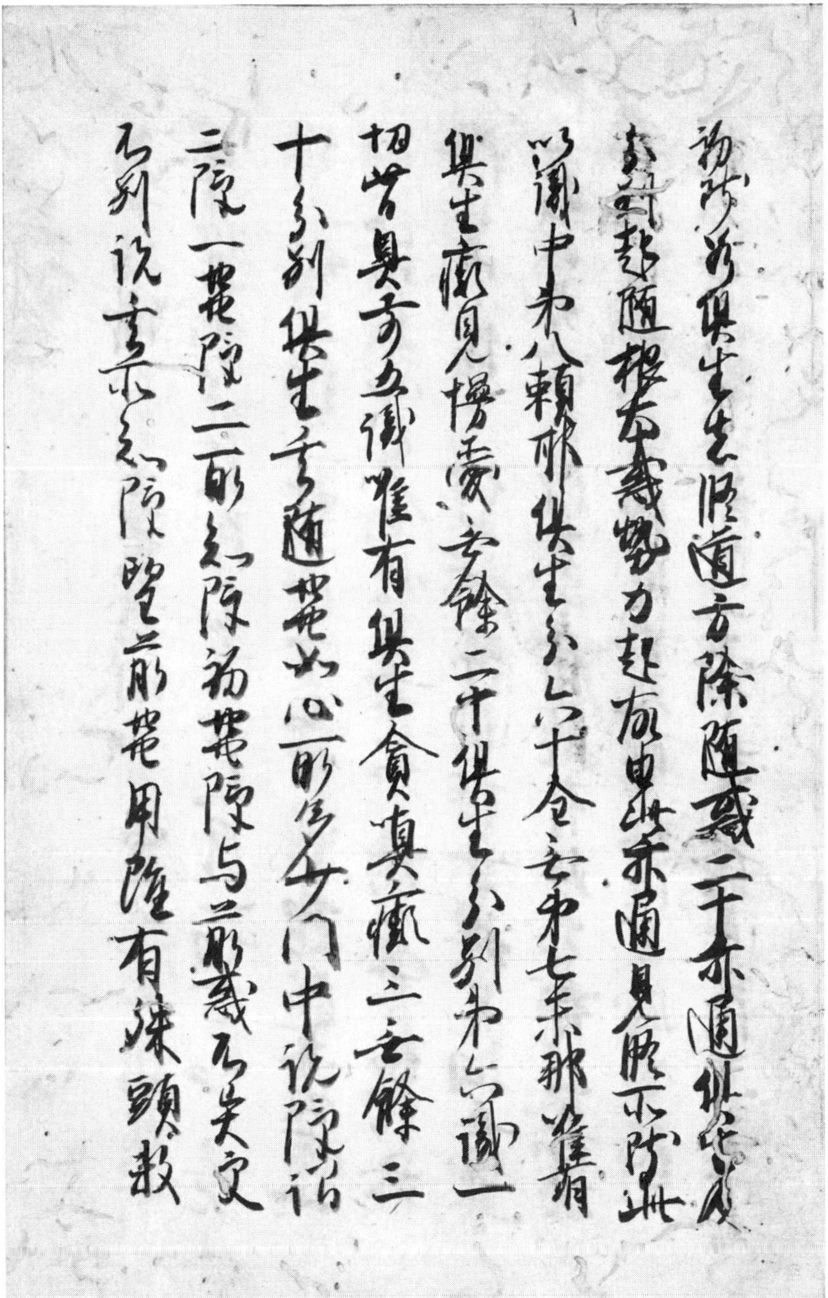

初隨所與生惑限道方除隨惑二十亦爾但此説
麁猛起隨根本義勢力起故由此亦通見修所断此
以識中第八頼耶俱生ト分ト心所十合云第七末那唯有
俱生癡見慢愛云餘二十俱生ト分別ト第六識一
切皆具云五識唯有俱生貪瞋癡三云餘三
十分別俱生云隨煩悩如心所多少門中説隨詳
二障一煩悩障二所知障初煩悩障与二所識不定文
不別説云亦所知障體二所煩悩用唯有殊頭數

多分物儀ハ判与所義同ト
有法称光ニ所知障者云不知見一切所知之境
説之科二諦之性ホ法言障者自根隨迷ホ内有此
障之體名四无令悟解不知之境名不知障六
釋之中依主釋也或乗圓持業釋也細意等
ゝ也次弁不知障者言闇隆有殊者有之義故
言有殊一者障感生死所知障不感生死二
業障ゝ遅縣不知障ゝ兼之業障通障之宗

因満地也、故ニ讃化果限ニ約スル也、亦云ハ隣ノ俱生ノ
十地ヨリ于ノトリ余ハ然シテ讃テ二業ノ讃化ヲ起スヘキ也、
故ニ示スヘ隣ノ俱起ノ讃化ノ二業ハ示起也、此地ニテ讃化、
微細垢ヲ離シテ補處因満スル也、
證最勝真如ト云々
言第十云一所説者依唯識第十説真如最勝ト云謂
此真如具無邊德於一切法最為勝故名稱論
此云第十ニ説中由究勝ト云者何此最勝ト一切法中

前如縁勝出従離欲定乃縁勝了之此義以今説也

三発光地

宗家十二之三明地中亦作七門初釈名者唯識第九云成就勝定大法惣持能発無辺妙恵光故

発光地者云由彼勝定発殊恵光由彼惣持発聞恵光金光明経云無量智恵光明三昧不可傾動無能摧伏聞持陀羅尼以為本故名明地摂論云由無退転等持等至所依止故大法光明所依止故名発光

地上觀釋云由此地中與三摩地三摩地繫屬常為
相離云退轉故於大乗法總光作明名發光地云焉
釋云靜慮名業摂無色名業至轉不揺故心不隣相亦
至正受頂分當大法光明不依止意揺火云發得之覓
明此地是後不依正因故名爲發光明云地從不發異法
如名斜深安山在及陰依論義名同瑜伽顕揚論云地依靜
慮三摩地發大智光明之不依止智論無光名爲發光
地十住論云廣博多學爲衆說法能作照明故名明

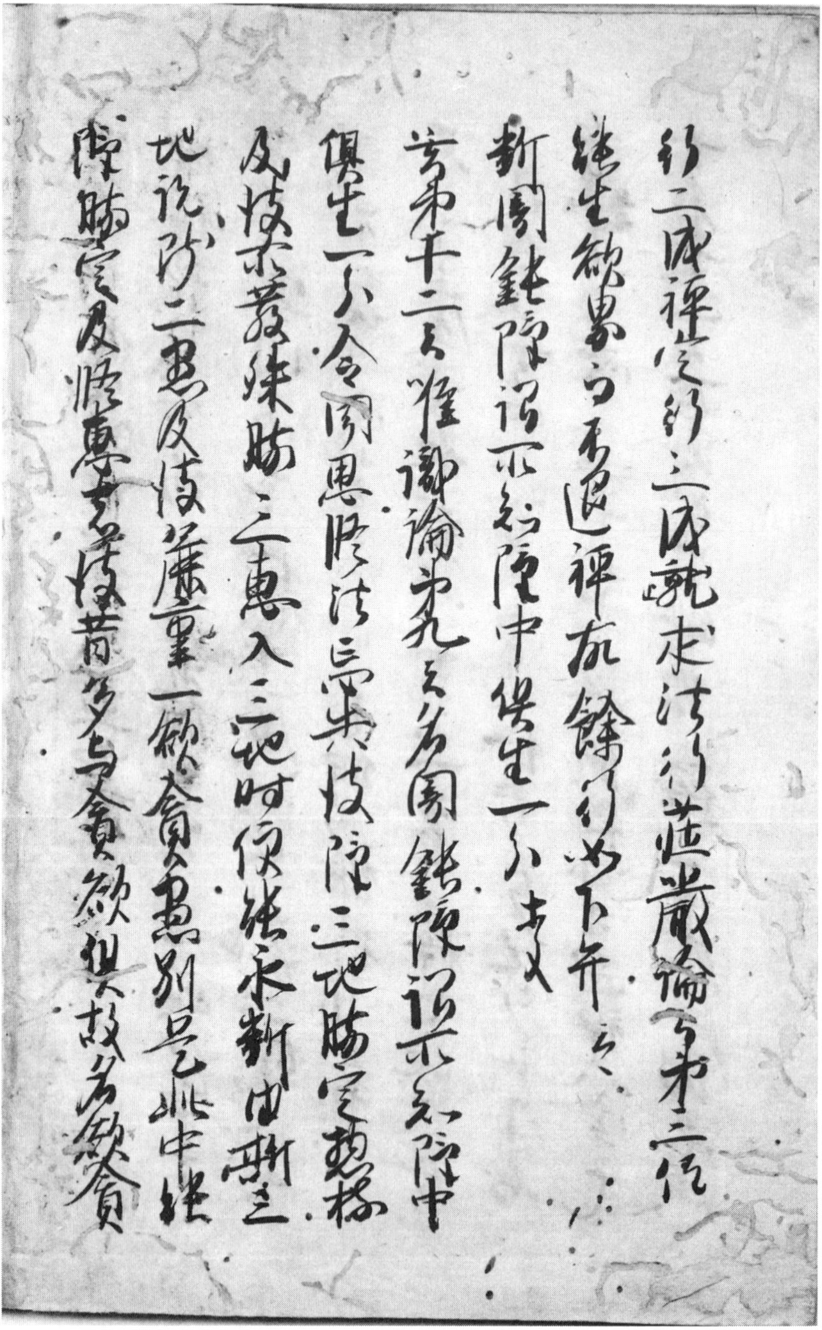
行二成禅定行三成就定法行荘厳論云第十二住
縁生欲界云云退禅那餘行以下并云云
断闇鈍障謂所知障中俱生一分文
云第十二云唯識論第九云名闇鈍障謂所知障中
俱生一分令所聞思修法忘失彼障三地勝定総持
及彼所発殊勝三慧入三地時便能永断由斯三
地説断二愚及彼麁重一欲貪愚即是此中能
障勝定及修慧者彼昔多与欲貪俱故名欲貪

悉令得勝定及漏不成彼障来障欲貪随伏世云
此乃依技転成二因縁随羅尼恩則是世絶障
總持聞恵思恵等解此実是不知障与欲貪同辞
故名欲貪愚以貪嗜欲障勤散乱障定散恵
聞持不忘不障因法以之為以観障聞思二恵是
彼總持不能果成此是兼含名也知未同辞不知障云々
證勝流真如文　同勝流者如下云々　云義者
答、意云ハ皆十一味ノ法也ト云シ教テ式ニ差別シ遣ル也

夫レ宗々モ称ニ此ノ勝流等ノ名ハ前後ニ随ツテ倶ニ
真如トスモ仮令真ニ釋真仏如有漏法数量非釋
真仏如有為法数量トスモ一分限ニ随ステ分々如ニニ
謂真如ハ不流数法於餘数中此法極為勝称ス
真如ヨリ流出スル数多ク実人数ニテハアルモ是ナク又
真如ハ勇ノモ餘ノ一切ノ数モ実ニハ皆ナ真如ヨリ流
出スレトモ之ハ餘ニ尚ヲ独リ勝流ノ名シ立ルモ大
ハ先對セハ小乗ハ餘ハ内外モ對セハ外道ハ餘数ナ

先ノ小宗ハ純是人空等ノ下流ノ義ナルカ故ニ
言也十二云唯識論云勝流言ハ謂此言也下流義法出
餘義法極ノ勝故ニ攝論七云性釋云謂此下流教
法ハ最勝故於身命求此善說者如難學論釋云
從言ハ流出正聽等ニ流出法門等ニ流出
大悲ニ流出十二部經是故ニ名為勝流法界　文
勝空之大法總持　文　菩モ四禪八定ヲ修スル二字
外道等モ又修スル雖然ト菩ノ不修ヲ勝トスル也

乗ニモ大小空ハ八空モ地前ニハ四空以上四空モ無ニシ
分チテ言量ノ空シ互ルモ想構ト云ハ多分ラ虚モ一ニシ知ルニ
一切シ知ルハ良ク勤想構ノ流モニ云々
薩云若妙恵光文　初二三地未同ト云ハ良
千住ヒ逢テ下衣ニ云リ又ヒハ還テ去ワノ究熟ヲサシ
習テ智恵ノ力境シ照スモラニ穢法ニハ法所ノ殊異
ノ書シ習フ事トシハ極メテ制シ名ルモ言ノ流ハ穢法
ハ咲ミニ之弥《ハモト》　三世井モ五伎楽歌舞ノ示ハ未ニ及叉ヲ

ト云能近ハ佛法ノ義理ヲ観案思惟スルヲ
以テ本トスコレ法ニ著シ玉ヒシハ実味心ニ合トヲ
ナリ其ノ義ナムトヨムシ心ノ不ニ及ルト思テ佛法
ニオイテ云ノ味ヒ云ケレハ義理ニシヒテ文ニ心云
スエスナルセヨシ近代《コノコロ》又義ルハ是非ノ上ヒヤヨムム
ソノコトセムヨリハ云云ニ畫瞭シセムニハナムト云々
大ナル僻事也イカナニモ人ノ作ニハ不作アル也
シ云中ニ悪事ヲシハ心文テ引モシ文久云事ハス、

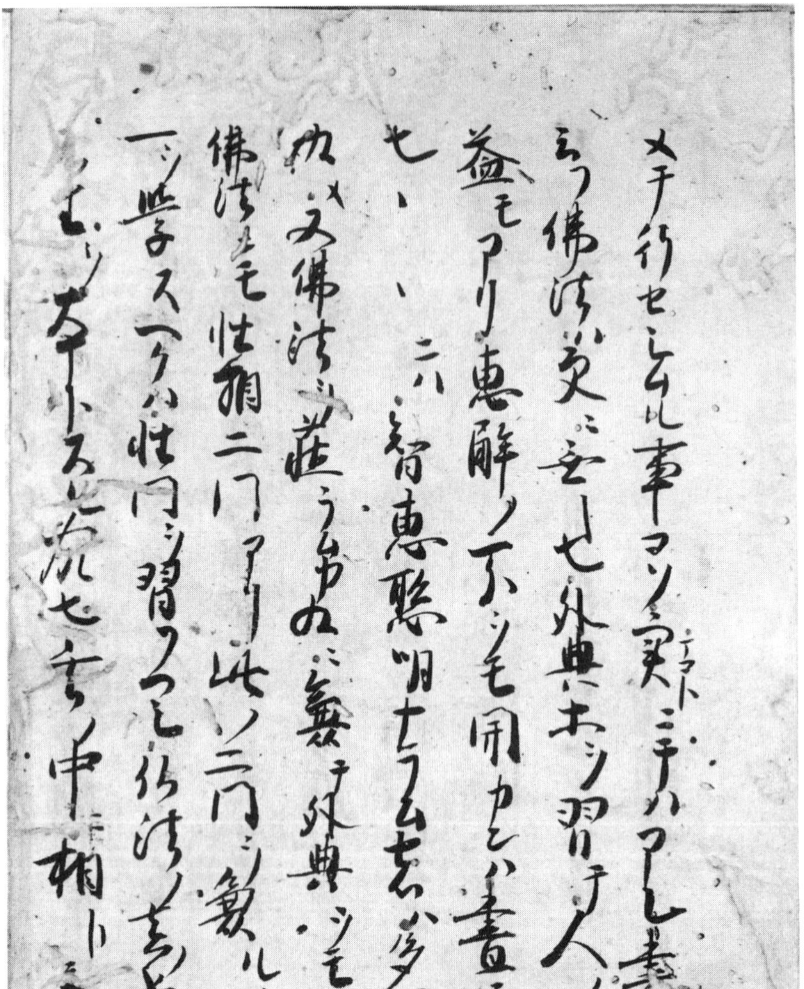

又于行セラルル事マソノ哭ニテハアレ共書籍セヨト
ヲ佛法ハ必ス至セ外典ホシ習テ人ノ為ニ所カ
益モアリ恵解ノ下ニモ用カシハ書籍ニハ勝ル
セ丶丶　二ハ智恵聡明ナラン云ハ多聞シ博学カ
故ニ又佛法ヲ荘ラ為ニ無テ外典ヲモ習フトラフ
佛法ニモ性相二門アリ此ノ二門ニ藪ル八上品也随
一ツ学ス八ク八性門ヲ習フ也佛法ノ真道ハ無我
ノ声ヲ大ナトスル流也其ノ中ニ相ト云ハ大小宗

十。外道ニシ等スルモ色心等ノ諸法ニシテ三千ハ種々ノ事門ニ釋ル
也。言ノ内チ有无ノ中ノ有无ハ即チ周易等ノ外書也
外書ニシ殊ニ制スル事ハ是詞心ノ行處ノ及也十絶
等ノ菩薩ハ三諦ノ智ノ上ニ於テ万境ニ歴テ去ト
流轉ノ事モ習ヒ盡ス也サレハ地上ノ菩薩ハ難
六ツ千網《アミ》ヒク様ナ事モ絲ノ知リ絡フ盡ト難
トモ惡法ニシハ不行也因テ此ノ地ノ菩薩ハ勝定大法
總持ノ力ヲニ依テ三諦ノ惠光之方隈ニ照テ

云前云〻闕一事云一七〻

四焔恵地又

玄第十二云焔地中以七門同前明地初釋名者唯
識第九云安住最勝菩提分法焼煩悩薪恵焔増
故名焔恵地攝論云由諸善根菩提分法焚焼一切
障故無性釋云此地中有焔恵故名為焔地世
親釋云能焼一切根本煩悩及隨煩悩皆為灰燼
故焔恵地荘厳論云以菩提分恵為焔自性故

然二障云薪自性共無并能起焔恵燒二障
薪名煩悩也金光明云能燒盡以名智恵火焔
長光明照行道以依愛亦名焔深密経亦
又瑜伽七十八又顯揚論大同此說智論名焔
地也十住論云施戒多聞識慚愧亦名焔地文
照道品行文　道品下云ハ卅七道ニ也
玄第十二云所成行者有三種一十度中成就未
至精進波羅蜜二成就菩提分増上慧行三無成

悲ト云フ行菩薩荘厳論云若ニ住シ縁入生死ニ捨覚ニ
故又此下文云依道行求尋文
知之文
断麁細煩悩障所知障中倶生ナル大
煩悩障ノ上品ハ初地ニテ尽シツ其ノ中ニ麁細ナルモ
ノコシテ残ルモヿシ此ノ菩提障シ所知障ノ中ノ
倶生ノ一分ト云事ハ前ニ云ク障ニ至リテハ二説
障ト云也障然ト云ク解脱障ナルハ麁細異現
ニ障ト云也云々

意ハ識具所見ノ奈様ニ云
問意ハ識具所見ハ初地ノ不断モ煩悩障ハ常ナリ
初地見道ニ不断ト判スルカ故ニ彼ハ小乗人ノ所真宗
ノ義ハ見道ノ前ニ起カ之シ此ノ起ナルヘシ如何
答是ハ彼ノ小乗所談トハ異起ナルヘシノ説ニ付
于初地ノ見道ト云二地已上ノ修道ト云事ハ上
品ノ分別煩悩ヲ断（于ハ見道）不断ト云初又于ノ
理ヲ照カ故ニ見道ト云也二地已上モ同ク理ヲ照セ

トモ容顔ニシテ前ニ重テ聡明モ多ル修道ト云也
此位ニ従シ微細ノ惑障アリ是ラハ皆大乗不知障
ト名ク物此ハ分別起也是ハ俱生也俱生ト云ハ任
運ニ起ル也云云
最下品ナル不作意縁ナル也　意識相應ノ俱
不知障ノ所見ホハ彼ノ分別起ノ所ノ作意ヲ見ル也
皆ラシテ任運ニ起ル也　六道ニ随テ遠ク道ニ来ル也云云
煩悩障ノ分ナル也

第十五云不離隠云依十地論雜染法勝隠以第
三地同時流轉法生起勝空地翻此故以由隠依
果亦倫《樹》名癡網叢其生身見等分明也枝論以訖統
分別種子為緣也果論第十具釋ス成唯識論第九
名癡網若説所隠説不知隠中果生了小也以識縁
身見等相分下ニ説故未作意縁故遠隨現行故
説名癡網也觀擇論云分別我見有二一寂動故
名為上ハ二了別起三不能速利故名為麁等説

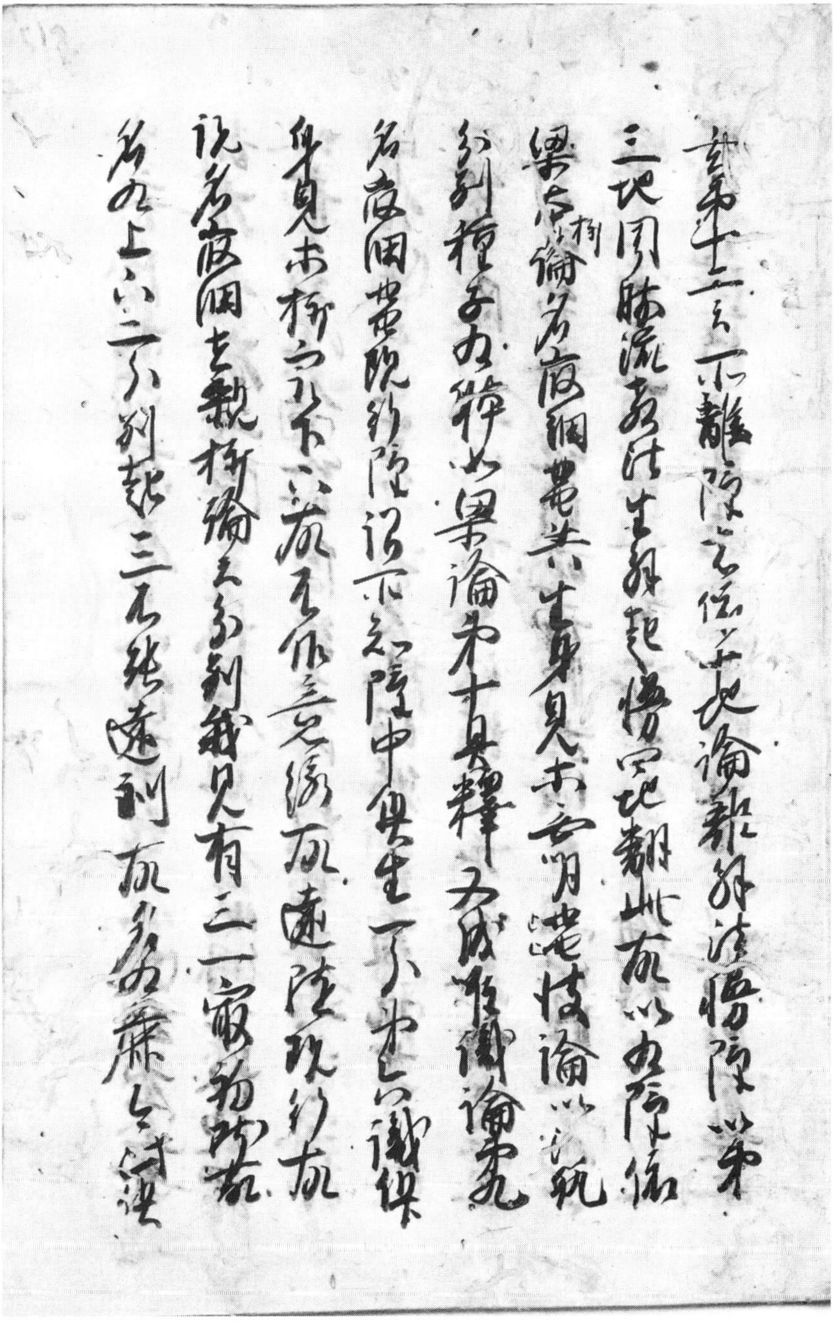

生空之後不防有名下六位任運起有漏至果云善
斷有是有漏次障失捨麁有漏故細七捨隠四
此菩薩法入空観時復緣乘防捨昔多与果之識
中任運之生執我見等同時起有漏説其名也
空観中既乃無漏菩薩法捨復乘果更此執見盡
乘存別第二三観門施設除之其同生空観除乃牟分
法方名相生有縁之求空二取見等下論難之等三
也同化三行由斷斷害防遮理趣見空観等去之乃縁永

未言忍樹云様不知隠樹定愛法愛枝定終愛
三地尚増入四地時方終永断并外法特遠枝取用
断四地説断二見及枝麁重一未至愛見取竟此中
定愛然者二法愛見取是此中法愛然者不知
隠樹一見取所攝二愛之乗有行登光明之味法
禪定樂生愛云明故因妙淨法起愛云明淨涅槃
除條並同上弁
證云攝受文其如々

焼煩悩薪智恵境界文　此ノ智恵比ハ寂円
ノ煩悩障ヲ除スル一団ヒ火ノ燃ト又此何ハ珠ニ焔
ノ明ナルカ如ク此智ニテ寂円煩悩ノ薪ヲ焼カ
界ニ珠ニ恵焔境明也此焔恵比ト克之
五難勝地文
玄和十二云第五難勝地七門同前初釈名者唯識
云真俗両智行相乖遠今令相応極難勝故称
大乗荘厳論云由世間智与出世智相違乖遠令此難

会今義意凡立観於之由此中立真諦名見之意云
判知真云々工巧等云々可思審之判此三相違有思随会合
綜合難会今義意凡正方極難勝立唯識及因論
並引此瑜伽論云々此地中頭云并於諸世諦法等所
知極難可勝名難勝地准察之由以於技芸等法
方便照明令入極難勝名極難勝地今之明処
行方便勝之智自在難入名見思惑不能伏名為難勝
地荘厳論之於五地有二種難一勧化衆生難二生…

従心言論難此地菩薩退二難於難以勝劣為難
勝顕揚論云謂以極浄縁諦不知諸法寂妙恵
道境極難成云随流轉寂静正道為極難勝
住論云第五地中功徳力成一切法魔云難壊故名
難勝地仁王経名勝真地諸餘経論多分皆同仁
王経初地菩薩天王断照二諦平等道又行諸論経説
五地各分三蔵之機且約初地二智断照云揚任運故
設五地令釈此是寂法顕現住第地劫也此地都入寂実

次難段ヽ
裏書云極難勝地ノ文點并行了訓之歟
答私云ノ解脱門ハ第ノ真俗智行和乎違合令
和意極難勝地ノ文ハ極メテ難シ勝シ地ト被點
リ言ハ唯識ニ真俗智行和乎違合令和意
極難勝地云真俗智行乎違有ノ空観ヒ合
ニテ合和意ハ此ノ中五地ナルヘシ令シハ有ノ空観ハ
極メテ難シ勝シ不已モ云ソ五《ホ》地ハ是ニ能ク勝ルヽナル

云〻標大乗ノ合此難合トイハ此難合ハ若宗家ノ本意
真俗不遠也分ニテ表息スルハ此不思議也歟
疏釈及因明論並同疏云〻瑜伽極難可勝云〻華
厳論於難得勝云〻成文顕揚云〻成極難成本云〻
成極難成ハ文言ニ依テハ成ノ字ノ心ハ難勝ニナ
シ勝ルトハ心ヲ得テ極メテ難勝トハ訓ニテ言葉ハ未
立此ハ難勝ニ云〻勝ト得ヘシ此モ和尚ノ真ニハ勝
難勝此トモ云ヘシトイフ不限テ符合スルモ披ハ古

修四攝行文
玄第十二云判行者亦有四種一十度中當弾定行二
當地中得滞観修上專行云莊嚴論云第五位以
者化恒在情心以全義在四下文亦成立四慶行文
斷於下乘般涅槃障文
下乘般涅槃障トハ言ニノ涅槃也
所知障中能生下乃至同於二乘般若彼禾文
此亦所知障ノ了ル二乘ノ人ノ一向ニ生死ニ背テ出テ

ノ也此ノ并生死ヲ厭テ涅槃ヲ樂フ者ト收入ニ
事ノ厭苦欣寂ニ同スト云モ此深ノ文ニハ云左右論セス
意ニテハ也同ス下ニ上求菩提也菩提ノ道ニ入道ヲ得ト云ハ
厭苦欣樂セサル下ニ云事也世也凡行モ無シテ淨土ヲ求ム
又トハ人ノ不用ニ在也サレハ佛モ此ヲ說給也
云々一丁斷欠
本ノ損也
言第十二云唯識云様下事般涅槃隠謂不知隠
中俱生一分令厭生死樂涅槃同下二乘歟

者依樂伎障々五地云々若別道入五地時依勝求障
由斷五地所治障二愚一純作意背生死愚即是第
厭生死之二純作意向涅槃愚即是此中樂涅
槃之障伽涅寂門此可知解之若於世間出世間
背染向淨厭有斷障此五地觀下諦染淨因果平
等名云若別道不同之五地迄同々染不同四地名世之
淨以於世間法出法入雙現前厭々云背向所斷
障也云々

断惑證類無差別眞如乃至非性眼等類有差
二意ハ智恵ヲ以テ生死涅槃ニ出テ別轉リ
統スル也、故ニ差別アル也、眼ハ耳鼻等ニ非ル
ガ如ニ、之故ノ差別ヲ遮シ離ルヽ眞如ナルガ故ニ非眼
等類有差故ト云也ト云云
問、初地所證ノ眞如ヲ遍滿ト云フト云フ類無
差別ト云フト何ノ別カアル耶、答、彼ハ諸法ニ
遍スル方ヲ云フ、是ハ諸法ノ一性ナル方ニ付テ云也、然

テ以第二義以第一ノ一節ノ法ニ於テ麁ニ付テ細ニ付テ
種々ニ廢立施設スルモノヲ
釈之玄記ニ自予同答在之上ニ引キ了又云ノ
同答ト合シテ見ヘシ
玄第十二云亦説依摂論説乃相續云差別法界
生觀釈之説於此中解云有失非此眼未隨識有
情相續差別者々有失若爾是無記又五地云
性差別因果論廿別識攝論中釈此法界縁合

合令相應極難勝故ト　巻判ノ二釈ノ合
シテ令ル者悪事ニ極テ難シ此ノ故ニ難勝ト云也
此ノ難勝ニ能ク勝タル故ニ難勝地ト云ヘリ其ニハ勝難
勝地トモ云ヘキ歟
行者化ヘ極難勝地ト
真俗二諦ノ合スルニ難ト勝ト云也
六現前地ト
言第十三ニ云ハ現前地ノ七門同中初釈名者

大乗之由縁起之智能令般若波羅蜜多能現在前
故名現前地云観察縁起之諦此地中住縁起之智由此之智
令無分別智引入現前悟一切法無染無浄亦作観
意思分別論云並曰此説解之由般若智前根本之智
現前般若也無染浄法界令現前故解深密経現前観
察諸行流転又於無相多作意思方便現前故名現前地
解云此有二義一現前観察諸行流転二由多作意思
令無相観方便現前荘厳論云不住生死涅槃観

恵現前名現前地十住論云除魔事已𦬇道法皆
現在前依已捏義法現悕唯識門於論除御門
深密之金光明等文云出依花論第六前已𦬇 文
従縁生行 文
言第十三到行者十度中當般若行當地中縁起観
増上慧行荘厳論云六住名現染心為依縁起受生故
等云 文
断麁相現行障 文　麁相現行障ト云ハ生死涅

蘊ノ麁相現行セシムルモ上ノ廿五地ニ去後遍充ルミ華、
又ルモシニハ抜シテ漸浄シヤリテ浄シ上合現スモ也
亦中十三之不執除去縁起論上品煩悩習除縁之
此位中除去相執多ノ障与清遠成説故開習文散、
前地障説此内微理實良是不知障俱生一分執細津
浄遠於六地至淨浄清象成ハ内勝良ハ五地超於二
四禅浄刹位合令同雲ニ至一乗盡ミ此菩薩成説故
細唯識論ニ名ノ麁相現行障説所知障中俱生一分執

有染浄廉相現行後隨心起云浄直入云砂行流轉
染汙由斯と云説歟二烈及後簾重一現歡察彰流轉
烈見見此中現有染光後行流轉深心想起二起や
現行烈見見此中枕有染光後取浄れ故相頗や引
未終多時往云我歡察身諸惠枕普集流轉門後昌枕
悩障浄れ門金光出云一張引云續う、頭現云月二
說行敎と行と於心云月於下淡後七月連帶浄れ故
幢心現遠後長時多云長歡故以内隨染倫達察

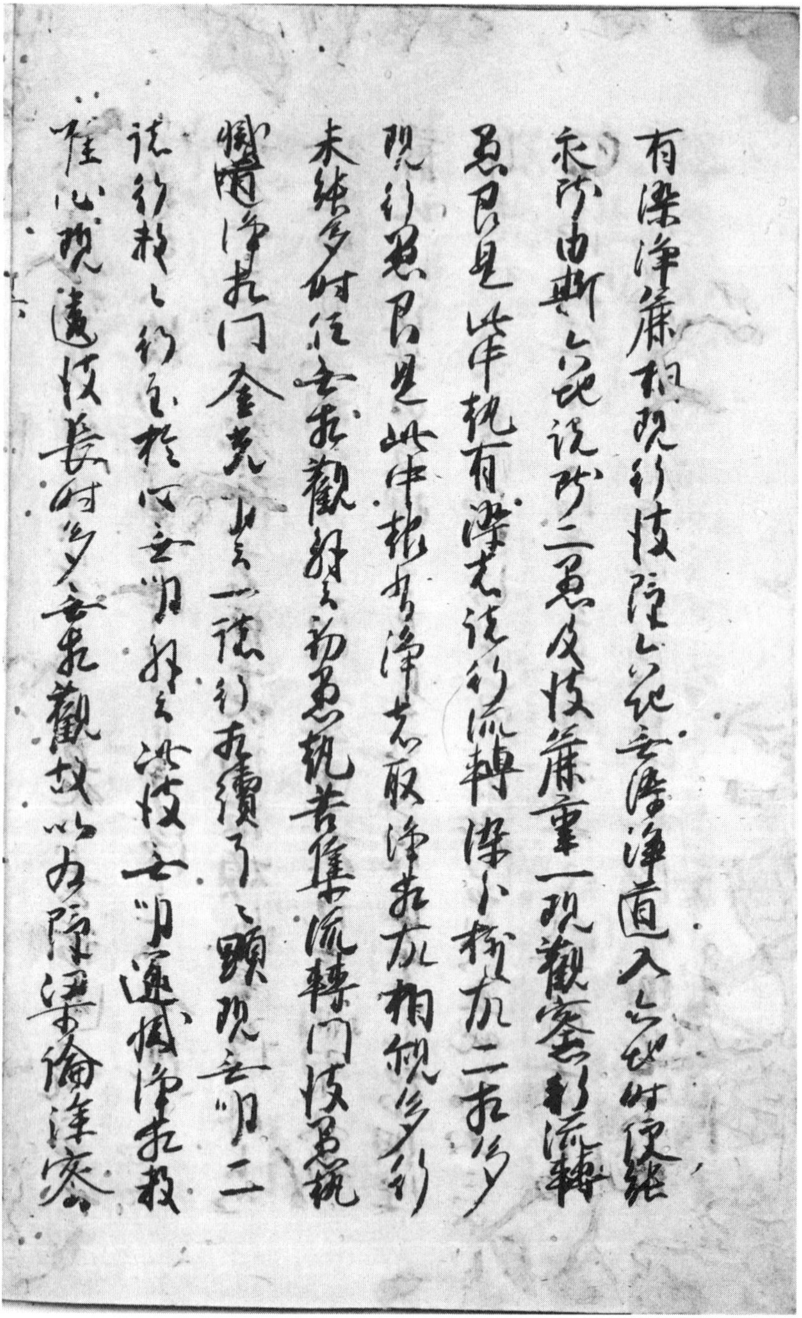

瑜伽門唯識等云々
謂云深浄真如諸法實性云深無尋伺故方浄故メ
玄奘十三云不説玄依相論説云深浄法界云觀察文
實性云離染性云深故限云離染界云清浄唯識文哉
六云深浄真如諸法實性云深無尋伺故方浄
故云在中邊並門此釈又中邊論之由了建此文緣
起法云深云浄相論云了文此取入本亡不說メ
依緣起紀方云小列顕勝般若現前故メ

縁起ヲ知リヌレハ此地ニテハ十二因縁ヲ観スル事ヲ居
リ一百八十重アリ其縁起ヲ観スル也云
七遠行地ト
云第十二云七遠行者数有二一切功用後無相大空
云至功用行ヲ引後無色功用数数ニ行ヲ地中ニ於功用
行ヲ引究竟随一切無記純動揺ニ於無記純名有行
二ツ二ツ形深密ニ純遠行入無深無量無記意与
清浄起相隣接成無遠行形ニ無失無量遠

於前六地極淨地近後者八地的三子滿唯識云
到無相住功用後邊出過世間二乘道故云名遠行
地皆同十地論金光明云無相無間思惟解脫三
昧遠修行故是地清淨無障無礙名遠行地莊嚴
論云并於七地中近一乘道名爲遠行同雖是遠
去答功用方便究竟此遠緣去由此遠去故名
遠地十住論云去三界遠近法王位故名作遠地
仁王經名遠達地云

既菩提分行ヤ
晉經第廿七云解脱月菩薩問金剛藏菩薩言佛子菩薩
摩訶薩住七地具足助菩提法一切諸地中最勝
具足助菩提法速行勝故於此地説何以故諸菩
摩訶薩於七地中功行具足入智慧神通道故
佛子菩薩於初地發願縁一切佛法故具足助
菩提法二地除心悪垢故具足助菩提法三地願轉
増長得法明故具足助菩提法四地入道故具足助

菩提法五地随順世間法故具足助菩提法六地入甚深
法門故具足助菩提法何以故菩薩摩訶薩於此地
中得諸智尊可行道以是力故第六地自具成
云第十三釋云第為解脱月下明前上地勝差別上
中有二初明勝前六地後明勝後三地就前中二
先問後答々中先總後別總中先標次何以故下
釋謂既住地者具行故第七獨名勝下釋中以此
地中功用行満故以功行具足七地入第八無功用道云

是故下後勝過等初地願力緣遍滿真如名為大悲
二地戒深心要三地求於仏專以慈悲生名轉增長
得四地智光名何法明四地入初生道五地通達練陸生
六地入深緣起上〻〻各是一行中具一切〻〻此地中一切
中具一切功德前七〻〻
積集記〻當地成行三〻十度中當方便善
巧行二當地成就難行無礙行謂不定方便智
莊嚴起有中殊勝行三世無功用行〻〻當地〻

下ノ擧頌行戒行亦名言ハ十地宗趣十刹之中ニ就テ
五分不說スル名字ニ若之凡釋スル地入ル所成行之時或ハス者
二三ノ中亦判シ之十ニ第二ハ一段ハ位多分ニ分不說ニ名乞白シ
當地所成ノ行ハ第二ハ之テ約ストノ讚行ナ不云ハ菩薩ノ行ト與地
經文於諸地菩薩ノ行ニ遠行地勝義顯說直載經
頌文ニ卅七菩提分之名言ハ其具ニ在リ前ノ當地經文ニ
當地ノ經文ニ示ス其是十波羅蜜ヲ稱ス法ハ卅七ハ三科
脫門一切助阿耨多羅三藐三菩人合中皆悉

具足六廿七ハ之名字表不說之七隨攸文了見

斷細相現行障　去文

玄第十三云一所知障者依地論知細相現行障云

以第六地有相觀多名為細相現於第七純無相觀

故以為障唯識論云細相現行障謂所知障中俱生

一分執有生滅細相現行彼障七地妙無相道入七地時

便能永斷由斯七地說斷二愚及彼麁重一細相現

行愚即是此中執有生者猶取流轉細生相故二

十八

純作意思求無相愚即是此中執有微去而取還
微細微細相無純於無相作意思勤求未能空中起有
勝行発之以前知障執ナ勝起流転之生還盡之
微細ナ前形地一形離染浄麁相無以内名同此後
一愚正還微来還微細相行以為名細還微愚云
此愚有二用一純還微相二純作意思求無相且依後
義云若又尺相有二種一有二無取無之相名為細相
若依此釈求無相即是愚梁論若一向無相愚推

方便云明今先明云一味執思惟欲斷未得方便云
明諸餘至教ヿ唯偏執〃
說法云差別真如謂此真如隨名教法種々安立ヿ
云是爲〃　教法隨轉種々安立スレトモ皆
是唯一真如ノ上ノ建立之也下文云若依行人空真如教法也云
云第十三云不說者依攝論說彼種々法云差別法界
也親釋云謂於此中興法法隨種々差別安立名無
有其在釈云此興法法種々法別此名真如是唯

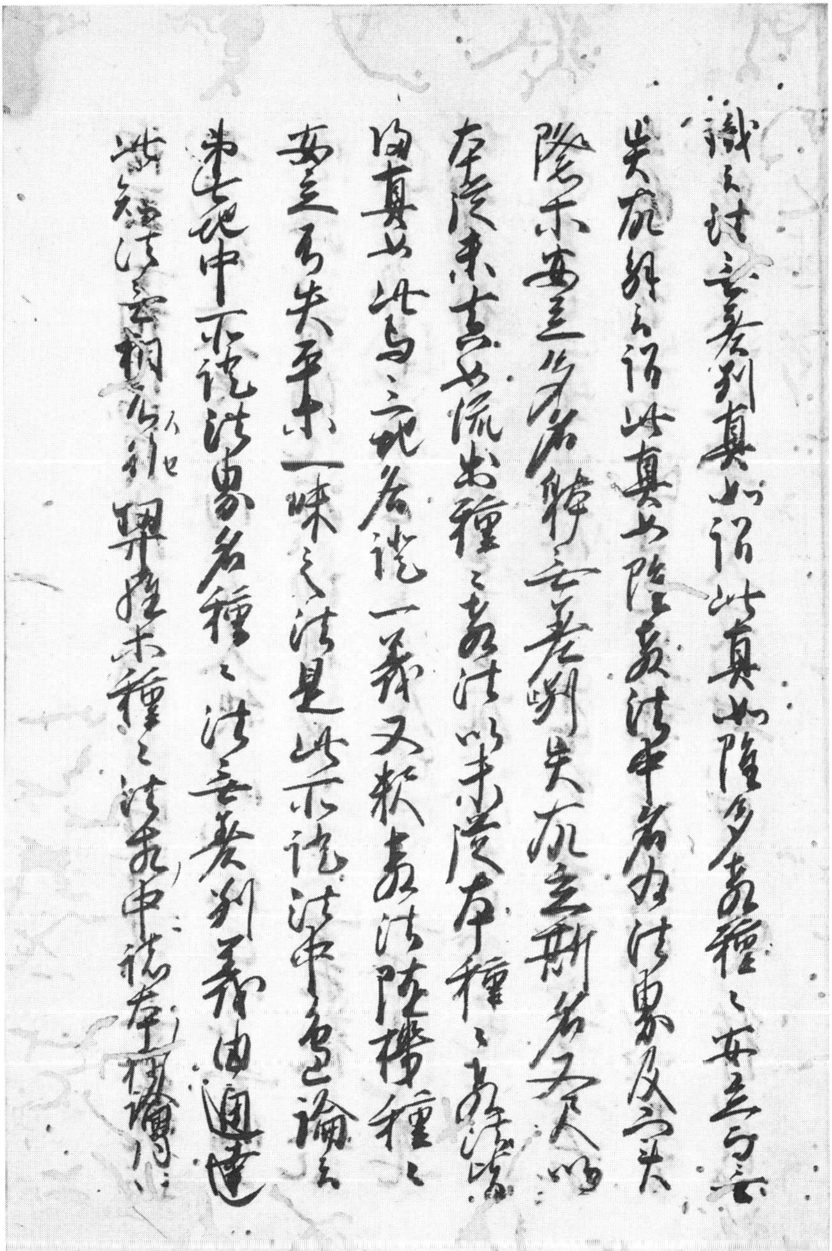

識々皆云差別真如謂此真如隨多数種々安立名云
其依縁々謂此真如隨無数法中名為法界及云其
隨不安立名為静云差別其依之所名又以
本源来無流出種々無数法以末帰本種々無数法
皆真如此為之説名説一義又然無数法隨機種々
安立可失平等一味之法是此不説法中名也論云
然此中不説法界名種々法云差別義由還無
此々謂法云空相似非理性未種々法在中猶在論

解脱門義聴集記 第二(三七ウ)

(Manuscript page with cursive Japanese text - too illegible for reliable transcription)

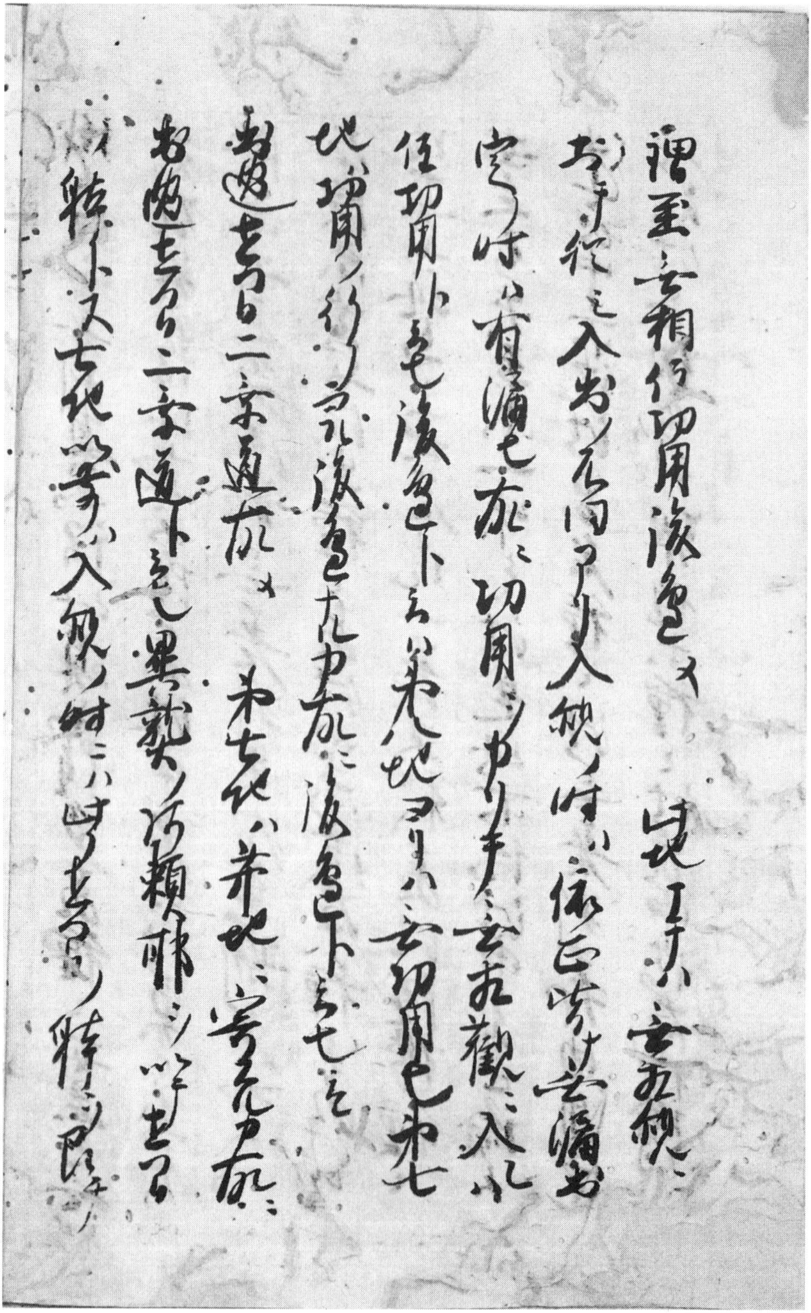

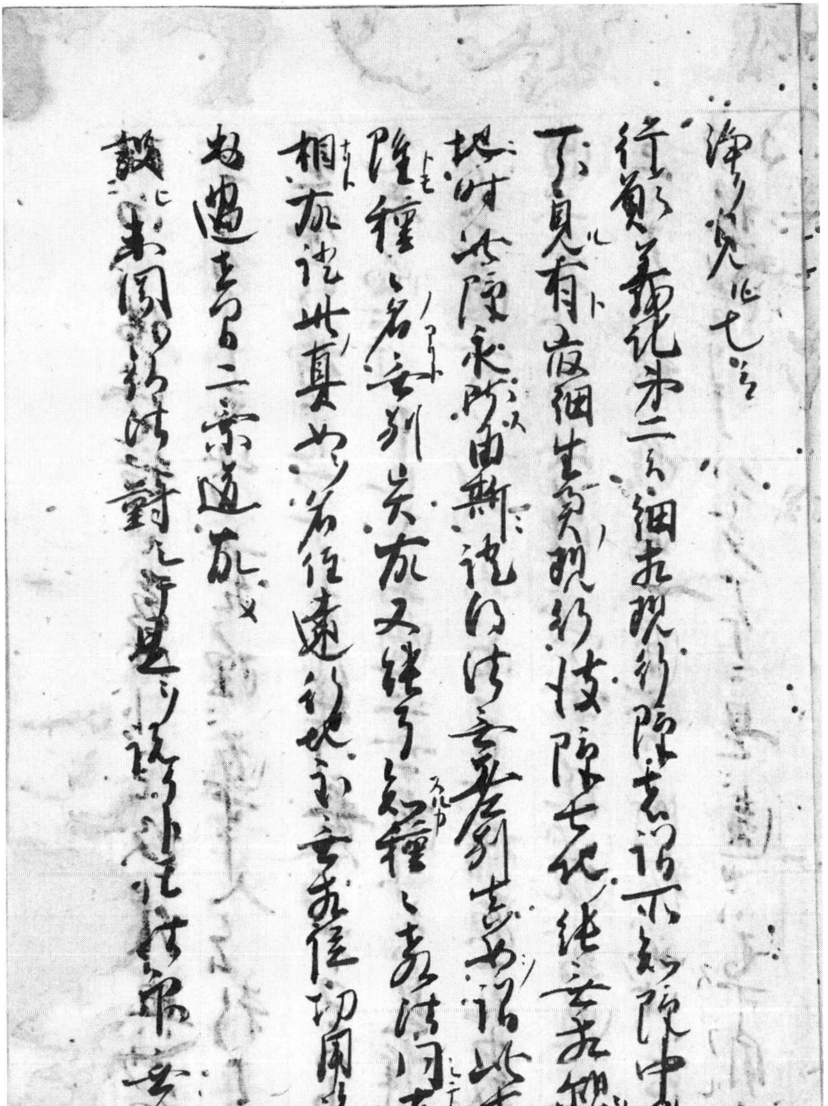

理ニ向ヘハ佛法モ種ニ散法トモ云ヘ設ヒ外典ヲ翻ニハ
ヨマムヿテモ此ノ義ノ理ニ導キ入ル故ナレハ
是佛法ノ所ナルヿニ由ニ縁テ害シオコストモ云モ
仏来ノ心ニテ見ルモ出過ノ二字ヲ直ト云ハ是唯識論
ノ文モ通意ハ如此ニ文ニ向テ是ハ權教ナル由数出
過二字ト云フ此ノ法ニハ四字ヲ読カ故ニ出過三字ト
意ニ云ト釈ス讃趣ヲ開意ヲ付釈ハ如此ノ常ニ称
加釈ヲ違リテハ九十ケニ是ニ違セハ不可用《スウル》ナン

ト被ㇾ仰セ金師ノ御釈トモニ云下似七八識ナレトモ只一ノ
意識ト釈シ給ヘリ五識ナラハ前ハ明外ノ自由ノ無ヲ
生トソイハレ無色給ヘ公ニ六科道果ナトハ性相ニテ
アルニ意ニモ失ヘシト釈シ給ヘリ過ヘシテナンタル
ケナル人モ信性ハ自性ト釈シ給ヘリ大乗ナラハ七云
裏云八識惣名意識事
決疑論第三云八万四千諸塵労皆是都五蘊六
根色受想行識ハ超但名色六根ハ以意根摂五根

取ルカ色ノ境ヲ故ニ有十二縁生及十大煩悩

八万四千ノ心ハ六根カ色識ノ二事成ス光明花等ノ十方

界大虚空ノ二事中ニ以テ意思根ヲ為主ト今但以清浄意想

為主ト立五根ヲ為中ト来世ノ一切内外山河大地及水火風等

境界皆ナ意思根取相起識執成名及七識但以執受成

名亦無別躰随煩業等衆生之界有漏果名為第八

種子ナリ無別躰但是一箇意思識ノ所成今随行者但上

意思根ヲ不動以山心境自然相盡意思上境諦識ハ識知成ス

八不動地事

若約古今者此八地七門同前初釈名者不動名亦有三義一義摂論云由一切相有功用行不能傾動故名不動地玄往無歎並同此釈玄往釈意者七地中行動故不動此中行義與不動二而二義今文所以之云者果唯隨自在能要行不能又令動故名不動二而二義成唯識云無分別智任運相續相用煩惱不能動故望論二義並同此説解深密経由此二義則無功用故説

中有ノ段寄悪不勤有為不勤ト依論ニ為天魔精
沙門遊戯門無継勤無鄣有為不勤地ニ任運無欲
同相用煩悩不継勤有ヲメヒノ解脱門果ニハ有用ト點シ
加ヘラルヽ也家ノ三ノ釈ニ見ルニ三功ニ果唯識不云ハ別ニ
任運有續有用果不継勤有ト云三果トニハ有ト用ト載ト
不継勤ト云フハ為有用ト訓セハ有用ト載ト心ヘシ得タルコト為

答

同意欲意果七地中行勤有不勤ニハ有不勤ノ果為

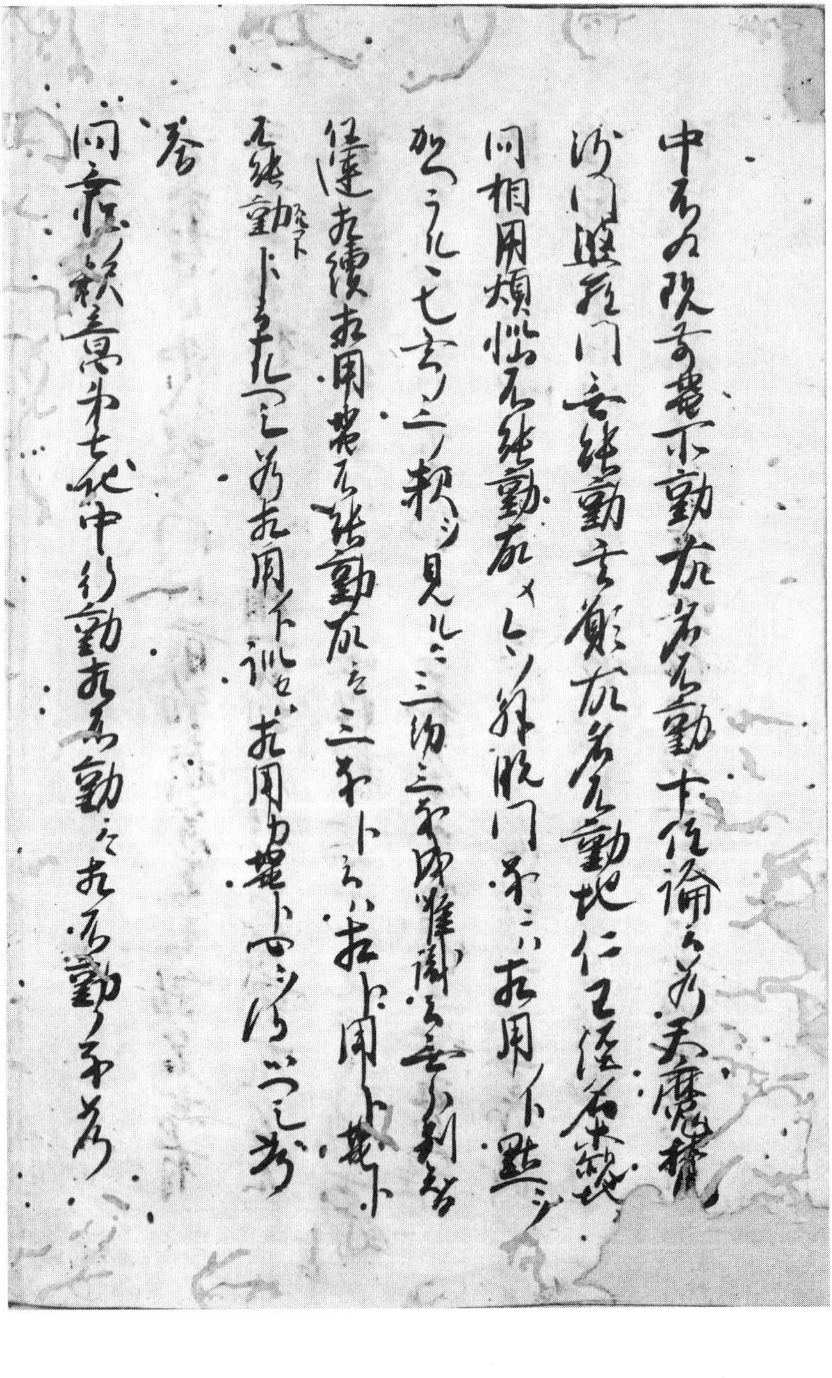

答。然ニ第七地中ニハ功用ノ行ハ勤スレトモ一切相ハ不勤。
純勤ト云モ所以者何ナレハ況不離障文ニ前
之五地有相観多無相観少於第六地有相観少無相観
多第七地中純無相観雖恒相続而有加行由無相中、
有加行故未能任運現相及土云云。第八地中ニハ無間断
相ニ障ラレテ無相恒相続ナリ故ニ先地ノ如ノ有相ノ一切ノ相障不純
勤相不於無相中經ヌ加行ノ勤セラルトモ行勤故ニ於無相ニ、
不得自在ヲ了シテ第七地ニシテモ未純任運現相及也

亦トテモ諸法字ノ義ヲモ設ヒ又隆現金剛諸相及立リ
任運現成以為隆トスリ思之
修浄土行〆
玄第十云不成行者名三種十中大願行當地成就云
生浄慈行相土自在行荘厳論来八住隨浄佛土向云
起作無功用成尋下文云
所云相中作加行隙者義　花ハ等ハ喩ナ菩薩之
于無漏智ヲ起ス七地降ハ真言行法ノ道場観等

如此一生ニ信菩薩トシテ加行シナシテ觀智ニ熟シテ位ニ入ル觀ノ
時ハ土ヲ見テモ皆ナ浄土ナルヘシ出觀ノ時ハ唯タ如シ本ノ事ハ分ツ此
八地已上ヨリハ入出ノ不同モ無クシテ一切ノ時ニ於テ法心
皆ナ無漏也故ニ此ノ菩薩ノ所居ハ皆ナ是浄土也故ニ龍
佛ノ極楽浄土モ此地ニアリキ不増不減ニシテ造リ
據ルナリ如来ノ釈トテ所識スル事モ浄土ノ外ニ
テハ無キト云ニ此事著ナ浄土ト云ハ一類ノ機ノ為メニ云
タル也。サレハ三乗ノ佛道ハ浄土ノミニアル事。

言第十四ニ不離隙者依地論離ニ無相有行障唯識ニ
云云無相中作加行隙謂不知隙中具生一小念無
相観不任運起前ニ五地有相観多無相観少
於第七地有相観少ニ無相観多第七地中純ニ無相
観隨恒相續云云加行由無相中有加行故未能
任運ニ現相コト及土故是加行障八地中無功用道故
於得入第八地時便能永除彼永除故乃二自在由
斷八地説除二愚及彼麁重一於無相作功用

愚二種〻相自在愚今於相中不自在故此得無相立
相一丁故八地以上純無漏道任運起故二處名無相
永不現行也七識中細不知障行下現起也無相
^止^此觀果不違遠技故解云依護法宗於無漏中有加
行智轉非是障以其性故由不能障今作加行
故說名加行障由此第七有加行故障現令不證相
及並非任運現故以為障生空無智果無諍生空無智
不了後得之智又真實金光明云一無我法〻無分別

断力無因二執相自在覺作度無明縛云　此無漏業ナ
故無修相立以實取捨故因果輪不並了唯知メ
行願品義記云　言無相中作加行者下必定随中
衆生不由有此随令無相觀任運熟習初
之五地觀心於中有相觀多無相觀少未六地
中由觀深淨平等ノ此ヲ故相多任ス無相常七地中皆
微細生高ノ相ヲ故無相恒於ナリ有テ加行技随八地ノ
無功用道ノ来ス斷現起現立相ノ地中ニ随ス

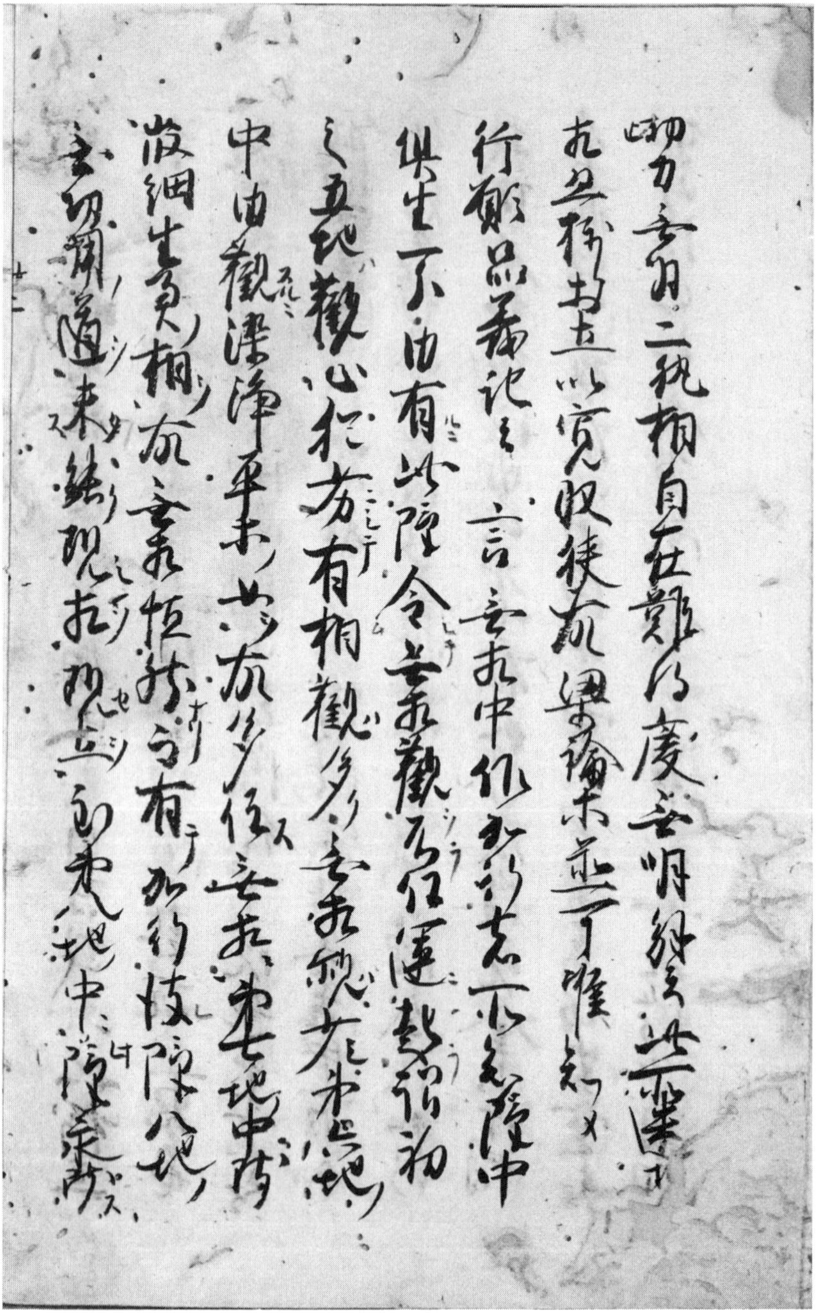

由斷ニ惑障不増減土也シ以從スルニ無相ニ不能淨ニ有増減

故且此シ亦名相土自在土也ト以現相現土皆自在故

謂無土也シ名任不動地無ハ別名任運相續相用ノ

甚為能動ルマ故以任運ナルシ故功用為能動スルニハ相續故相

不能動也又

（行解記同也）外行障ト云ハ此地ノ無功用シ障ル也現相現土ト云ハ光ハ

此ノ前ノ生界ノ現スル土ハ識土也未地了テハ有漏無漏

雜起ス入觀ノ時ハ土モ且テ無漏ノ土也出觀ノ時ハ有

七地八地ヨリハ唯無漏ノ智ノミ起ル故ニ十方ニ身ヲ現シ等
浄国土モ現シテ相ノ所依ハ無相観ナルヲシテ又七地ニ
モ無相観ナリト雖モ元従リ加行シテ成ル故ニ加行
障アリト云モ八地ヨリハ加行障ヲ断スルカ故ニ此ノ不増
減無シ諸ニテ現相現土ノ二種ニ自在シテル七種モ報
相現土ト云ヘル行相シテミソ是ハ唯識論述記ニ委シク釈ア
ル七云ハ依正相現等ノ義林章中ニ有現依正ト云
ウ相ハ利才ニヤドアルヘ云ヘ和尚云六八地ヨリハ無漏ノ智ニ

ノ三載カ故ニ依正相傳シテ淨土ヲモ現スルモ自ラ此ノ
不垢不淨ニシテ此依ト云ルモ現土現土トモ云ハ彌陀波
利耶ノ相ニ現シテムスルニヨリ八地ヨリハ因テ彌陀婆娑
ノ法シ現スルモ七地以上ハ觀智菩薩ニシテ菩法未現セ
裏ニ現法現土ノ法ト云ハ於一切法ニ將成外法ニ中務
答私云言現如讀文云　八地ニ二界中ノ末ニ惡云ニ於
法自在思令於事中不自在故此無樣土法一トシ故云
又淨佛身ハ隨現金來讀義佛土云　金光明經ニ云明

文二意ノ第ト同シ是末ノ文ハ一切ノ法ト見ヘタリ八地[illegible]ノ
法界ヲ釈スル文ハ能所相応現行心業無性無記[illegible]
心業下文其二種ヲ言ハ十自在業ヲ法ノ字一切ノ法ト云コト
ハ依文明也ヽノ法縁現行業ノ釈ノ意ニ依ラハ現法現
在ノ文ニ於テ依他起法対セハ法ハ現行業ノ法ニ縁スル心所ヲ得テ
現行生性末ノ言ニ一切ノ法ヲ摂シ釈シ標下心ヲ得ハ現
法現在ヲ法ハ有ヲ摂シ有トシテ一切ノ法ヲ摂スト云事也
證義故[illegible]法ヲ也

答本意不説法界者謂説法界无境識義也敎
釋云謂於此中雖染分時亦有清淨境時
亦無有境無性釋云法外無別不以无境説法
无境壊不以无識無性後釋因是觀中亦通云
由通達此因内説以無爲法惠於法清淨雖
染法中无之一法有境有識釋云此因地論唯
識云謂此真如離境識純无隨染淨有境識故
是此並名相立自在不依真如謂爲純以此真如已現

次現土像乃自在世教歟云様諸相中ニハ自在名
相自在陀示欲相見現前成就不現土ニ乃自在
名土自在也欲令土成金土宝陀善恩成就云
相約現相示相土唯若然者異示此地下文具ニ一支
了十自在等ヘ
九善慧地ヘ
書本云此九善慧地七門同前初歟名者称大
業云由得無礙勝云礙名云十成土勤歟云由云礙

謂之法名為恵以恵所善名為善恵六性教云
説四殊勝四無礙解無礙解智於法等四中殊勝為
殊勝智名為是恵故名善恵四無礙者法義詞
弁由法無礙自在了知一切名句由義無礙自在通達一
切義理由詞無礙自在分別一切言詞由弁無礙遍於
十方随其所宜自在弁説於此地中六説初説四先未覚
四無礙解名為善恵荘厳論云於九地中四無
礙恵六説殊勝於一刹那三千世界所有人天

異類共音共不同此菩薩能以一音普答衆
問遍所疑由此說云為如善慧金光明云說
法自在云思業成增長智慧自在云尊者釋淨瓔
經於一切種說法自在獲得云尊者唐大智惠成
為善慧踰他法〻云由此地中一切有情利益安楽
意宗清淨遠行并云尊者釋云由此善意說正
法是成此地名善慧地十住論云于惠轉明調柔
增上名善慧地成唯識論成就微妙四〻云瓔釋經

適ニ善説法、我從王經中在ク惠光ニ廣論中云

善相識文

勝説法行文

章云、下成行者也。於十度中當力度行ニ善達

法界自在説法行莊嚴論云、弁自在成就衆生云々

色熱攝受法行並也下文可知之

斷利他中不欲行障文

章云、所離障者依此論離ニ種善知識菩薩衆生

障唯識云利他中不欲行障謂所知障中倶生一分
令於利楽有情事中不欲勤行楽修己利彼障
九地四無礙解入九地時便能永断由此九地説断二愚及
彼麁重一於無量説法無量名句字後々慧弁
陀羅尼自在愚於無量所説法陀羅尼自在者謂
義無礙解即於所詮總持自在於一義中現一切義故於
無量名句字陀羅尼自在者謂法無礙解即於能詮
總持自在於一名句字中現一切名句字故於後々慧

弁陀羅尼自在者謂詞無礙解於言音展転訓釈
総持自在於一言音中現一切音声故二弁才自在愚
弁才自在者謂弁無礙解善達機宜巧為説故愚能
障此四種自在皆是此中第九障摂此開総障無礙
解不知障種以所体性以八地上六識中不知障無欲
行故金光明云一説法無量名味句無量知恵及総
持無明二四無礙弁未得自在無明因果摂論云無量
正説法無量名味難答巧言自在陀羅尼之無明為一

於四无礙解決断生相無明後中云々无礙實
解第四同深密経此不能並可知之
説名自在真如云々
言第十云所證真如地中證得名為自在依止法界
識釈云謂前説得此无己於无礙解得自在故名雑
釈云謂此地中得无礙解不依止他説得名波羅密
於一切法菩薩無言善能了知法意敷説成就一切
有情受勝法楽解云无礙弁才依止界名説未断

第八云随云不執自在等中智論云有四自在一衆
刹自在（即相自在也）二浄土自在三智自在四業自在法界
於此四種下依第四自在依心等未八地唯縁通達福
二自在不依心等縁二如次在後二地矣
謂此真如於無畏等觧得自在者文
云無畏等觧下云心無畏等観也此心無畏等ニおて自在得し
即于法法自在也云云
行断而義縁此等二云云九地利他門中后勧行證

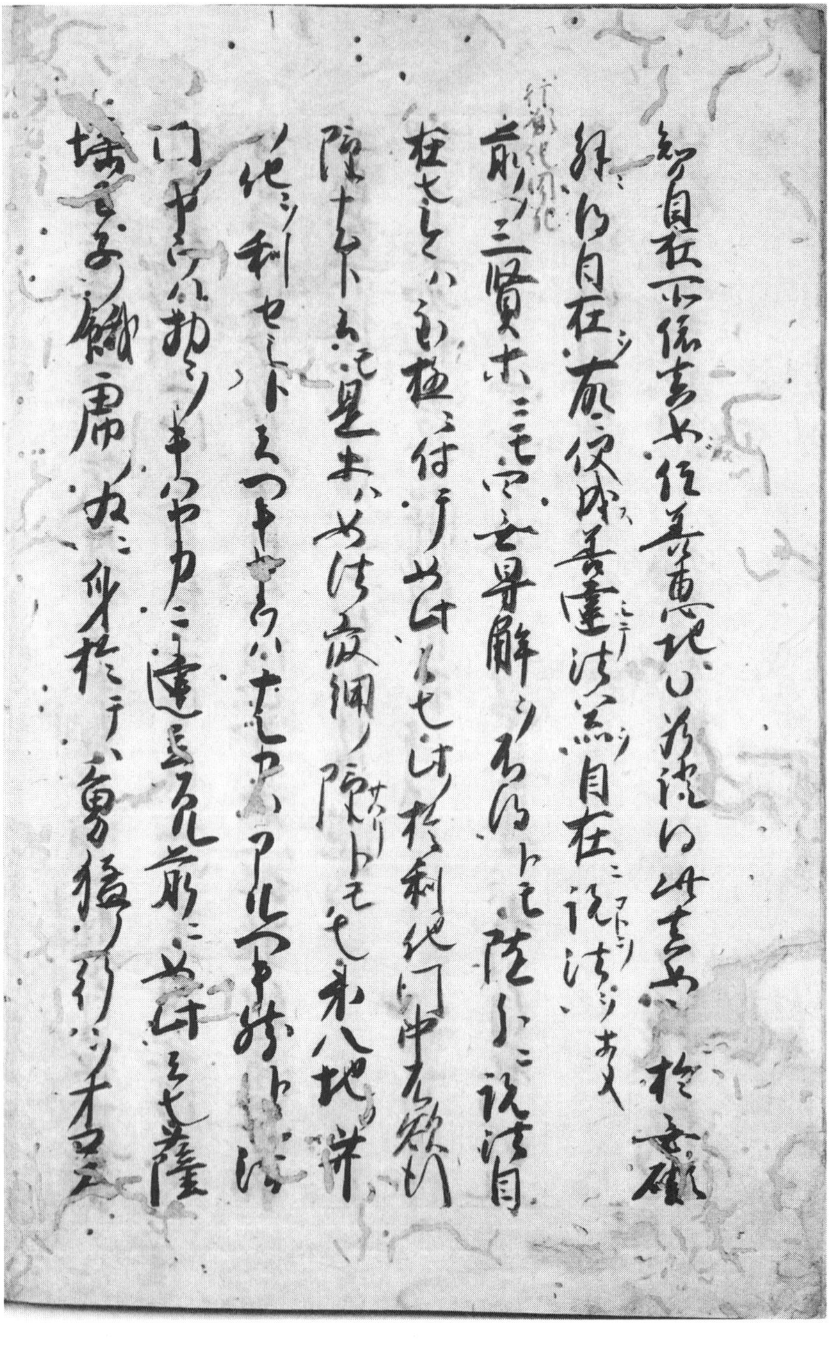

無量ノ功徳ヲ作トニ散心ニテ作ラハ、ヤウラハセハヤ
ウセルモトッツヘナレトモ勇猛ノ心ヲ起シ信ニ往々
ソノ功徳シテモ費テ尽スル也。昔無下ノ人ハ國ニ虎入
リ乱テ多ノ人ヲ害スル時、彼難シトシテ以テ多力ニ我
壮トシテ慈悲増ナリ身ヲ捨テハ彼ノ害ヲ亡シ
トテ獨リワルモト虎アル野中ヘ入リ給テ虎
アラソヒ食スルオトシケレハ見聞スル人イカハカリア
ハレニモカナシカリケム。其後虎ノ害ヲ成ス事長ク

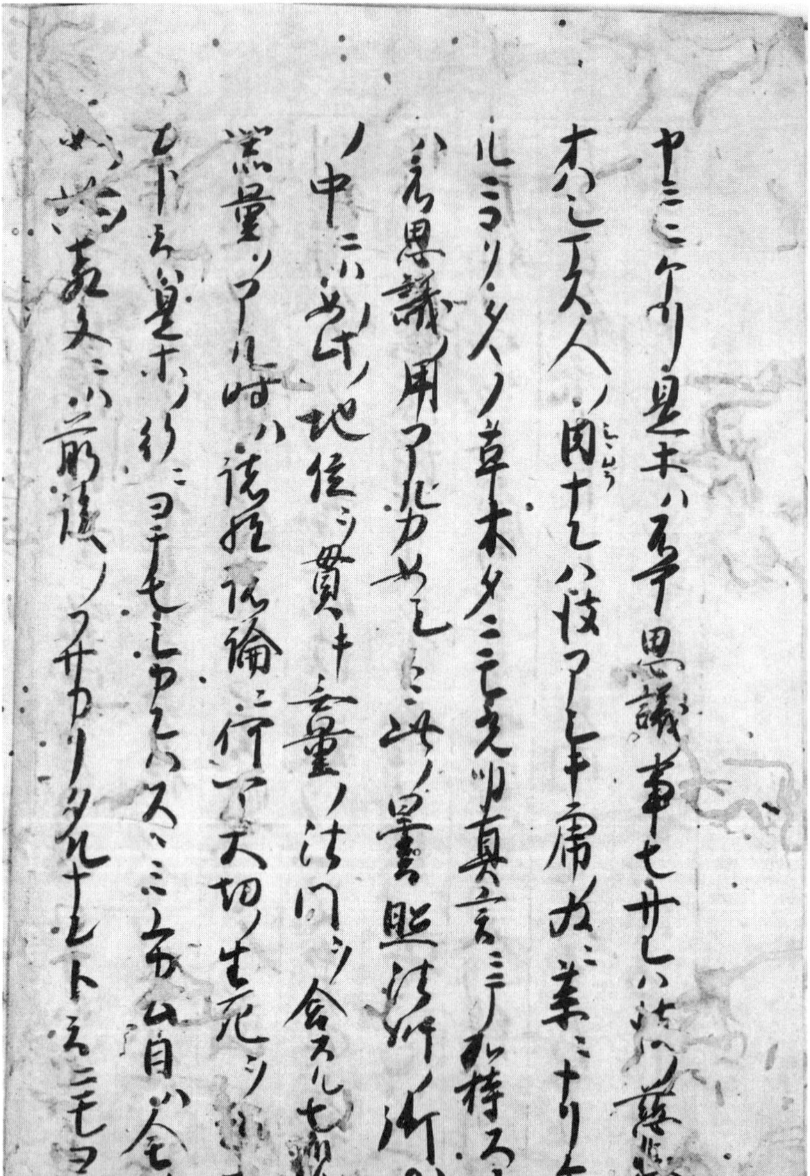

一云。何無生忍ニ至ルヨリトモ。タヽアラワサルト十地ノ因果
然而ニシテアル可キ果遂ノ前ノ修道ニイタリ限リ
イタリノ地也ト下ニ有付《キリ》地位ノ差別ホリアル也

十法雲地ム

云第十法雲地之名門同前初釈名者釈有
三。一云大智名大法智云雲含衆徳水蔽如大雲
二往釈云由得総縁一切法智総縁一切契経法等
為離垢如此一切共相境智譬如大雲遍覆虚空

摩地門譬如清水智種藏故如雲含水有能生彼勝
功能有二轉如空兼重行如大雲无性釈云又如大
雲雲覆隠虚空如是惣縁一切法智雲覆隠如空虚
大乗色識智二障言雲覆隠者障不除不云充満
法界故如大雲无性釈云又如大雲注清冷水充満
虚空如是惣縁一切法智出生大量殊勝功徳充
満所依法界唯識論云大法智雲含衆徳水蔽
如空麁重充満法身故名法雲　此中十三義因云

行論曰莊嚴論云於第十地中由三昧門及陀羅尼門
於一切聞熏習因遍滿阿梨耶識中譬如浮雲遍
滿虚空能以此聞熏習雲於一一剎那於一一相於
一一好於一一毛孔雨無量無邊法雨充足一切可化衆
生由能如雲雨法雨故名法雲　仁王經名為灌
頂十住論云住此地能雨法雨名法雲地解深密
云麁重之身廣如虚空法身圓滿譬如大雲皆
能遍覆故名法雲　解云初説我法執一分麁重種子處

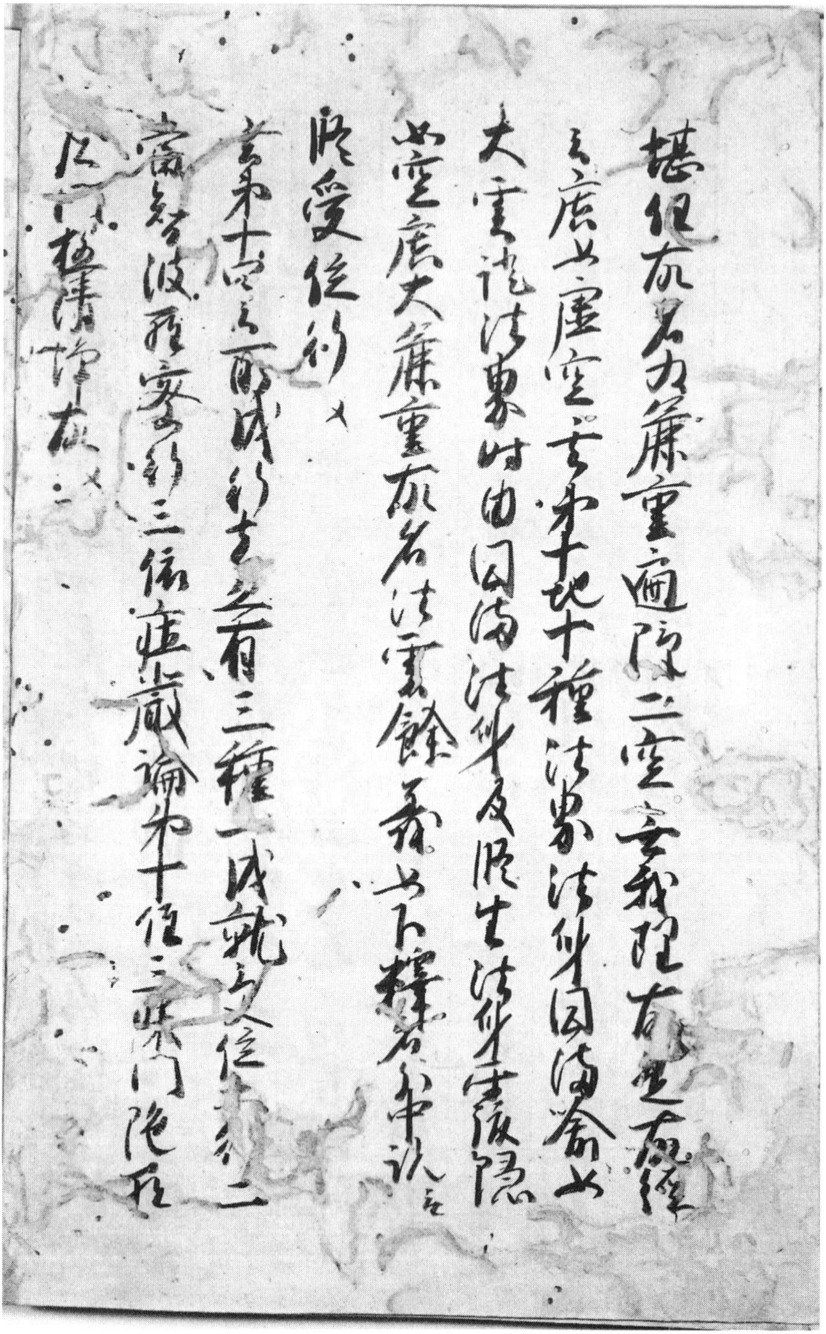
摂但取名為兼重通従二空云義理有之故経
云底此虚空云第十地十種法界法界因陀羅網如
大雲説法界此因陀法界及眼生法界陀隠
如空底大兼重取名法雲餘義如下釋名中説云
眼愛従行 文
第十空云而成行云之有三種一成就之人位行二
寂然波羅蜜行三位虚空蔵論第十住云此門陀羅
尽十種樓清浄故 文

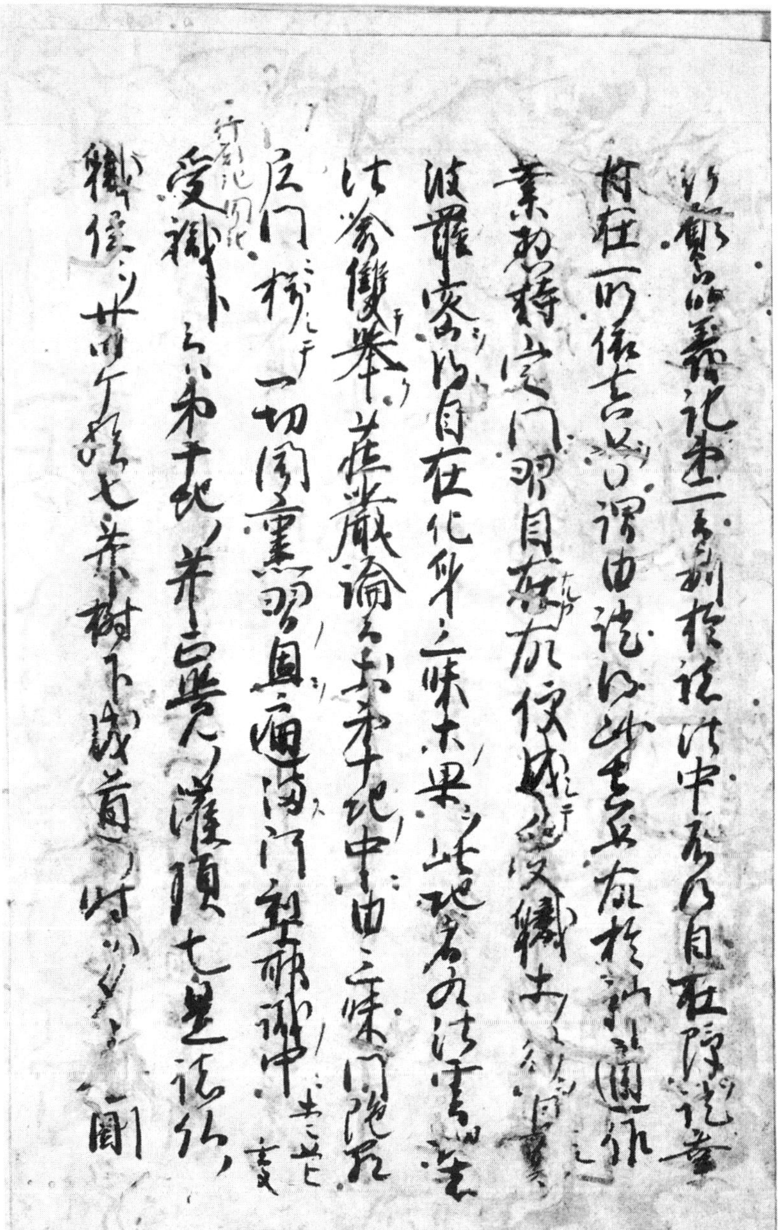

既ニ唯シ正覚ノ名ヒラキテノ際魔像示ノ
儀式ハカリニテアルカト思ヘハ南山道宣ノ所
前ニ天人来テ物語トモ申ケル中ニ佛ケ成正覚ノ
時灌頂ノ道具トモトリテ奉之名シテ云ト云
事トモシ申シケリ。サレハ常佛法トモアル
コソ下開キノ受職ノ作法ハ菩提樹下ニ於テ之云菩薩
職以前ノ　是ハ名蔵城ニツテ苦陀羅尼
上モ近蔵挹ニハ出寸地ノ并百万僧祇ノ云

味ヲ得ル時ハ一念ニ諸法ノ味ヲ受用シ給フ勝妙ノ位
ト名ク此ノ三昧現在前スルニ大寶蓮花化シテ
リ千世界ニ出生ス其量百万三千大千世界
ナリ衆妙寶ヲ以テ荘厳トス其此ノ花ニ坐シ
菩薩ノ亦身量モ三千大千ノ大寶花ニ相応ス
此時ニ十方ノ諸佛モ眉間ヨリ光ヲ放ツ其光一切
智神通ト名ク此ノ光リ菩薩ノ頂ニ入ル時百万
ノ三昧ヲ得テ受職ノ位ヲ得ル具足十方堅

従佛教トテ又テニ諸佛ノ境界ニ入ル得具ト
デ十身具足ノ盧舎那ナルヘシ是等ハ書ニ
出ナラヒ名目トモニハアラス又アリトモセヨ
同薫習遍満阿梨耶識中ト云ハ有漏ノ
薫習阿ラヤ識ノ中ニ遍満スル事雲ノ十
方ノ虚空ニ遍満スルカ如ク時ノ有漏善悪ノ
十方ニ遍満スルニカヽリテ彼ノ同無漏薫習ノ種
子生死ノ中ニアリトモ煩悩[illegible]モ失[illegible]シ

解脱門義聴集記　第二（五六ウ）

衆生ヲ利セムカタメニモアトヲ垂ル、樂ヲ與フルヲ浄土
新ニ以テ、功徳ノ付モアノヌルモセリ
新熏徒法爾未自在障
名目ニハ法爾未自在障ト云フモセリ
玄亊ニ云フ不離障枡付紀論離枡法浄中所有自
障惟識論ニ枡於法浄中未有自在障ニ法浄平等智障伴
襲生三八今本浄ケ内自在枝障ヲ起大浄徃見五覺
久不舎蔵不施中業不入地時對彼煩悩永所伏断ト

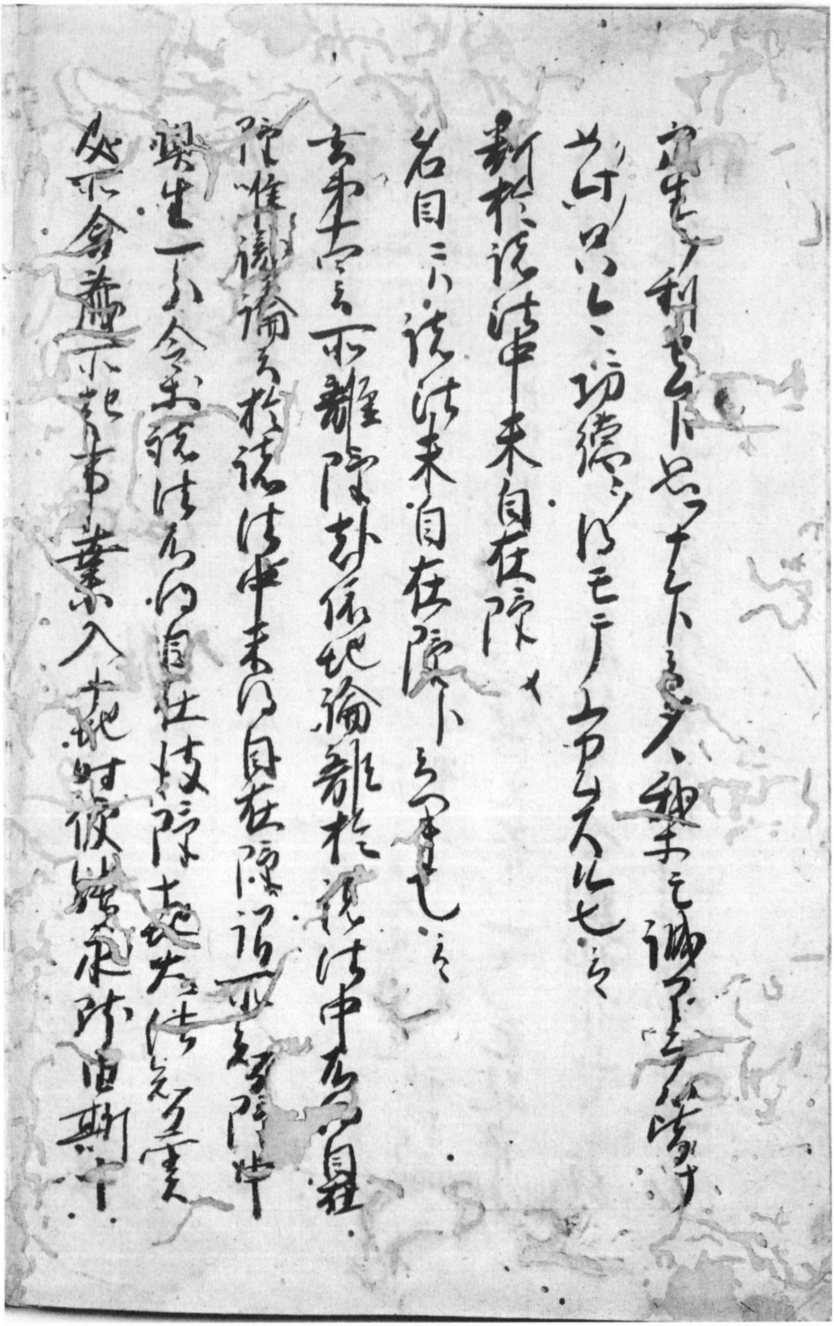

此説ハ二智及法無畏重一大行ノ道ヲ為ル是　此中除ハ二
煩悩業ニ悟入故細微智慧是　此中除ハ大法ヲ知
意及不発為志所云ニ所ニ於障ニ通ニ不ル所知障ヲ不ル離精
金光明ニ云ク大神通未ダ如意　云ク微細秘密ニ於ル
障ヲ未足　云ク果論大同文　此地ニ像ヲ分離ニ一障ヲ為
仏果為唯識云　此地於法障ニ自在ニ不ル事能ハ得障ヲ未
名於趣ニ有衆生故不知障ヲ及有任運煩悩此障之種
金剛喩定現在前ノ時彼皆頓断シテ入如来地ニ由斯十一障地説

意楽云々。所作意楽、以業自在云。不染心清浄異熟
釋。謂此清浄異熟是亦業自在、不依及随転。以門二一
摩地門自在性故ニ業自在、不依心ニ志願随
不欲。以身語意業、用自在依五神通随自所
業皆以成弁。以文義摂総随所欲自在力故、総
持一切所聞、宣説文字言辞。以三摩地自在力故、
於諸法至不持総時、随其所欲、虚空蔵ニ説ニ三摩
地、三摩鉢底已能現前中。竟論云、作種々利楽有

皆華厳此経初説ハ初同也唯識釈ニ云ク此経説ハ此世界ニ已普
於一切衆生皆作業相持完門此自在所獲ト雖上説
論於此説中ハ四種自在一互通二三業三一總持説
定尋此説下ノ文大蓋ニハ十文重合釈雖潤ニ陰
生以性実大無差別ニ就勝性假立種陰初ハ中
已達一切ニ能説引起未因果合因所説達ニ
大智ハ香会ヲ説徳水ト　　業地ヲ清浄地ト云事ハ
遍ハ能ク水ヲ含ス流ス大智ヲ宝陀羅尼門ニ摩地

解脱法自在ノ義ハ七支中ノ位第十ノ灌頂位ト云ハ十
地ノ第十ノ法雲地ト云ハ此ノ雲ハ能ク法雨ヲ含ム故ニ
位灌頂位ト云ハ二井ニシタ雨ル下口ノ水ヲ名ク也
義是即チ同文云云已上ノ法説ノ歎文ハ出唯識論
ノ文并清寧大師ノ經要中文記ニ載セラレ名シタリ
十圓辨名也
問花嚴經不説ノ位地ノ名ト今唯識論十ノ歎ト
何ナル違ヤ答会セテ花嚴不説ハ同教也

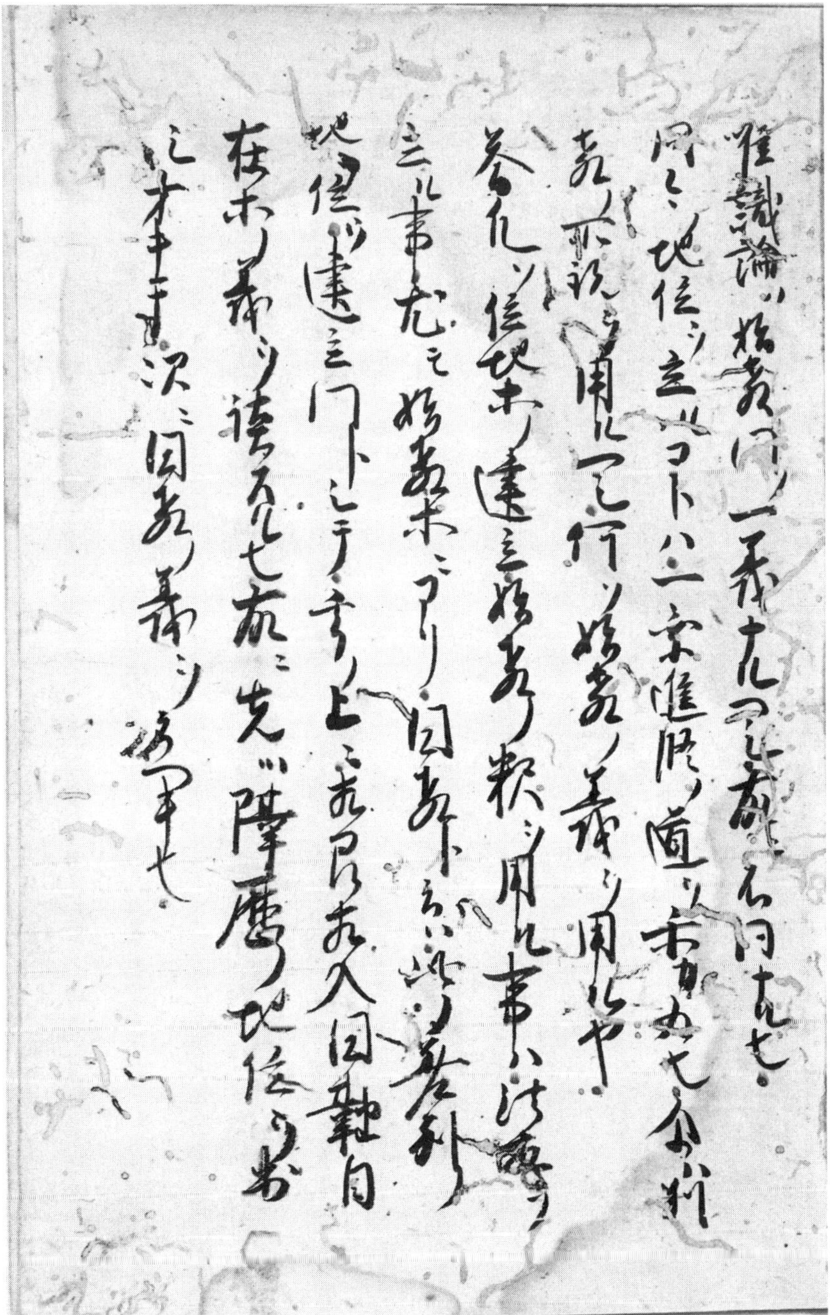

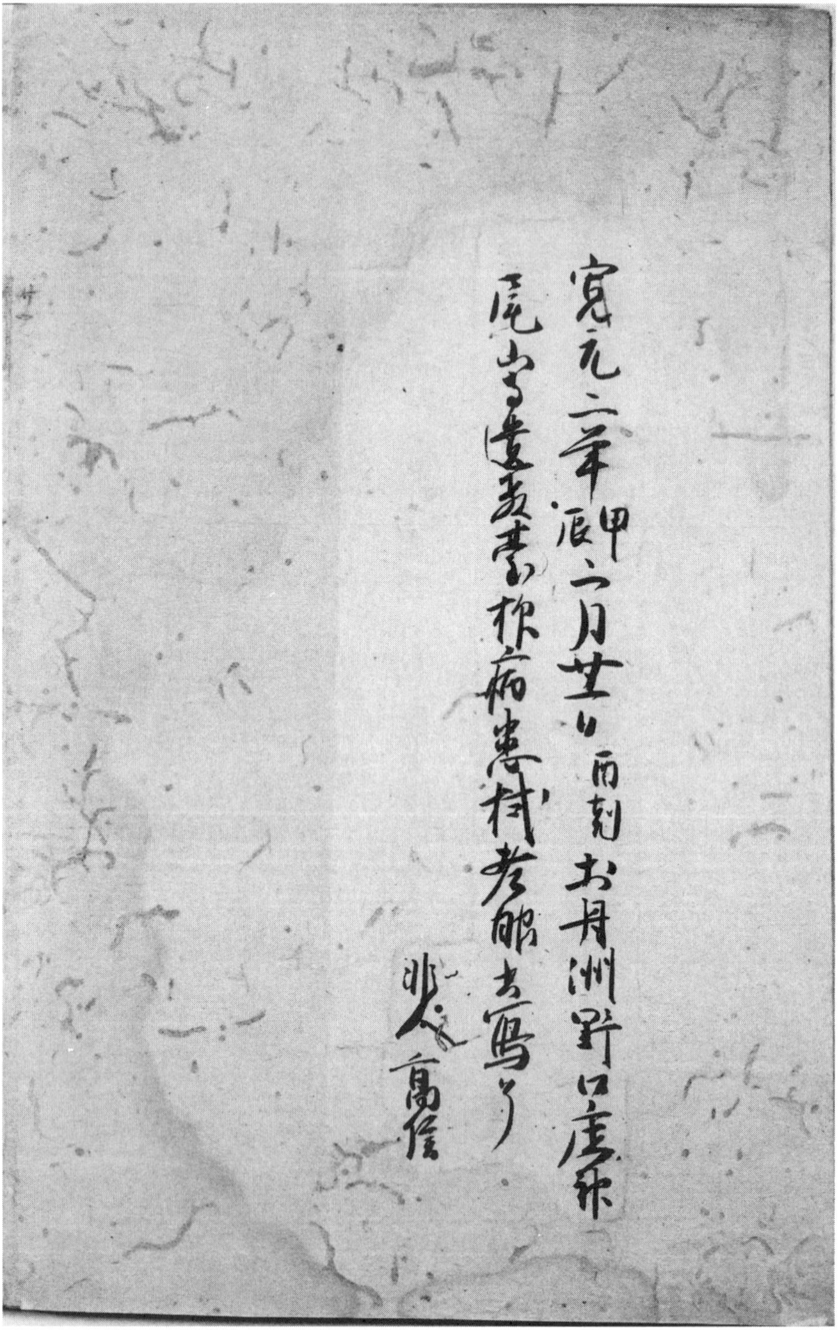
寛元二年甲辰二月廿日　酉刻　於丹州野口
非人高信

解脱門義聴集記　第二（共紙原裏表紙見返）

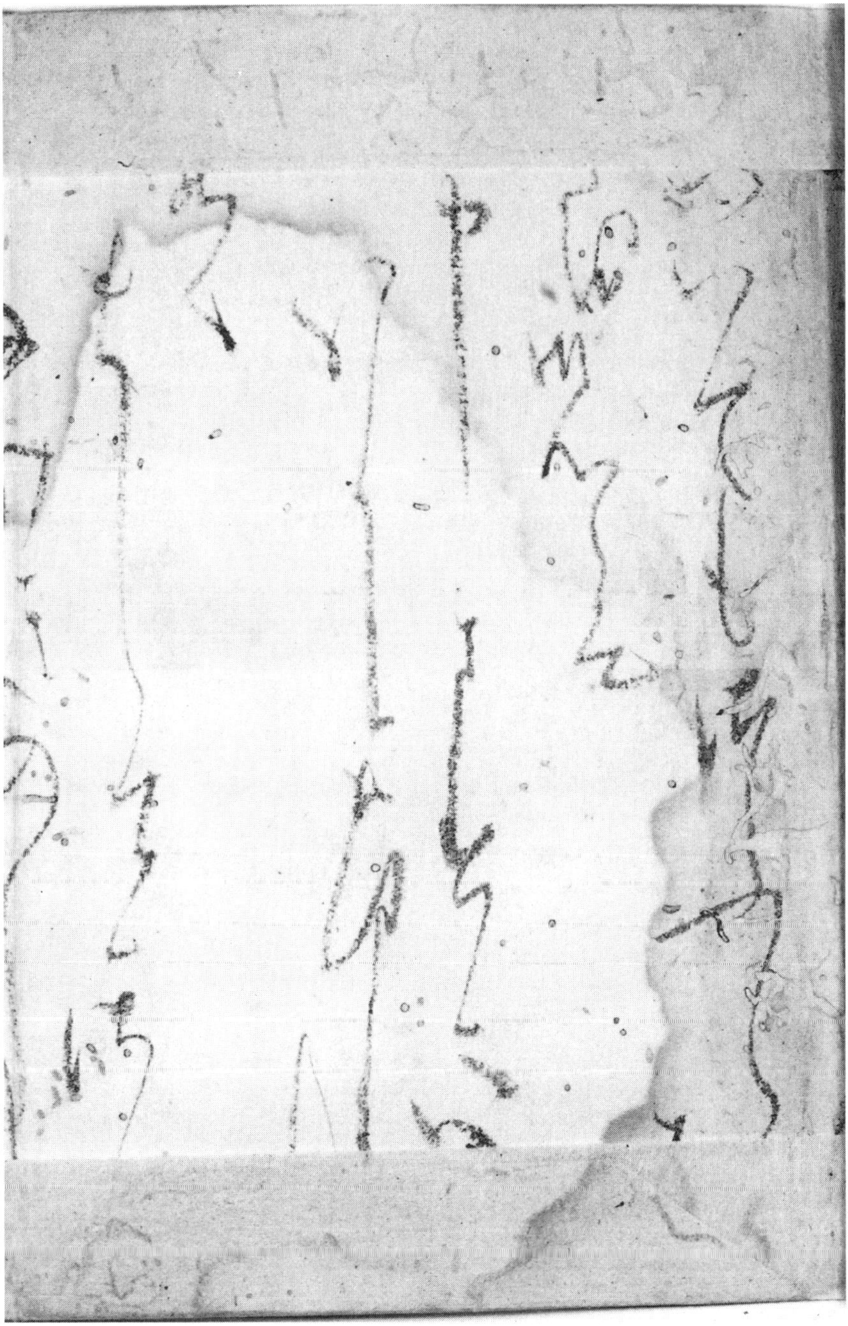

解脱門義聴集記第三

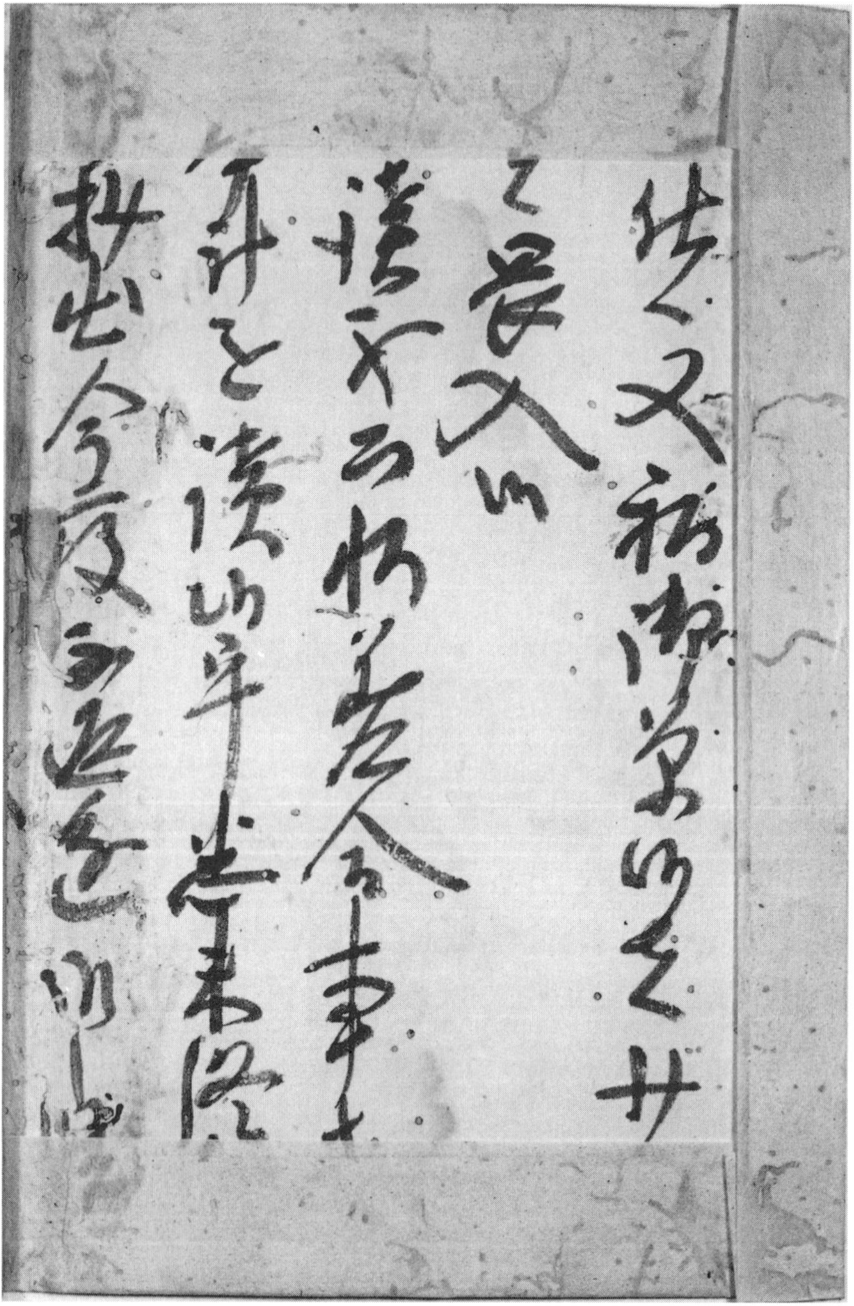

解脱門義聴集記　第三（共紙原表紙）

解脱門義聴集記　第三（共紙原表紙見返）

解脱門義聴集記第三
同日此位説初心良在義上下
一物相就門ハ位ニ前後乃至二物轉就法前後相
入支　物異就門トハ法ノ前後シテ終也ムカ先問
也表ニ物ノ法位ノ内ニ付テ法轉ニ付テ表裏ヘノ
位ノ前後シテ知云也
義ヲハ無毛是非ハ劣ナル智ノ照ノ境界モ能識シテ
以テ中カリヲ不審事ニハ非ス人云々
五教章下云　彼位　様別義有云ニ一家一切返等

位顯謂始從十信乃至佛果六位不闕隨得一
位得一切位云〃二約報明位位有三生云見聞解行證果海等
三約行明位即唯有二謂自分勝進分云〃
問前總義中不過階上然乃是八相出用与
此何別　答報者此位未成佛時於後諸位皆有
自在之用故位是當位數起化故此即不令
出初位中起化用時等後諸位並同時起諸用故
是前之故故說此六位故問此約終門何故一種

ハ是信満勝進ノ上ニ起此問耶答ヌ欲方便顕
此ノ一意ハ信満成佛ハ今ノ初住足文故ニ法蔵菩薩身
說同ス既ニ一位中ニ有一切位及信満心即ノ佛果ノ行
須文說後後位耶答以後後位具足是初中ニ
一切皆如初後亦同耶答所ノ初即具後ノ初即後
具シ了後亦具初終ヲ乃後乃至ノ初耶答
實ニ今位ノ初時云ヘル後故ニ是故ニ云有事ノ後
ハ元ヨリ初モ同ジ所ノ今位ノ行ノ說法信満降ハ答

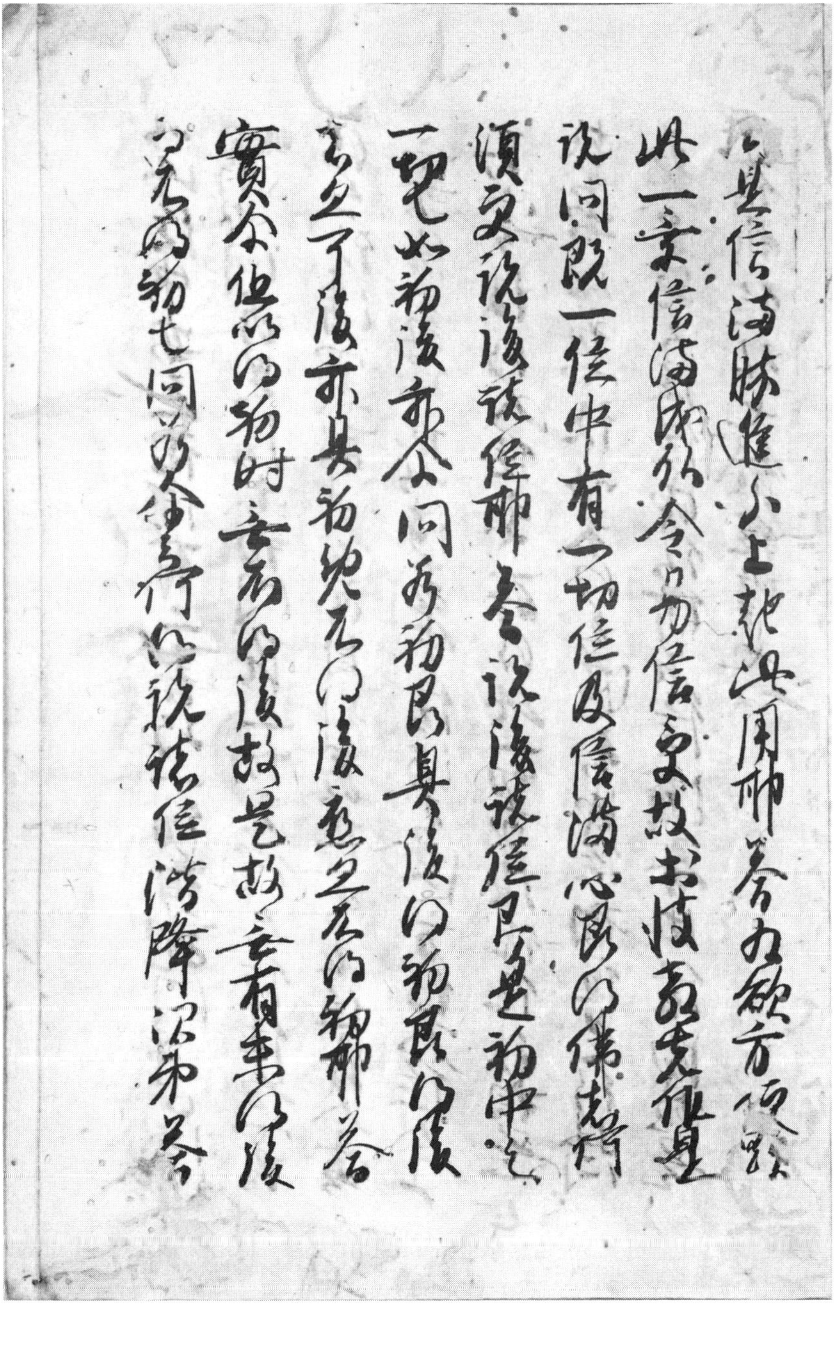

以此経中安立諸信有二善巧一切相続門書曰 論十一引文

論同故略之　問若是信未初門即一切位行不信位初心即

信乃終満心未耶　答若自利教即未依位成今處

三賢位義位説以特義果信満不退之方得入位。今

即寄信乃入位。要所以此一切要優読信位相是

故不寄信初心説以未得不退不成信相位是初時

若今寄不退位信成作何名信満　答由信満成故是

則信非信似也餘位准之 文

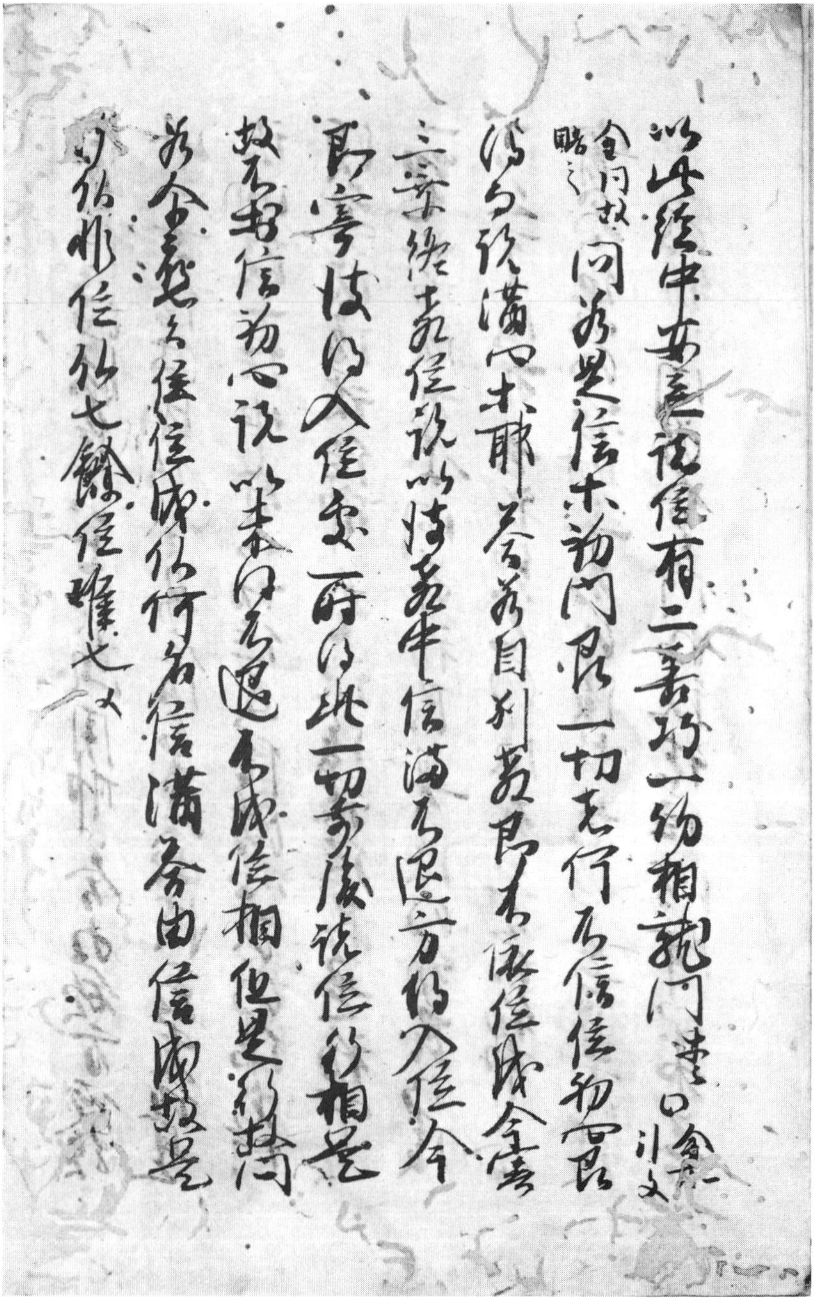

後古記第二云　此會説　行相者且入法行経皆有章疏
用三義説十住行法説之十住之中無發示二亦吾説
言華嚴中以果未法界文釋十住行位如來意前後故
開教中以六決定文釋十住為同文義發釋文開就
門者以經行界不文門都以信位見地十相説者云信之門攝
有前後浅降次第不同寄同三乗門攝之權令攝
權三乗入一實也此中所同且終頓三乗終同別
教一乗寄同三乗終教會云又花嚴経文前云五會

次十明已後無尽謂品段以別義證上来説也
又中以用一乗円義證上乗義以顕別義證之又
言円者吾祖云円者通也故名通義一乗攝名通教
宗五教通之与円教和云別教所立円宗之一乗円一乗
故又教円者不乗円一乗故指之雖伝即大乗也子
染浄所行並并道果人等以円攝之故以之円於一乗
則当宗又攝通綴行摂会摂別義一乗也又言円
教義縁之会之一切一致名円也是則全教浅義所

皆三乗是還方便摂故上云則以一乗宗並無名一乗是
故強別同名字也云云 此下可有異同分 教異勘之 二約特義者在以平
等法界内摂入之以約法十玄特以難同教普法是故
前後同教是段之一乗是別教也然以下二頭教也
移門与極相即約布施同教不壊即与極前後
同教約布施之是義相施設同教是理性徳用相
是即性之相性是即相之性是故不相違也口伝
直自宗判教則在依権説一乗義事平云若依一乗

円通々義由不自在也是則相摂帰者故於前後始終源〻

源流遠近本末又要開合為須帰彼則救之帰新之

断結亦在位皆現前對不成帰則常不成由笑海

於信位中普賢海満不令寄下不営可見口終作、

非信者令些覚信終成就故非信佛為住言十信

作佛不論十地終心作佛則是上乗為具五位及九

位作佛則是之一乗因果称為小乗二乗並是阿含

佛之一乗円義称佛也　文

此經四十品中ナリ　此經ト云ハ八十花嚴經ヲ指也
此八十經ハ唐朝ニ譯セシ當時ノ現在流布ノ八
經ハ巻十九ハ七帖ヲ圓玄ノ所釋ニハ瓔珞經ニ
第三禪ニ於テ普賢品ヲ説ト云云　爰ヲ以テ今ノ
經ニモ普賢ハ入ルヘシト釋シ給也　既千五百万
億ノ偈在ルヘシト云云　仍テ此經ニハ四十ハ入ルヘシ
ト釋シ給也
以法集ハ内ニ正宗餘内律ナリ　以法集ハ内ニ

宗トシテ常ノ序正流通ノ三段ニハ非ス今ノ法
界ハトモ云ハ人法界會トシテ善財童子一生ニ
身ニ五十五ノ知識ニアヒタテマツリテ勝行随位スル
軌則ヲ説ク一部ノ所詮ノ本意ニテ入法界ハ
要ナル方ナルニ此ヲ以テ宗トストシテ也律トモ云元序
ヲ流通ナトニハ非ス唯タ且ヲ一部所詮ノ也律ヲ以テ然
也此等ハトモニ差別果未ヲ因果ヲ説中才ノ
ト此ハ宗則チ大仏ノ位ニ入法界門ヲ以テ[illegible]

裏付〻〻　此経ヲ許シ況ヤ　本書入
合論意云　巻二　瓔珞経云　此経是説花嚴
経已後若花三会人若別時中重於初始成仏
菩提樹下重略叙花嚴法門　此瓔珞経中付云
我昔於普光堂説浄土法門及至一切刹天説
十住今更略説底以彼経説唯此経説第説十
地〻後於第三禅中説十一地法門経在西方
方未来経云佛子無光於第三禅中集云

禅要説云補処菩薩大仏華厳三昧説百千
億偈今以略説一偈云々義開究竟心地大受
持云々
以自心分別煩悩者文　擧テ煩悩ヲ為也云々
従根本煩悩非一二業所起者文　非一二業所起
ト云ハ一二ト云ハ煩悩ノ体性法界智ノ体性開示為之
故ニ云也或ハ根本ノ無明ナリ　以根本無明ハ文ヲ擁スル　一二業所起云
非也故ニ云也上下不預也云々　上ニ云ハ惣シテ菩提心ニ之ヲ一切ヲ一切法

増シ出スルコトヲ示シ一乗本ヲ実ハ終ニ対シテ始大乗ヲ権教ニ
判シテハ始教ハ三乗二乗ノ不知ニ非ルコトヲ顕ス也
七識亦麁識ト云テ第八識ニハ微細ナリト云也
権教ノ意ハ第八識ハ生滅識ニシテ一切空
異熟ノ無記也故ニ業亦惑苦ト云也
十地法門又等覚人ヲ以テ十一地トスルハ霊覚
十地ノ次ニ在故ニ十一地ト云也亦会縁入実
相ヲ以テ本覚ニ融スル様ノ名識十地人ヲ了スル
説法門也本覚位ノ法門十方ニ下ル隆
名識ノ教ニ随テ十地ト云也云云

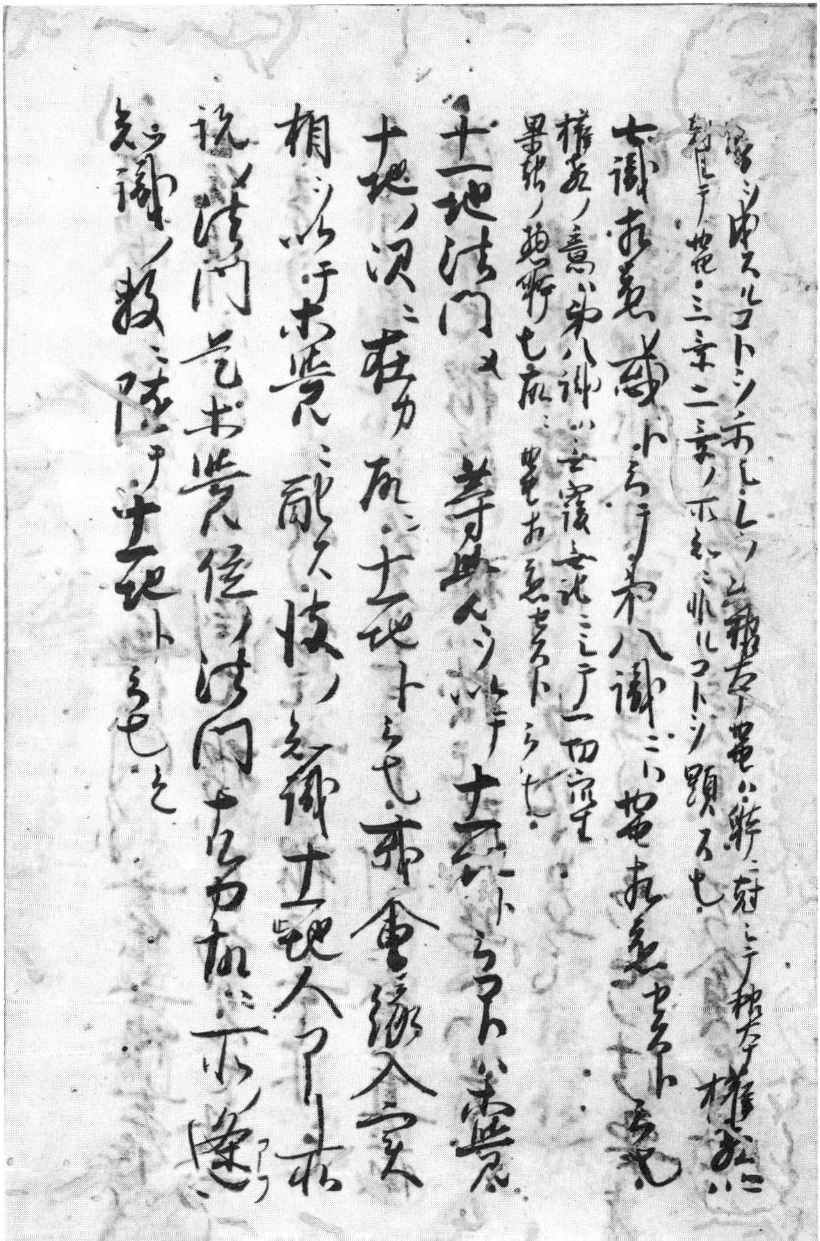

略譬喩〈名縛用〉〈喩佳門〉〈如佳三種毒薬交
合佳頃トイフ〈位ノ〉〈良田〉〔倒也〕根ハ既取リセスニ
念乱シ本トス此ノ位モ云フ根ヲ云フトニ
為引見シニミクシニ之ト戸断セニ貪瞋癡
海ノ九也根漢手柎枝モ陸栄ハ云フ
根ノ亨モ六枚モ断リ中ルモ也
流與貪媒非貪也事ヨク如此ノ流要
ハト戸更ニ書聞五欲ノ境界ノ處貪ヒ世

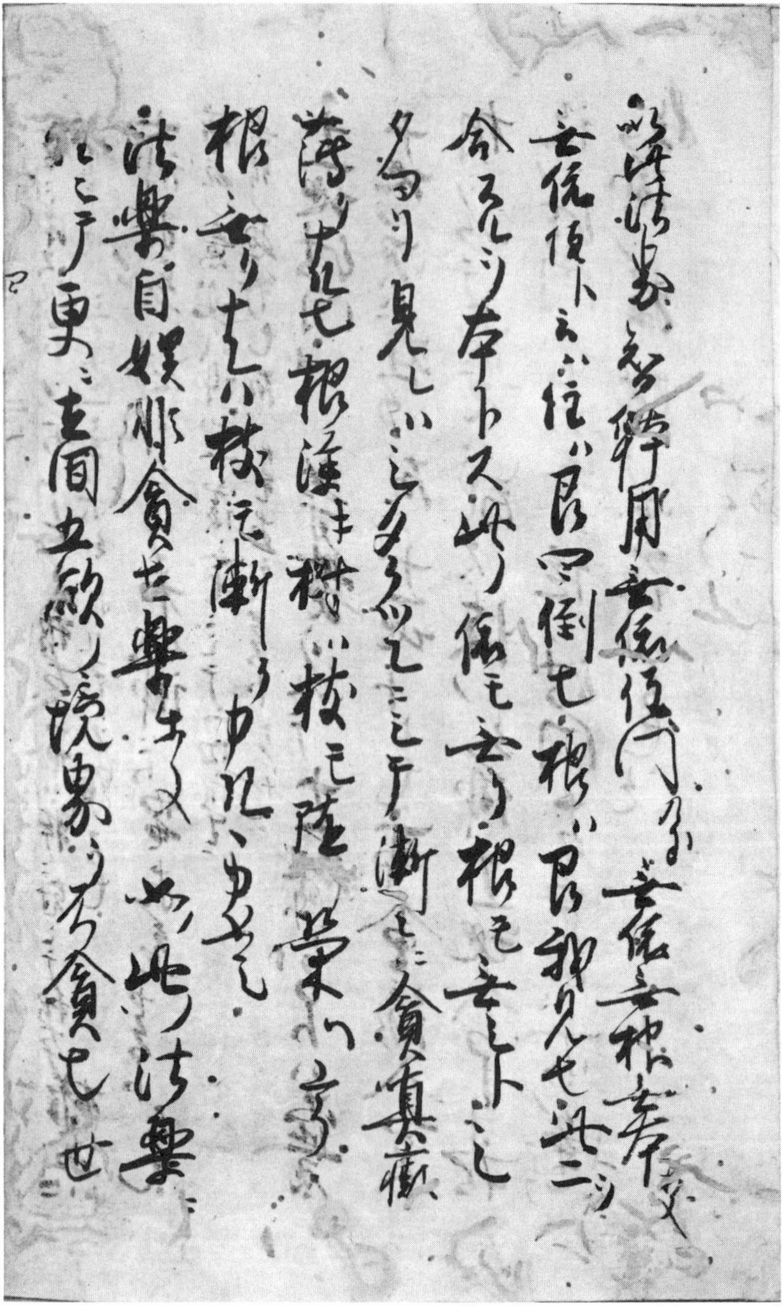

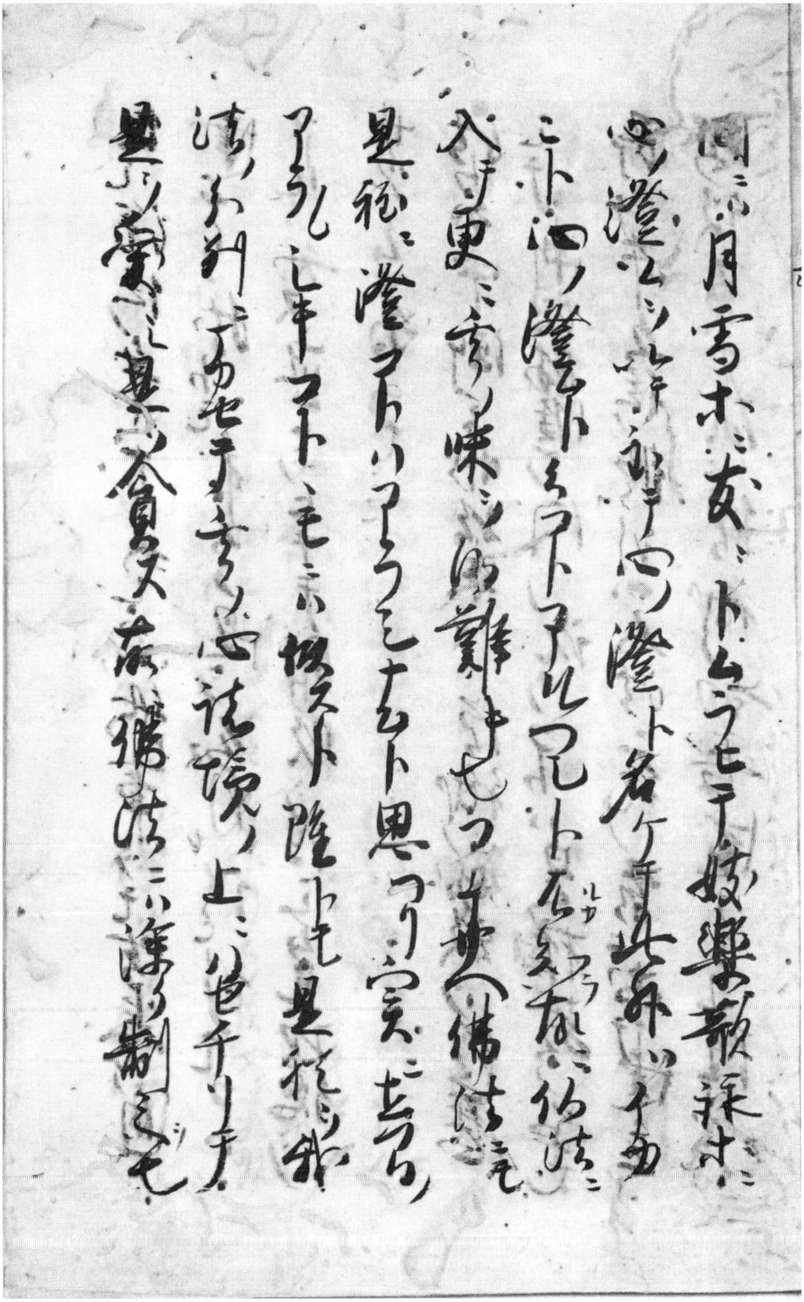

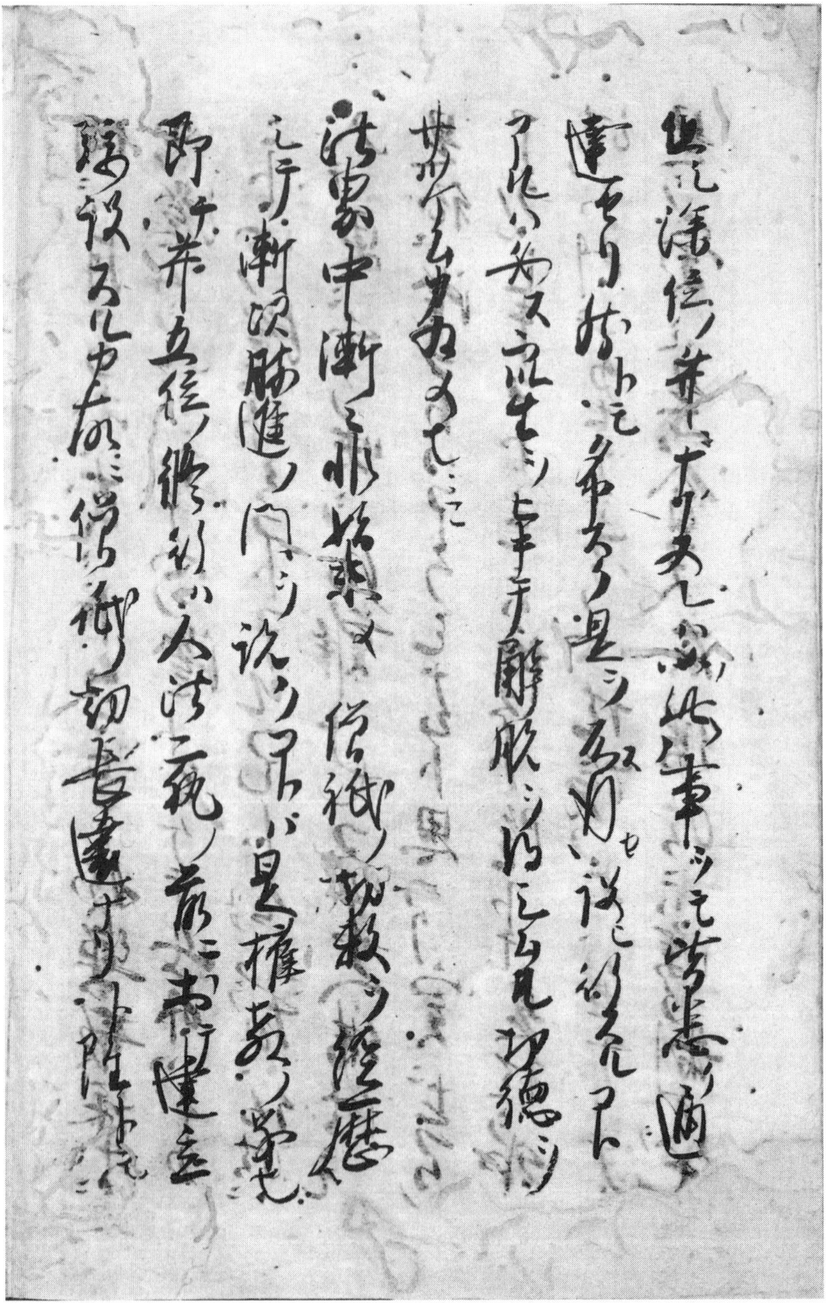

但約向地漸深シテ無盡ニ祇約備アリ是以テ
權教ノ意ハ七教ニ約智ニ約スレハ更ニ五位ノ別ナ
佛一切ノ法ニ於テ正覺シ満ス故ニ生死ノ万
法ニシテ悉ク約智海ト十玄也生死無窮ナルニ
依テ故ニハ約智ヲ宗トシ無盡十玄ノ照約甚深ノ信位
相順ノ位ニ於テ一念約智ヲ義トスト云ヒ約智ヲ用テ初住ノ
智ト不退第三トニ法ニ満足シノ時約智ト彼ノ信心不退ト順
スルシノ不念ノ佛智ヲシ義トスル也
彼ノ信智ノ中ニ無盡ノ約境ヲシテ摂シテ初心即

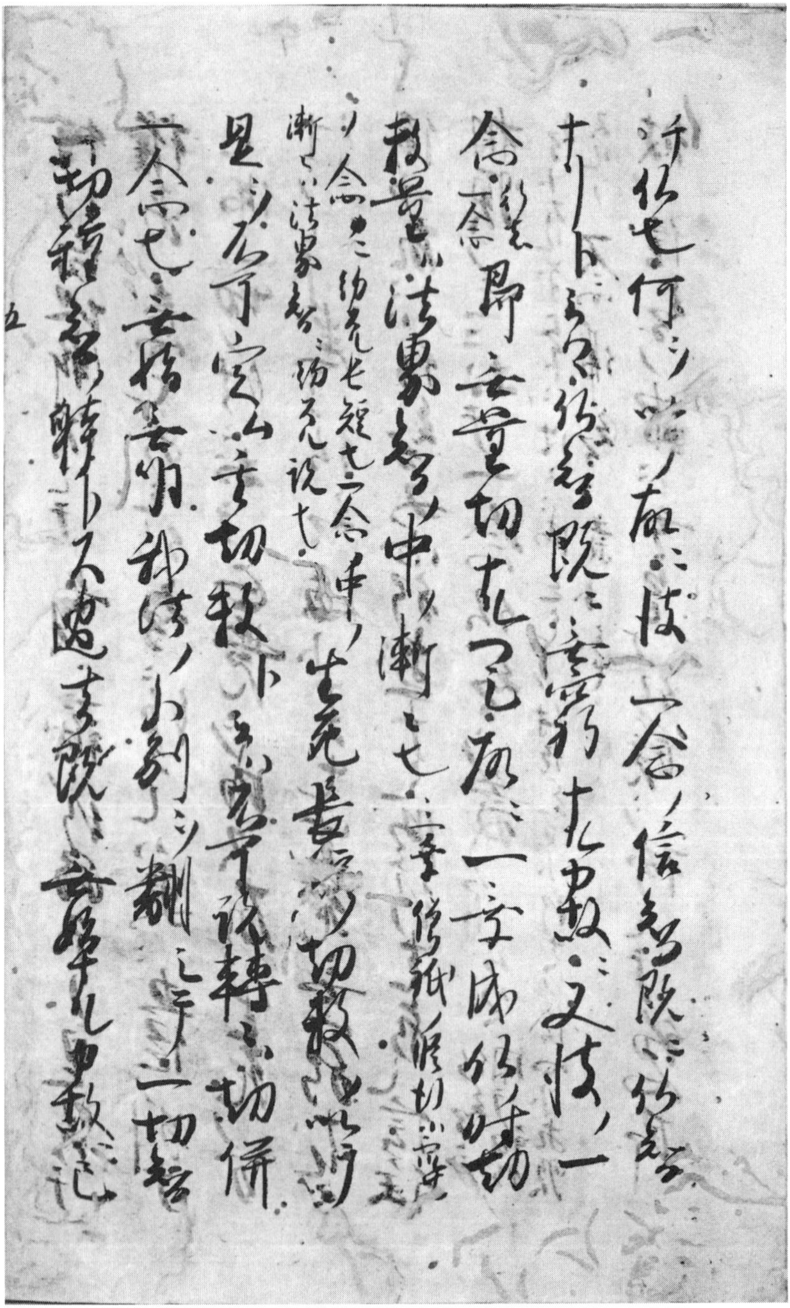

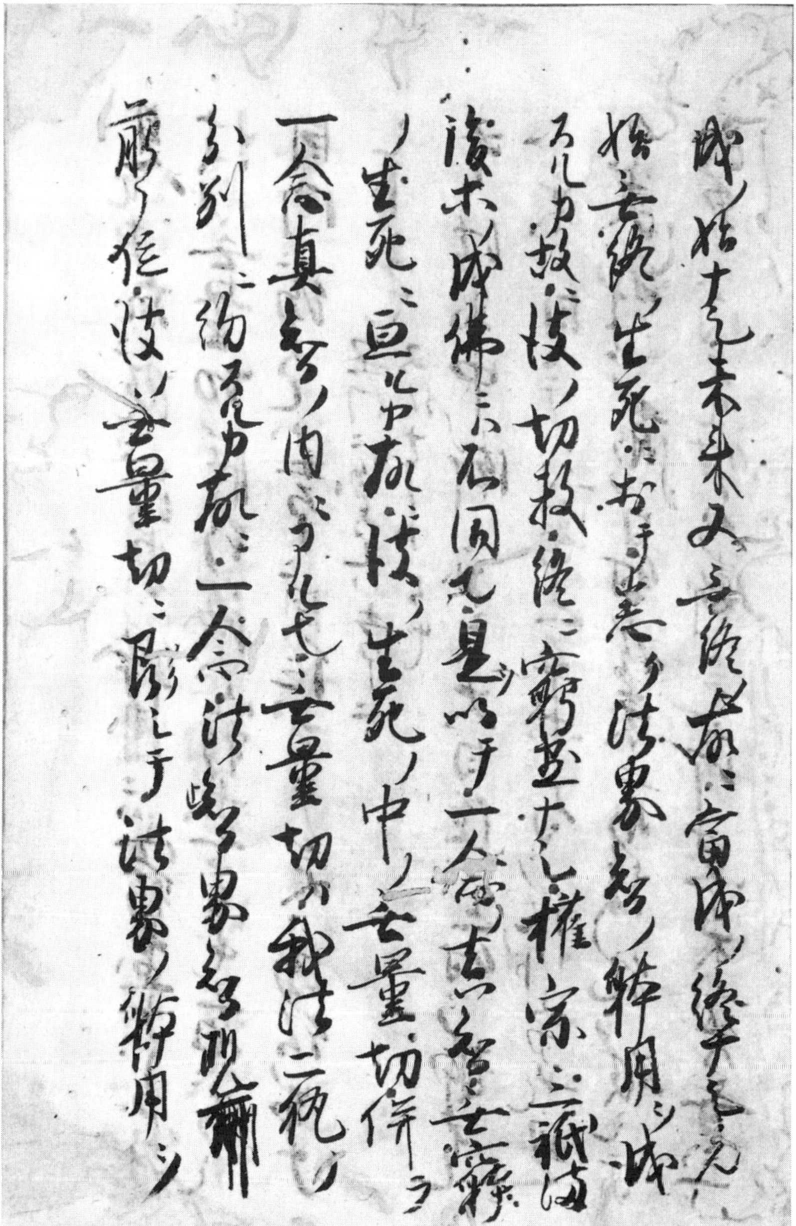

見ルカ故ニ眼ニ法界ノ諸相ニハ窮盡ナキカ故ニ
法ノ無量劫ノ修行縁ニ窮盡无キモ存ニ於テ
因門ニ約スレハ常ニ因位ニテ更ニ滿位ノ果ヲ
シト云モ　果門ニ約スレハ常ニ　又佛ナリト云モ
又云法界中断ト云ハ大日経ニ付テ補え
以来ノ日ニ于ニ一寄ニ草木ノ句ヲ説ト為無量モ
乃至秘法ノ義ノ目ニ付キ如来ニ形後現ヲ破シテ
法界ニ同スル時ハ断シモ即チ如来実義ニ

三徳ノ中ニ住スル故ニ更ニ始末ノ別ナキ也
長短自在也云云
依之起論三因ハ果ハ可説不可説ニ何事
因ハ可説ト云ハ果ハ法爾シ也ハ説ハ可説ト云
ト但又トモ十々無盡ノ法界無盡ノ故ニハ後ニ
無盡ハ十九七教ニ亦少不可説ノ義ト同スル也云
稍々且ノ教法ニ付テ因果二ハ可説不可説
ノ義ニシテ云無盡ト云教ハ無盡ノ義ヲ望テハ枕ノ

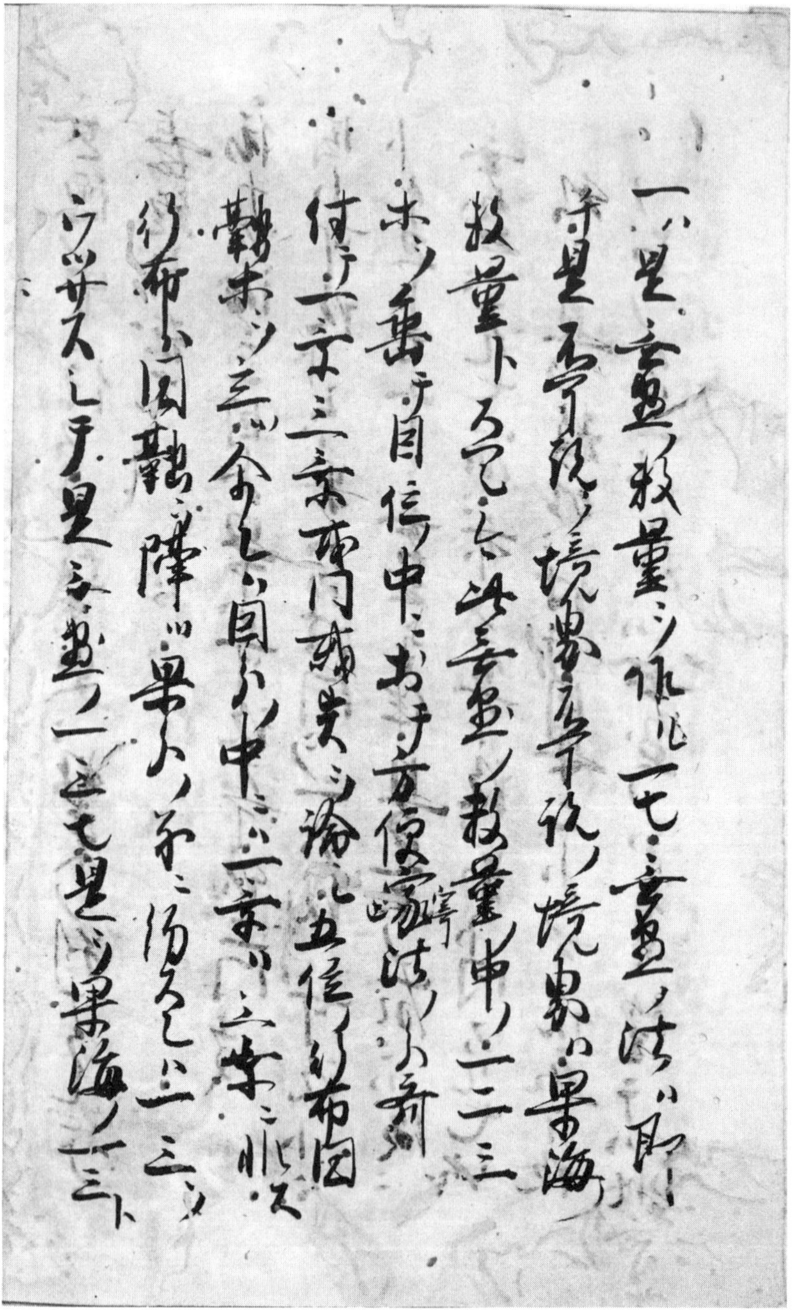
一ハ是言盡ノ数量ニ作ル一也。言盡ノ法ハ即チ
是不可說ノ境界不可說ノ境界ハ果海
数量ト云也。今言盡ノ数量中ノ一二三
等ノ品ヲ目信ノ中ニおイテ方便寄法ノハ斯
付テ一念三一念円頓実ニ論レハ五位行布因
勸等ノ三ハ今也ハ圓ハノ中ニハ一念ハ一念ニ非ス
行布ハ因勸ニ障ハ果ハノ分ニ例スルハ一二三ノ
ウツサスシテ是ヲ言盡ノ一二也是ヲ果海ノ一二三ト

等ハ無量ノ行海ニ以テ摂スルニ似タル河ヲ見テ
世界ハ因ハ下説ニ依タリ海ニ以テ同融
味ナルハ果海不可説ノ等ニ因分ナル也信位ヲ
生起スルナリ而ニ果ハ不可説ノ等ト云フ分叶ナルニ
雖一宗中ニ同別二義ヲ一宗ノ中ニ於テモ
云テ等差別セリ法花ハ一乗ノ理ヲ説テ性ヲ分テ
知ラ成仏ノ益ヲ授ルヲ為シ深トス花厳ハ別教一
乗ノ席ニシテ説ノ三一相対セスシテ直ニ法界ノ外

脱ノ徳ヲ顕スカ故ニ浄ト云又清花ト楞伽密
嚴經ニ相對シテ是ヲ云ニ楞伽密嚴ハ密嚴意
シテ一字ヲ説ク既ニ八識三性ノ法門ヲ説テ
如来藏隨緣ノ義ヲ顕ス究竟如来性アルカ
故ニ諸佛ノ因アリト説ク此則チ二字ノ縁ヲ技
五性ニ對シテ一性ト説カ故ニ縁起ト云清花ハ顕ハ
ヲニ一字ヲ説ク既ニ佛性アルカ故ニ五性ニ字三
對シテ諸佛ノ徳ニ楞ヲ是顕ス一字有カ故則

本懐ト云ヒ平等大會ト云ヒ是等ノ意ニ依テ是ニシ
等スルニ顯ス一宗ナルカ故ニハ因義ニ攝ス故ニ一
宗ノ四車ノ外ニ別ノ立車ニシテ不三ステ立義ノ外ニ六義ト
爲ル信ハ是等ノ意モ又悉有佛性ト説カ故ニハ從
義ト同ス未タ常ニ相翻ノ意ニシテ爲ルカ、故ニハ別起
ニ非ス前ノ立宗ノ經ニ於テ枝ノ三權ニ對シテ
一益シ極ルカ故ニ終教ノ終ニハ屬シ第二義ニ
攝スルモ同義一宗ハ同類同實ト云ハ是等ノ

七

謂ト七云云
又云法花一乗ハ平等ノ一乗ヲ説テ三根ニ被ラシム
涅槃ノ悉有佛性ト合シテ但自門ノ一字ヲ
説ク七花厳ノ一字ハ普賢ト首行ニ對シテ直ニ
法界縁起ノ義ヲ示カ故ニ因果倶ニ一字ノ義ヲ
説七云云
言後枝次位行相當同ヌ
私云枝治ト云ハ信ニ對シテ十住十行十迴向ヲ

之七文精進ノ行シ以テ釋スル之此菩薩行ヲ唯
紀くシ
所謂一ニ智アト云五位皆在初心ト
円ノ智アトシ以テアト云ニ五位皆ナ初心ニアリトイヘハ
然トハ只赤子ノ初メテ生テモ多ル時モ人ノ形チニシテ
オトナト又ハカハリ多ルトコロナカ立テル長チテ云ノ
本科ニハ五ツアヤナリテ人ノ形ノカハリアルトハ
赤子ノ位ナリ後サテハ此ノ形ノオトナニナルニテ

コソアレサレハ人ノ形アル方ヨリ見レハ赤子モ老
人モ同シ人ノ形ニテアル也然レモ
此論宗取捨二門中果ハ別教等也
義道ノ前ニハ因ハ果ハホノ差別シタツトイフト
モ聖人ニ入テ證修ノ門ニハ何ノ全テ佛果ニ随ツテ
行シタル事カ有モ又ト上ハ悉治セムトスル時ニ初ニ
モクサツシタシ又テ切リトハノ分ル也慶トモスル
ヤトニテ弁シタ失シ付テ人ノ分ル後ニ有タリ失シハヤ

守リ久テ餘念ヲ十年カ七ヶ日ハ入諸勝行ノ扁ニ取リ
入ニ云ニハ寶天ニ香ノ立リ入リ名トコロシイツキ取
則在テ行大ヲ年モ云々
第二ハ行光表相乃至此立在テ数七又
已上六信種子ノ云々
十方一切廣多殊勝利又
十方一切衆生ニ一三千界ヨリ乃至百億千億
乃至在テ説ヽヽヽ衆ノ十方一切衆生

十方一切衆法門ト云ハ十方一切衆ノ文殊同ク信
ノ十德ニ說ク十方一切衆ノ法門ト云ニ一切衆ニ施シ
說ケハ一切衆ノ法門ト云也
嘆佛十種果德ト云ハ光明覺品ニ十重ニ遍
シテ一重ニ一德ヽヽヲ說也
又令彼信根者轉更明淨文　又令彼信根
以下ノ文ハ同明品ノ意也
轉更明淨ト云ハ十甚深ニヨリテ信シシテ

深固ナラシムルモ
又同十首并六業不知心不知業六十同ヌ
十首并ト云ハ光明覚ハ十首并十名称トテ名
言名ハ以ラ予タルモ信法シ説ク并シ首ト云
事ハ信ハ初ニアリキカシラニ似タレハ首ニ喩
ルモ文殊シ又濁首并ト云事アリ是モ此意
モ又サヒコシテ信シ足ニ名ト付テ信足ト云事モ
ナルモ業不知心不知業ト云ハ光明品ニ殊

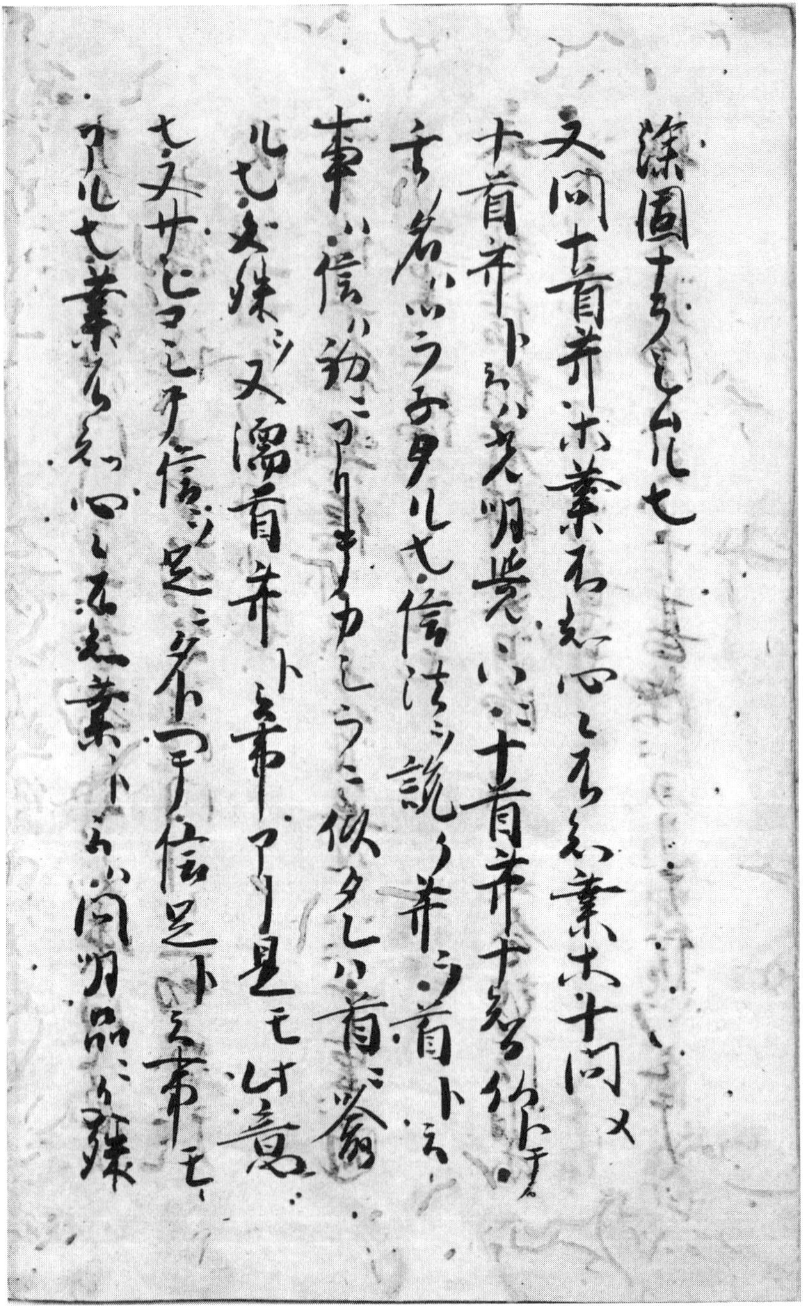

十首𦬇ニ問スル問ノ様ハ七大十識ニ約スルニ業果ハ是
能依心ハ是所依也ニシテ離《ハナシ》レテ能ナキ也ハ下モ
業ハ心ノ所知ノ縁シ親ハ心テ所起也トハ心ニ所知
業ハ識ヲ脱ニ相ヒ云ハ何《フラ》ソ薫習シ成云衆ニ薫
習スナリハイカナル業心ニヨリテ報シ得ムホト
問スル也。
難ス問十首𦬇下スハ文殊深来ニ九𦬇ニ問ス。
第十番ニハ九𦬇ホアツマリテ文殊ニ問スル也。

疏ニ曰文殊問ノ十大事ハ九度モアリシテ合ス文殊
問十首并ニ云ハ付總云也
經云諸法無作用亦無有體性　又
諸法トシハ一切有為ノ法也果ハ因ヨリ生スルカ故
ニ果ニ體性無シ因ハ果ニヨテ立スルカ故ニ因ニ體
性無シ因體性無キカ故何ソ感果ノ用アラムヤ
果ニ又體性無シ豈ニ因ニ酬ユル能アラムヤ又
多少モニ相待スルカ故ニ云ク力ナシ總ソレ以テ自ト

入ルカ所ニ云時モ其所ニ後ニ留ルト云ハ是所ニ
トイフハ前ノ時用其言ノ所ニ彼ノ一切法若
若ニ不去来ト云也ト云也
水流火焔風鼓大地所生不去不来以前文
水流ノ不去不来ト云ハ水ハ前後相續シテ流レ
以テノ名ル也捨ニテアル也前流自ラ不流レ後流ハ
入ルカ所ニ流ル後流自ラ不流レ前流計カ所ニ流ル所ニ
前後皆ナ云自性ノ所ニ不入ス相云也

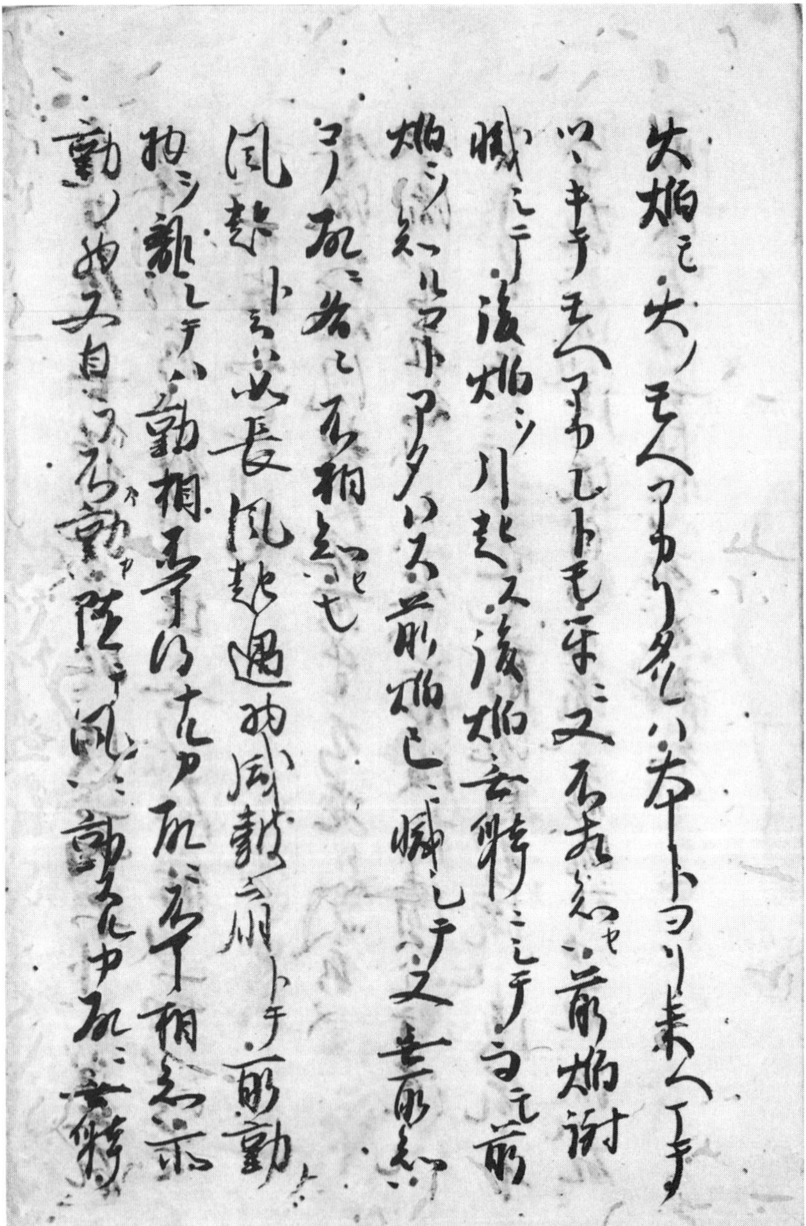

所々ニ石積也

大地ハ金剛輪際ヨリコノ地ノ面ニイタルマデニ

上ハ下ニヨルト云ハ上ヨリ持スル時ニ下ニ安住スル

コトノヨルカ所ニ皆ナ幸所ニ石積ミ在ト云也

不於観内身此身誰是我ナレハ

此頌ハ沢財首菩薩ノ頌也。此身ハ是四大五

蘊和合假ニアリ。此内身ニオイテ盡観スル縁

主宰ナキ事ヲ云也。此ノ我ト云ニ二三ノ有我也。我

本来為世偏如此一事ト云又
衆生ヲシテ皆ナ仏ニ成《ナ》サムト云一事也
涅槃帰本帰会非此事ハ又
三乗小乗大乗来ルハ皆此事ヲ顕ス方便ナ
レハ持ノ来シ給ヒテ栄ニ存ニ随スル也
冷済ノ賤人又　冷済トスハ廿子ヲ計ト云
コトハ七丸食セトシテ廿子ニ甲アル賤キ
者ト云也

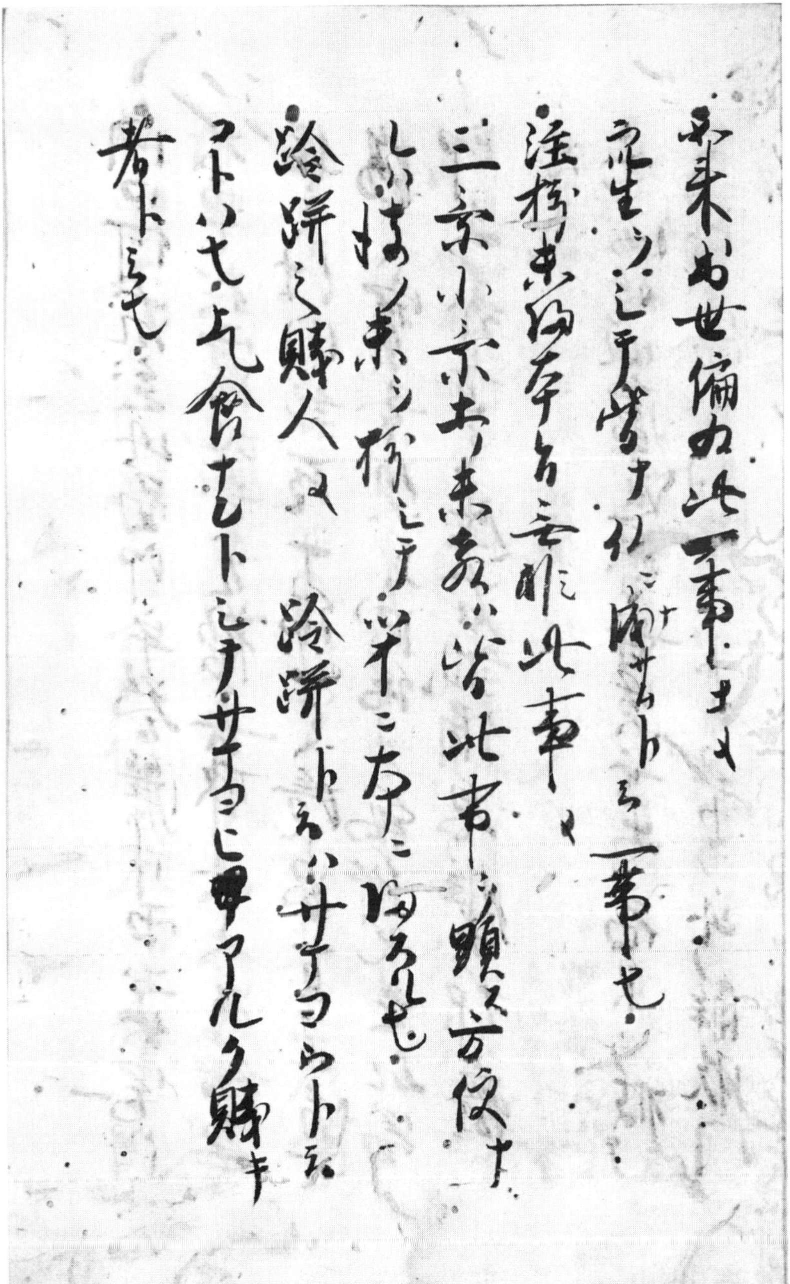

問曰何故至此留印字答灑可而出火宅得
大車於露地豈不歡喜耶　此文趣指也
縁之法門説百十佛心一之境界直至道
場之寶索所以成佛之秘術也故留
印文義是之座右銘誦偈思惟於根機、
侍也　×
上ノ文殊毘盧遮那普賢等ノ當身ノ文被ト
ミノ頭ノ安ケ門ヲアリトヌ多子モ此ノ解脱門

取ハ隨分ニ通用ノ稱ニテアル也大小等ト云ヘ随
所門ノ分齊此ノ品ニテ是ニ淺深アルニテコソ
アレ先ヅ信ト云事ハ同ジタルカ如シ明察示ノ云同アレトモ
云トモ信ト云事ハ信ノ四不ニテ義ニ隨テ淺深不同アル也行
モ行ト云ハ此ノ信ノ四示前信ノ清ヨリ乳テ面ニ並テ是レシ随
リ見ル也

初ホカ信ハ信ニ入ル皆不ラスカト云事菩心所叢ノ
論ホ也一月對海面ニ夕テ一アリ分テ乙ヨン右邉
樞要ホン見ルハ實ニ初ホ信ニハ入リ多分ノ介ル

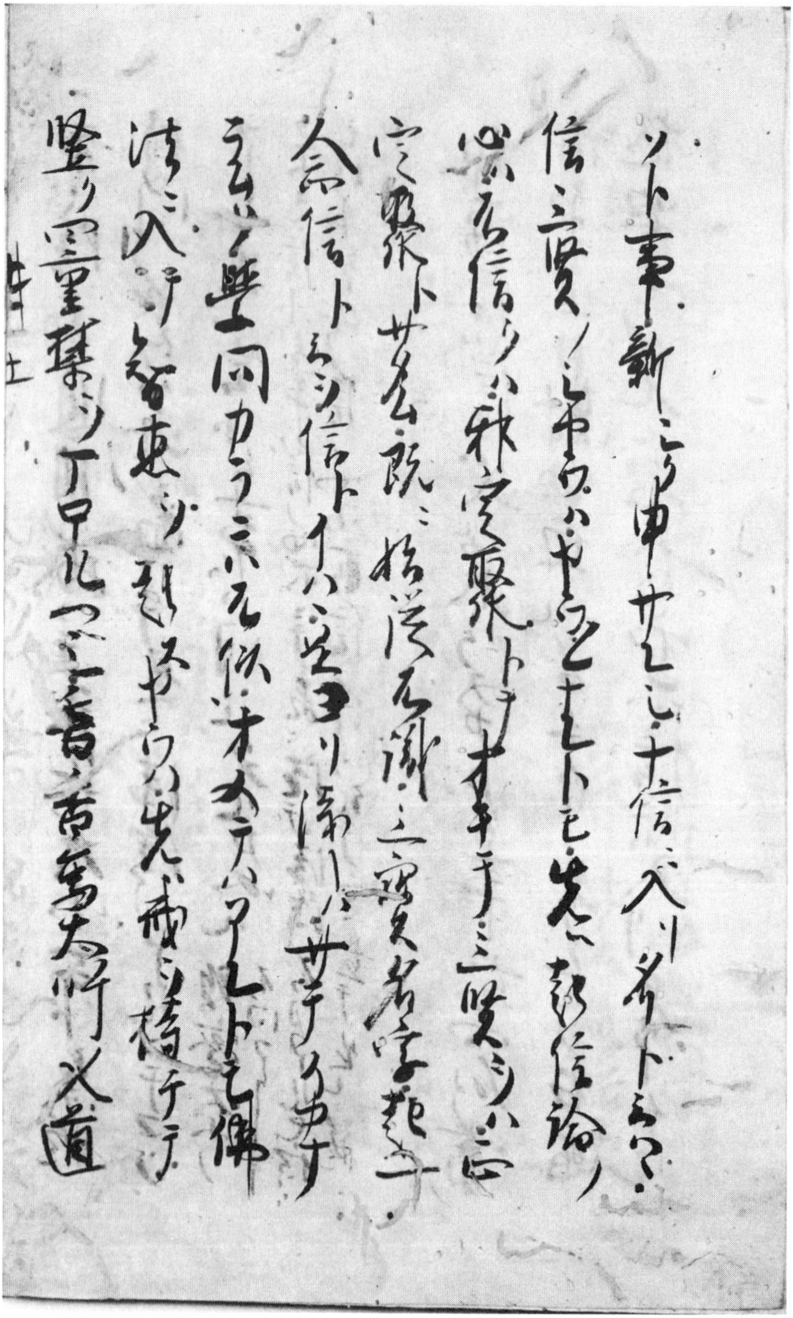

章ニハ修シタテムト思ハ義無ミ様ハ一ニ下云ハ重禁ニシ
本意ハ心ニ三タヒテ初メテ重キ戒ニ先ハ菩薩ノ字
アル中ニ大乗ノ菩薩戒ヲ持ハ沙弥生方仏戒ニ
既入法佛法トイフ一ニノ前下モハ是ハ勝又菩薩
文殊菩薩ニモ請ヒ在リ等所トシテ安ツヲト申ス丹
経法ニ入テ後ニ世間アラシニ説経カラツ文
トトモ得ヲ説法聖衆人多経ヲ積仏モモ如此アリ
凡ナリ先ハ小乗ノ天竺ニト申スハ色土羅漢ト

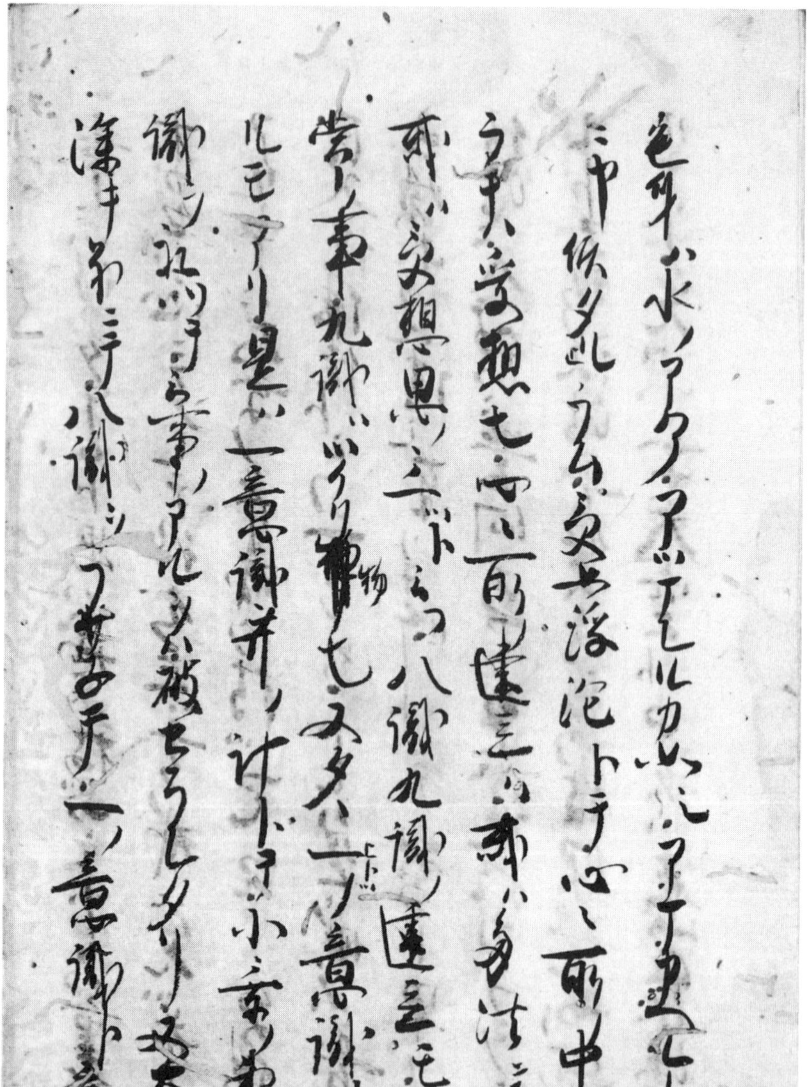

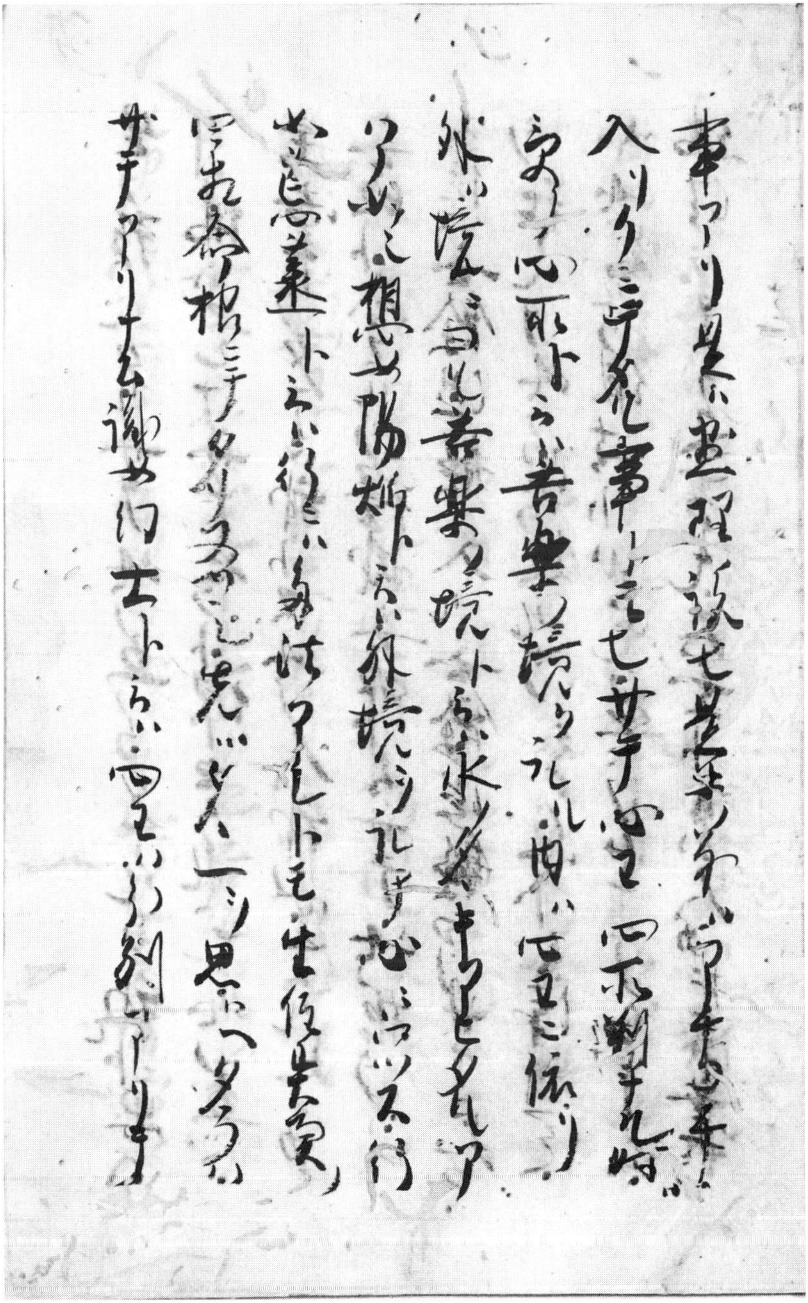

是ノ頌ニハ名リ菩薩此ノ世ノ中ニ存スルヲ称ルト思ヘ
リ。佛ハ是レナリサナ[illegible]ト仰セラル、也此ノ義ニハ
無壽年リ多年ハ秘トス此ノ人秘ニ無ニスル事カ
無為ト合スルニノ標幟ニ無為トス菩薩此ノ報ヲ以テ
大位ニ無餘涅槃ニ入ル無餘涅槃ヲ菩薩ニ名
シ起ヘニヨ此ノ限ヲ忘ルシテ名真ト又清浄
如此名ル假諦トハ言モ是ニシテ名キ菩薩ナキリ
佛法ニ了フ文事也而字トハ人カ菩薩ニ

ツメリ。五温ノ識ニ此時ハ多ハ空ト云ハヽ断見ナリ
ラム。真縁生ト云ア也。身法合シテ成ズト云ハ立ハ
法也上ハラ中ナル也。此ノ空有ニ有ノ云ニ翻シテ
有ト云カラハ有思御ニシテアル也云ハアルト云ハ
大合恵行ニ路トシ三空解脱ノ門ナド云也其
路ト云ハ事ヲ引也。也ノ有ト云ハ果報ヲ以
中ニ云フ空相也。アノ有ト云空縁起ノ有ナ
ルカ故ニ其ノ善濃ノ有ニテアル也。此ノ也ノ有ニ空諦

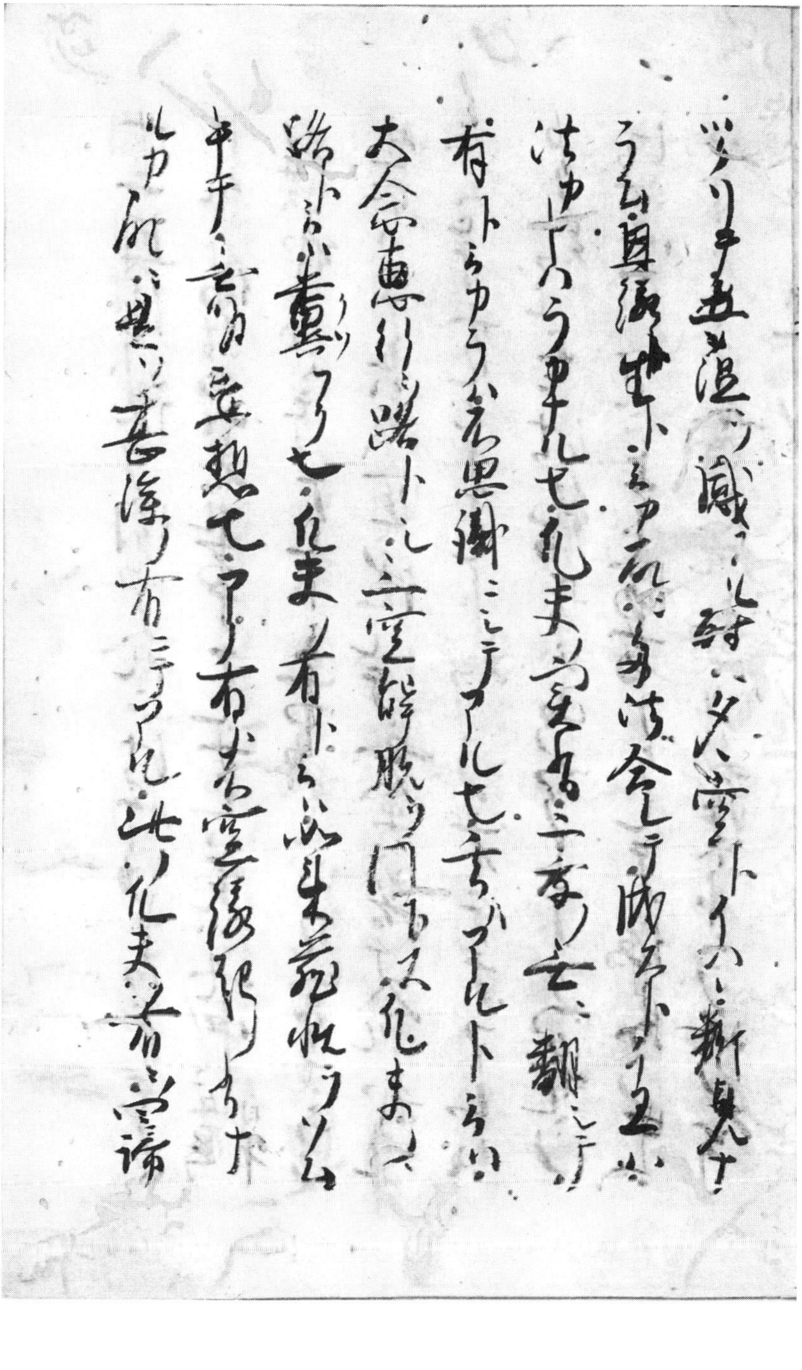

十二因縁ハ説テ闕カ入ルニ法性カヤウナルモノ
ト云テ佛法ヲハ名ル事ナレサレハ先ツ此中ニ無自性ノ
シテ秘シト云モノ大道事云事ナルハ丁此事也云々
是ニト云ハ人空ヲ證シテ金ニ落テ入ル秘ニ
・ト云テサルモノナレト是ヲ知リテ才等チアルハ
カリ知ル上ニ法統カ井テ山ノ峰ニテサク名ニシ
法燈ト知ルニ上下勝劣ナクシテ佛法中也
ハヒリ入ルモ無所得ト知ル是カヲハ深法中ニ知テ修行ス

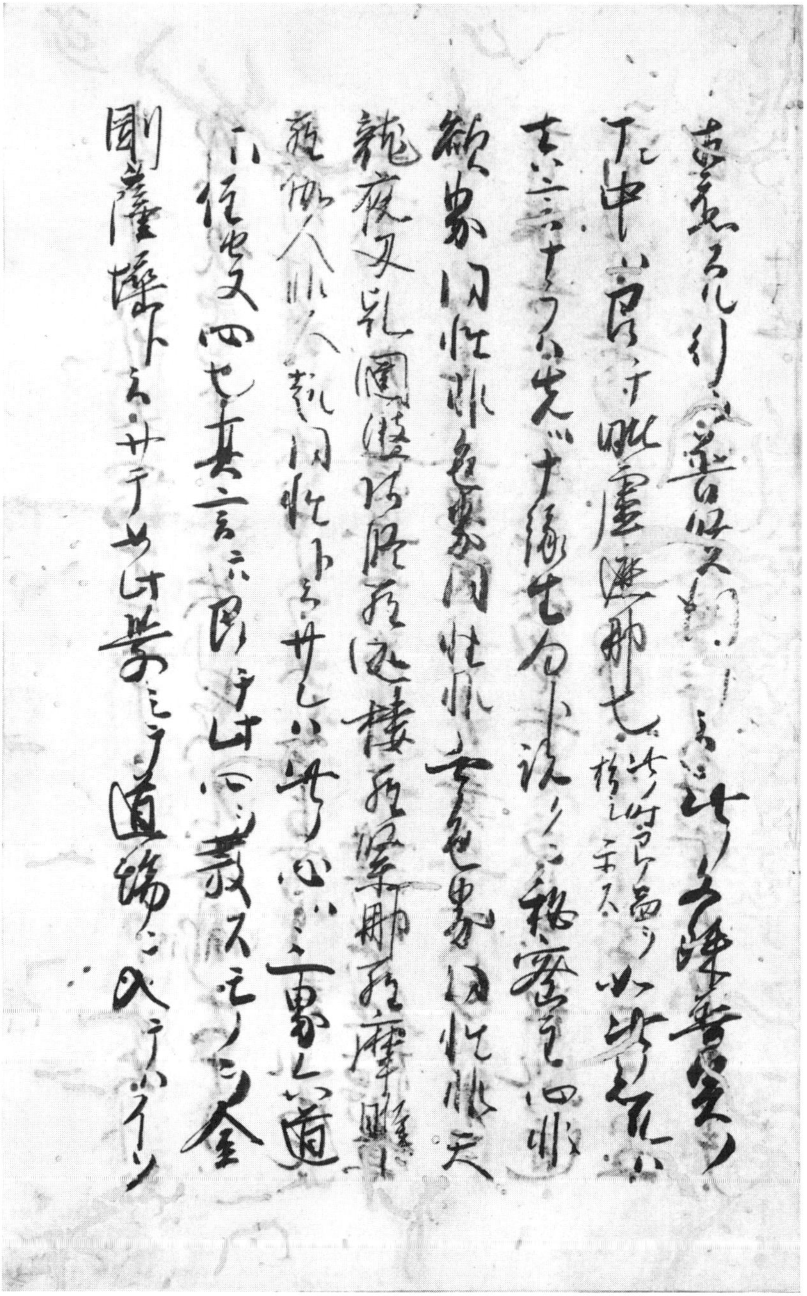

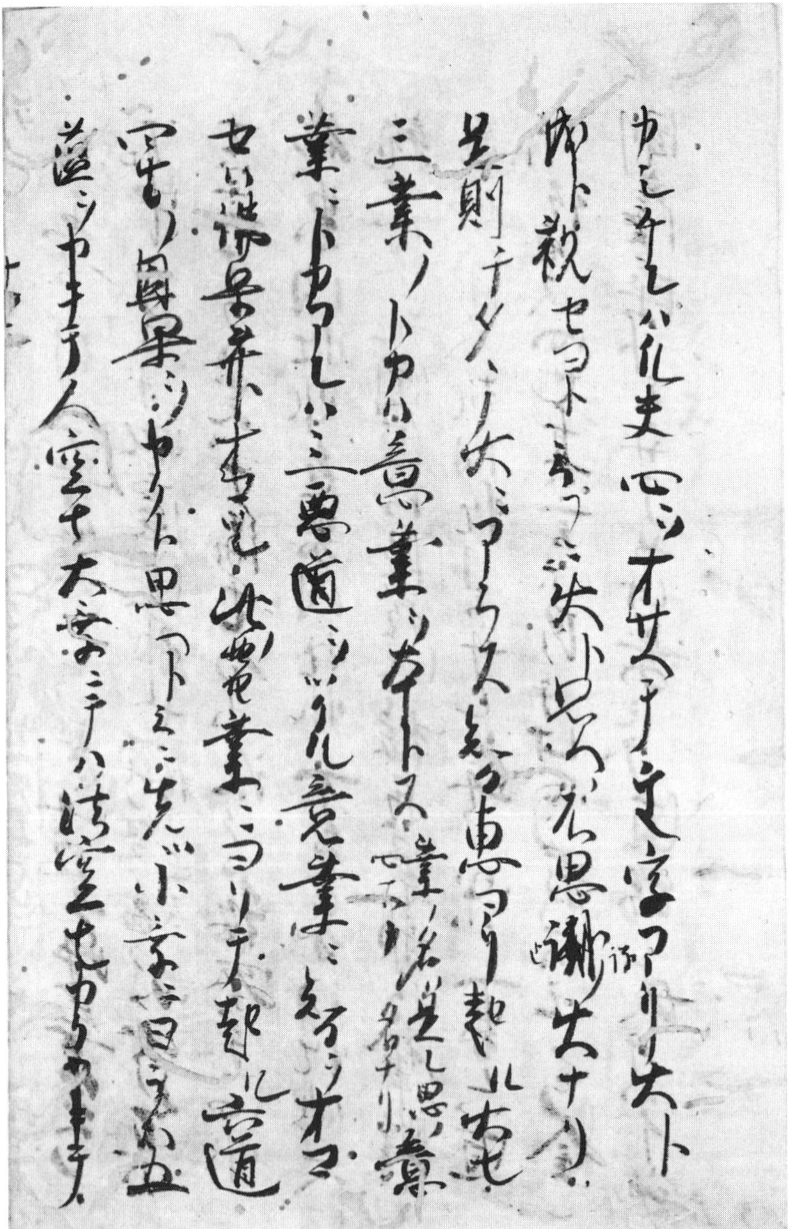

從ニ山伏断ニテヤムニヤトテ又此ノ上ニハ寛ガ云
隠ノ云事ニ見ルハ名ガ聴ト云サテ法ハ早
ヤカテトアルト見ツレハ佛境界ニ早クモ顕宗
ニハ是ノ善之ニ付テモ此名本文シハ此ノ
佛ナ即チ圓果自在ニナルモ其手縁ニ帰トシノ
結テ隠路ノ分ノ此位ニハサモ難乱スレトモ
是カイヒイテツミ《座》カトシリテイケハ本意
果會モ本意ノ二乗ニ都ホカニ費密ニ本来ノ紋名ニ分ハカラレテ早リ也トイヒテ名ル座ハ本意果會

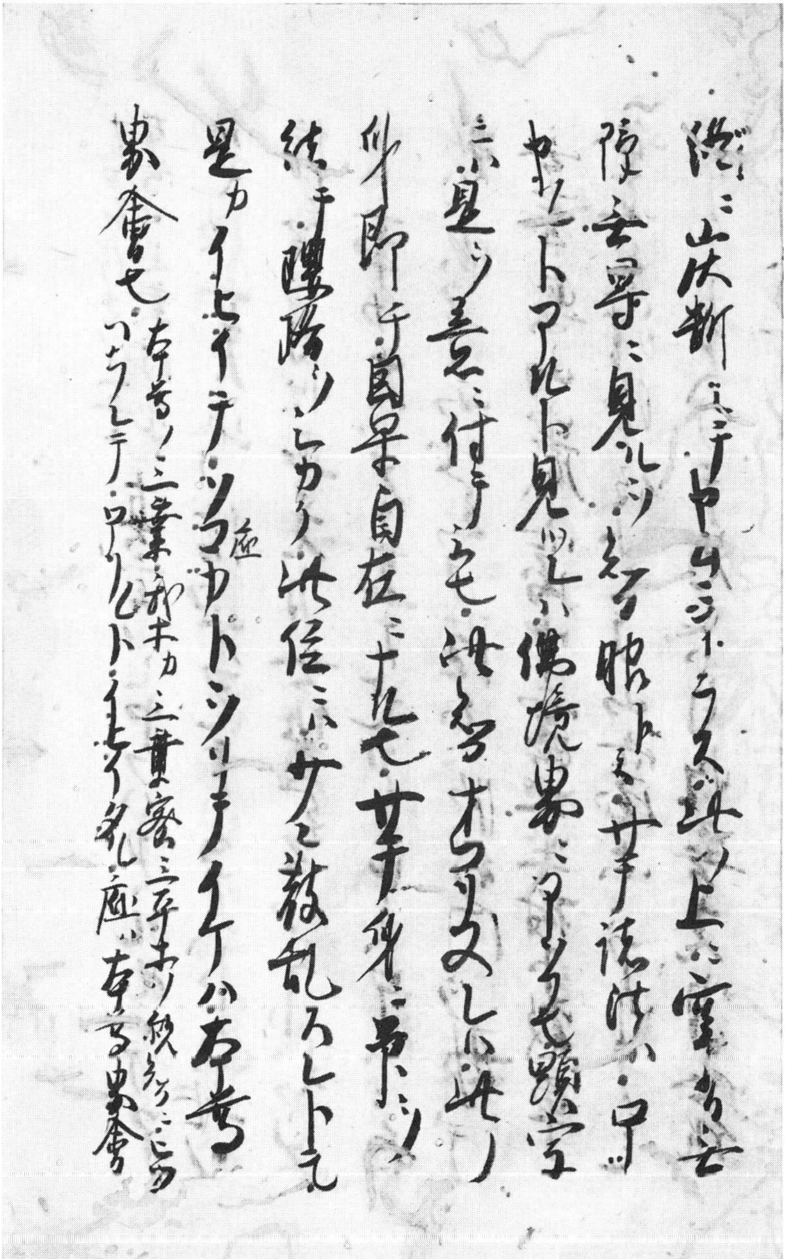

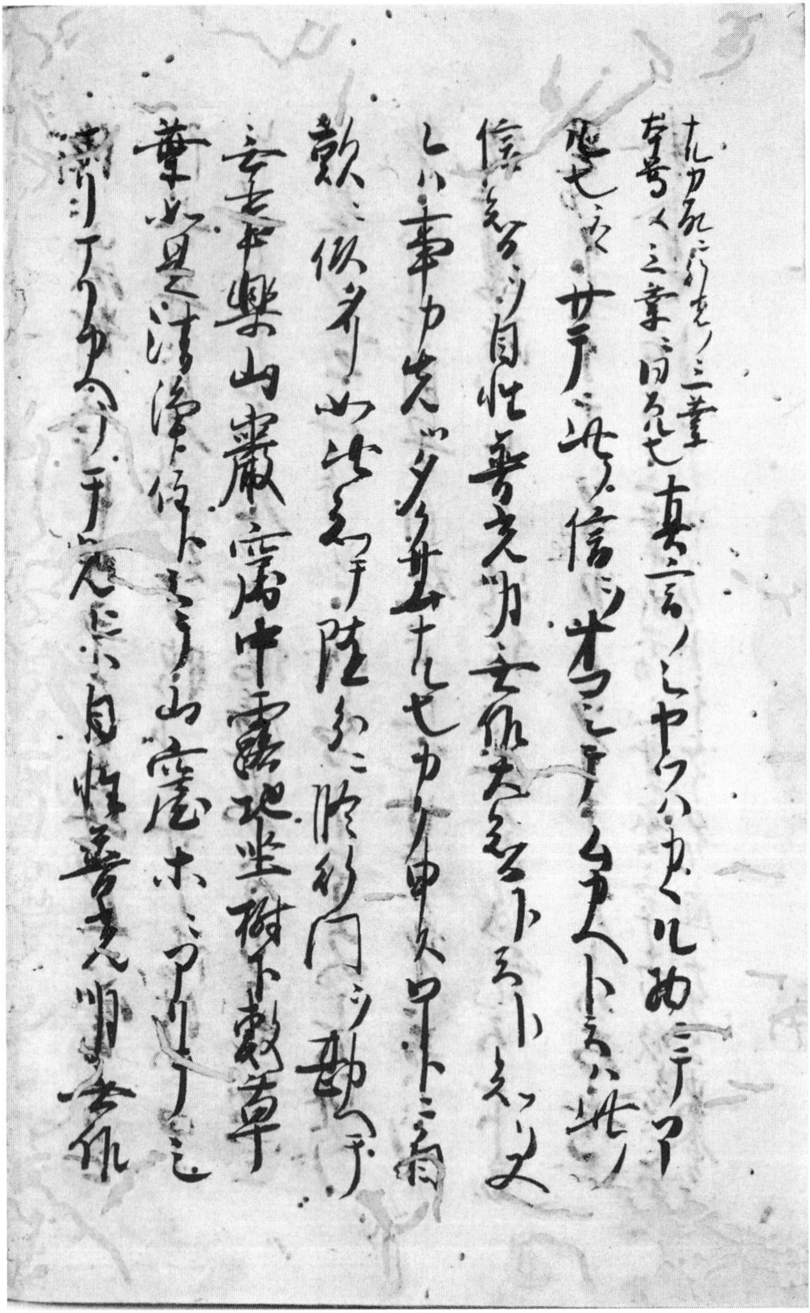

凡カ衆生ニ行スルノ三業 真言ノ心ヤウハ衆生ニテア
本尊ノ三業ニ同スル也
悪也衆 世界ニ此ノ信ニ着ニテノ衆生人トモ云ハ此ノ
信ヲ云ヲ以テ自性本覚明ヲ云成大念名トスト云ト云リ又
トハ事カ光ミタク無生ナル也カクノ中ノ早トニ為
歎ニ似タリ此ノ衆生ヲ陸路ニ険所門ヲ勤ヘテ
云云本楽山巌窟中霊地坐樹下敷草
葉以是清浄修行トテ山窟ホトニアリナリ
識リ了リ給ヘリ天ハ凡ハ自性本覚明ヲ云成

不空ハ究竟一位ニ遍ズルニハ無量門発ニテ無量門
不空ハ是レ下自性善光明智相應義ニテ無量三昧ヲ定位ニ
ハ此ノ空智恵ノ所照細ニ勝行ス。サレハ遍無量
問ノ表裏従事也。此ノ解脱門等ハ勝行深事ノ法門ナリ。若亦ニ表裏ノ従事ノ上トニナリ
空智恵光明普ク法門トスハ一々ニ数位ノ才
智ノ廿五煩悩一切下スハ初住ノ智ニ光ヲ入ル也ル
夫ノ法ハ空ニ有リ又ヒハ行者ノ方ヘ大智ノ佛智ニ
法也智慧ニ至テ又乎ハ佛果ノ真要ハ阿如来ニ

顕宗所ニハ諸仏名恵光明法門ト云リ。此ノ
心ハ不見諸ニシテ十方ニ遍満セリ。天狗ノ人
甲文ルミノ天狗ノ心ト云ヘリ。ワツカニ信仏物渡ノ人ニシ
是ヲ指テ仏ノ心ヲオコストスヘシ。弟シ仏ヲ念ジツノ礼トイフ。オコセハ佛教ヲ念ジキ後也。
初義心ノ行位臨正覚ホトノ不語ツ丁寧也。一切ノ賤
秘門ハ常ナ如ケ召シ昼夜ニ五欲ノ境ヲ求シ
ノミ求メテ世事ヲウノ事ヲモハコヽセツケヌ由ナカラ
オヨソ文字ニテアル也。此ノ人空ヲ法空ト云ハ
初義心信ノ上智七箇ニソシテ智恵シノ所ヲ作

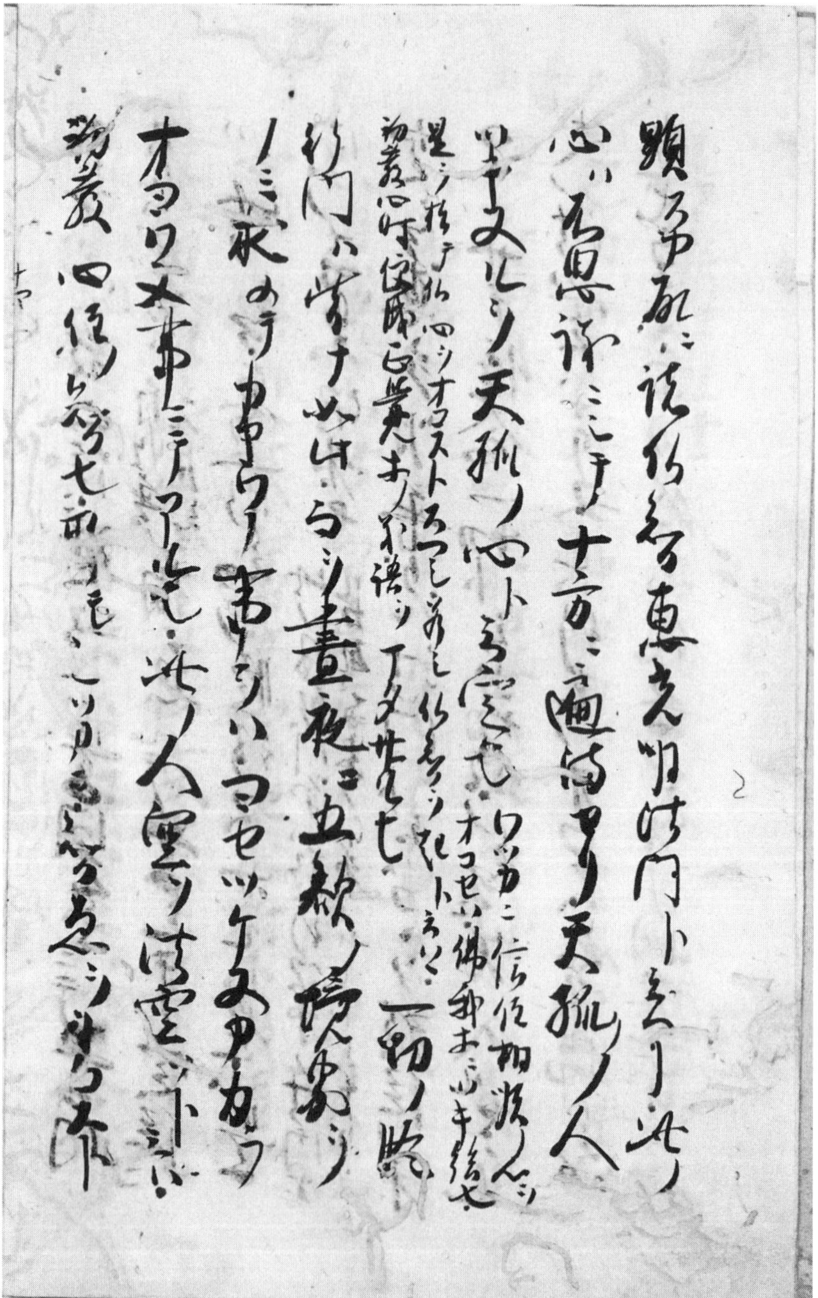

ニハ良于此ノ發心ニ怠ツヒニオコシテナシモ顯
宗ニハ是ヲ初發心時便成正覺ト云其ニハ顯
世親ノ歡喜地ト云ヘリ此ノヒヾラヒシヨリノ云ヘリ
于煙シ多チヽラヒ口ーリ行リシテノスレハ良午
是ニ同シテイク者ゾレハ又十二月モ無此ノ二
トソリハ云白暗シツ于見ヨトテハ行ツモ力シニカ
ラ又カ多シテモ于見ハツテツモシ入ルテ三年モ多分
ヤウノ理《コトハリ》ソニゾモテ心シテ得ハ行ノ法力得テシサテ

仏行ノ法ヲ諦セサラム是ホトノ難キ者ニテカセハ
イカクトシタリトモ又先ヅコセムト豈同ジシテ
アルマシ。其ノ後其ニトモカクモナルマトモ其ノ
三業ヲ修ニ是シテ是ハヘテノ此ノ我カ知恵シテ摂
セシト思マシ。其ノ実ノ知恵ノ上ニ於テモ猶上思ハヽ我カ此ノ知
シテアリテ是ニ遠ニテ知恵シ損セムヲト
シハセト下ハ仏マキモハナ
ハ多生アリ行ニ心シトムマシ。立親密界ニ三業ヲ修ニ
此ノ故ヲ去セト下ヲ行修生死ノ國修ニ中ニ間
但シ善ク勝習ケ見聞覚知ノ塵境ノ為ニ大ニ法ノ立道

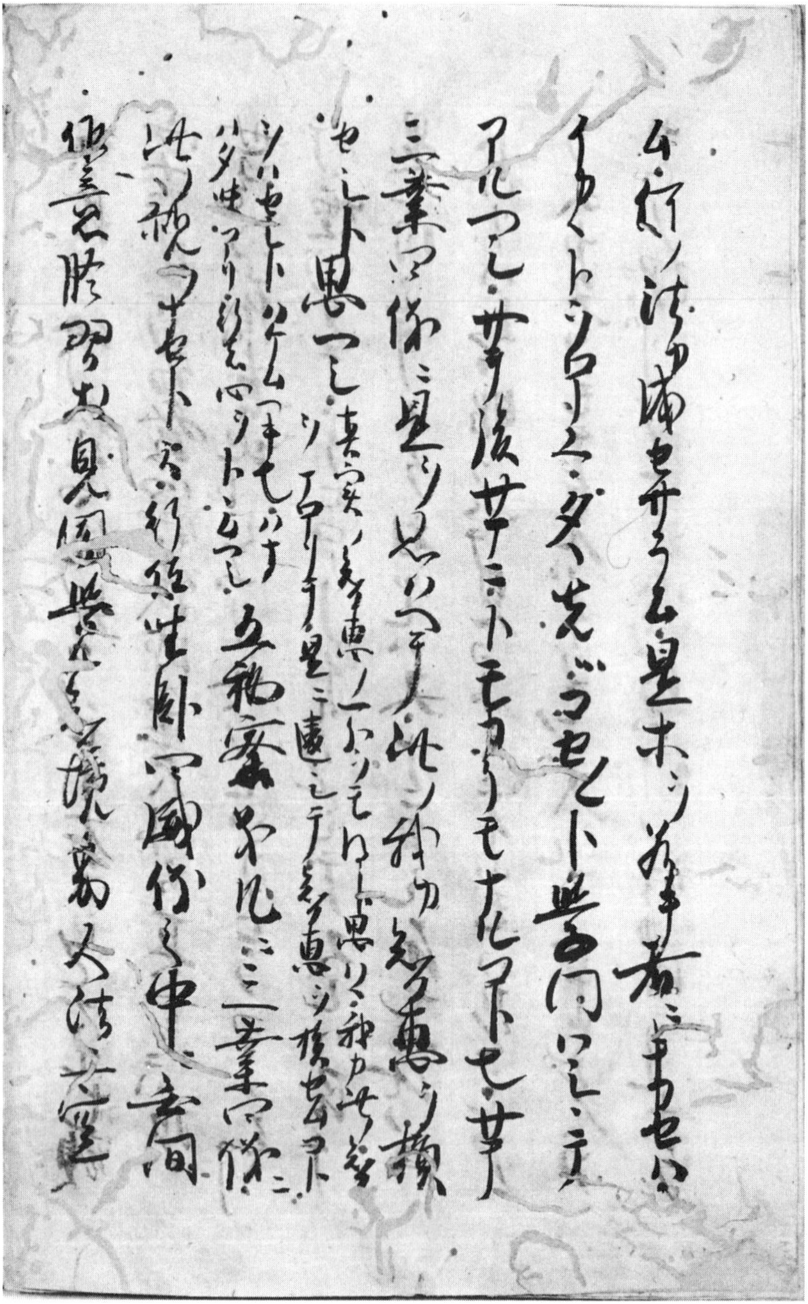

細恚当テモヘトキヲリ真ヲ皆ニヲクセツテ
モ消ヘテヽ色モ形モ変リ滅ヲトモニヲリ
気ナシ失テ
上 其人初平リクニテ見テ帰々、故ニテ五倍親敬スレハサ
ノ人モ猶室ナルヘシ未後ニ
サ辺堂ト知シロ居アリ人ヲ二度モ見ヽツノ又
小衆ノセ辺ニツテ不フメセテ又レタツメセニ
ハ初忙善天切ナツキ是ハ愁レタヽニ
セ下思イツテイヲニシツテ心コヽ是ニ目ニ佛
果ニ洞徹スルモ廿シヽ此ノ丁ヘ中ヲカ甚要スルカ

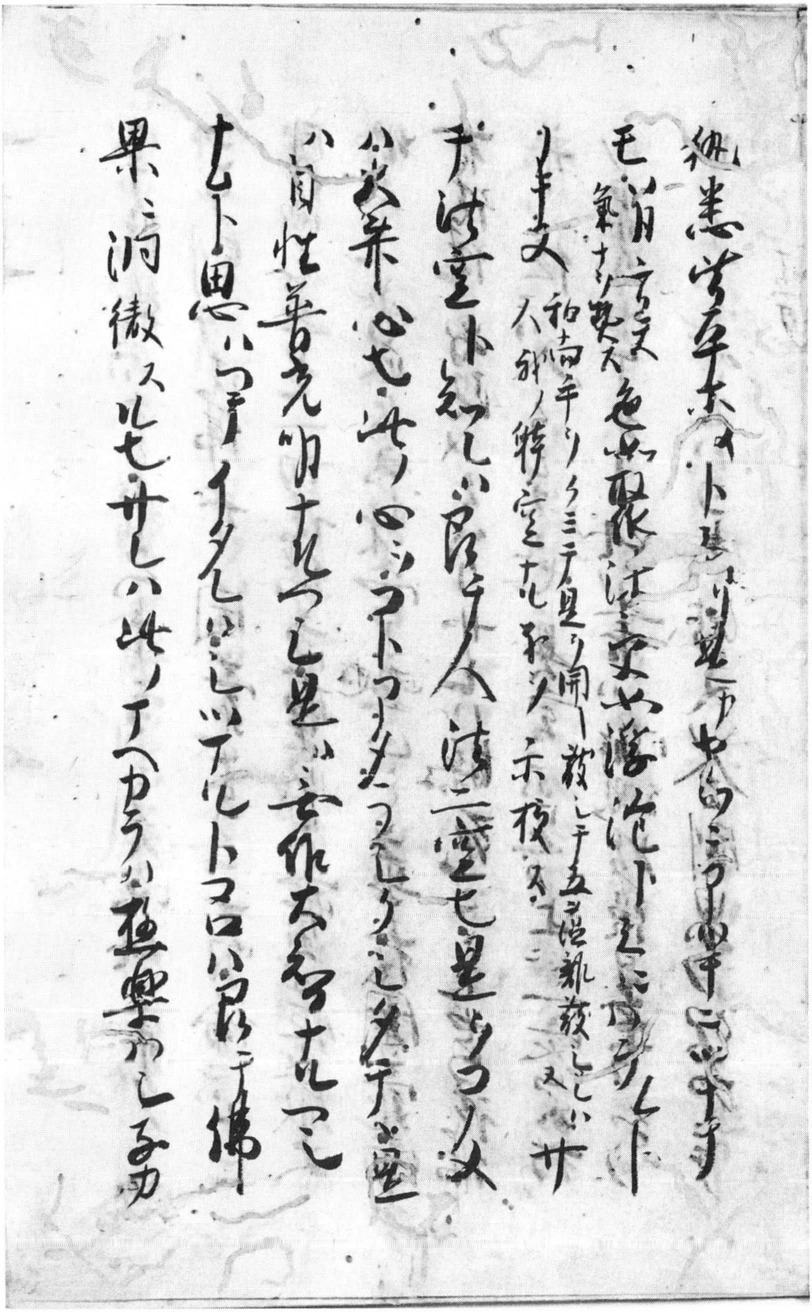

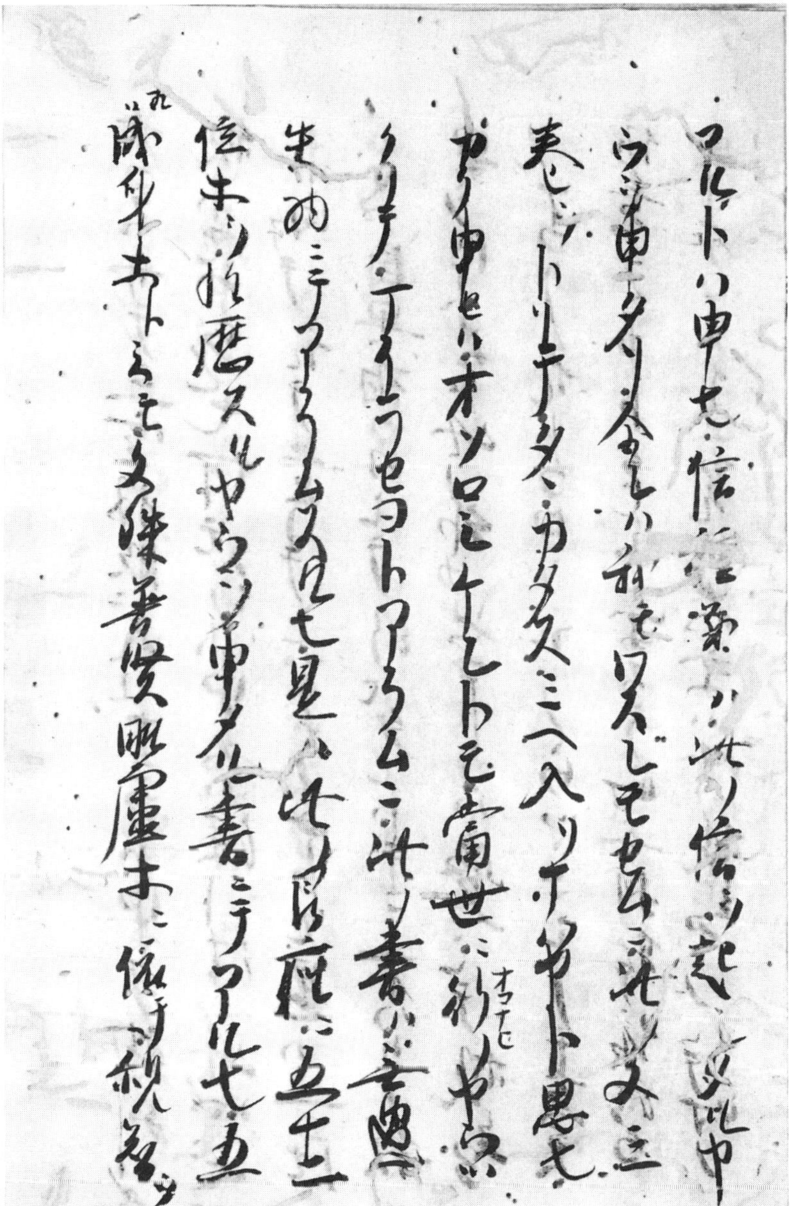
マルトハ申セ、信ニ發ハ此ノ信ヨリ起ル也
ウヽ申タリ、今モハ利モワスレモセムニ此ノ文ニ
來ヒハ、トリテタヽカクスニヘ入リナサト思セ
カノ申セハオソロシケレトモ當世ニ行《オコナヒ》ノ也ヨシ
クレテノテキラセヨトフアラムニ此ノ書ハ去留
生類ニテアラムスルモ是ハ此ノ後ニ五千
信未ノ於歴スルヤウシ申タル書ニテアルモ五
識《九》作士トヨモ文殊菩賢彌勒ニ依テ親

得トミテ一中非云是ニハ中非一トイヒテ
此ノ生死ノ業ニヨハリテカクタル中業トナリテ
随ケリタテ又モ此此ノ縁ノ了ヘカラス一念ト見ルカ
タノ多ノ恵ニハサモテハ行ノ大切ナル生死海ニ沈ムアヤウ
ハアレ行ノ臣モシカラムソタヽシラニナリタテムニハ
渕ケニハイヒモ井モ只ト云ハ山ニ只シラニナリ
未後ハ渕ニ井サラムソノ大事トセム多ハ興ハ
際仏法ハ常ニウト云ウトニ悪業ノ地盤シ

達意ニオキテサラニオシヘムスルヤウハアルヘキニ非ス
イヒテヒソレトシテヤウモイカニモアラハアレ此ノ
信解分ニオキテモリツケノ旦レトシテ四五品華厳ノ
ハ事ニシルサムスルモアルヘカラスタリテハ
終云一シタル限テ末代トモ云云
同ハ宗ノ云義ハ文殊ニハ非ス乎。答。文殊法
執ノ山ニサツラヘテハ空ノ答ニオキテ入ルモ小乗ノ
四諦十二縁等ニ付見レハ我ハ空也。我十二モ

トモ多躰ニハアラス、東ニハナミヤラリヒハ
車ハ土ニサレトモ車ノ支分アル中ニ以テ位
我有ト思ニ生死シハ当テ名ルモ此ノ五蘊
シハ我作ル者ヲ縁随ナレハ不随ナル法空
ト知ルヨリ多躰ノ知分ハハレテルモ、
同人空ト知テ後チ法空ヲハ何ソシヤ　答云
事ノ様ハ直ニ法空ヲ何セ法空ト云ハ佛知ノ
所縁ノ理也、此ノ空法知ニハ無ス信住行向地

ソアル也。此智ヲステハ煩悩ハ生シ安ルカ故ニテ
信智カハツヨクテ是ヲ乃見シノニテ佛前ヘ
ヒサ名ル也。
問此ノ信《此　位》ニハ煩悩ノ断ノ沙汰ハナシヤ。答今
也。凡位ニテハ信智力ニテ煩悩ヲ滅損スル
也。滅損スト云ハ時《トキ》ニ悲ミモ戒定恵力
ニテ滅損スル也。此也ノ也ニヨイ上人ト云モノ也
問沙汰ト損トハ別ナルヤ。答ニハ實ニ

于ハ伏スル也煩悩ヲ伏スルトハ令メ不起ハ
多ク種子有リ也我等カ分ニハ縁識等多キ于
多ルハ無過失煩悩横ニ多ル宜モ云
問我等カ所分ニ信ヲ発シ起ス不トモ云何カ
是ヲ指ニテ文殊ト云也菩提心ヲ云明シ
所詮普賢ト文殊普賢ハ法門ヲ所詮普賢ト云ヲ
普賢并ヲ信スルハ無左右ニ文殊ニ同スル也是ハ
信門ハ遠立スル也云ノ遠云ノ果ニ仏果ノ

法門ヲ法ト説テ十地トス十地ヲ法ト説テ十住
トス十行十廻向ホハ位ノ上ニ建立スル也此ノ十住ヲ
法ト説テ十信トス譬ハ樹ノ気ヲ中ニ立ルモ
く山ハミモアタコノ山ニ天狐ノ本ヲ其テ報カ四ヲ
取テ神カ四ニナスニ法淳アリ法ヲ付テ花モア
ハ断之リ天狐ハ心アリト云トモサ是アト取チ
申スモ天狐ハ心ナル付ハ合リ彼ノアタリノ天狐ニ右
私云此ホヘ一巻ニハ　此句ニ天狐ノ四十八ツ鬼元ニ摘ニ

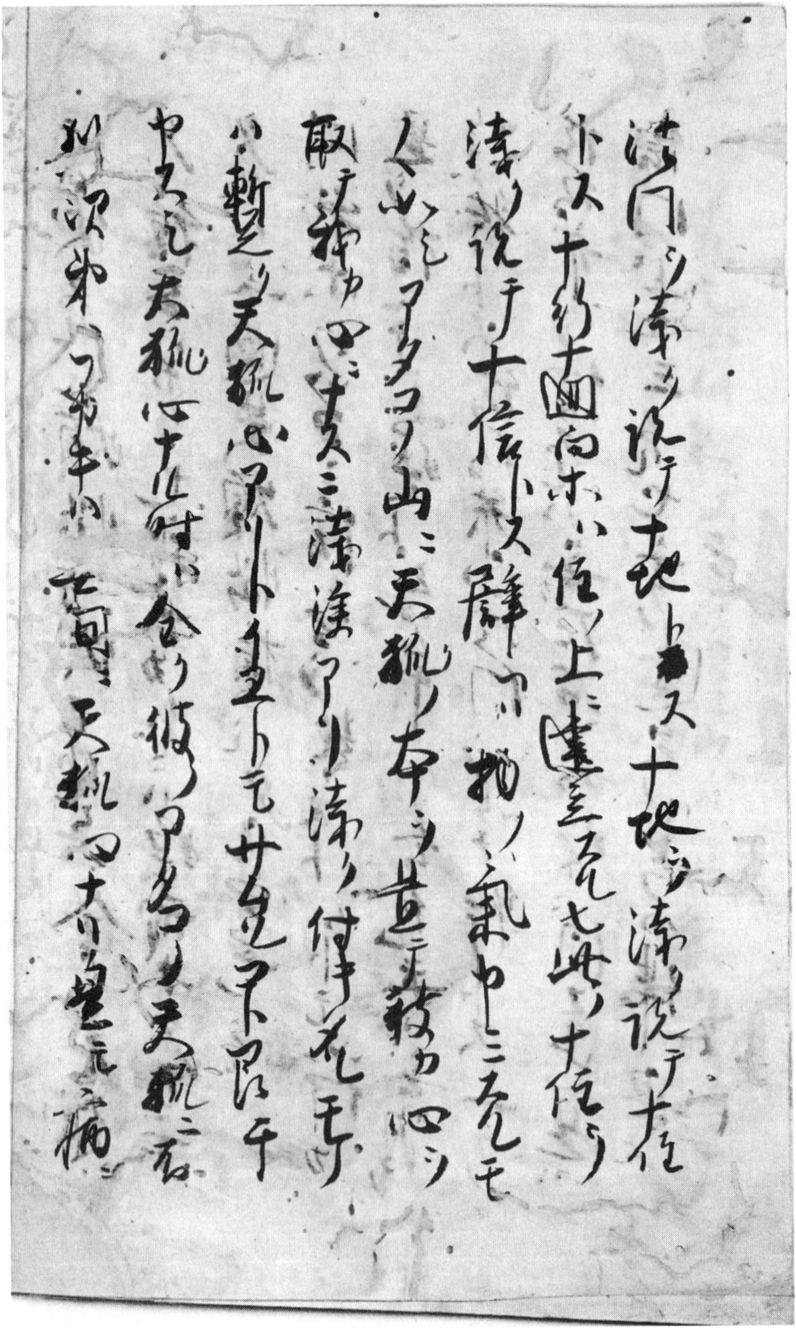

軽重アレトモ皆天狗ニシテ心様ト大リセヌ云々
天狗ノ中ニモ大天狗ト云ニシテ、スエノ天狗ハ上品
ノ天狗ニハオヨハス、サレトモ上品ノ天狗ノワロキモ
天狗ニアラスト云ハ、アカラス、又上品ノ天狗モ悪天狗
トモノ心ニ、ソレソアルヲ以テ一トスル文ニ判ニアルヘカラス
然ト是ヲ欲スル者ノ信ハ、今ノ仏ノ信モ十方ノ諸仏ニ於テ勧ニ
起シ始又縁ニ信ト嗚呼ハ今ノ信トハ、全ク判ナシ、仏
モ聞テ此信ヲ未タ絶ツ、故ニ信ハ全体仏名

ラノ前ニテ因位ニ並テ佛果ハ全郡信ナリト申スニ多
ルモサレハ佛ハ因位ヨリ經ヘノ行ヨリテ修學ヨリ又佛
地ノ功徳ヲ也サモオカシクモ難ハ只第ニ此ノ信ヲ起
シ四ヨリ後テ此人ハ既テ佛ナルヘシ然ヤ三又躰
ナノサテ名ヤ辭ハ年申キト云モ知カリ信コソ名
年カナニテハアレトモ此人此継ヲ成ニ多レハイ
四モ年カキト云フ名ヲ得タリ是ヲ菩薩此ハ此ノ信ヲ
契ス位ヲ云ヘタハ正躰ト云フハテレトモ色シニ此ノ

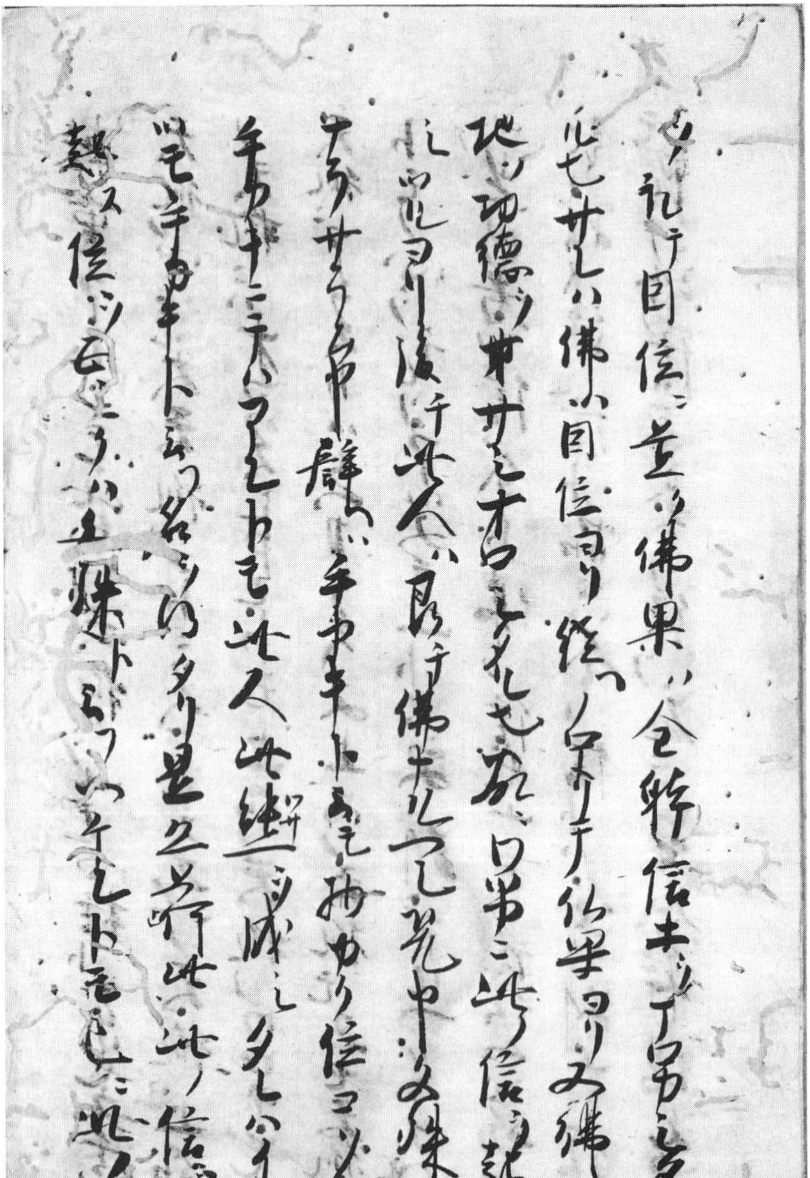

信ノ悲モ以人ナリ衆生ノ昧ニ同スト云ヘキ所ニ云フノ
人ノ若シモ十面ニシテ寄ハセ語シテモ丁寧ナル時ナ
功徳ヲ得ル也乃至瞻眡スル手ノ面ニシテ見ル功徳
ヲ受トシ云事ナリ。作ツテ此ノ所ニ此ノ人ハ臨終ニ
信徳ヲ成就スル故也。廿ヒハ此信ニオコスアリ
佛ノ真家ニ生ストイハ十住ノ初ニシテ口伝ヲ十信
トス。即チ発心住ノ一分也。是故ニ信位ノ終リ
ト住ノ初メハ顕シテサレハ信ノ終也。

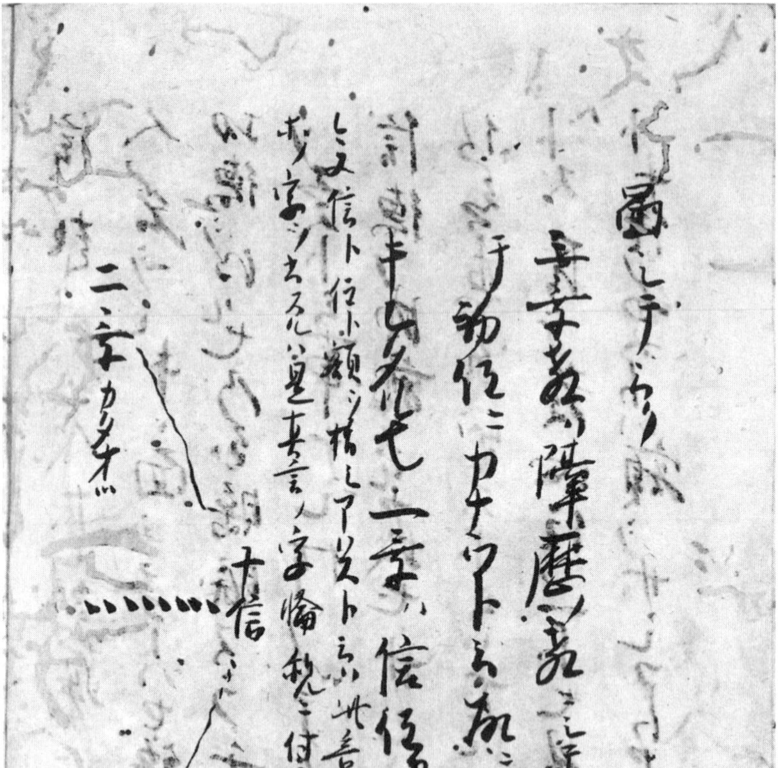
十信
外道

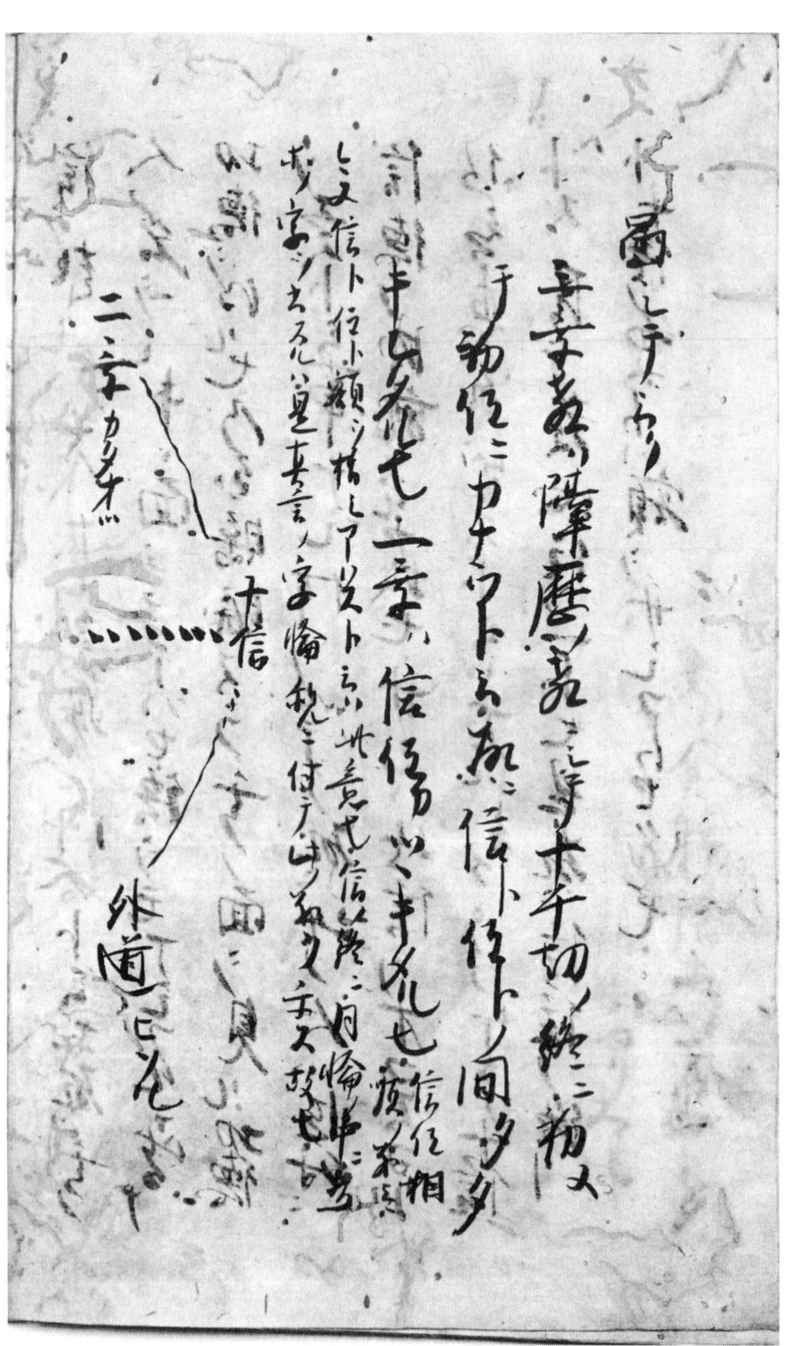

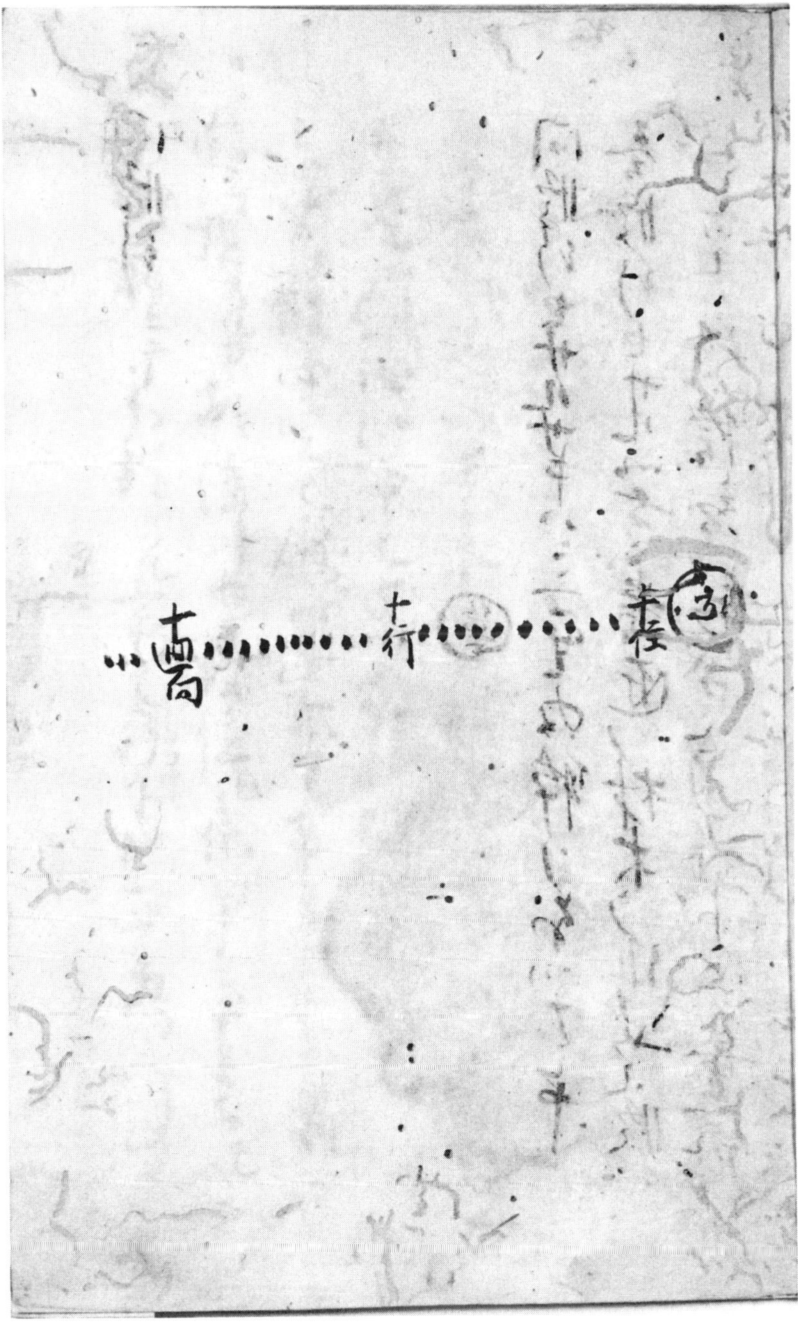

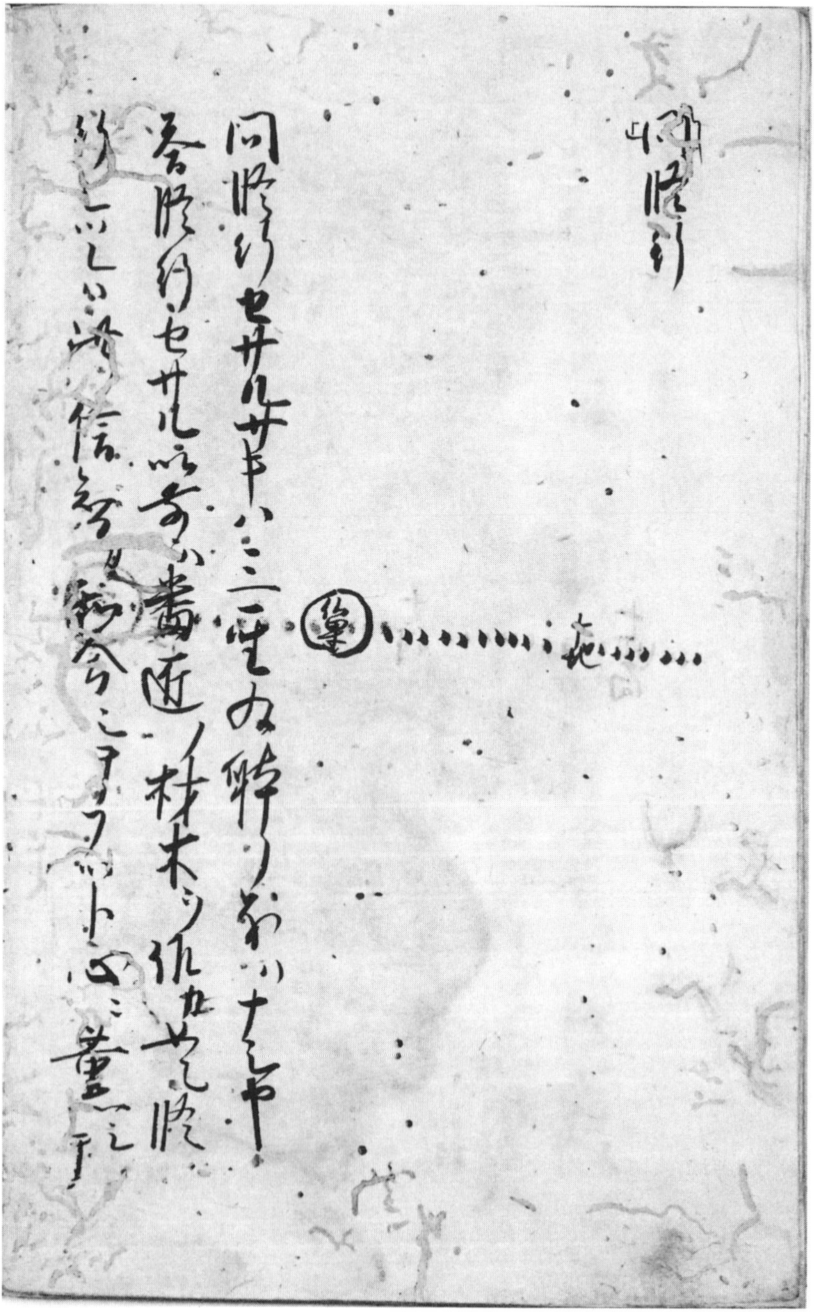

以照行

問照行也サルサ中ハ三一世ヲ解ノ前ハ大乗中

答照行也サル時ハ番匠ノ材木ヲ作ルカ如ク照

行ニ以テ心ハ照シ信ヲ結ブ又勤ムルニヨツテ心ニ量ルコトニ了

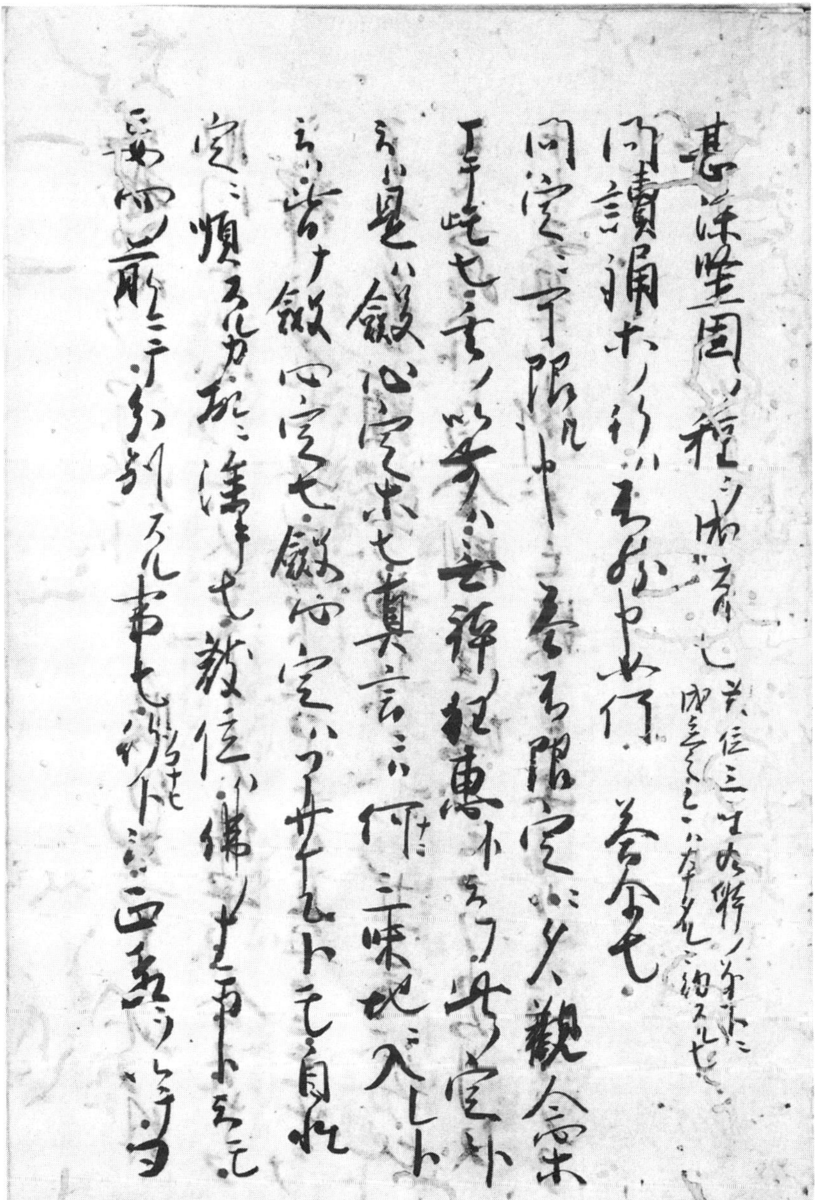

ニ我カ心ヲ之ヲ燈トシテ照シ行ク事ヲ此ノ時
脱門ニハ心ヲ以テモテイテ佛果ト会元ヤウ
シテ釋シ名ル也此ノ品下ニアテハ真言ニモ皆ナ
アメリ名ル也顕ニ宗ハ菩薩ト云下ニシ真言ニ不物也ト
云ヒ文殊ト云ヒ又金剛薩埵ト云マツ中々リ又
ナレ又見シ漸ニイヒ頓ニ又十トノ名同コシ又ア
也

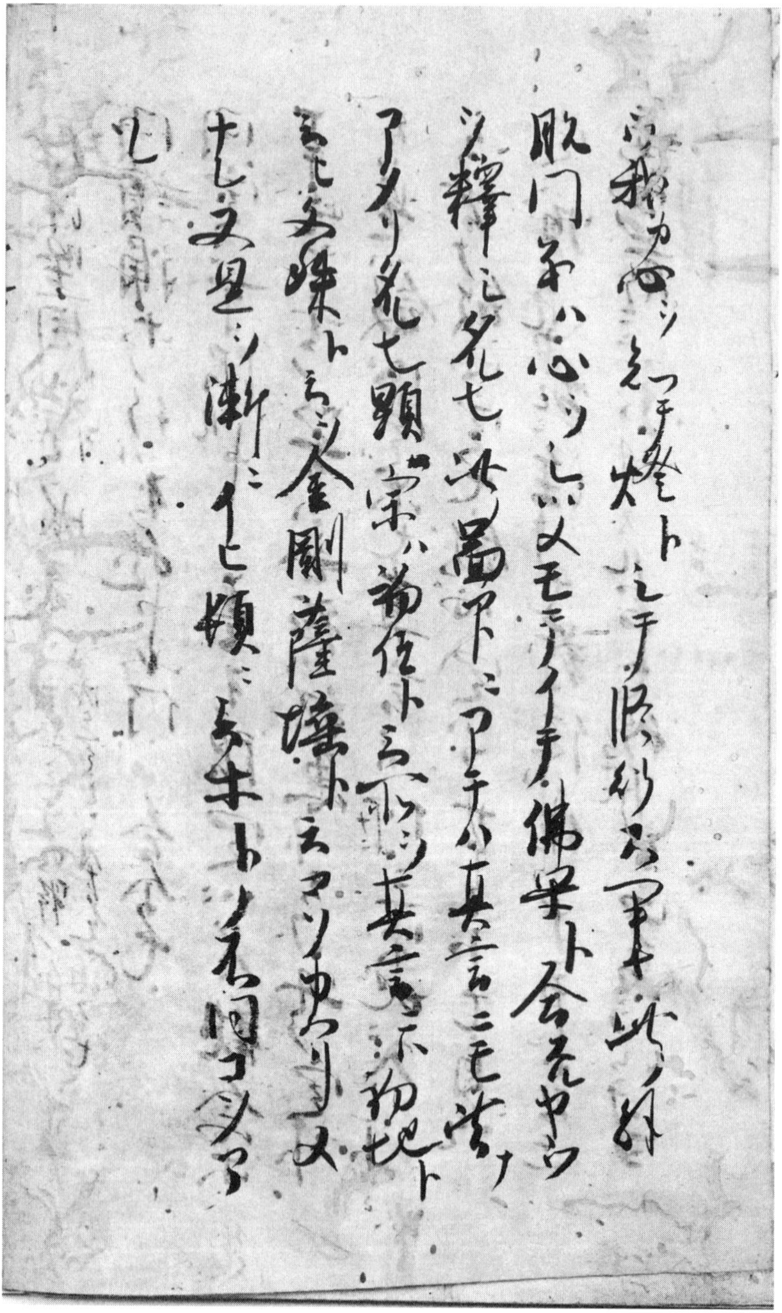

三

書本云

寛治元年十月廿二日午刻於禅門院切了

尚信

建長三年辛亥九月十九日於開田院知法房了并

皆令本疏讀文談義了

高信

善教房　信来房　恵房　修来房　空行房

義順房　賢来房　順行房

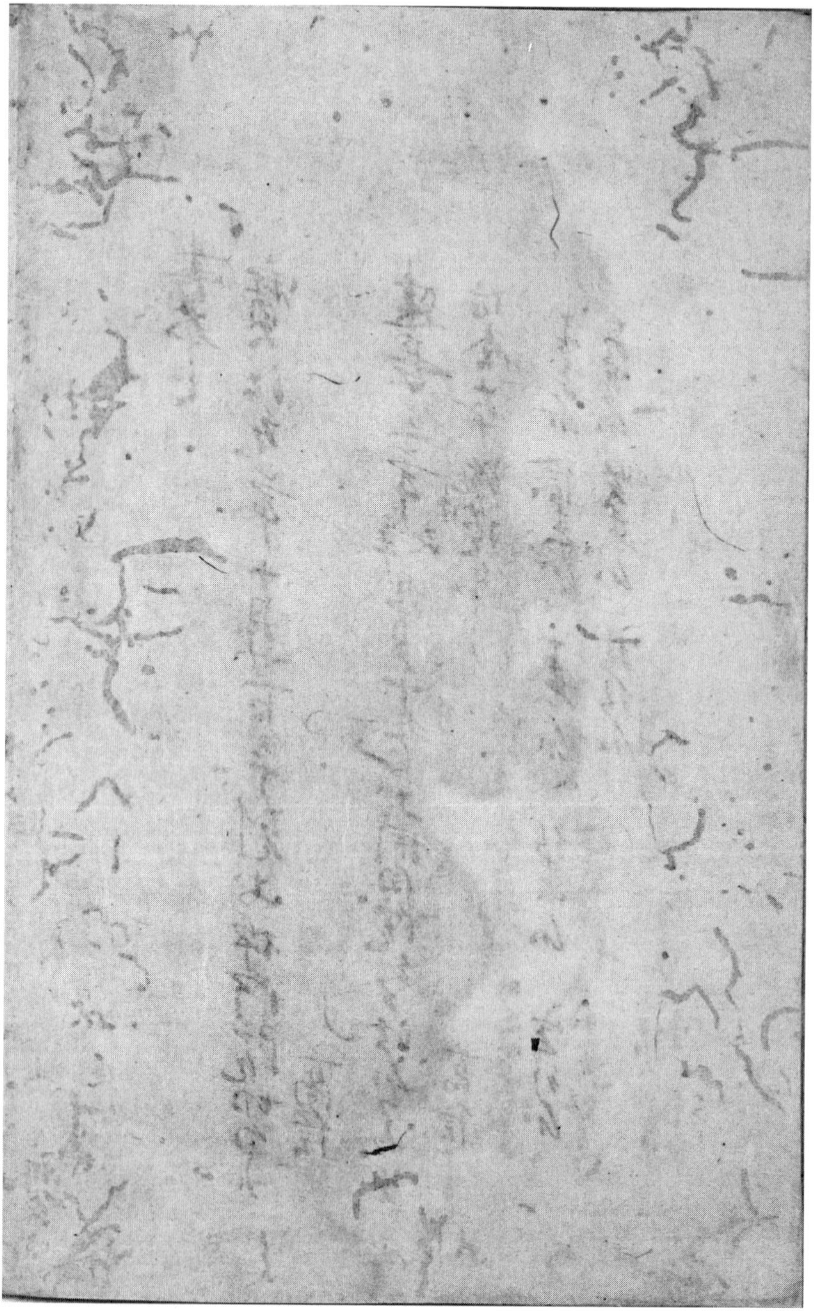

解脱門義聴集記　第三（共紙原裏表紙見返）

解脱門義聴集記　第三（共紙原裏表紙）

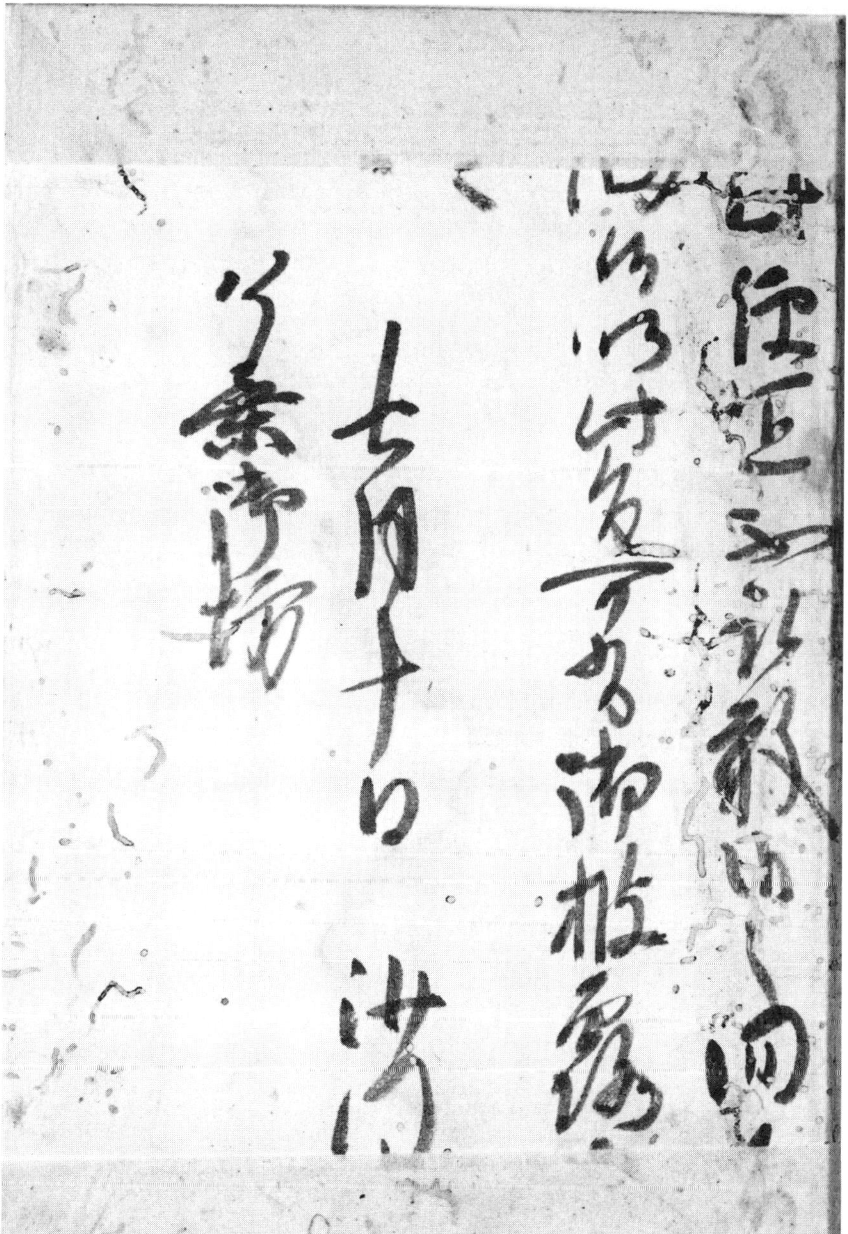

解脱門義聴集記　第三（覆表紙裏）

解脱門義聴集記　第四
湛春

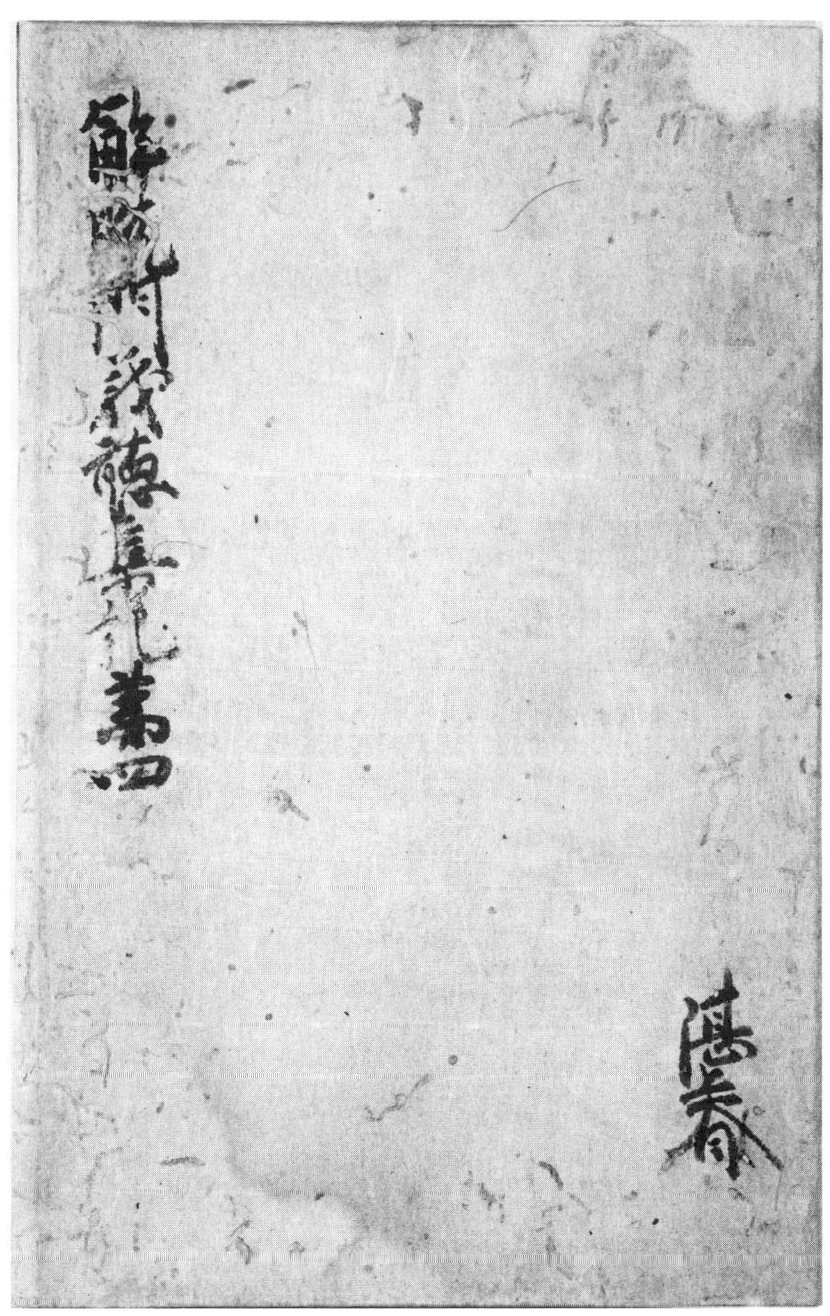

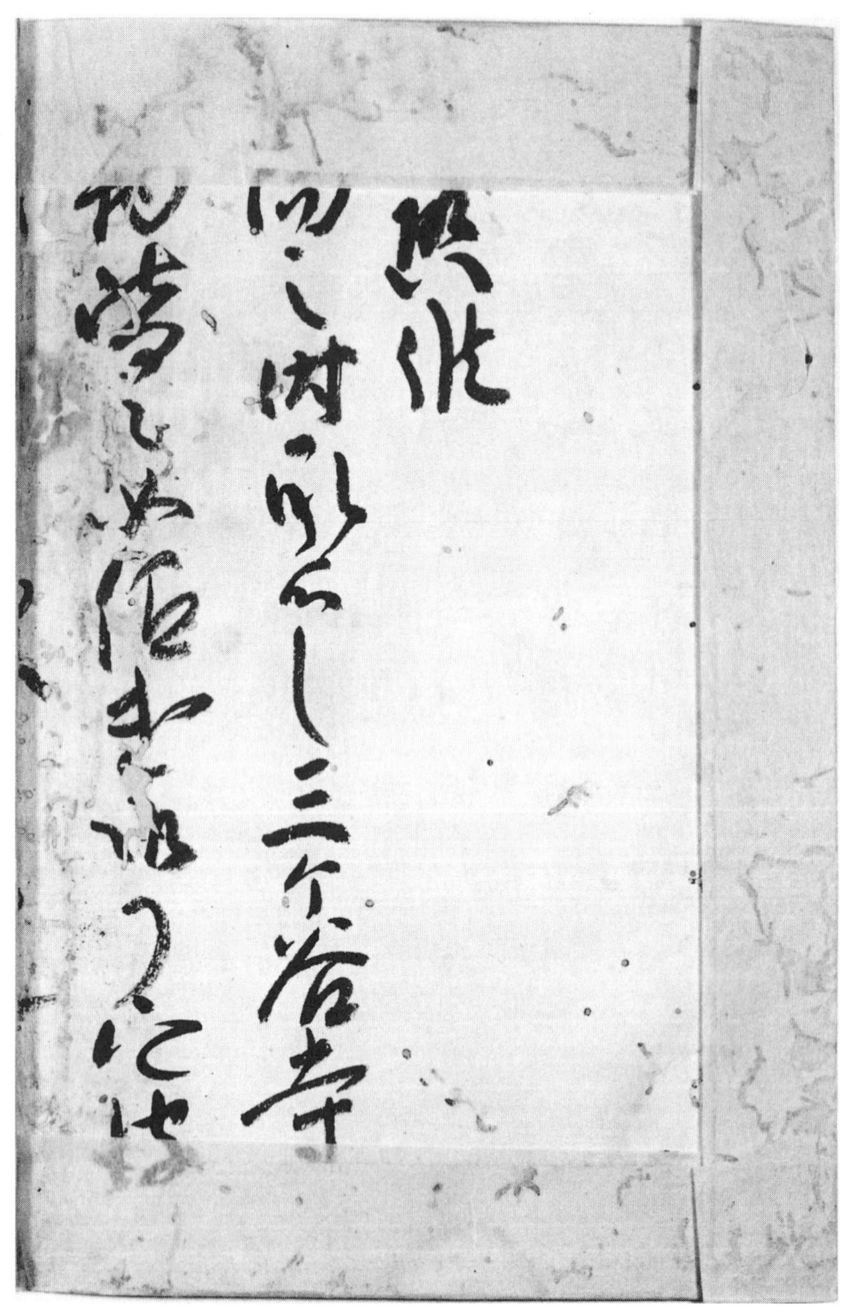

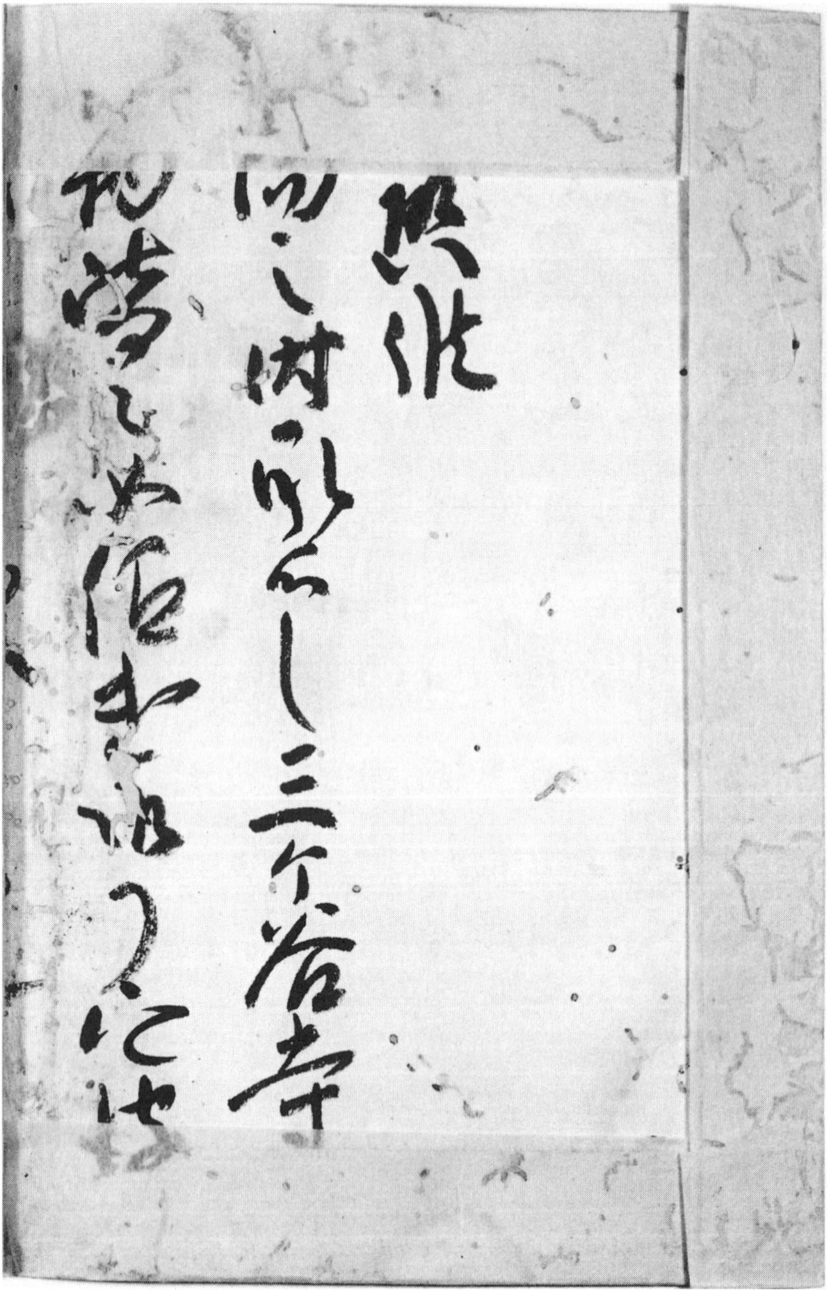

解脱門義聴集記　第四（共紙原表紙見返）

解脱門義聴集記巻第四

第二唯識所縁対者　乃至　挙唯識之言証所縁之

法也　所縁三法ト云ハ多ク殊ノ文字並ニ實ノ理

毗盧遮那ハ理也之二ツ合シテ七ハ一重ノ唯識不識對ノ初也

一次右方一行ハ對中央唯識不識對也　理之字

ノ三請シテ唯ノ人今ノ大文字ノ右方ノ自性吾亮明本造出之多也

中央ノ三請シテ唯下義識

之元觀行ナリ如ナリ

一唯生不生對者　右方左方ハ所ノ淺深ノ在開

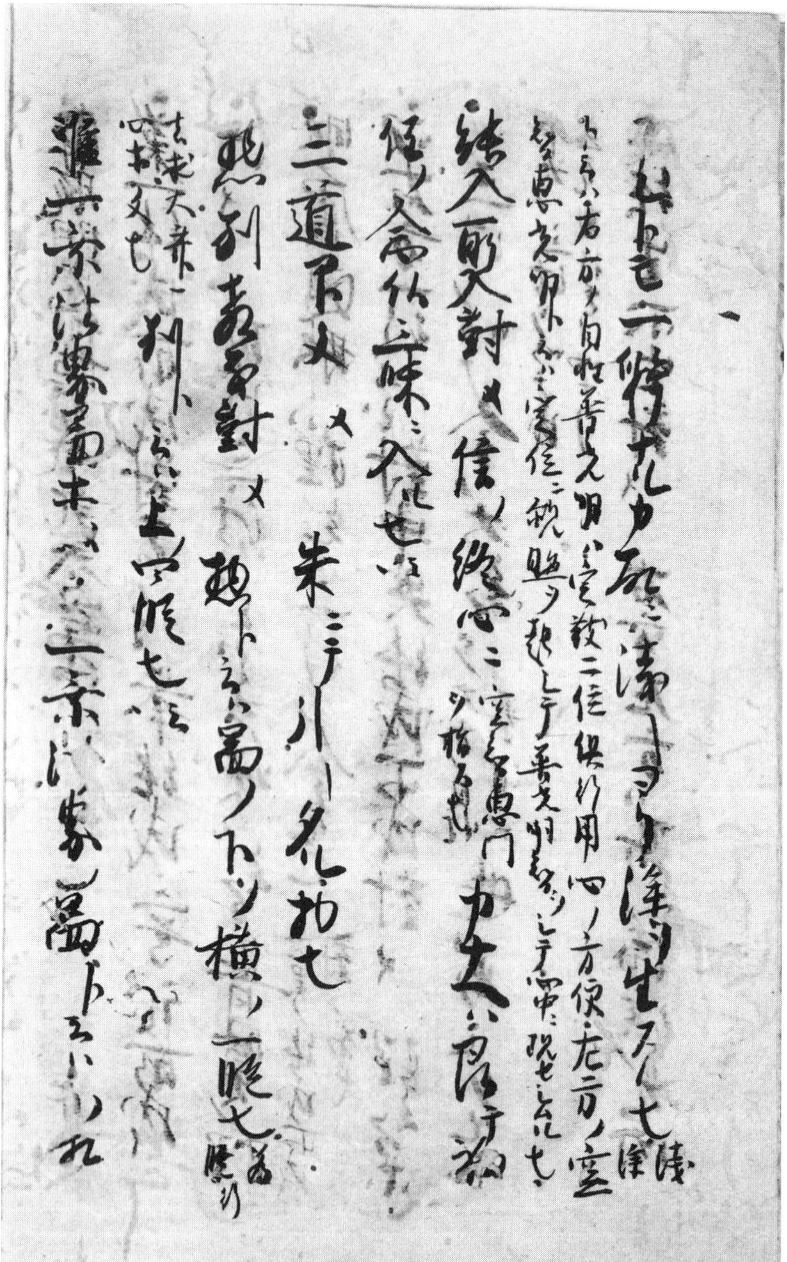

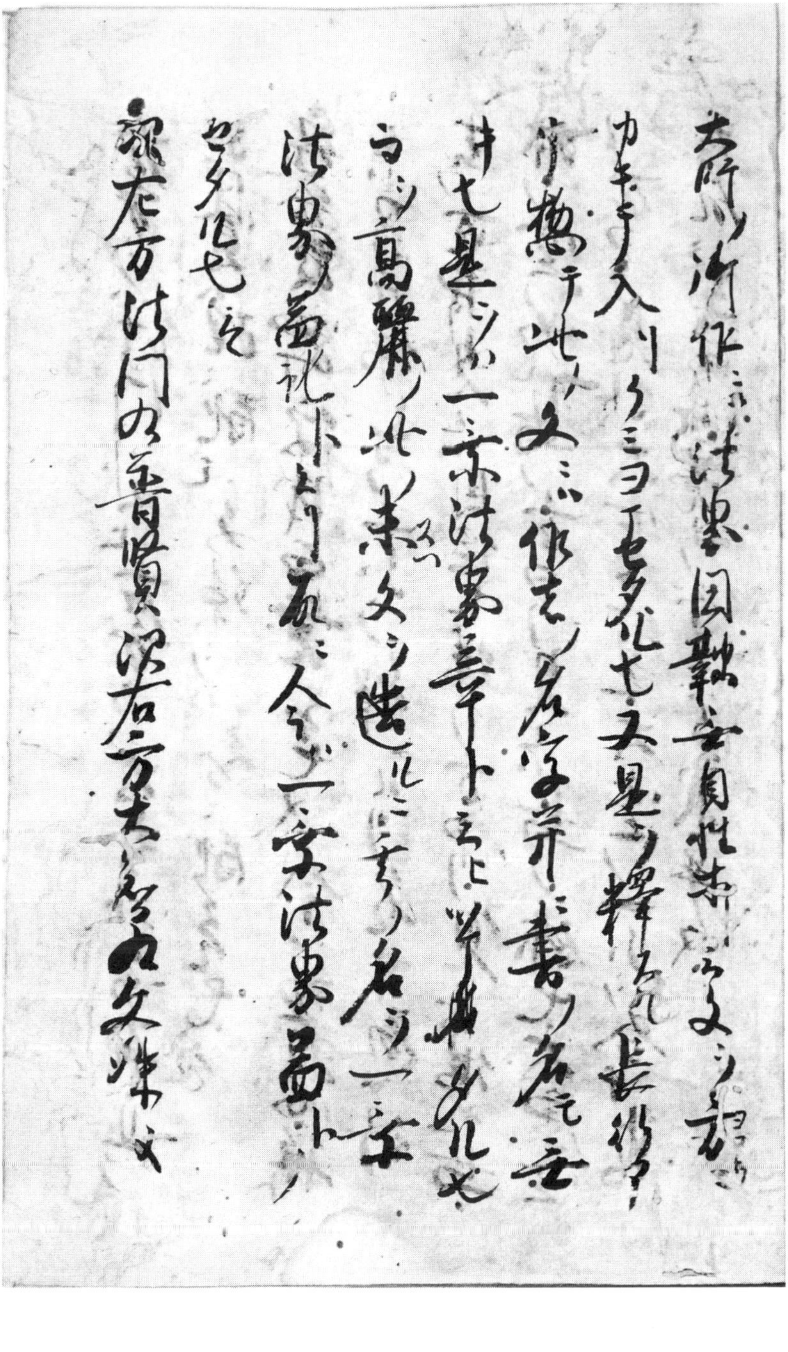

花厳ノ法門ト云ヘル大方ニハ大乗ハ中ノ一分ニ立ノ
普賢ハ理ニ配シ文殊ニハ智ニ配スル也
即初發心時便成正覺ト云也又今ノ初發心経ト
云ハ即チ佛智ノ一分ヲ證スル處也故ニ初
信ノ方ヨリ見レハ因位也佛ノ方ヨリ見レハ佛也鳥
譬ノ空ノ如キ鳥ノ方ヨリ見レハ鳥ノ雛也大虚空
ノ方ヨリ見ルハ大空也是大空ノ一分ヲ合ナル
カ故ニ云ク便成正覺ノ事上ニ

等ノ力徳大テ彡普賢理性於常說又
常ニ一切所ニ普ク十玉粫普賢并自符遍妙
下云是ハ理性ニ付テ云モ
同余經論ノ中ニモい普賢シ限ラス余ノ
於テ所ス唯玄ノ所釋ハノタラハ普賢ノ名別ニ
多ト有ルヘ行キ惠ニ譬ロフヒ金色ニ於テ妄ノ色
賢行トテキハ何ノ妄ニ宙ルトカモ名カ有ル參常
ニ行ルフテ咲モ又尾介ルト有仰ハ深ニ聞

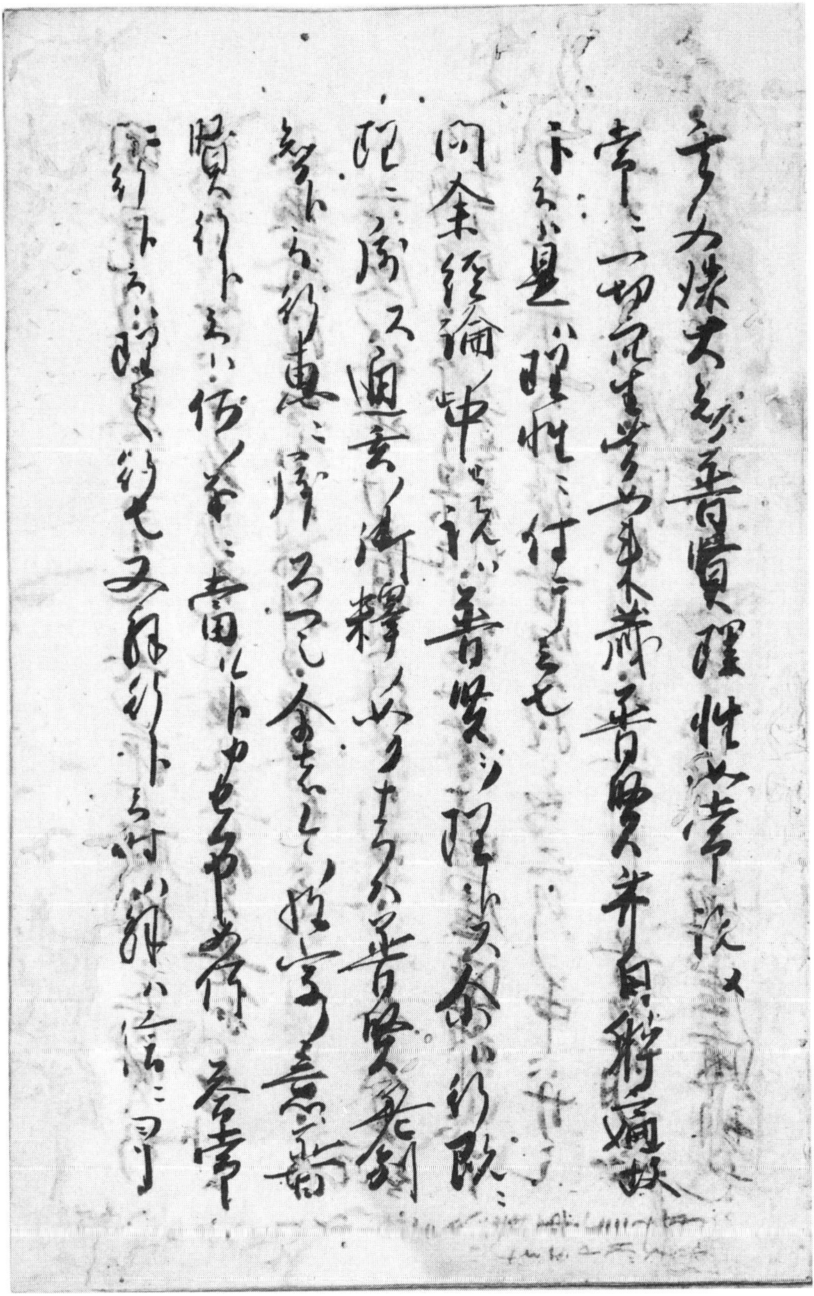

圓ニ見ル行ハ恵ニ見ル也。此ノ花厳経ニ普賢ノ行
ナト云ハ、智ニアタリタル也。但シ普賢菩薩ト智ト云
云異也。理智行列ハ別ノ事也云
問。六度ノ行ハ皆ナ普賢ノ行ナリヤ。答。今ノ是ハ理事
然行ニアラスト云ヘトモ行ト云也。
清涼ノ上ノ行ハ皆是菩薩ノ行也。但シ皆ナ毘盧遮那ニハア
ラ。廿九也。廿七ハ文殊普賢理智二行中ニ廿ニ
卅廿九ニノ毘盧遮那ト云也。此同収普光明殿
殊大ノ寿ノ中ニモ云修大寿ト云々。是毘盧遮那ノ。

文殊ノ法界理　普賢ノ法界智　法界ト名
法界理トハ理名ニシテ周遍スレハ理智トモニ
法界ノ名アル也
比丘於妙峯山頂説此三昧法門文　須弥山ゾ
妙峯山ト云常ナリ此妙峯山ハ須弥山ニアラサル也
表初首不取文　林所ニ初首ト云ハ信位ハ信位ニ
依テ起力取ニ信位シ初首ト云也
三重円融観文

一私云清涼大師 演鈔 疏作七
勝論唐論十明論ㇳ　私云勝論トハ決断論
広論ト云ハ合論七下ニ華厳唐釈論ト云ハ
是七十明論ヲ合シテ三部論ト云皆ナ李
長云ノ疏釈七
一二部論ㇳ
私云二部論トハ決断論大明論也云々
先経信経中ニ云吾浄故一下求境渉ニ見聞積

習得善光明念宿動心設位是信位非也実義ハ
恵現子是信位終也。又以三昧法内求境ヲ
故ト云ハ正シク信スル位ニ又殊毘盧遮那普賢ヲ
所信ノ境トス心ノ此ノ法ニカナテ我ト此ナス
ムト云フ也是カ下ハ又スクナル自性宗門
ト無量三昧之文明トス宝輪秘ニテモ大ニテ
モ一心不乱ニテ行ト并名ル行者ノ下ニ大ヌ所ニ向フ才
リノ念也

見聞積習ト云ハ三毒法ヲ不求ノ境トシテ先ハ
名聞利養ヲ貪シ財色ニ欲シテ大ニ心シテ
于常ニ三毒ノ境界ニ由ラツキモ
以善悪明了ト云ハ菩提見聞積習ニ于テ悪ハ止ヌル
トコロノ智ジ善悪知了ト名ケルモノ此ノ善悪
明智ノ名ハ五位ニ通スト云ヘトモ今ハ信位ノ智シテ可シ
也三毒ノ法ジヲナ不求ノ境トシテ因果ニハシリタルモノ
因ト云ハ善業悪果ト云ハ自身ノ所害ノ邪那也法ニ

付テ是ヲ云ハヽ理智ノ互ニテハ佛徳ト云ヘル時ハ果ヲ
ハシテハ善財文殊ヲシテ眷属トスルモ
云彼後根本智ヲ文殊妙吉祥前使ト文
文殊妙恵ヲ二前使《サイシ》ト云ハコヽニ十二ツ智恵ハ
行ヒ人ト云フ名サイハ也ニテアルセサテコヽニテノヨ
口業モ有ルヲ助道トシテ道場ニテ修境界ヲ
私ヲ文殊妙恵ヲ二前増使トストヲハ毗盧果ヲ約シ
至トシテ文殊恵ヲ二前使トスルセウコヽニテナラウ

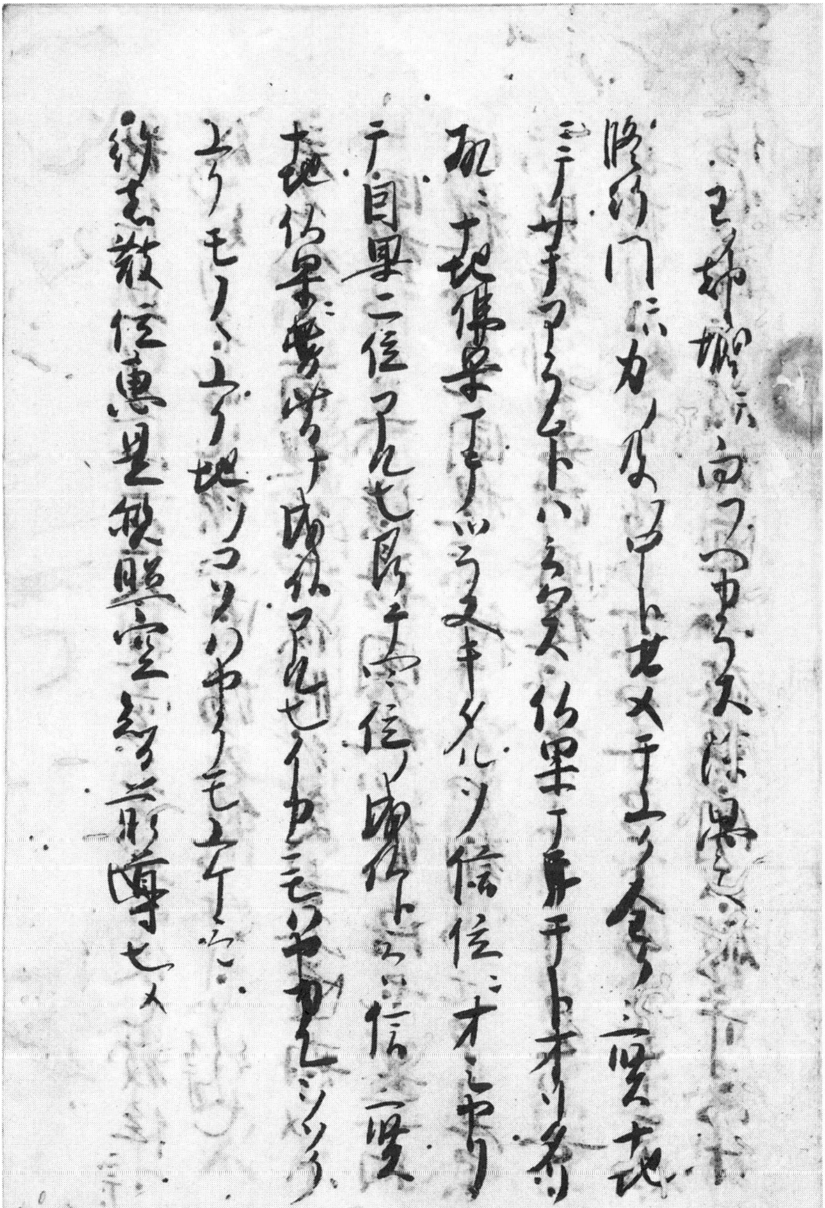

数位ノ其ハ是空位入観空云ハ前便モ数位ニテ
継ク知リタリ知ル様ハ道場入観ノ時ハ一八行也
若ノ人云一闡提位ヲ去仮股行也云入道部メ
一闡提トハ云ニハ漢語闡提ハ梵語也是一向
闡提トモ云モ闡提ニハ種々ノ翻トモアリ常
ニハ敗種トモ云又阿闡提ト云コトアリ是ハ云
善根トモ云キノ阿シノ一トハ之云コト今ハ也ト云
仏性論ニハ破外道ニハ破撥関ハ破シ并ハ十

ト云ハトモアリ。懐ノ疑并ニ不ト云ニ依テ二執
有情アリト云ヲ破スル也。ソノ一闡提位ニ於テ
随分ト云ハ懐ノ疑種ノ志ト云ハ順ス思ハ設法
シ聞中行シ志ストイヘトモ心理ノ外ニアリテ觸
利ニ任ス邪見ヲ起シテ此ノ菩提ヲ知ラ共
モノハ六字名号真門中ノ随行ノ執聞シテ知ラナレモノヲ称ス也我カ文ニハ上ニ云ク
ナレモノニテヲレトモ以下ニ出期無キ也。此人
ヲ指テ接ノ闡提位ニ同セシ文。又入道期十下

云直ニ是闡提ソ云トニ云ハアラサル也以此ノ流
也ニ申ニウシテ云フテ如来ノ種々ノ方便ノ門シテ
ウラノ勝縁ノ十念ヲシ申ト云ト云ハ是ハ
其ノ門ノ説也花厳入道章并ニ孔目抄ノ中ニ
浄土往生ノ利ト云モアル也云云ハ取捨スル縁ハ
是佛ノ利生也衆生ノ所ハ中ニスキタル仏ノ行ハ十
モ也去ラハ仏ノニタテモシカツリテ十五ト人ノ
申ハ我ヲ見テ云シモ仏ハ必ス憐ミ給フ衆生ヲ

所生ツノマシノアルヒ三種ノ竟聞慧トモ名ノ大
カ又アテモ自身ノ所為ニテコソアレヽ
聞慧又信除ハ凡夫是ヲ又足ハ限テ文殊也
サレハ聞慧又信ハ所治文殊ハ能治也凡夫執抑ハ
文殊是能ノ所治也
如此ノ文ヲ目ニシテ菩薩行ヒ文ヒ顕ノ
文殊ニ化シテ菩薩アリ菩薩ニ多クハ身ニ文殊
本ト大聖ト云モ只ヲ本ノ名モ御對ハ一行ト
文殊ハ限テ一也ノ見是也凡夫ノ所ニ有ニテ菩薩
一心ノ行ニ説也

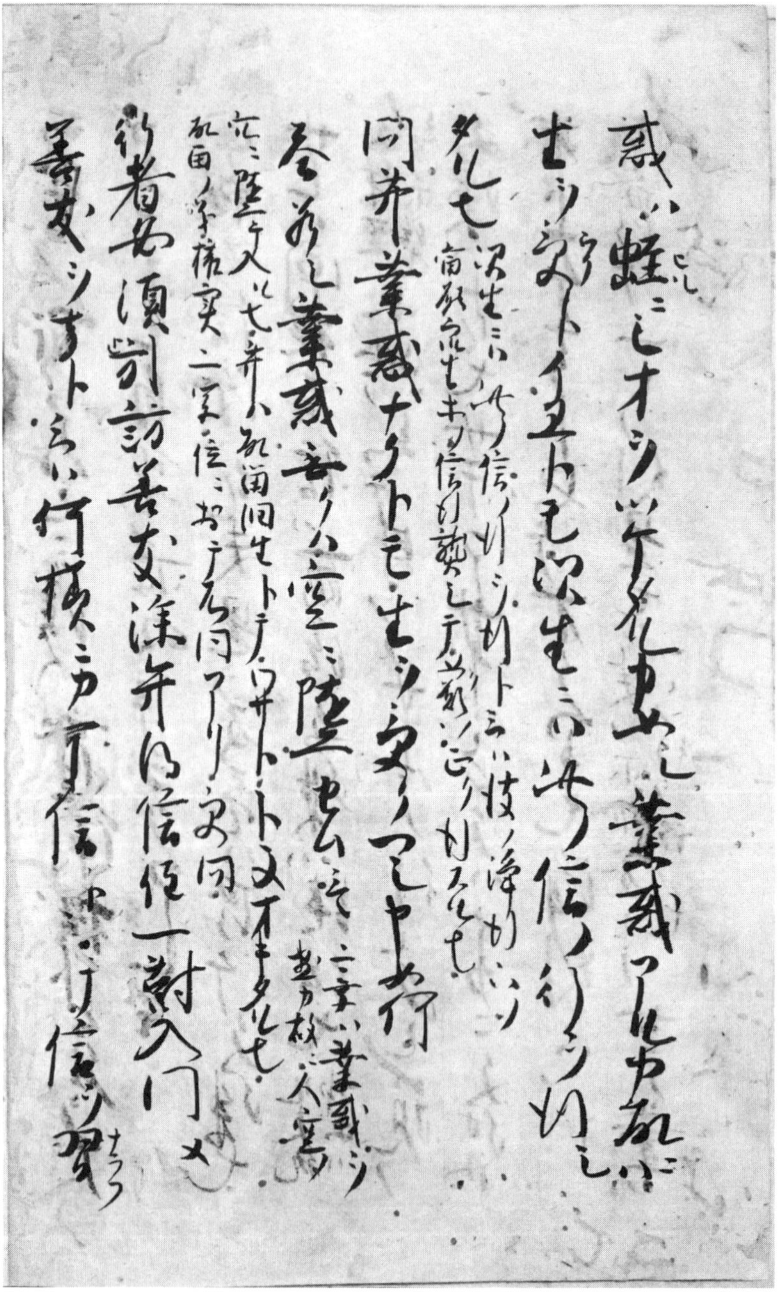

蔵ハ蛭《ヒル》ニシオシツケタルカ如シ業蔵アルカ故ニハ
生シタトイヘトモ往生ニハ此ノ信ノ行シタシ
タルモ往生ニハ此ノ信ノ行シタルトニハ技ノ浄土ハ
前念命終モキノ信行熟シテ当来ノ往生ヲスタルモ
問并業蔵ナクトモ生シ宍ノツレヤ如何
答形ハ業蔵無ノ人モ生ニ陸モ去ス　三業ハ業蔵シ盛力故ニ人モ生ス
穴ニ陸テ入ルモ并ハ乳歯同生トテノワサトトス不キタルモ
乳面ノ浮稿実ニ二字信ニオテ名同アリ実同
行着安須別訪善友深弁仍信但一対入門　文
善友シテトニハ何様ニカ可信ヤ付テ信シ要《ヨウ》

一ヽ又ノ信ハ以下コトニ位ヲ説ルハ十向ニ十信十位リ
以ヽ本ニ上ヨリカ所ニ安ス十位ニ住スル信位説ハ信ニ
アラサラム是カ久コトモ二可ナルト云ハ十
位ノ始シ乱テコトニオノモ云ニ迷ハ自ナル才
ヨキモ上手ノノソラノ淵ノ底ヲ見ルカ如クナルハ
無又信位カヨクソソロキモ　信位一対ノ前ガ上ニ己ロク座シオハリヌ
然後権実信観照教位行在教位研習実位証文
如此ノ道理ニシテ後テハ皆コトニテナルモツルナリニ

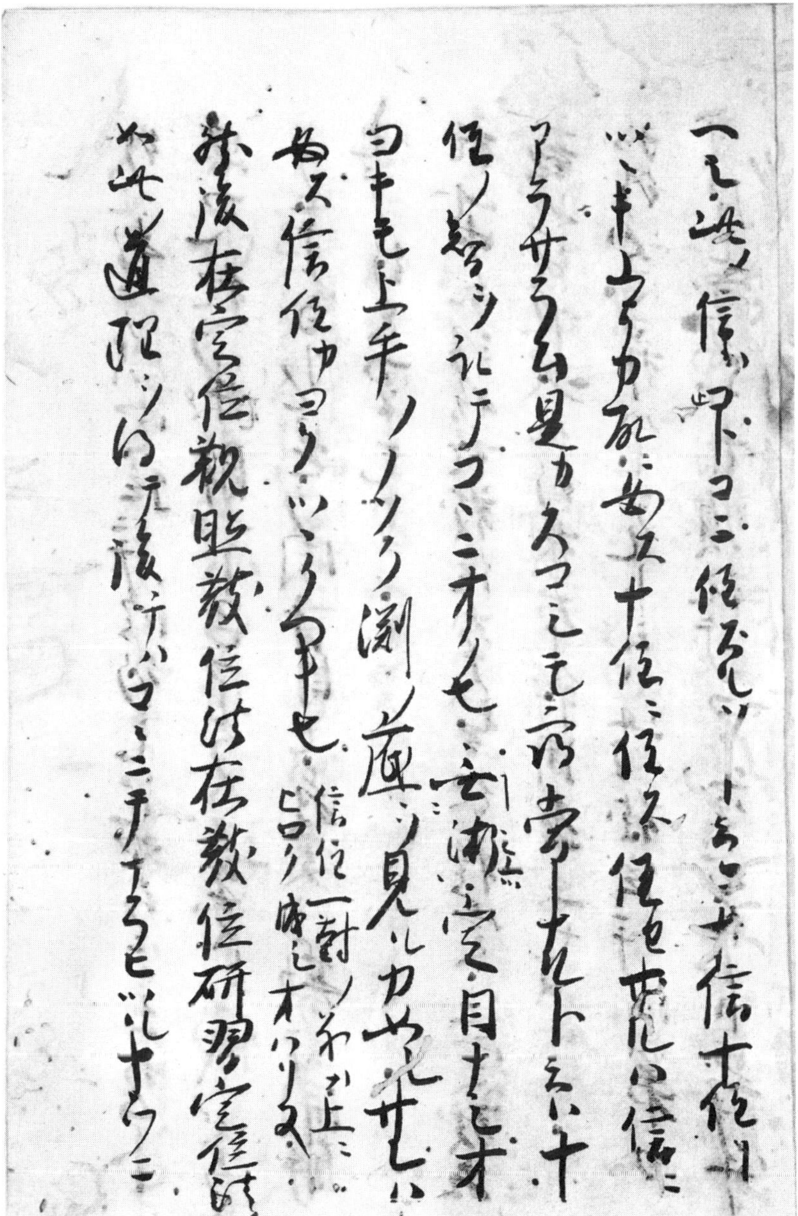

行ニ於テハ空位ニテ修行シツル故ニテアラムト
思フ也総シテ未断惑断セ一不呂アラ人義ヲ識ニナラ
ラヒテヨリ也是ヲ開キ自モ教文ニ勘テ開解
シテ行スヘキ也
於此中加行於教位本ヨリ起於空位空教出
談於経良久加行観本ヨリ轉用本来也文
私行ハコヽヨリハシテルトニハヽ此ノ教位ニテ修第四
リトアリシテ各ス相順シテハコハ云シ在ト旦弁

テ實位ニテハ隔テシテアルモ時ハ平等《ヒヤウ》ト目ヒ華
テシテアルトコロカ憶念一切諸佛始眞光明識
門ニテアルモウタヘ行ハ海ニシテキテシハハ命
此レヲ底ハ別記行ト云ハ毎人下位ニ在テ上位ヲ取テ心ニ
並テ發位ニテカ大又アテモ心シテシテ又ムレ思ヘ
シ發位ヨリ向シテシテカニ眞言ニテ此ヲ固シセハ上ノ憶
念一切ノ所ヲ現世稱ノ歡喜地ニカナフトヨムルモ
久ク善斷ツシタノニテ下ツクヲコモムト云ハ剎那

ヲスアラシニテ先此等同シキヲ云説ニ、本ニテ本ノ位ト云事ハ
本ハ信位佛果ノ心モ本ナリ名ケ本ヨリ心ヲ
アリキ此ノ自性菩提心ハ実経ニ説ク通スルトモ云
信位ノハシメヲモ以テ下ヲセテハ十信十千劫ノ間
チヨウノ位ニアラサルト云ハ漸教ノ門ノ説也是ハ
気ニ又本云ハ本ノ位ヲ終リト云モ解ハ字輪観ニ
以テ云ハ字輪観以ニテ云ハ乃位ヲ本ト
云ハ本ノ位ヲ信ノハシメトスル観念純熟ス

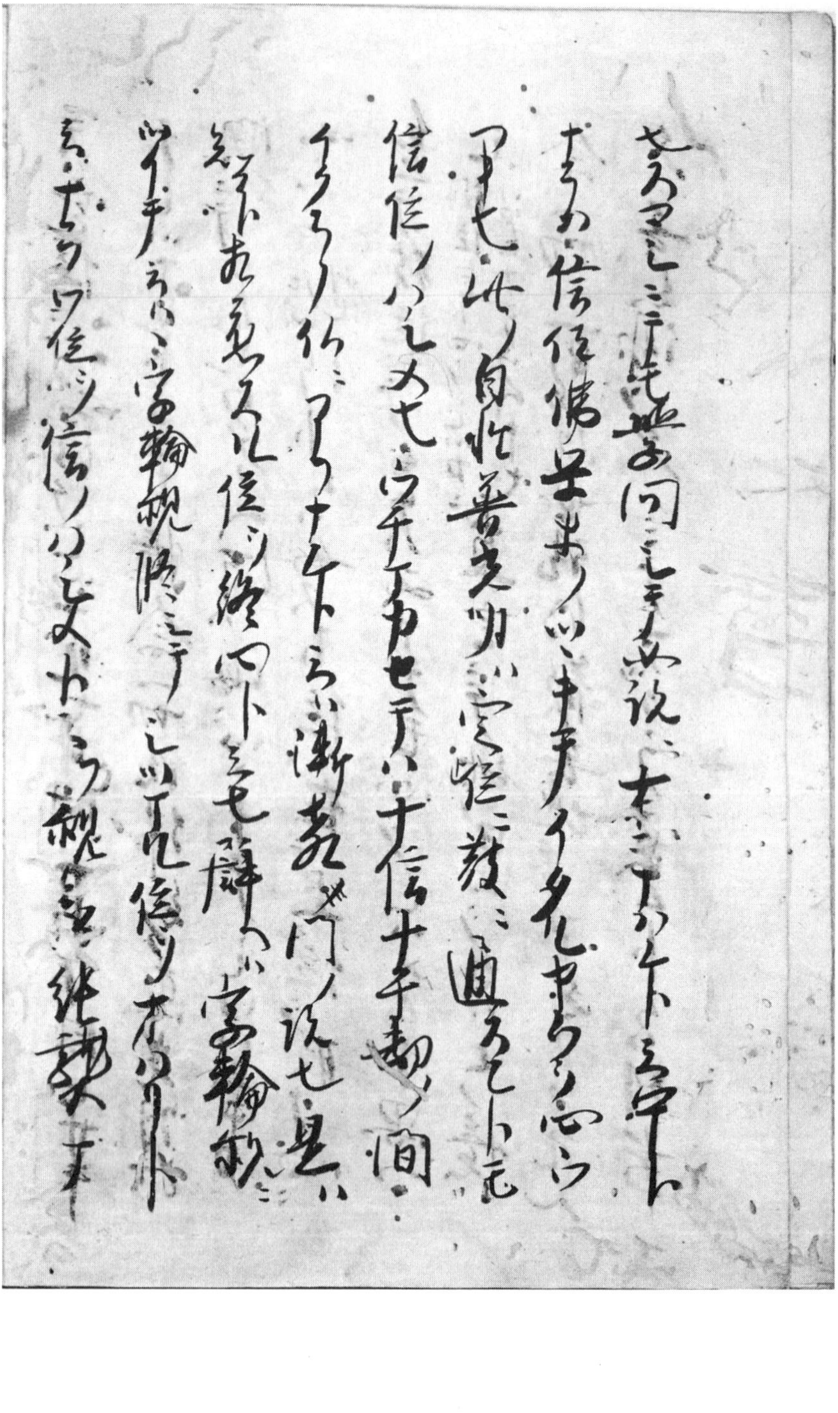

對治
テナラズトモ我心ヲドトムベアル位ニ十信位ヲト云ハル
ルトコロノアル事モ睡入レハ夢見ル夢見レハ覚ノ
睡入カ如ク法理ト無意ニテ此ノ悟境ニシオ返スル
ヲトナレハ覚ニシテハ夢モナケレトモ守ヲバトシテル
ヲトツアリ　隣似論説ガ非枝カ事ニ及底共刹也　此ノ信ノ得ガ多ニツヽ事ナシ
ハ法門ハモトヨリ之ヲ隣ルモ一階ナレハ知ガカウ
此ヲモタイル位ニハイカ多悪地成就ナラネトモ
好見頂人寧ヲ大ルヲトアルモ方便ガ多分ヲ西方法モ

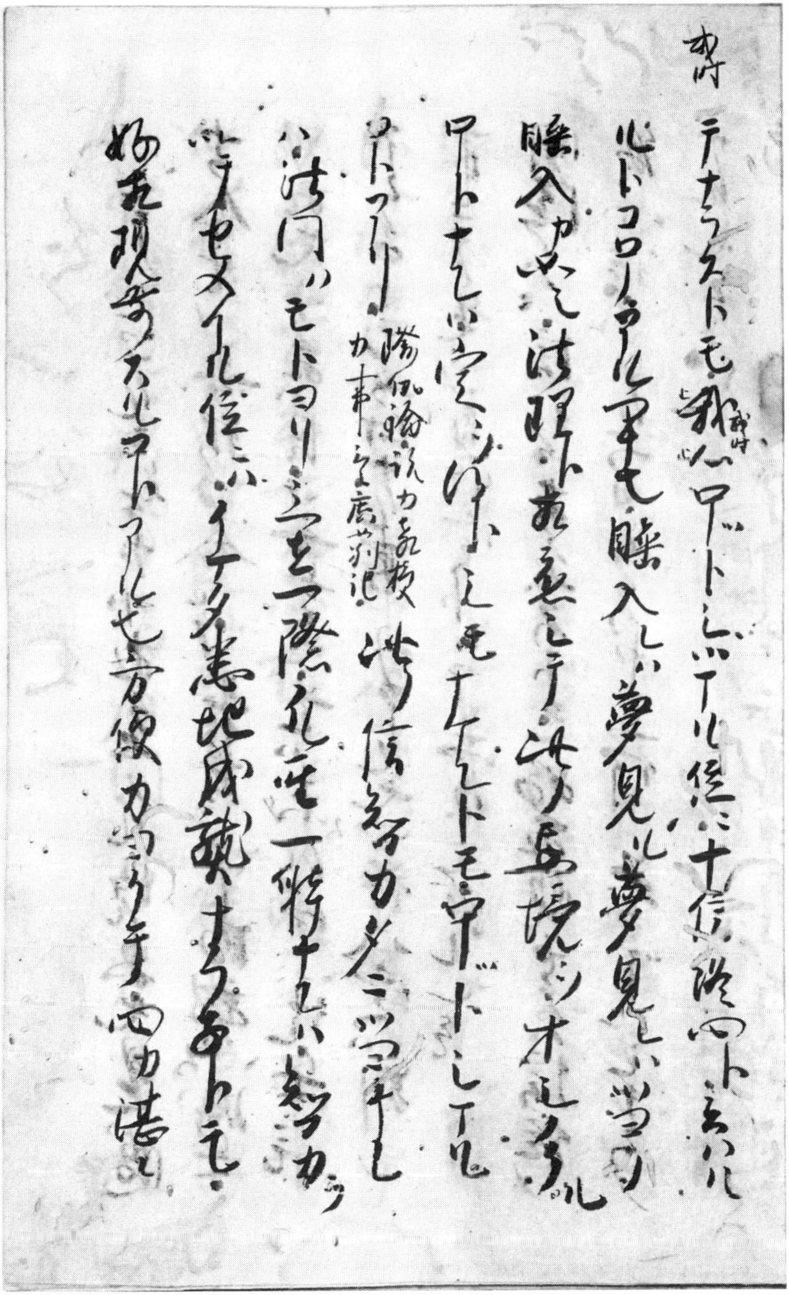

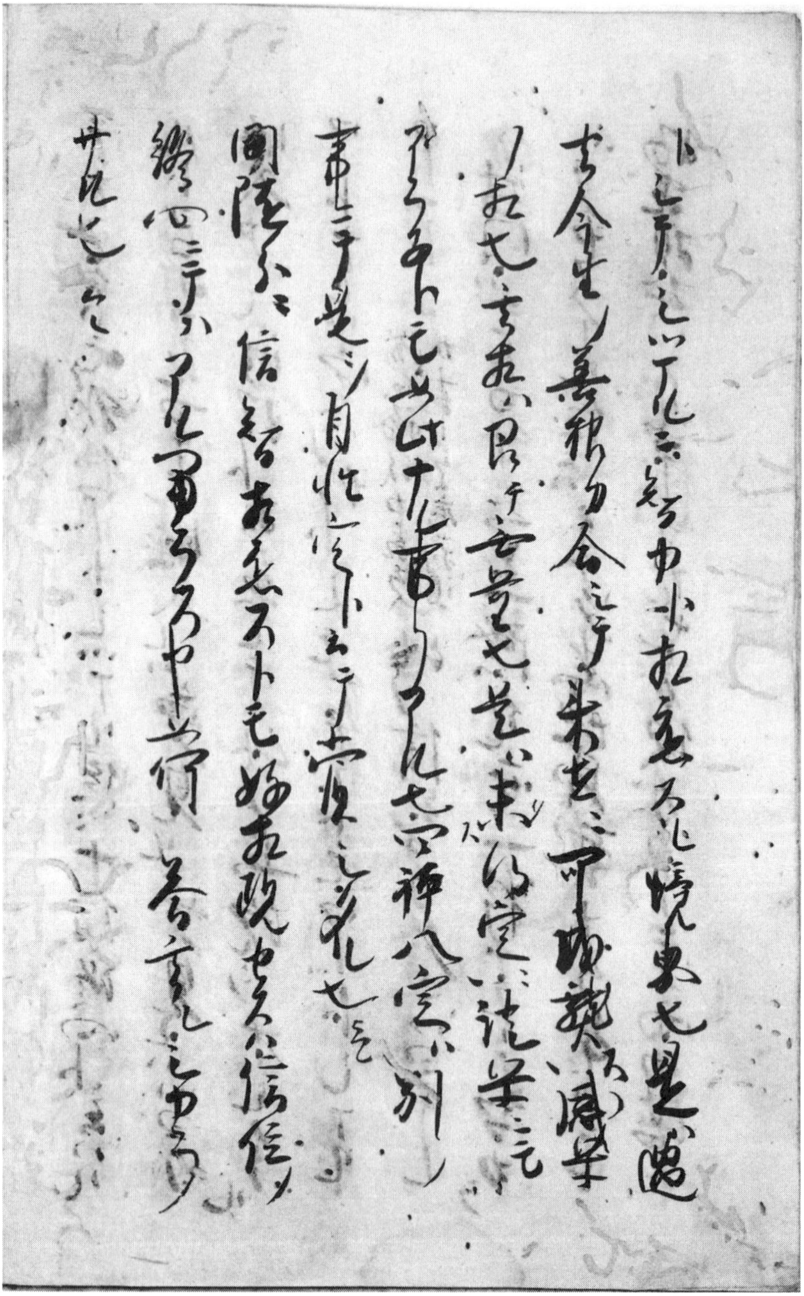

定散亦二義ノ意ハ特用并立ト云ハ定位ニモ特用散
位ニモ特用アリ特用ニハ散観ニ非ズ散観定非
入テカ行相本来也相本定ニ非レトモ観
照下可スル位ニ種子ヲシ結セ又トスアトナル随
然ト定位ハ当キモ熟テ観法ノ中ニ様ニ尤事
理二観有相無相ノ二種ニヘ十通ニ文定ハ示
観ノ時ニハ其ヲ義境ト相思ニテ特ニシ有失ヘ也
又骨鏁観ハ縁文ハ心ニシテ有同ヘカケアリ主ニ云也

下観ト云ハ爛壊ト下ニ総ニハ言フ骨鏁ヲ上テ陌
隣顕梨ニ見ヘ十吾七文理観ハ能総ニ無境或又
理観ノ初ハ境有ラ総ニ境ヲ亡スルアリ十玄ノ宗
輪観ハ境モ亡ク観スル故也
第十玄門中義是宗教乎未一乗義也文
十玄門トイハ同時具足相応門ノ十門也此ノ一門
中ニ義理分齊ノ十對ノ法ニ具ス教義等ノ
色法等也又八事ヲ任生スト言ヒ也此ノ一字

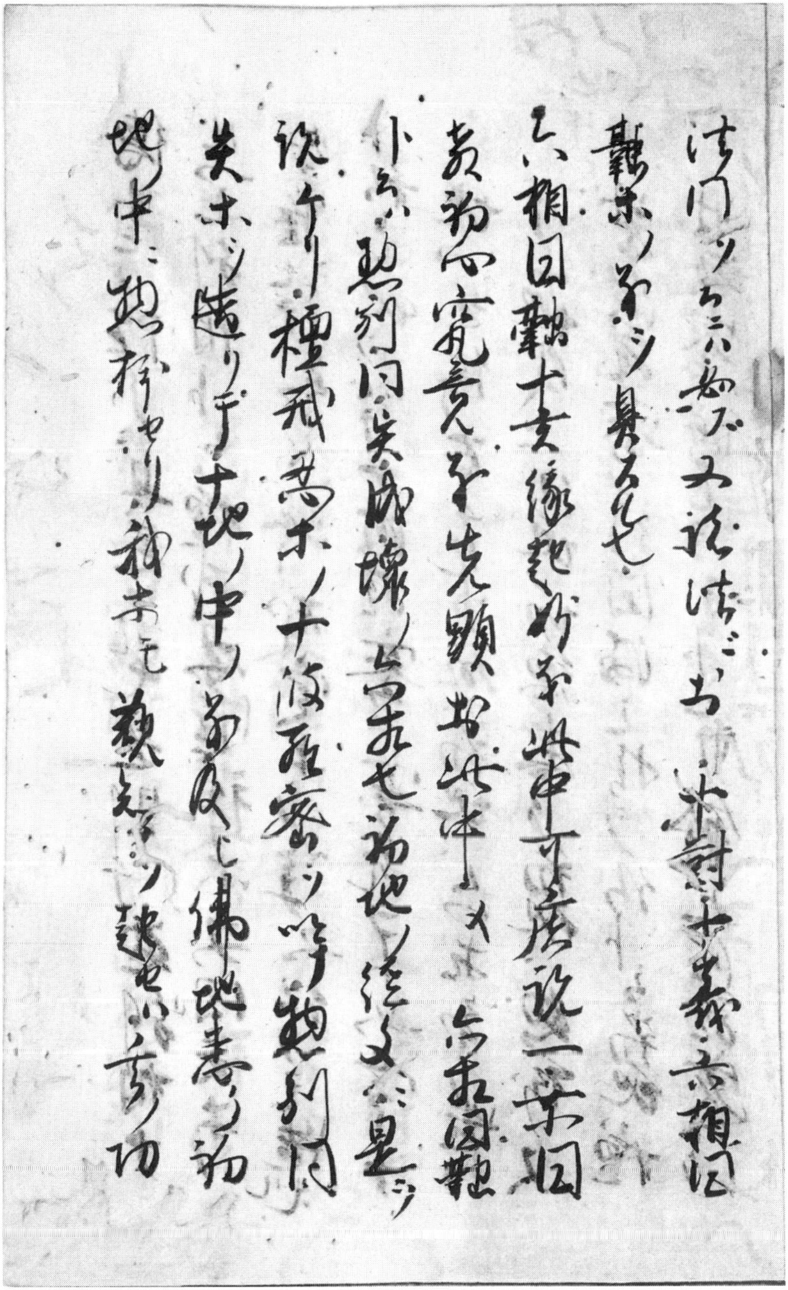

法門ノ不二ハ如是又諸法ニ於テ十對十義ニ六相以
觀察ノ義ヲシ具足セリ
六相圓融十玄縁起ノ義無盡ニ可廣説一乘圓
教初心究竟ヲ先顯此中ニ又六相圓融
ト云ハ一切刹同異成壞ノ六相モ初地ノ經文ニ是ヲ
説ケリ種戒等ノ十波羅蜜ヲ以テ一切刹同
異等ヲ證リテ十地ノ中ノ第八ニ佛地巻ノ初
地ノ中ニ一切捨セリ初末モ觀察ヲ以ノ述也ハ云ノ功

徳トモノ隆タルニ具足スル也是則十地ノ別相ナ
ルヘシ別相トスルハ檀戒忍進禅等又同実ナリ
不惟ニテ知ヘシ此ノ戒定ホノ時又位ヲ云随也ル
和ス地ニシテ以テ十波羅蜜ニ摂スル下以テ云十
地ハ是位ノ本ナル中故ニ初地ニ以テ九第ニ進
テ地及ヒ行地ノ功徳盡ク初地ニ起称又
廿中波羅蜜ノ行因満ニ摂シ行ト云初地ハ檀
波羅蜜ハ時ヒト云下ニテ餘九ハ波羅蜜

眼ハ方未ダ一肛福多ニ散ハ眼ヲ差引
覚ユハ花ツリ手モキラキシ下ル
境界ノ十漸寂家ニ念モ馬鞍ヲ一念ニ是ヲ
知ルニハ一念是位モ一自キリ後ニ一自覚
他光ニ纫辨二春列シ見異節
出ラ形後ラ計モ計モ付ソト云弘
八千波羅蜜如百カ門惊惊具要地大志
位ニ十キ下ラハ星ホノ為ノ為ノ捉モ位造モハ

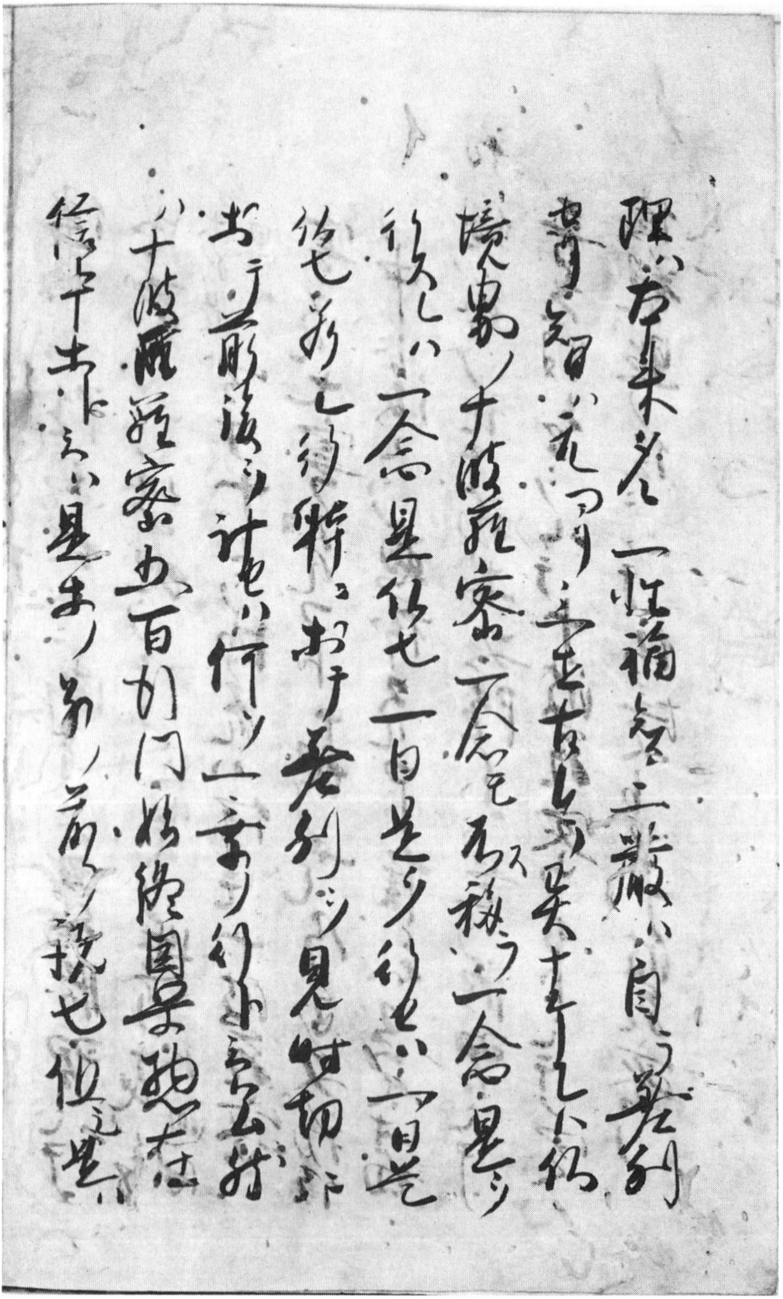

十法界ニおイテハ本有ノ遍成ス此等ハ成
又深下ニ池中ト云ハ教位ヲ指ス也云今云
實教ト對スル也ニ實位ノ後心ヲ不待ス初心
究竟人ノ分教位普光明殿中ニ出タリ顕
此下乞云分深下ノ絶ニ分明也
初心究竟分光顕現此等ト云ハ實位是也信
位ノ終心ナル第十ニ初心究竟ノ分モ此中ニ顕ル
究竟ノ教位ニ也十玄トハ五十ノ分ヲ談スルモノ絶

心
究竟ノ事先ヲ顕ルト云也此中ト云ハ教位ノ
指入也云云此已此ノ下ハ去ノ部也テ方法ニ入ルハ
皆ナ自己ノ人ナルコトヲ云ヘ下ハ去ニ在ニテ請法
ノ見ルハ悪ノ縁起ノ法ト云也化人有テ云
去夫所ニ告テ云ニ一百月入去ニノ思惟ニ趣ハ於
宗ノ中ヒナムト大所世ノ觀察思惟又
ルハ果網不得ニテ大般ノ即ト云云実ニ此
ノ餘執ノ云ラ說法ニ見ヘテハ也已可有也ニ又躰

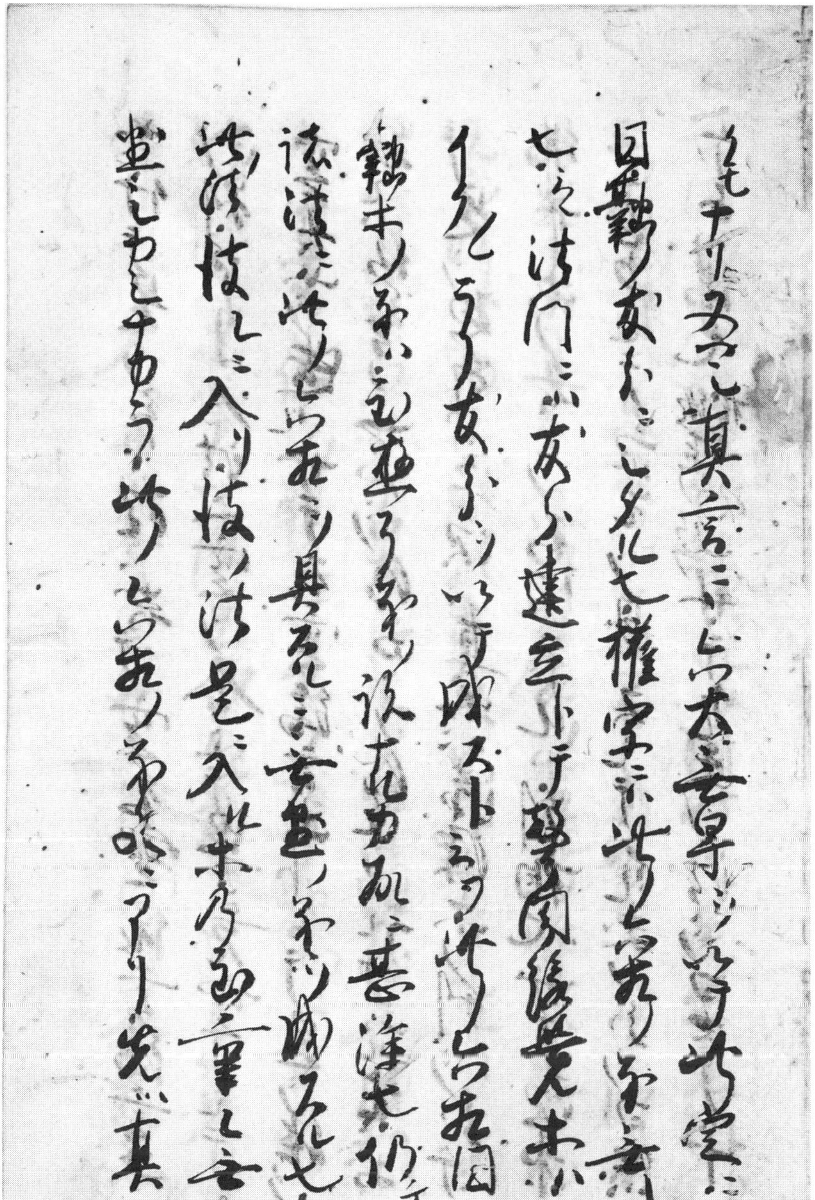

如ニ付テ是ヲ云ハ苟クモ空ヲ空ニ依ラ偏ニ云車
ノ利アリ人法二空ニ依リ会ニテ単ニ云空ト云テ
空実ニハ造ル所ヲ空ト編言オトラヌ異ニシテ作ラ
如シ如シ々々トアリ如コハ仮ニシテ如生ニオ
テ是ニ如キトモ次ニ真如ニ流漏ホノ別ニシテ
佛并ホノ本モ有ルモ所相セ如シ深第
ニ唐力迄テ如生ニ見ルモテ仏マリ法シ自也了
ケニ佛也 総寄ノ作リ 如シ九実了汰ショ也了十
　　　　 復次

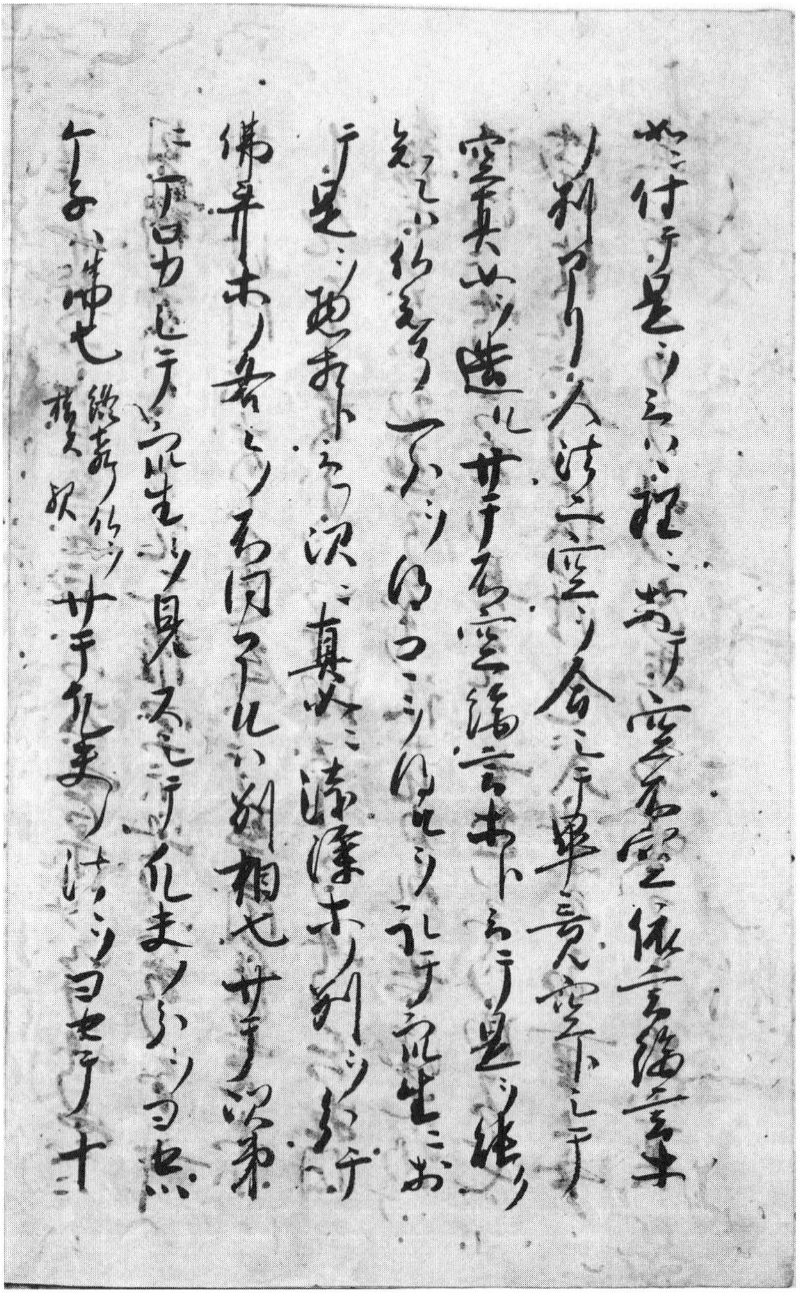

玄門ニ入テ又無相因縁ハ滅シテ因時果是義意何ト
云ヘハ仍テ法ヲ以テ説ソハ一百二十八ノ道ヲ明ス所以
法界本ト云ハ法ヲ以テ義ヲ説ク所トシテ要ス
説クシ法ト云ハ色法ハ六塵俱生ト為並ヒ此ノ義
シ唯字也ト一百十ヒ八ハ唯心通時ト云何ト
云ハ十方ノ佛ニ歎ヒテ是ヲ説テ神通ニ並フ也
此時門ニ入ヒテ一度是ニ如書十ヨヒテ見ルハ
法トヒテ入ヲ廿九云ヒ七廿ヒハ説法ノ義理意

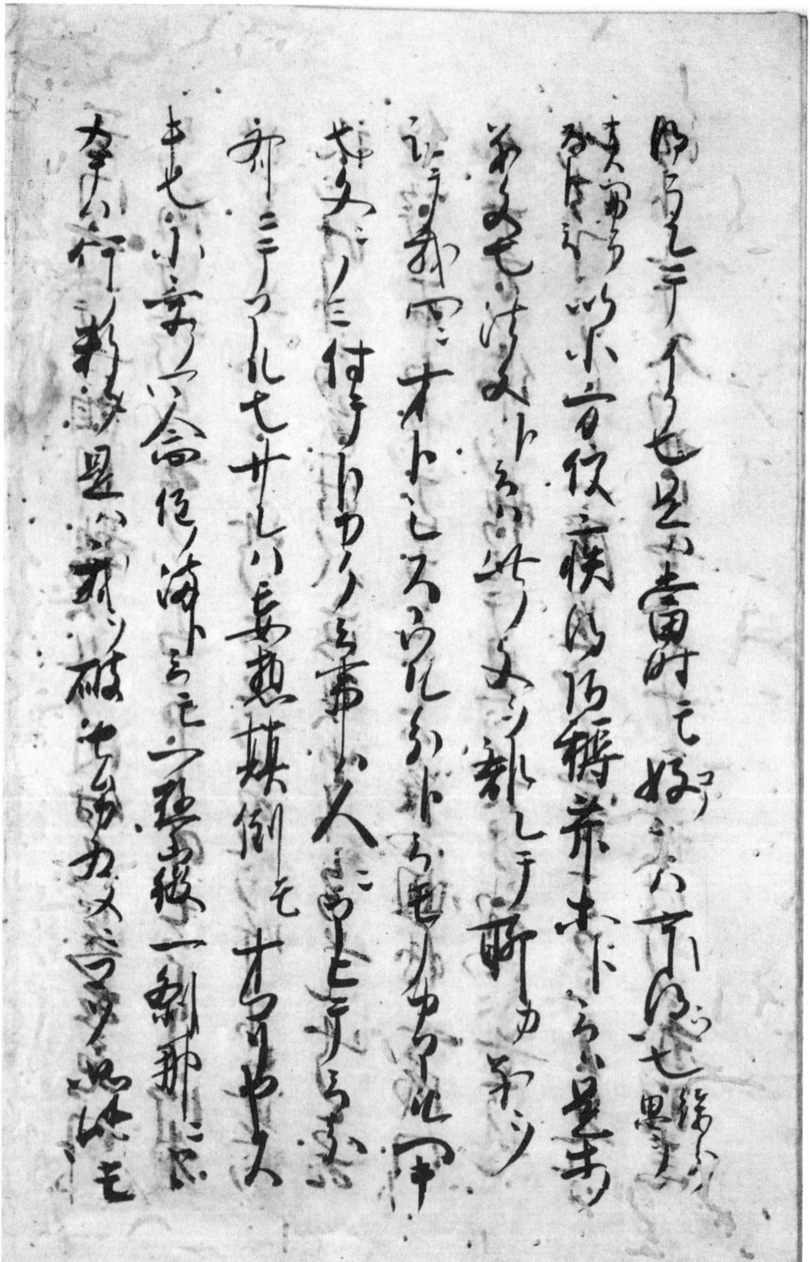

観世菩多ノ近代ノ学者ハ是ヲ一種宗ニ判ト成
ツメルハ事リシニテ是ヲ好スル事ナカ執ニ頑学
モツテ入リテ捨ハ宗ハ同ニヤウニナルモ中
同同執ト成執ト云行カ判ナル中ニ各同執ハ此ノ
諸識ノ法ニカツアタフル負モ勝執ハ已ル是ニツ
諸宗ルト云コソ色モ一ヘニ言ノ和ノフルカタハモノ
シノ証テ云モイカサナモ法同スト云トコロアリ
実識スト云トコロアリト是ニ付テ言ノ和ニ皆カ

接シ此七中ハ此ノ名ノ諸相ハ各自位ニ住ス六相ハ
常ニ合シテ略ノ合トス云々ト云ハ千タ々乎見
レハ皆ナ空門也同異ト云ハ異相ト云フ成壊ト
云フハ壊スルアリ總別同異成壊カ成ル違フ
法ニテアルカタ角ニ見ヘシハ空也又總同成ハ
成シ名ノ別失壊ニテハ滅ニテ事ノ相ハ不了
ニ別ト叫ヒテ生皆以テ滅ニ因テ生也此ノ云ル
ト云是シテ一事ノ有ハ滅ニ属也云々

普光ノ会ハ随通ニ位ス
二位トシテハ定数ニ位セ
第一以文殊師利毗盧舎那普賢ニ請文
妙徳之称文　文殊ハ下初ニハ十信ノ心ヲ表ス
文殊ノ初ニ起シ、後ニ起廿八品是文殊ナ
ルコト野干《ヤカン》ノ以テ九現ハ言心野干四十九由也
シ。此ニ一年ニテ初ノ信ハ昔普賢ノ切ト表ス
此普賢ノ切ハ因果ニ位ニ通シテ七言果ト源ハ

即チ果海ノ菩提心也。サレハ此菩提心ト
相應スル信ハ即チ毗盧舎那ノ身也。然ト云
ルゝ事ハ広ケレトモ皆菩提心ナルニハ非ス
サレハ善ハ広ク通シ。菩提心ハ殊ニ異道
凡外道餘求変求外道ト云テ秘小乗ニ奇
ム心ソ。アスウニ此一大菩提心ニシテ起ス
一大事ノ信トハ之モ即チ此自性菩提心ノ
アスヘキナルヲ指信心ニテアル處菩提心ハ

信ノ本ハリ憶念一切ハ是初住也此信力アルソニ
住行向地等ニ至ルマテ塔ノ心柱ノ如クニシテ千
ヤウト貫ク名也真言ニハ此信ヲ初地ニ向フ也
ヽ文殊ニ向テ修ニ對シテアルソニナラヒ名ルソ
自性普賢ト云是ヲ静ニ坐シテ心ヲシテ文
殊ノ智ニシテ空智恵光明ト云行ト云ハ初心ニシテ行
深キトコロヲ取テ心ニ並テ行ト名ル也是ヲ文殊
心シテ以テ毘盧舎那ノ功徳ヲナスヲ名ル智恵ノ

自性善覚消ト云ハ是ヲ以守リ切ヒ名ル七〔空〕
濡レ了シ是ハトコノ云ソト云ニ初信ノ云ヨリモ云
同信従ニテ初信ノ云ヨソ得ト云ハ合ホシ得ト
セヨ云サホ大リセヨ云多　答ハ是レハ常ニ申ス
ワタル人河河海利セレトモ同リシワタハ
一字ノ如シトツキ多レトモ申シ手ハ権千井
サレテトツモ又ハ宗ハ宗ワタル河ハ流入ル小河ノセシ大河ワタルハ
邪ワタル人河ハ入ル云々ミソ河大三モナク云々ナル　堕落シタルハ三悪道ナリ

サレハ入ル、トコロハ信ニシテ初住ヘ入リタルモ、ココロ
ニ以テ、多ニ行ヲヤラハ國王百官様ナト、千
秋ヘカ國ト親縁《イハヒ》ニテ、又キタルコトアルモ、アル、同行ニ
ハ此ノ信勝七淨ヲ因ハ、ハ信ヲ賢首ハトヽ、
信ノ位ヲ未信ヲ叙七信ニ既ニ此後信ノ徳ヲ
具足スルカ故ニ此信ヲ開テ後ニ住ノ信トミテ徳
入ノ寄一位令物勝ヲ并多年ニノ位ヽニ不十
于初心ノ明言ソ一トニハリカムテ行《オコナハ》セタルモ

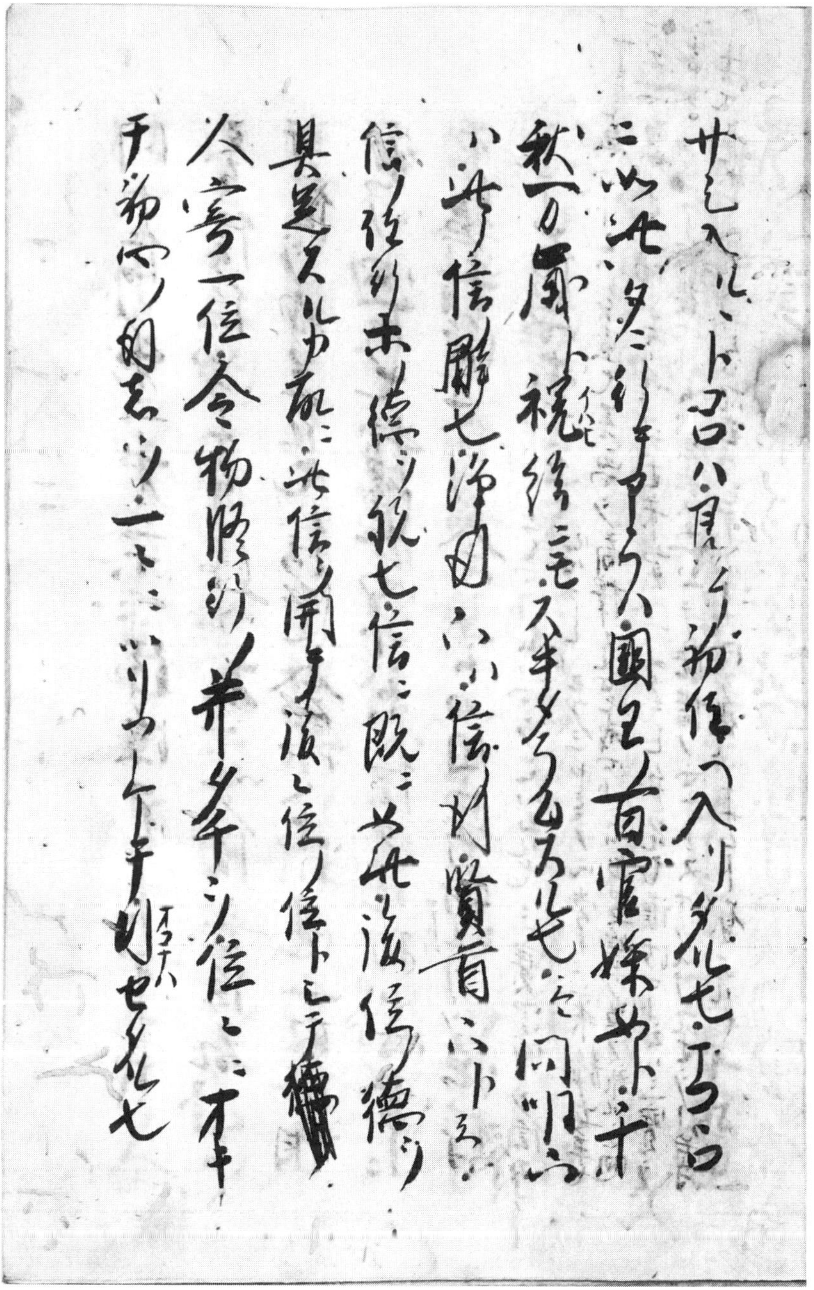

問。十信ノ第二第三等ニ清浄アリト不見哉。
答。信位ハウチナリ清浄ガ所ニ。以信為信所ト云
于信ノ成就スルモ。信進念定等ハ是一眼相
応ノ心所也。精進ト云ハ信アル相ハ心常ニ
策猛精進ナリ。念ト云ハ因果ノ理リヲ憶持
シテ忘臣等也。定
定ト云ハ心ヲシテ一境ニ止ル也。三寶四諦ヲシテ信不
ル也ト云ハ最念セシテ心常ニ寂静安平也
可其真ノ心ト云ハ急速ニ善悪ヲシテ簡擇スル心也。戒心ト云ハ殺盗婬妄ノ過ヲシテ離ル也。廻
向心ト云ハ一切ノ善ヲシテ流セ来テ實際ニ歸ラシム也。護法心ト云ハ三寶ヲシテ
守ル心アル也。捨心ト云ハ財寶ヲ出テ捨措ノ心ナク又法ヲシテ深セシテ導
善ナル等也。願心ト云ハ流世シテ三界ト同ク佛ニナサムト願スル也

此十ヲ具足シツレハ自ラ十信ニテアル也。一聚尤要ノ心ナル也。華厳ニ清涼ハ十ヲモ常途ニハ此十心具足シテ修行スル下一劫二劫乃至十千劫ニ位位ニ入トスルモ円教ノ意ハ此十徳ノ下ニ信ト云信進等ノ十心シハ絶ニ信トスル也。信種謂他求之ヲ見ヘシ。深教ノ修行トスルハ後位ノ功徳ヲ呼テ初心ニ並テ行也名ルカ故ニ。徳雲海雲等ノ諸知識ノ示法ノ法皆信ノ位品中ニアル也。サレハ一字修行ノ人ハ

初心ノ凡夫位ヨリ信アリ解行モアリ乃至
勇猛精進ナル者ハ、是ハ後位ノ功徳ニ具足シ
義ニテアルモ。後位ノ位ハ此ノ信ノ解行徳ニ由
リテ又開クモ。普通ノ并ノ位地ノ前後若
判シテ前ハ後ニ非ル者ハ、十指ノ五者ノ中ニハ是ヲ
密位ノ略行相ト云ハ、會縁入実相ト云ハ前ノ義。
位遠ニシテ二賢大地ノ四十位ヲ會スルモ是ニ然。
會縁判會縁アル是摩訶ニシテ抱含縁ト上來

金光菩薩十二縁儀ヲ知ル縁トス十二縁識ハ識ノ
四十信善財ヲ會ス又摩耶ハ十二縁識ヲ
會ス故ニ總會縁トス總別會シテ會縁ニ入縁
入實ノ相トス又殊ハ在弥ニ去別ニシテ佛
德ヲ信スル力故ニ生佛ヲ頌ニ覺母トス摩耶
又五位善財ノ縁ヲ會シテ佛果ノ徳ヲ現スル力故ニ佛
母摩耶トス前ノ二ヲ會シテ此ヲ補處ノ因目トス
瓦ハ弥勒是ヲ稱徳同相トス廿二再見文

陳テ十ノ人ナ一百十城ノ廿七ニ七ニテ善財ノ
頂ノ摩ハ前後明昧ノ別ナキ事不下ノ頭ヲ云也
廿七以下ハ上ヨリ至テ作リ上ハ下ヨリ来テ修ス
此七仍テ後心ニ非ヲ云信ハ必名已ニ十乙信ニテノ
アヲ云廿芽説法進修成行郷トニハ成行ノ目ト
修ノハ都玉ヨリ品ニ三廿乙ト多ノ人縁様ヲ説
七廿乙ハ成行ノ目ト云ハ初後ニ遍シ名乞佛モ
限テ信法ヲ大ハ是ヲ入法界ハ宗ハ依人入證

威德ノ下ニテ知識ニ値ヒテ聞ク所ヲシテアリ先
七二百二十ノ知識ニ値ハ自分ニ值一ツアリ
ノ殊德雲海雲カノ切德ノ以當位ニ引ヲ角
カトシテミユラン所盡トス甚ダ友テ甚ダ万々
難照ナル美初心難一回參ズ玄手暇明味ハ
殊瓦ト云ルハ友ハ是ヲ盡七ハ七七ハ甘ハ
信ハ津ヲ三賢夜ヲ合山見ハ漢テ又參列ナリ
厄ニ初ノ信トイヘハ根ノ甘七名モ顕目。盾ニアラ知

解脱門義聽集記　第四（二六才）
三七三

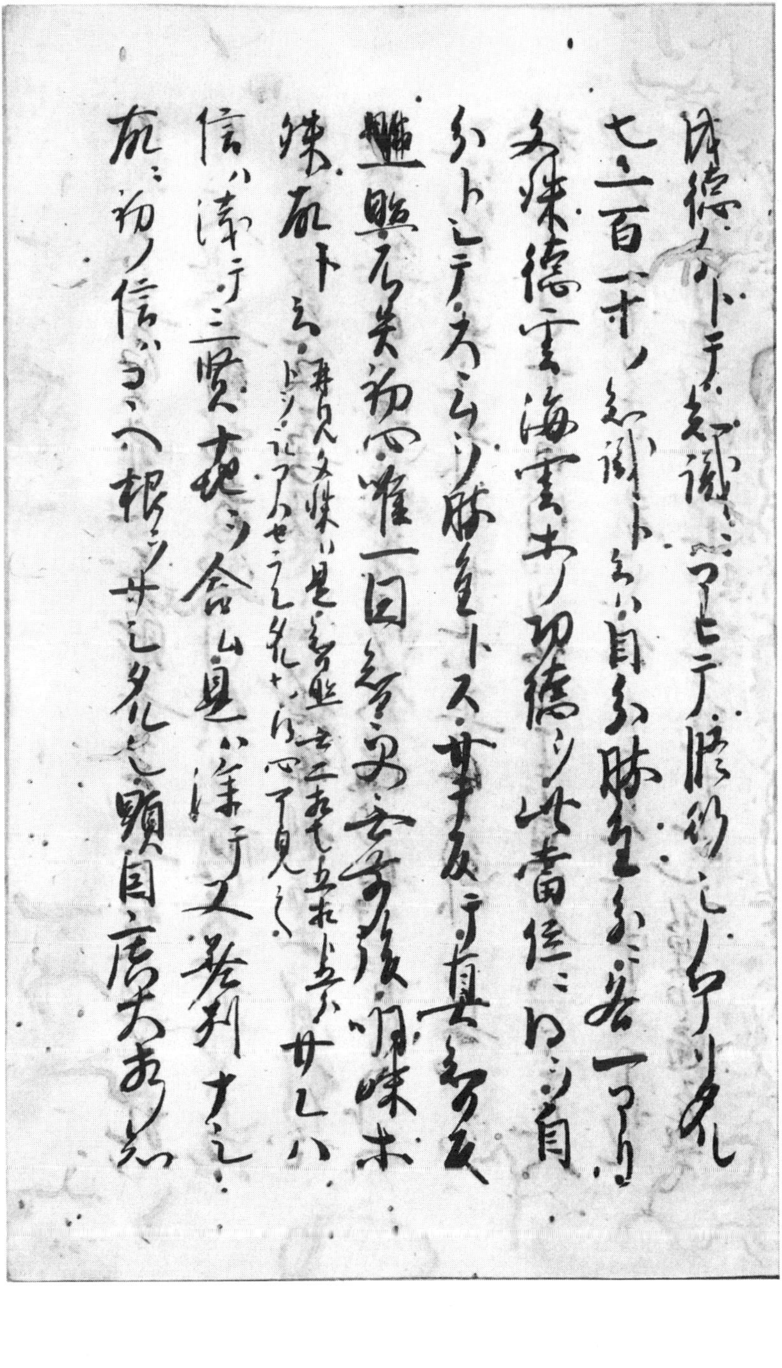

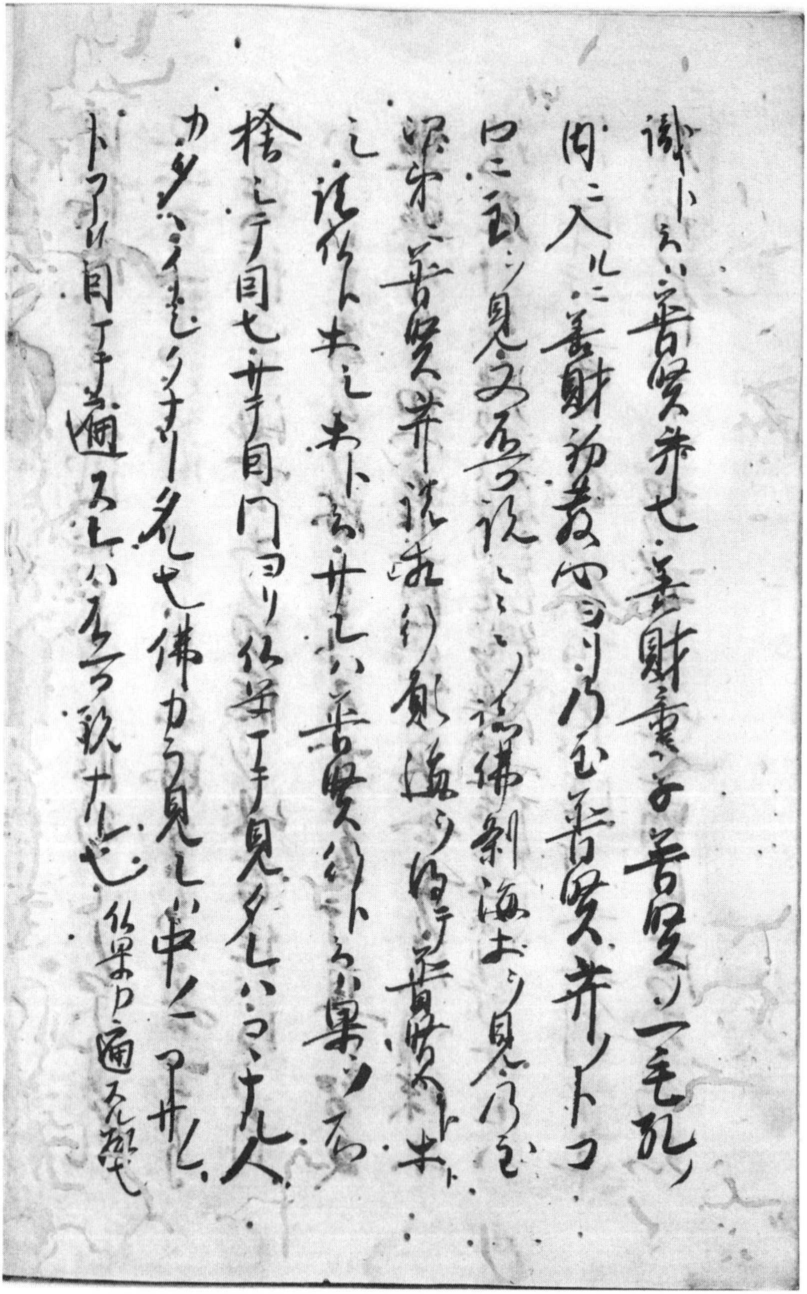
識トスルハ普賢菩薩也。善財童子普賢ノ一毛孔ノ
内ニ入ルニ善財初發心ヨリ乃至普賢菩薩ノトコ
ロニ至マテ見ヘタル處ヲ説ク、一々ノ諸佛刹海ヨリ見ル乃至
深未ニ普賢菩薩ノ諸願行願海ヲ得テ普賢菩薩ト等シ
シ諸佛ト共シ、共トスル、廿シハ普賢ノ行トスルハ果ノ名
捨シテ因也。其因門ヨリ佛果ヲ見タルハコヽナル人
カタハイマタクナリ名也。佛カラ見レハ中ノ一ヲ廿ム
トマル因テ普遍スルハ處ヲ聴ナル也。佛果ノ上ノ普遍スル相也

所会ハ分ニ云ヘル仏果ニハアラスト見ヘタリ。答。限リニ
ハ廿七ハ位ニ約シテ皆ナ仏果ヲ云也。是ニ就テ
申ス事アリ。此頭自在大者ハ菩薩ノ初心ニ約
セハ頭中果海ノ辺相トモ云ヘシ。中ニ人云ニ果ヲ以テ今因ヲ成スルカ故ニ果ト云
同果ハ廿七ハ後ニ不可説ノ中ナリ。答。仍テ尓ル果
海ナルモ多ク、若是ヲ説モ果ハ不可説ハ称ニ
成時ヲ云ハ果ハ為ニ云フ。自位ノ位ニ見聞スル分ハ是モ普賢
ノ境界也。真言ノ五秘密ノ甚深ヲ云ニ遠言ノ様ハ限テ

此也判ニ記スル由也ノ文句ヘ
問果ハ廿七ハ實ニ此閑ニ形對スル外ハ会ニ中着
答此五十五ノ知識ノ功德ノ了ル了ルハ皆修學也
佛果中ト云ハ因也因中ト云ヘハ又果ナリ此ル故
テ善財行也
問說法大竹ノ果ハ不亭說ハ密藏存ス不著
答他宗ニテハ常トモハ皆刹中也所花嚴
於不無ノ守自性隆識ヲ第ト本ト仰也云々

ル。花厳宗ニハ總表ノ心ニ當リ、化モ亦相去
事ハ真《真如ノ》徳ニテコソアレ、中ニアレトモ云ハコソナレニサル口
トハアラムソト云ヘケレトモ中ヨリ云ハコソト
云ハコソ、不守自性ヨリ果海不説ト云ヘ、真言ニハ果ヲ
以ストコソ云也
シ説《所》クトコソテ去ニトリワハセテ趣説ニ手仰セラレタル
ルニコソ、已是非論ト云ハ、此宗ハ會スレハ皆ナ理也。
《和尚》抑一ノ不審アリ、文殊ハ是顕宗ノ菩薩密宗ノ
菩薩以秘中五字真言ヲ以テ満テ十地ニ入ル、然ハ計

地サレハ真言ノ地ニ入ルカ小乗ノ人ノ論義ニシテ入ハ也ト為云云
乃ケ布ナニモ五秘密ノ執シ醍醐金剛自然内證
智普賢金剛薩埵地受用佛果トハ爲シタル阿
閦等ニアヒテ受職灌頂ノ時モ依法アヒタル
略法ノ後ニ初地ニ入ルモ今ハ弟子ニシタリテハ初地
ニ入レハ弟子ニシテ初地ノ并ニ本事ノ此義ヲハ甚深
時モ是一ニシテ大日ノ絶関係ホトモ十七ホトモアレ法身ト
云ハ大法ニ一執ニシテ八十七尊入ルニアリノ又トマトニナリ哉

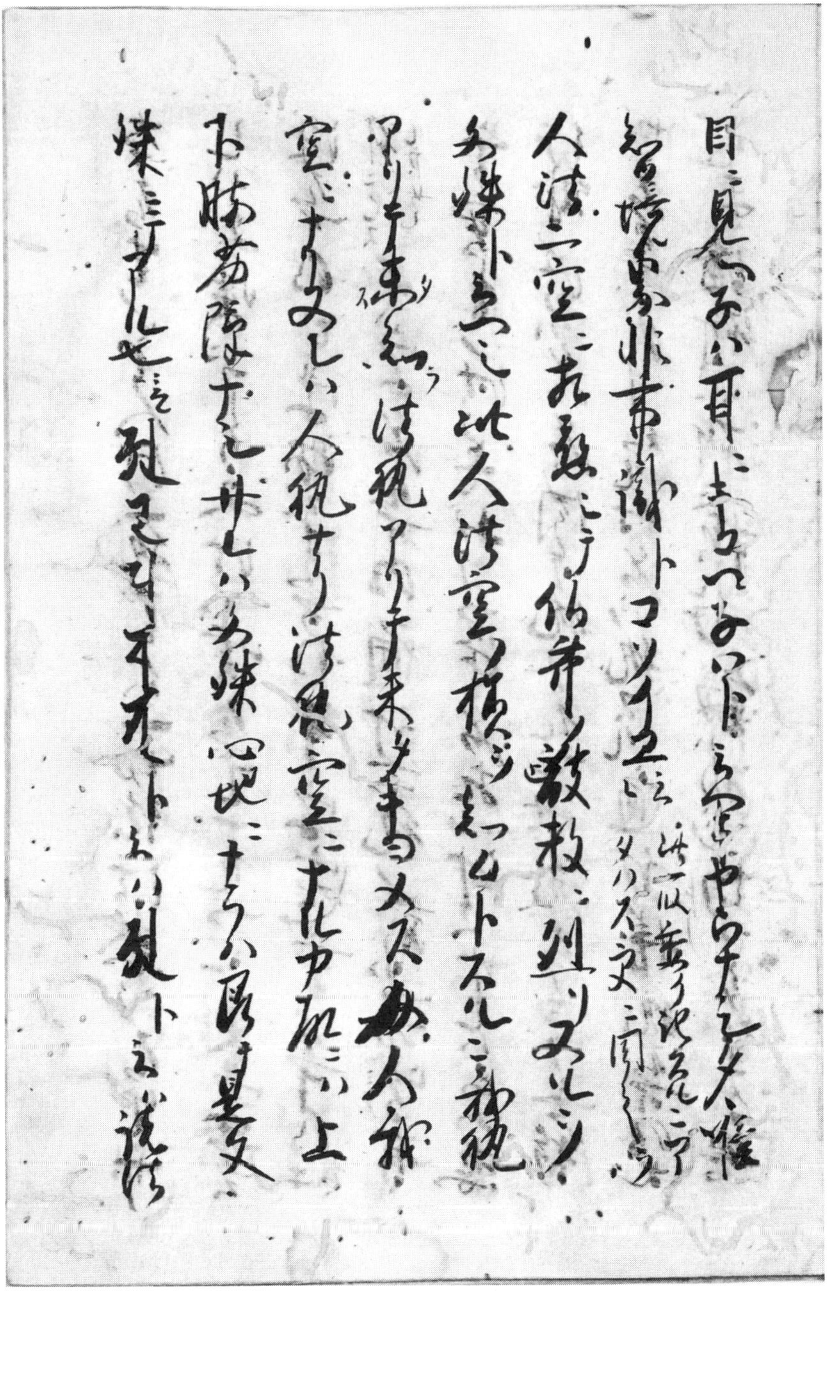

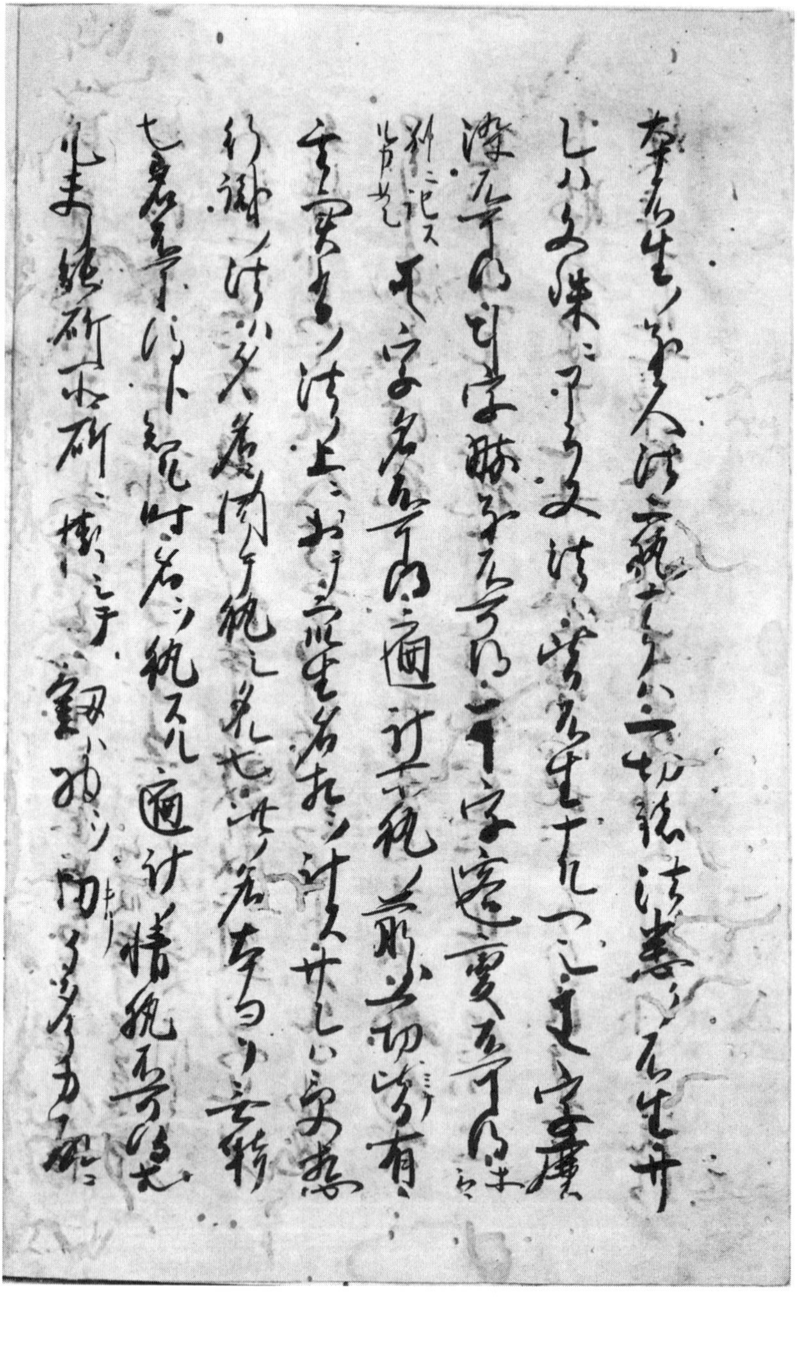

三摩耶形ト云ハ其レハ人ノ執持スル持物ハ此ノ本尊
是ヲ取又ルハ器ヲ表味セ其ノ義趣ハ経ニ云ハ
ハケタルカ故ニ衆生ニハ此信ニ相応セシムル物
スル也真言ニ云ハ金剛縛ハ理金剛掌ハ智也此理智各
二門ニ出之衛ト云ヲ花厳宗ニハ去之衛也一切ノ功徳ヲ攝ス究竟
此ガ為ニ真言モ心ヲ開テ見字シテ其下入開口入名字
不思議其見字シテ人ハ文字ハ信シテ自ラ行シ究ル
生ニ授ルシ金剛薩埵ニ文字ニ付テ其ヲ示ニ時

文殊師利法王子ト菩薩ト云ヘルハ名ノ外ニ菩薩アラ
バコソ昔モ此菩薩ヲ菩薩ト云ハ見ヘタリ人金剛薩埵ト云ヘル文殊菩薩ト云今モ菩薩ト云ハ金剛薩埵文殊菩薩ナリ住心品ニ云
一生ノ事ト云ハ菩薩是顕字ノ義ト云也真言ノ義ト云ハ
文字アリ出形ト見ル是ノ意出ト云事也
真言ノ義ニテハアル也云々文殊五字ノ云々真言此事
観未別ニ說
首シヒサキニテ観ス イカムニ言語ノ言界ニ入ル
且云是カ実ニテアル也ヨムカツ云ナル也サレハ
是亦仏菩薩ノ覚未ニテ有シヅカリノ名ナル也仏菩薩モ示現シテ想スル

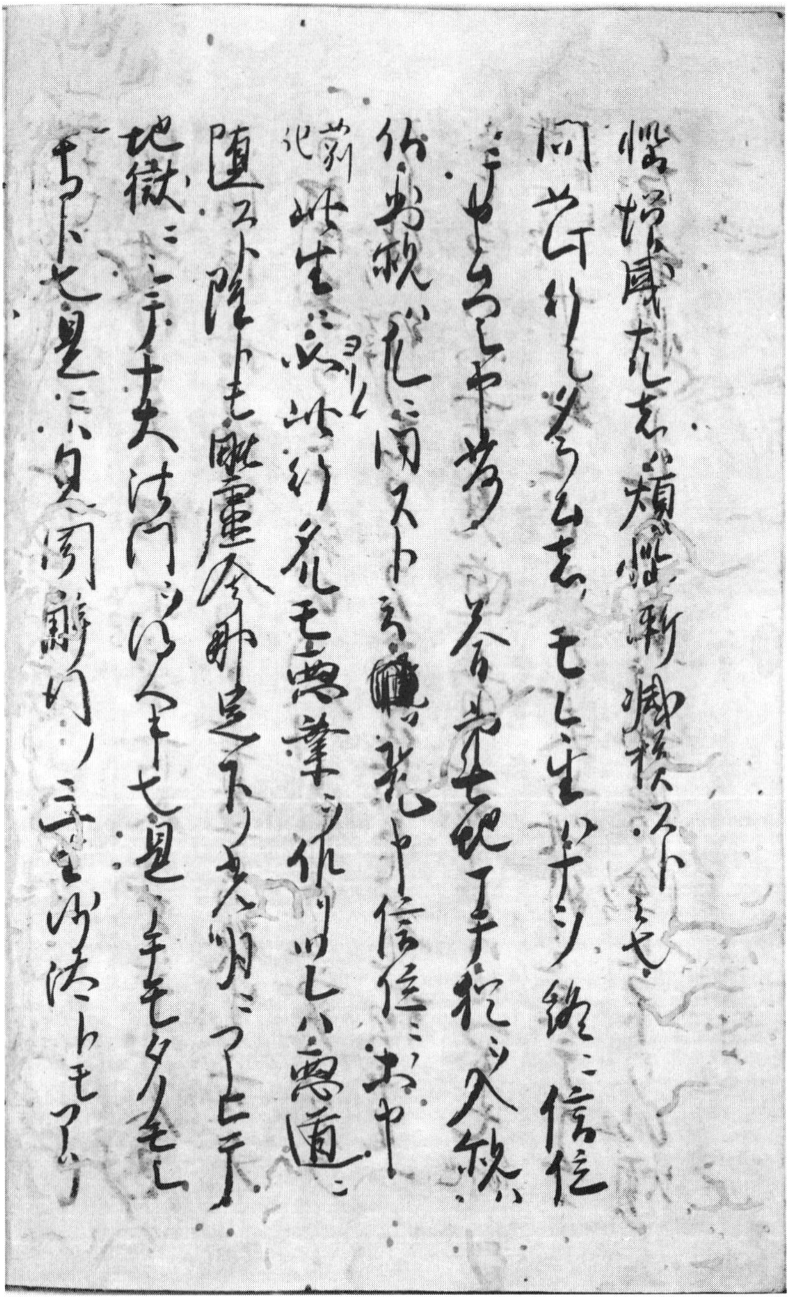

解脱門義聴集記　第四（三一ウ）

刹ナル乎モ也此所ハ刹ニ称去ル死生彼ノ
此ラノハ者入ハコツノ是法界ノ中ノ此死生清七云
同此界三千五ニ中ラハトハ成ルアラヤ識ノ
答云ス入[illegible]入三世悪業皆平等トスルテ云云ノ一切
ノ法ニ入テ正覚シ成スルニ十界十住実ノ義ル
前ハ差《ラカリ》タルツノ三種トハミツ天此凡夫ノ身ハ愚
癈ノ父母所生ノ肝士ツナニトモ云テ云トモ仏弁
ノ三明ニハ此骨肉ノ作ノニ果[illegible]ノ功徳トモシテ

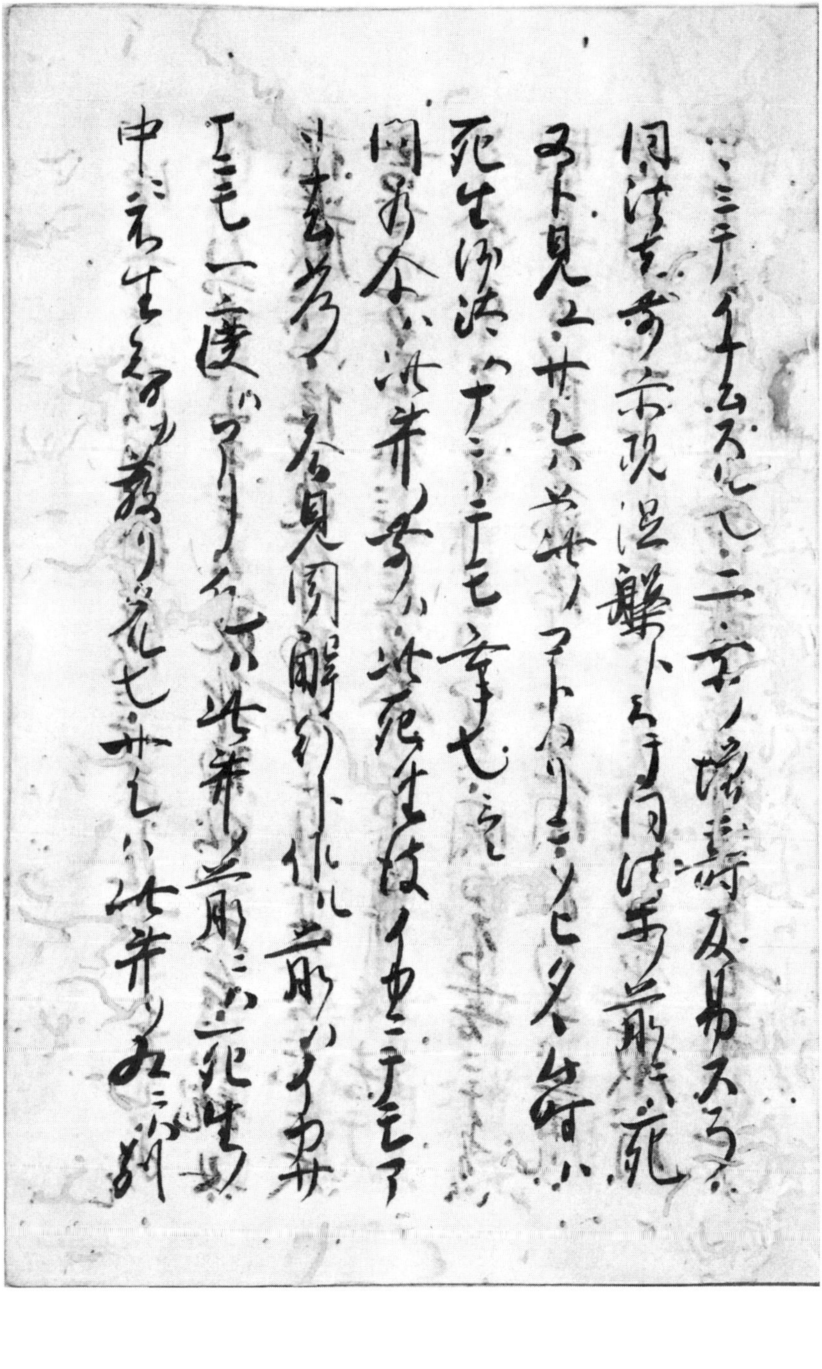

浄土ノ陸閣殿ニテノアル常ニ花ヲ散ス
アラハ実ニ山モ平ム既ニ成仏ハ天台ニハ龍女
花厳ニハ四位ノ既ニ成仏アリ真言ニハ其外
音尋ヲ四万ヲ紀ニテ知ラ拳ヲ印ヲ結テ
平生ニ遂ルトミツ実ニ顕ヲ為ス書ニテ有ニ
同真言ノ即身成仏ニモ見同紅行ニ當ル
是非ヲ花ヲ吉ヤ若シアラハ何ソ花厳ニ同
セムト云也　答花厳ニハ佛ノ人ノ云ホハ也ノ

ハ言シテ、夕ハ卅二相不具足ニテ一大劫ヲ[illegible]シテ
仏ト名ク、不共ニヒタリ、真言ニモ五仏四波羅蜜ハ
[illegible]十六大菩薩[illegible]シテ是ヲ行《オコナ》
ハ[illegible]タリ、内ハ[illegible]
[illegible]
[illegible]
[illegible]
[illegible]

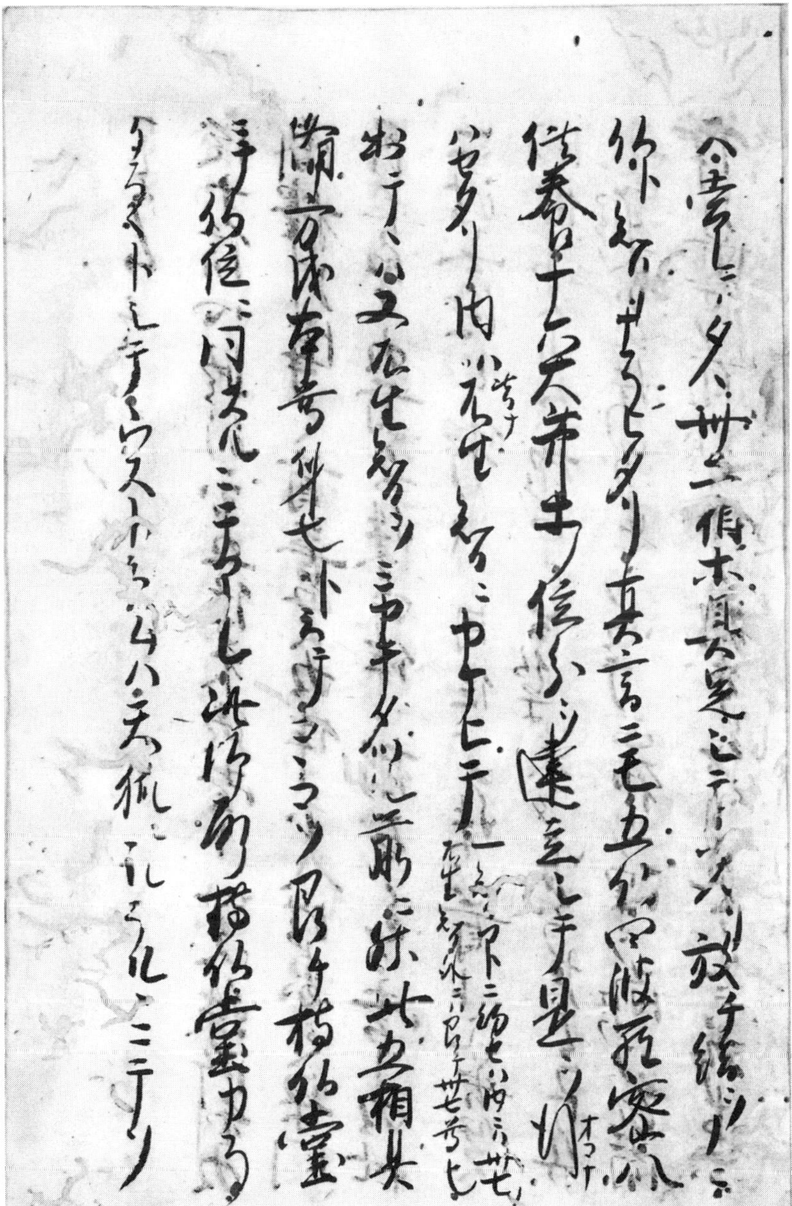

アラム云云
従十信心勝利云五位未純常以文殊所利ナ
簡擇ノ導之首普賢ナ伴云入法界之果門
以普賢ナ首文殊ナ伴根本智ナ此
二法無深之解ス因位ニ文殊ヲ首トシ普賢
シ伴トスト云ハ根本智ヲ修学未タ明カナラサル
リト以実ハ文殊妙恵ヲ以テ一種ノ理ヲ簡《エラ》ヒ取捨
擇ノ導之首ト文殊ハ根本智ヲ以明カニハ妙恵ハ

是根本智ノ所使ナリキナリ乃後ハ普賢ニ
首トス普賢ハ是根本智ノ中方便ノ解脱ハ
大悲行ヲ首トナル事也然ルニ大日ハ方便ヲ究
竟トスト云ニ似タリ又
根本智ヲ云ヘハ此ニ一法ト云深ク解トスハ文殊是
無相法性ノ智恵ノ門也其ノ普賢ハ一切有情ノ差別
根性ヲ知ル是ハ差別智ニ若シ此ノ無相法性
明カニ示テ普賢大悲ノ行ヲ顕ステ之ヲ可ト云ハ不ル

二者ハ染也七流ノ二流云染ノ釈ハ即チ是根本智
七染ト、ツカウニモ又ヤシ七自性染者対染ト
三善ヲリニムキタナシナムト云ハ是ハ者対染七分し
四是モ上品ニ対シテ下品ノ染ト云ハ文殊菩
薩ハ各ノ一門ニ主スルカ故ニ遍ナリ故ニ是ニ対
シテ根本智ハ是毘盧遮那ナルカ故ニ二流云
染ノ釈トスル也ミ　此ノ分ハ是ヲ初本ニ出セリ文意ニ准セリ　分ラハ後ノ釈シニ可ト云ヘシ
薩埵安住三摩地ノ有二所依者ノ薩埵ニ於テ今

列タトコロノ論文ノ外道云ノ法度ノ中ニ多ケレニ云
二形後ノ釋トモアルモ
謂行者於信位初心同此ニ云人
以此ノ論文ヲ聴業シテ發心起シトモ未タリ也
修セサシム數信ヲ信ノ初心ト云也
是初心事遂於絶因果有信此後三心〆
同圓云斯心ハ此信ヲ爲云テ初信ヨリ後信ト云
ラルニ香馬大術出ノ断心ハ三賢ヲ此信ト云此ノ等ニ

ヨラハ初發心時便成正覺ノ義ニ行布差別アルヤ
答彼ノ信此説ト云ルコトハナシ是後義門十ル
一七其ヲ行説目ノハニ付テ後義ニ實ニテ此信ト云言
釋ヲ術意ハ因テ此ノ義ヲ七隨然ハ初信ヨリ自果二一
分ツ之信ノ果分ノ前ニ付テハ皆ナ是ハ信ナル已後ニ
所意不非道ハ七東詳ノ釋モ信滿ノ二ツ差歟云云
諸師相順故有同一義々
問一義トスハ行ト義ト同一七

云此位中起尋思如實觀智無有一切ノ文
尋思如實ト云ハ尋思ト云テ名事自性差別ノ
四置アリ尋思ニノ右ノハ覺觀ト云尋伺ト云四如
實智ト云テ法ヲ尋子モトメ見也此尋伺ノソノ力
ハ二アリ此カラ二十人地上ニテ已ニツテ見テシ如實觀ト
云四如實觀ト云ハ名等ノ自性差別雖見之尋伺觀ハ廿ヒ以布ヲ離ハ無善根
ノ位ニテ見モ七又二見ノ尋伺觀ノ叶ヒテ五位ノ上
漏ト称ソ地上ノ現ハ尋伺ヲ一ノ外ニ地上ノ無漏ニ間之ア

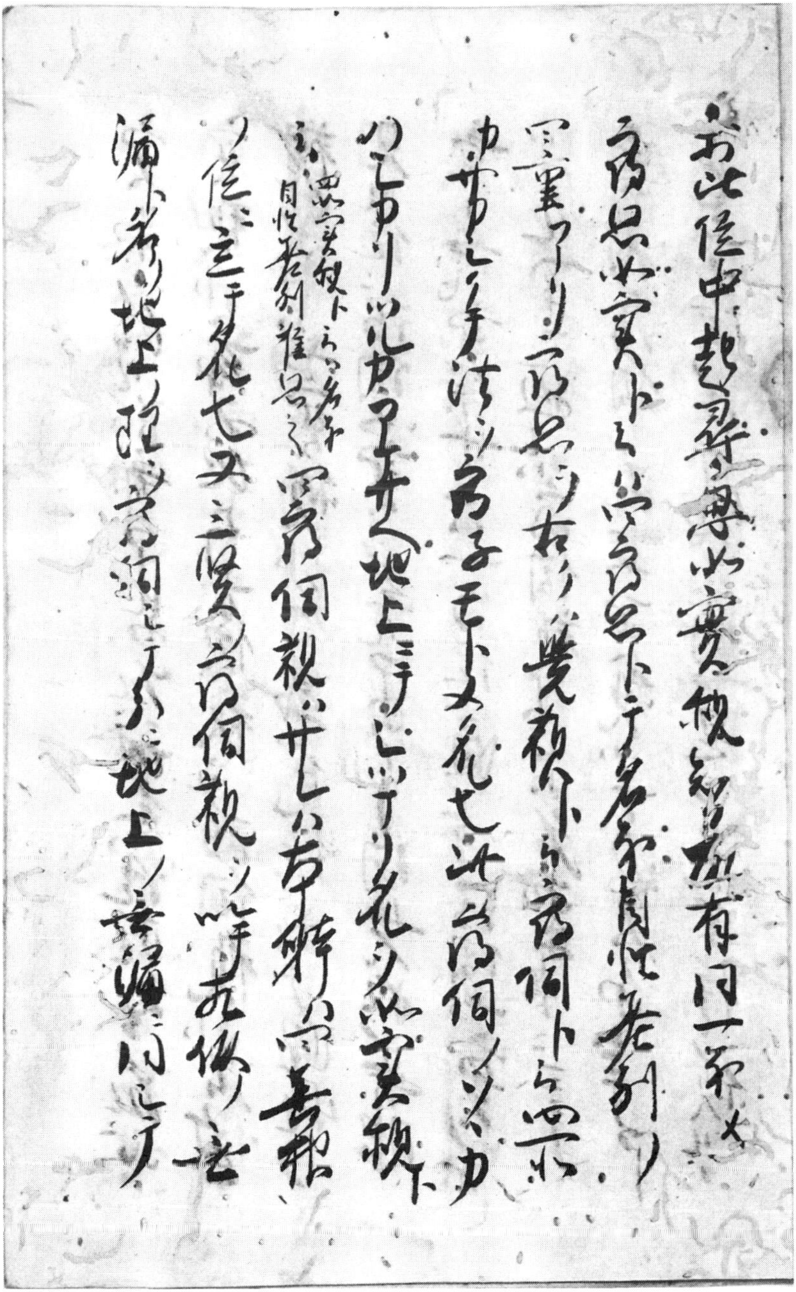

実ノ不ニシテ而ル不二ノ義アルカ故ニ地上ハ随理真如観ニ出
実観ト云義又地前ノ方便観ニシテ唯識観ト名ケタリ
観シテ以テハ無相実観ト名ク義ハ仮位ニ於テ理性ヲ
見ル位ニ唯識也実観ニシテ立ルコトアリ因果覚ノ義顕
意也ル実ニハ廿ハ一ノ位ニ通シテ唯識也実ノ義
ハアルツキモ独シハ唯識観ト云ハ名義未盡ニヨテ
実相ニシテ唯識カ故ニ無ニハ実観ハ云リ実相ニテア
ル也真言ノ深ハ除観ニ対テ是シテハ寂静シテ観スルハ

ニ仮使観ニ実事ヲ観スルハ皆実観ナルヘシサレハ仮ニ
日想ヨリ末ニ至テ雑種ニナルマテ十六ハ皆観ノ也
水池ノ観スルハ仮使観ニ宝地ノ観スル未ハ皆実観
或餘観ハ是仮使総観ハ是皆実観也亦云仮
観ニ仮観未ニ日ヨリ云此ノ事ヲ知ルヘシ此ノ観門ハ権ニ
ノミ引クル所ナリ也総ニ所ノ意ニ也

寫本云

寛元三年乙巳二月十日夜子剋於月洲神尾

山北谷草庵以淺義無益類謹書了于時雨

降雪寒苦矣

非人高信

解脱門義聴集記　第四（共紙原裏表紙見返）

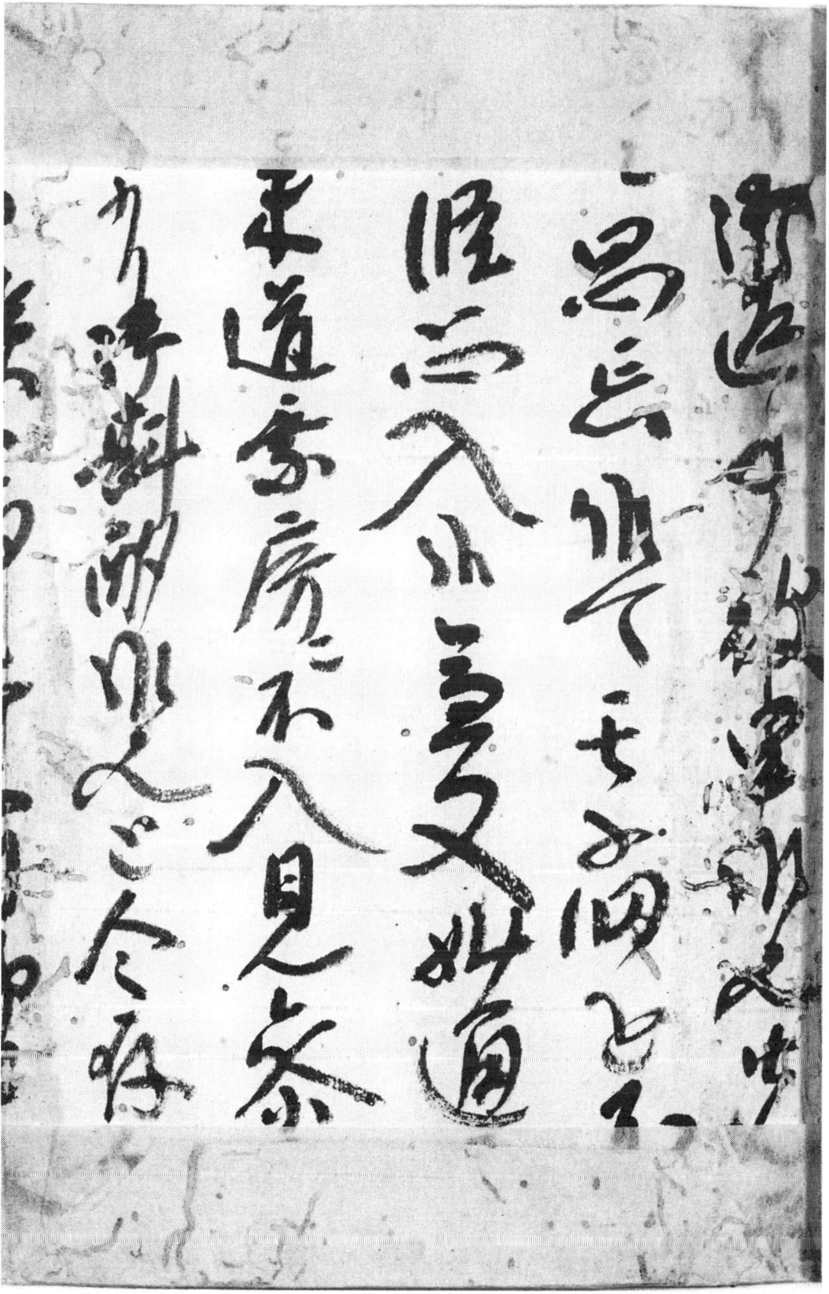

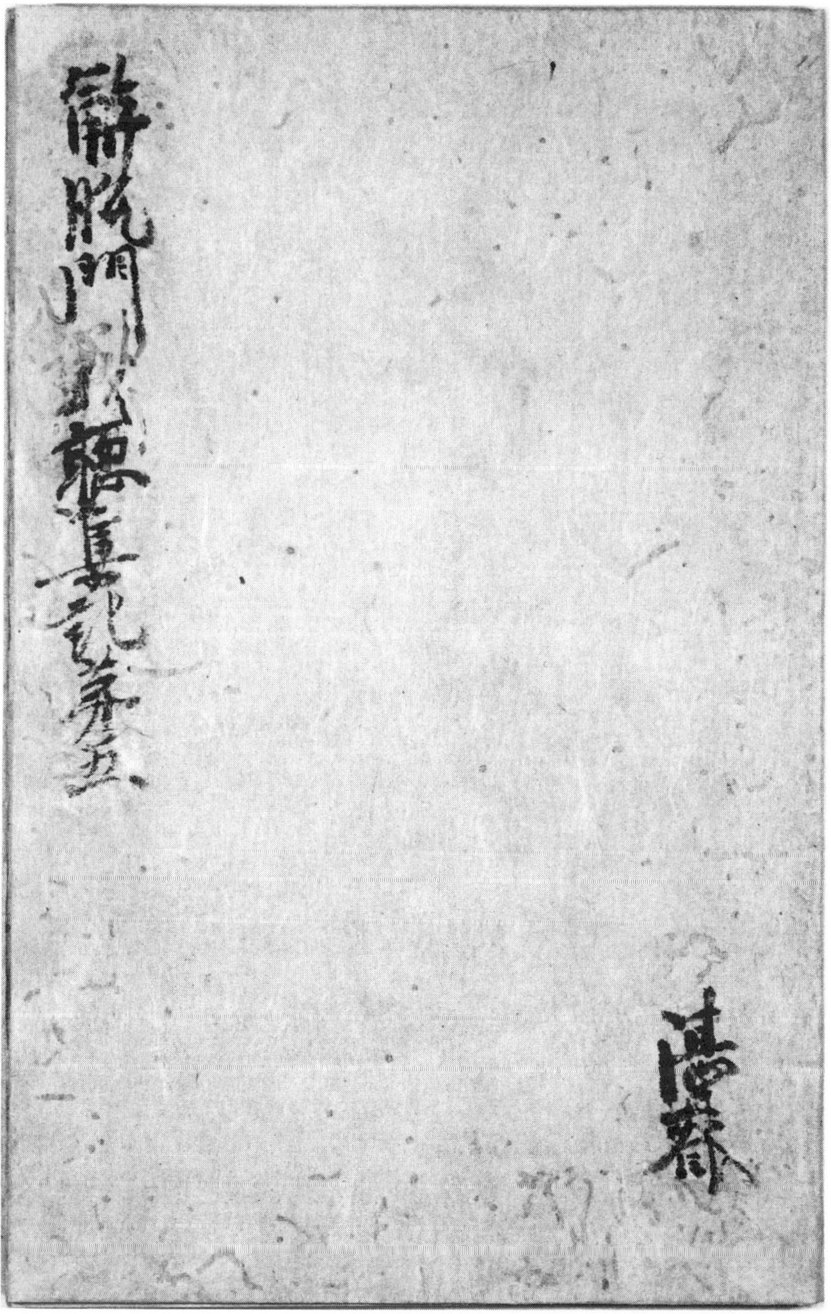

解脱門義聴集記　第五（覆表紙付）

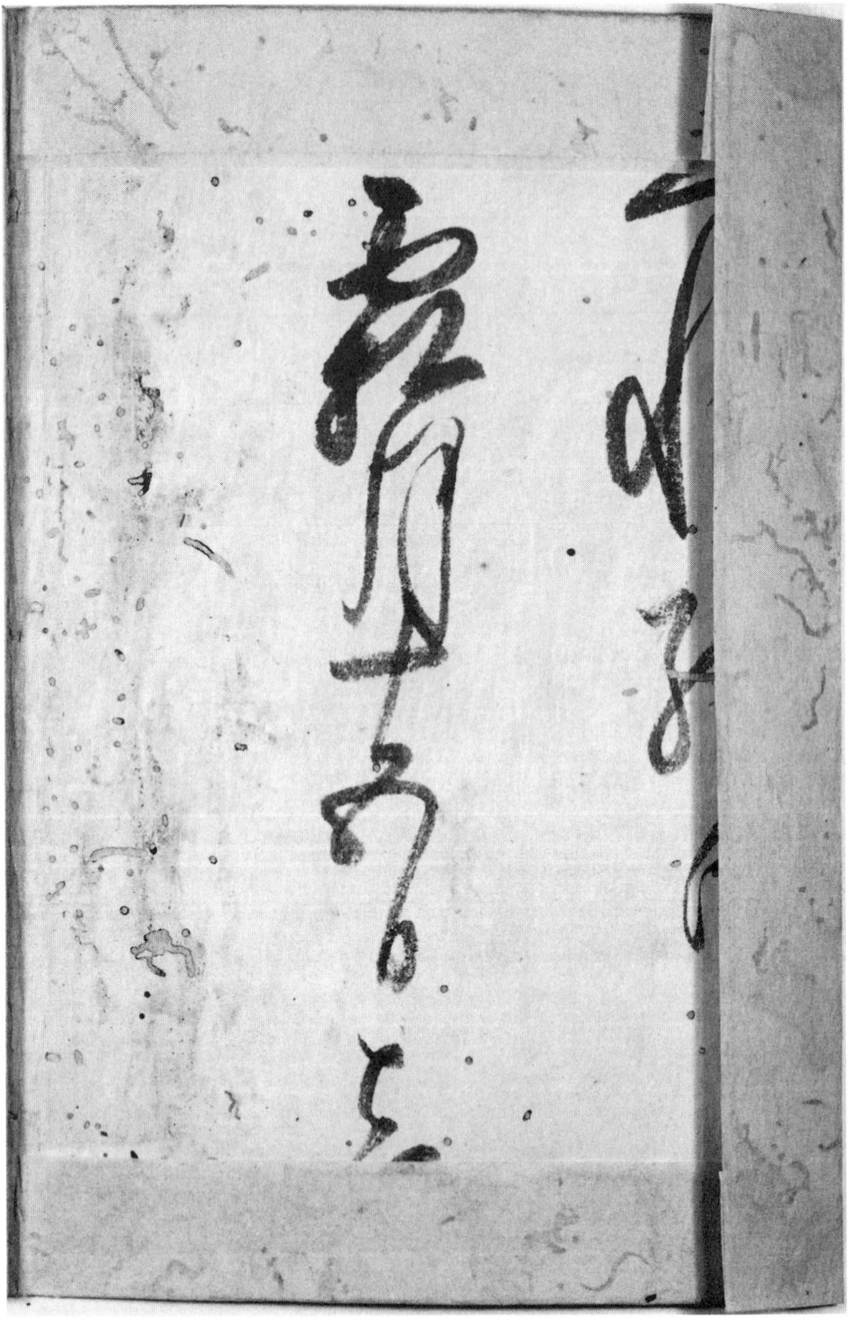

解脱門義聴集記　第五（共紙原表紙）

宗

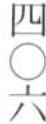

解脱門義聴集記巻第五

今明信位中終而相順而去順行去歟我執

故者有漏人天ノ因以　五戒十善共ハ是有漏ノ

天ノ因也但シ十善ニハ二類アリ一ハ世間ノ十善

是ハ人間ノ礼義国王ノ政ナト方便ニ依ル物也

ヨリ其ニモ有リシハコレハ我法ニ執ニ順スル方便

催タル世善ニシテ我シ人天ノ因モ設ヒ順行シ上リ

テ非想天ヘナリテ名利トモ仏法ニテハ未也出

意ノ十善ト云ハ人法二空ニ順スルカ故ニ是ハ出世ノ
因也。真言ノ十住心ニハ唯蘊無我ヨリ出世ノ善トス
其ヨリ前ハ世善ニテアル也。二乗ハ我執ヲ厭カ故ニ
取テ人空ヲ證シ入ル況モ此人空ヨリ出世ノ善ハ始ルトス
凡ハ厭我執ヲシ而ニ有漏人天ヲ出ト云也
権法執故非二字心引甚深而ニ非権字并メ
小乗ハ唯多人空ヲ證シ大乗ハ人法二空ヲ證スト
顕密モ其大小相対シテ顕ハ実ハ二ハ乗ハ法空

シ此ヲ本ト為ス方法皆空ト説ク時ハ法空ノ上ニ於テ何ソ義
称アリヤ答人我執モアラム爾ニ法空ト説ク時ハ
法執ヲ捨ツルノミニアラス人我モ除キ已ルナルヘシ
小乗ノ人空ニ對シテ人法二空ト説クハ隆ト云フ義
云ハ大乗ハ唯タ法空ヲ本トスルモ人法二空ヲ明
ナリト思ヘルハ僻事也云々
同大乗ハ同シク人法二空ト説ク其中ニ於テ何ソ
權実ノ不同アルヤ　答法空ヲ説ク説カサルノ不同

ヘヒト陸トモ畢竟皆空ト云ハ般若ノ空也初義此空ョ
中ニ不空ノ德ヲ說クヨリ實義ト云也此不空ノ上ニ
因業自在ノ義ヲ說クハ又良ク先ヨリ深シ云云
・烏多殊大云者我慈前樺權實ト云我執ヲ以テハ文
殊ノ釋シテノ障ハ我執ハ自他差此ノ執アル故ニ法執ニヨテハ文殊ノ智ノ
障ヲ一肌云隐ノ故ニ今ハ隊ニ我法二執ヲ離ル是即チ文
殊ナル也文殊又釋ノ注文ヲ以テ可云云
・明郭至東方震卦ニ文　卦ト云ハ懸《カヽル》ト云事也

是ニカケテ消シノ権スルナリ云。
震ハ雷動啓蟄萌生之始ナリ。東方ヨリ雷モ
動始ムルナリ。啓蟄トテハ虫ノ出ルナリ云。春ノ雷ノ声ニキヽテハ出ルモ
シルシ虫ノ出テ云影ニテハ同シ。
ハ云ルナリ。
明此妙典是震動発生信心之始ヲ
釈スル所開権ニ二空ノ理ニ順スルヨリ仏道ノ
始ハ事ナルナリ。此ノ妙典ヨリ信心モ生来ルハ此ノ
妙典ハ是レ震動発生信心之始ト云云。

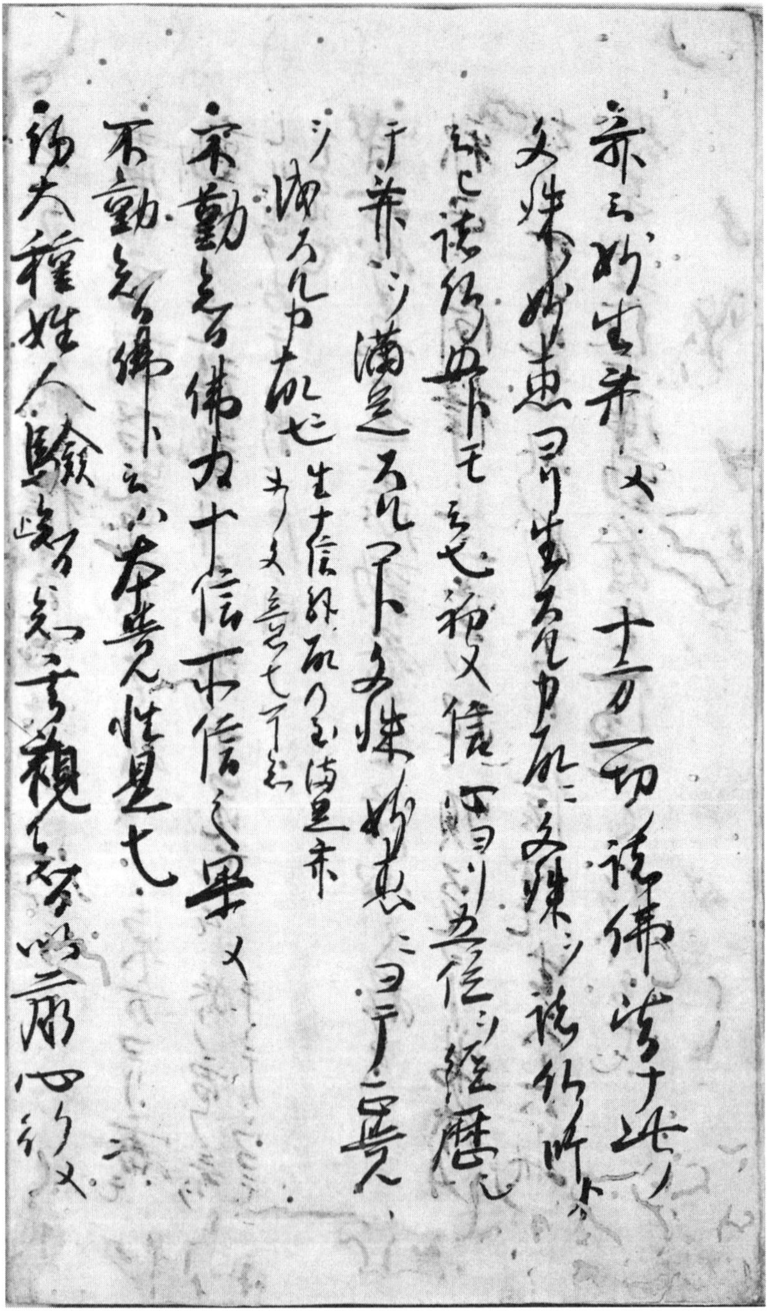
疏云妙吉祥 文　十方一切諸仏皆十地ノ
文殊妙恵ヨリ生スル処ニ文殊ヲ諸仏所ト
説ヒ諸仏母トモ云也初ノ文信ヨリ等覚ニ経歴スル
乎祥ヲ満足スル下文殊妙恵ニヨテ覚ヲ
シノ御スル処也　生十信終始ノ云満足来
為ノ文意也可云
疏勤云仏力十信下信之果 文
不動ト云仏ト云ハ本覚ノ性是也
諸大種姓人験一知二有観之為心行 文

大種姓人ト云ハ信ノ位ニ移シテ未観智以前ト
云ハ十住以前也云云
種云観智以前ト云ハ十住以前也ト云ハ熟者ニ
付テ難シテ大人既観智ト云ハ教信ニ對シテ遠
位ニ積不也所ニ観智以前ト云ハ教信也是ヲ
信位ニ約スト也定信観照ノ後也ハ二種
教特ノ不先立テ易知ト云ハ観智以前数
住中ニ於テ二二一住丸特ノ不シ備在也ト不見

少分ニ観知シテ以前心行亦有此ニ一生ニ九轉等ト見

又彼宗家有一釋以此三生九轉為本文

広論ニ此ノ三生ヲ以テ三寶ニ配シテ釋スル也

此塵難排シテ佛寳ト云又殊ニ法寳ト云清

賢ノ行シテ以テ僧寳ト云ル也

依宿世蒙善友之稱受同大法乃心行真

実甚深有成就賢善法也文　宿善ニ因テ

云上法ヲ愛楽欣求スル心アリ此ノ故ニ種

然大師ニテ是ハ権是ハ実ト簡釈スル也
依止大智中照見一乗行文
一乗行トイハ浄行品ノ一百四十ノ願也之
ヲ説云経ノ依止大智中ヨリ下ハ普賢ノ行ヲ釈シ
行シテ釈スル歟
経云賢善ハ性取不愚迷権実法是無異
差別名可用也文　又牒ノ名ヲシテ簡釈ニテ
此法総ト出ハ無異差別名可謂也是ハ理ヲ遍ニ

流テアレハ自ラ直理ニ順スル所也云云

同權實ノ法ニ愚迷セサルハ是文殊ノ大智也ト

何ソ善惡差別智用トスルヤ　答稱凡聖

賢シ等理トシテ文殊シ等智ニ融スル所ハ常

途ノ性相也　常ニハ根本後得ノ智シテ合シテ而シテ文殊ノ

文殊ノ智ト云ル也

理智ノ善惡差別智ト云ハ三部論宗ノ明文

止下ニ卷大意也云性ノ理中ニ達シテ定稱

權實大小法ヲ簡テ無生ノ理ニ入ル所ニ文殊ハ

是法界妙真理ニ垂トモ此文殊ハ法界妙理
底ニ流テアレハ是ニ依止スル時ハ善ノ道理顕
スル也依止大智中照見ノ一字勝タリト云此意也
此文殊大智中ニ依止シテ一字勝タリシ照見ノ人
是ヲ普賢差別智用ト云也若シ普賢差別
智ト云フハ前ニテ悲行ヲ云フ故ニ文殊大智
云フハ不行智也言音十方ニ云故ニ文殊ヲ
以テ真智ニ配シ普賢ヲ以テ後智ニ配スル也

一 今ノハ縁起ノ方法ニオイテ豎ニ善悪邪正大小
權實シノ簡擇セテ三乗五性理ニ向異
殊其名字也。云逆根ニ随信ニ法門ハ畫ニ
十ノ是ヲ名ルシハ普賢ト云。此二行遍融ノ等
シ具足スルシ毘盧遮那ト云一ツノモノハ説ニ三
不二也 同今成立スル方如来ナラハ上ヨリ文殊簡
擇擇ハ合ニ普賢ヲ宗トス別ヲ云開無ト見ル
又所為ハ文殊簡擇シノ等ヲ結スル時梵網之

正勤遍起勇猛精進是謂簡擇ト識ニ
是善哉若別智用ノ行ニ謂ト云ツヽ先ニ出
云ヘル力如ク其ノ智ノ譬ニ簡擇ノ手了ルハ文殊
也ツヽ信智ニ云ハ法ニ約シテ此ハ善哉若別
智用也　然ハ則チ善悪取捨ニ云ク旨ハ自在
信修ノ名字也ツヽ是ニ義シテ行ノ名字ニ依ヒ云
手トリ一字云モ物理ヲ是モ観察シ二ツ物ニ
一　異名アリシモ隨分ニ主要ニ云ハレツヽ一二赤執ニ

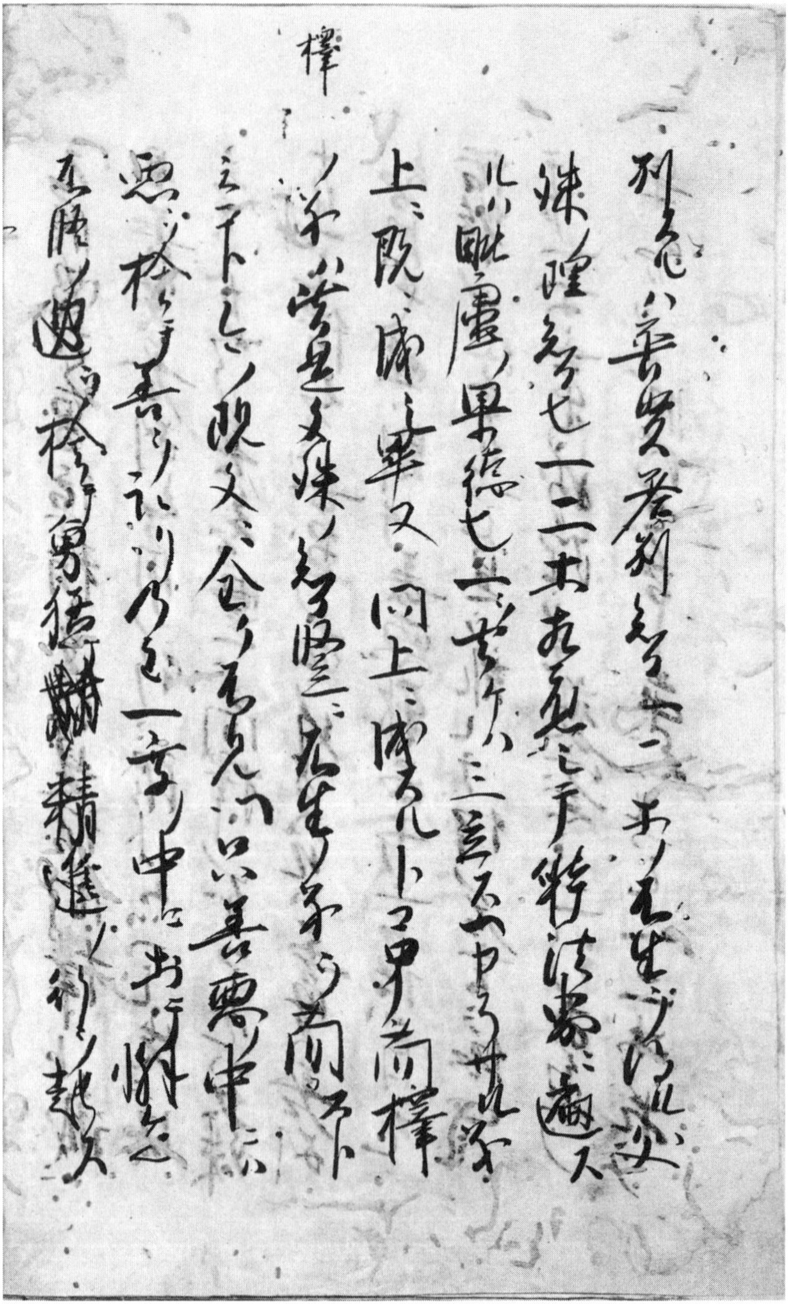

是ヲ簡擇トハ云ヘリ此ノ文ノ如キハ絶ニ法ノ善
賢善ヲ別タズ用ト見ヘ名トニ云難丁寧ナル
前ノ会ノ以上ノ文ニ文殊ヲ称ノ智ヲ成就附属
行者歎我説般若者諸人天乃至常与文殊
大智ナリ其ノ惣簡擇権実ト云テ総リニ簡擇ノ義ヲシ
尽成スル時何ガ簡擇スルト問ニテ一字ニ信従行
者唯善ニ依テ大法ヲ聞シ故ニ捨方便勝当ノ義
シ此ニテ簡擇ノ義ニ依テ捨悪行善捨ニ一字私

一　下ニ其ノ文ヲ以テ強ニ何ソ多條大段ノ義ヲ尽ス一切
ラスト簡中ニ自元下ト云ノ文ハ簡擇ノ義ニ付テ豈ニ
捨劣得勝ノ義ニ依テ簡擇ノ義ニシ釋ス權ヲ捨
テ實ヲ取ル云ムヤト何ソ偏ニ差別ノ義ニ限ラムト云ル
所詮權實ニ隨テ權實本ノ名同ク此也七ハ
其ノ義ヲ見ト驚シアト有是也今ハ善悪中捨
悪取善ト云ハ十悪ヲ捨テ十善ヲ取ル此中ニ
三悪道生ス報ヲ早ク死ス人天ノ捨ニ葉捨稱

取正トラハ然ソ捨テ内ジテ取ル不住ノ義諦シトヲ

名ナト為ス、於正法中捨小ヲ取ル大ハ人空涅槃ノ

シ捨テ大乗ノ不生ノ妙果ヲ取ル丸於大乗中捨

権ヲ取ル実乃至捨三乗ヲ取ル一乗ヲ等ノ若是不

出世間ニ於テ堅ニ前撲スル事也於一乗中

捨懈怠不順遊取勇猛精進則是信為我

也トラハ懈怠ハ是秘法ニ順スル故ニ精進ハ是

三義ハ於親スル中救ニ一乗不順懈怠遊ソ捨

テ、勇猛精進一乗云也ノ此意ハ今ノ九也菩
悪邪正大小権実共ノ経ハ普賢菩薩ノ名
ノ前ノ遷之皇都ヲ迄ノ行ノ法ニ依正ニテ力證ニ
文殊妙生前釋ノ義ヲモ悉ニ也ト純ニ見テ
依二門ノ者ヲ起所又　二行ト云ハ普賢文殊ノ二行也
於法行中云前不遍観照又　毘盧遮那ハ
文明遍照ト名ヲ此中所也云
毘云種々光明又　毘ヲ種々光明ト云ハ是ハ今

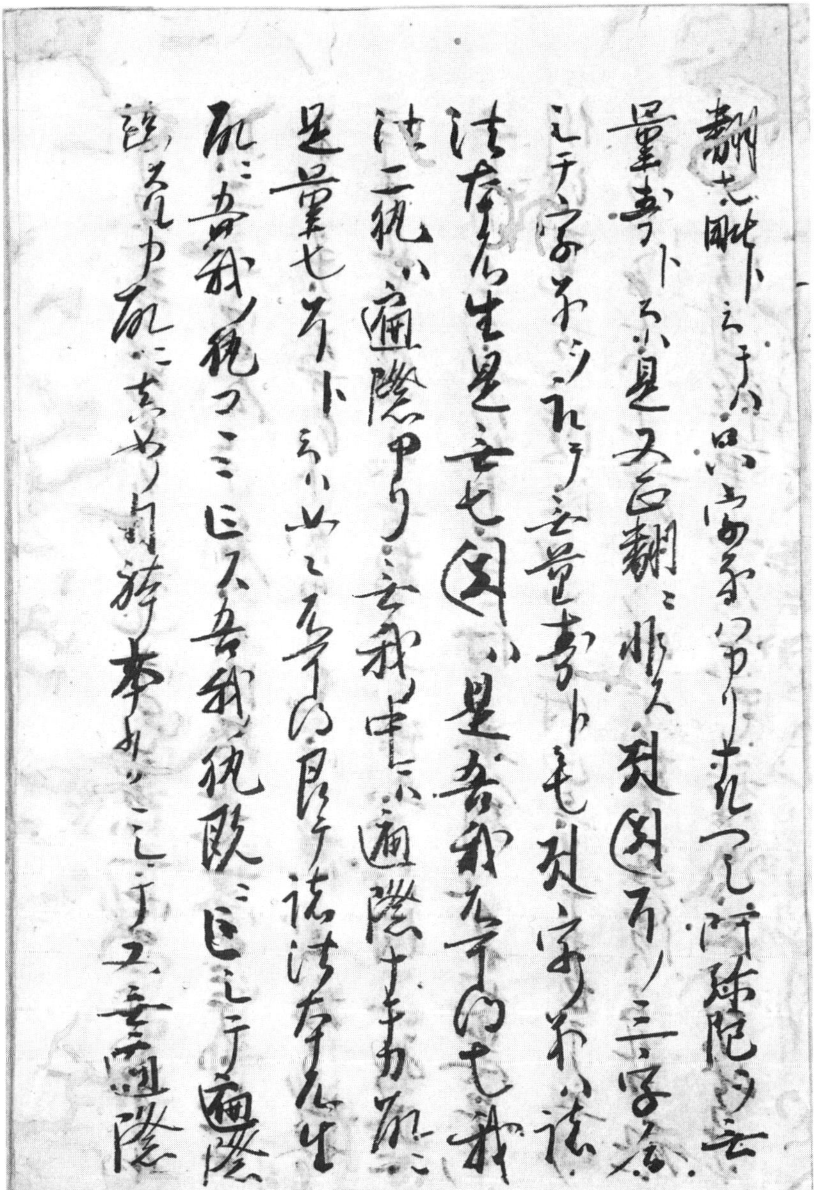

翻訳ト云テハ只當分ノ用リ来レハ阿弥陀ヲ無
量寿ト云ハ是又正翻ニ非ス阿彌陀ノ三字各
ニテ字義ヲ以テ云無量寿トモ阿字義ハ諸
法本不生是云也彌ハ是吾我不可得也我
法二執ハ邊際アリ吾我中ニハ邊際ナキカ故ニ
無量也不可ト云ハ此ニ存スル依テ諸法本不生
故ニ吾我ノ執コトニ巨不吾我執故ニ巨シテ邊際
謂ノ苦ル中故ニ喜如ノ有辞本外ツニシテ又無邊際

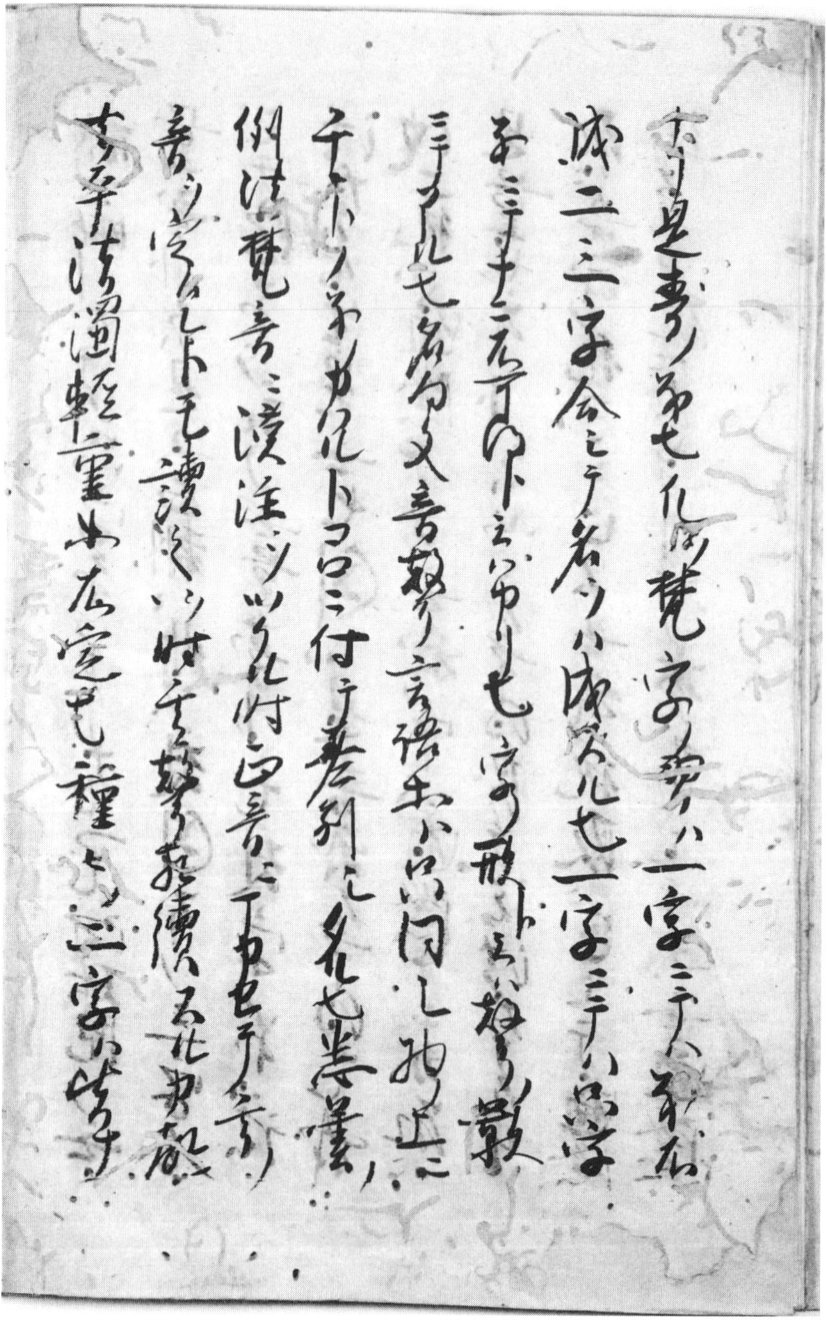
云ナリ是等ノ第七仍梵字ノ事ハ一字ニテハ不成
就二三字合シテ名ツハ成ル也一字ニテハ此字
不ニテ十二尤テ即ト云ハ字ノ事也字ノ形ト云ハ物ノ数
ニテアル也名句文音声ノ言語ト云ハ同シ此ノ上ニ
テトハノ字ニカカルトコロニ付テ差別シ名ル也差異ノ
例法梵音ニ讀注シツタル時西音ニ下カセテノ音ノ
音ツ讀ルトモ讀ニ讀シツ時モ梵音續ス不化取教
去ノ法濁輕重不定也種々ニ二字ハ清字

清ヲ取ル音ニテアルヘケレトモ正ク讀時鐘ニ下ス
カ如クニ言シ書シ人申タリ勢リ日ヒタリ句文ハ義ト
ト申セハトテ経モエヨマスモミ識ニ真言ヲ十九
布字百光遍照ナレハ義廿天ナリハ言ヲ勢リ當
ク讀ム事モ義ニ字曰天ハ未乱スルモ未氣セ
ハ十六ハ義未ノ不成セサラム不成セ悉地モ成就人
ヘカラス只義ヲ以テ深スル者ハ是本シ佛果
浅深ノ義ハ讃験モ有ル者ノ音通ズル也ト

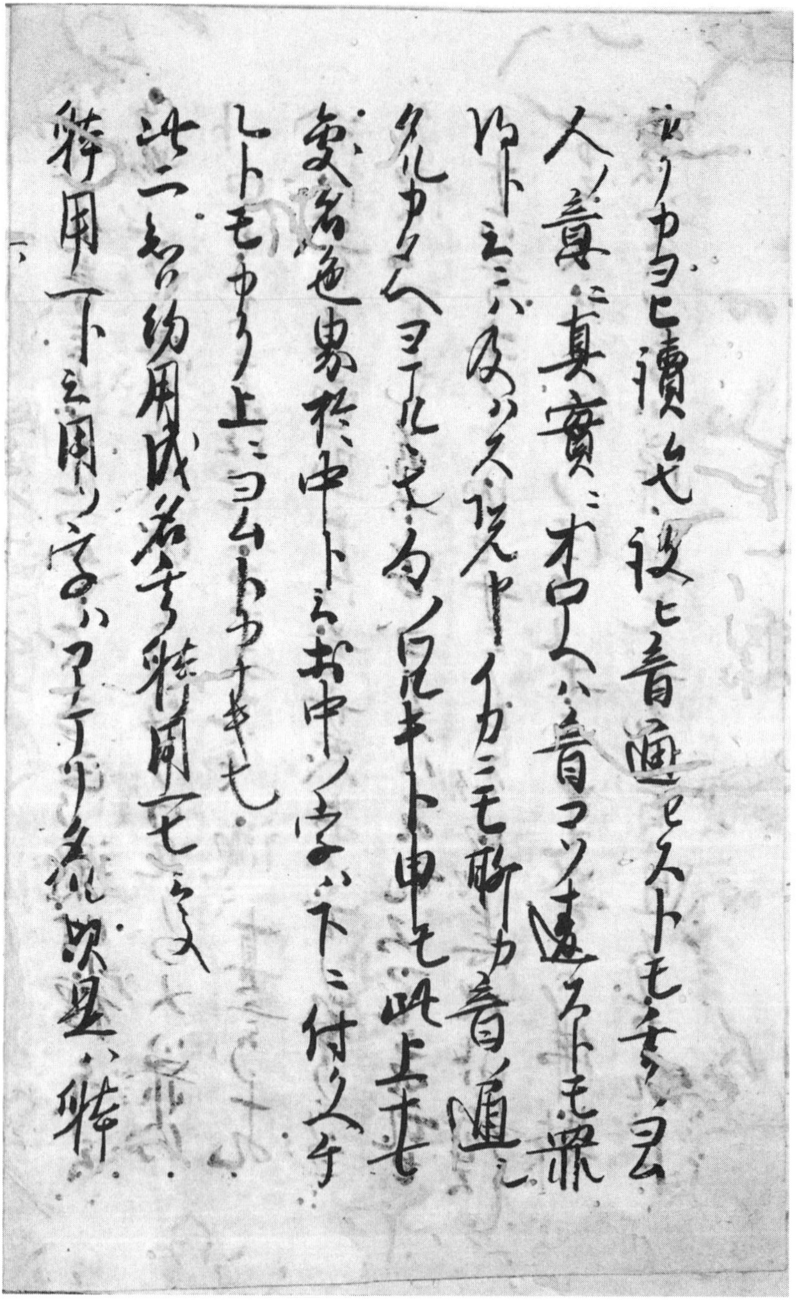

字ノ具足セヌハ假宣ニ併用一セヨト云セラル
ル故也シサルニサ無ル人ノサシコハリタル讀ト
オホシクテハ于併用《モチヰル》一ヒナムトソ讀《ヨ》云ヘ
ラストモ此ノトコロハ點ヲ于ノ字ヲ通スルコトナキ
クハタヽ文ニ叶セテ于ノ併用一テ心トヨムト
也リ亦點于モカヤウノコトハ此等ヽ極タル者
テコアルモ云云　私ニ云又于併用《モチテ》一セトヨム人モアルナリ
許當途ニ於テ差別ノ名字後ニ於テ名セ根本ニ名字

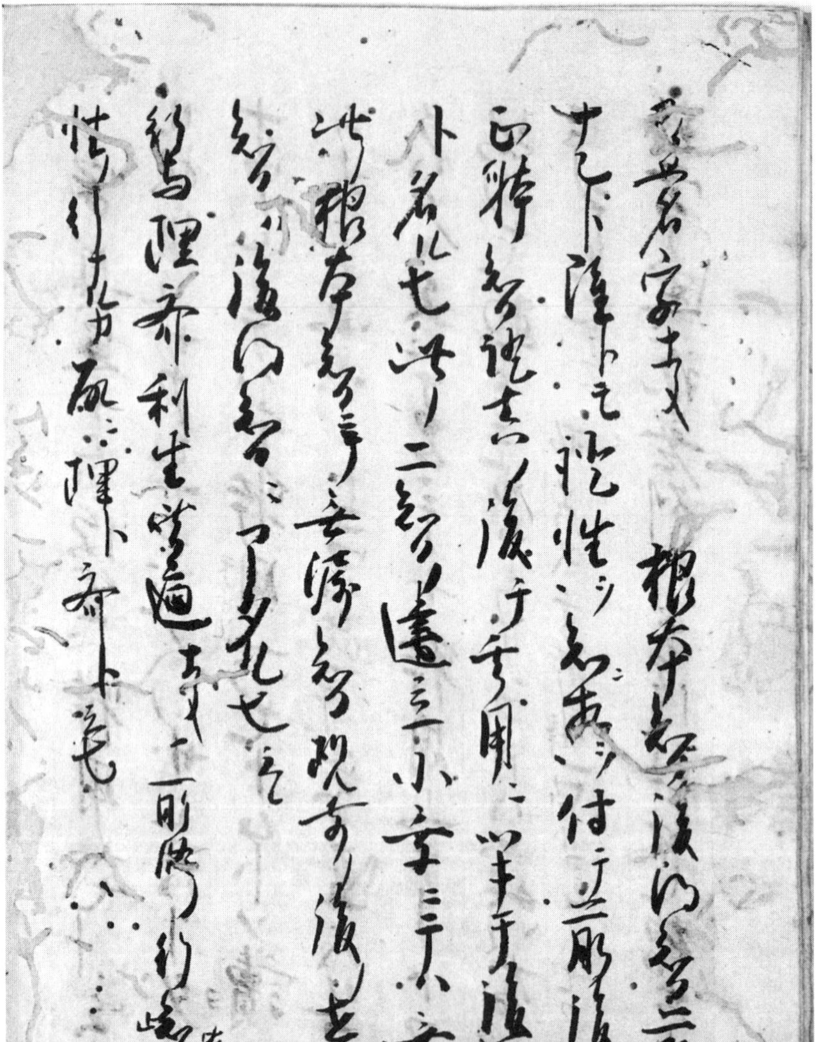

言ハ以ニ聲聞縁覚ノ法ヲ為殊絶縛等ヲ文
上ノ釈ニ准セハ初ニ二乗ヲ聲聞ハ聲聞ハ聲聞縁
覚ハ縁覚ノ法ヲ以テ縛トス今節ト同意也
注ノ記中ノ小科記文　今記ニハ一ニ向記二ノ小科
記三ノ段諸記ニ今捨昰記也
二乗廻大ノ小也何者初心ニ発大ト云文　未《ル》廻《シ》心者《セ》ハ
以《テ》小乗法《ヲ》縛トス廻心ノ後ハ以菩薩法《ヲ》縛トス也
前ニ二乗名行并捨文　同捨ニ二乗名行并捨

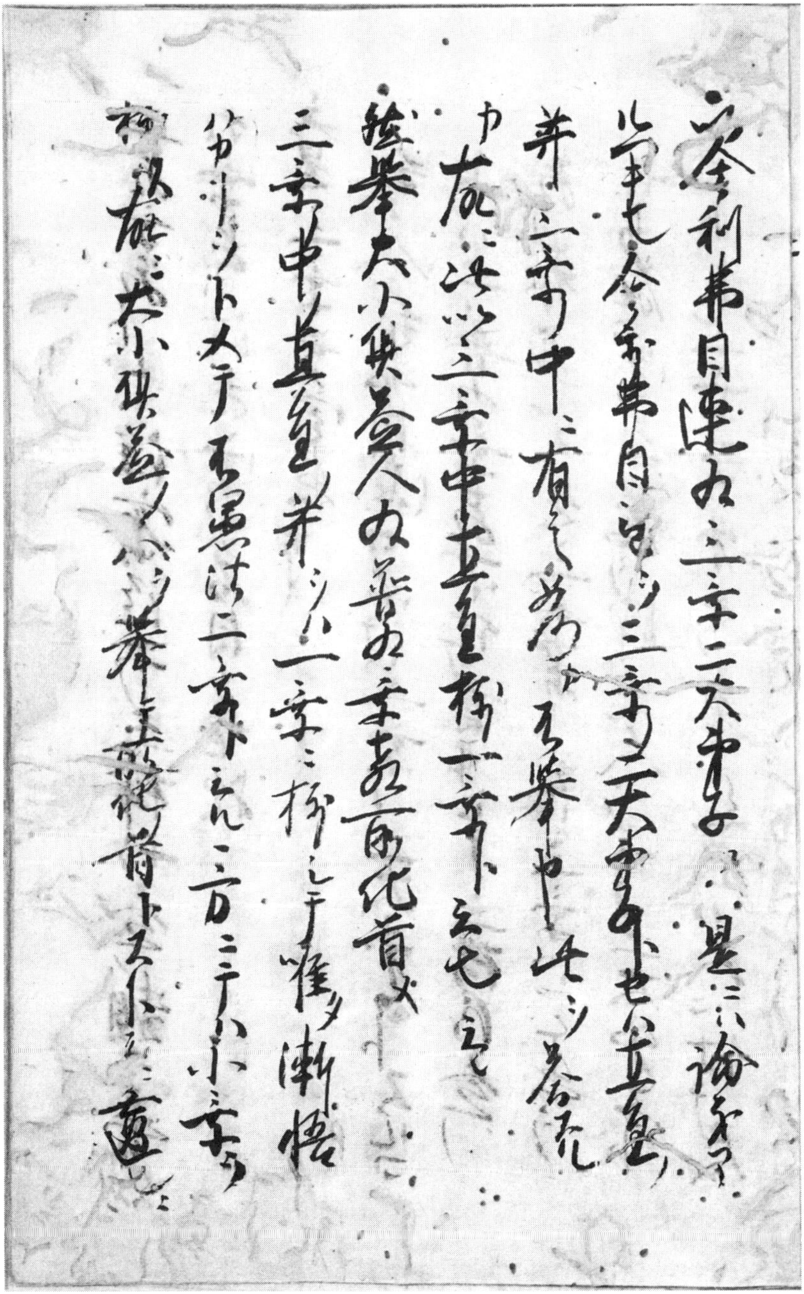

二字義ト云ハ淺略經釋ニ稱スル名ノ類書
如字義ハ法相宗ノ名目ヲ云也歟
又是ニ字相字義也
ノ義ノ舎利弗目連ヲ以テ二字ノ二天ナリトスルコ
トハ上ハ菩薩ノ字義ニ示化ノ首トシテ二稱スル名ノ
義ハ義无也又是ニ字相ト云ハ二字ハ空乞
皆ナ如此ニ處ニ為ニ譬ヘ成スル人ヲ以テ二大声聞ト
又ト云モ一字二大声聞ノ上ニ字ト云ニハ人ニ付テ之ヲ

亦云ハ法ニ約テ説也見云々
亦約実不ノ二類也メ
二約類ト云ハ漸悟直往ノ二𦬇也云
釈云二類ト云ハ漸悟直往ノ𦬇ト云ハ上ノ下
亦[illegible]了於三乗五乗中ニ擧ル金剛云釈
何法五乗ト云同シ答ル上云乎直進ノ𦬇法
五乗二宗通不ト云答テ統也乎ト約実
答不二類也ト云也統メ見一乗ノ約ト問此宗ハ三

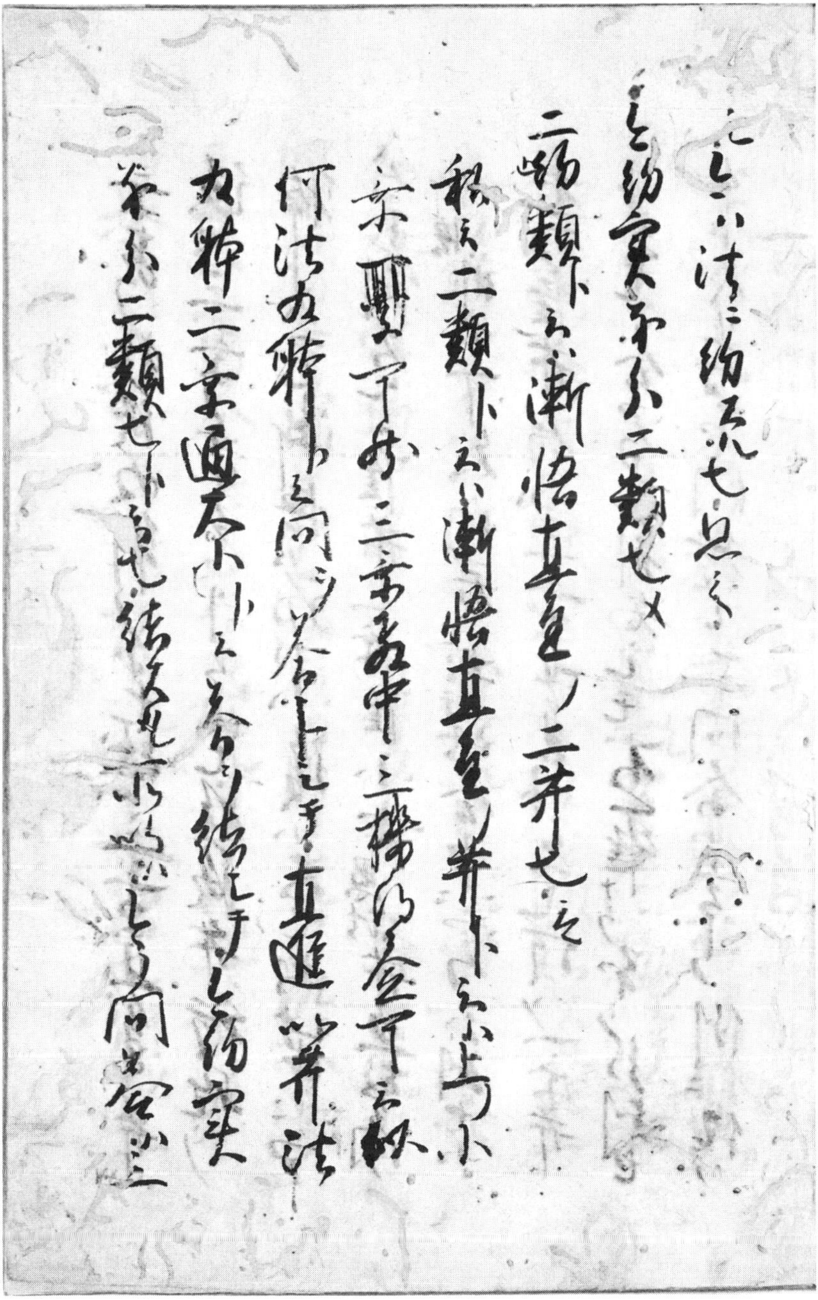

二字義始後双断ノ名也。然ハ二字互具菩薩ハ
後ノ三二字ノ菩薩名ト取リテ云トモ始後菩薩称雅ニシ
修ト云フコト漸悟ハ初ハ小後ハ大也此中ニ四
句ニ分別スルニ唯菩薩一字唯小字愚法菩薩並声聞
漸悟非双可ニ同居シテ於テ此会中ニ四句ニ分別セハ
迷ノ唯菩薩句ハ二字互具ト云ヘシ行ソ上二字菩薩
ト名ク二乗四句ハ別名ニモ不経ナラハ更ニ分別セ
ムトスル時初門種ニモ同会ハ前ノ例ニ任テ

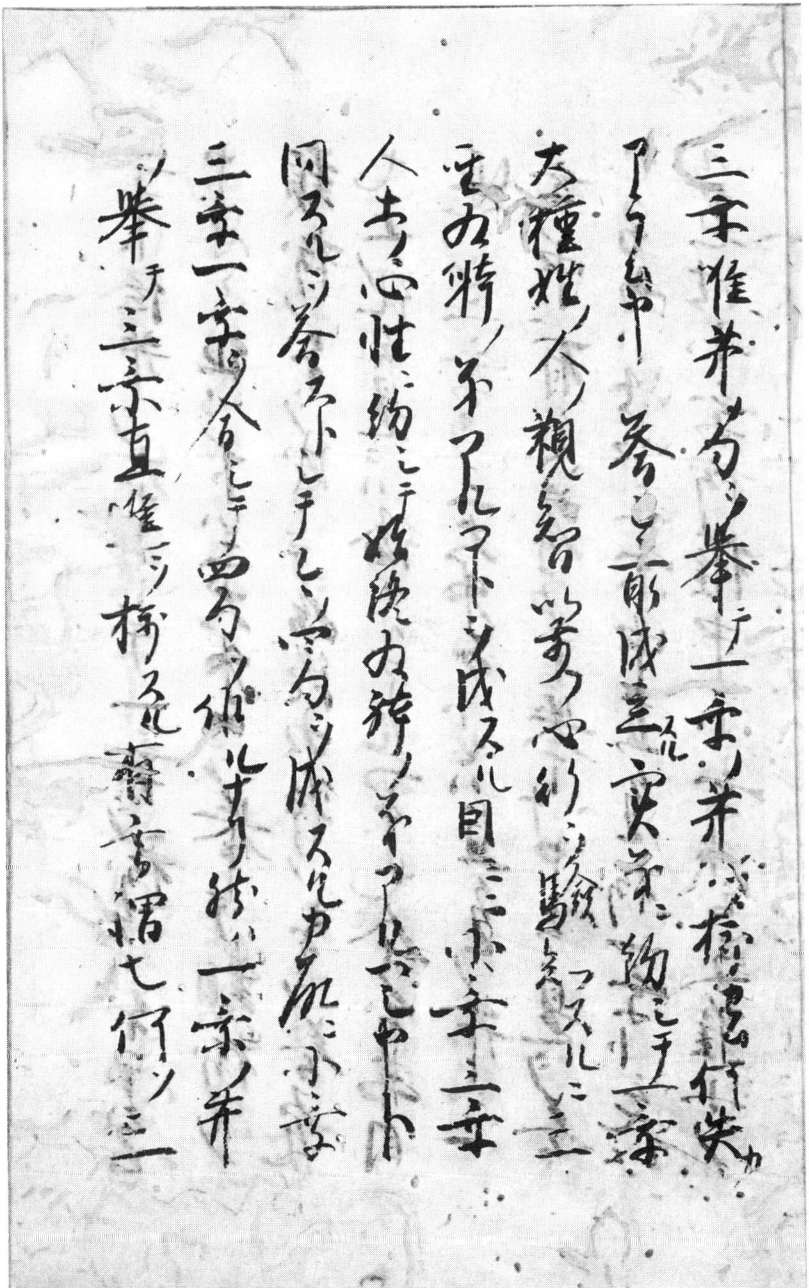

字ト従并シテ本ナリシテ一字ニ摂スル不ヤ云

中畢ヌ。然以下ハ三大部ニノ挙テ此類此摂シ

類摂ノ義ヲ成シテ始終相摂ノ義ヲ答ル

也上。此又是ニハ論不アルヘキ也。今余帯目

連シテ三宗ノ三大部ト也ハ直ニ是ノ并ニ三

宗中ニ有ル義ヲ不挙ケ中ニモ是ヲ答

也多分ニ法以テ一宗中直ニ是摂一宗ト意云云

以是諸小宗摂権中小宗ヲ以又権大乗

𦬇ノ此ニ漸悟ニ称スル也而ニ偏ニ実大乗ト云ハ
𦬇種性ヲ定ル意ニ二類トスル也次キ上説
二乗ニ乗ノ中直往ノ𦬇ヲハ一類一乗ニ称
シテ権漸悟ハ別ニシテ以テ一類　在愚法二
乗ト云ハ方ニテハ愚法小乗ノ称スル所大
小併会ノ人ヲ挙テ所化ノ首トスト云ニ会
過也是且ク実大乗ニ約シテ二類シテ約也
一ニ𦬇ノ実大乗ハ一乗ニアリ愚法実大乗ハ大

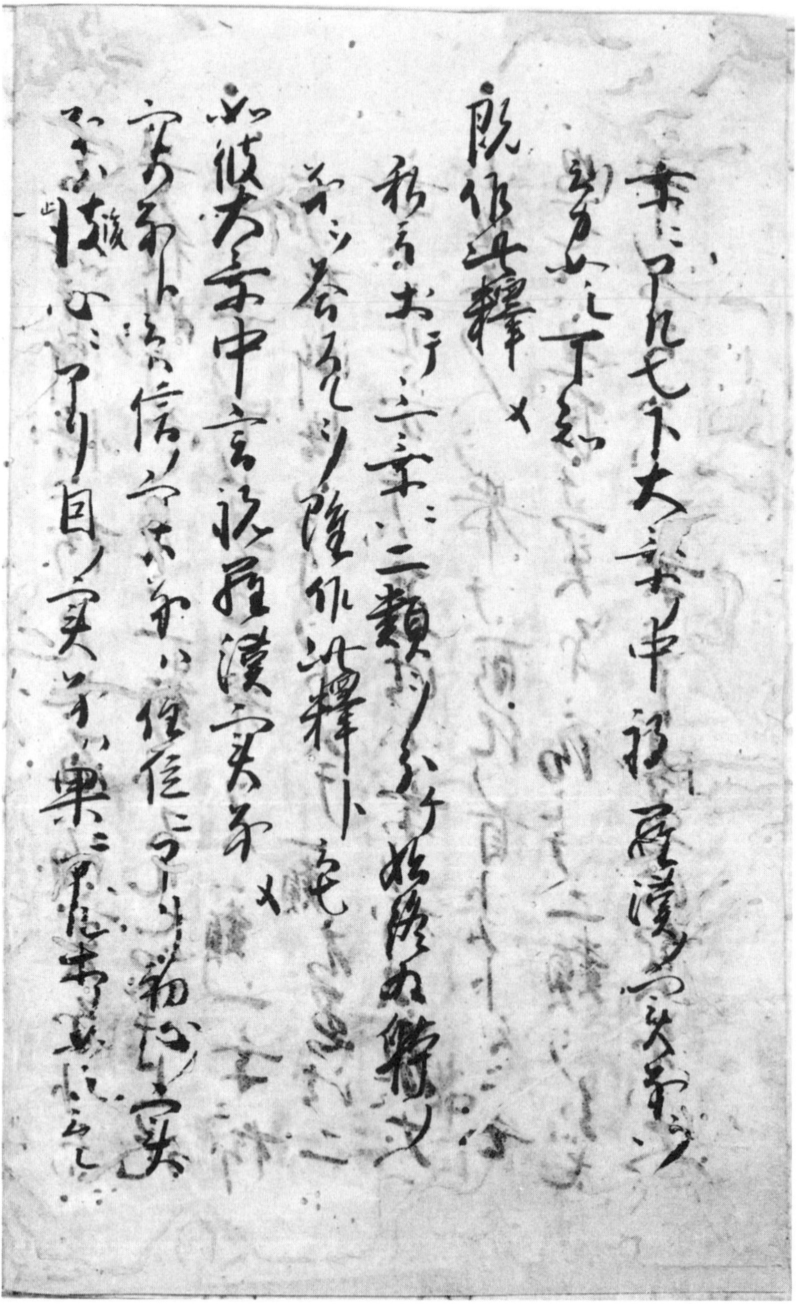

私云可謂羅漢ノ究竟ハ即大乗ニアリ共云
大乗中説羅漢ト云ハ下ニ云ハ欲説般若問畢云
當與子般若波羅蜜事ノ第七已上
然又物種姓有初後未畢ノ別也
問上ノ段ニ初後未畢取種姓無漢下文合符
然又下ニ云テ物種姓有初後未畢第未下帝
答云相々識ニ雖似之上ハ物ノ究竟ニ解ニ
付テ説シ大乙然取ノ下ハ十對十義ノ方法ニ習テ

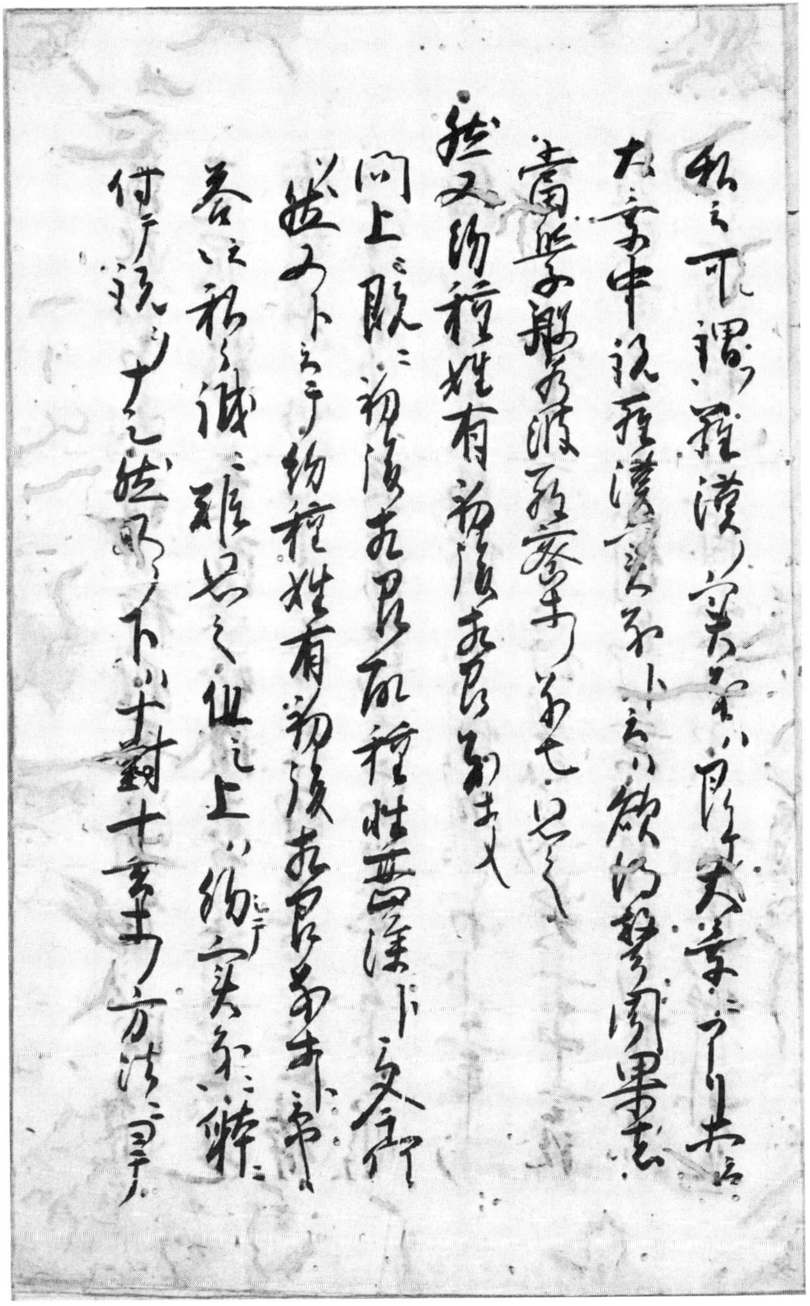

縁起ノ本文ニ付テ称性甚深ノ義ヲ成スル
様ヲ顕ス上ニ顕ニ初後未分ト云ヘル是
縁起ノ本ニ非スヤ。答。上ニ成スカ如キハ上ハ釈
ニ付テ初ト云フ文ニ縁起ノ二字ヲ遮セシト云ニ非ス
因行ノ事上ハ初釈下ハ付テ初ニ初ト云事ヲ
知ルヤ。答。上ハ実義ニ付テ此ル心ヲ実字中ニ言説
権後実義ト云ノ例知ノ義ハ因得ノ信ノ実義ハ
位ニ約シテ釈シテ下ハ因ノ実義ハ果徳ニ約シテ釈スト云リ

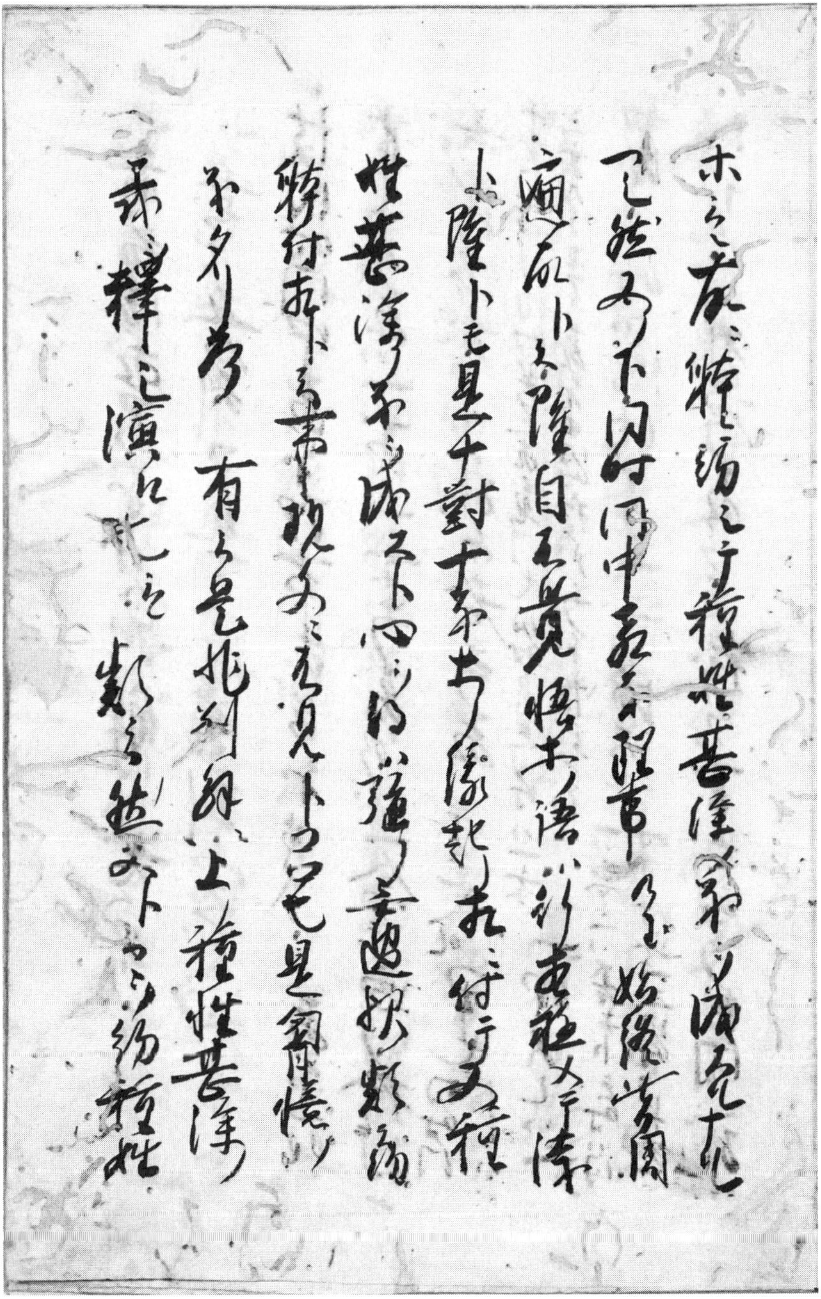

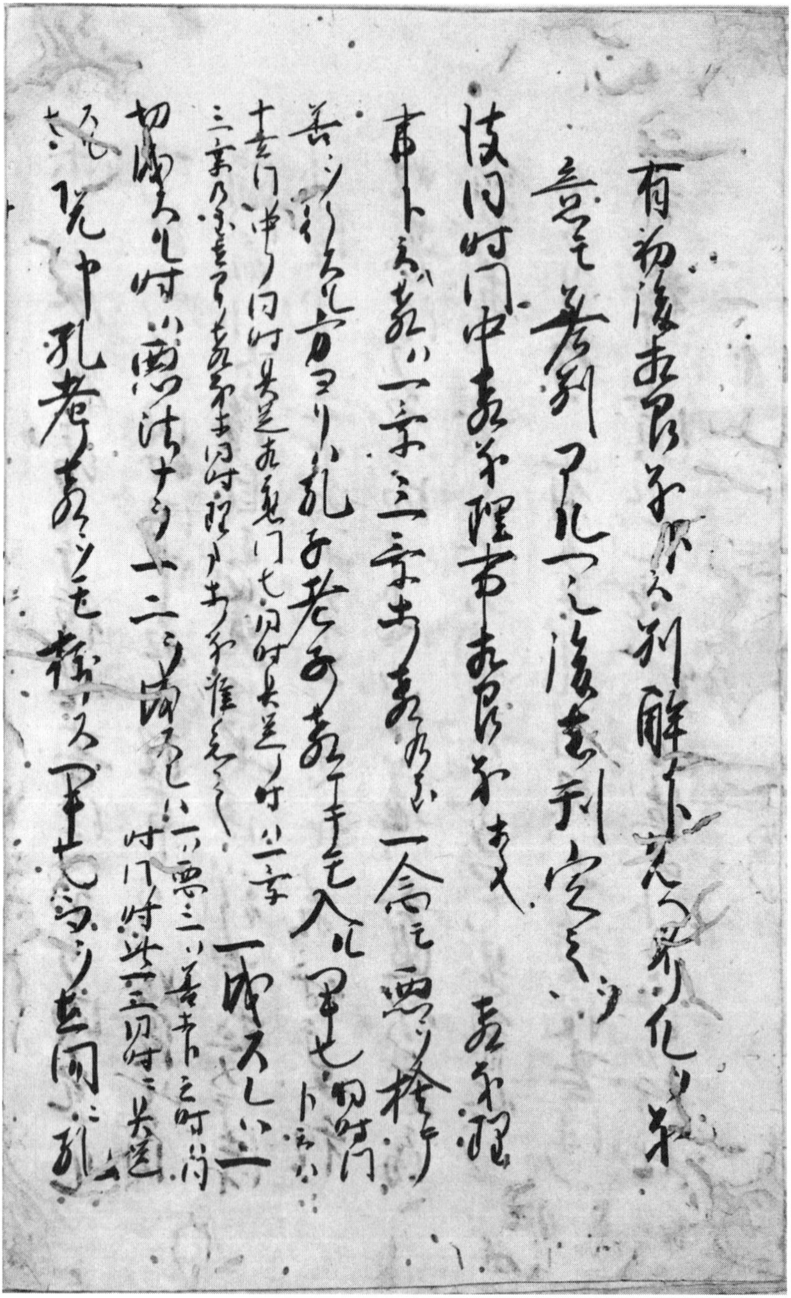

無学共義シテ云左右空仮中ニ當也十方ト云事
了リ是ハ擬ル解事也先内ニ九上ノ圓ヲ見
皆テコニ當ル九句ニ當ルト云ハ十方ヲ丸也云云
設餘自不覺悟遇一言義皆是名無明等文
所業煩不凡時同轉門ノ前ニハ弟子ノ所修ノ功徳皆
十所功徳也異ハ轉門ノ時ハ所教弟共シテ自外ニ入
ル也向上ト向下ト弟下ニテ向上ト時ハ一二三下去
ル時ハ弟子所ノ徳シ満スハ十九ヨリ乃至一二下来ル

皆ハ仏ノ功徳ヲ又一ニ束ネテ七星ノ体ト云ヘル七星ニ
秘スレハ一收言ハ甚タ略シテ一字ノ大事ヲ含リ
某云殊ニ意ヲ留ムヘシ問上云何来ル大事最
置ス了知ス一二三下ト云時ハ果ノ所徳ノ体ト
云ハ化ソ一尊ノ印ト云ハ生仏是一染浄是一也
然ニ一ノ位ニ有ト謂ト云又仏ハ上位凡夫ハ下位ニ
シテ絶化而化未無ニ此ハ凡ニ三字ノ密位ヲ
流ル所云又参シハ仏果声教ノ密徳ヲ云テ初

地乃至初住シ佛ルニシノ一二三ト十對ト云是ハ仏理徳
同テ諸位ニシ施設ス第子所ノ徳ヲ仏位ト云
所ト云ハ是此初位ノ智ヲシ成就スル分ト云フ
初位ノ智ト云ハ仏智ノ一數ニシ同テ二三ホト
對ノ中ノ十數ニ當ル三賢地シ合シテ立ツ十トモ十トモ數ヘ此第十
數ト云ハ同體門時ハ一ニ十ノ十トシテ之取ニ所ノ
不說ノ一字ノ法ト云ハ即チ仏果不說ノ一字ノ法ト
同體也仏果不說ノ一字ノ法ニシ前位ト不也ハ是ニ信

又ル弟子ノ結信ノ文ノ意ニ約無シ行ノ実ノ結信ハ法シ行
トスル弟子不ニ故ニ種姓甚深トスルヿ也し菩提ハ是遍
邪我等ハ薄地ノ凡夫タリ凡身ハ又賊トリ給テ
二千余過盈地末代ノ衆生云何ニシテカ一字漢
法シテ開解セム我和尚信位一対ノ入門ニ弁ス
正三世諸絶ノ解ノ妙果ヲシ開演ス我等是ニ信
受ルニ同解門ノ前ニハ示信ノ法ヲ和尚示シノ
一宗ノ法ト同解ナルノミニ非ス同一ニ知ルトシハシマス

下至ルニ仏果ニ至マテ一念ノ法ト云テ見タリ若爾ハ菩提心也
異類門ノ時ハ和尚宗ノ教ニ約シテ釈スル所ハ
入ル七位ニ於テ重々ニ雖知ト凡ニ佛乃至
普賢ノ殊勝ノ一念ノ義ヲ以テ其ノ百僧ノ義ヲ釈スル
不同ノ一念ノ義ニ不違而此傳未尽不障也
又空ニ菩提心也十九ヨリ乃至二十下未
ル時ハ仏功徳ヲ具一ニカ[redacted]ツ文也ト云ハ十
ヨリ上一ニ未下ニハ両未也未トノ初位ヲ釈ス

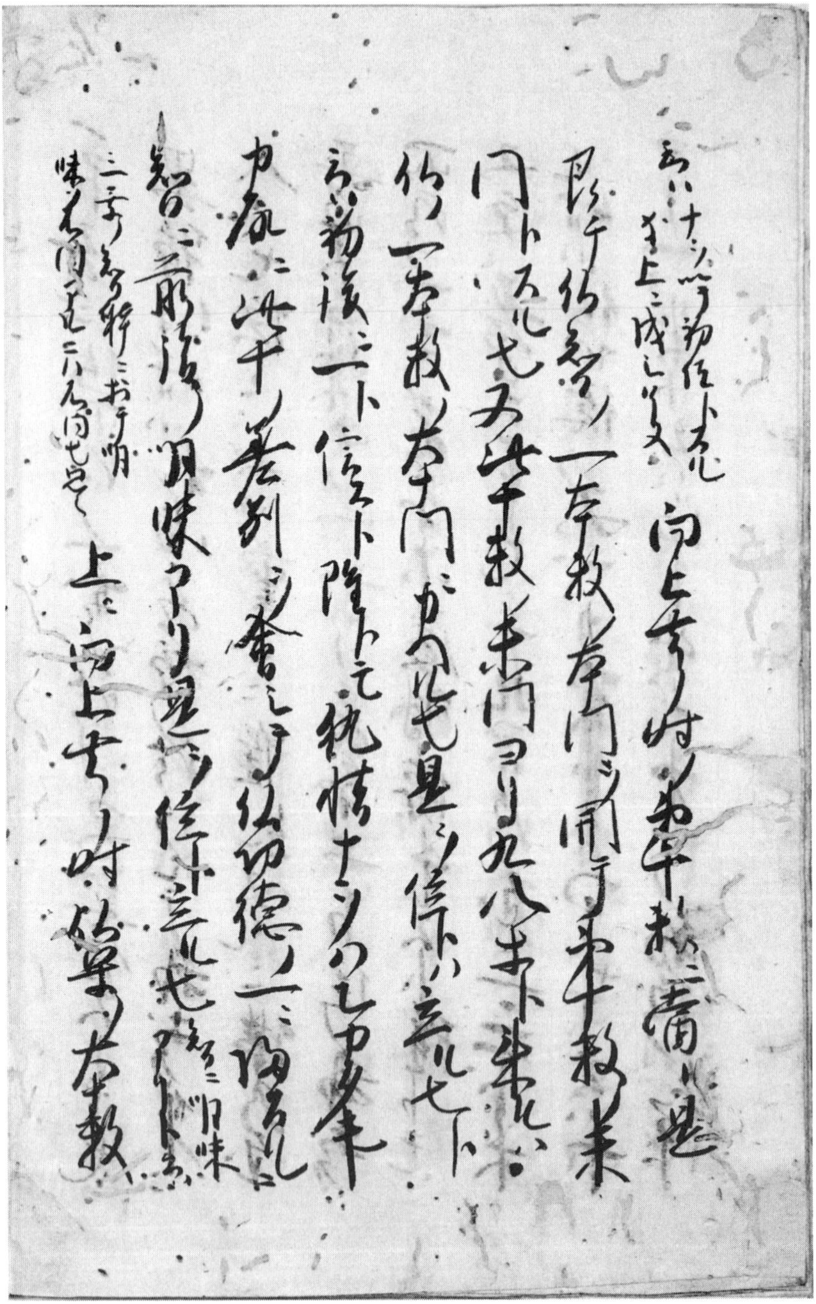

ノ上ニ開テ二三十ト云故法性ニ随縁施設スル耶
シ成スルハ權ノ淺深ニ随テ一味ノ性ニ開テ識
信ニ安立シ證ニ業シノ開演スルニ當テノ居同スル
アトシ成スト降下モ化儀ニ約スルニ實ニ同味權
實ノ異アルニ非ス然ハ則チ權シテ開顯ノ
一ニ來ル時十九ノ歳ニ二十ト成ル時ノ同年來ノ
時ノ二十一ナルハ同年ナル時ノ一ニ三ノ歳九十上
壽シ時ノ九十歳モ同年來ノ九十七歳ニ同年ト同異立

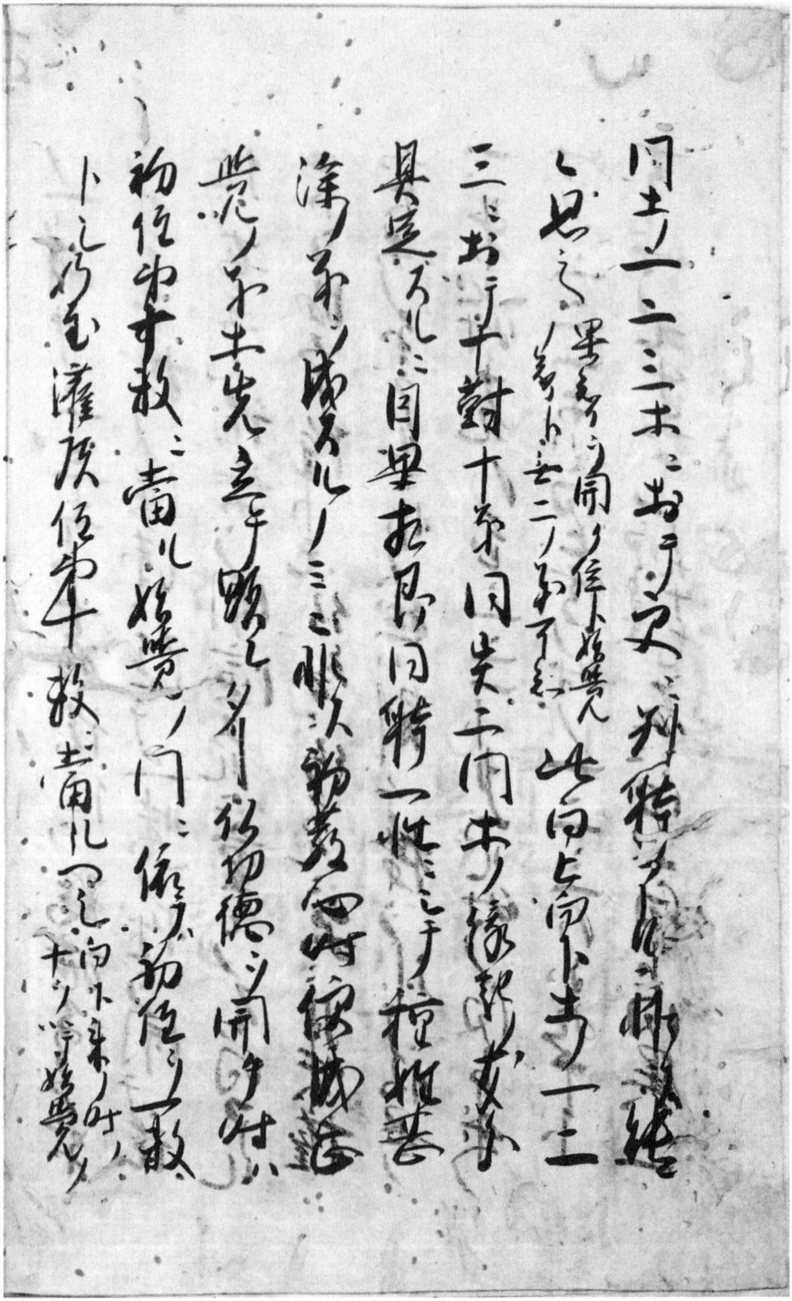

門綱ニ本下名也立義向上向下ノ二一宗ニ於テ一切中ノ十方色
華ノ一宗ノ因果二門ニ一多分斉等普遍ノ縁起
底ヲ是説多也真言ヲ以テ入秘ヘ即身頓成ノ
顕教家ニ於テハ是果分不可説也真言ハ初歓
喜地ニ於テ十六大菩薩ニ約シテ向上無窮向下未
来ノ平ニ施設セリ是秘密ニ非ス又高雄口決云
華厳論ノ宗ノ時ハ向上去向下未来ヲ今ノ真言宗
無来上轉下也ト云々又大日経疏ニ阿閦無動ノ十事成

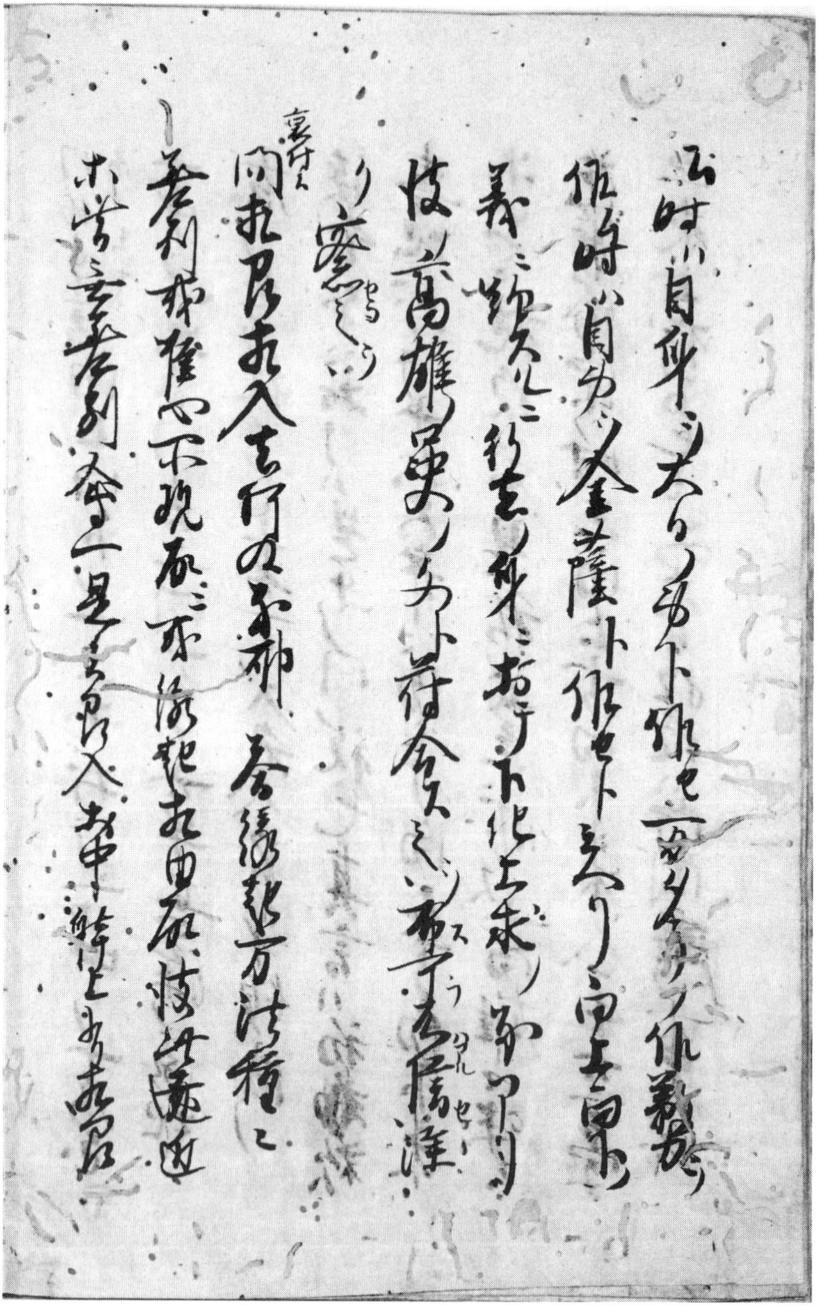

不同上有義入不謂能所六義中不破の義具明
有有力無力不破の義入一切因皆有六義
有力無力待縁不待縁不由空有不破義邊
有力無力不破義入由待不待縁不破有同教
矣特門也　取要記之委在五教章并其餘抄等了云々
探玄記下云同教門一乗唯是本教一乗所具
十玄法界云以一《末ノ》本自是一則如本上義二如二二
義云如三二末口是一箇一對總論亦如是入

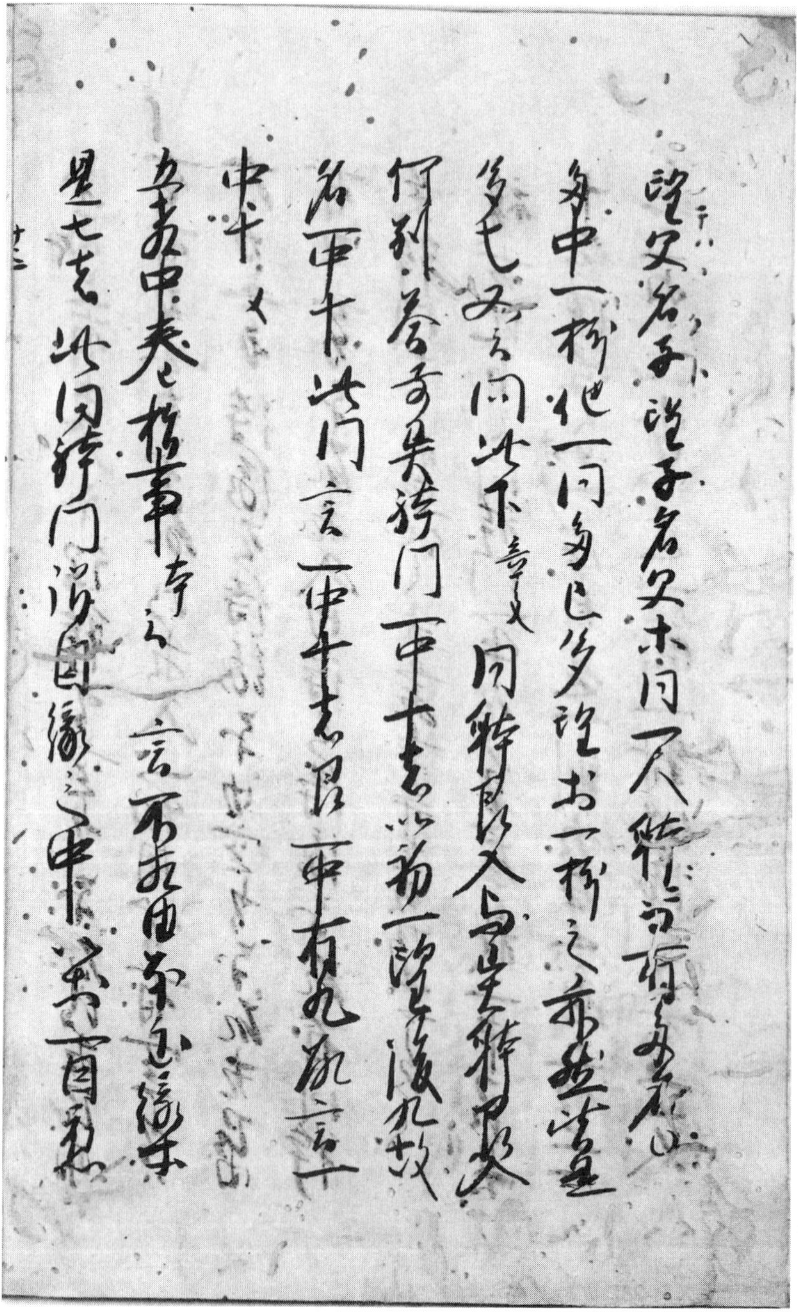

多縁所生与彼多合故一因是所迷因共多
箇一因能生多之一因随増長一因亦是多縁故
有此多義一因能与存一因轉変義別是所名
如同轉門也合如乃一因遍是多縁所示更是多縁
合如因之示共徳所是故因外云別縁也故云云
侍縁也文

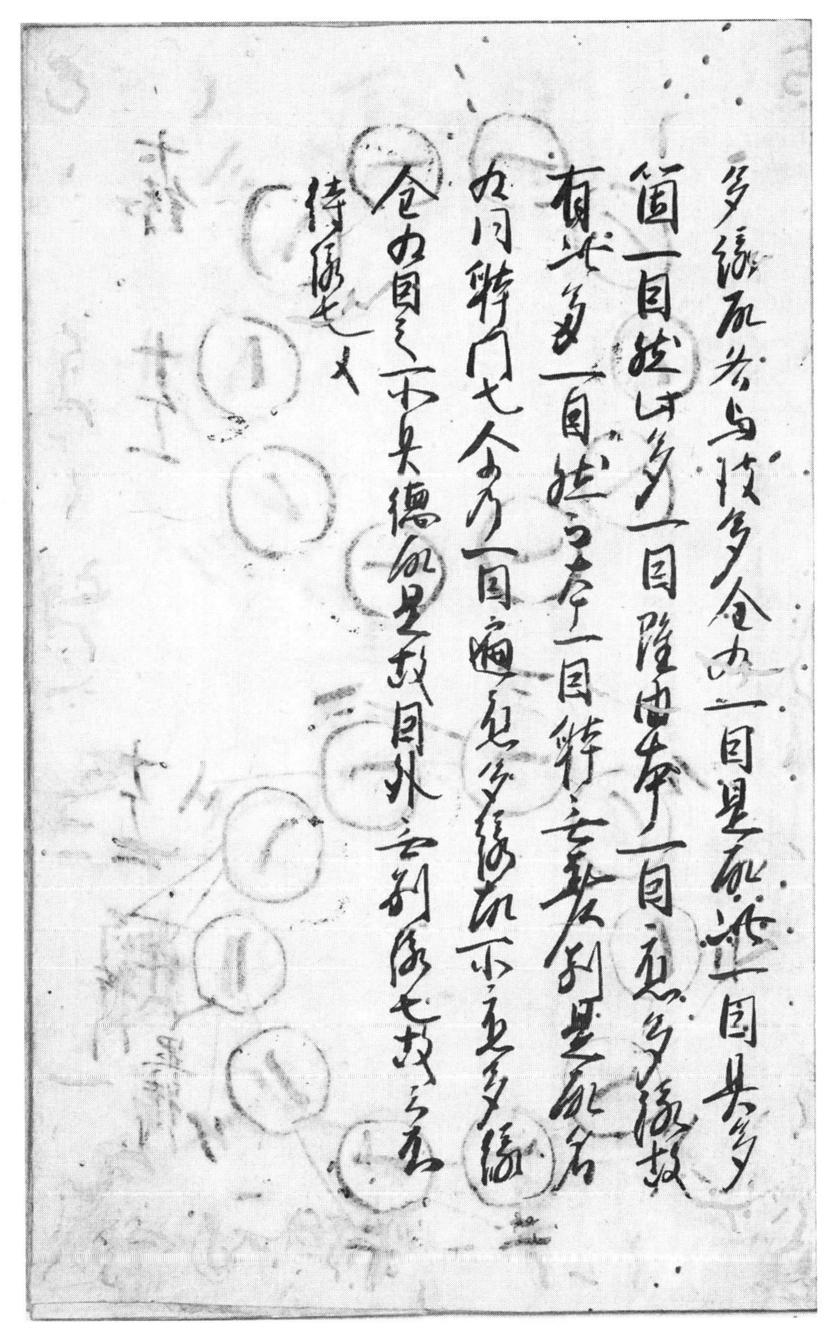

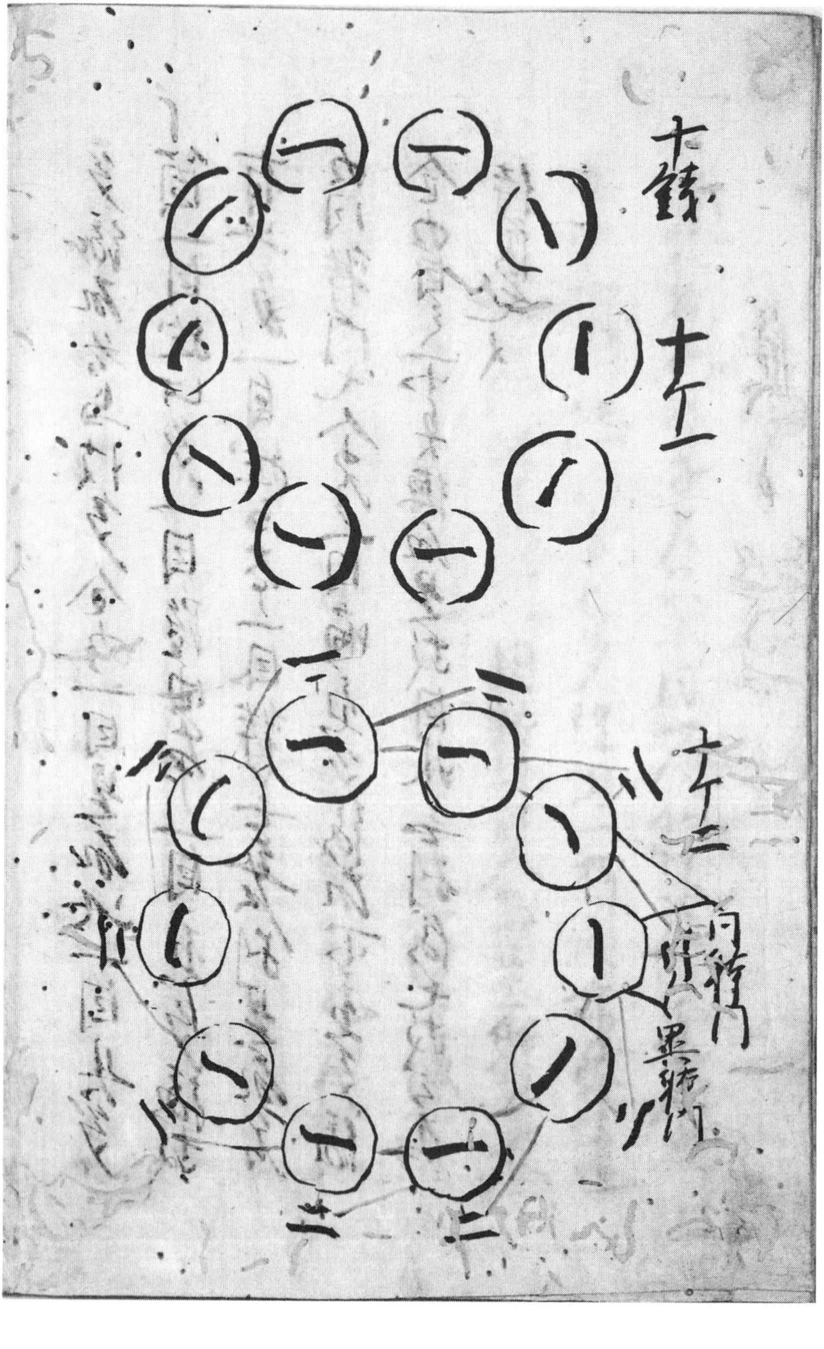

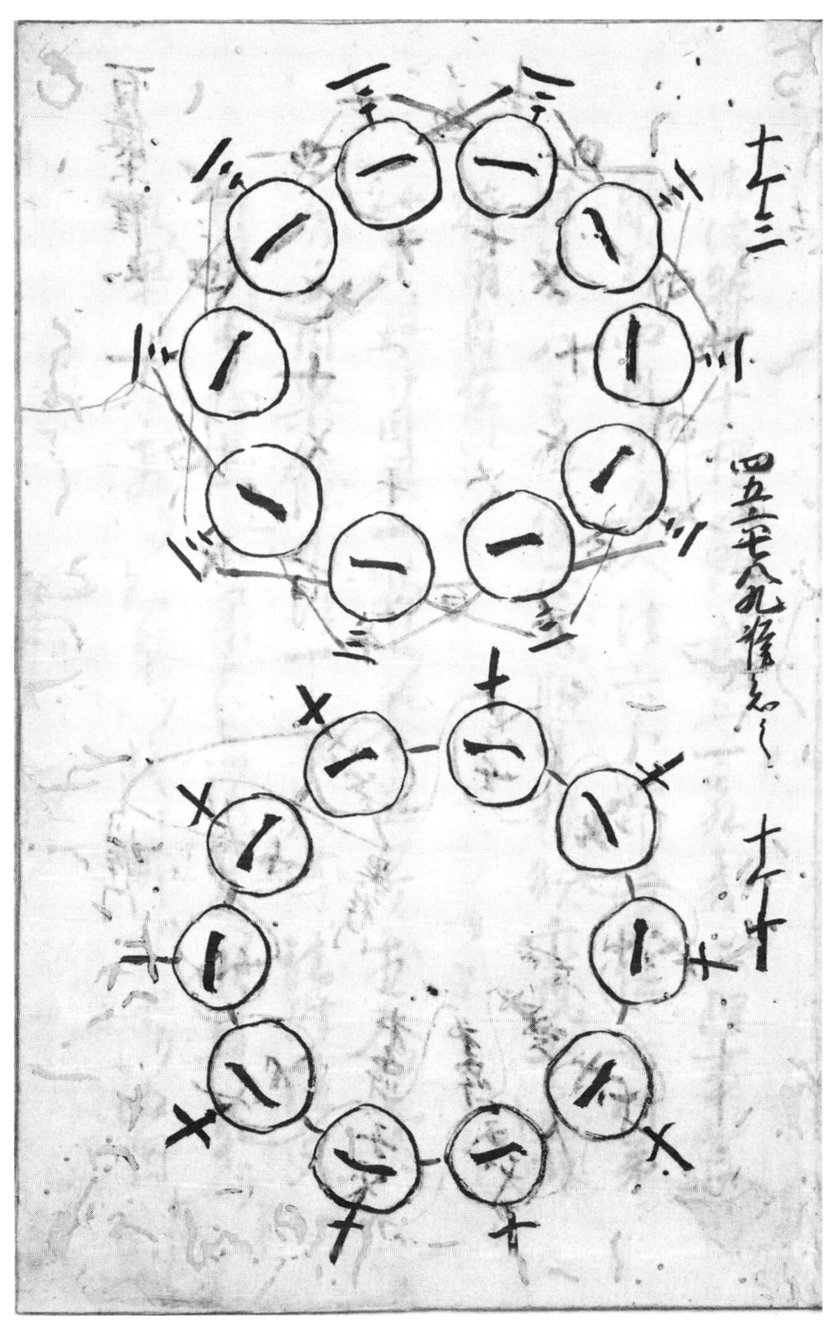

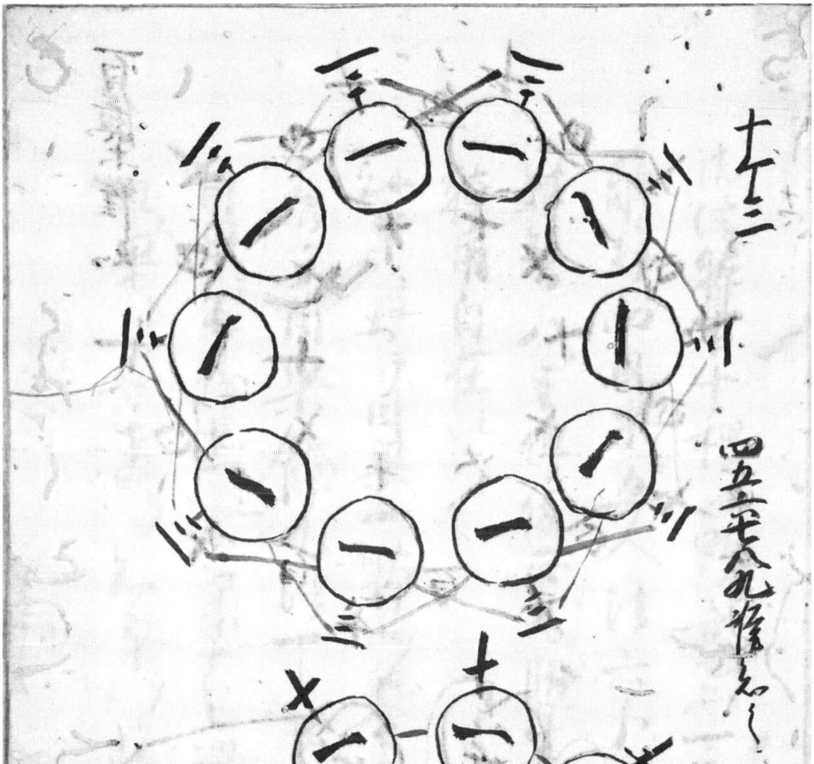

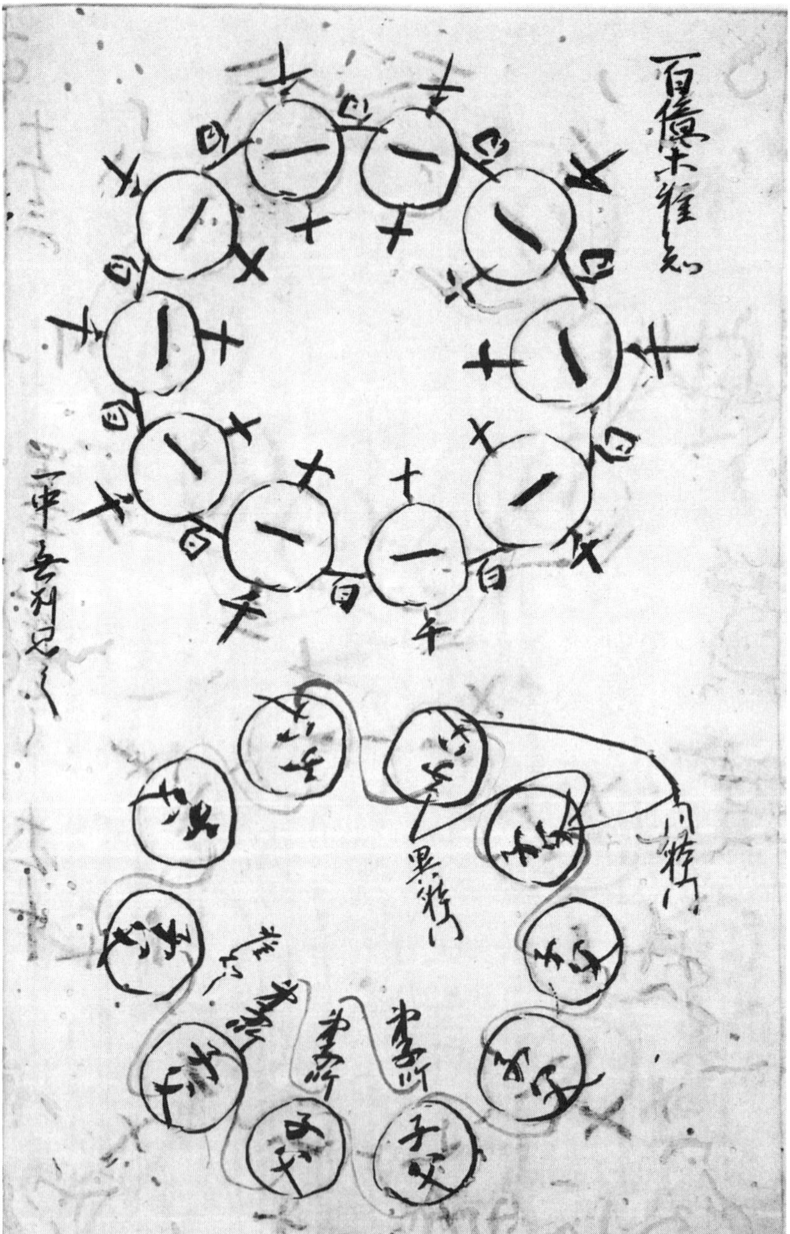

諸法体有十種以頌云一教義二理事三
解行四因果五人法六分斉境位七師弟
法智八主伴依正九随生根欲示現十逆順
体用自在云々
此中ニおイテ因果一体ヲ挙玉ヘリ其入ノ所以ハ
云ハハ以因果餘九法可准知歟ハ諸法雖多ト
因果ニ不摂甚之ミテ下大乙諸ノ教ノ如因ト示リ
教ス果ト等教ミシ知ラ示シ故ニ哉ハ知テシ如因ト

義ヲ因果ト依釈ニ起カ義ヲ取ニ對スル所ヲ如
因種子ノ因果ト依所義ニ種子ヲ生起カ
取ニ對スル種子ノ因自所ノ因果ト種子ヲ不同ノ
法ノ自ト云フ所ノ果位ニ居スル取ニ如此雖
然ルニ同ヲ因果對ニ於テ法ノ縁起ニ無性清淨如此
未自ノスルカ取ニ一カ中ニ有多ニカ中ニ有一如此
教取ニテ大性此自ノ人ニ同時顯現ス無盡ヲ如
縁ノ取ニ一多未自ノスル障ツ一切ト云ハ非ス自

性ノ一切ニ縁生ノ一切ナル縁生ハ無尽ニ云縁起ナル所起ニ
云性ノ一切一因ニ含ス一因中ニ有重々重々ノ
因皆ナ初住ニ含スルヲ發心住ト名種性成就
ノ位也

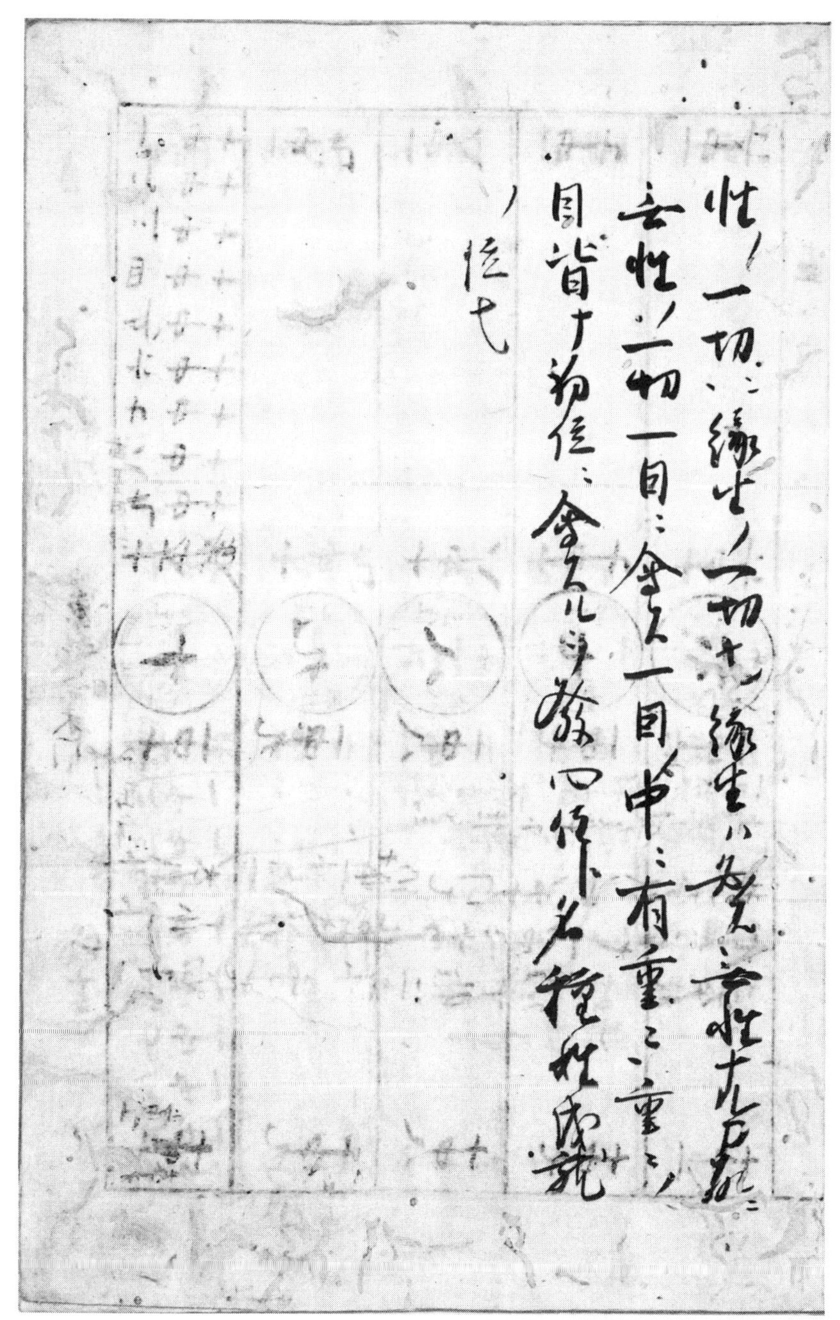

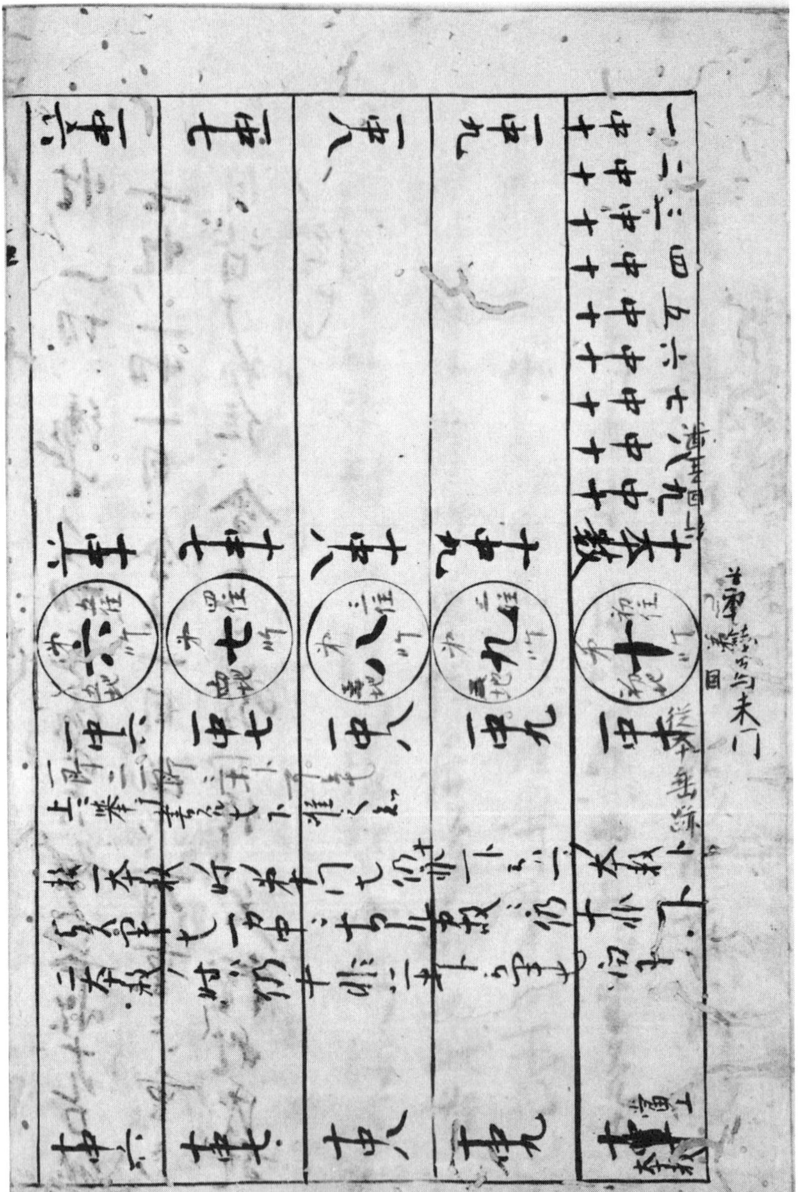

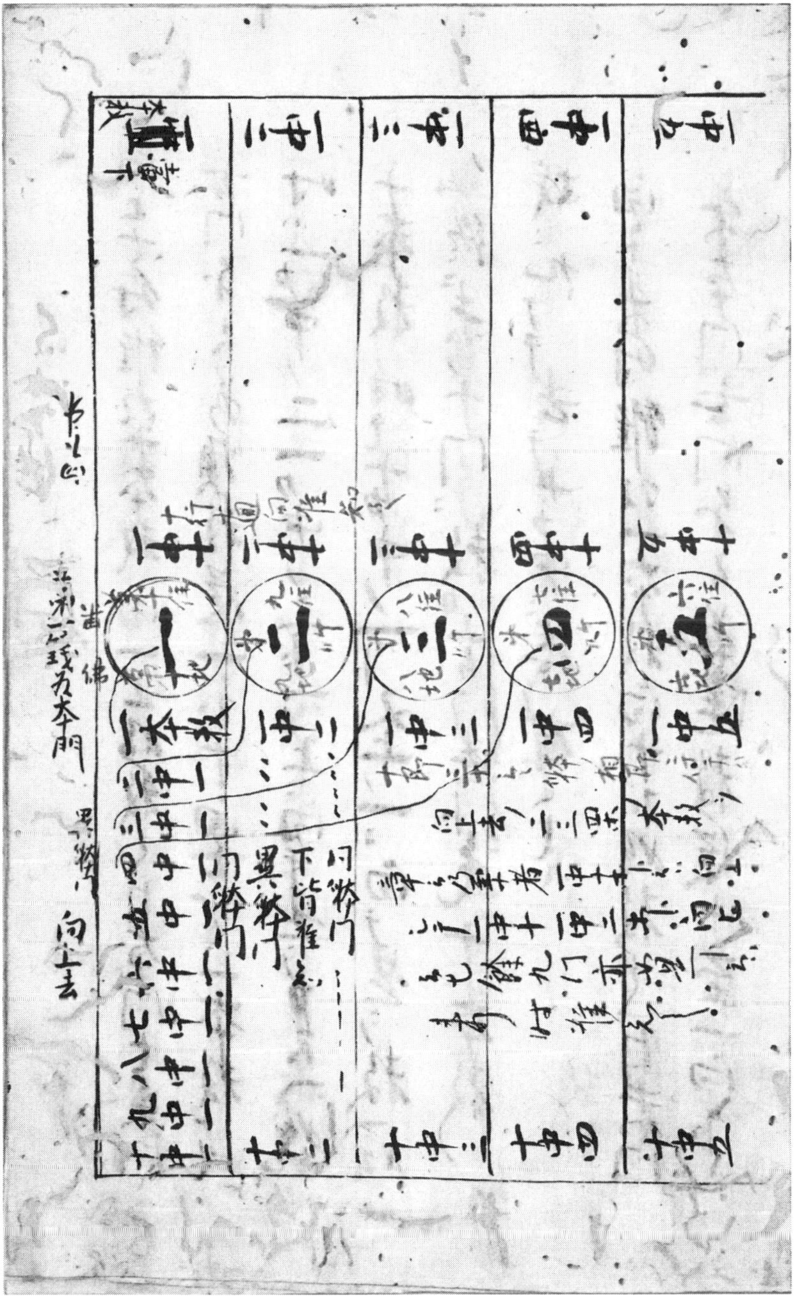

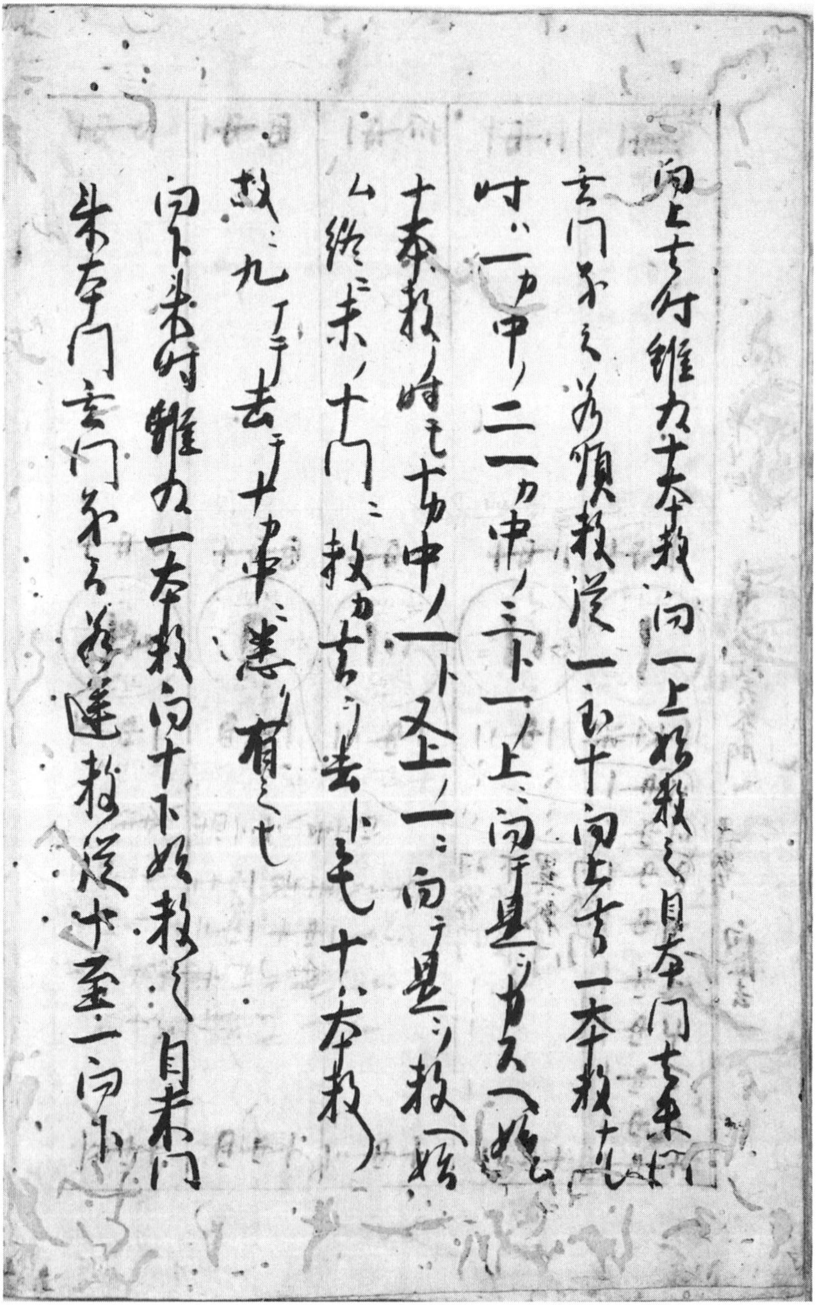
同上去付雖加十本數、同一上始數之、自本門去來ハ
玄門終之後須數從一至十同上去一本數ナレ
時ハ一ノ中ノ二ノ中ノ三ノ下ノ一ノ上ニ向テ是ヲ加ヘ始ム
十本數ノ時モ去ノ中ノ一ノ下ノ又上ノ一ニ向テ是ヲ數ヘ始ム
然レドモ未ノ十門ニ數ガ去ヲ去ト云モ十ハ本數ノ
數ニ九ヲ以テ去テ廿ヵ中ニ卷ヲ有之也
同下未付雖加一本數同十下始數之、自未門
未本門玄門終之後逆數從廿至一同下

末本教ナレハ十方中ノ九方中ノ八ト十リ
トヲ向テ見レハ方ヘ始ム一本教ノ時モ方中ヲ十ト
又トリ十ニ向テ見レハ教ヘ始ム終ニ本ノ一門ニ教カ
末ルシノ末トモ一ハ本教ノ故ニ二テ末テ
一ノ中ニ悉ク有之也
五教善ノ相事之云以是本末二門中末者之
此述録ノ内本門此中十録ノ内末門ト又云云其是逆
ツ順云同上云偏名ノ順同下末不名ノ逆故云門

初之順教從一至十向上去等逆教從十至一
向下來也又云言自位不動而往去來意等也
一自位不動而往去代九位等約向下來去千
自位不動而往來他一位也
高雄口決云花嚴寳宗論宗時云向上去
向下來今真言宗無來上擧下也太
太日經義云觀自作佛毗盧遮那經下云
大毗盧遮那而自作加持七下偈等云以上

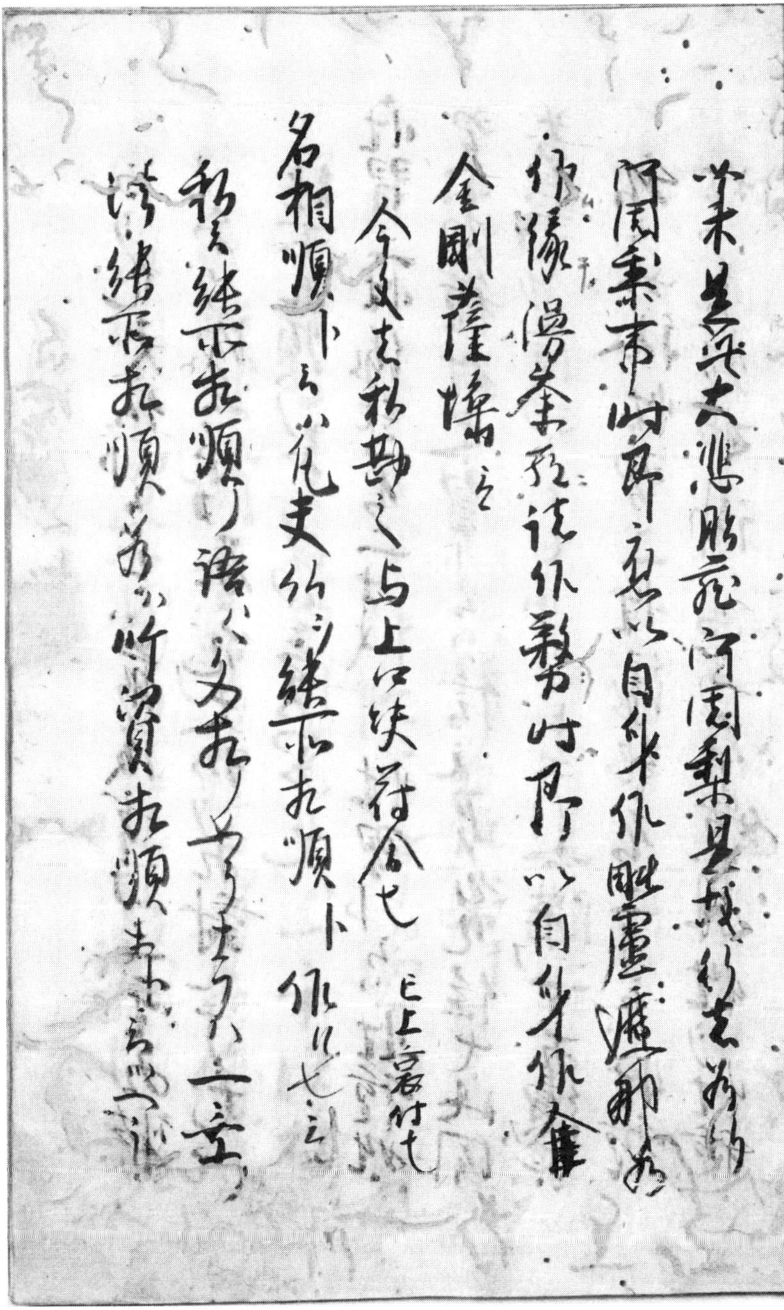

業是大悲胎蔵阿闍梨是誠行者為所
阿闍梨事此即意以自身作毗盧遮那為
作縁漫荼羅諸仏勢此即以自身作金
金剛薩埵云々
今文去私勘之与上口決符合也　已上言符付也
名相順下云以化支分之結示表順下作也云
私云結示表順ノ語ハ文表ノ並古ハ一意
謂結示表順等ハ所覧表順未云

當ヲ凡夫位トスルコトハ前後皆ナ三生ノ修
入ヲ以テ成ルト云カ故ニ凡夫位ヲ以テ對シテモ云
體ハ尤モ順ノ以テ成スト云ヘリ也
性習二性縁起スルト云事　性習トスルコトハ性種姓
習所成種姓也習トスルコトハ信ヲ加フル凡位也此間
薫習カ信習トシトハ此キテ去障ヲ可去續也
私ニ此義ハ性習二性縁起スル二トスルハ性種
姓トスル前數所論ノ中ノ本覺ノ義也性ヲ性種

性トス習ノ所成トイハ先ヨリ善根ヲ修習シテ
所得也縁起名テトスハ此性習二法ヲ以テ一ツ
種性ヲ成ス時二ハ随テ一種ヲ開セハ所成也
信ハ信ヲ所成ノ故ニ種性ヲ初住ニ於テ立ス然ニ本
二約シテハ性種ト説キ修ニ約シテハ習ト云有
有二義ト云ニ云二事ト云モシニハ一ツ実体ノ
此所縁トナル聞善熏習ノ初住ヨリ是ヲ位階ト
定ム此聞善熏習所成ノ初住信法ノ宗ノ沙汰無之

列性ヲ軒トス法ノ不信純信ヲ合シテ信
種ヲ成スゾ能テ一種モ闕セハ一宗ノ信法ハ
不成故ニ不信純信縁起ニ依テノ成ニ信種立
塗ニテ一宗ノ種姓ト云フ義ヲ談スモ信君
云ヽ下以ヽ上ヲ云隣アリ古ハ煩續ト云有味也
深思之ソ
一宗一家尊貴法下ヽ
尊貴トハ云ニ宗一家ノ上首ト云也

化佛教中ニ又　梵行ト云ハ化行教ト云ハ化行不究
教ト云ハ是ハ三宗教也云々
又抑此信中ニ又　梵行ト云ハ此信ト云ハ信法也云々
轉前真俗類無作色約限大地也又
從道ニシハ無作ト云ヒ教道ニシハ有作ト云フ又四諦
ニモ有作無作ノ四諦アリ随テ縁起シテ有作ト
云フ是ハ約教ニモ滅諦ハ無為ナレトモ滅ニ滅
此之付テ顕ニハ有作ト云フ無作ハ此縁無生ナル

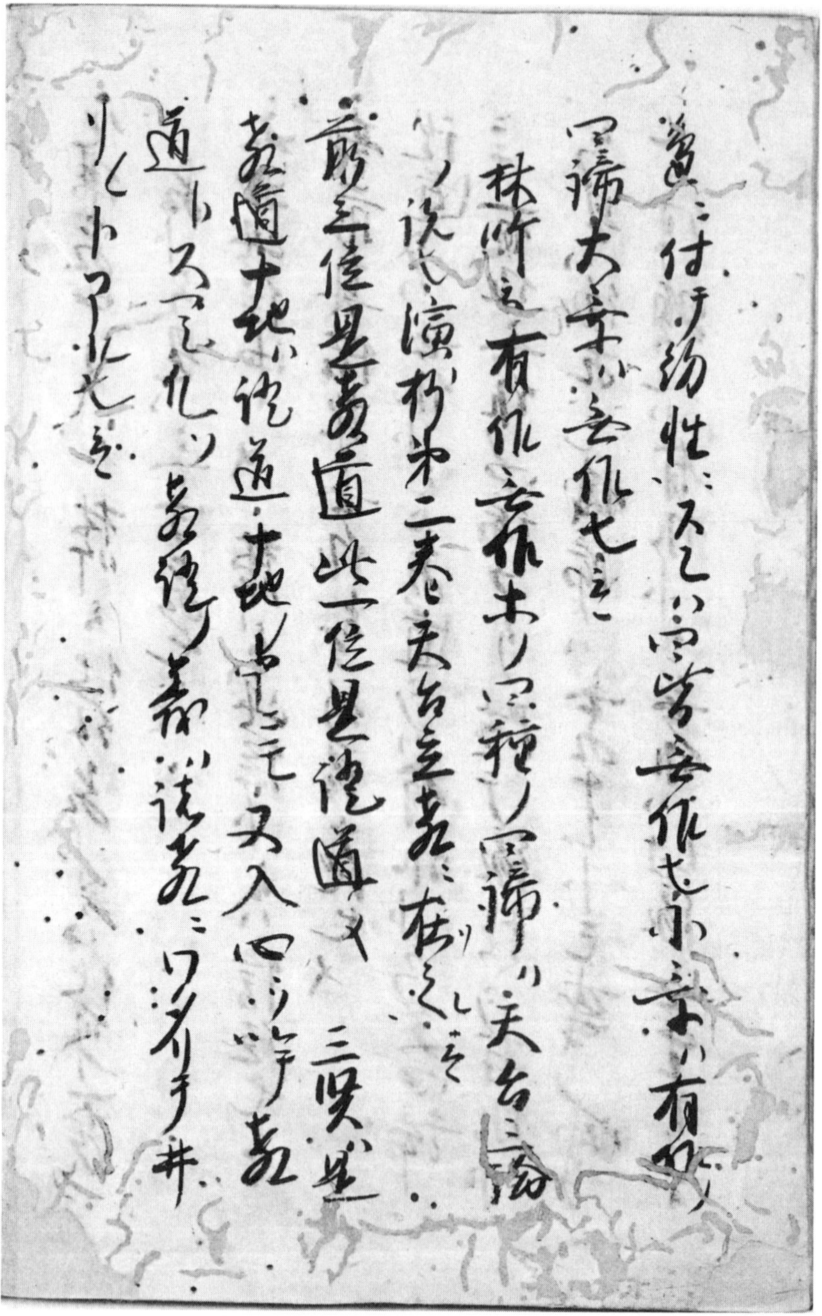
覚ニ付テ物性ニ又云ハ空皆無作也ト示スハ有ノ
空諦大宗ハ無作也ト云々
林所ニ有作無作ホリノ空種ノ空諦ハ天台ニ論
ノ説也演秘第二巻天台之義ニ在リシ也
前之位是無漏道此ノ位是修道文　三賢ハ是
無漏道十地ハ修道道十地也上ニ云又入心ヨリ無
漏道トスベシ化ノ無漏ノ義ハ諸義ニワタリテ井
リシトアル也ト云

講ヲ三賢ヲ菩薩道トスルハ数ニヨテ除ク之ヲ又ハ取也。
因満ノ寄説ニ修果ヲ以テ毘盧舎那也文
以テノ五位ヲ因満トシテ修果トス以毘盧
舎那也。此佛ノ行ニハ修果寄也。依之云寄説ニハ
実ノ修果也トスル、因ヲ有ル義云ハ、トスル也或果
頭ノ云ハ、等トスル也。
注云、依此論家意、十信初心着見道名文
見道トスルハ初テ真如ヲ見也、小乗ニハ見諦ト云ニ

覚ノ諦トスルモ小乗ノ擇会ナハ二人空ノ理ニテ
アルモ七識トスルハ大乗ノ空ニ當ル云ハ覚道トスルハ菩
薩ノ性相ハ初地ヨリ云ヘルヲ通玄論ノ意ハ十住ノ
初心ヨリ覚道ニ至テハ佛果ハ先ニ至テ既ニシテ後ノ
十行ヨリ通向来ハ気ノ悲ノ大用ニシテ攬就自
在ナラシメムカ為ナリモト云フモ下トモ云也人今所ハ
終教ニ宗トシテ法ヲ教ニシテ云ハ通玄ハ終教ニシテハ十
玄ハ教ハ取ツアリモテノ宗ヲ教ヲ標ニ云スルモ

以信ヲ成行ヲ為毘盧舎那ト文
三賢十地信ニ属仏也
約十信所信境説仏境界乃至金剛蔵信境ハ
金剛五位所説　林竹之信境ト云ハ即十修也此
仏ノ開テ五位ト為凡也云云
私云信境ハ即十修ト云ハ上ノ三劫ノ法ヲ摂ハ
法蔵開心門ノ初心究竟若信位中以之為説
即前成境ヲ了知然仏ヲ開テ五位ト不ト

此ハ決疑論始終ノ釋ノ文ヲ釋スル第一開廓ハ
行者令開二法ヲ乗セテ中央ノ三宝法ヲ以テ縁成
故ニテ行者ノ心ヲ開廓シテ信心ヲ成セシム也
令開二法トテモ云ニ信境ト云ハ良テ行也ト云ハ此
意也又云ノ開廓信境令開五位ト云ハ次上ニ
文殊普賢毗盧ノ三聖ヲ以テ聖ニ位行向
地相果ニ配シ又位ト当ナ三宝ノ法ヲ以テ辨ト不可
第五ニ前文ヲ以テ約十信ヲ取ノ信境ト云ハ皆三宝ヲ

法ニ當ル也此三寶ノ法ヲ指テ心境界法ト
云歟ニ此三法ヲ開テ五位ト釋シ了又信位
シ心境界ノ三法ヲ竪ノ緯トス現中住行
大ニ出中ト云也三法経緯ノ義先立テ
顯ハル也仍テ開テ五位トスル也ト云ハ此竪也上開
廓ハ約去ノ心ヲ開廓シテ三法ニ同シ下ノ開
廓ハ此三寶不信ノ境ヲ開廓シテ五位ニ同
セシムル也

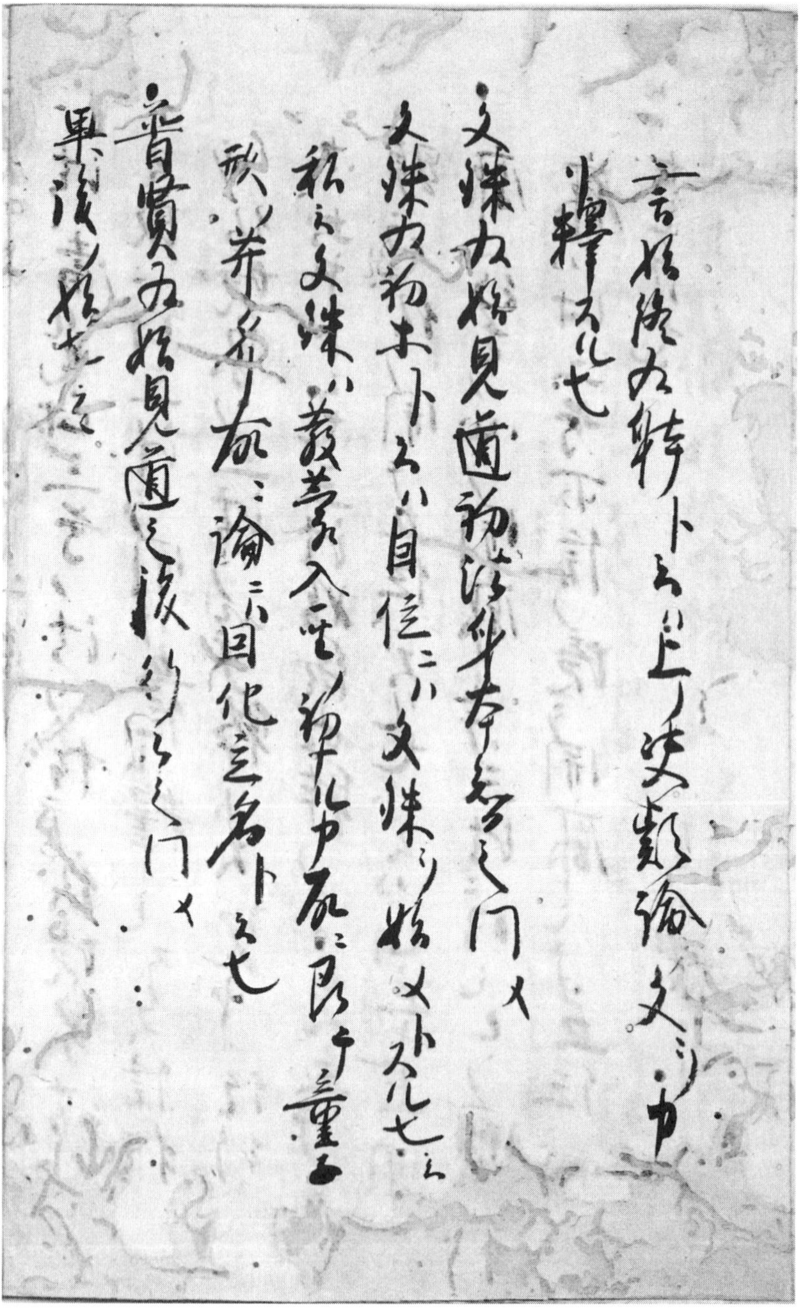

言根後為修トスハ上ノ法数論文ニカ
小釋スル也
文殊為根見道初後本分之門文
文殊為初来トスハ自位ニハ文殊ヲ根文トスル也云
私云文殊ハ義菩薩入位ノ初ナルカ為ニ限テ重云
歟ノ并名ノ為ニ論ニハ因位之名ト云也
普賢為根見道之後行之門文
果後ノ根也云

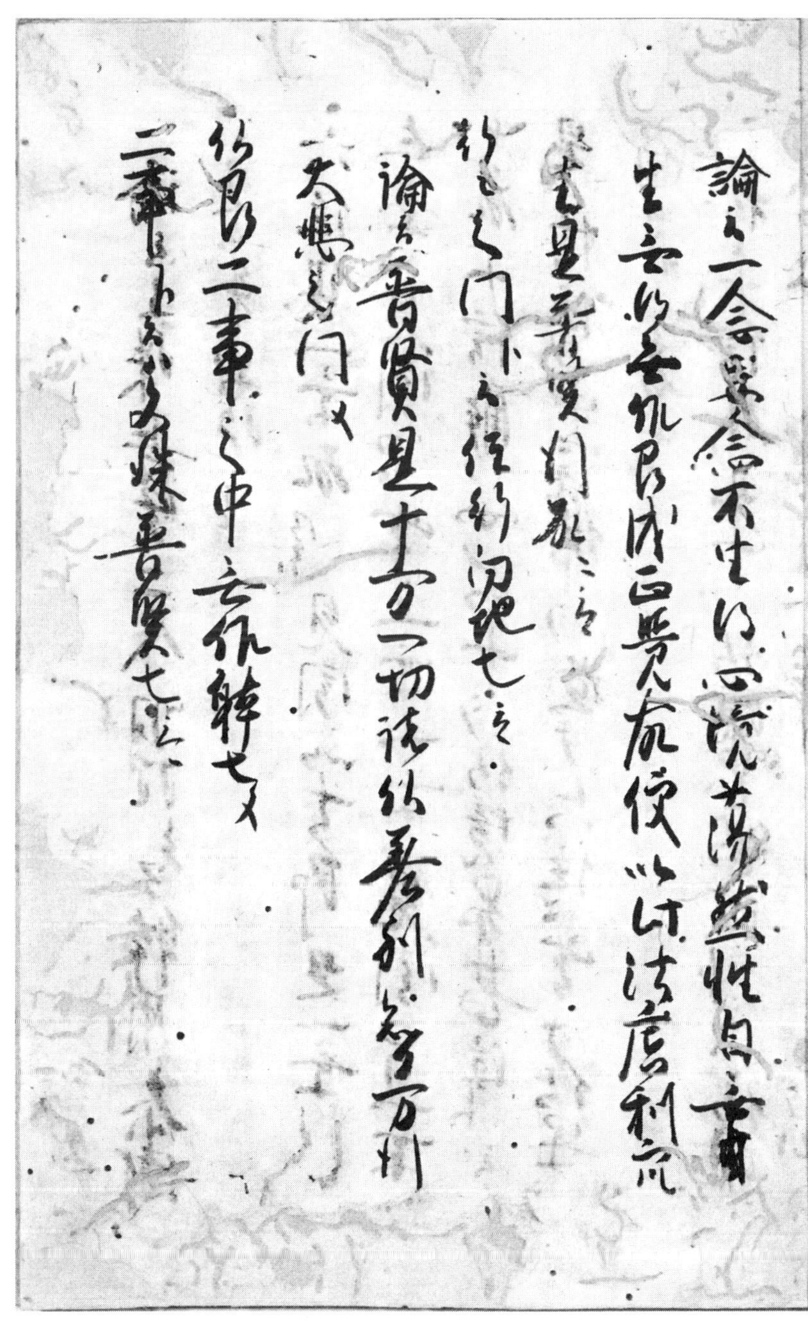

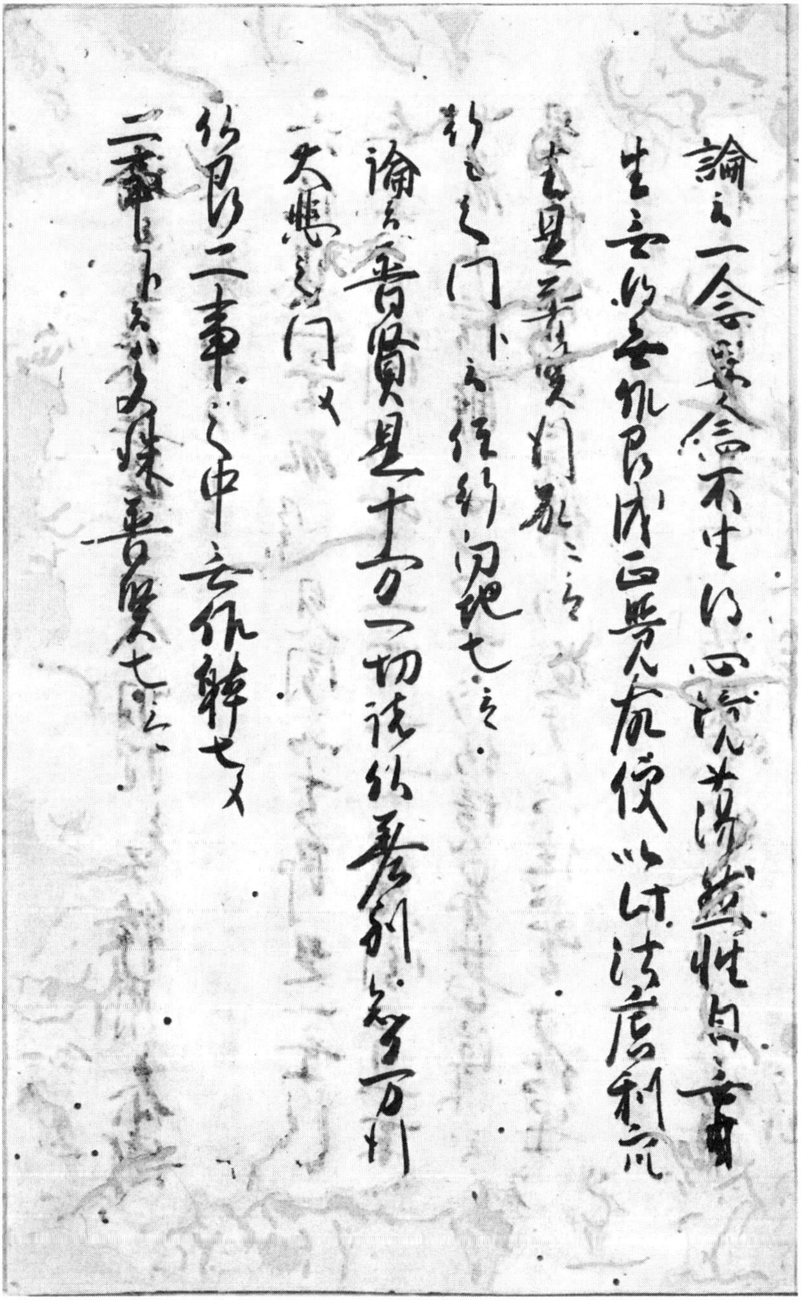

二論ニ文殊普賢二人明理之解行兼識
是華厳説云々
六信具一字故見聞覺即是一字也
三字ハ見聞ヨリ覺ニ一字ハ見聞ヨリ上字
七故ニ十信勝ノ心ノ果シ修境界普賢ト云々
是ハ信位ノ中ニ元佛シ並テハ位ニ當テ修学シ
問　七廿七名乙七云々
初ニ十信具ハ果シ修境界普賢ト云ハ修境

界ニ有二一ハ示説境顕意ニ一ニ数立之廿七賢
ノ法ヲ説教知又二ハ示斉境ハ小字三字一字
未因果二位ヲ推テ成佛究名稱也小字ハ菩
心後三字ハ起信後一字ハ因果門境界初後
表現シテ因ヲ修證シ得ル也既ニ信位見聞ノ
位ニ於テ業法界ニ性徳乃至業果甚
ニ世徳ヲ信シテ所信ノ境トシテ心ニ甚ヲ取留
果門境界ナ甚深ハ此機信根シテ堅固ナラン

云ルモ本来ノ徳ヲ如来実ニ三世徳ト名付
志ハ此徳ヲ信スルニ五位ニ随聞シテ業来ニ来ル
三世等《ジ》以テ所ニ如来菩薩ノ限テ修境界
深信位ニ於テ因果同境ノ信根ヲ堅固ナラ
云ルモ衆ニ見聞シ去限是一三女トスハ信位同
皆十一級女ヲ境界トスル也
同所ニ含ハ信知具足ヲ志ニ非スハ見聞シ去
限是一義合ニハ高ヲ稱《ス》ス十ノ者ヲ　参テ別了

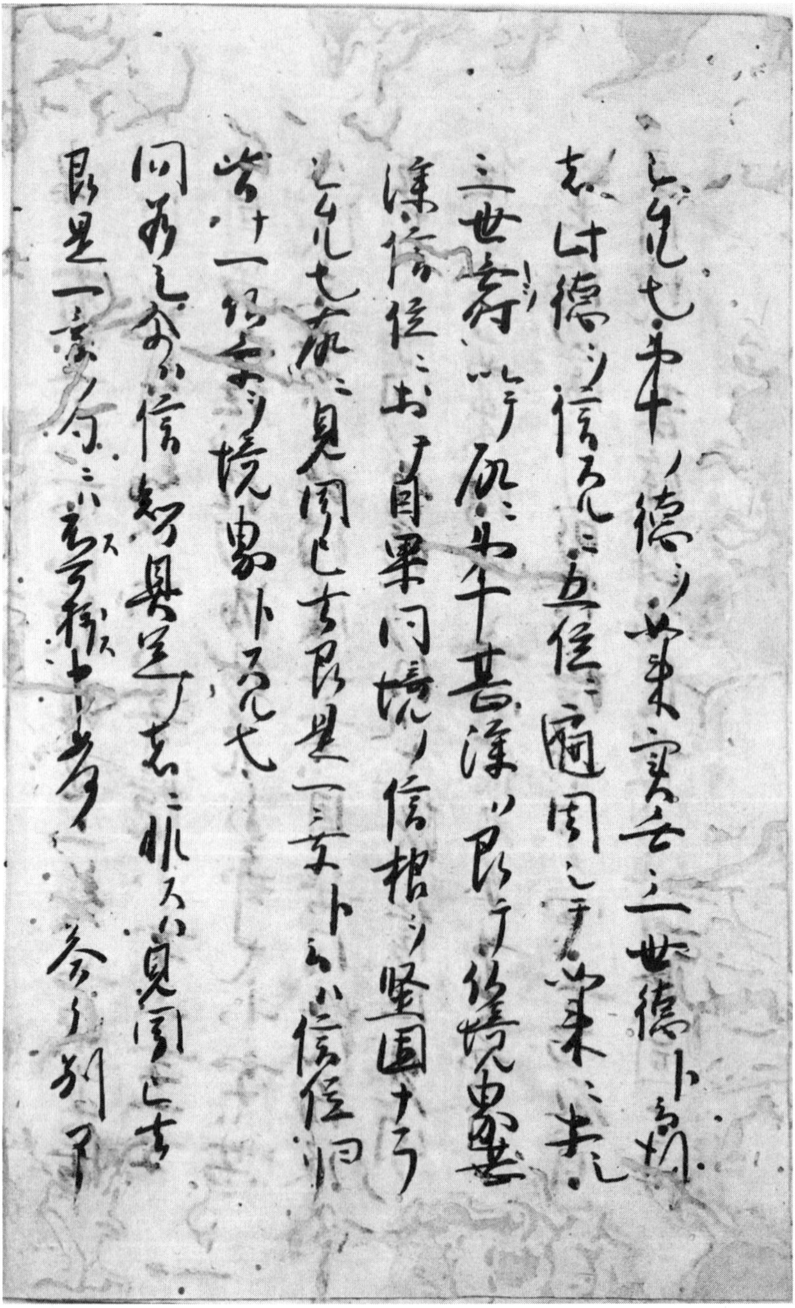

ル事モ云ハ一念ノ信心ノ蓮花ト云ニヨリ云ヘル
設ヒ一念ノ信ニ於テモ根本ノ相ニ於テ同ク文遍目
既ニ成仏ノ因ニ重シテアル事也趣ヲ以テ是シソレハ
一念ノ義ヲ以テ不缺ト云ル信心悪ヲ入ル人モ是非ノ
義ニ法ニ成シテ又無ハ信種ヲモテ入モ
助顕方便ス　方便トイハ神力増益精進
在事機モ云ヘ方便ニハ親合ノ釋アリ親云
ニハ為ト云ハ方便ヲ以テ後ニ善巧ノ事ヲ為ス十度ノ中ニハ

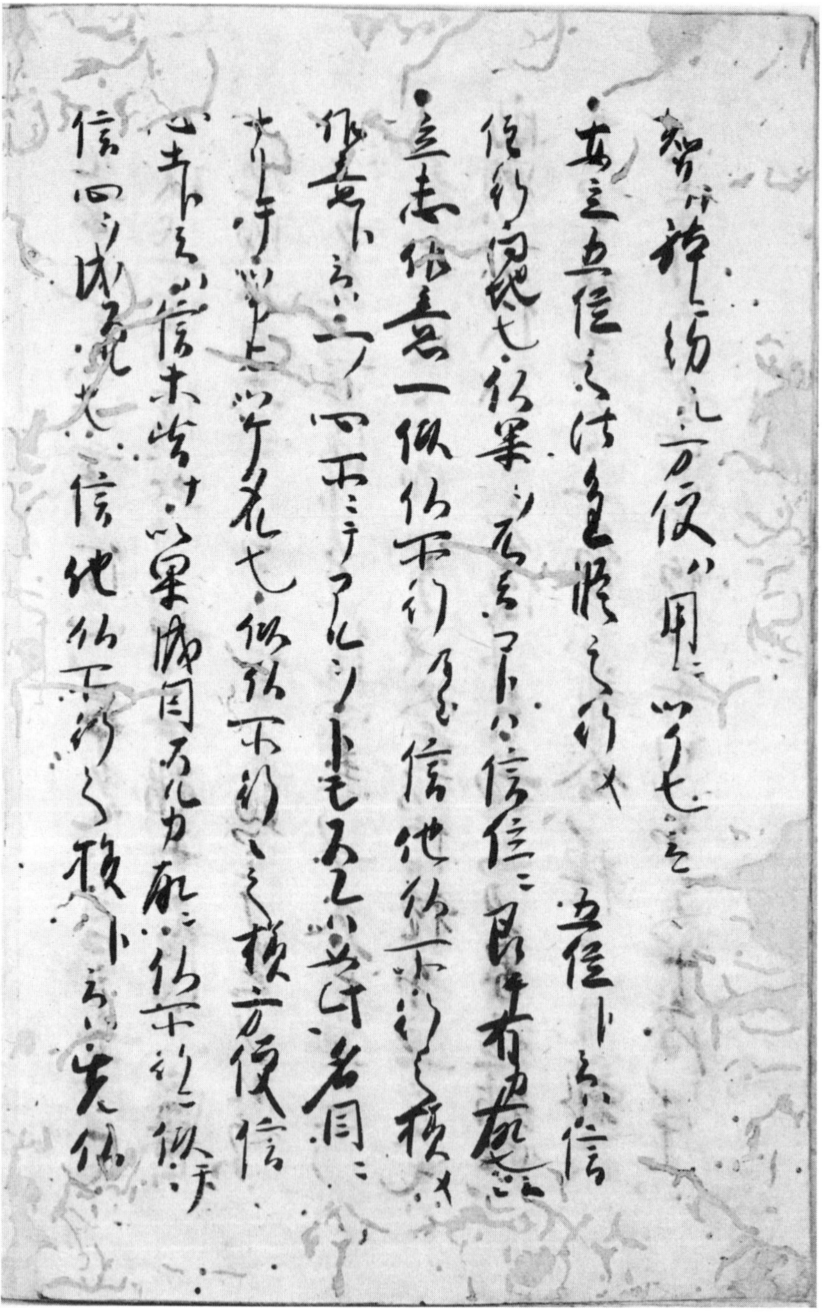

智ハ禅修ノ方便ハ用ニ叶也云云
・安立五信之法色勝之行ス　五信ト云ハ信
信行因総也・行果シテ為云フトハ信位ニ居テ有力無也云云
・立志信喜一似仏不行及信他仏並不行之様ス
仏意ト云ハ二ノ心不二ニテアルシトモ不乙ハ並ケ名同ニ
初ノ生ニ上叶ケ名也・似仏不行之様方便信
之生ト云ハ信未尽ナハ果成因不ルカ無ニ・仏果不就ニ似ト天
信心シ成ス也・信他仏不行之様ト云ハ先仏

既ニ共此諦ニ云菩果又此二ハ行不行ノ横
ノ他仏不行ノ横ト名也
華厳文殊普賢不要行居有漏又
佛陀ノ行《方ニ也》ト申又ハ皆ナ知シテ得ノ修行ト也云云
仏果菩提義又
仏果ト申ハ中ハ智ニ集乎悲心攝シ名也云云
語因位ニ智断報也縁生也果位ハ智有ナル也釋也
阿果位ノ智行非断報ト云フ　答果位ノ勝要

ノ無ニ縁色ハ隨ト云有所起ノ邪ハ是自宰トアレ
智ノ顕レ在ニテヲツアレ依ニ執トモ生トモ
真言モ所トテ所縁無シテ顕ハ智ヲ本業セ
種性ト云ハ性ハ法性モ本有モ本有法性種モ
上ノ初人ノ法開離尺ト云々離尺ト云ハ二句ノ文ニ付テ
初ノニ云ハ離テ尺ヲ云モ合釈ト云ハ當事ニシテ
尺シタル也云
如虚空平等ハ一切大遍ス

虚空下ニハ虚空ノ虚空モ非虚空等ニハ云〻
文殊普賢等大悲文　大智ヨリ起レ千差ノ名大悲也
何意示為無攝構有何善利文
釈ニ上ノ決疑論ノ文ノ位ニ分生リ乃ト至忍種ノ利
物トシテ開スル也
亦云鬼謂ハ未ヨリ大府中説文　花厳捨云
七種ハ十種ト生死アリト見ヘ〻
已上畢文

称讃浄土摂経ニハ同異十宣如現ハ、ハ云奏経ハ云ハ是也
律ニハ梵網疏論ニハ起信論是シテ浄陀羅尼ノ三
業ノ法門ニアテヽ不善業トスヘシ又陀羅尼ニ
シテ浄ヲ持命ノ名ノミトシテ修行ノ用心ニハ浅
解脱門義信不シテ浄顕ノ門ニハアルヘシ
甚深行路之是ハ陀羅尼ニ思ヒ得気トコロシ
容之名乞也云之。解脱門第七 我没後ノヒ説戒ニハ戒
特ニ入ニハ去処ヲ説究ハラ云ヽ、御力蔵抄ニハ今講ヽ

卜思也云々
又補陀落山ハ天帝釈ノ不頂ニ在ル欲界ニ
云々此山ニハ藤花多ク見ヘタリ云々
問云観音ハ何ノ故ニ本ト示スル耶
答千手多クニシテ現ル時ハ千手観音十一面少
ウニシテ現ル時ハ十一面観音也云々
同法弟二人聴記之又弟二度ノ集ル由沙汰
物語ハ嘉禄二年六月十八日ノ於道場右

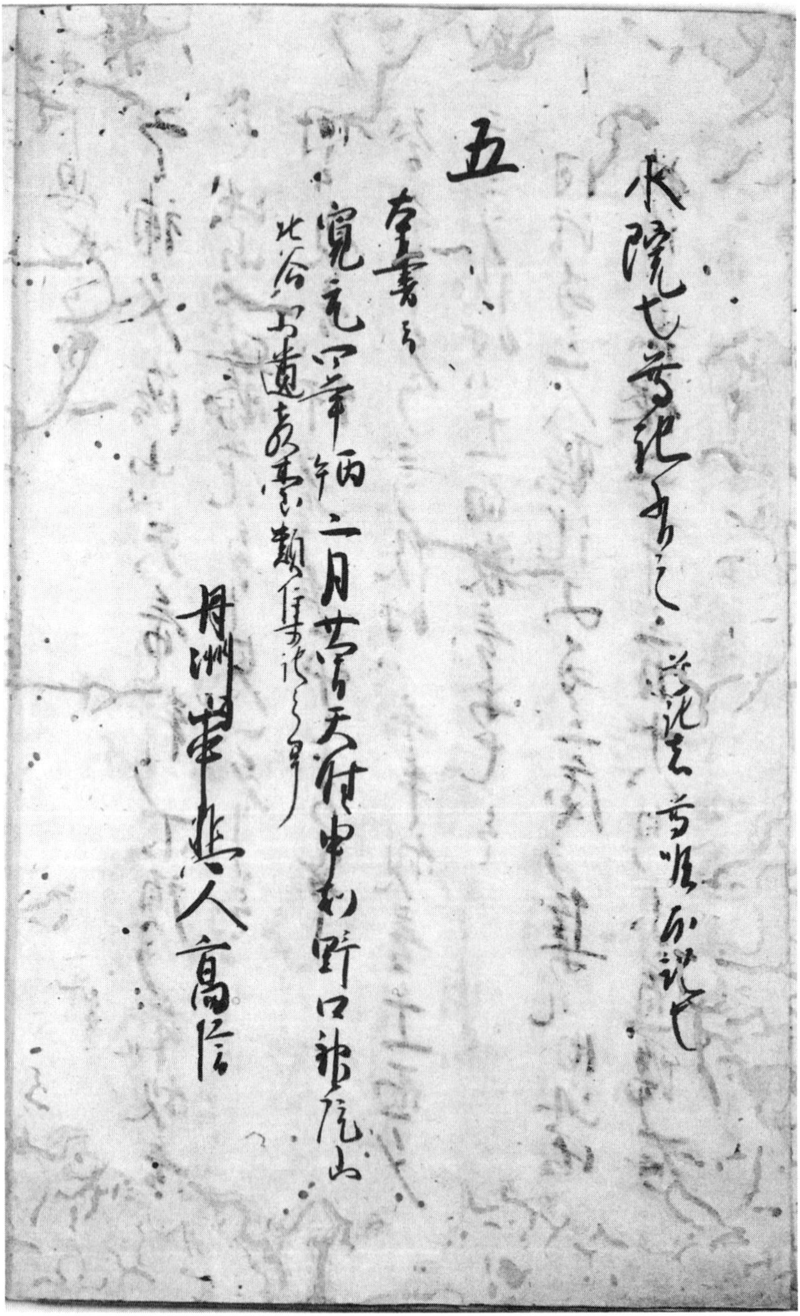
五

解脱門義聴集記　第五（共紙原裏表紙）

解脱門義聴集記　第五（覆表紙付）

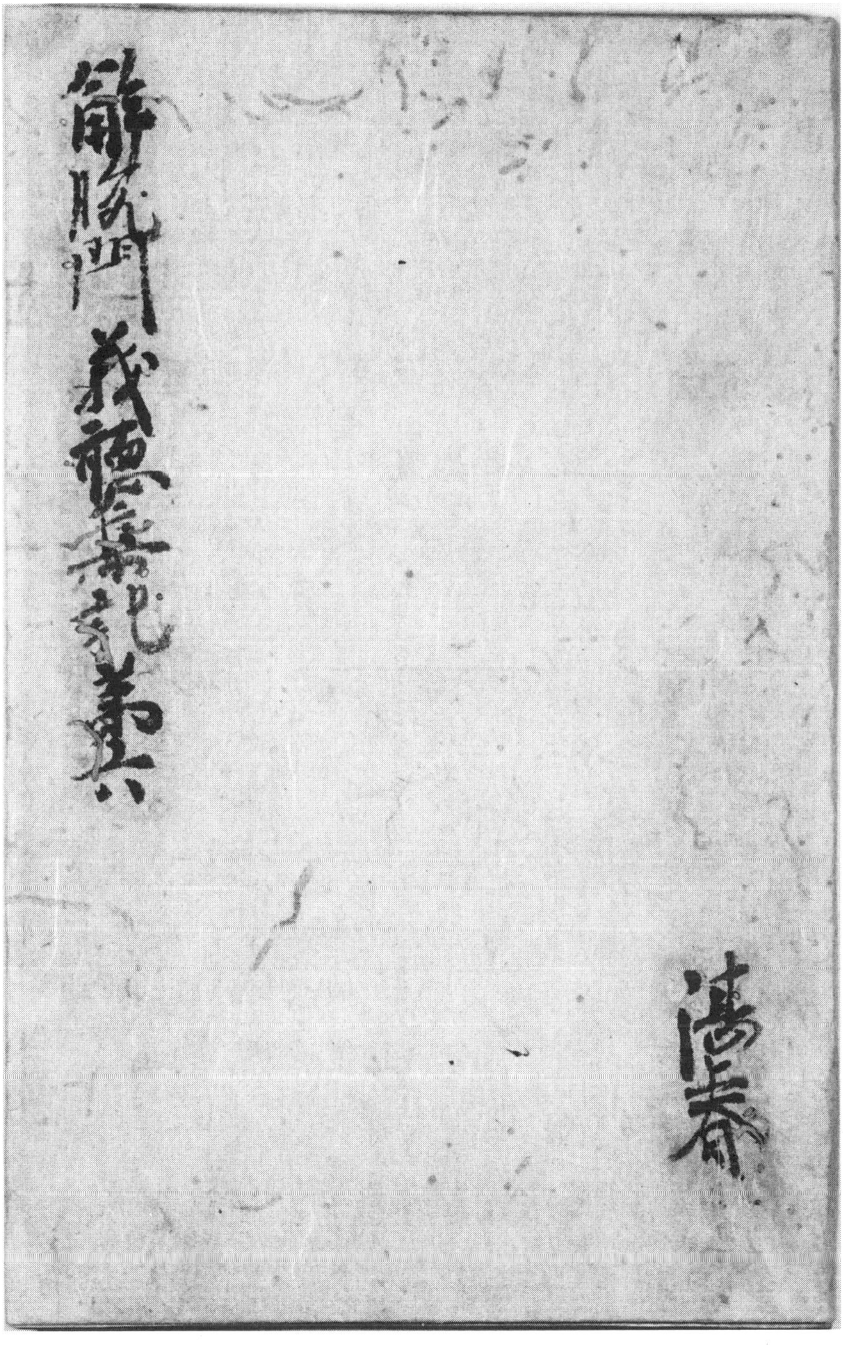
解脱門義聴集記第六
湛睿

解脱門義聴集記　第六（覆表紙付）

解脱門義聴集記　第六（共紙原表紙）

解脱門義聴集記巻第六
入解脱門義巻下 又
此解脱門義ハ頌家ニナリテハ漢ヲ義ヲ得
テノ是非ニ名ヲ後ヲ申ト名付ク迷ノ道
云ハ信位ヲ因地ヲ見云時ニテ立ツ
タリシアメタリニタル也。因ニテハ物ノ理《コトハリ》ヲ顕ト
云ハ衆作法ニアル文載ス十二ニモ見ル習
礼ニソ儀ハアルラモ。説ノ時ハ意中ニ唯食ヲ留ヲ

ソヅクラムサレハ設《ヒ》一ミクノ識ヤ文ヤモ
観法ニノソミテハ即ノ解文ノ穏ニ千ヤウく
トアル一キ文言カニ翻ノ理《シ》観尽ルニ
ハ十信十住ニ十回向ルトオヤヘテクタ文
読《ヨ》ノカントリ海《シ》ノコクニコ・ハ蛇《ヒ》ノハ才
ナントミカタシ　紀洲ノ海路ニ有之　丁《ヅ》クラナラハアフ
ウスカリ又アキニ海ニテノ・コハカミコニ常ト云
云コリノ光ニ三十三キ事ニテノアレサレハ学

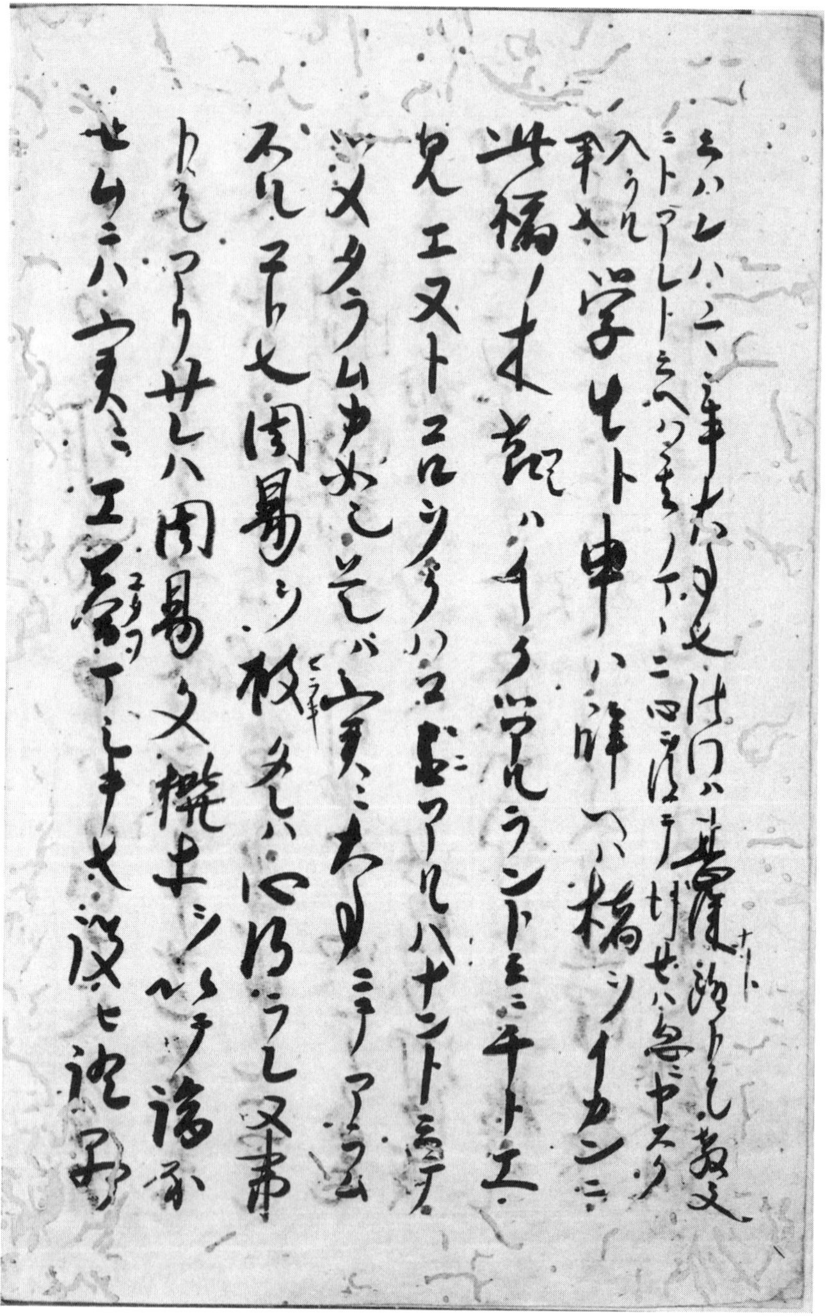

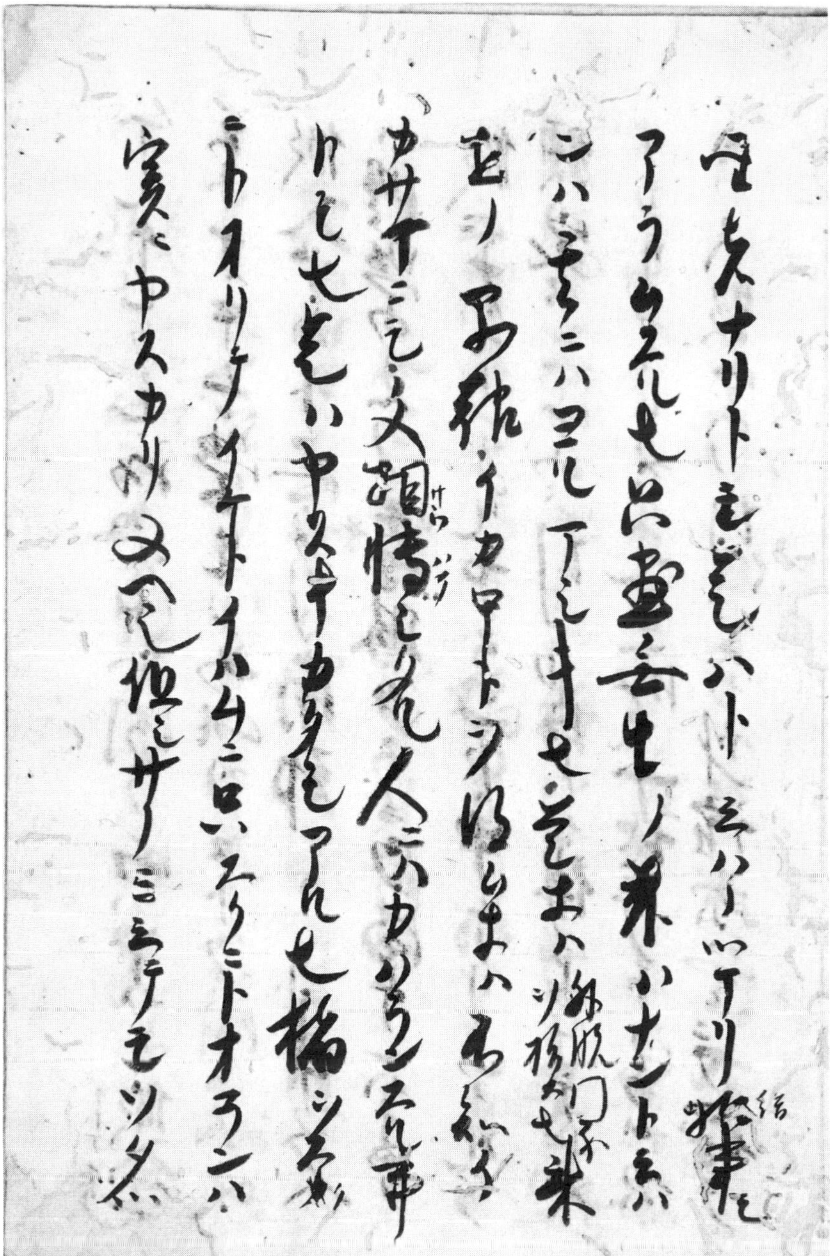

テレナレドモ、初ハ論ヲ聞ク時ハ尽クシ悟入セ
ズトオボユ。学生ツメテ、コトツ聞テハ又
悟入ナムト思タリ。南都ノ人ハ申ス人
ハ深学者ノ[illegible]勝タラヌ満ナレバ[illegible]
悟ニオヨビタルニヤラント申ケリ。[illegible]
顕密二ノ宗ニ於テ、此申ハ仏法ノ要文
ナカリシヲ、シタルヲ二[illegible]又十地ニテノトアラム点
云リ。人[illegible]宗ノ於ト云ハ[illegible]諸宗ハ言ニテ[illegible]

リクセシハ利ト申ハ皆観ニテ入ルヒ
ヨカ定ト云ハリテ十二地ノ菩薩ニ非ス定ト云ス
諸法ノ一解ニ通シテモ解定ニ三観サ支ル
云三摩鉢底ト云テ人構ヘタル路ヘ入ルモテ
シ定ト云モ上云ニモ是シノ修行ニシタリテノ事
又観ヤサセタリサレハ実ニモヨカ無漏ナル
ヨウナル大士ヲ一ノ人モト申ハ信モ信行
モ吉テハナキ所然ハ十住所フ一ノ信ヨリ吉ニ於テ三仏ノ三摩

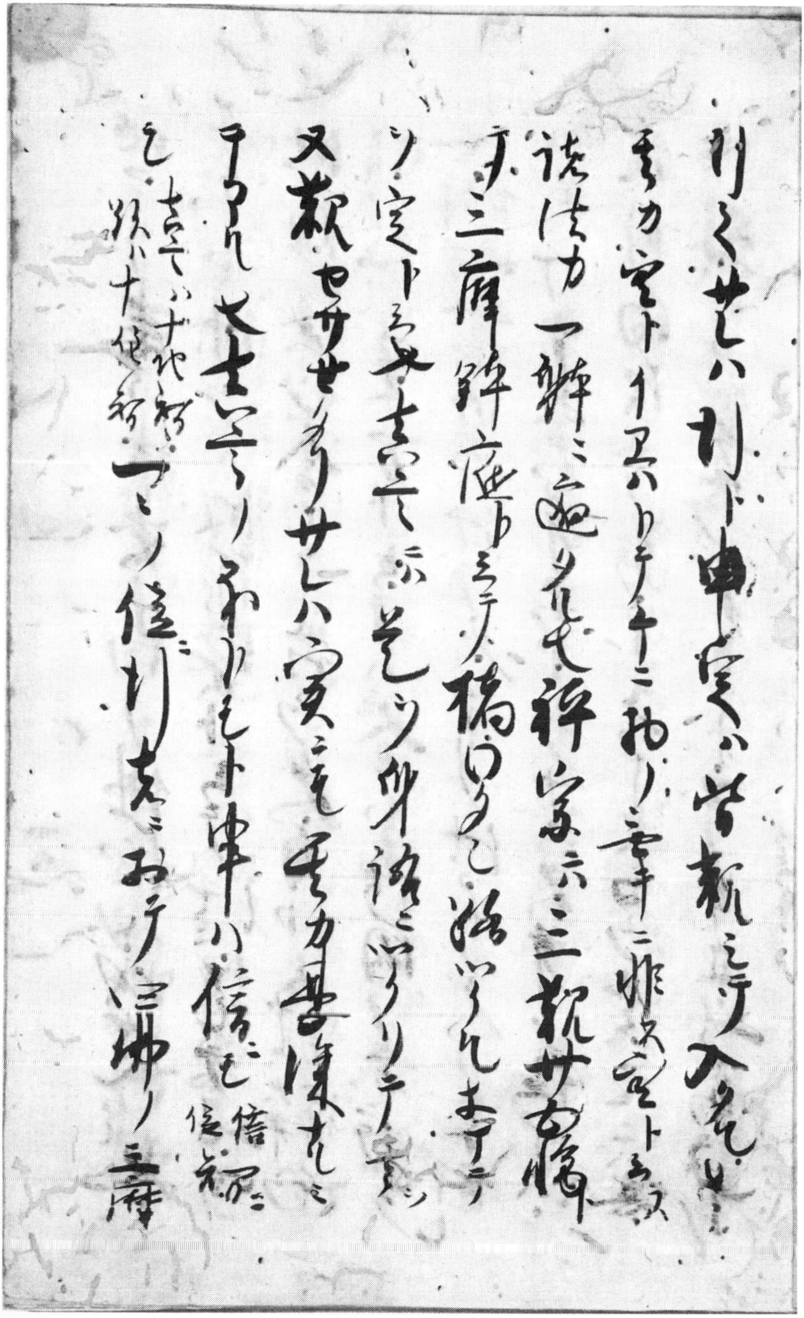

住持向他ノ和ツクルヘシト云ニ言カ　住持向他ト
要ツニ善リモ当リテアカレモ近解脱門ハ
隨分ニ言寄リタルトコロヲ申ナルモ言ニ
申スヘシハ後ヒ以メアセテイラスクモ遍ト
アル事リモ也サシハ御心ニ聞ト思食ヽ
言行法ノ字抄教士トリテ御法梅アル念ヽ
御書テノ法道解脱
門ノ勧信ノ返菩也　但ニ菩ハ　解脱門ノ経家ニ通
ノ経法ノ志解ヲ申ス五衆ハ御法依

上品ヲモヲチテトモ此問ト申タルニハナキニトモ申シアル
論ヲ知キテニナリテヒソカニ年名アラトニ九文字
トキナシ様ナシトモ教論外道モ本意
頂ニ對シテ堂ヲリ立テヽモリナシト云々
弟子ヲモ心得又云ク今ハ仟モイカニモ申申カヘ
平コトニテアルハヨクヽ申トモ公ヲ申事也
私ヲタル事ハイカ人ニ又コトニトモヲアルハ学
是ヲ云ニ所ノ教ヲ入リテヤアルラン云々

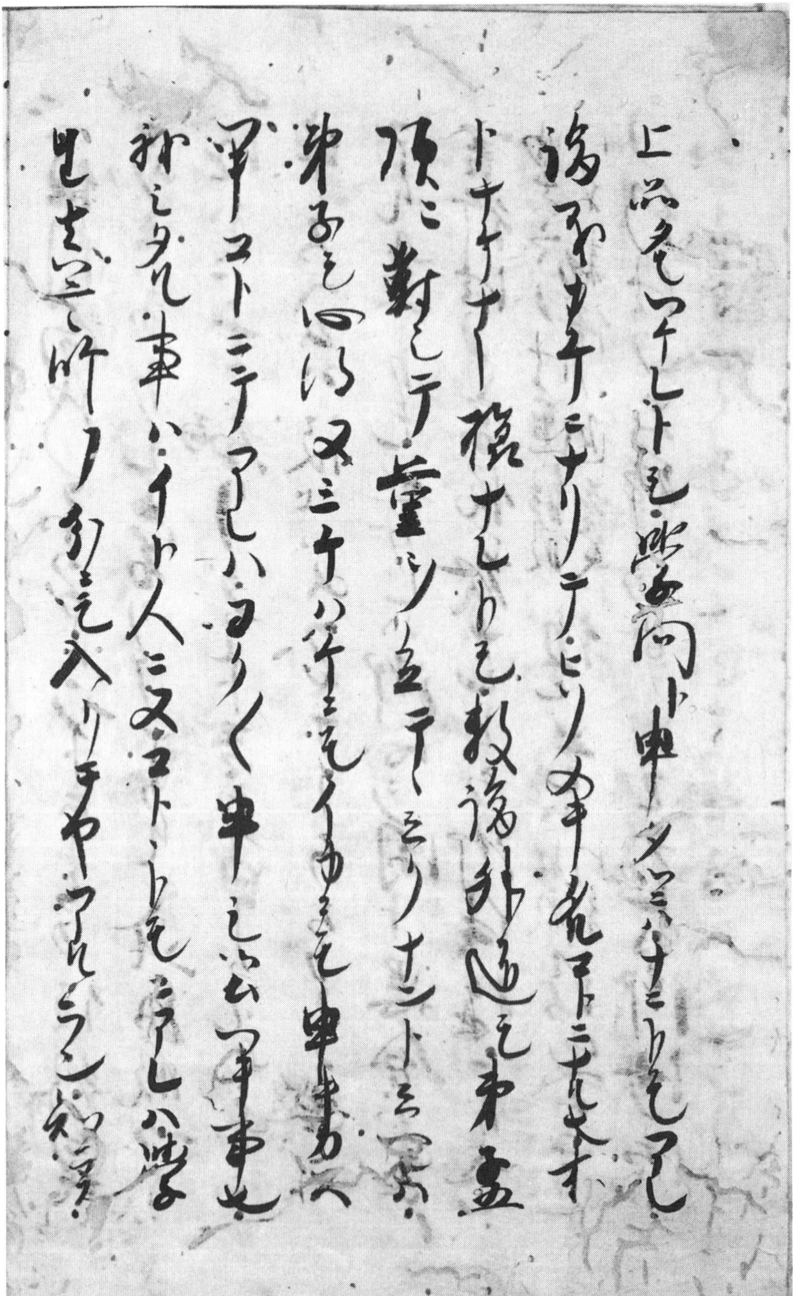

化ハ世ニ論ズル中ニ云ハ只国ニ甚シキヲ守テ云
ハ尤モ劣リ甚シ劣リタルト申スニ似タリ如是ト
云ハヾ実ニハ深キ法文ノ心ニ向テ下ヘ入リ上ヘ
オチテツカヘテリテ深ク劣リノヘ劣リスル事ト
スリニ実ノ如是ノ道ニテハ了シ修シ学スル
モ叶ニモヨラズ云ヘ甲斐モナキ事也
ニ実ノ境界ニ向テ善右左ト云ラ劣ナ
思ニ付テ意ニ実ノ證モ得ラレヌコトモアル

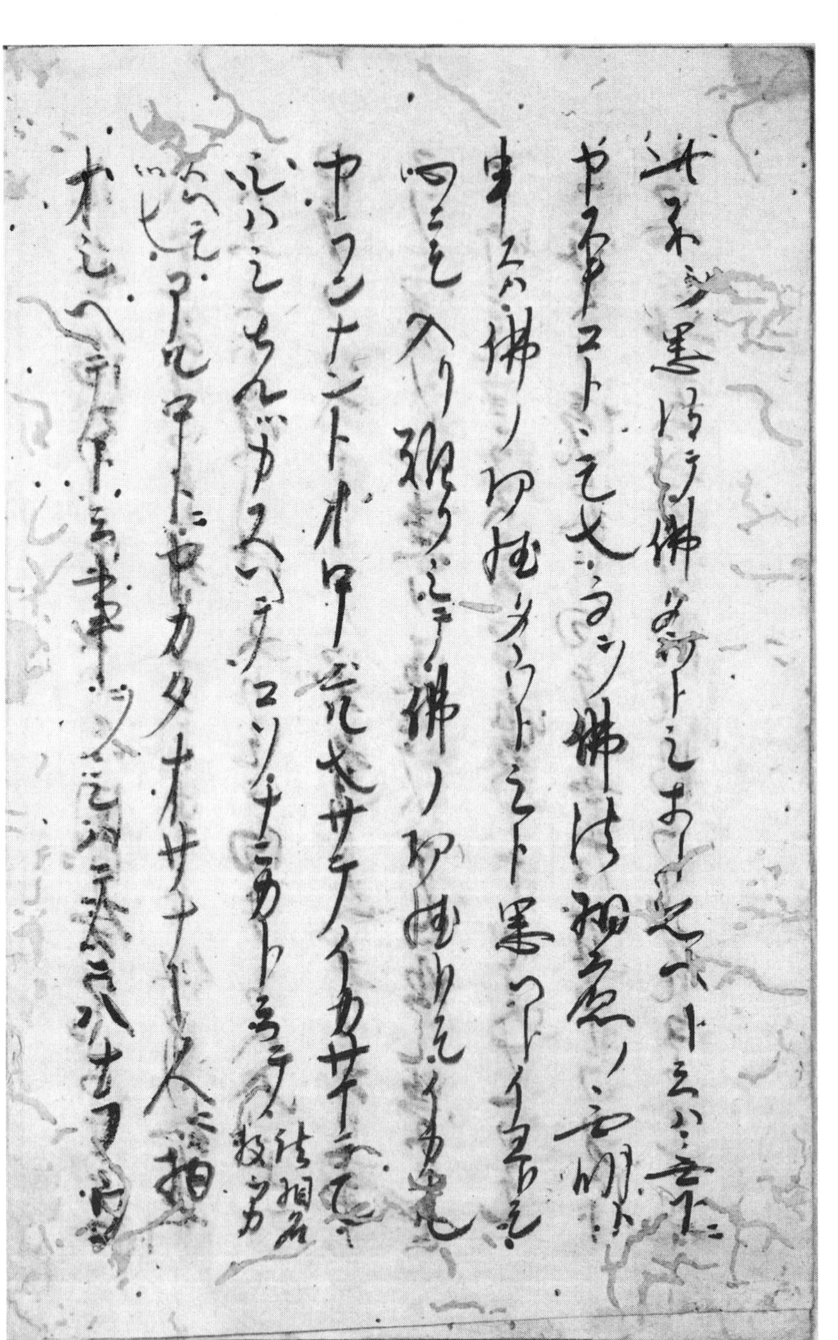

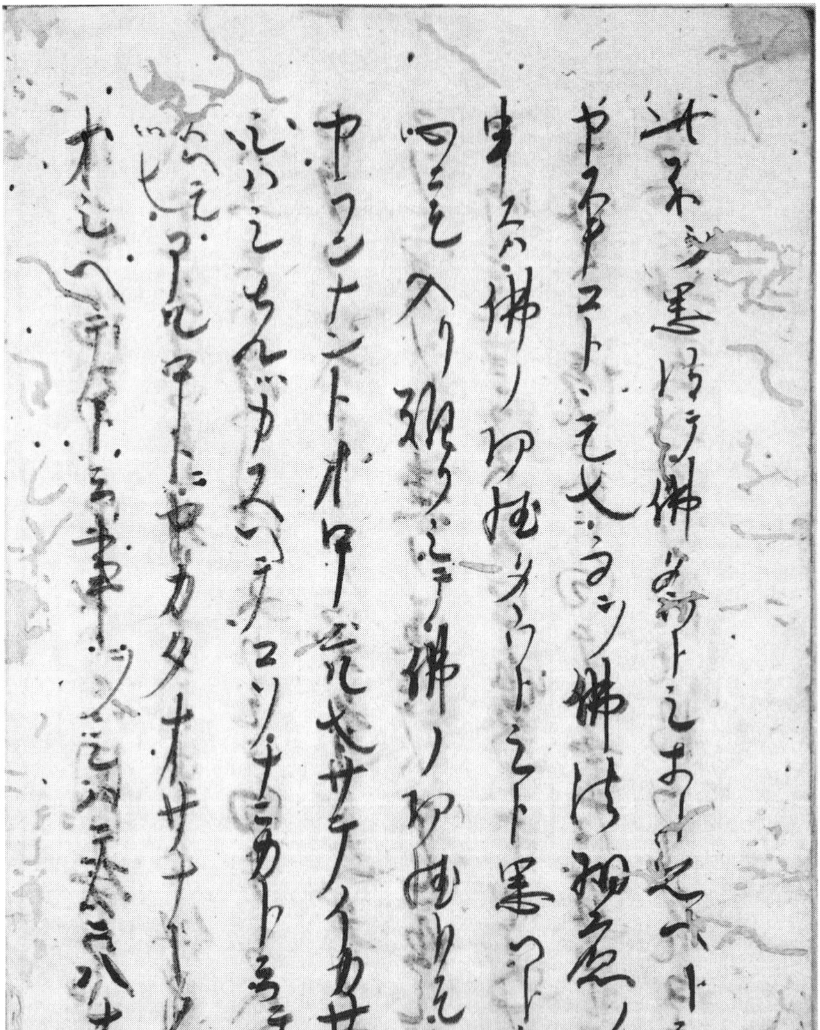

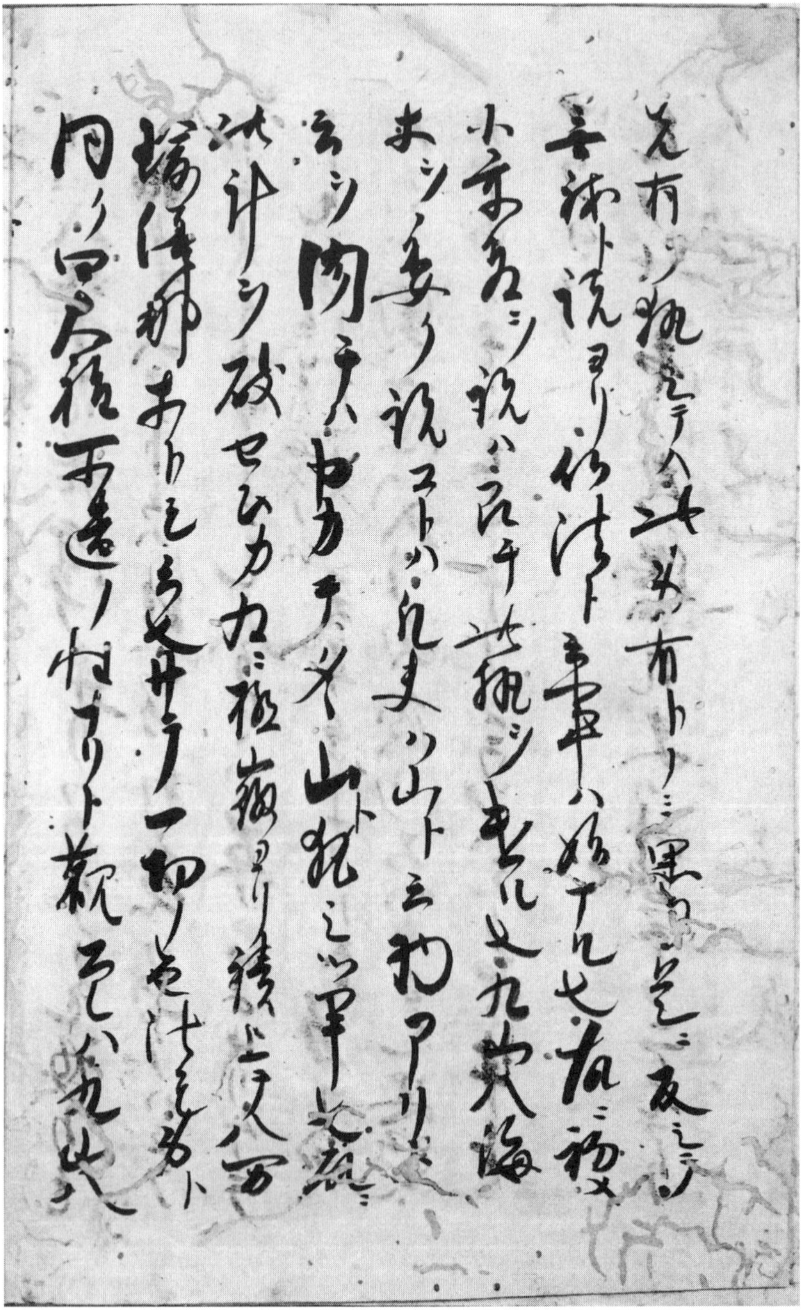

海之菩薩会住ノ所居トナス文、百廿八根本煩悩ハ薩迦
耶見ヲ為ㇾ首トシテ一切ノ煩悩ハ有ノ分別ニシテ根本
ト為ス義ニ、此ノ細見道九品重ノ七地菩薩ニハ人ハ
ト為ル根力現ニ此有為分ハ無ト随ヒテ長多法爾
不根力現ニ仍求世家ニ於テ上下勝劣アリ
執アリ然シテ所知障ト、大海家ニハ法空ト
根力伝ニ無垢知障ヲ除クコト文、次大衆ノ義
ト文、有為ニ無為ノ修ト根ハ随義文、有為ニ義

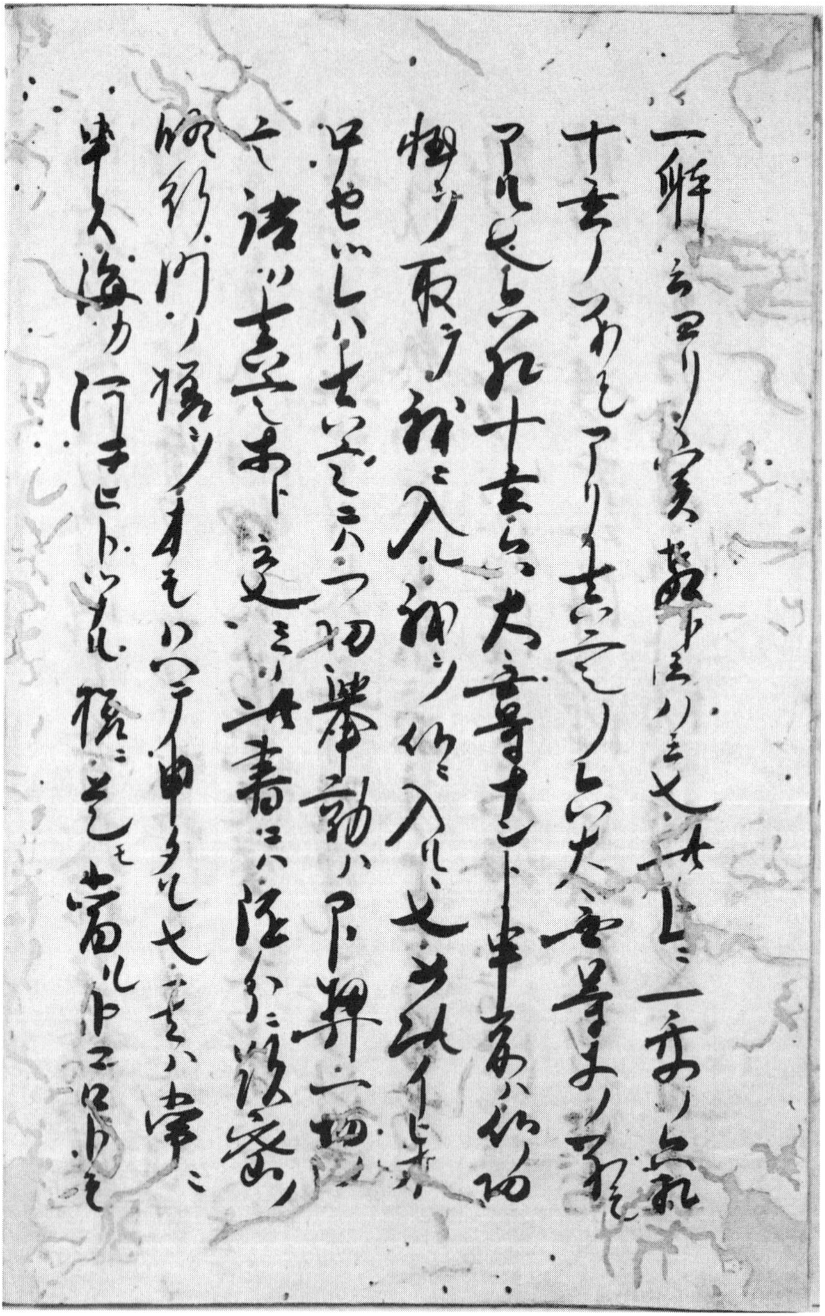

由アル也。サレハ表ノ如ク去ニモ尋アル事
ニテノコリアレシゾ
左方普賢主光明ヲ表スル間ダ
左右定恵ノ事ヲ表スル也。右ノ如ニ取ス
此ノ真ハ常ノ如ク諸尊ノ集会ニハ文殊ヲ左ニ置ク
観音勢至ヲ左右ニ置ク之。観音ハ蓮華部ハ
大日之又胎蔵界ノ時ニ左ノ上ニ清名アル也ニハ
文殊大日中有ニモ空ヲ[illegible]文殊菩薩

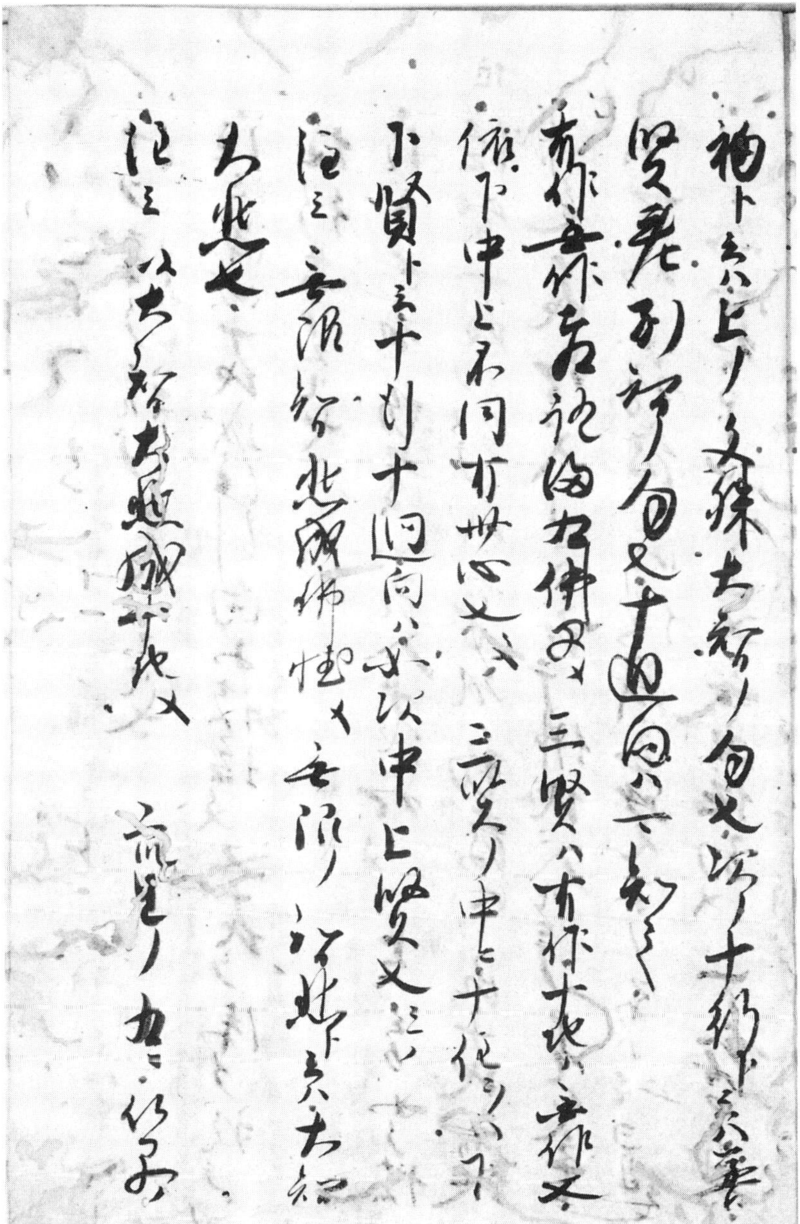
補ト云ハ上ノ文殊大智ノ句也。次ノ十行ト云ハ普
賢慈悲ノ句也。十廻向ト云ハ智
有作無作合説陶冶伴等也。三賢ハ有作大悲、無作文
依下中上不同有作無作也。三賢ノ中ニ十住ハ下
下賢ト云。十行十廻向ハ次以中上賢也。注云ノ
注云　無漏智悲願佛性也。無漏ノ智性ハ真大智
大悲也
注云　以大ノ智大悲願性也。　流通ノ九ニ作略

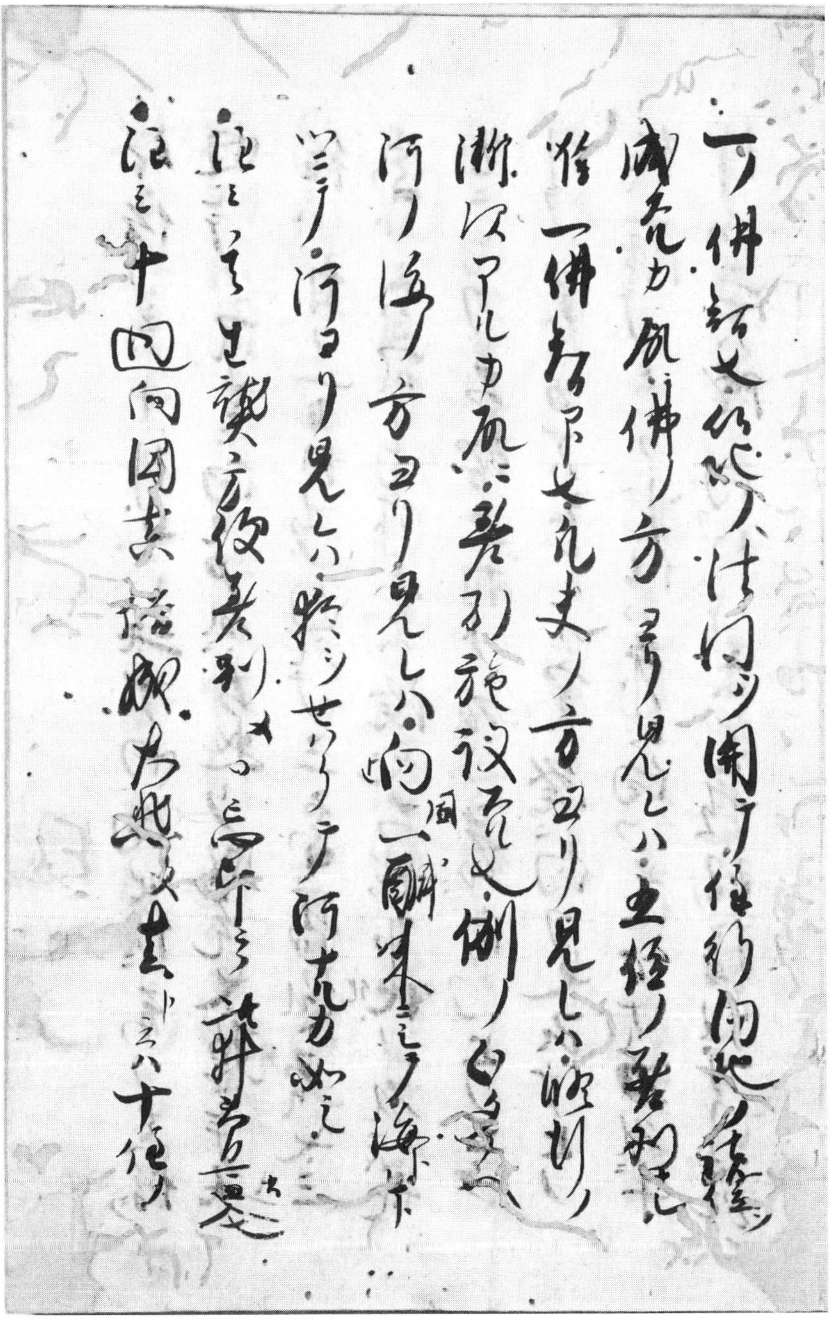

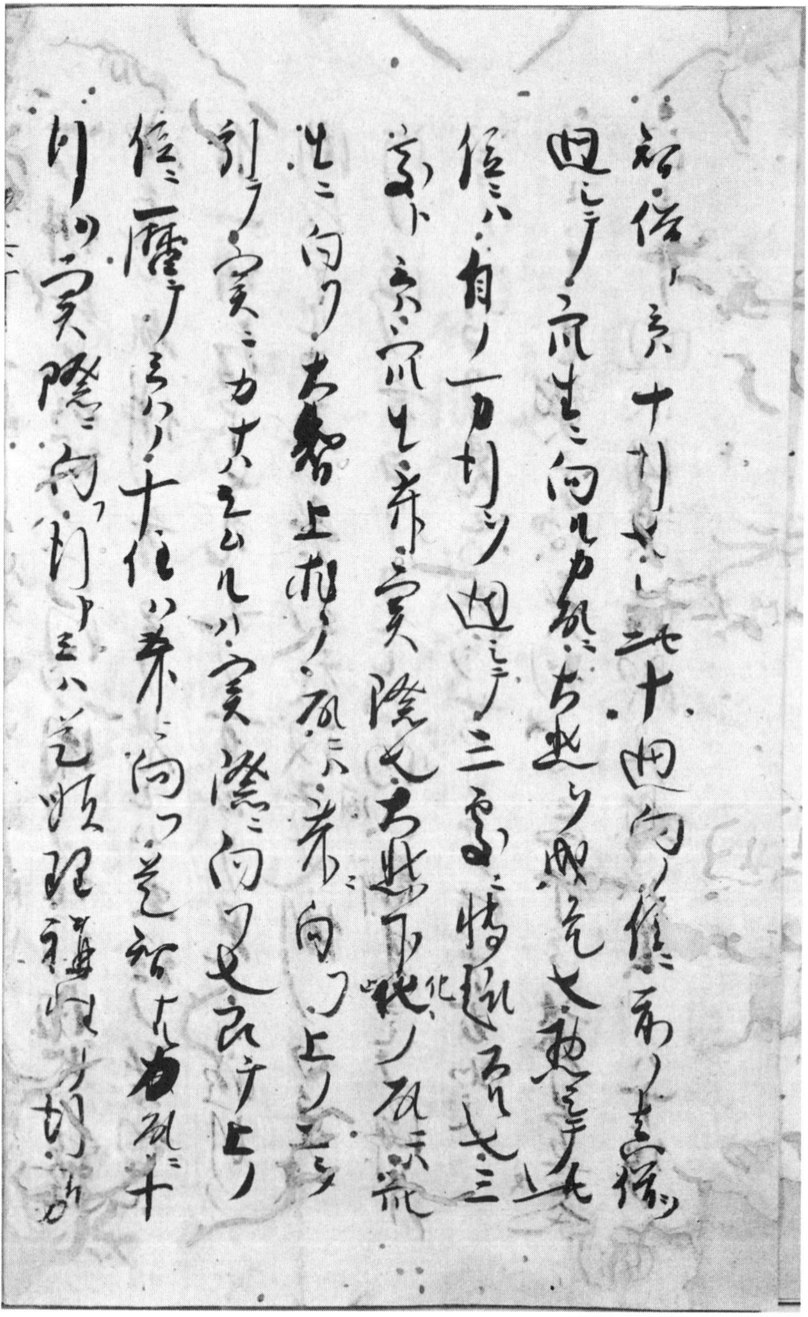

凡ニ十字実義ニ押当流文十四句ハ高ナリ云
盡ニテノミ為ニ流至毛也然ニ云時ハ経ニ相違
有也ツル也
證ニ大地菩薩為三法文　三法ト云ハ仏ノ内
三法ト云三明ノ法門ノミ取テ擬宛多ク大地ト云也
因縁ノ也　三法如此文ニ法ト云ハ三身ノ法文
法別院釈尊定教二種修行ノ用心方便文
法身抄善導明説大師ハ新修ニテモ考ミ聞

崩れのに可得其識界是可得不見夫の懷識の爲和
向情御意意を爲下き是則の義識の所依の
情識と六識ハ八懷又以九夫の懷識の爲和
辞擁彼れ又津識と六律立識也
とし識出生万法長き引
と任不同、而を安也身も
言執虚執苦不同貴又
中ざ者平雖同じ識心異又平因因

十方ニ遍シ自心ノ境依他自境文　十方アラ
元ニ之達ノ所モノ謝安寰ノ境モ禅性ノ総シ
トノ照ス則ハ皆絶ノ境ト絶ル也
本経情ノ所示経ニ也此ハ云ワ可（上）観異文
乱ノ時トモ不情識ノ不示シ一絶モ以テノ一念
ニシテ自然西信ノ吉智シ起サルハ法界ノ所説
生知ノ不肖ニテノ作又シ観テノ急ナル也文信直也
義シ以中《オテモ》ノ定

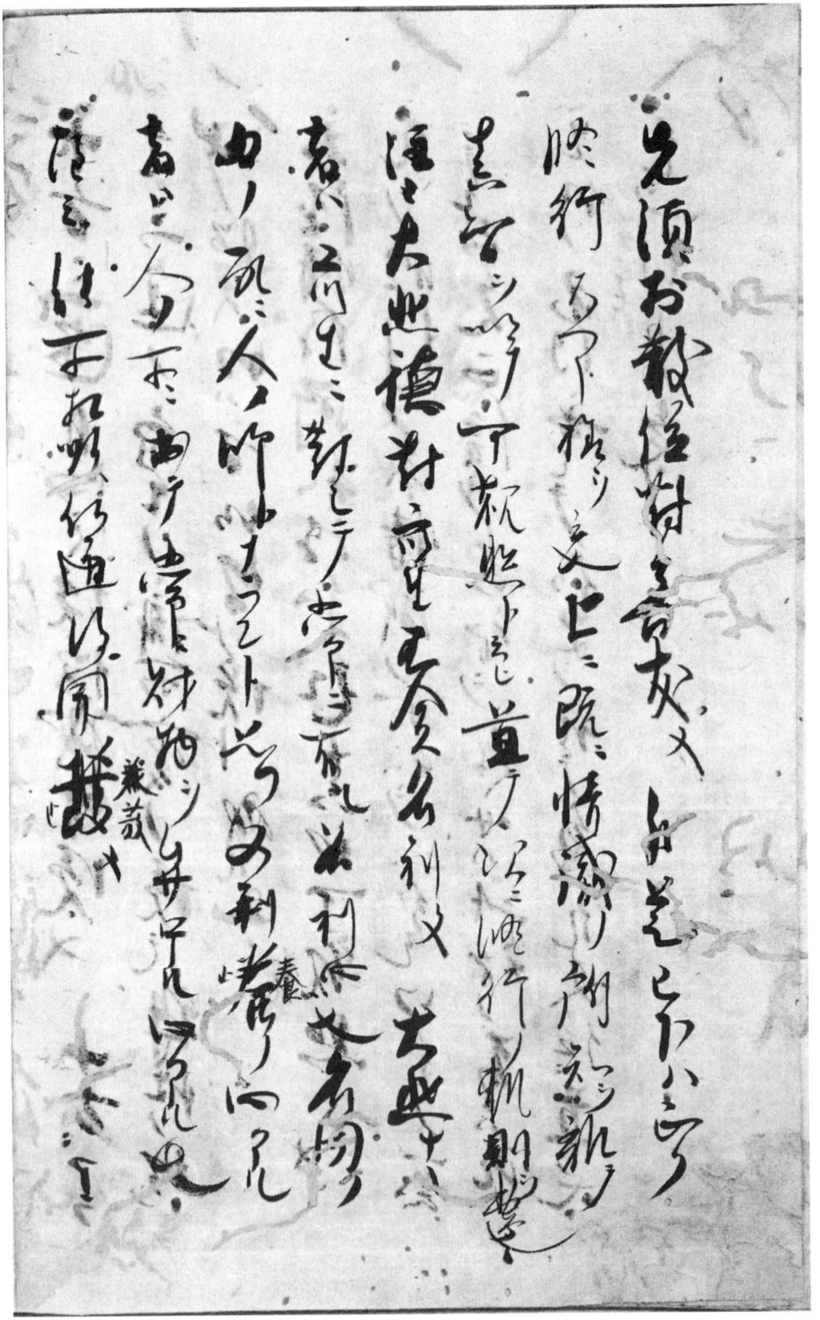

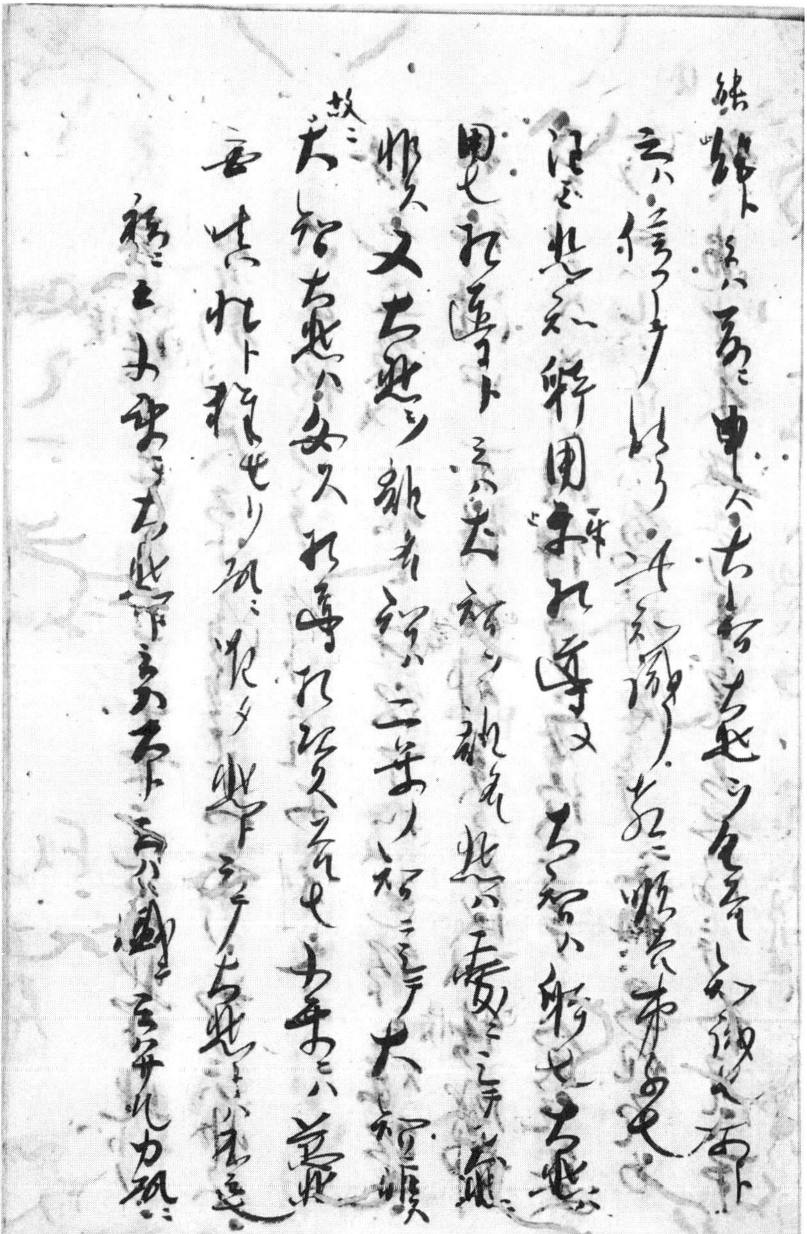

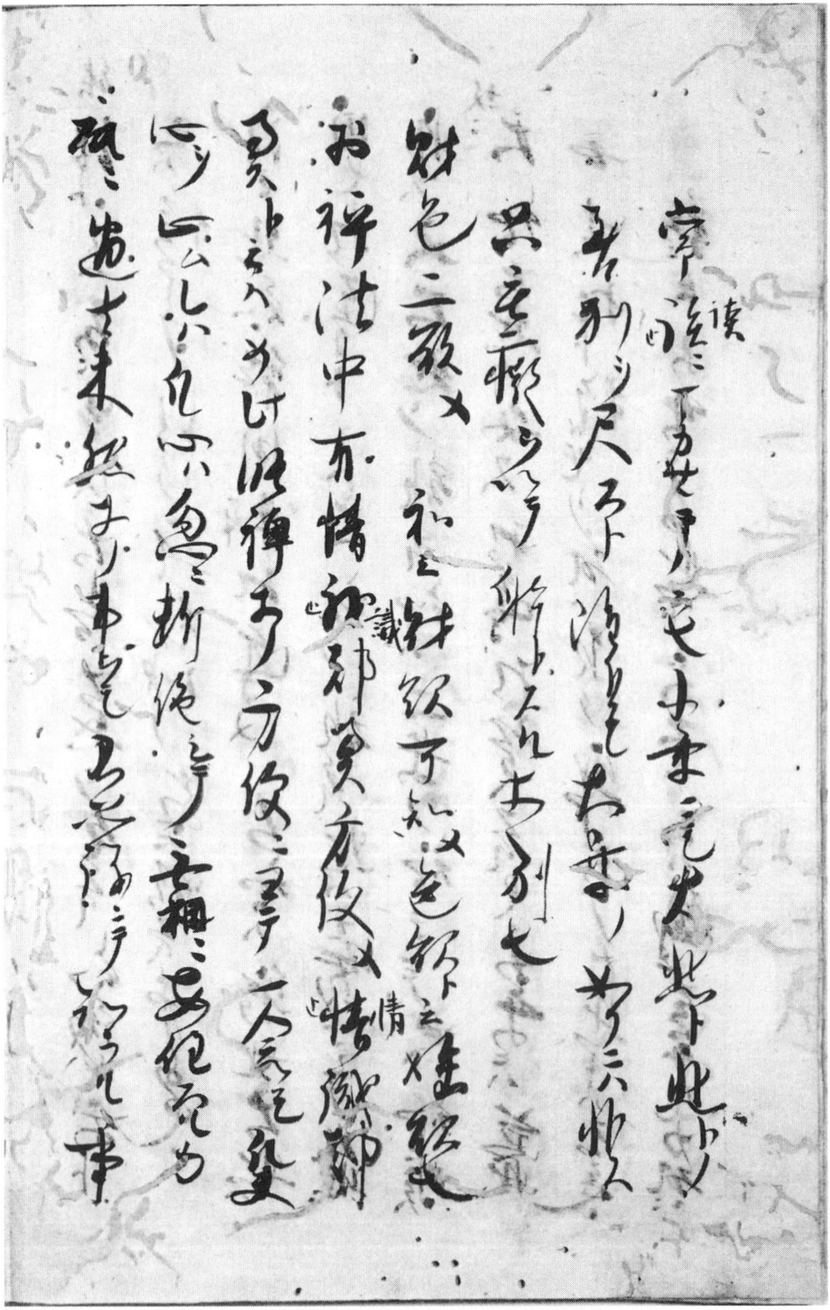

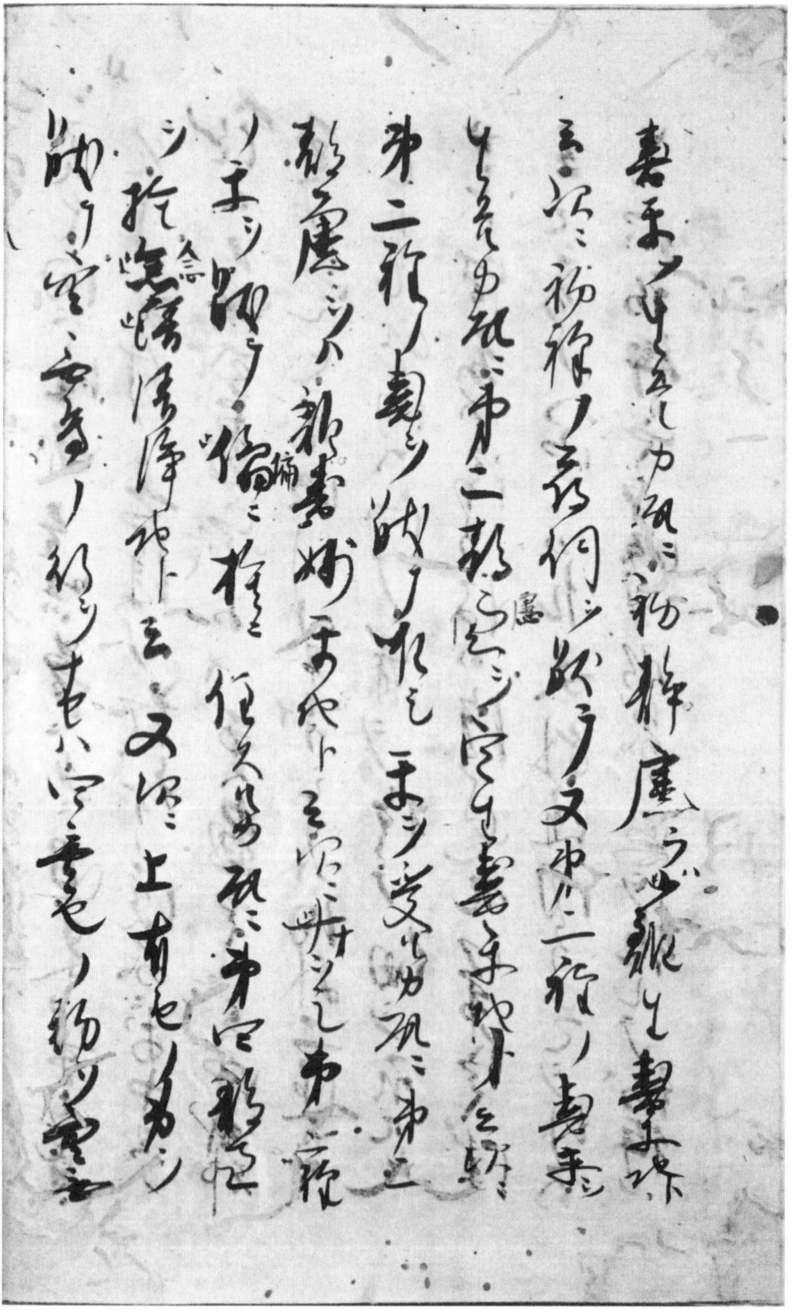

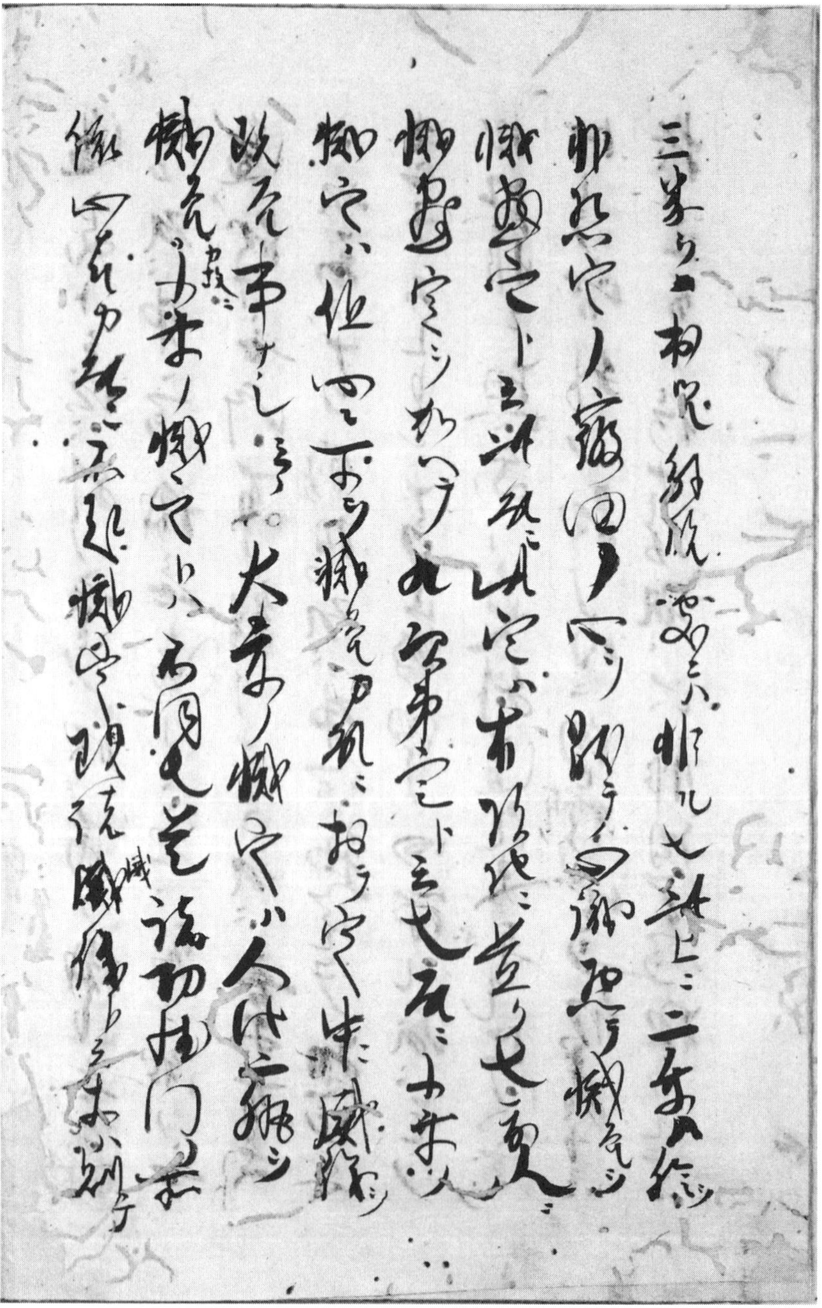

第七大章ノ擬ヲ以テ勘ルニ三摩ノ名ヤ名ハ一賦ナリ
有ニ色相遍《周》ニ家ノ定文様並ニ菩薩ノ深変
ヨリ相ノ清浄高静妙融ニ行ナリ哀竟
悩定也ニ依テノ因果三昧等ト云三昧ヲ以テ印
安住シテ定則ニ言遍ヲ得《海》因満シ
又華厳《嚴》ノ浄蔵三昧ト同ノ菩薩
三昧般若《若》ノ三昧ヲ三昧涅槃ノ不動
三昧等ナリ又

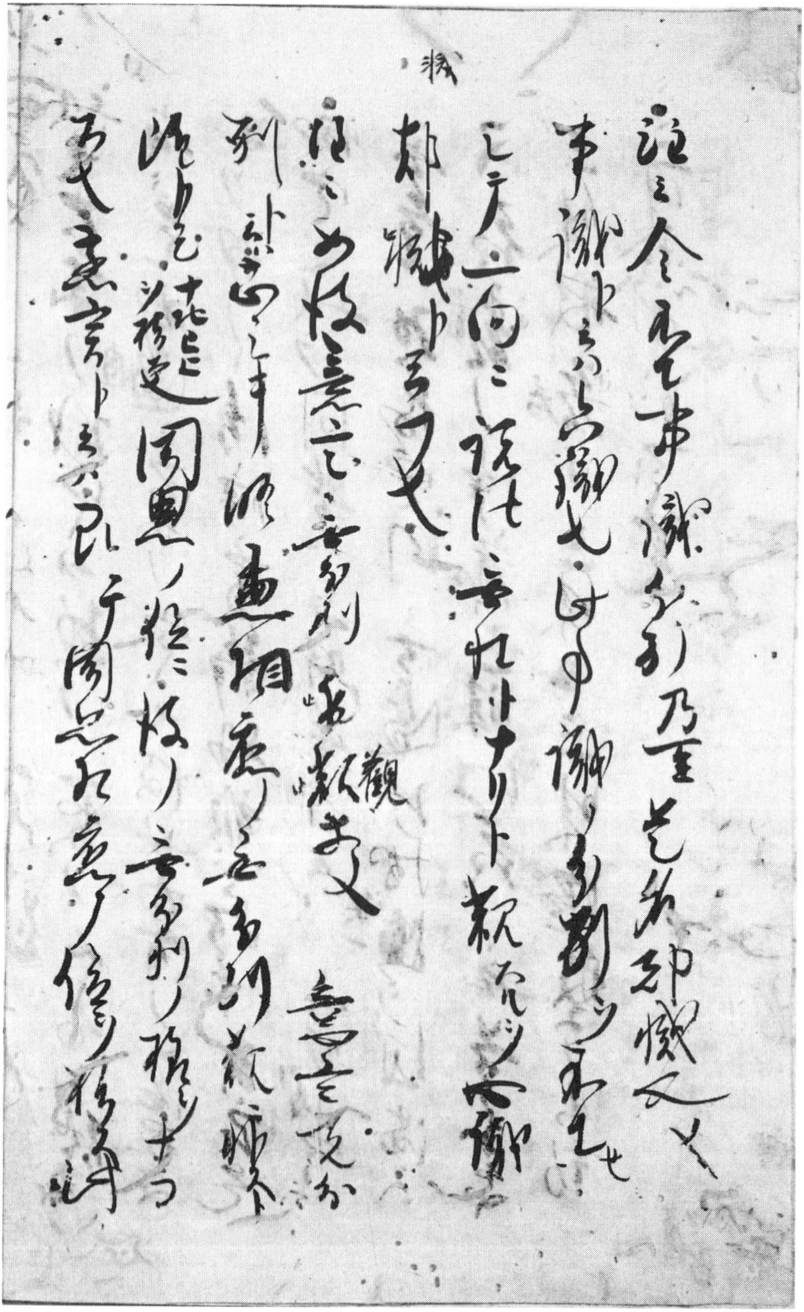

謂愚ノ位ニ得シハ託テ有役之ト定ミテ
十六重作想脱已文　此観ノ作法ジハ十重ニ作リ然
若ハ字脩観未ノ時ノ事ハ五重乃至七八六重ニモ
アル了文
部云内外中間文　観法ニ陸経テ内外中間ノ部
不同アル了ヒ若ハ為心ニ約シテ云ハハ所ニ意点
外空心ジノ空ナルハ内空文　此内外空ナルハ中間
ヒ文言未見ユ　五遍ノ内外ノ部文　此観門

外ノ私ハ文ニ開ミテ訳ス　若字謂釈ニ付テ深密

字ヲハミノ文開

心無境識滅ノ状分明ス

妄情ノ識發スル僅ニ空ニ既事スル大ニ違ト云

然モ其ノ心ヲカノ如クナル析撫ノ空ニハ非ス立ツ

真カ事ニ六法ヲ有ル思ミニ十トミテ皆ヨ是情識

ノ外ニミテ有無ノ執シ不ル執ルニ空ト見ミ空

然ニ非ス此ニ真ノ有無ニ嘆矣　是ル中ニ執ニハ似ス有ト定ス

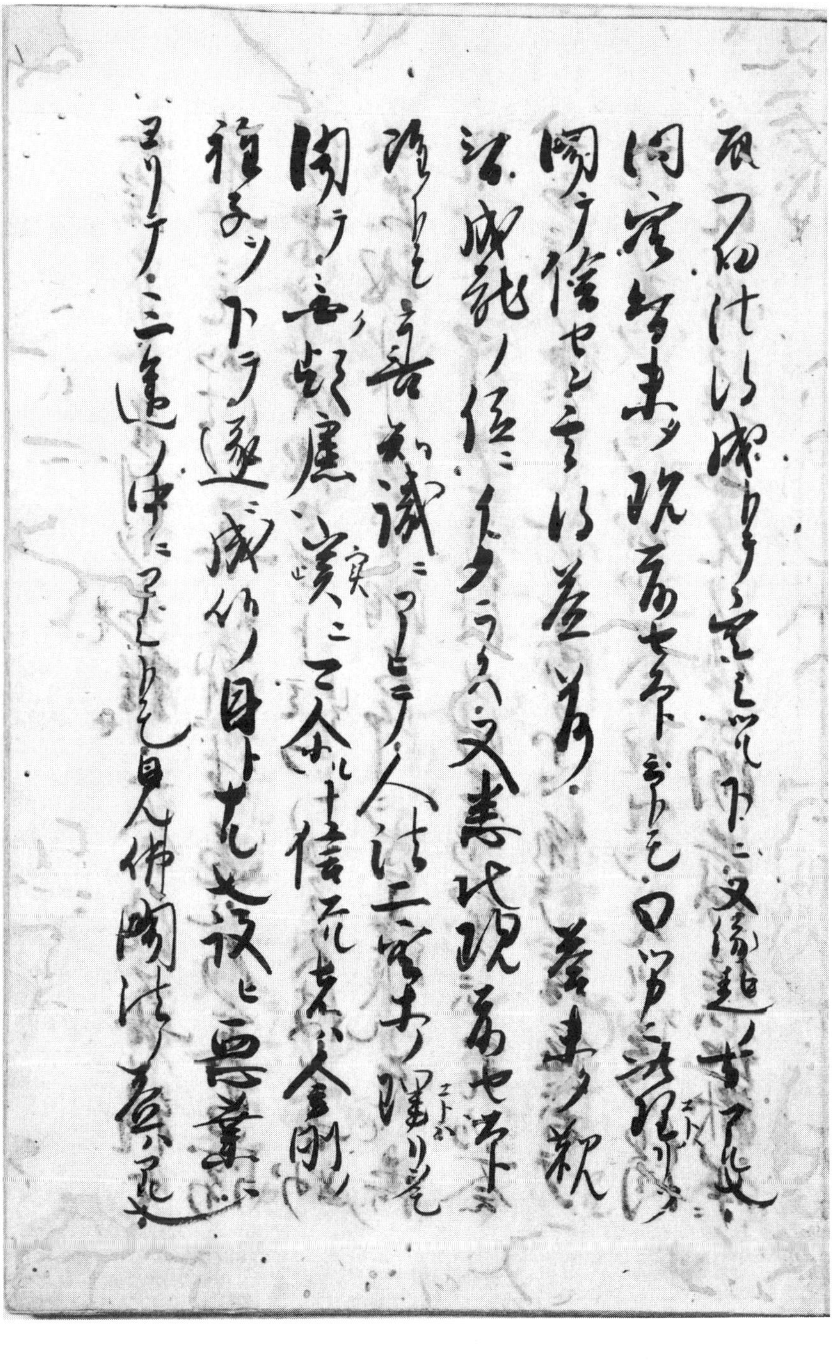

既而彼以悲心下ニ又後起ノ当了文
因宿智恵ヲ現前セシム下云也口訣ニ法界ヲ縁スル
開テ修セシメ云以慈菩提ノ親
法界ノ縁ニ入ラシムル又恵此現前セシム下云
随テ善知識ニアヒテ人法二空ノ理リヲ悟
聞テ無始虚妄實ニ令ル信シ起ル人金剛
種子ヲシテ下テ遂ニ成仏ノ因トナル也設ヒ悪業ニ
ヨリテ三悪道ノ中ニ堕スルトモ見仏聞法ノ益ハ定

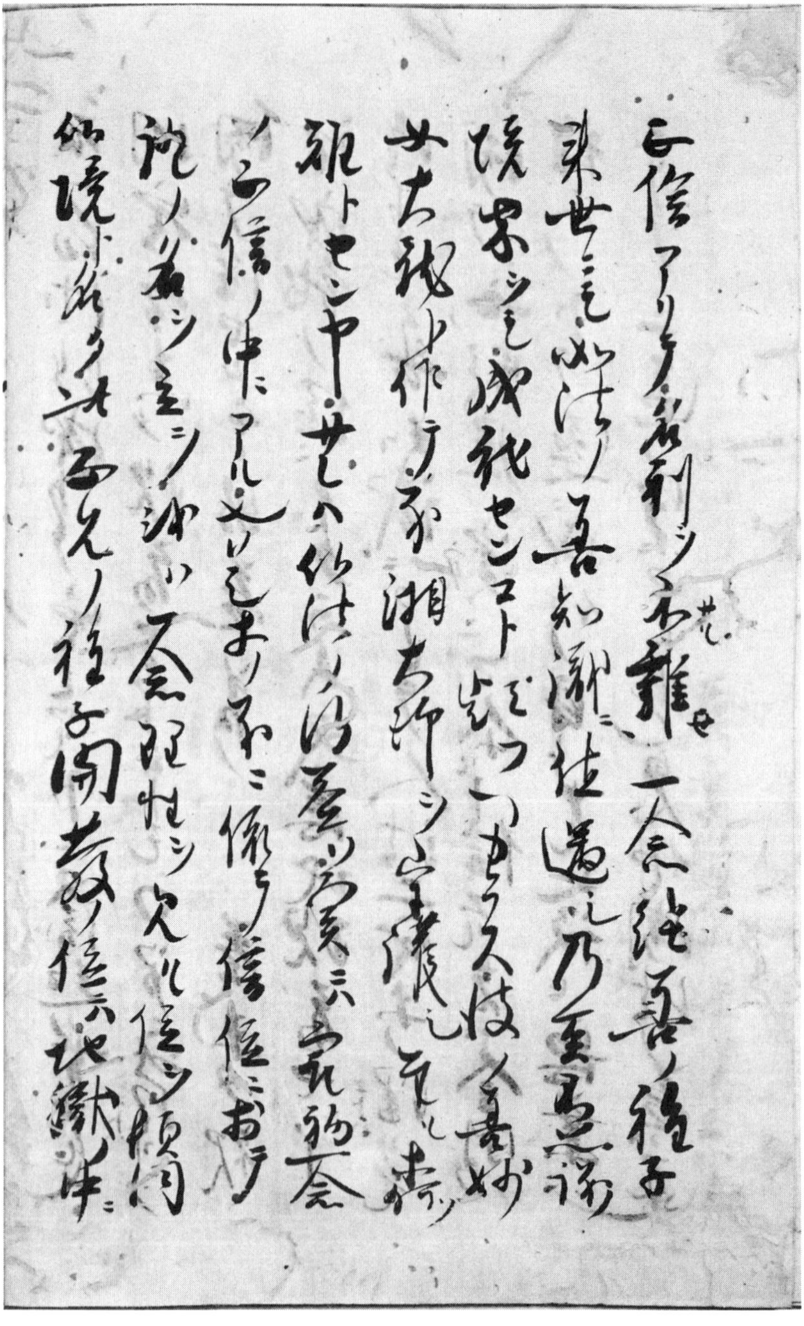

於テモ諸師ノ各ニ頌ヲ造テ説ヲ作シ併テ頌ニ於テヤ余ノ
人師先徳ノ鈔ハ誕生ノ時不也ノ伝ノ宝蓋ヲ以テ
荘厳ノ鈔ハ往生鈔ハ入滅ノ時ノ文ヲ書皇ノ禅定ヲ宏ル
要ヲモ被惟議者ニ但シ先世ノ宿善ニ覚シテ
今世ニカツテ開悟スル文ノ頌ハ西貝ノ知識ニ値ヒテ
出離ノ義《表》訓シ交名ニ至ル了テ宿善ニ覚《信》生ニ
思信アリテ必定ノ称要ヲ成ス故ニ今世《ヨノコ》ニハ那カ
人ニ乃ス事アルヲ以テ儀ヲ云タ下ノ三云様ハ

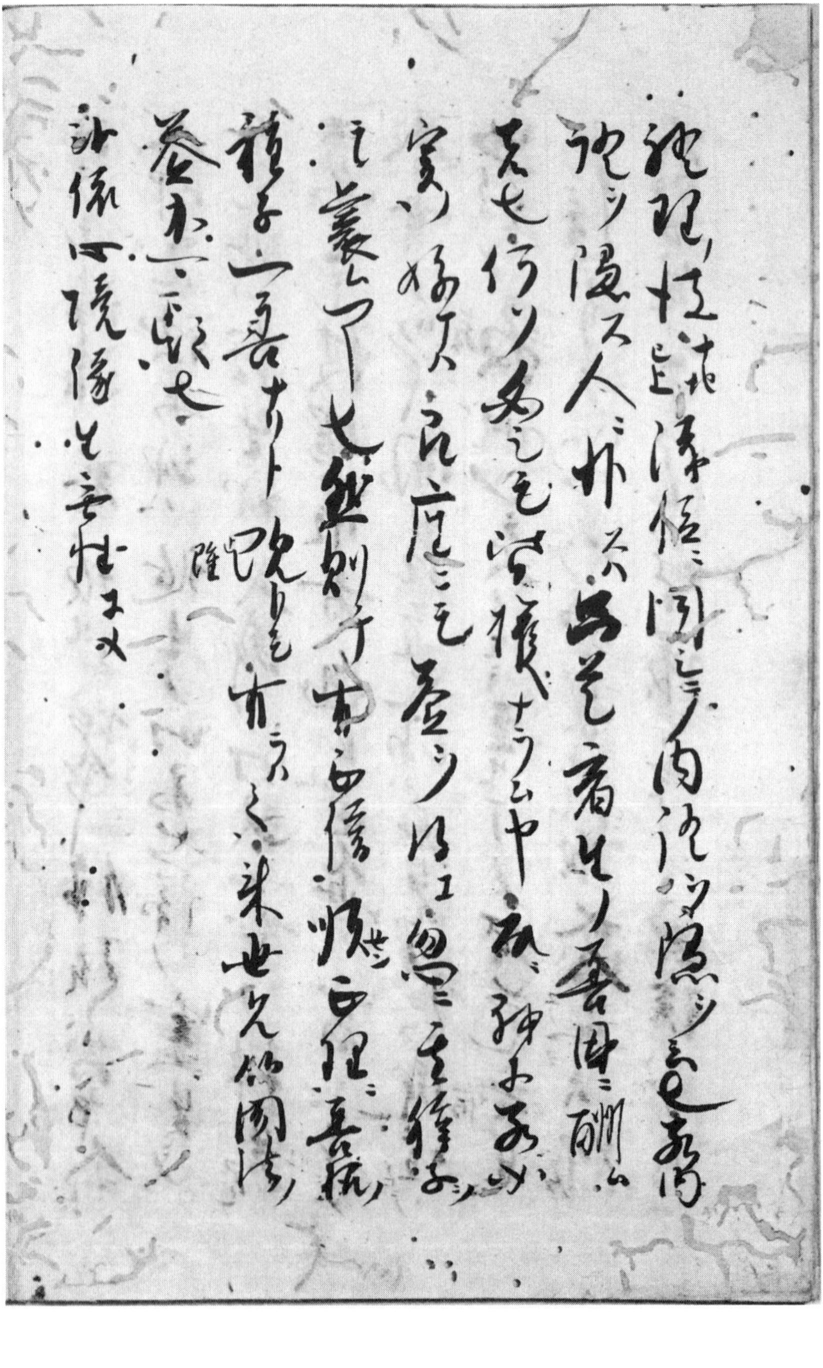

問。論ト云ハ何ノ爲ニ對示中乎耶。
答。經ニ明宗旨。論ハ觀察覺ト等説也。
是是ノ如ク爲ニ事ト是凡情識執ノ
方便ト云ハ徹生亡他ノ爲ト云ハ是ヲ觀シテ事
ト爲力故ニ。論依心境儀モ無相ト云故。
心是性無故ニ云無文。心ハ自性無相也ト云ハ性無キ是也。
問。自性ト云其意ノ如何。謂ラクハ性懶ニ云ハ諸法ハ
答。自性ト云事ハ衆生ノ境ニ於テ行ソ性懶ノ爲

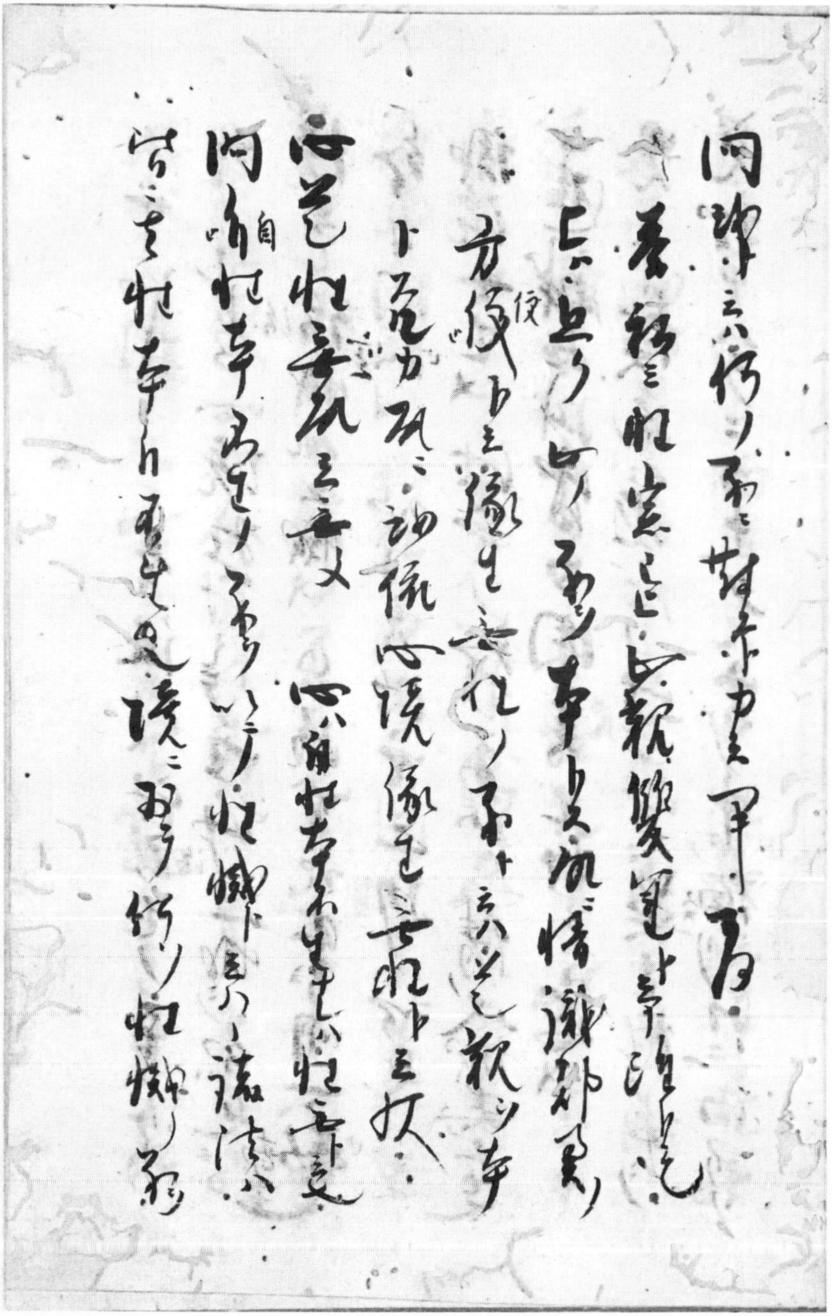

云サモヤ　善法法ニ皆名生ノ界アリト
雖然上ヨ心境和対シテ性海ノ治二惑ノ紛也
境界治惑成ニ惑文　心境方記文明ス斷盡
紛ノ同空文　智トテハ法空無相ノ沙汰也
識境無也文　法空ノ為ノ為ニ妄情ノ八識盡不遂
ニ遮蔽成ル時闇異生性ニ空文
只年積虎籠ニ居ノ比ヒ夢ニ異生性ノ未ツ
見知アハラニフキタル霧ノ中ニ掬リ時ニ雨フリテ

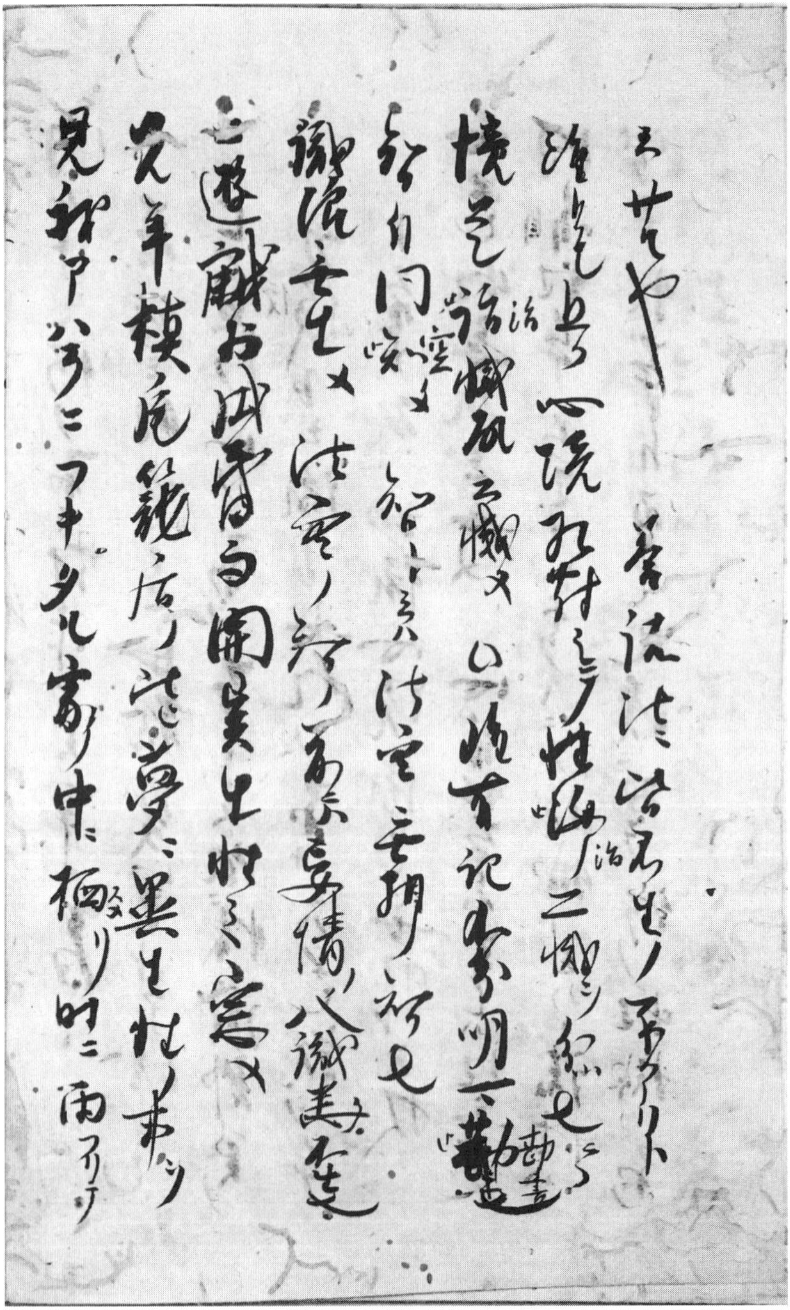

様ノ上ヨリ論ミテ約ニ申ル意ニ傍ニ見レハ千
並ニハ論ハカリナル章ヨアリ此平シ釋シテ問ハム
ナルニナルトミヤウクニ義化モ二人言ニ子平ノ
ウチ中ニアリテ以外ニ出テ入タル気ナル也トナリ
於夢ハ聊眠縁スル力ニヨリテ漸ク實生相シ為
ル事ノ見《ミヘ》ケルモ彼ノアラヌ方ナル家《家》ト云ナル実
亦其証假ニ和合ノ外ナル也両ノコトリ中ナル為ニ
ル水シ潜シ又言ハ實生性ニ言ニ平十九ト

云ハ其アリノ麁細ト云ヘアルハ無コトヲ云ナトノアルニ云ヽ
アクセラル十悪六ワカリタル中ト見ルニ十九トナレル事ハ
若新カ次ニ作ハ別《オコセ》ヲ世界善通ノ人ノ善悪
ヨリハ今スコシ勝ソ字ヘ紛ナル記此夢ヲ見
サオトロキテ此ナミト云ト唐夢ニテモアル條下
ミテ又此スリ口ニ見人ト又此ヲ書様實
夢ナリケリト云アリ毎キ又三度ノ夜ノ夢ニ
師ニ過初ノイトナシマフ此ニ此章ハ禅門ト一般九

機ニ修シテ得ルモ、又修善ヨリハ勝《マサリ》タル利益
以テ知ラザリシト覚エニ、又善日ナリシ後モ物ニテ趣
浮ビシコトアリシニ、才覚シテ所修ノ善ナレバイカナテシ
知ル畢。又又此善ト相ヲ得テノ力ヲフミトラテ障
ヲシテアルテ相ハ見境ノ心ヲ見テソノ千ニ十ヲ見ル年
ヲ修善ノ外ニ種々ノ善行アリテイトナミナラ
下トハ見テ夢覚ナルモノ。又修《後カ》ノ夢ニ善ト
一度ニソレ修テアリト見ユルハ、妄想凡夫ノ利シ

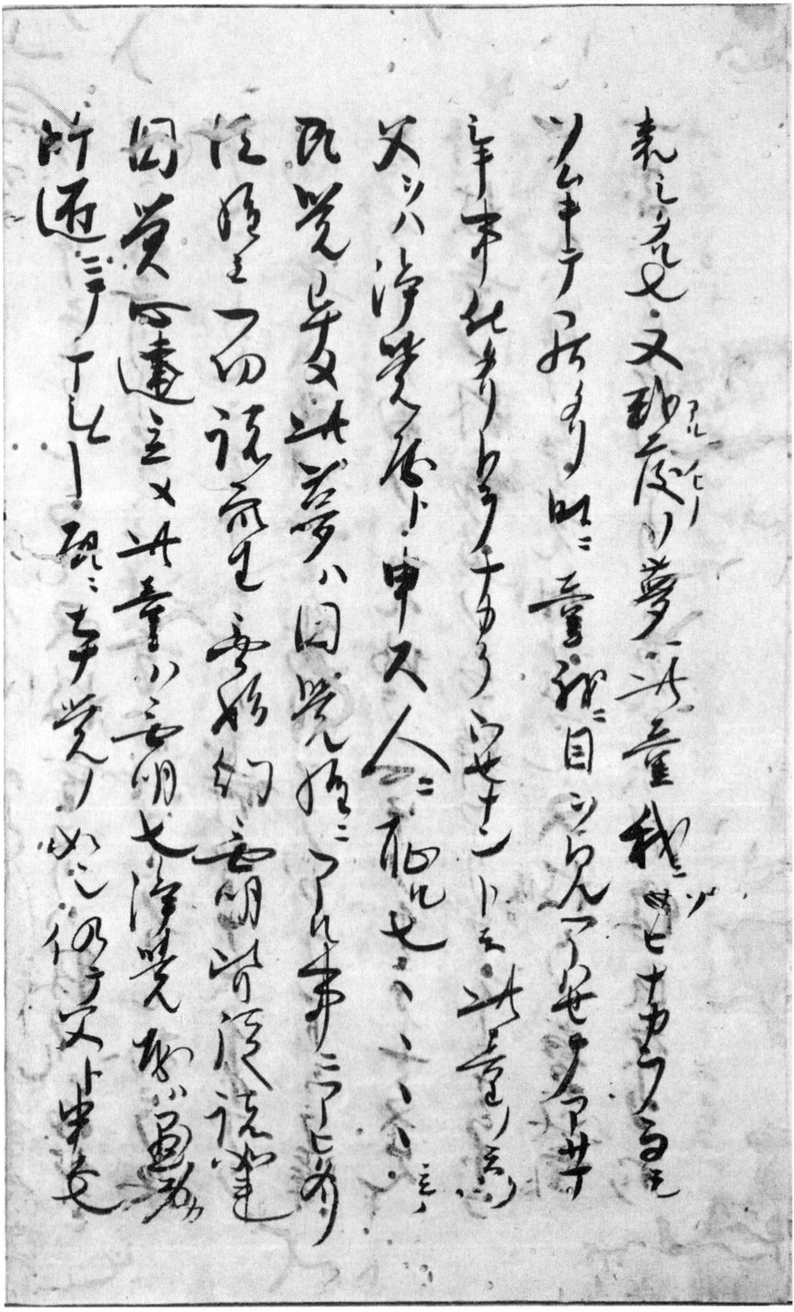

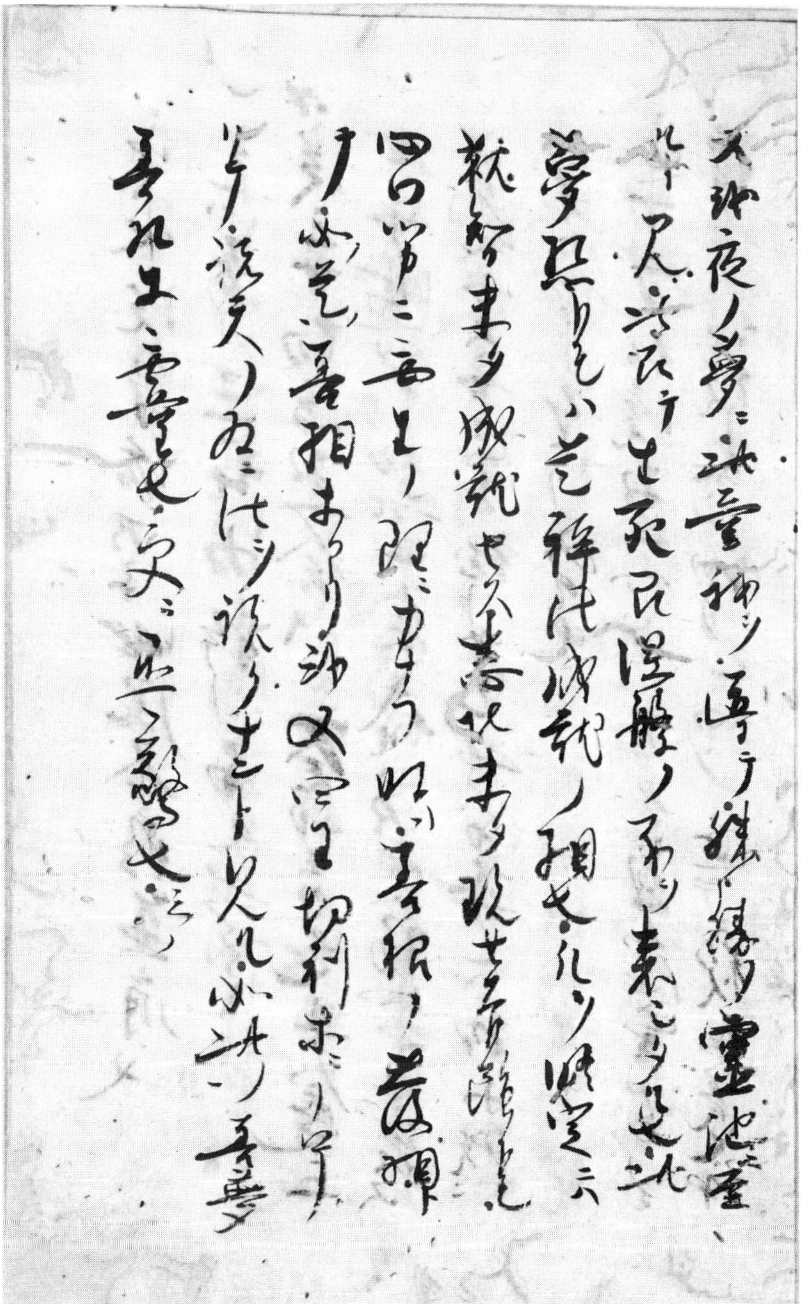

為大円明法修行了ル也云ノ
然修行之文回向位也勤修懃観ハ信ノ観也
私許観智分因果二分在信位後以前空道
光明覚見此同文 云如ニ申大分ニ十住ノ初ヲ
以テ信位ノ建立之初発心住ヲ因果二分シ
分ハ云因分ノ分ヲ分テ信位トス又此信ノ位ニ
アルシノ定智恵門ト云属ニ信ノ後心下初心ハ摂之
答テ不執也

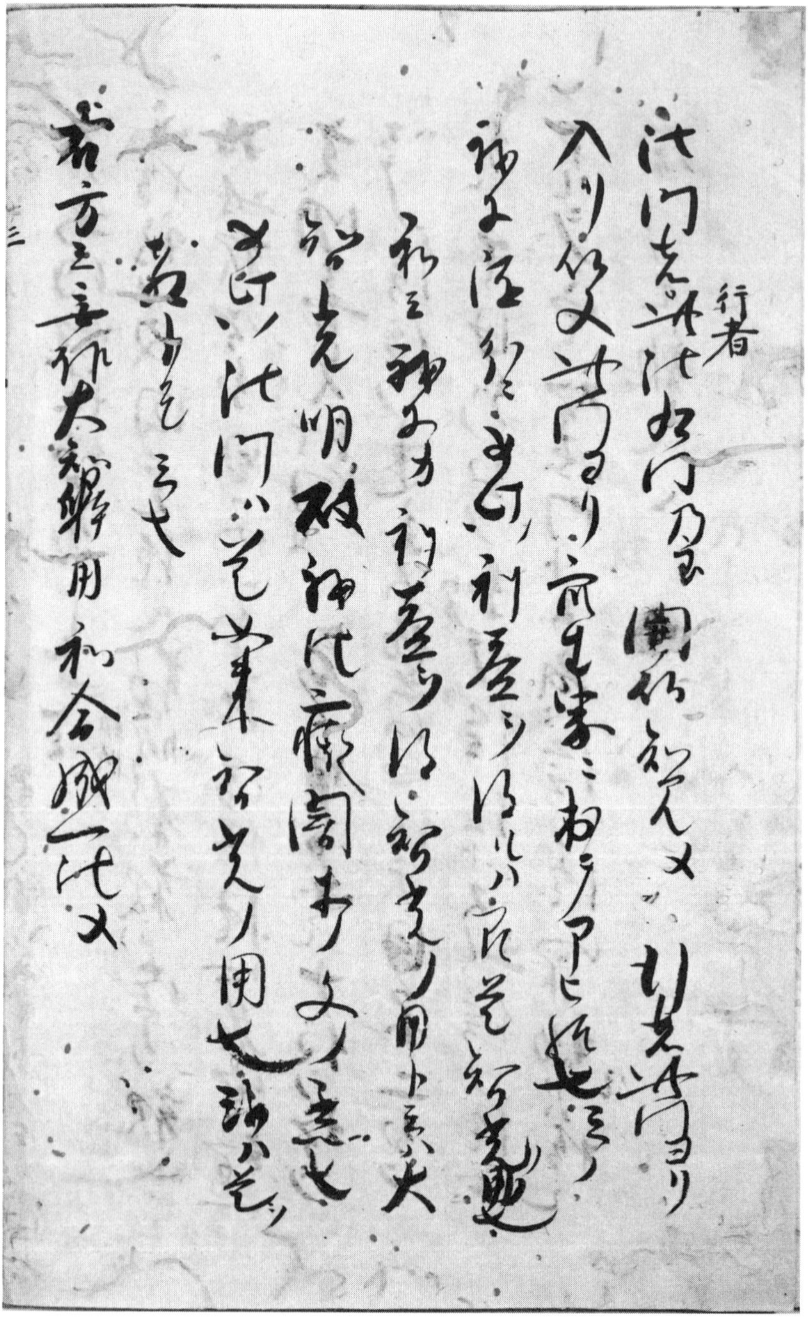

アル処ニ云ヘリ三種ノ力能ノ釈ニハ下ノ文ニカヽリテ上ノ三
種ノ前後ニ亘ヘ云ル也大智恵光ノ内義ハ尽キ
例セノ文ニ挙〔畢〕ノ文隔心ツ一ヽ見ヘシ
無光明ト智慧光等ノ清〔清〕浄光炎普遍初後文
説ニ無光明ト説ハ畢二経同文ヲ智ヲ以テ也但シ
清浄ト云ヒ是又経々ニ清〔清〕浄セト云ヒ又智釈ニ清〔清〕浄
アルニ説ク也同経シ宗ハ此説ク是非智ノ明昧ヲ
ト云何ノ智ヲ釈ニ寄セテ清浄ナレトモ云ヘル甲(?)也　無仏智ニシテ

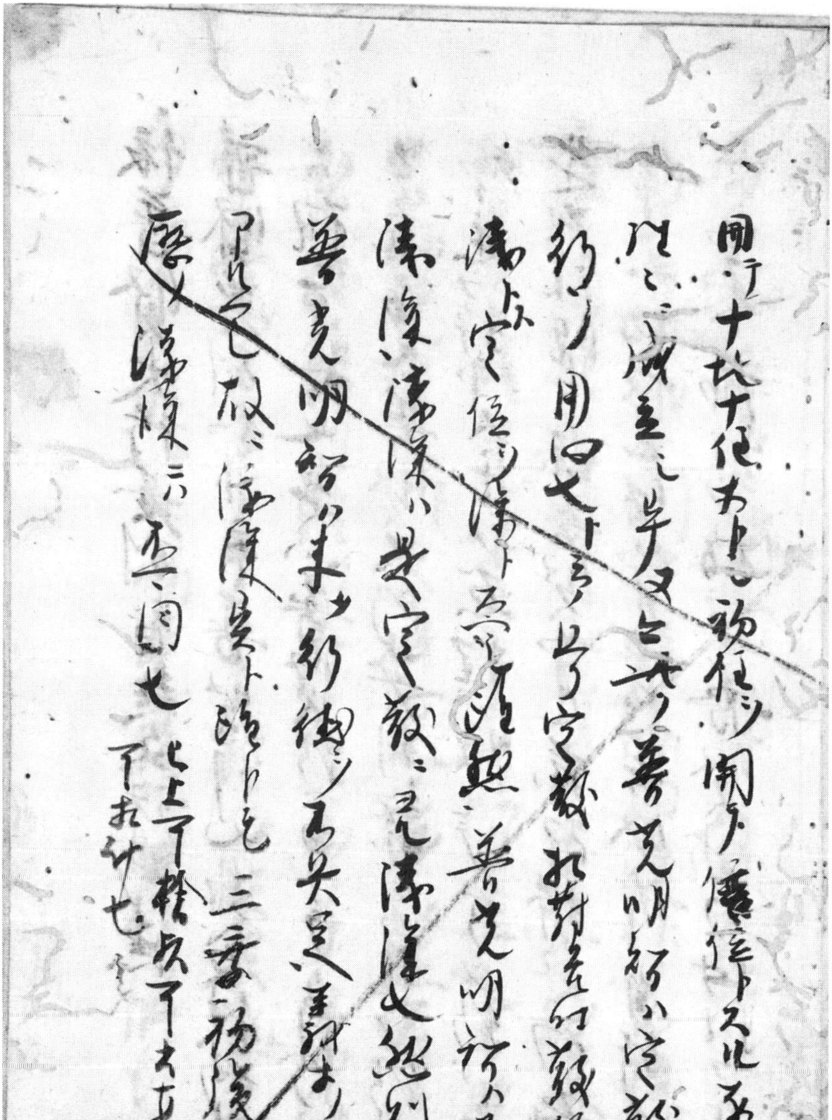

問テ十地十信ホトモ初住ニ開タル儀得トスル事ハ上二段ニ
述ニ成立シ竟又云ク菩提明ハ行ハ究竟位
行ノ用ヲ以テ云フ此ノ究竟ハ対果行究竟位ニシ
満足究竟位ニ満ト云フ辺ニ菩提明ハ行ハ果ヲ
満後満足ハ果究竟ニ見満足ノ終則位
菩提明智ハ果ト行ヲ満シテ果ヲ至ル、果ヨリ為
所也故ニ満後究竟ト云フ此レ二乗ハ初後満
歴ス満足ニ於テ見タ開ス也　此上ノ下権実ノ大直取
下巻廿七也

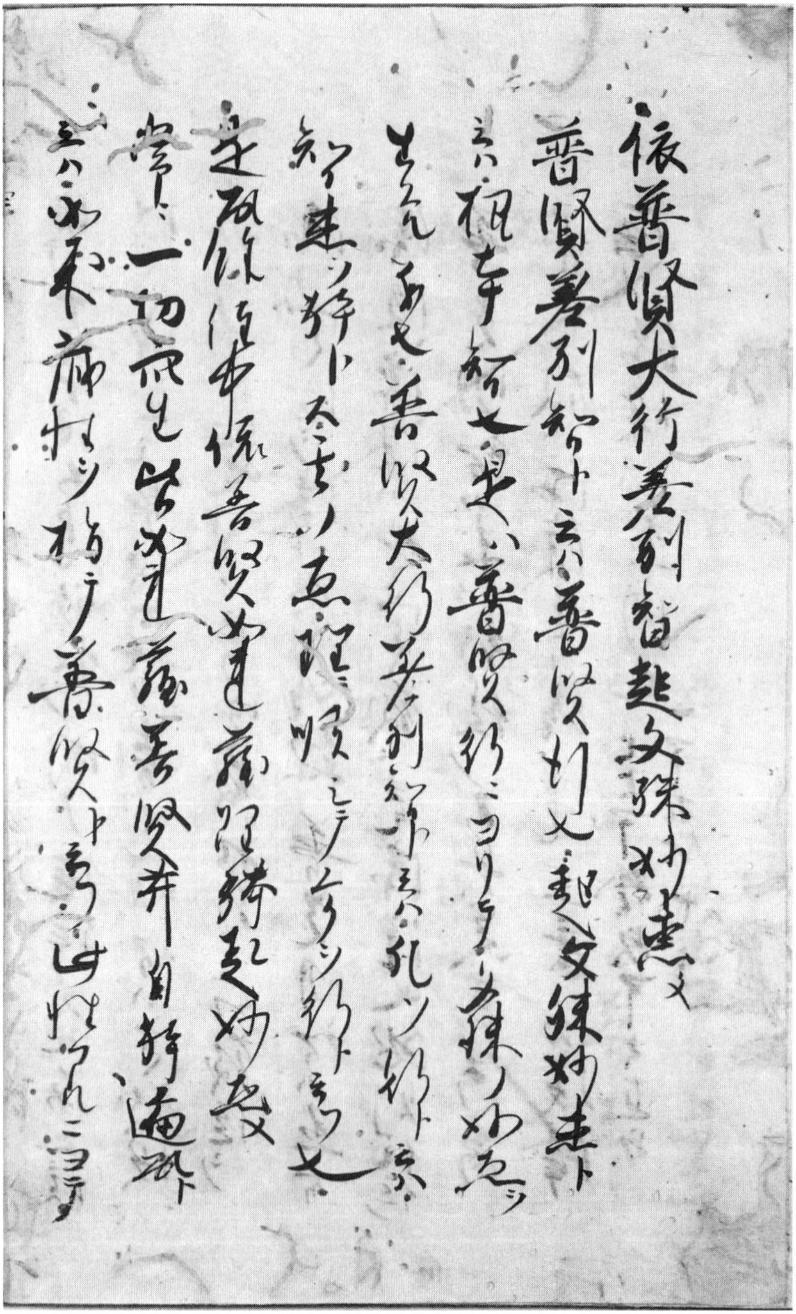
依普賢大行差別智起文殊妙恵　文
普賢差別智ト云ハ普賢行也　起文殊妙恵ト
云ハ根本智也　是ハ普賢行ニヨリテ文殊ノ妙恵ヲ
起スト云也。普賢大行差別智ト云ハ乱ソノ行ト云
知ハ迷ヲ断ト云事ノ意趣ハ順ニテノ多シ行ト云文
是所依本源普賢如来蔵理縁起妙恵　文
常ニハ一切衆生皆如来蔵普賢并自餘通ト
云ハ如来蔵性ニシテ有テノ普賢ナト云ヘリ此性ハ衆ニヨリテ

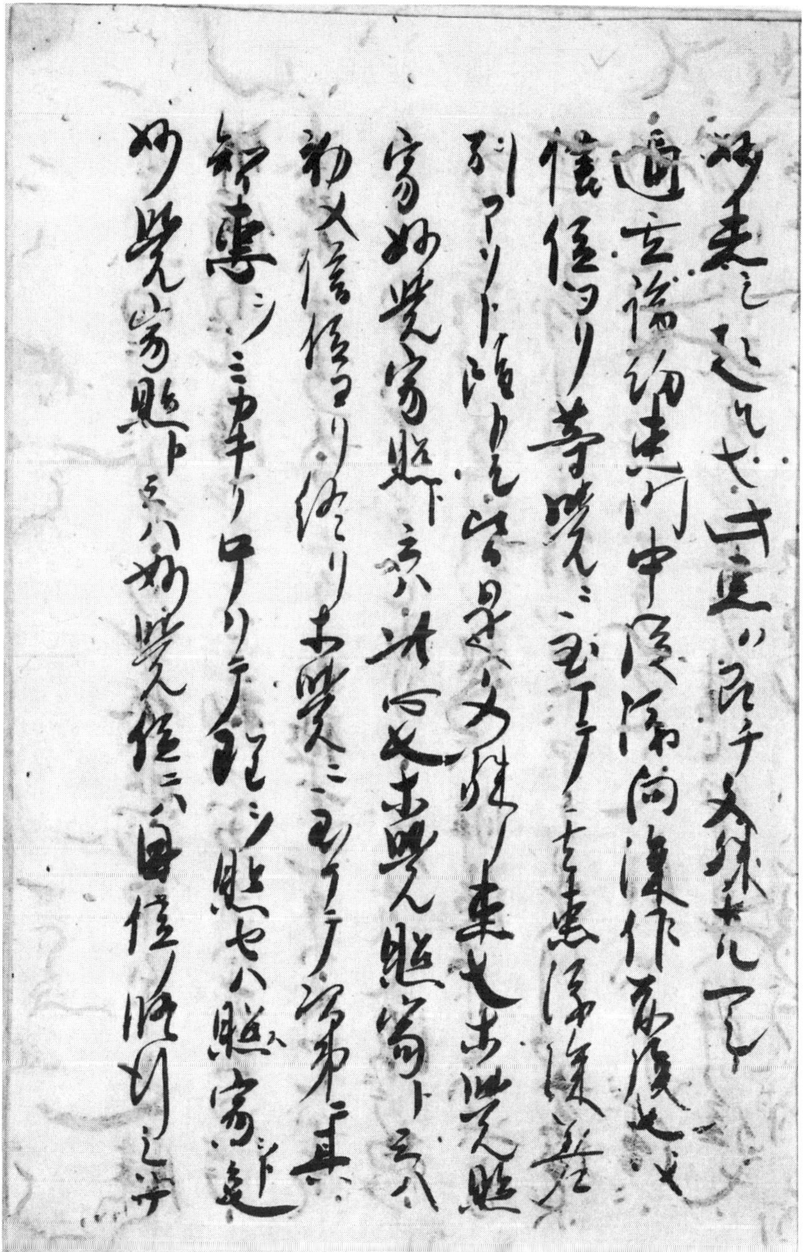

妙果ヲ起ス[illegible]ハ[illegible]文殊[illegible]
迴向玄論約法門中[illegible]
信住ヨリ等覚ニ至テ[illegible]
別アリト[illegible]文殊ノ果也妙覚
究竟妙覚究竟即下 云ハ 此文ハ等覚ヲ即究竟ト云ハ
初文信住ヨリ住ヨリ等覚ニ至テ[illegible]
[illegible]シ[illegible]理シ即七ハ即入究竟シ下
妙覚究竟即下 云ハ 妙覚位ニハ因位ノ修行ヲ[illegible]

リテ一向ニ頭ニカセウカ然ニ聴シテ而ト遂ニ聴ハ
御像ナレトモ菩薩シオスニ初メ分ハオスニ限テ
次来ニキラメキムリテ極オレキハ又ソレハ用キ
キラメキハナラデレカリテナリ人ナル七流テ鈎シ
又ルニ限テ如此ニ起ヒハ解絶ストモ遂ニ
聴ノ義ト同ジ解ツモニアテ是モカ義像ス
解ハ起ルトキハ解カスアラハ文解ハ只信ニ
初心ハ注スル文シヨ事ツ信ジ理ハ具文解ノ径之

此中ノ衛（漸）々ニ信シ修テ後位等ニ結フハ是ノ行
ノ位ヲ漸成スヘシ。
十住ニ至盡法門文　十信ト云ハ一因位
故ニ究ス入ト云云　無盡ハ文。
於菩薩心位中有因果二分義既云因分一分
並信位中以法門進至一乗十信終文
初位ノ始ニ無量ノ漸々法アリ。言ハ究竟也
ツ信位ト因果シテ然文位ノ上方ヨリ見レハ前ナ

因分ニテノ徳ヲ具ヘシ佛子ノ方ヨリ見レハ又果
分ニテノ縁起ニ信満ノ五位皆佛子ニシテ寂樹ニ住テ
果分ニ至ルニ四十二大因位ニシテハ建立シテ説クモ也ソ
五十二位ノ法門ヲ委ク説ク事ハ花厳
経也餘経ハ少分ノ説也文亦花厳経ノ
説相ハ五位ノ法門ヲ説ク經文ニ皆十佛十𦬇
アリ是ハ五位皆佛ニ係将不知少説也
先信満ニシテ説ク也何ニ十方佛十首𦬇十電薫

シテ利ス利ノ平等佛性ハ是ナリ所信ノ実相ニ乗
是也故ニ約スレハ自他也本覚性也本有無ハ
是能信トスル佛并ニ所ニ對スレハ是也
果門佛ノ称ツ義ハ則為ノ為ハ十方世界ノ
衆生也シテ人ニ約シテ云ハ佛ハ即チ東方ノ
不動智佛ヲ信シ所ハ是也文殊師利菩薩
ノ五ハ人金色世界也信位既ニ十佛ニ參ス
シテ後ノ住行向地皆同ク佛ニ見ル文意

所ハ佛果ノ法門ヲ攝リ取テ十地トス十地ニ又
攝リ取テ十住トス十行十迴向ハ位ノ
上ニ達スト云ヘ解ニハ先ニ申ス神ノ乳ヤニ元
神ノ、アクマノ天狐ニシ犬ナトシテ人義ニ惟量
アレトモ皆天狐トミカメクリ縁ニ此信ヲ起シ
從是リ後ハ此人ヘシハアレモ佛トモ云了又廿セトハ此信ヲ信シ
則又コレヲ佛智ノ眞實ニ出ニ云ト云ハ十信ニ縁シ
以ケテ十信トス是義ハ復ノ一分也決報ニ信

修ノ總ト云依リノ称文トハ願ヲ称シ合會セ説也
謂出修中是佛果現因果自在ナル文
同上ニ有因果二不可ト云修ノ果トモ佛
果トハ別ナルニヤ若至座佛果ニ徹
云ハレン果ノ外ト云ツアリヤ上ハ此修ノ中ニ於テ
由果ヲ修スル也其ノ所出修ト者ハ備具說
也出修ノ中ニ佛子ニシテ豈非因果剋生ノ義ソ
説カ所ノ修ヲ聞テ信ノ中ニ豈ニ信ナラスト云ヘシ

文以生滅門量修大乃至建立一乗佛法[illegible]文
是ハ起信論ニ心生滅門心真如門ノ二ツ立ル
而シテ心生滅門ノ中ニ又生滅ノ上ニ立テ辨大トス
此生滅門ノ中ニ三大ヲ分アリ辨大ハ取テ[illegible]也
取大ハ恒沙ノ性用大ハ善ノ因果ヲ説ニ集シ
隨テ生滅門ノ中ニ量ナ辨大即不生滅ノ信
縁中ニ依ノ智シテ量無ナ信ノ自體ト云也
起信論ニ向テ心生滅門ハ是ヲ[illegible]文句

顕ノ菩提心ニ出スニ對シテ量ヲ辨ス大トスレトモ若無ノ故
意ニ依テ起ル。ニ方ヒハ重テ所依ナルカ故ニ出要門決
量ヲ分意ハ始ニシテ足ニヨテアル上アラス因ニ正ニ一向
等覺見足ニノ是又此縁果ハ要果ニ至ル果力用足ニ
是又此縁因ハ要果ニ至ル果力現足ニノ乱ソ以付信
信一時ノ入門ノ德ヲ修スル人ハ設ヒ極樂ニ生セハ
生セハ上ハ上生又上品ハ上生ノ業ニハ讀誦大乗方等
第一義ヲ了知スル故トニ云カ故ニ是等ノ道理ヲ知ハ證

第一不ツ了乃至又此須理ヲ信スル人ハ極楽ツモ即于
如此ツクリテ喩耕為乃又往生ニ九品ヲ立ルモ実ニハ無
有之。譬ヘハ須大下ニテモ九品ツワカタシ三上品ノ
須ト云ハ之モ云須ヨリ三中ニ対シテ時ハ希ニシテ
上中ト下ト有リモ九品事文顕ニ云之ノ須ノ上ニ於テ
各モニ九ノ差アリ各ニテノ宝ニハ作ニ無量ナル之いはれ
此極楽ツモニ無量ニナリモナシ河シハ西方十方億ノ
ヲナナメト納ツ一事ノ大小ヲ見ル事通ニテ一実ニ所有在ヲ

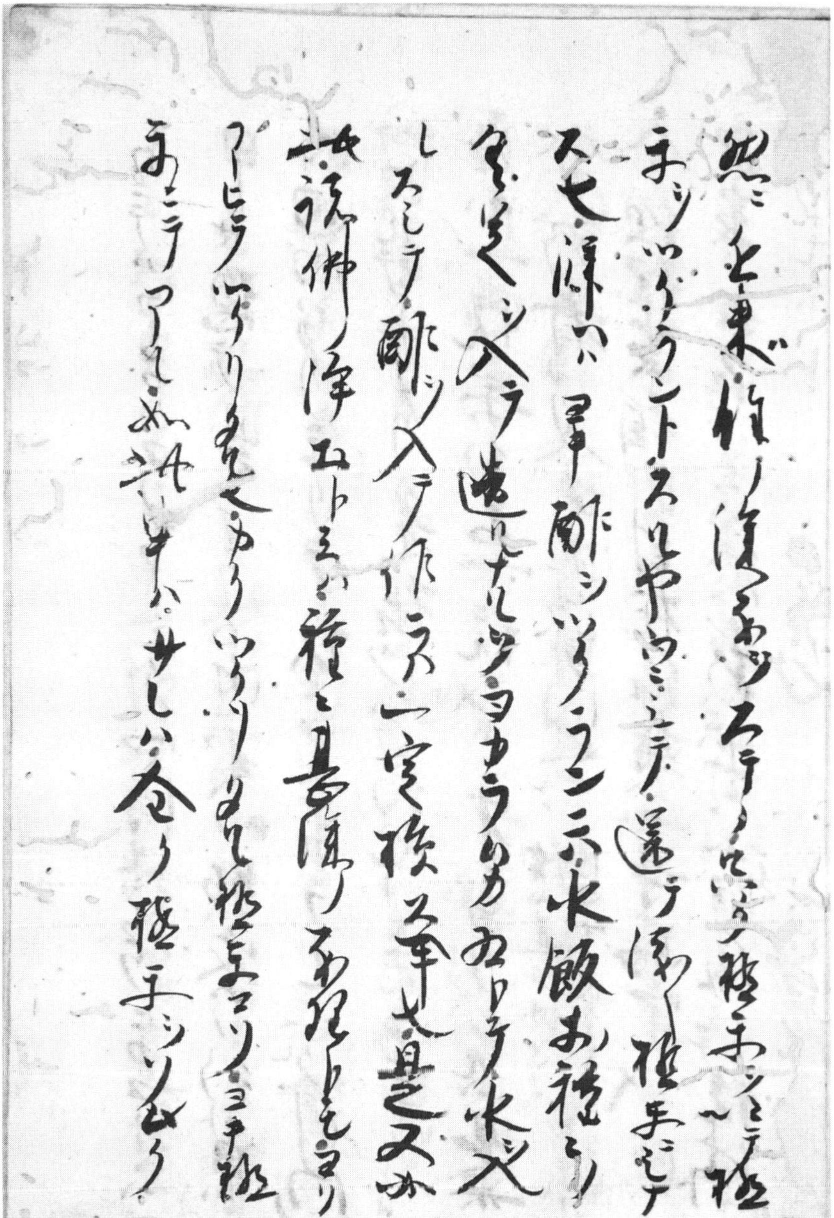

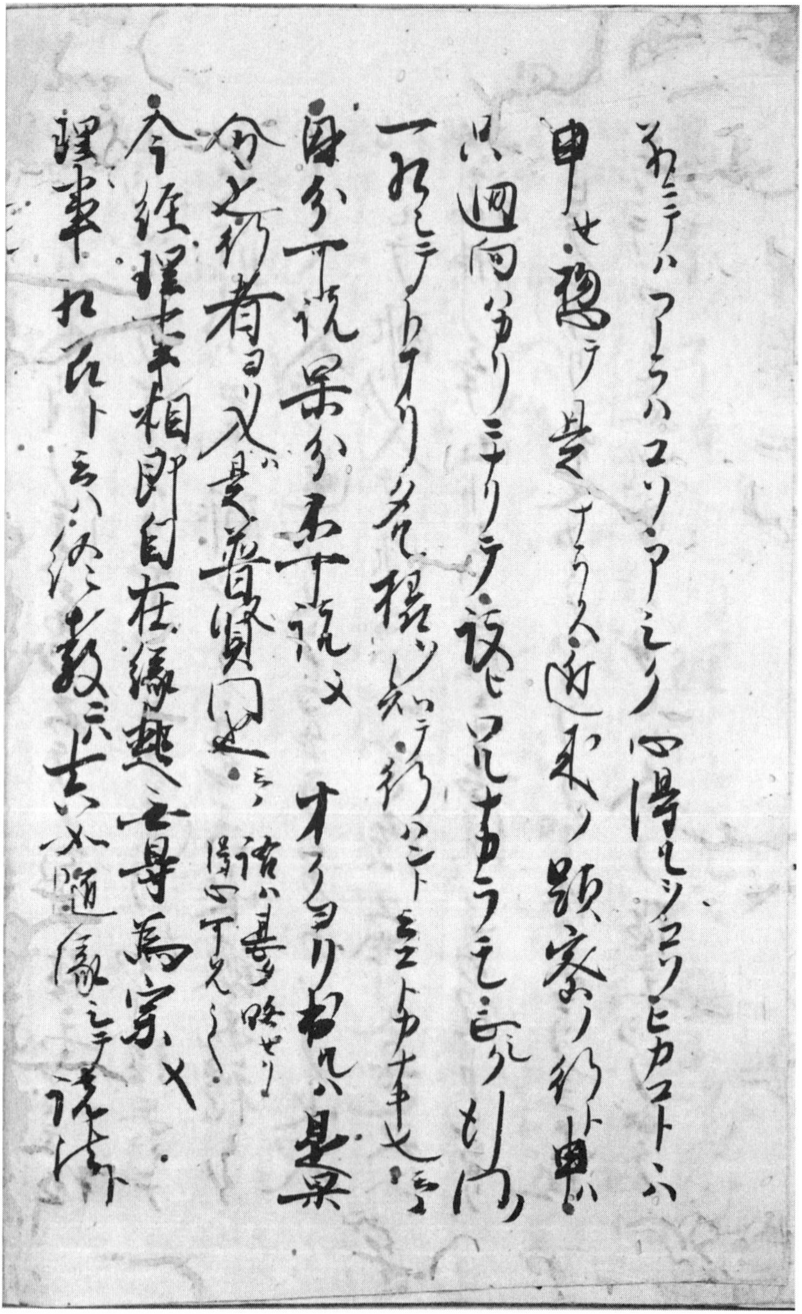

称ニテハアーラハコソアニシノ心得ルシコツヒカコトハ
申セ、穂テ是ナラヌ迷求ノ顕密ノ行ト申ハ
只迴向ガナリニナリテ設ヒ見ナキテモ云ク尤モ同シ
一行ニテカナリ多ク種々知テ行ハント云上ナル事也ト云
因分可説果分不可説文　オスヨリ相見ハ是果
分之行者ヨリ又ハ是普賢門也ト云　諸ハ是喩セリ　得心可見之
今経釈十玄相即自在縁起ニ為宗、又
理事九ト云ハ依数六十六不随縁ニテ説ト

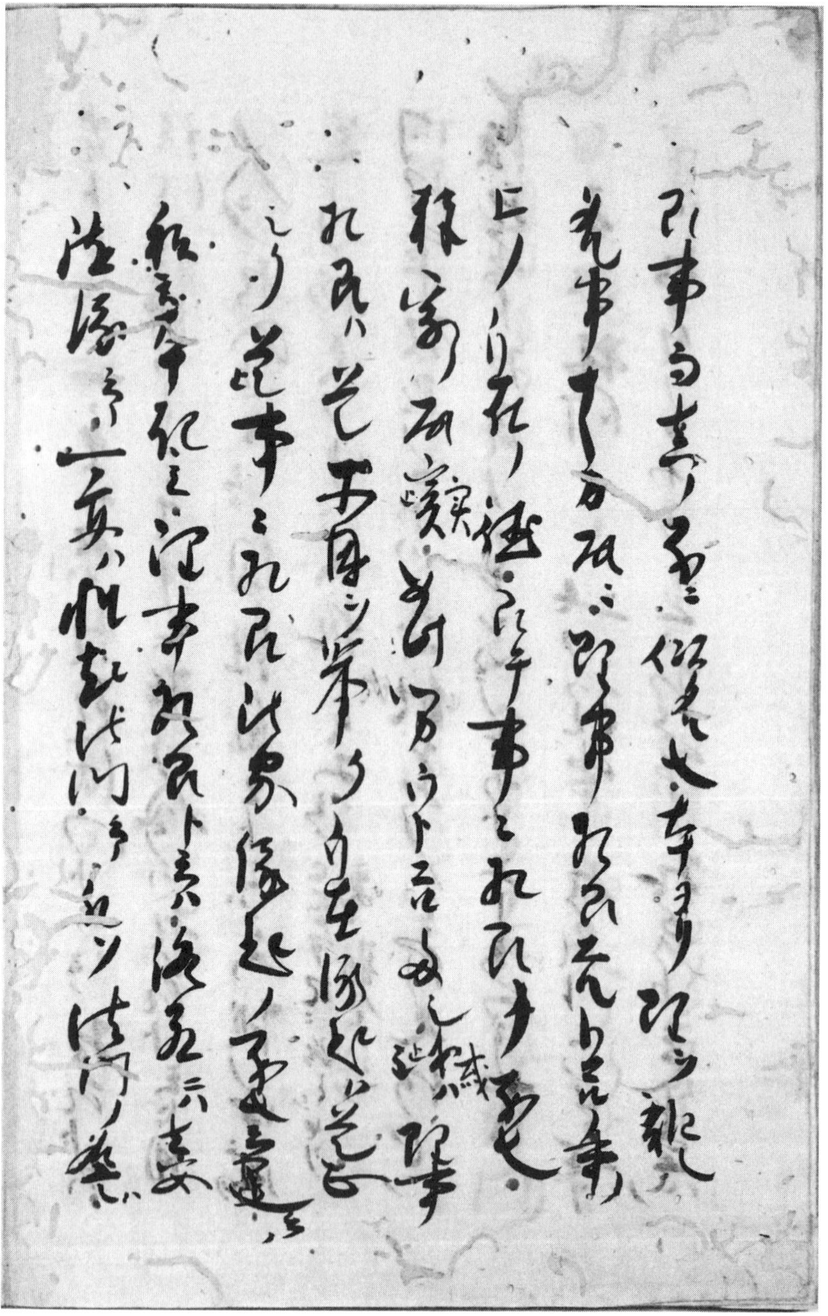

實義ハナルカ故ニ事々ニ云鈔ト如言《イツシ》ト少ク然レハ
林竹ノ二ノ義ニシテ浄見ヘシ説事實意ノ義ニ
又同シク二ノ義アルヘシ以上ノ義ハ物色《ヒ》法阿《ジ》ノ
直ニ理事和合セル者ト亦宗ト得ル如来ノ万代ハ野干《郎牛》
相起ル方ヲ諸事訳テ理ヲ大ト至心アル文交ニ
始テ理事和合ノ義ニ云ハ惟修ノ紛ノ
本ノ義ニ異ニ又理カ光《ダ》ノ文ハ代多會
六
蓋ノ益《七》登ノ音日シ単ト也一ノ義論ニ記

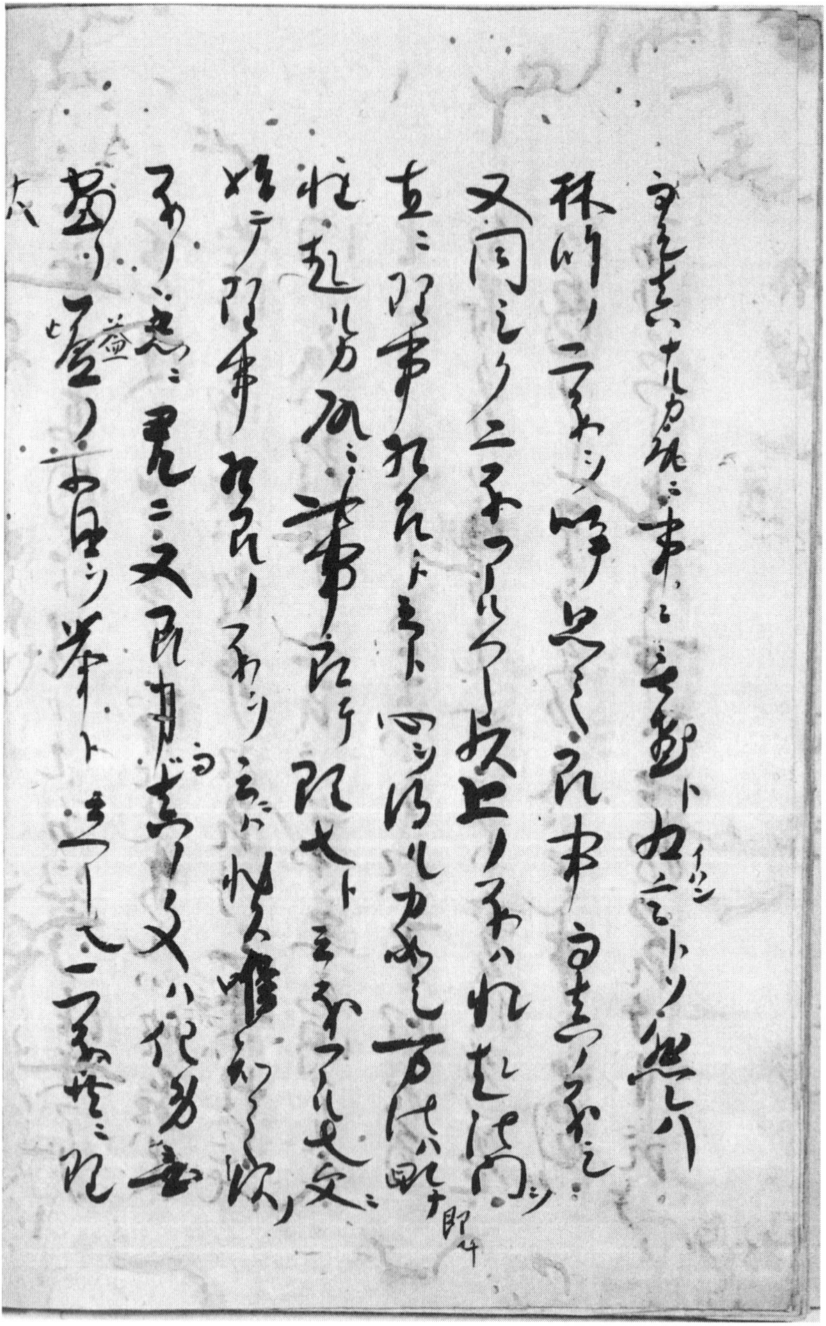

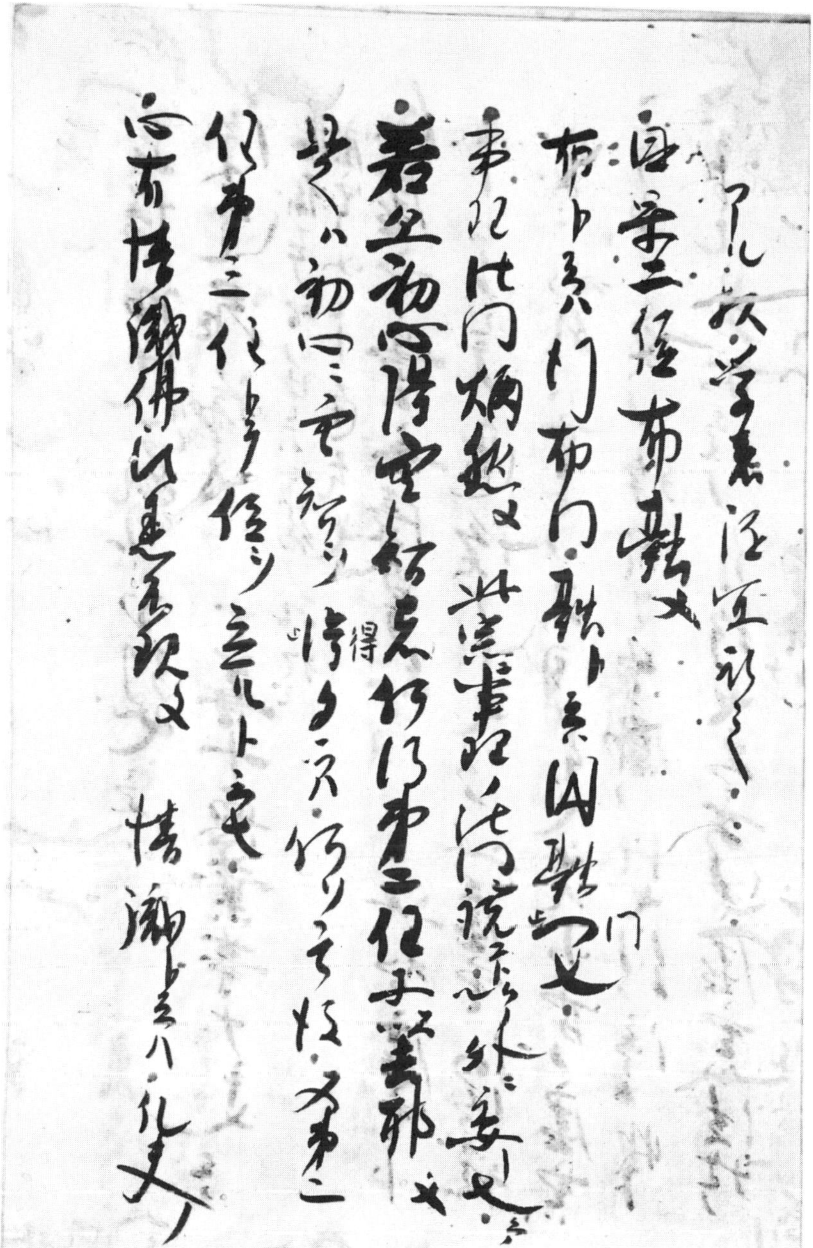
得

無情神氏種ノ差別也云
深遠罪福相也　十善十悪業等ナル之云云
無始本有始ノ虫ニ八罪福ノ九経云
虚空ノ如シト遠無也
無虚空量無障碍給ヘ　此智虚空ト
此トシテヲ已テ遍深也云ノ此虚空如法ニ縁
空ノ外ニ事ヽノ不同ナル也又此要ノ虚空ハ
有為生滅ノ弁究竟勧ノ代也仍浄土ノ中
深意是不滅ノ自野也不来ノ虚空ハ法性ノ

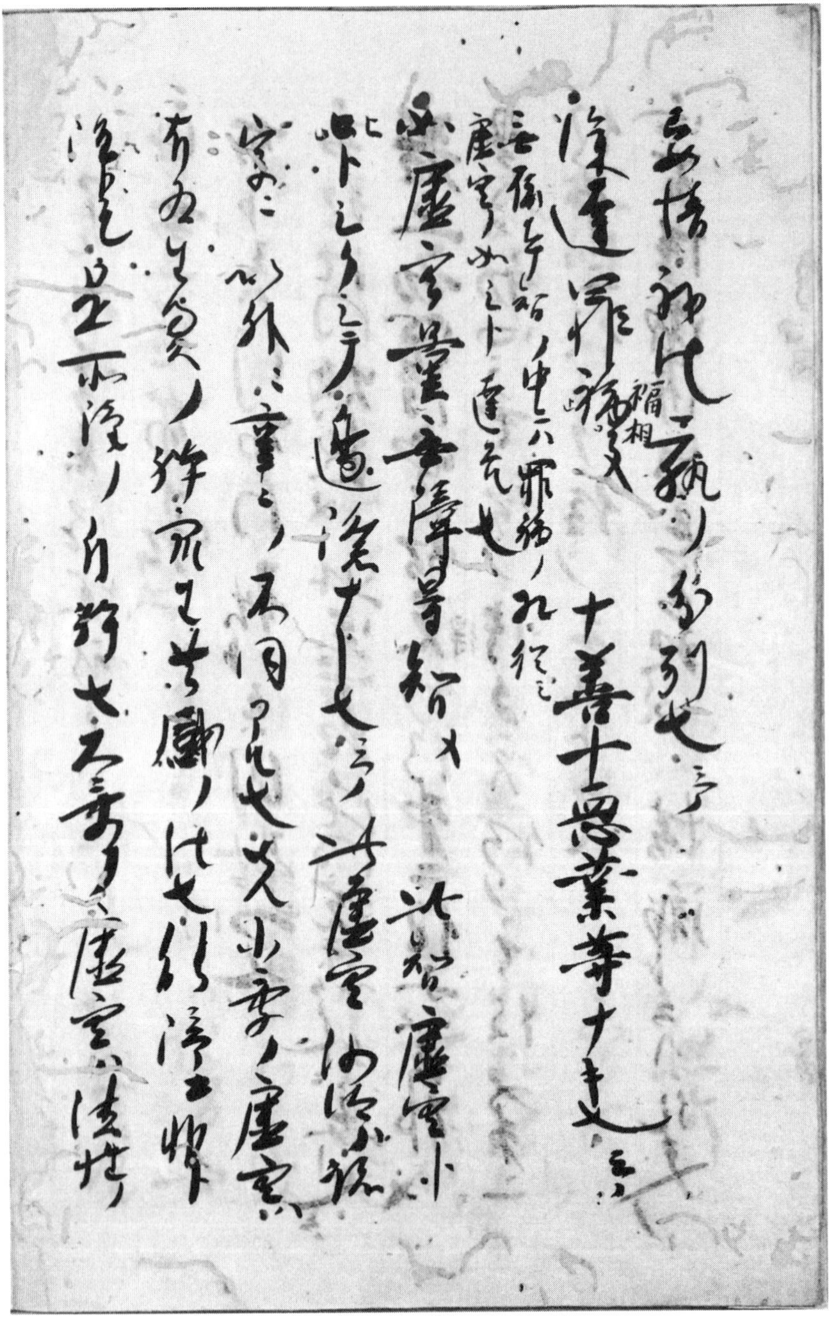

虚空称之、既ニ虚空ト云也、性[illegible]如来[illegible]
故ニ太虚空ニ元ヨリ如来蔵ノ[illegible]ニ非ス又大
如来ノ性ニモ称之ノ名アリ、先理[illegible]ト
[illegible]リノ[illegible]ハ既テ[illegible]也、云ヘシ
[illegible]ニ云テイテ、理空ニ就テ又[illegible]了也
如来ノ中ニモ、[illegible]ハ二ニ云[illegible]ト云也
[illegible]ノ[illegible]自性ニ対シテ[illegible]ニ人空顕ス
[illegible]論ノ[illegible]ハ、[illegible]論ニ二[illegible]

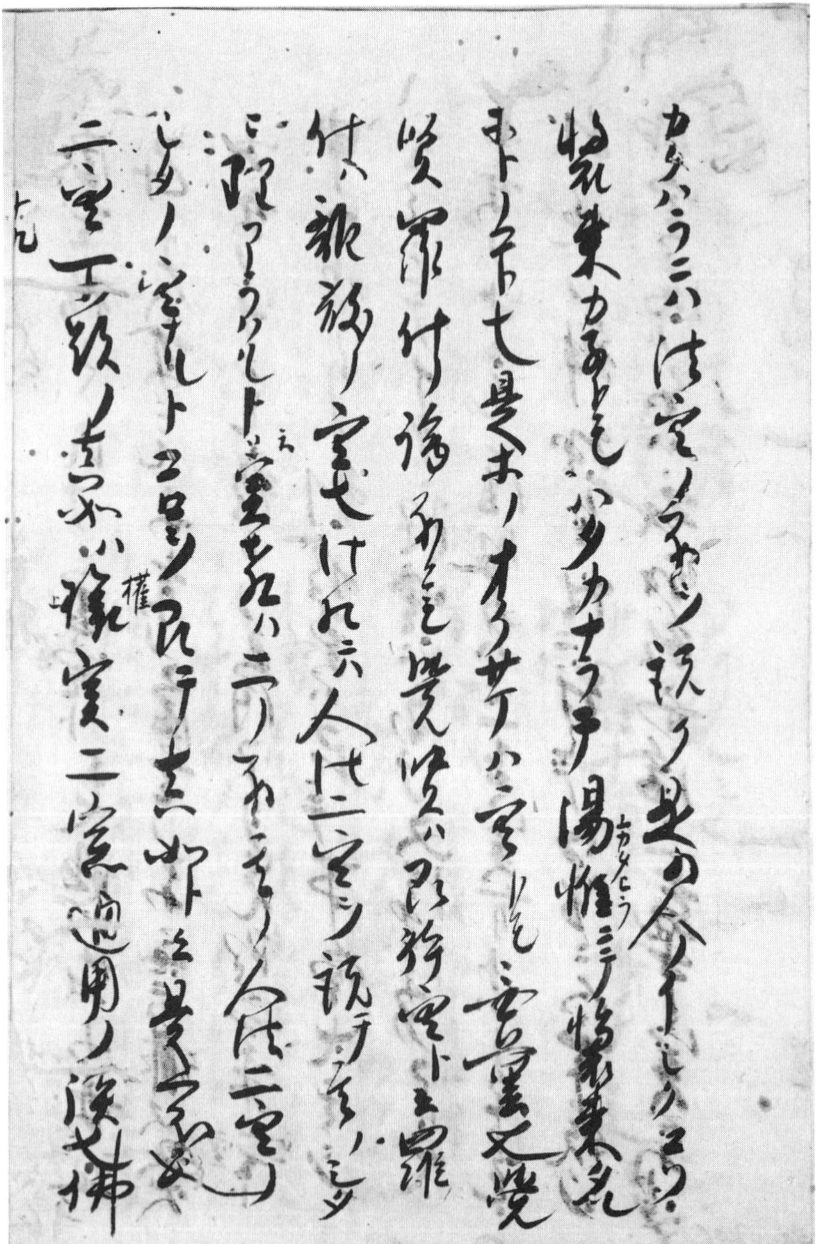

然者モシ利セハ菩薩修證修行ノ御説ニシ穀ヲ
未ノリ上ニ文ノ御説ニ依ツナラハ實ト敎リ經教ニ依ル
當ノ宣ナリ法尽シトヲ尽メテ陀羅尼蔵兼ト
云ヘリ修セシト云フ煩惱ノ實ハ一念ニ生シ畢ニ
等ノ久シ果リヘリ名モ實ニシテ云ハ迷ノ實ハ般若ノ
實見リ後クチリテ一實ニモ窮メテ彌ハ經教ニ
修名モ文ヲ宣有ノマカリハタルシテノ一方ト見ハ
此蔵ハアラハニ開テ攝入佛之等ノ見史ニ云フ

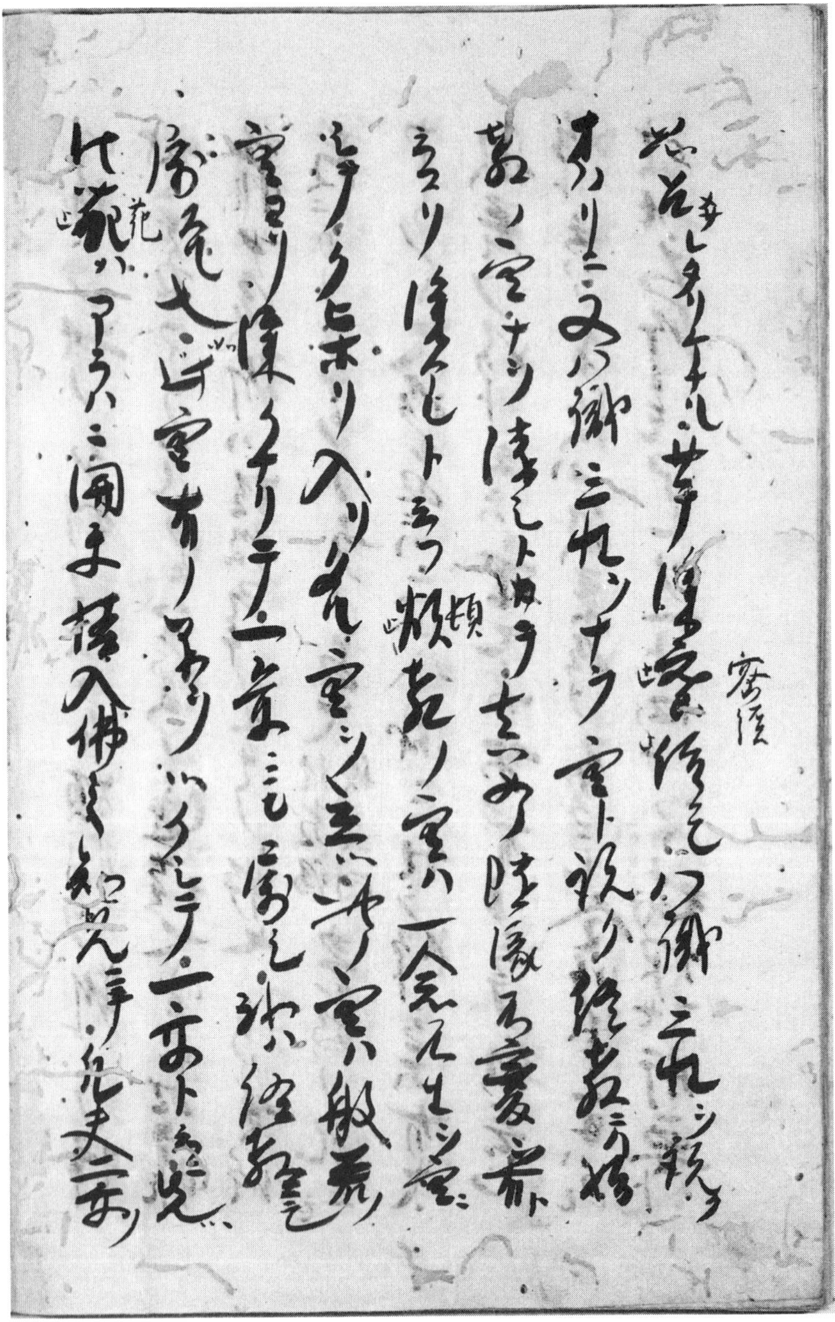

空有并ニ名ニ空有ニテノアル是ヲ空ト云三業代害ニ
遍ニテ三密ノ縁ヲ縁シテ是レ有ヲ空ナレ共観ニ云ヽ
隆ケレトモ眼ヲ取テ大空円明菩薩般若ト云接六
第一ノ不一念空ニシ知シ大空ト云也
給ヘ只円通遍安生壊大禅ヲ存ヲ給ヘ事咲
大得ヤ只廿給ヘシ起又人也給性円一方
私ニテ心ノ要ニアル人ニ付ケナ同一解也云
接所ニ在ヲ給ヤ知ハ線観ハ真掃ニ病本

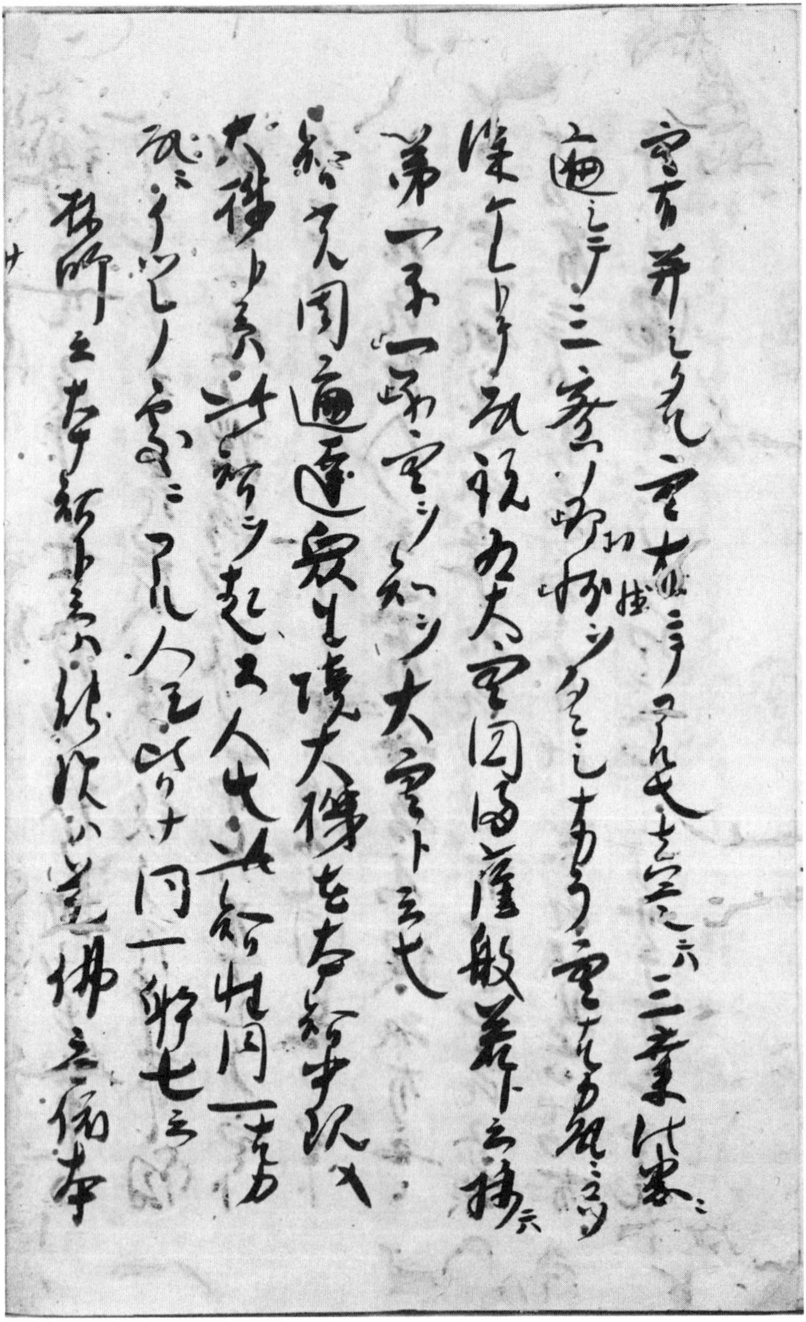

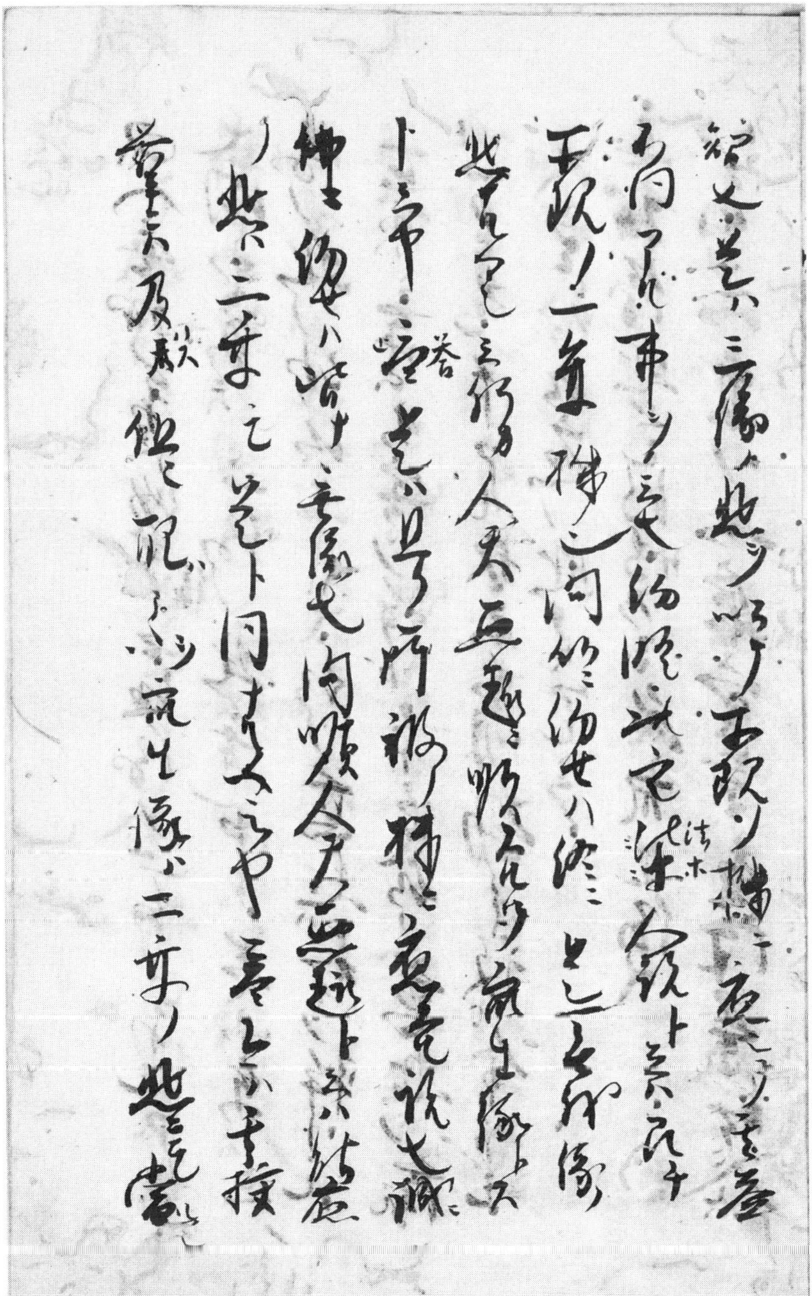

是人無縁ノ義也。縁也ノ又無縁縁ヲ一事ト不知之アル歟。
世間ノ諸法ハ、六根ノ此ノ境無キ中。若小乗ハ三
縁ノ此ノ外ノ法無キ也。外ノ萬法ハ上ニ於テ解ト云
二乗ハ無漏ニ空寂ヲ解ト云フ也。外ノ萬法ヲ遮シテ亂
トハ心色ヲ先ニ為アル根本ヲ勤メ設ケ今カリ是
人ニ定ク知ヲ慮リ此ナルヲ是ニ云フ
悪縁縁此也止心情乃至萬気生縁友
此衆ノ一事ノ上ニ虚空等ニ衆生界等ニ念

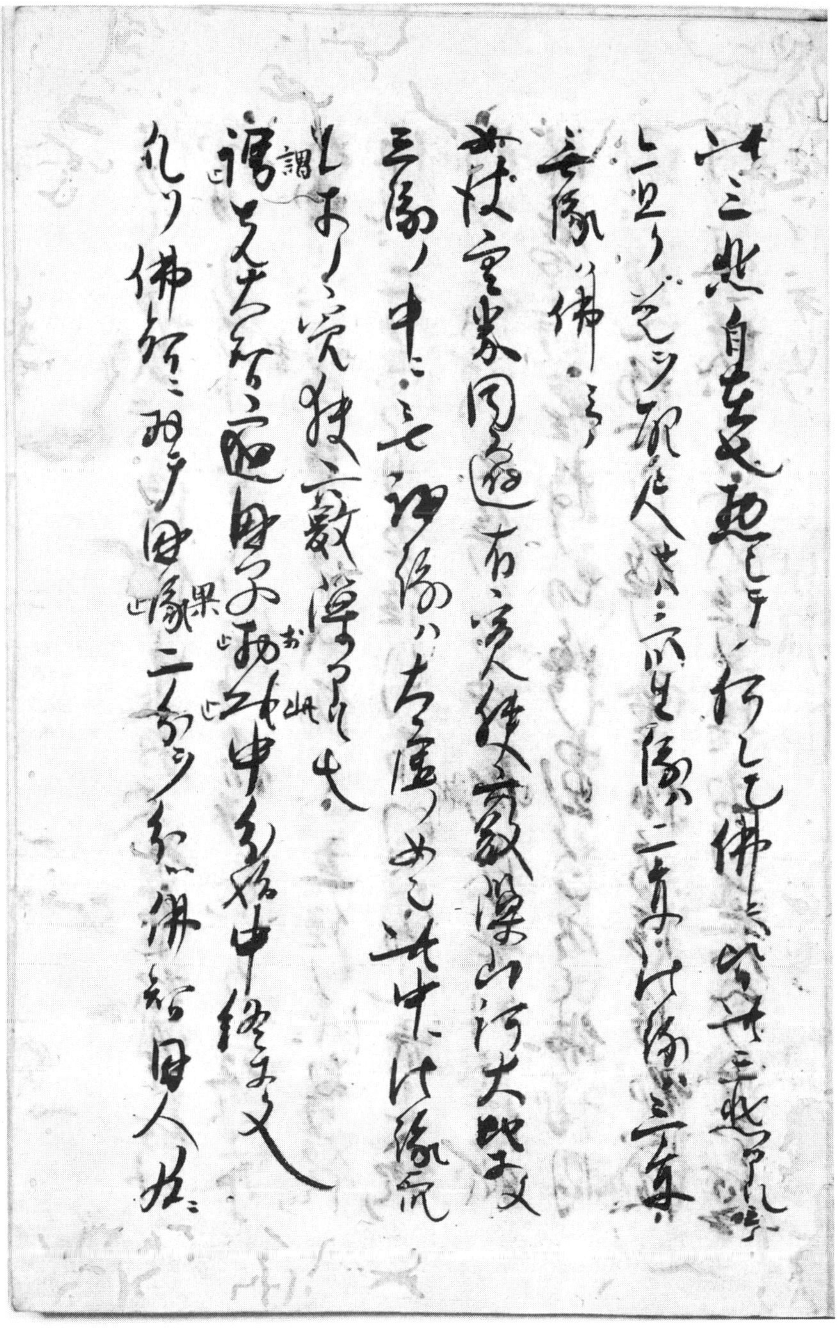

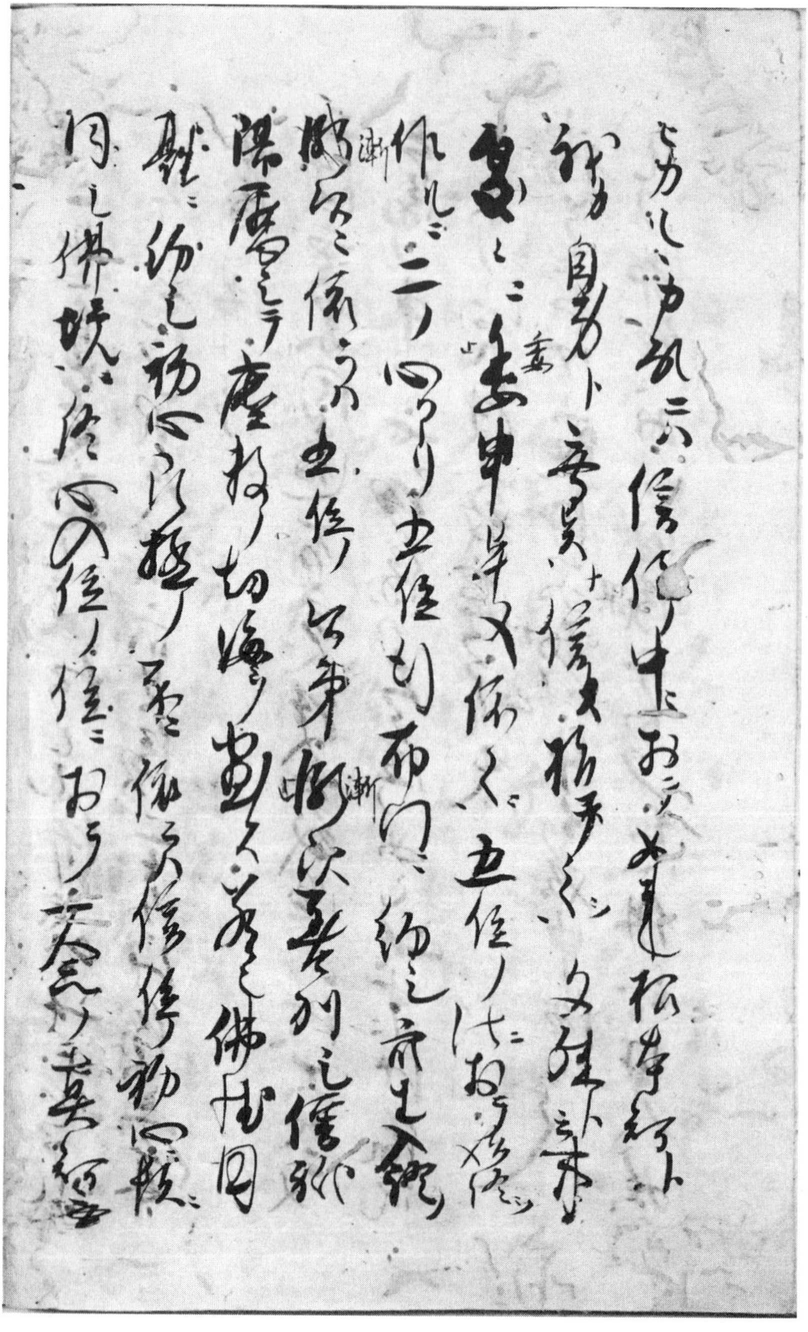

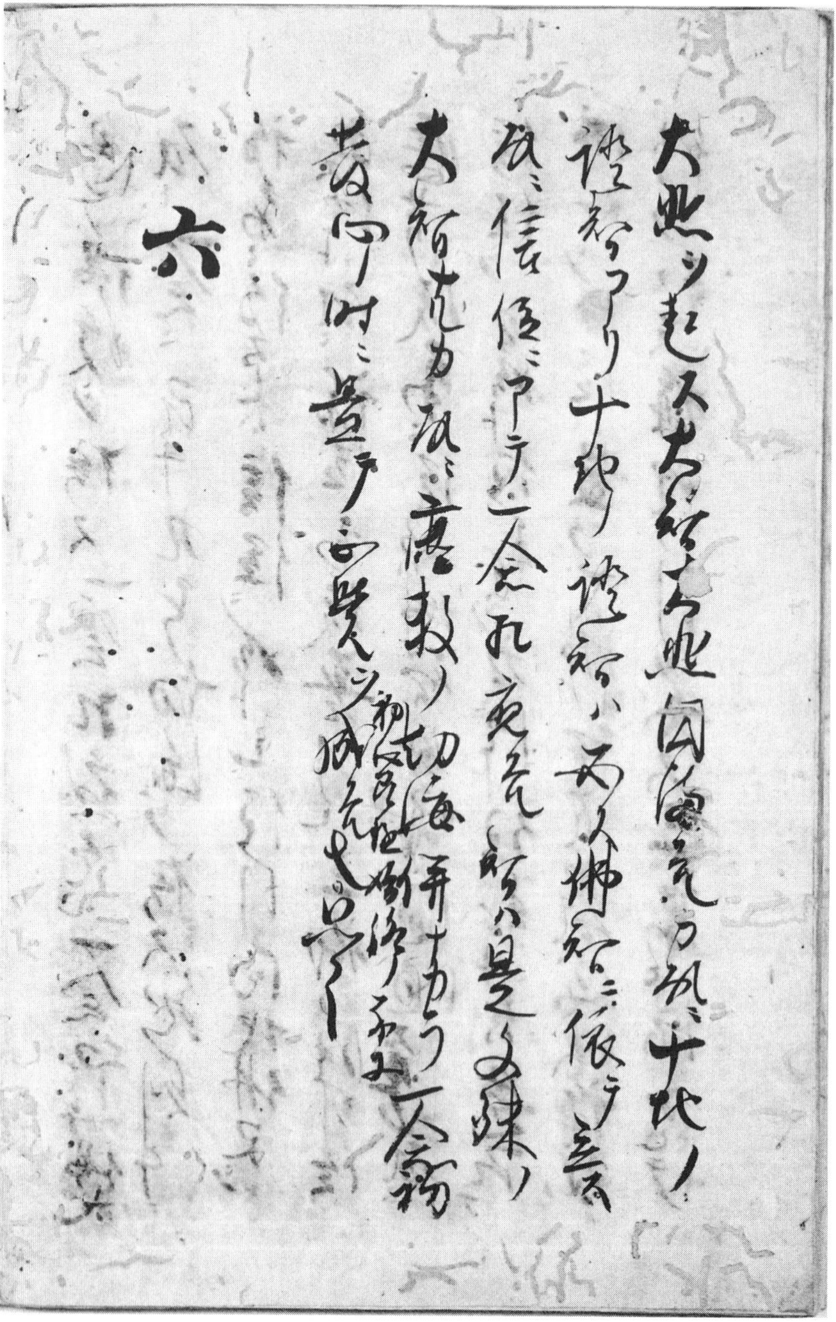
大悲ヲ起ス大智大悲因縁ヲ乃故ニ十地ノ
證知アリ十地ノ證知ハ可ノ佛知ニ依テ立而
故ニ信ニ住ニアテ一念ヲ発ス発ス時ハ是ヲ味ノ
大智ヲ究ル力故ニ唐教ノ一切ニ無并十方ノ一念ノ功
初後究竟倒修有文
發心ノ時ニ無ヲ可覺ノ成也ト可ノ
六

本紀云

寛元四年丙午四月廿六日箇他日夜
於時風雨於丹洲神尾山比谷遂
校畢之草庵聴講南麻栽花
一
脱穎集之

山中非人高信

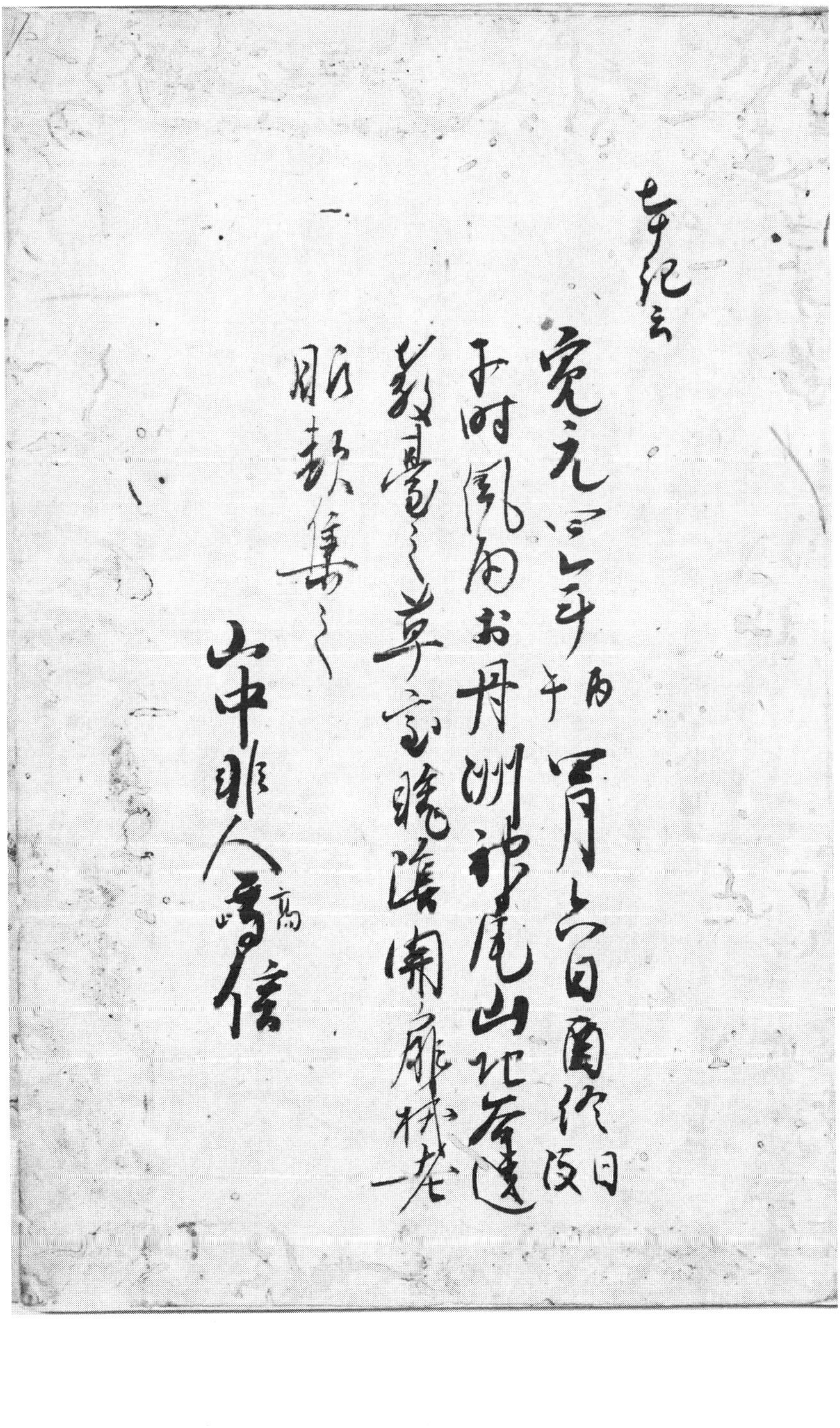

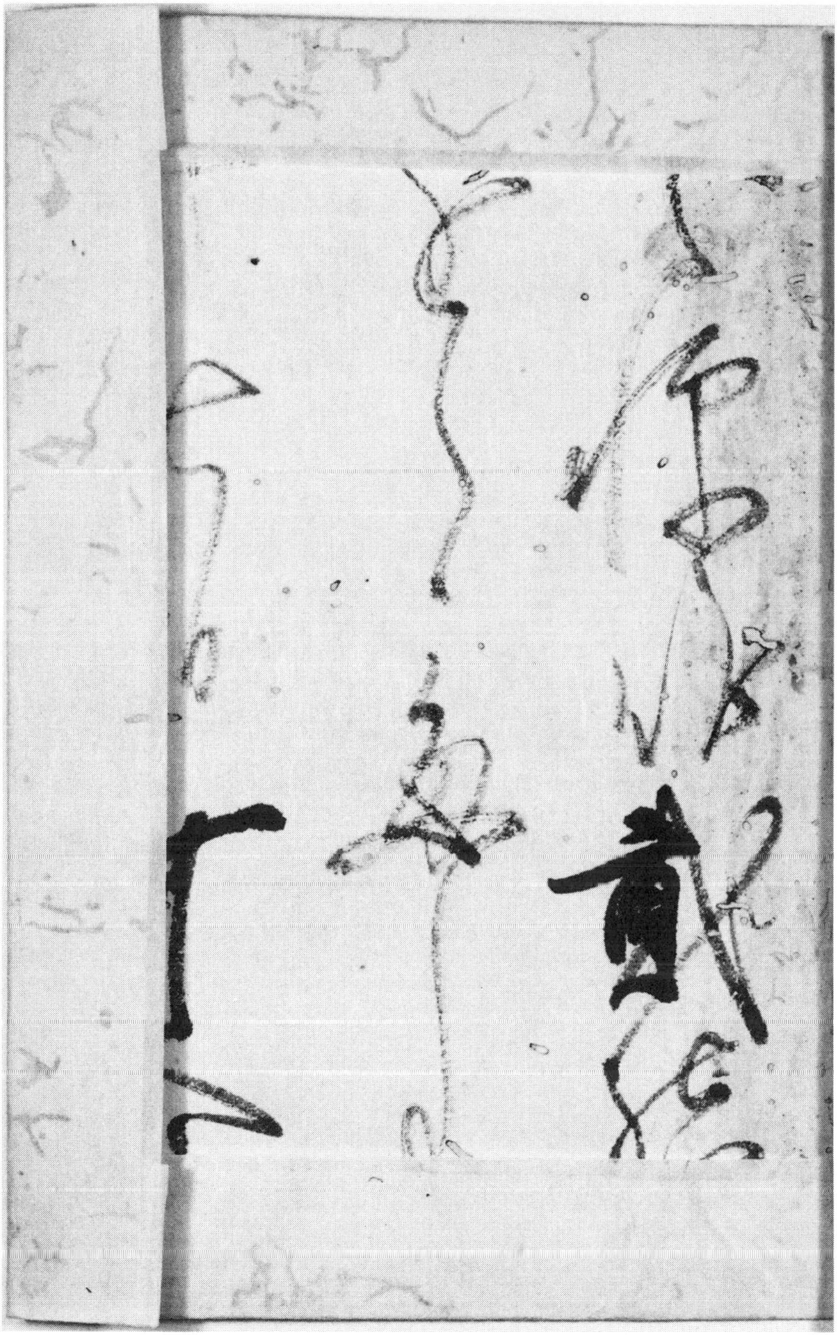

解脱門義聴集記　第六（覆表紙付）

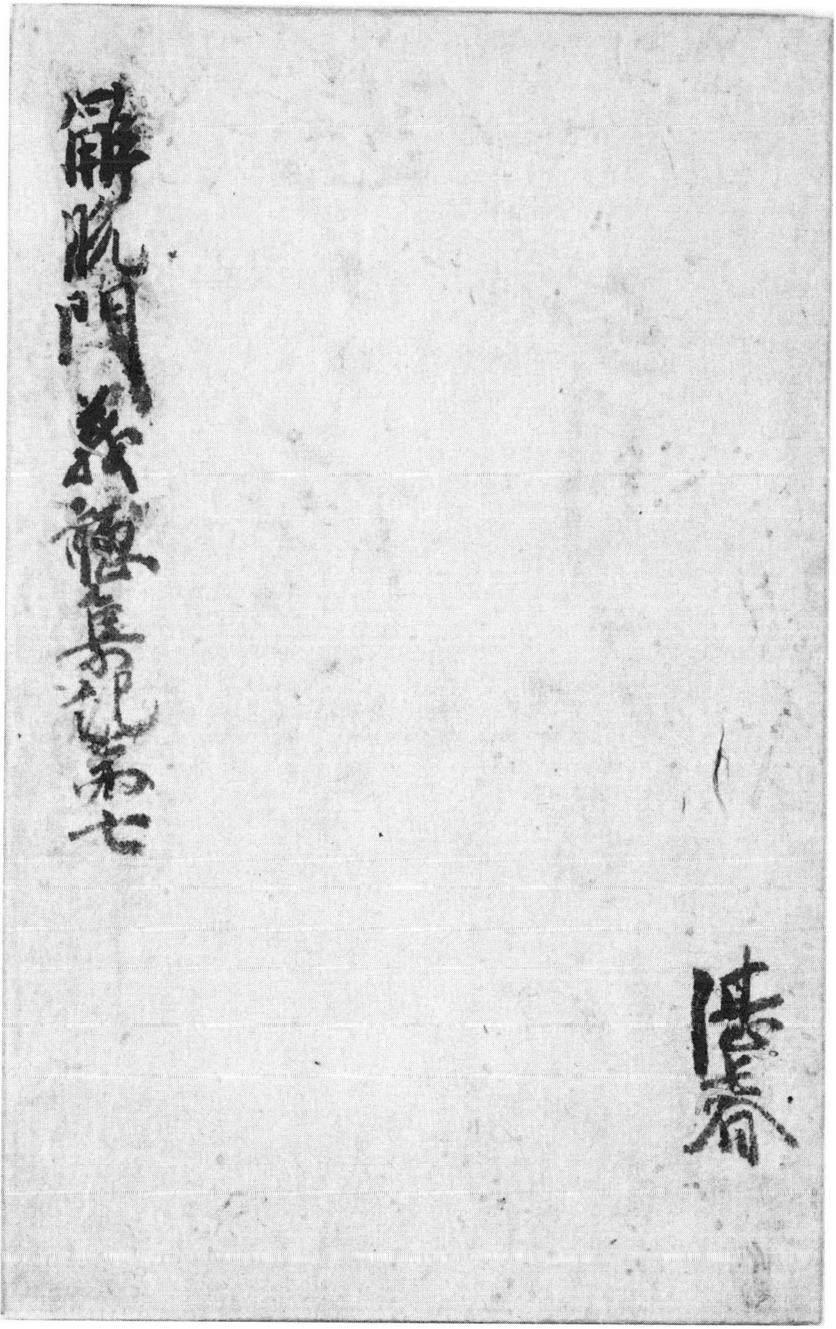
解脱門義聴集記第七

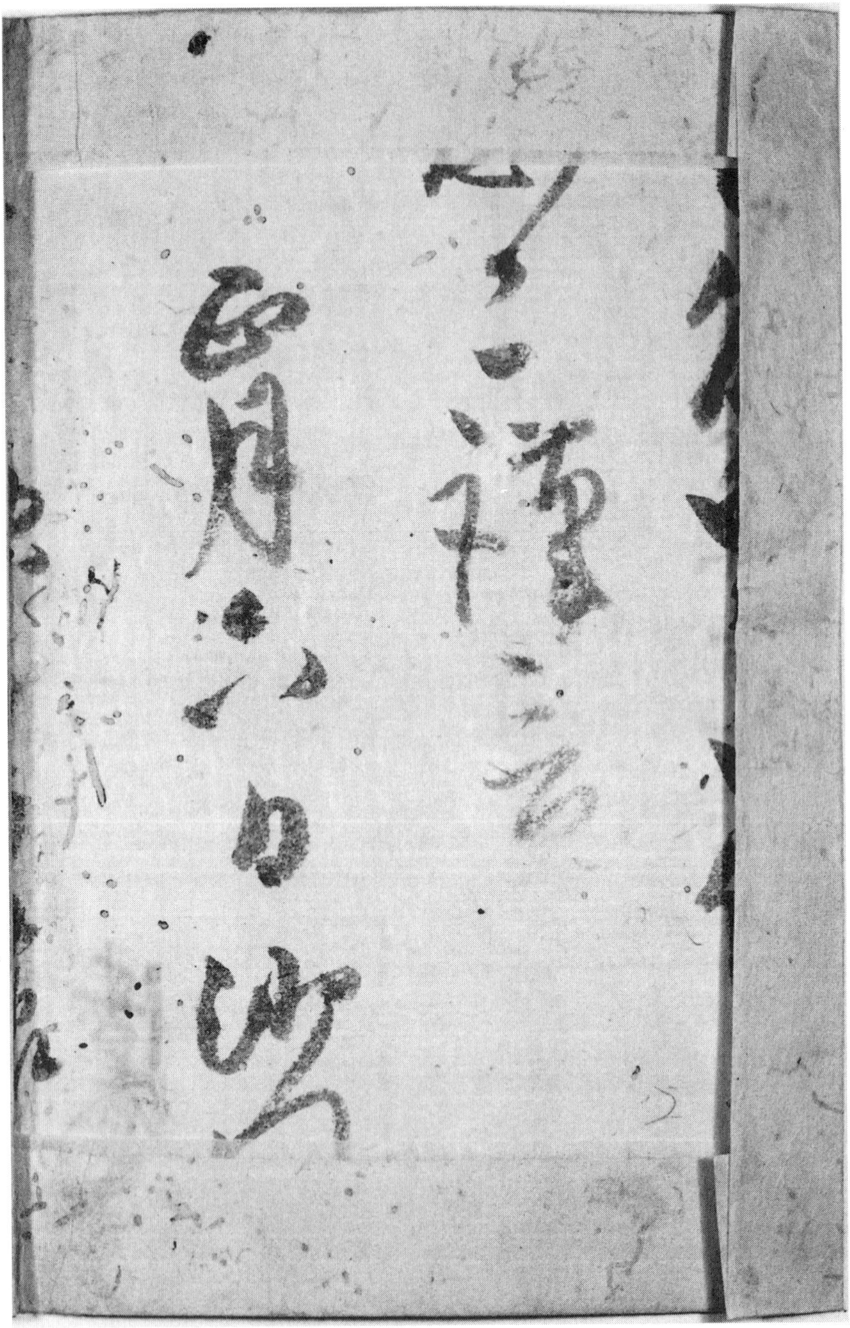

解脱門義聴集記　第七（共紙原表紙）

トハ云ハ十力ニモ法界ニテ周遍スルモ周遍スル事モ
ハ十ニモ自性カナシ文　此十重ノ作法ハ光明覚品ニ説ク
六智境界文　所覚既ニ亘レハ能覚モ随テ亘
覚月ニノ十悪業ノ覚スレハ十善業モ同ク覚テ
二随智行悲也乃至　即大智大悲行文
ハ此ニ属実ニ行ノ中ニテ衆生ヲ徹シテ之ニ対テ
義法文　悲也ハ此ニ説ニ此十重ニ悲智成就スル此経ニ
即チ初住ニアヒカナフ文　此ノ初住ニ明覚ハ二ノ次ニ

浄行品ニアテ大慈大悲ノ行ヲ説之多之ノ
又以第二住云謝乃至以一廣雲智葉用也文云ニ
十二々年ト云ハ是十二因縁也此ノ法宗ノナラヒ事也
智少ラカサヌレテノヤウチヌ代問ノ時ヲ見也サレハ海
雲以並大海ニ向テ観スルニモ云積モ又ハ海ノ積シ
観究也只今思惟大海漫無邊際大海源底
不ナシト観スルハ海ノ之底キ積集ノ積也以之
以此観スルニ佛ノ十智波羅蜜海ノ功徳摂也文

此後又疏ニ論此信ト成タ無有ニ一億ノ有ハ凡夫ノ有
六是ナリ、實行シヘシテ凡夫ノ有シテ實ニ洞ルトナ
縁起ノ有也云ノ
入此十種荘厳大安寶宮蓮人爲仏内文
念仏門トスハ称ニ三経ノ不離ニ此證シテトテノ義
三義ニ配スル時ハ称但ハ是念仏也云ノ
浄内國文
称ニ浄雲比丘ノ所居ノ國也様言記事

八ニ云海門者此國在南海城門向海觀
七又義観海門開只治比法界観以為門
ニ海雲者此比丘常在海崖《岸》観像起大海
及海上人從花厳道處此雲宗観力名蔵
成普眼経文
海雲比丘十二年ノ間大海ヲ観花ニ佛出現シテ
普眼經ヲ授シ親ヘ給ト云フ八千二年ニ説許
二像生海之法雲當シ觀シテ生死ノ大ニ像生海ニ

性ト見ナス也、此ノ智ヲ起スハ既ニ是レ佛ノ智見也、此
智ヲ得タル人ノ見聞スル所ノ一切ノ法ハ皆佛ノ境
界トナルナリ、之ニ依テ是カ菩提トナル也、是ヲ華厳経
ニハ是ヲ説テ以テ知ニ順シテ上ニ経ニ此ヲ説クト説
處ニテ後ハ少ニ散スルニテアリ而シテ乃至後
羅漢ニ地獄ニシテリ見ル佛ノ見聞ノ境界ハ見ル事也
知ルヤヨカランハ是大菩薩ナルヘシ云云
又解脱門ノ義ハ経ニ説ク所ノ法門ノ金剛ノ要ノ所ナリト思フ

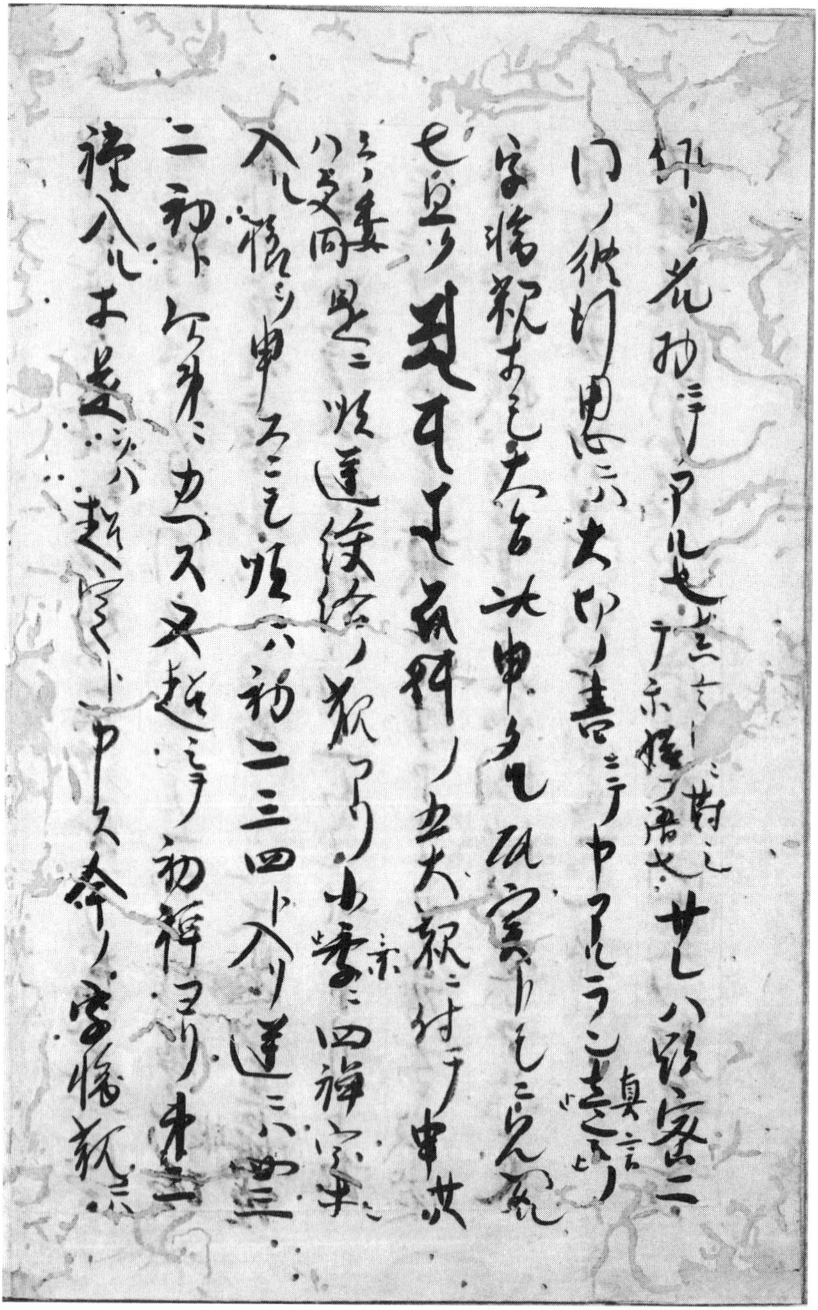

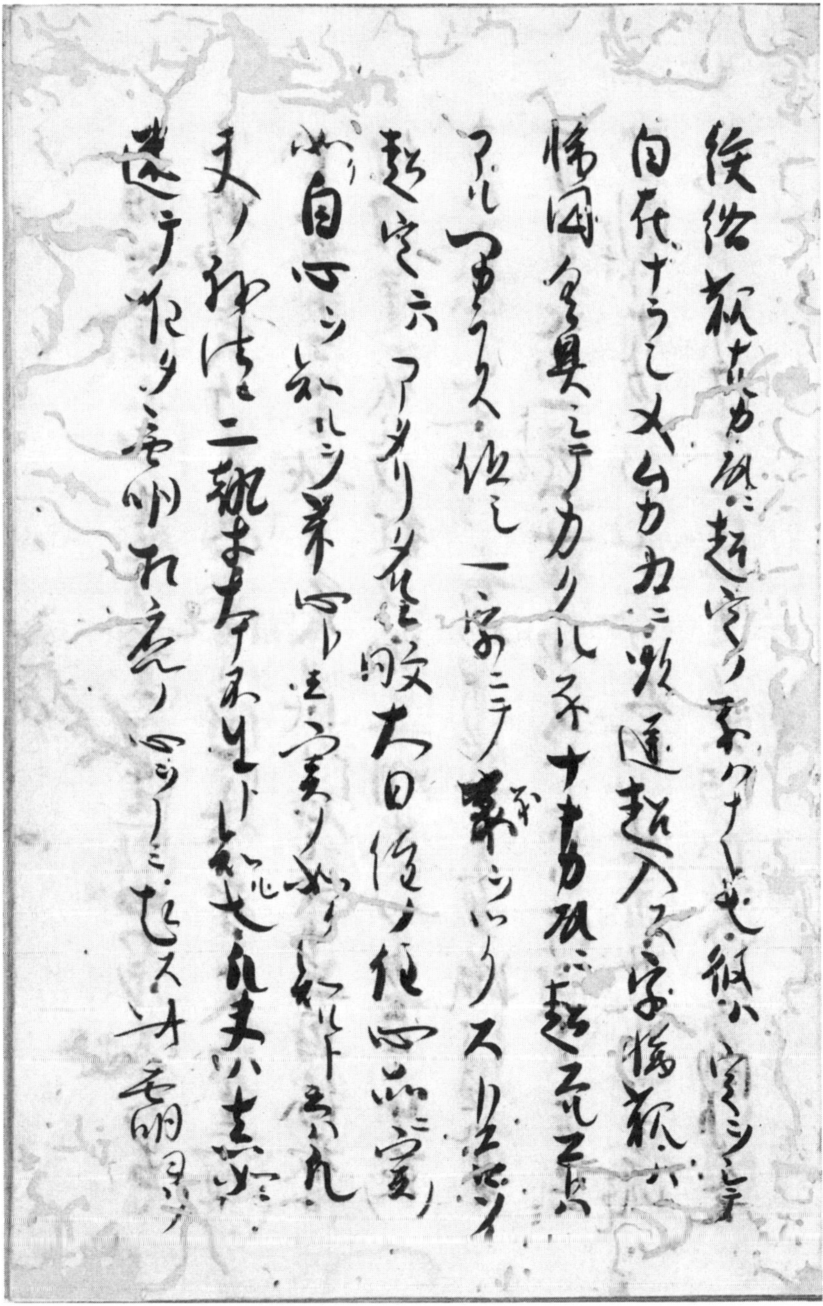

三細六麁等ノ生死ノ義ニシテ迷リ方ニシテ変易ヲ存ハ
ル解シテ変易生死七是シテ逆ニ尋テ入レハ生老病
ヘトツクトコロニ於生死ノ代ハ已ニ尽十二因縁獄ニ
依テ逆流シテ起リ始無明支ノクロニ生死ノ
キハトデル文ニ七ノ色影ヨリ～来テ流浪生死カ
叩ノ生死ヲ一度《ヒトタヒ》廿トニメハレハ河シ世タニ上
皆渕《ブチ》トナリカ以テ生死ノ大河シ世キトルレニ二苦流
忽ニトナリテノ十二縁生ノ大河苦文苦ノ渕ト変

小乗ハ作タ業ト云テヤカテ報ヽ一向ニ無作ノ劇ニ
三界業係ノ道ハ長ノ世カシテ劇苦受シハ無量
リテ上ヨリ流レ落カ如ク生死ノ大海ニシテ業ト果ト
シハ煩悩ノ惑業トナリテカヘリ生死ニ流レ出ハ
生死ニアリト説モ死ニ無三ハコトハ也其レハ表ヽ
生々無信業シ作シテ三途ニ方ハ設ニ三悪道ノ中ニアリ
リテ善シテ悪又劇ヘ同類受苦ノ流転シテ方
地獄ニシテ出ツルモ報ニ初ヨリ漸ク乳実ニハ力尽

止漸

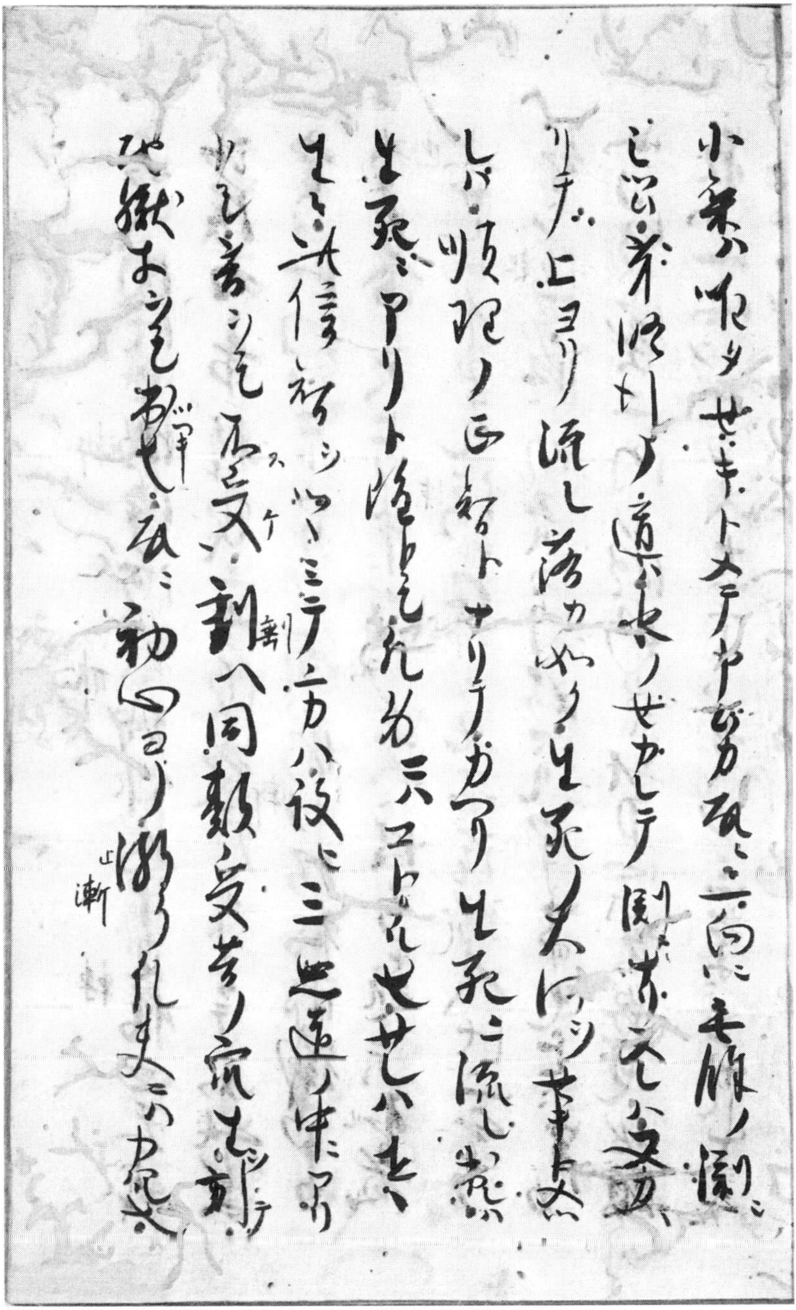

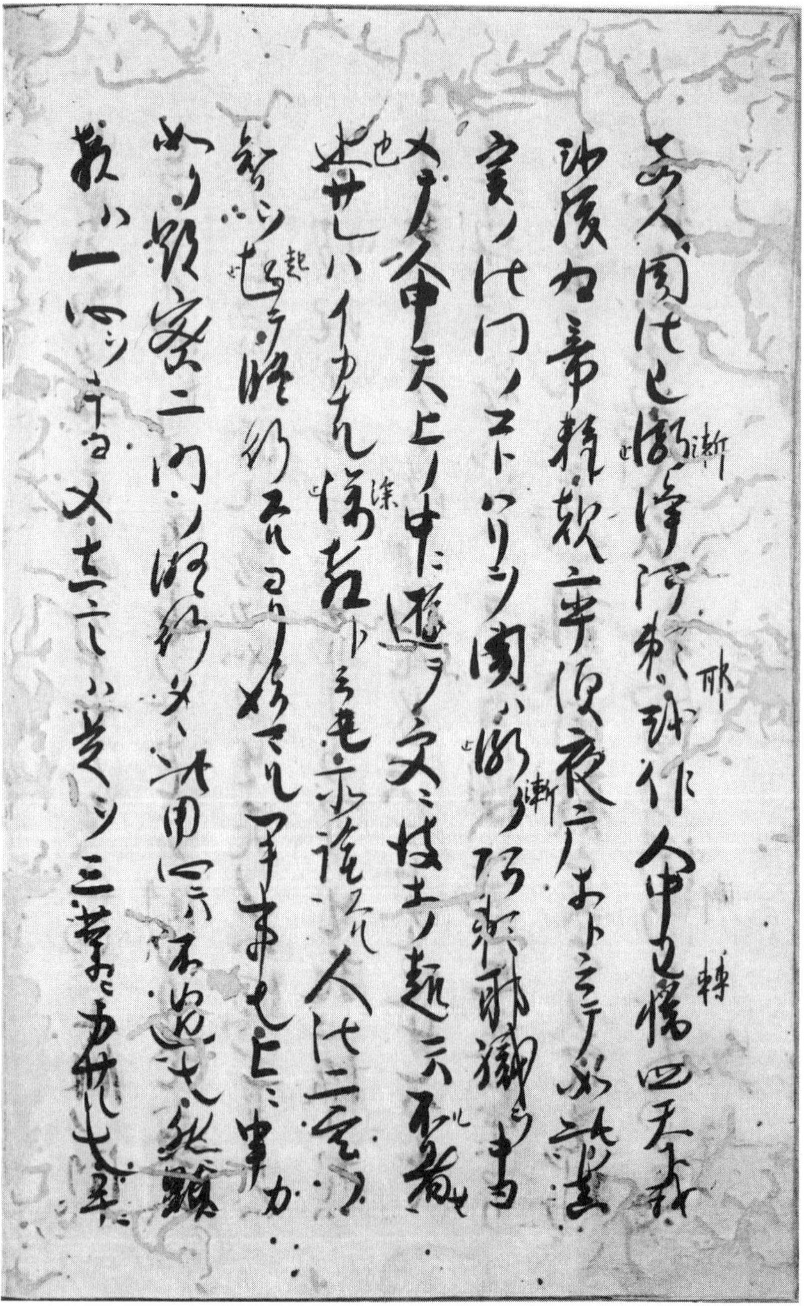

益ニトハリシ儀ヲ下界ト云無ニ益ニトハリシ偏ヲ見シ出
出トハ出ス云ニ出ストハリシオモフシ称ハ入ス如此三
業ハ教ヲ発テ修スルシタルヲ後ニ宗ヲ言文深遠ナル
門ノ遠近ト中ハ行ヲ成ス文佛ヲ教ノ對シテ依行
向他ヲ修行シ云テハ入ルハ文ニシテ見ヘシ行
世尊也言シ修学ハ業下ヘ入イカニモ究竟テ
入学シ立テハ三家ノ毘盧遮那十身ノ佛
立シ此テ初心ニ本キ修行シ得テ佛果ニ入ル事

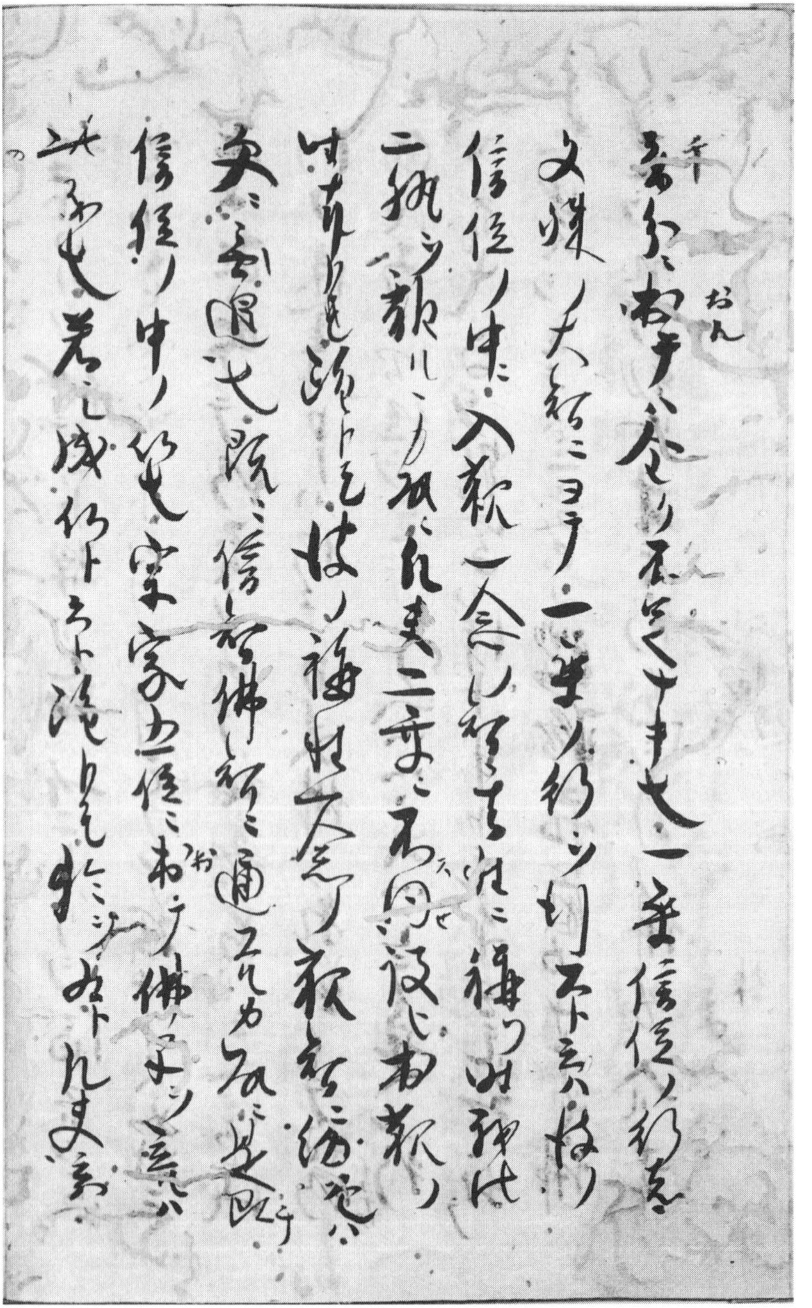

亦モ皆ニ出テ数般ハ先是ニ問ス説中信位ニ出ヤ
正覚ト云ハ初ニ退名ヲ信ト説テ了ヌ信ニ非ハ正信
修行位ノ信ニ非ヌニ既ニ信位ノ中ニ修了ノ行ヲ
信ニテ所信ノ解ヲ成ス修了ノ行ヲ信ニテスモ阿
中ニ量力望ハ説信ノ行門ハ信位中ニアテ版多一ノ
信門ヲ成ス故ニ十二因縁字釈縁起ノ字釈
断縁起ノ字ヲ釈ス一刹那ノ中ニ十二支ヲ宣ス因
ラヌソハ三ヲ云フ明判シ因トニ識ヲキソフ了ミテ

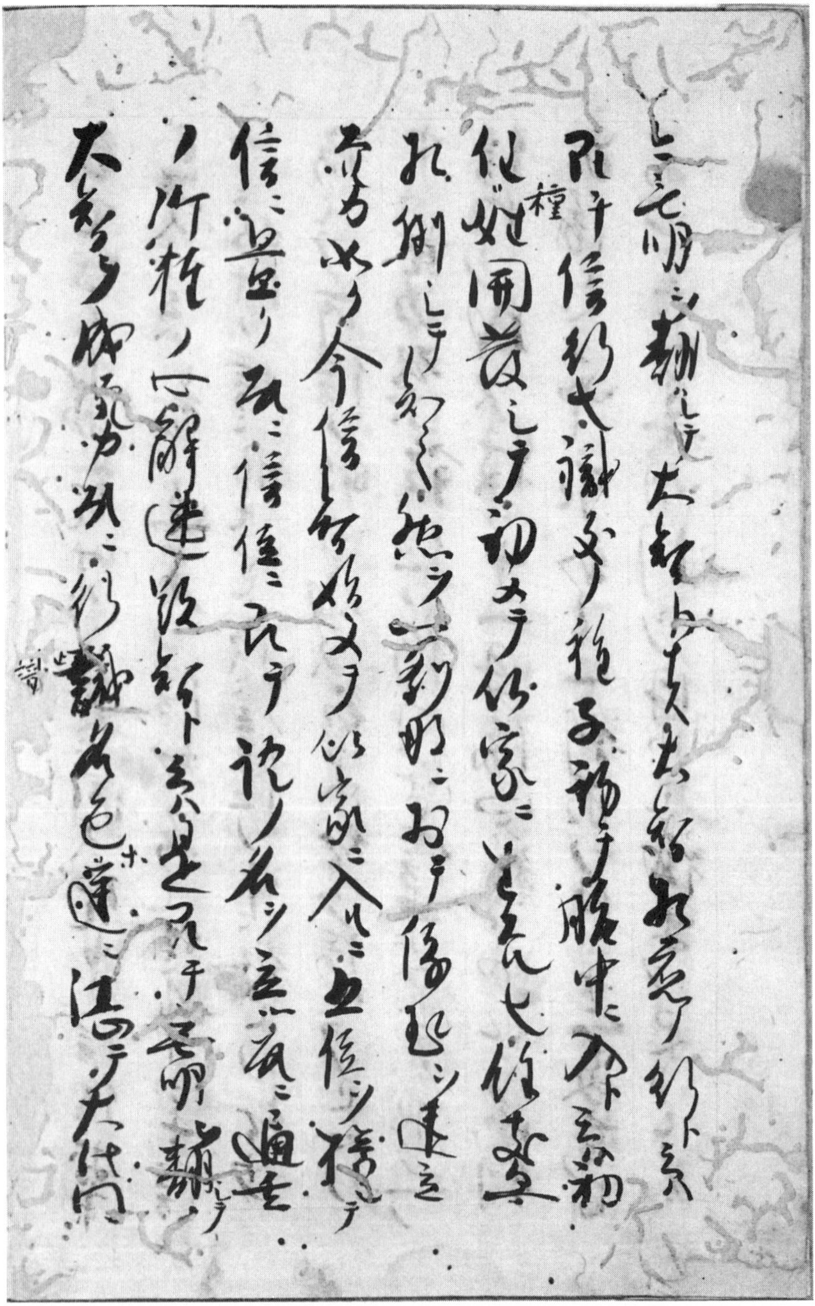

海ト融ル也。十二支重々ノ因果ノ如シ。信解等ヲ
成ス。又カ用テ信門ニシテ成ス。彼時分開也。生ス
一生ニ然リ。別テ天三ノ信有リ。凡位ニ徹シテ入海シ
中又刹那縁起シテ流転シ。従初向地ノ依
位行布ノ門ハ是又行位縁起ノ逆之ノ如ク遅ク
聴テハ十二因縁ト云ハ。因縁義ヲ云ハ圓融蔵
残ト云ルカ故ニ。残ニ對治トナリヌル也直ニ
至極ノ道理ノ世ニ於テカ為ニ至ノ上ノ事察ニ

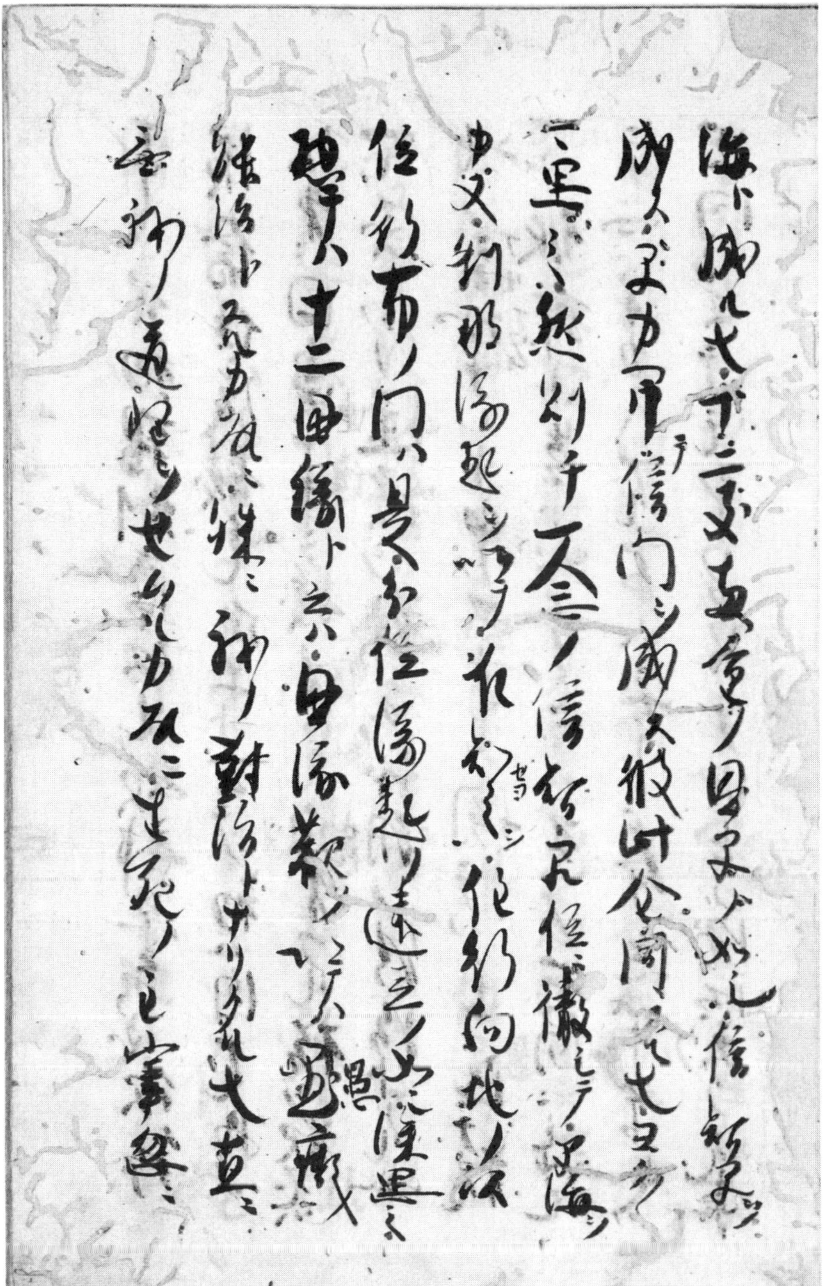

未表ニ云、初羯剌藍、次生頞部曇、從此鉢
羅奢佉、後髪毛爪トニテ、初ハ肉丸也、
次第ニ固異ナキニ髪オヒ爪イツル稍ク釈云
一ツ女ノ連續スル數珠ヲ執ルノ如クナル也ト云
モノ〻ナレハ申スニ及ハス併テ間ニテハ〻経テ親
セシ振舞ヲシテハサ〻ヲシテ交ラフ學問ニモセ
テハオカスヘキ也中〻ハ云モトニ存ナ〻
学問ニテモ中々カヽリテ知モノ〻ナリ

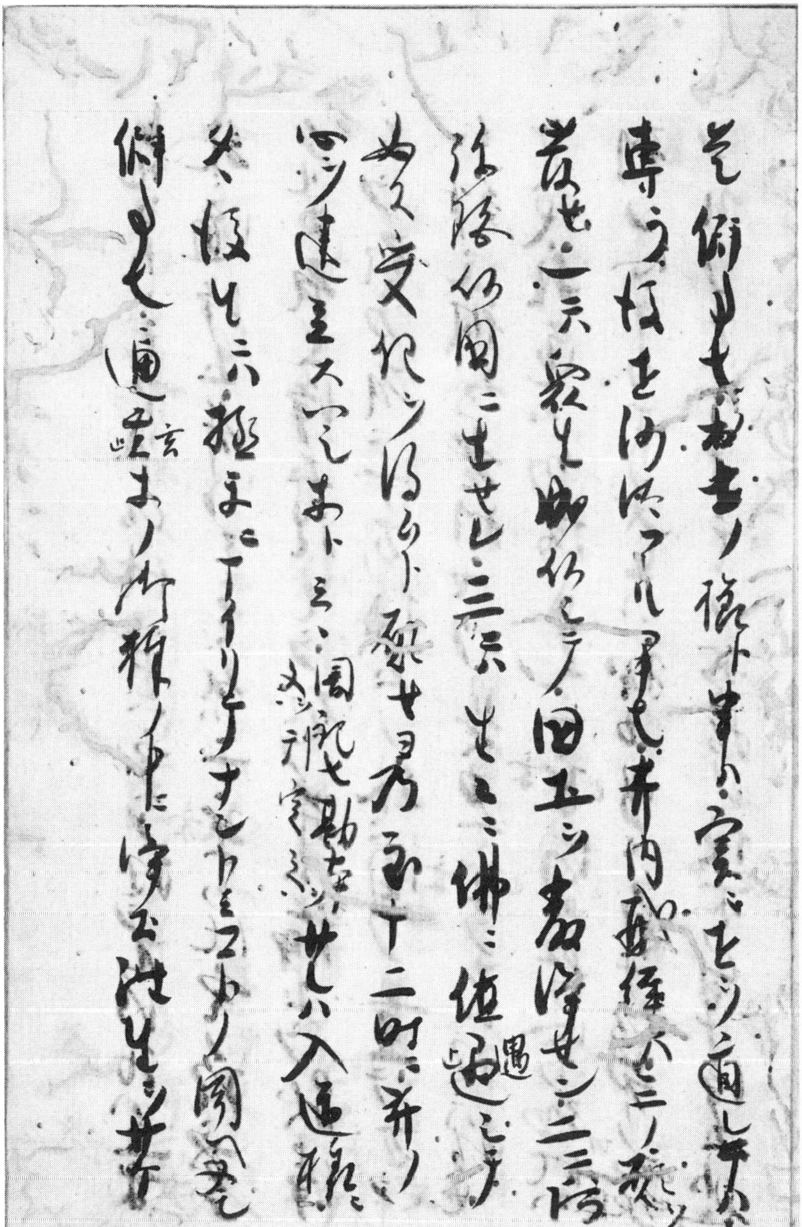

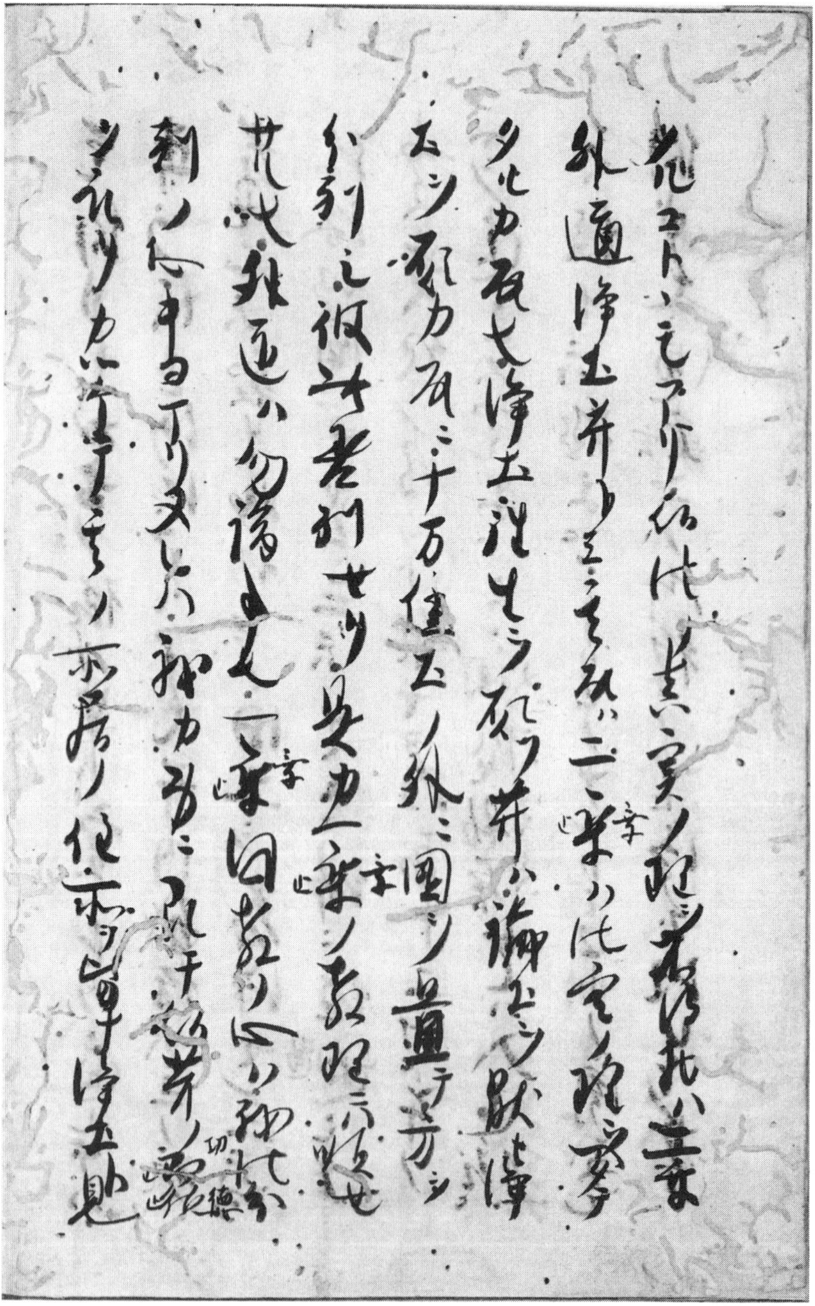

カ故ニ共ニ無為ニシテ寂ナリ今此所ニ生ト云事ハ横ニ根毛[illegible]
跡シ不動ニシテ即チ化ト云ニ無覚也[illegible]
円満覚也無礼加多ニ遍[illegible]
世尊ハ於テ摩耶ノ信シテ[illegible]
三身ニハ是ヲシテ迴向シテ佛ノ因ニ生セシ只文
也是レ其ノ依ハ既ニ佛陀[illegible]
以ニ常ニ是レシテ為ニシテアラハ人天ニ種進テ常ニ大
五年ラ文十似ト云ニ利テ[illegible]前生シ済度ニ

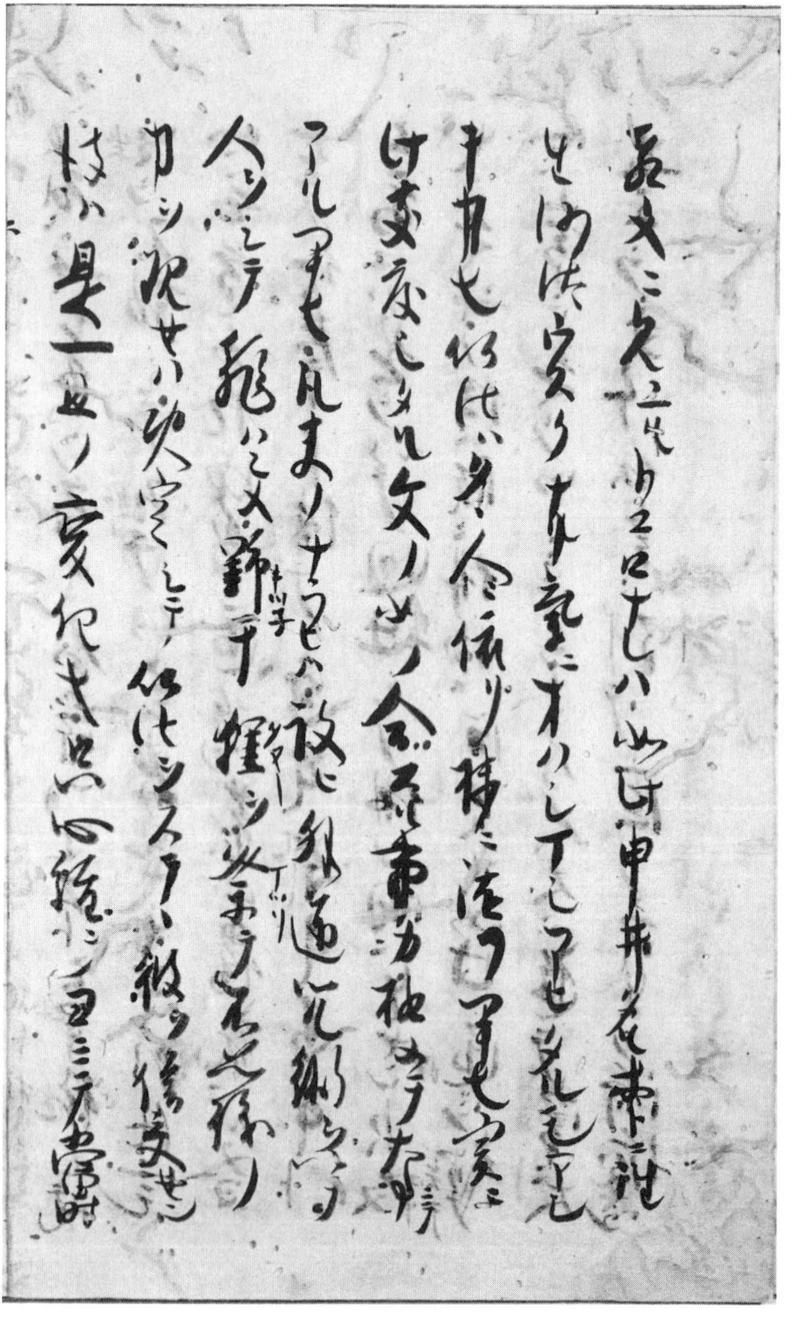

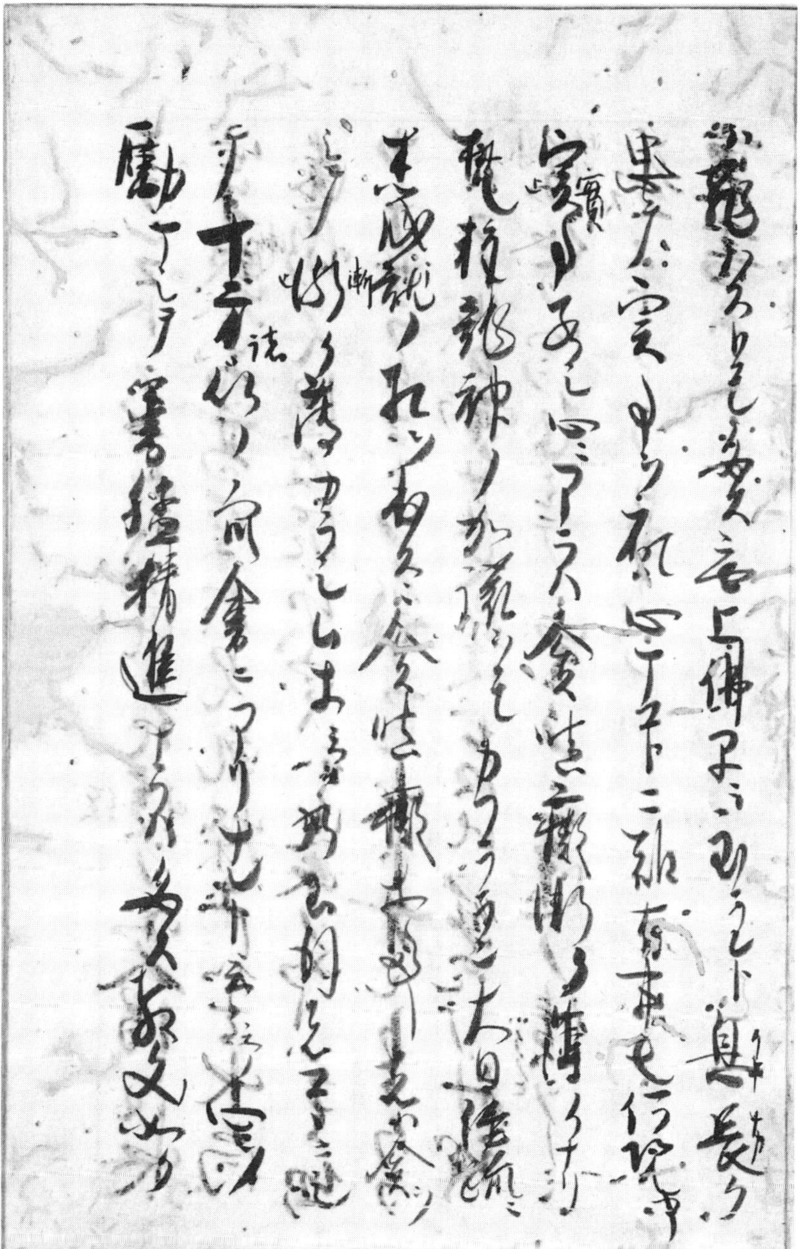

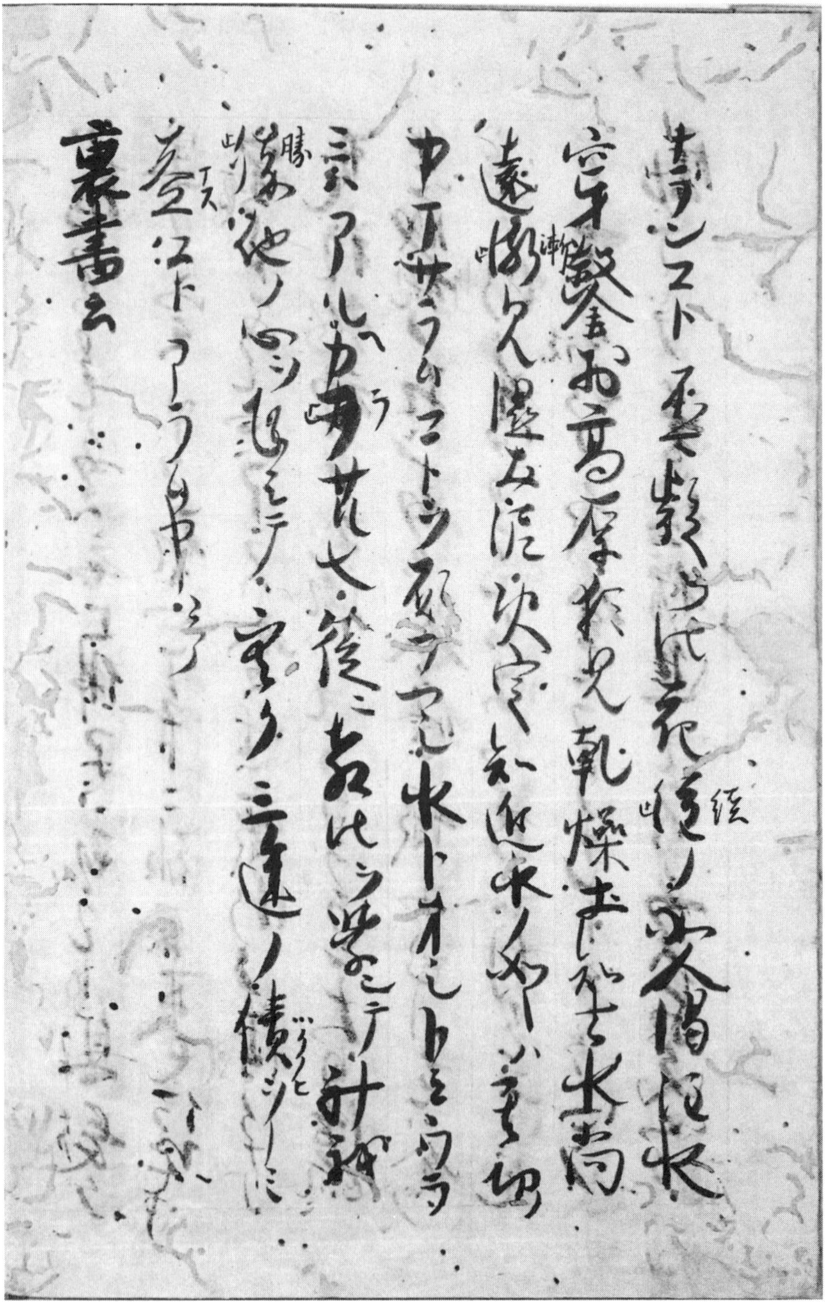

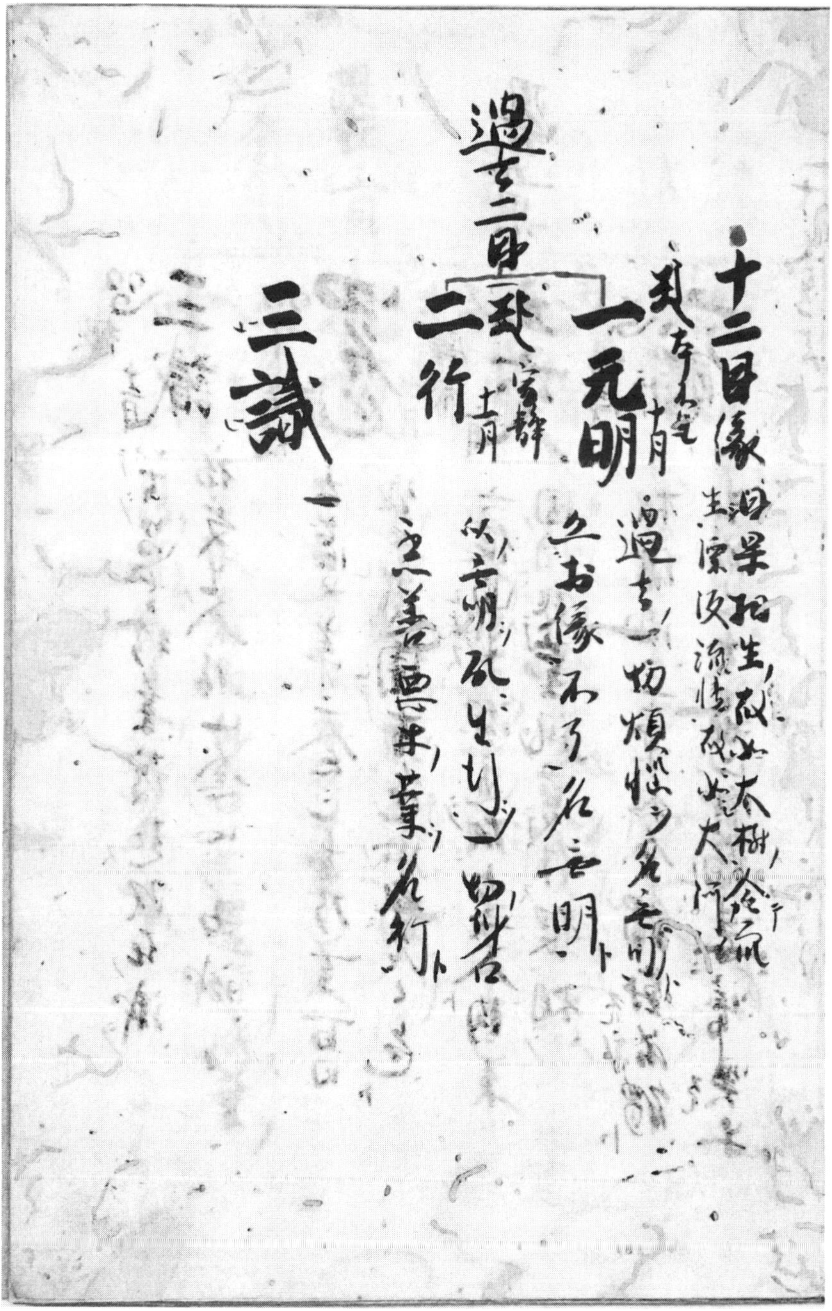

十二因縁　因果相生、故如大樹ノ[illegible]
生滅次流転、故如大河[illegible]

過去二因

一無明　其本有[illegible]
過去ノ一切煩悩ヲ名無明ト
又於因縁不了名無明ト

二行　[illegible]
依無明故ニ生ス一切業
又善悪業ヲ名行ト

三識

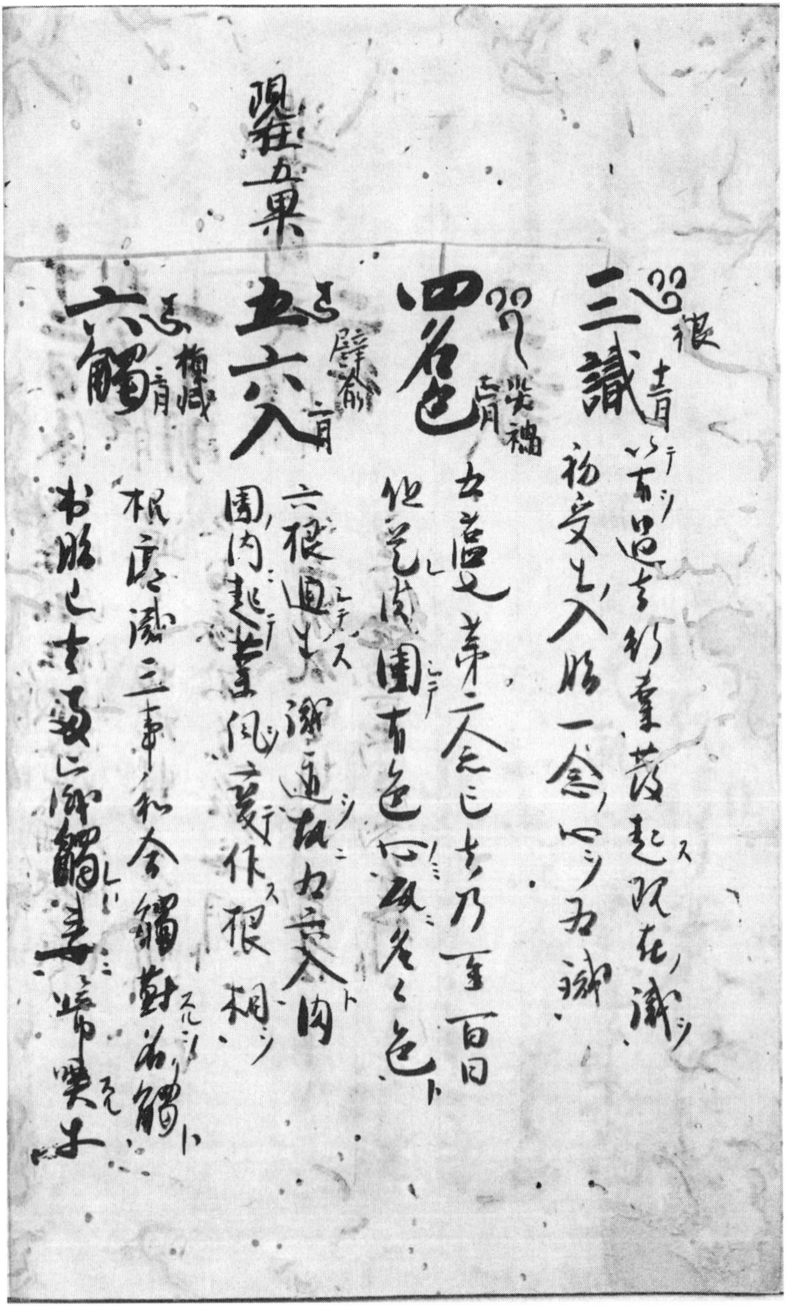

現在五果

三識
以前過去行業発起現在識
初受生入胎一念心ヲ名識

四名色
五蘊是第二念已去乃至百日
但是胎内有色心故名名色ト

五六入
六根通生識通故名六入
胎内起業凡夫作根相

六触
根塵識三事和合触対名触ト
出胎已去至三四歳未識苦楽

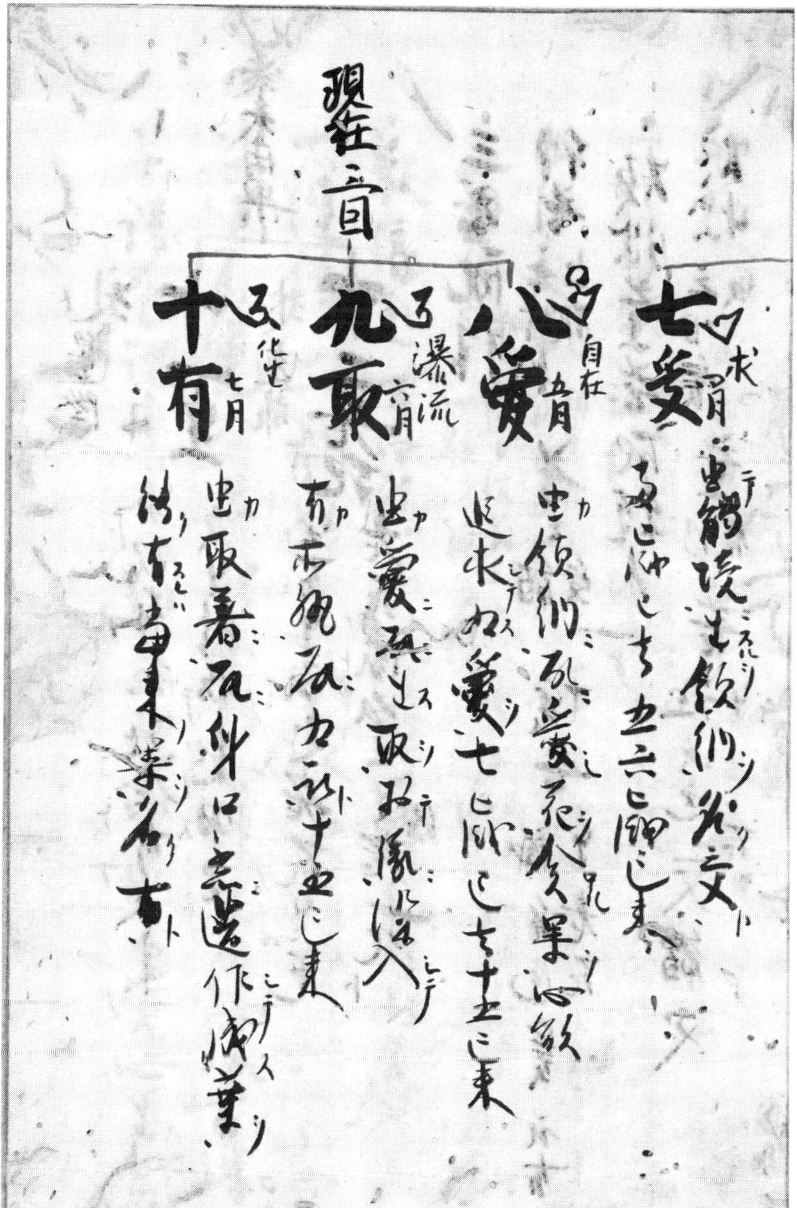
現在三因
七受
八愛　自在
九取
十有

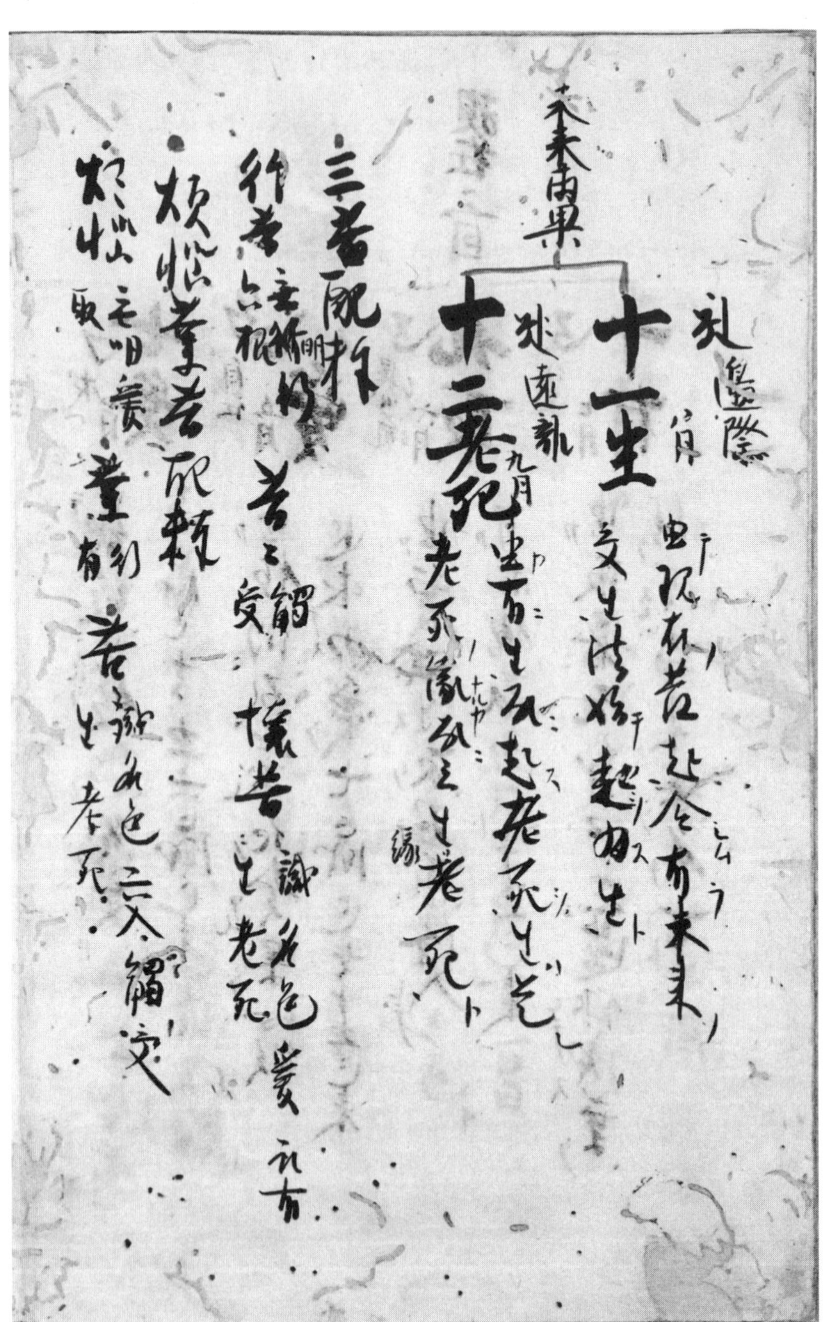

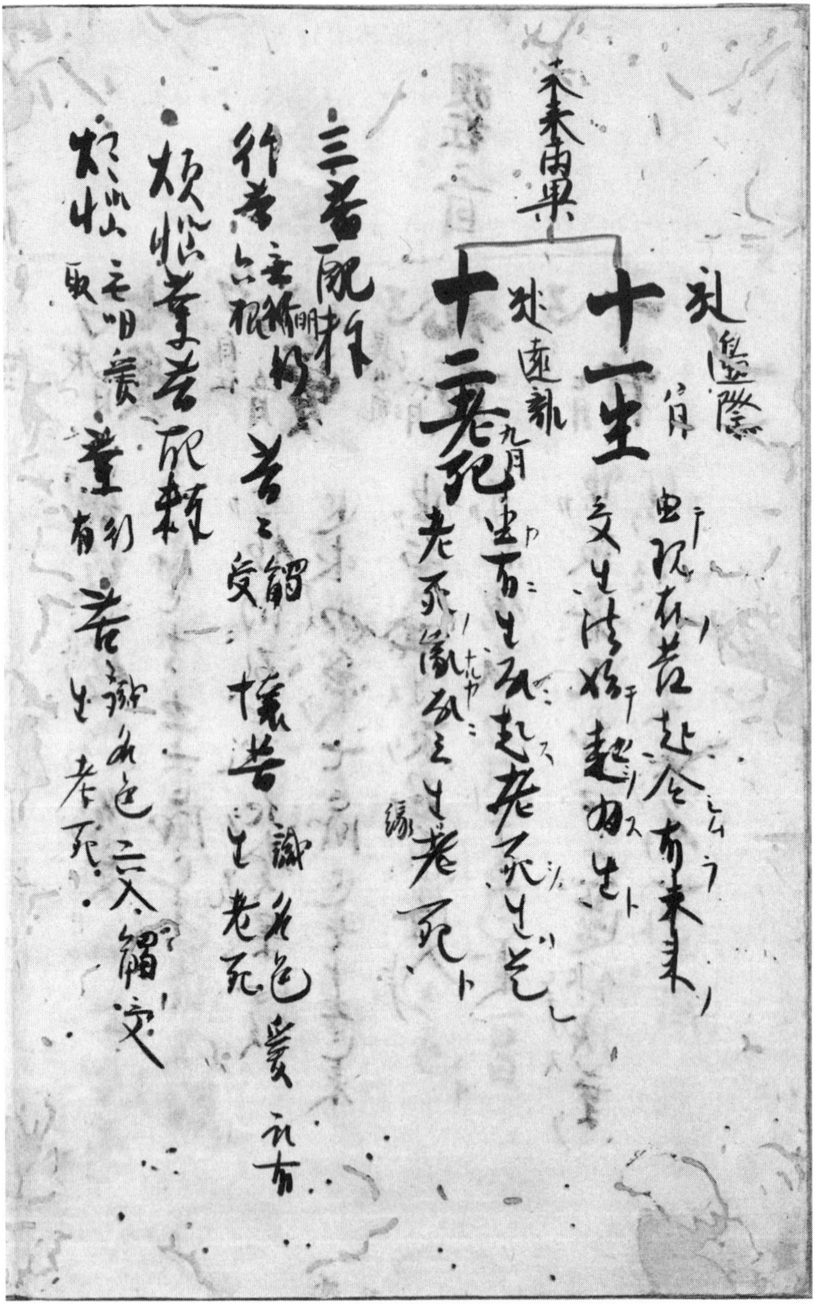

光釈門古三段
一忙起釈 仏上祝お、信中、不動九丈
　　　　　白位身佛也得
二像起釈 像中釈おカナ一位中陸う又受
　　　　　　　　該佐幽佐
三日像親 　　　　　一経う
　　　　　　　　以倫と何
釈偏起 方口瓶付達摩子霧夜頂
　　　　　　　　　　腰起手
一連傳二流派 三分隨 口到師
利仞不竟瓦至越爰别心外之党譲有譲
吉譲也譲妣手一切妄執合竭石覚心もとし

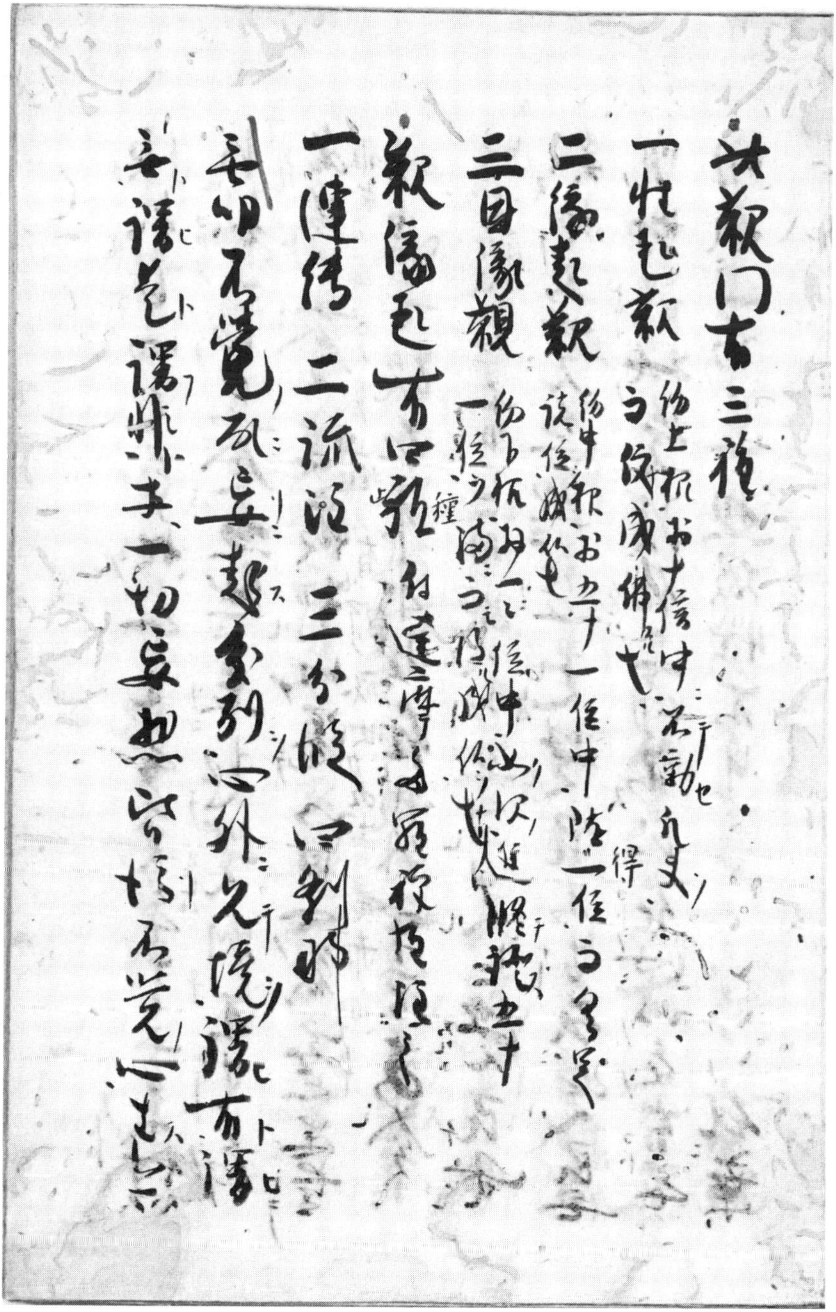

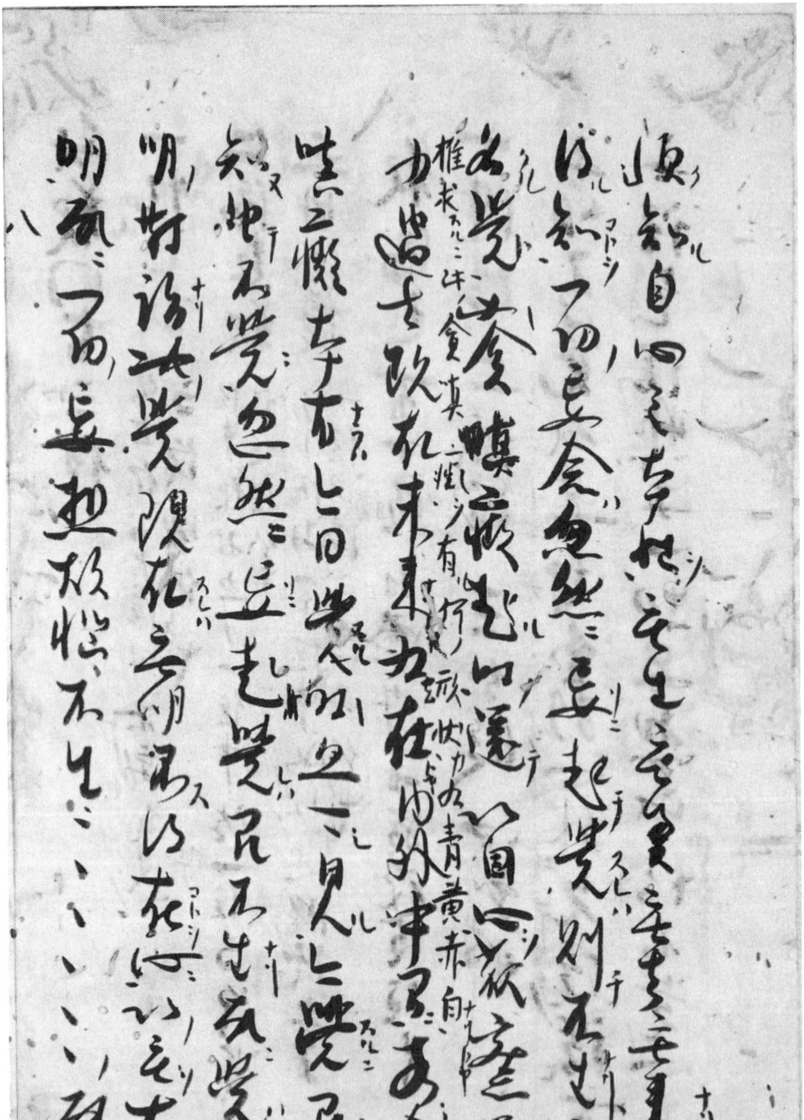

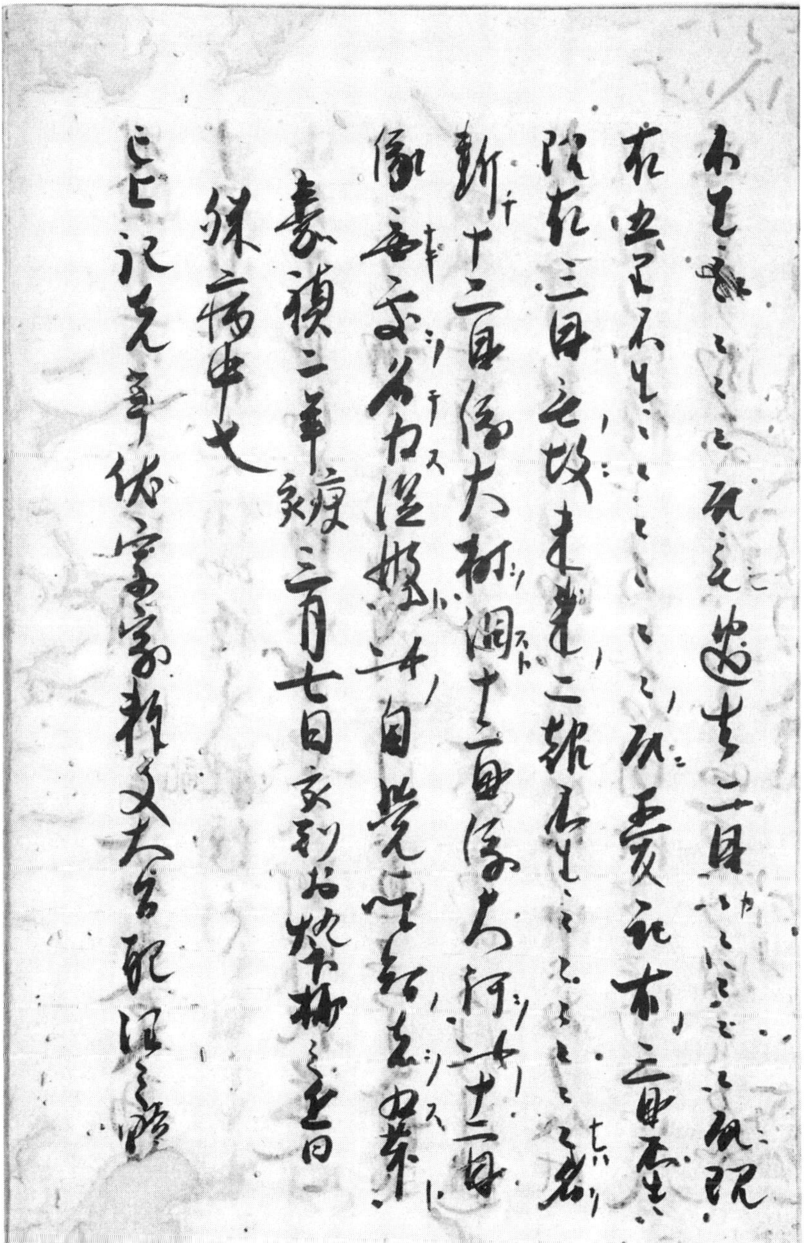
嘉禎二年丙申三月七日亥刻

対十十二字十六字遂至七巻文文勘
十二月配釈大係此經文配經云
（乱）
凡十二因縁蘇緒ハ亦要取聊許見義
於三ノ識文是經ノ下ノ遂了文也文
ノ如文云下ノ中ノ若是文ニ如云經ノ超
若已此ノ經ノ識文ノ經ノ中ニ於テ依此
煩悩ノ心經ニ云無明行セシテ無定也
辱義ノ識義ノ經ハ無義三四無界ヲ識義此力然

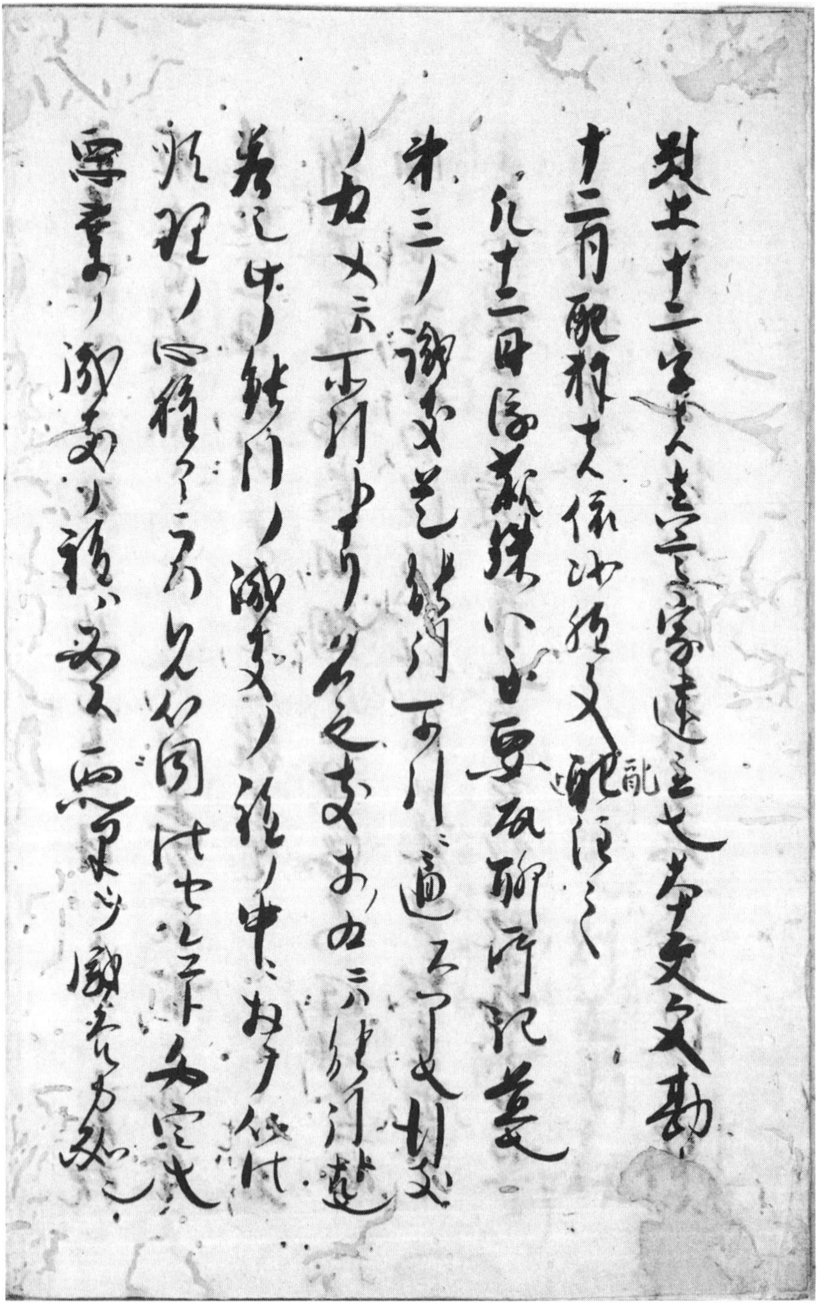

然レハ設ヒ和合作法ニ結縁有ト云トモ彼ノ滅シ
雑ノ中ニ弥陀ノ子四ノシテ名和ト雑云雑分
若ハ決定又生空ノ仏法ニハ結縁不可久
久、仏法ニ結縁セサル人ニハ永ク還テ浮多業ト
成アリ設ヒ又名和ト雑セアリトモ久、古
相ニシテ弥陀四十八願中ニ人天善趣ノ
猶ツ願シテ決定シテノ人仏閣ハノ願トナリ等
ト讃カルヘキヨシ設ヒ無量ノ煩悩心ノ中ニ有

與

遍大紀思貪於諸境界了別名識貪起於識識蘊
多縁有也　流悩者也
此復名色謂四言三一切蘊者色想行三如次二十
蘊与識倶起相應蘊取合色蘊如次無表
表無表色別次無表所依色蘊即根取境
是也行蘊亦取如次無明無餘受及
無慚無愧流惛惰舉并生悪作以別無支故
詮
取行蘊即作無尋是也但名色根於六處
眼耳鼻根但為色根此五根取九六處
然然是也六處根取然於六處也　六處對觸

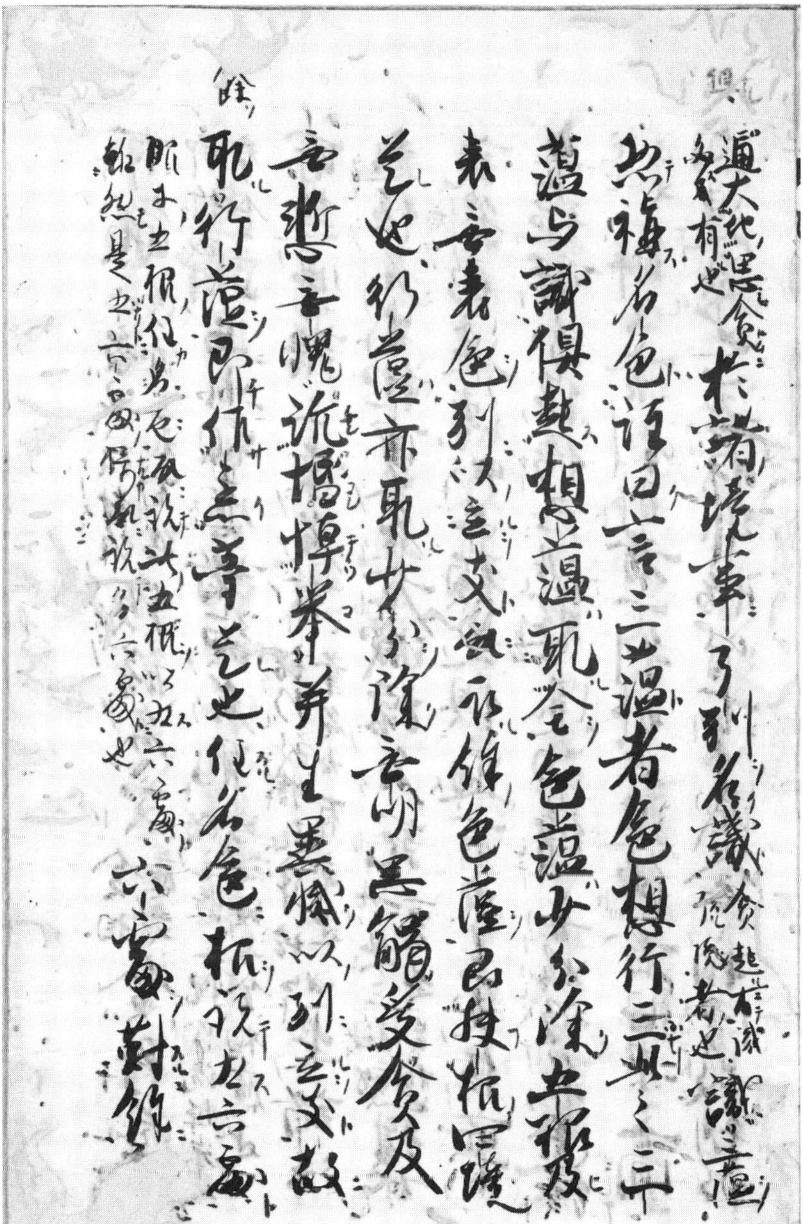

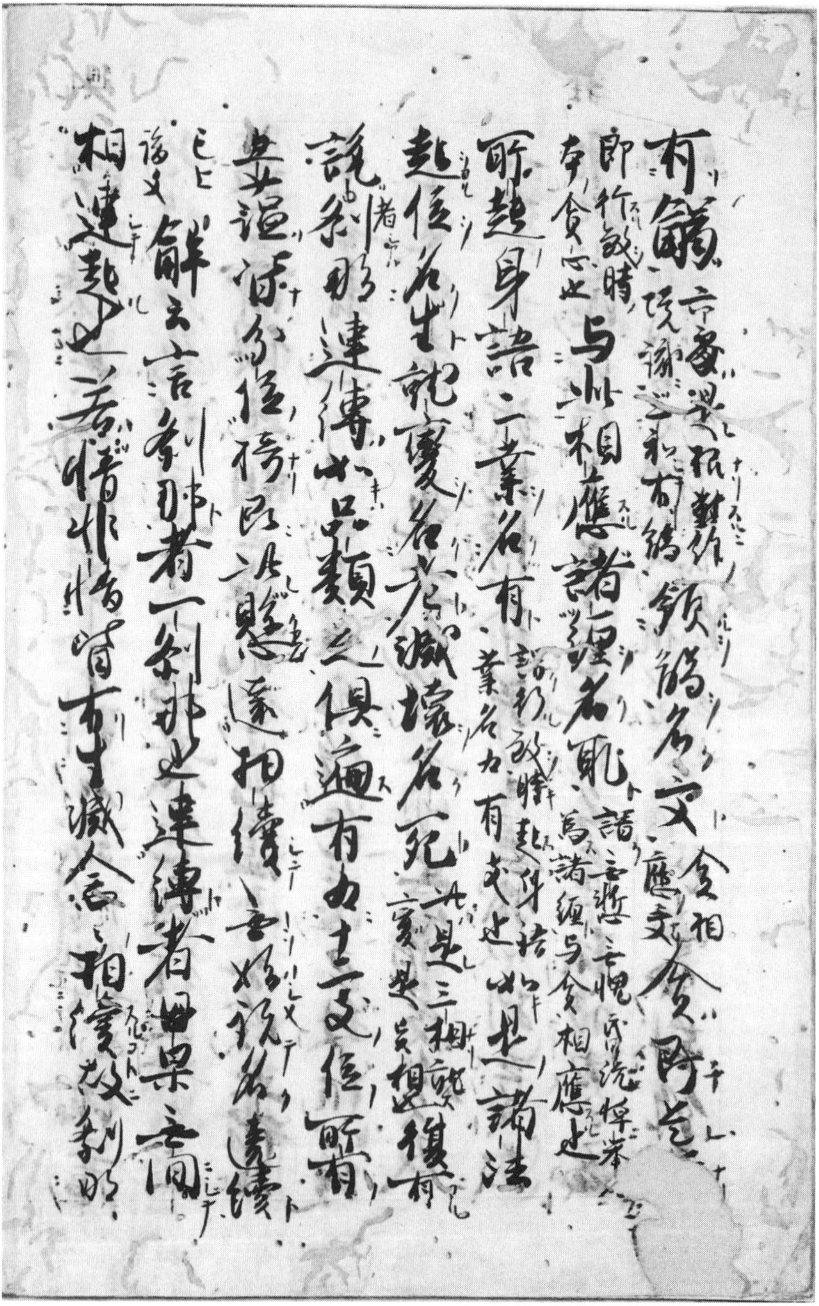
有鏁、亦名是根對所縛。鏁縛名文、應文貪所起
殘緣之初有縛
即行欲時
本貪心也、与此相應諸纏名耽。諸云慚云愧流悍
為諸纏与貪相應也
所起身語二業名有。業名力有也。如是諸法
起位名生、就變名老、滅壊名死。此是三相說。復有
說刹那連續、如是類之俱遍有生文位所有
是遍諸分位、隣所說懸遠相續、無始終續
已上
論文
解云、言刹那者一刹那也。連續者四果云間
相連起也。若情非情皆有識人命相續故刹那

迴傳迴一切方是迴前解釋似權是ス傍注所
解釋明非通非情也分位緣起幼快主要塞
及本宮受業三世十二ス生旺紅信也遠傳者
民萬紅信幼快後発業及本宮滿越ら也
七始義續き世果與
已上ハ裏書竟
如是相應名十位初心初立教四佳入
如是久扶竟十巻上ニ十信個ヲ云十重ノ釈シ

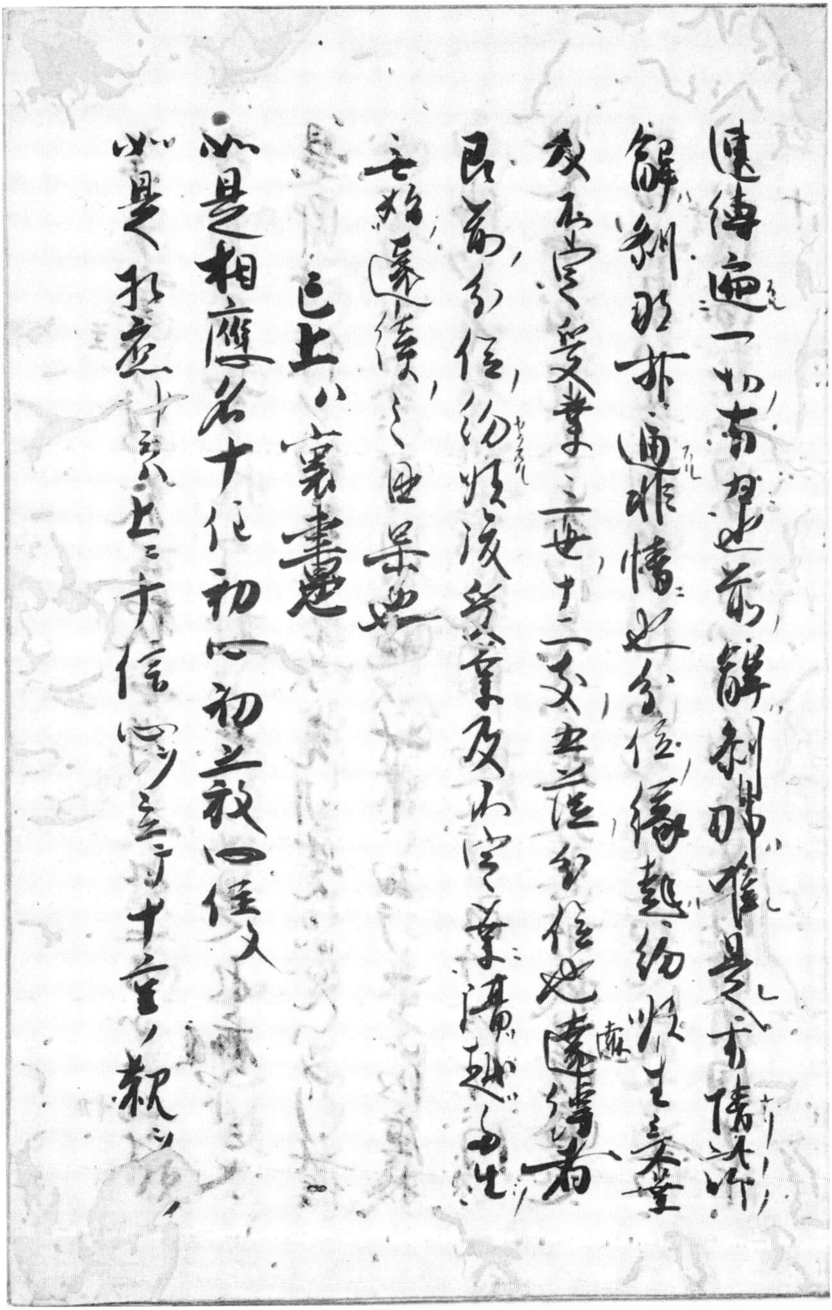

常十塵ニ至テ鏡観西観無辯無礙乃至一切ナ
本自空居雲収不散又是ノ如是礙ト云文
應
是即千信ノ物故交重ハ光明覚ルハ光ルハ光リ法信
心一一ノ衆生ニ皆周遍ス其中ニ於テ一一微塵数
ノ佛ソ見ヘ奉ルハ信ノ一心ニ周遍シテ即チ千仏ニ同ス
也無辺衆生ト見ルハ是大悲所救ノ境遍也
一切世界ハ是国土ノ周遍ト見ル也但ニ衆生界ノ
分ハ染縁起然衆ノ方ハ浄縁起又染浄不同ナト

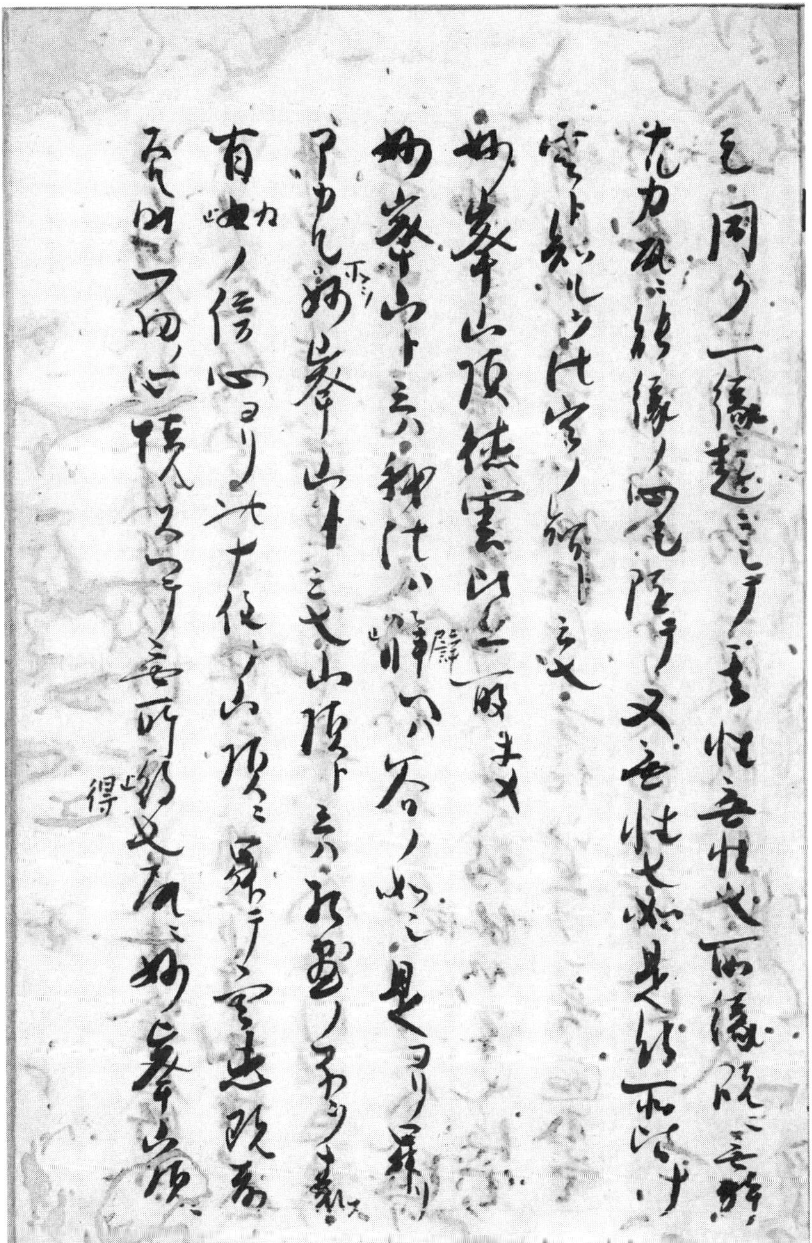

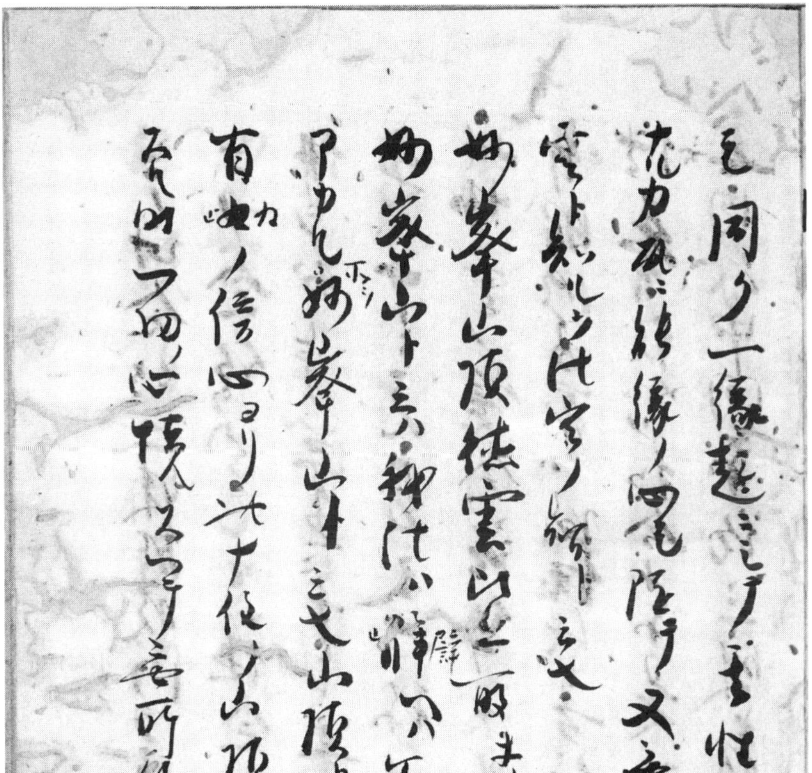

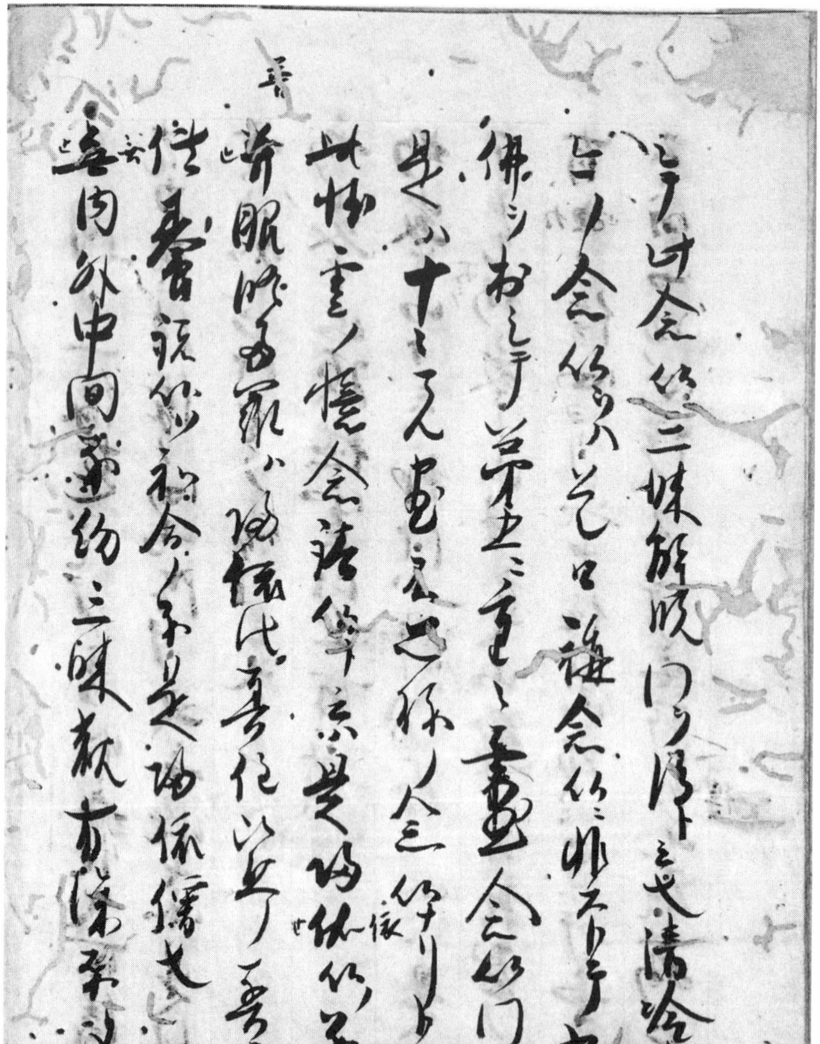

縁三昧観ト云ヒシ観門ニ付テ内外中間ヲ云ヘ同之
ト云也是ハ常ノ義ニ付テ云ヒツヽ云ハ根塵識相對ニ
識所根ハ中塵ハ外也次ハ根ハ内塵ハ外識ハ識
内根ハ外又ハ理相對也ハ智ハ外理ハ内又理智
相對云ニ理ハ内智ハ外也次ニ内外相シハ中間也
又十十也如此内外中間也ト知シハ既ニ無念與
ワ也流也ノ分別心無云内ニ源アリ中ニ根アリ
外ニ境アリ此根塵識ノ三ツ破テノ無念ニ與

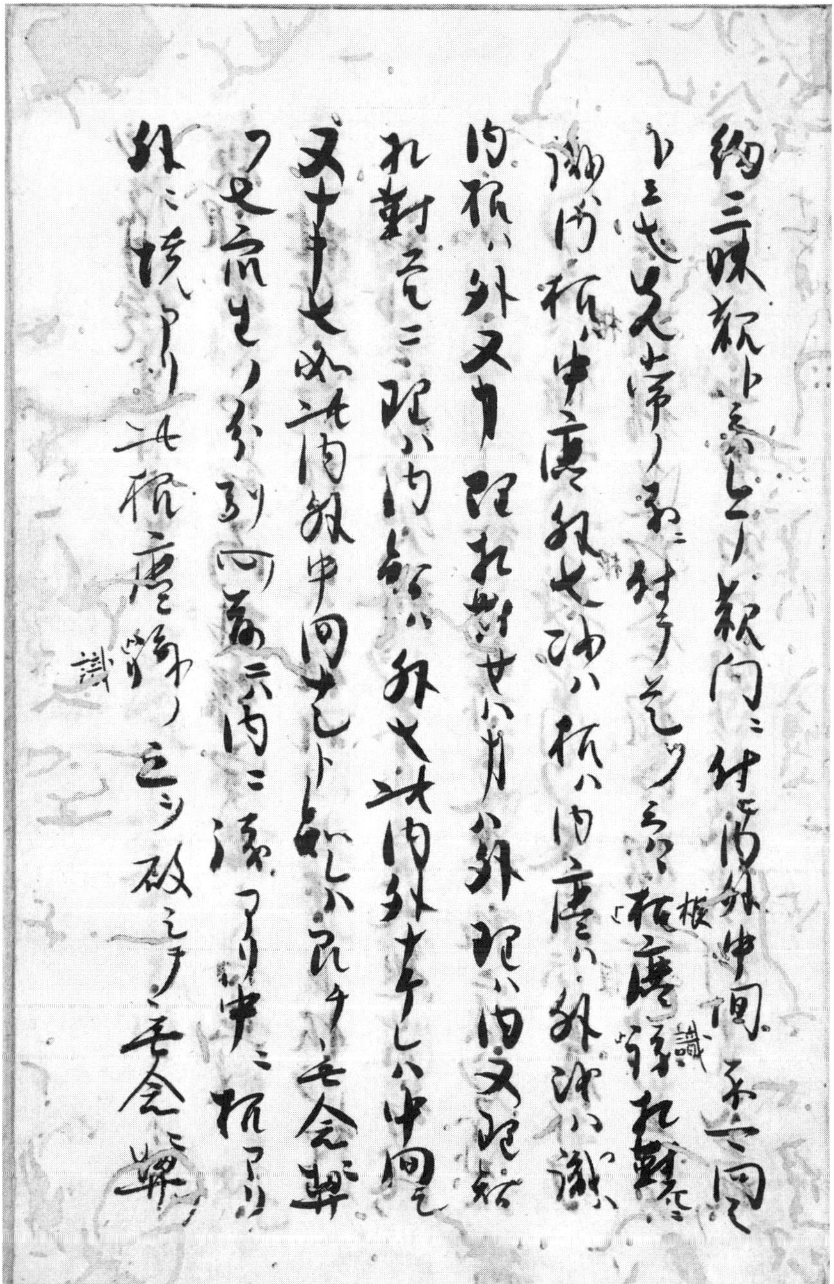

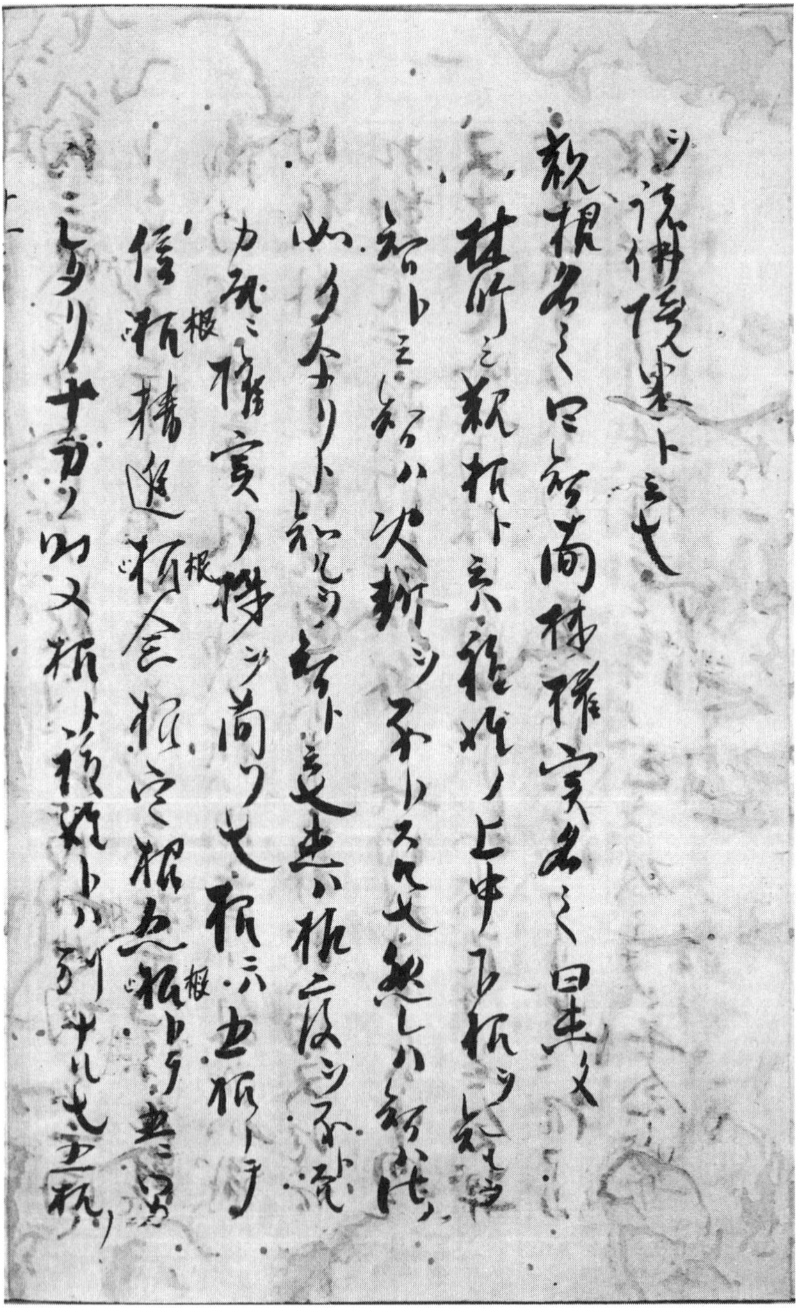
根
根
根

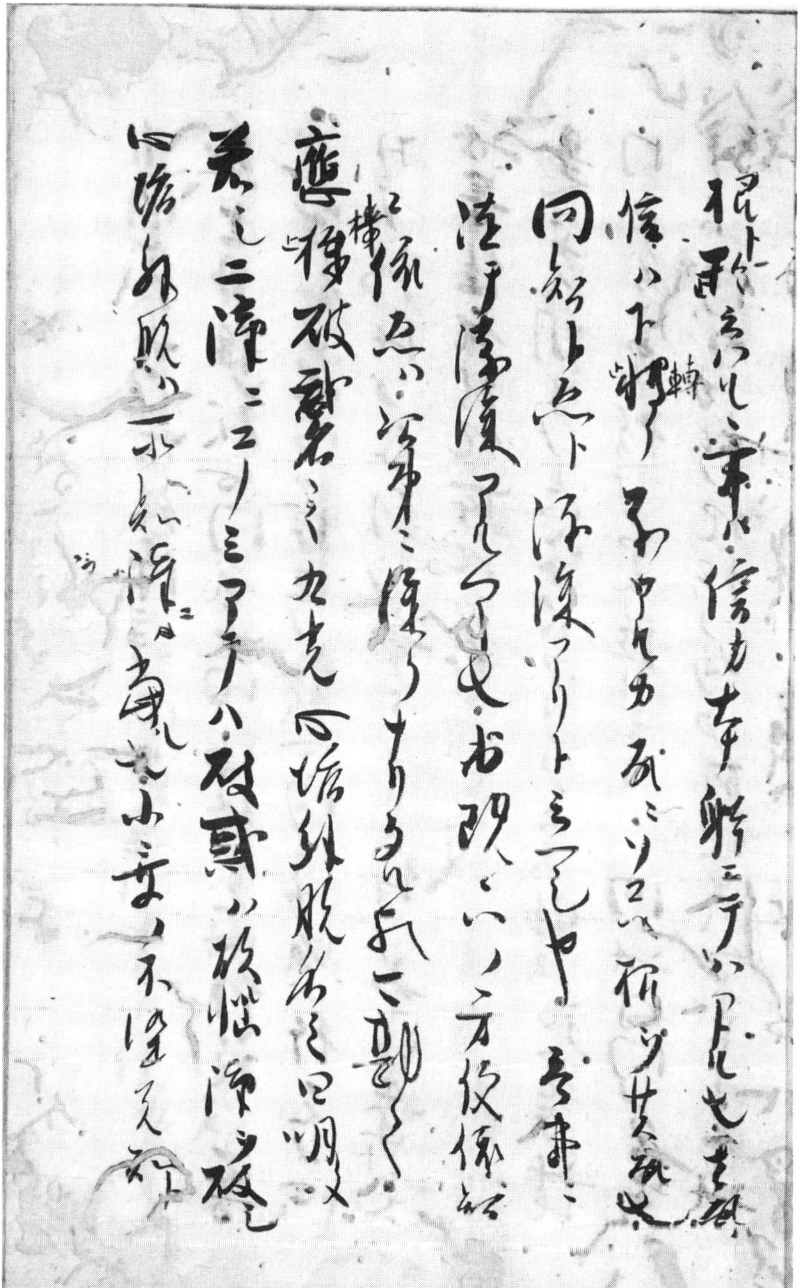

イツモ大乗ノ不共障ニテアル也云々
無上因位菩薩ノ門ハ而約行説ハ作説文考方
ノ字ヲ釈スル門ハ自性ノ義ハ門ナルカ故ニ行説ノ心ニ
付テ釈此ノ分別シテ字ヲ釈スルニ付テ字ヲ釈其下云也
次果位説経説所説相対作説文
是ハ先明其ノ六字ハアリサノ云云非文熟云云ノ説
門ノ名字ヲ掲ナ字ト名ト云也　問次付門ノ名字
時ニ云ハ何ノ内カ能説所説ノ為ニ所化法ヲ一中ニ答之

他門ハ皆是能化ヲ所化ハ此名字ノ中ヒニ十七十七下見
所化ノ辺ニシテ云ハ如ク流モニ向フカラ了リ覚ニ而
体ト云也。云々
私ニ云ク上ノ私ニ云モ見聞ニ云ク又畢テ能教ト能化ニ
所化ノ文ニ於テ下化ニ相対シテ下三十四也
異物不敢随機説上下人下同ス
右方上方ニシテ共ニ下教ト名ク又云ク仍世ハ言ヲ説ハ
田門ト云ハ法ヲ上方ノ他門ハ了文門ト云ハ体カ中

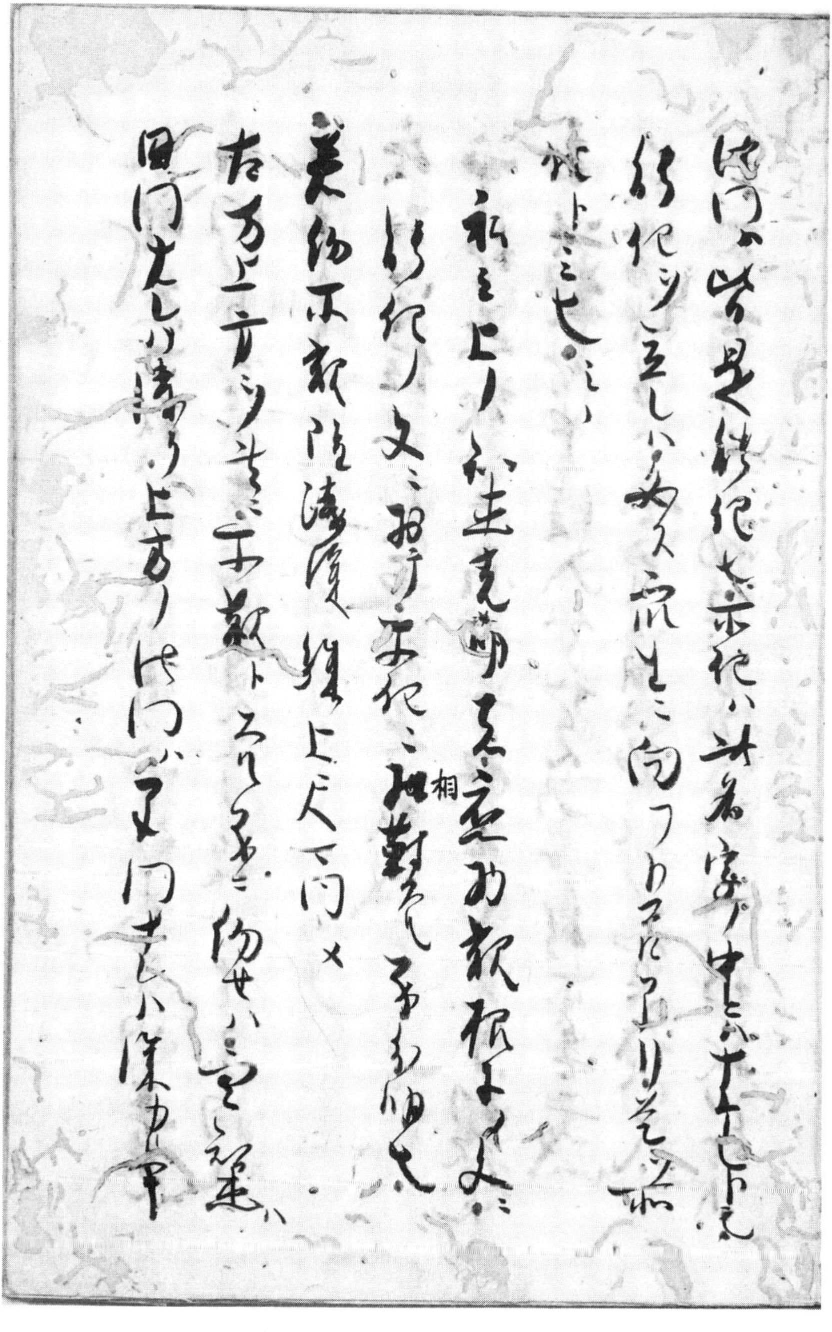

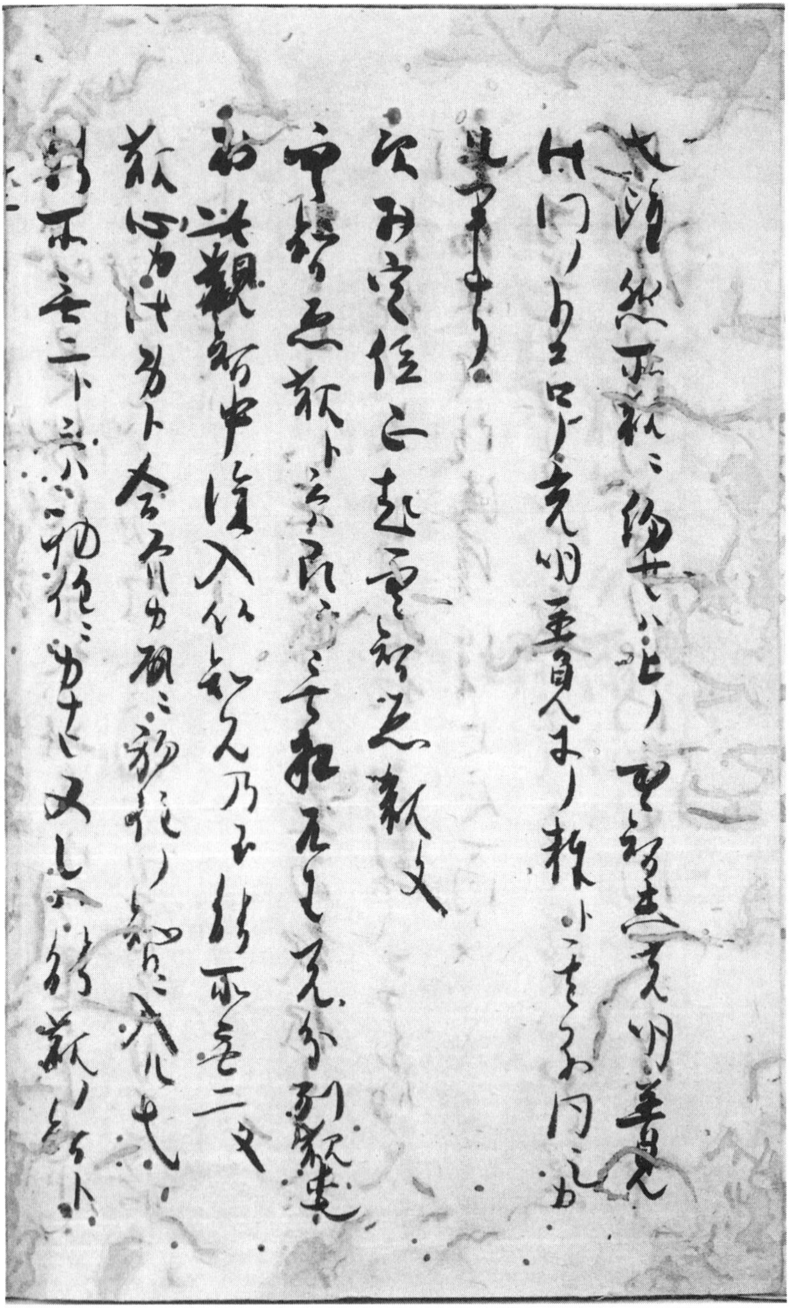

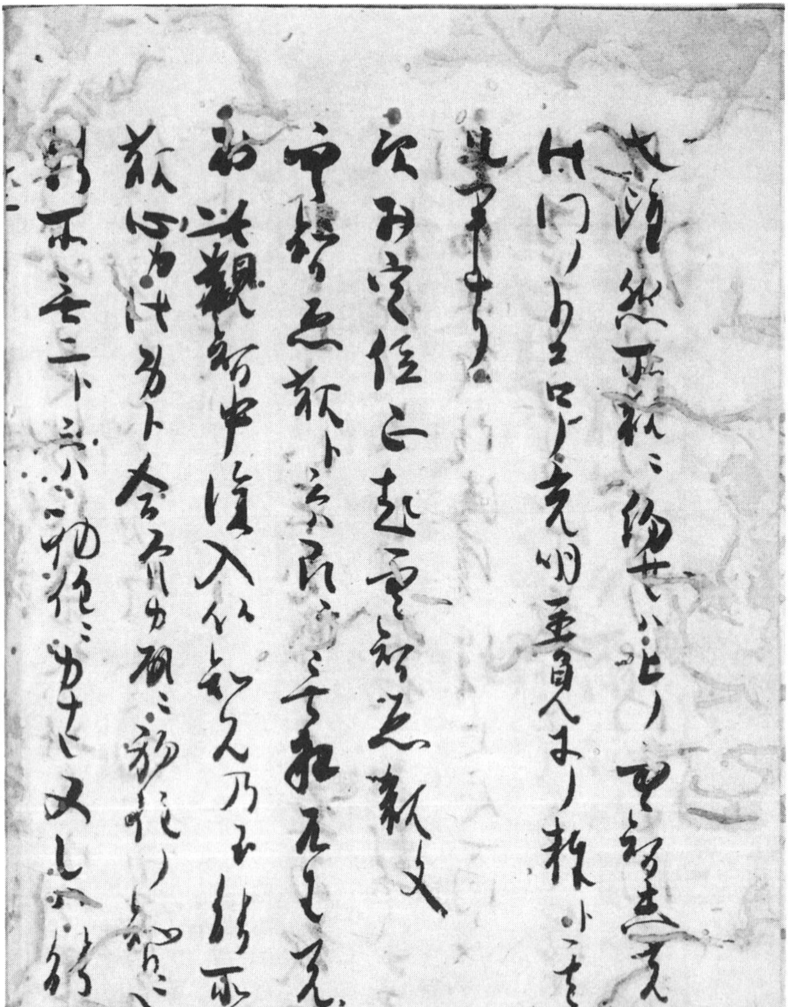

正観ノ時ト云ニ正行也トノ給ヘリ雑ノ歟ヘ意ニテ有ル也
向テ信乃ニ為ニ實ニ給ヘ光明ヲ見ル時ハ未タ
物ヲ作シ居テ正信ト云也物ハ窮竟ノ前ニハ尤モ
如此モ修ノ所ノ云二ノ給ヘリ云々信ニ向テ時ハ懺念
若ト云ヒ日ニ信ニ向テ時ハ實ニ給ヘ意也云々ト云也
読ナ作文一十作ト云フハ上ニ再ト云ロノ作子也
不浄相好及与穢悪ヨ文自心ヲシテ作給ニ
同也ト云フ作ト云フ衣ニ相好穢悪ヲ不浄

通言ウシテ後長ヲ習ヒ愛ヲ習ヘ信
ツ瓶ニ向テ女ヲコシテレ好キ通河ノ源ニ云ヘセ
ヤ専長ヘテ浴槽ハ好ヵ二度ノ所ニ細ニテ
信修ノ修ハ始行ヒナシユヘリテ信後ニ一観
入門ニ仰キテ後始ニ云ヘカミナニ云モ甚シ
像ニ似タリ伏シレリ通ロシ入レ好キ行通
ク覚通ト頂ニ則尤モカ処ニオレメセニ自ウハ
ニシ故ト諸ノ福カ因ニリ須ニラリテ遮
論ト

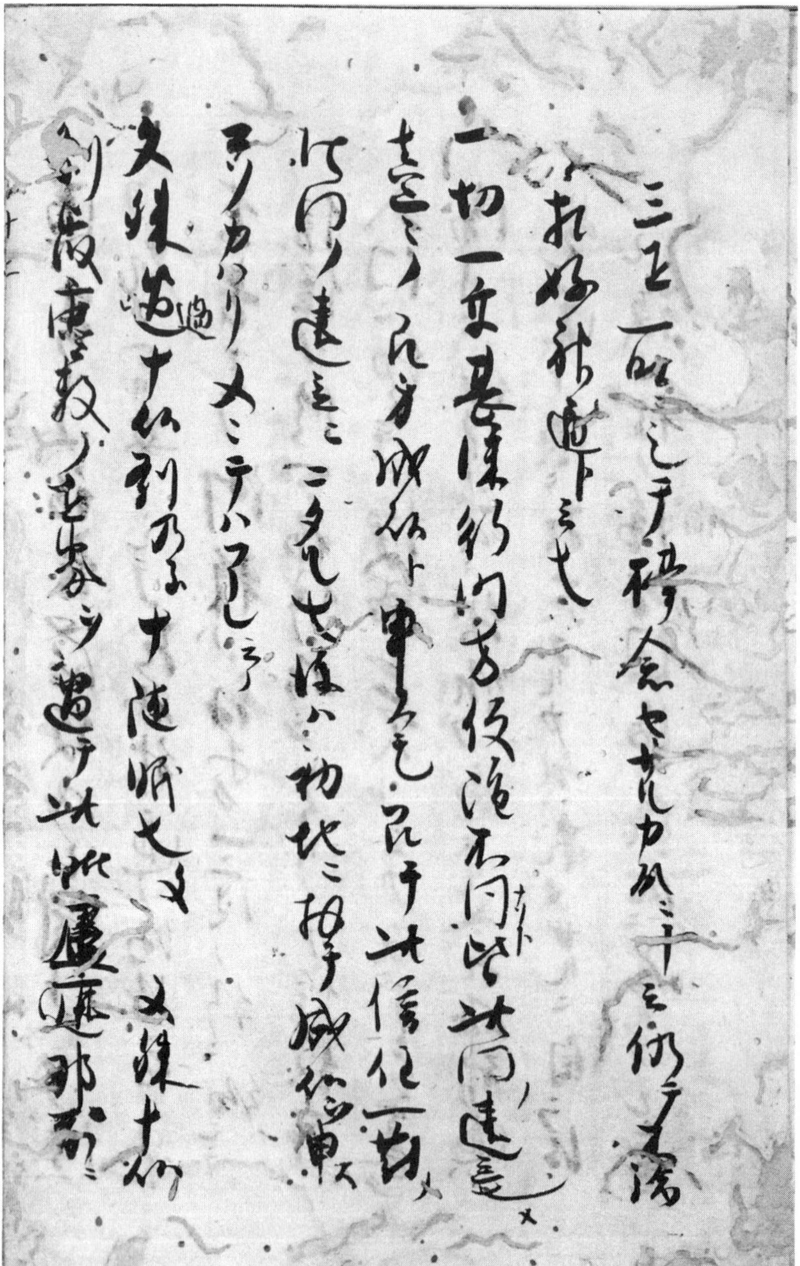

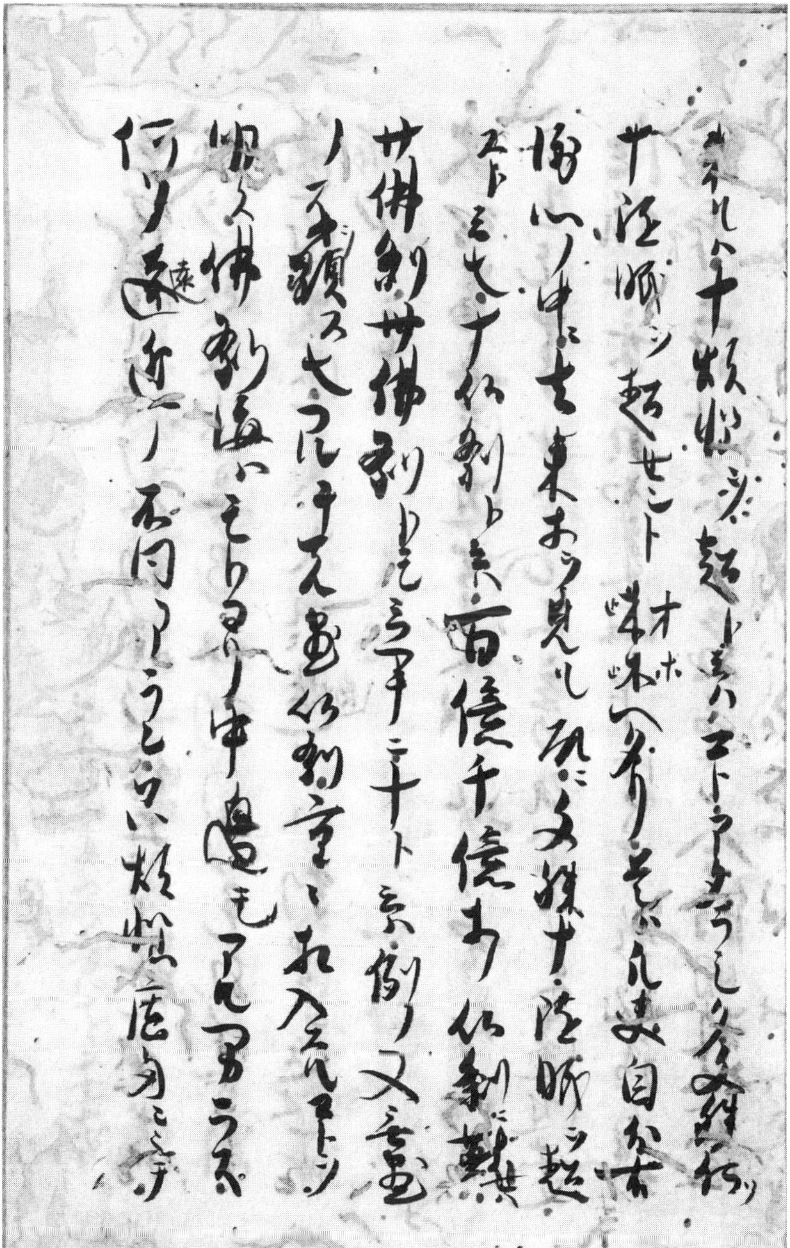

妄情隔ルノミテア仏刹遠タリ他ノ化去ニアリ七[illegible]ニ十陀、
縁シ超スレハ妄盡仏刹自ノ毛孔来ニアラス
遠近去遠来也現ニ近十仏刹ト[illegible]超不隔
隔シト云也
大経云無遠近去来文　此経意顕[illegible]
三世モ十方ト十方モ又三世ト顕ニ去来遠近ナシ
住[illegible]一安養極楽即宮中影現種々雑[illegible]
海印三昧ト云ハ此世界ノ一念持[illegible]

印三昧ニ一実義アリ上ノ文ニ於テハ昔来ノ義釈
アルニ所入ノ三昧ヲ総シテ海印ト三昧此海印三昧ノ通ヲ依ノ定ト名
所入ノ三昧ハ是海印ノ定ノ別体ナリト是云ヘリ
是ハ壽必常住ノ大用ノ中ニ人ノ此ノ義ヲ示スノ
説ナリシ意ニテ大海ノ一静ノ上ニ万像頓現スル
海印三昧ト名ク也トハ中ス又口ニ還源観ニ
同ク海印ト云本覚也妄尽心ニ澄ム万像
應現ス乃至海水澄清ニ無象不現
言海印ト者真如本覚也

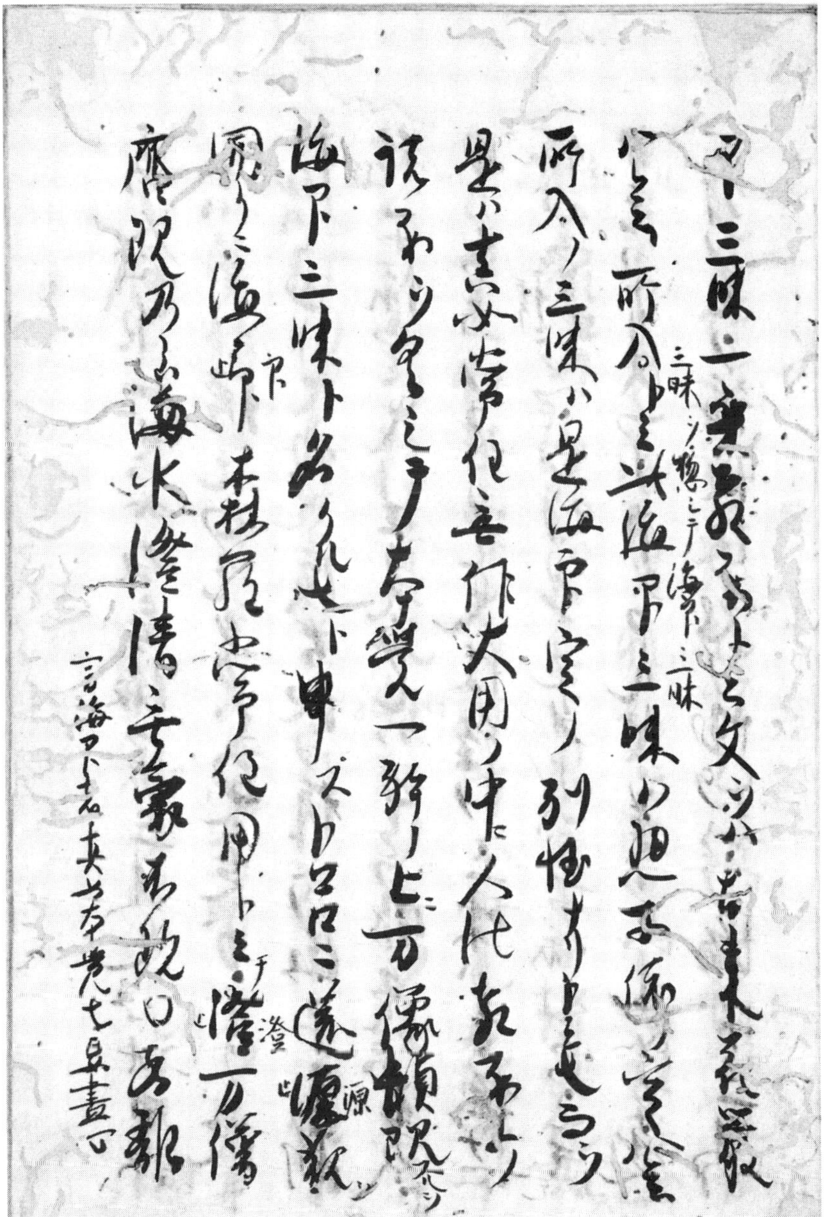

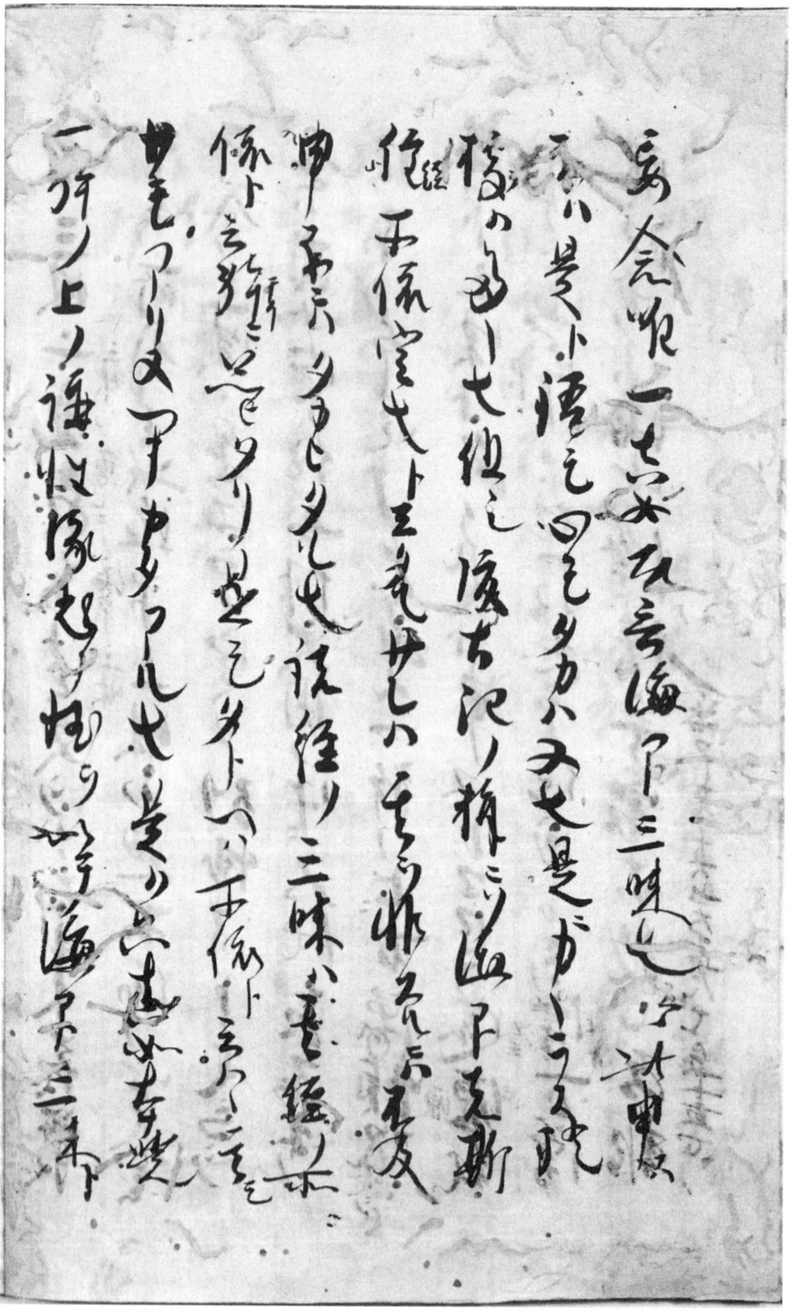

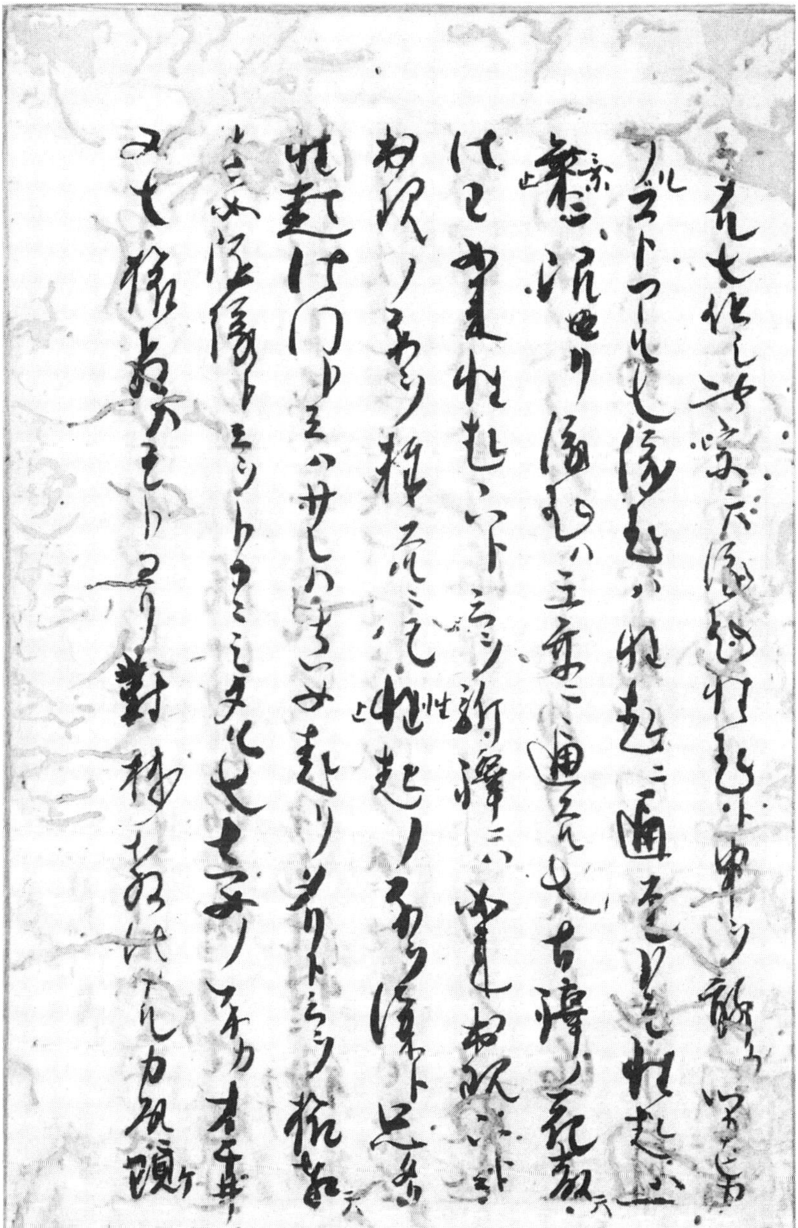

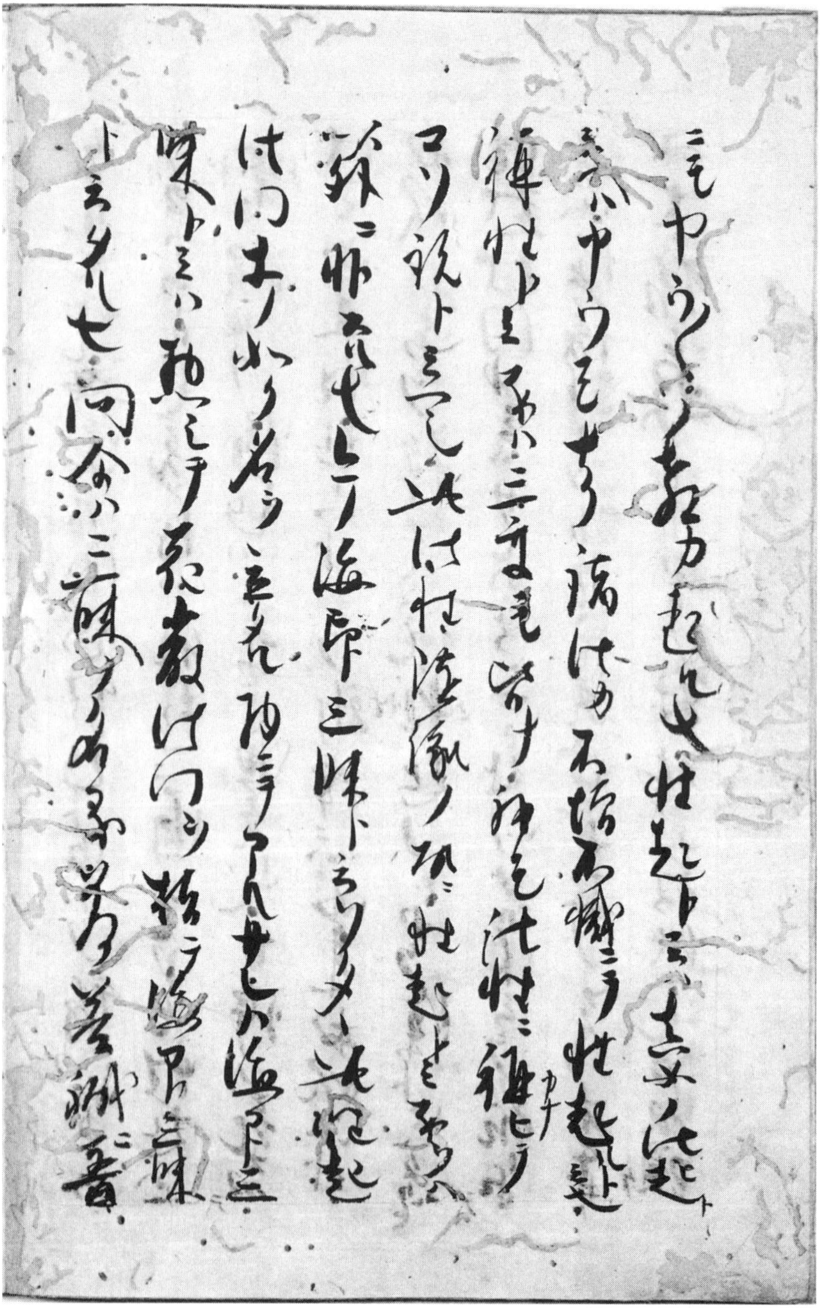

ニモヤウ〳〵ニ妄力起ル也　性起ト云ハ妄ノ縁起ト
云ハヤウヲモセヌ縁ハ力不増不減ニテ性起スル縁起
縁性ト云ハ三重ノ事モ皆ナ縁ヲモ此性ニ縁ヒテ
コソ頓ト云フ也　此ハ性海縁ノ理ニ性起トモ云フ
縁ニ非ス也ヒテ海印三昧ト云ソメハ此縁起
ハ同ク本ノ如クノ名ヲハ云ル縁ニテアル也ハ海印ト三
昧ト云ハ縁ヲ以テ花厳ハ同シク頓ヲ海印三昧
ト云ニ也　問今ハ三昧ノ前ノ者ノ菩薩ニ普

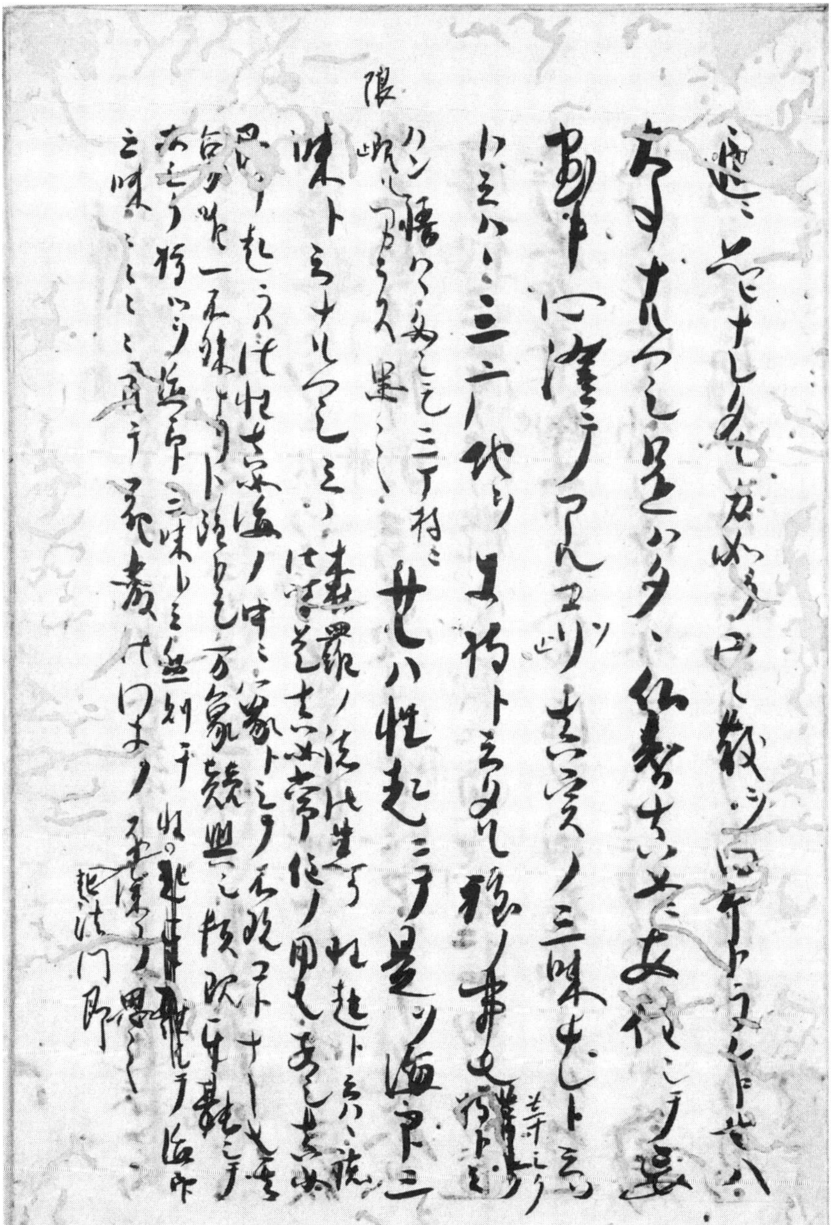

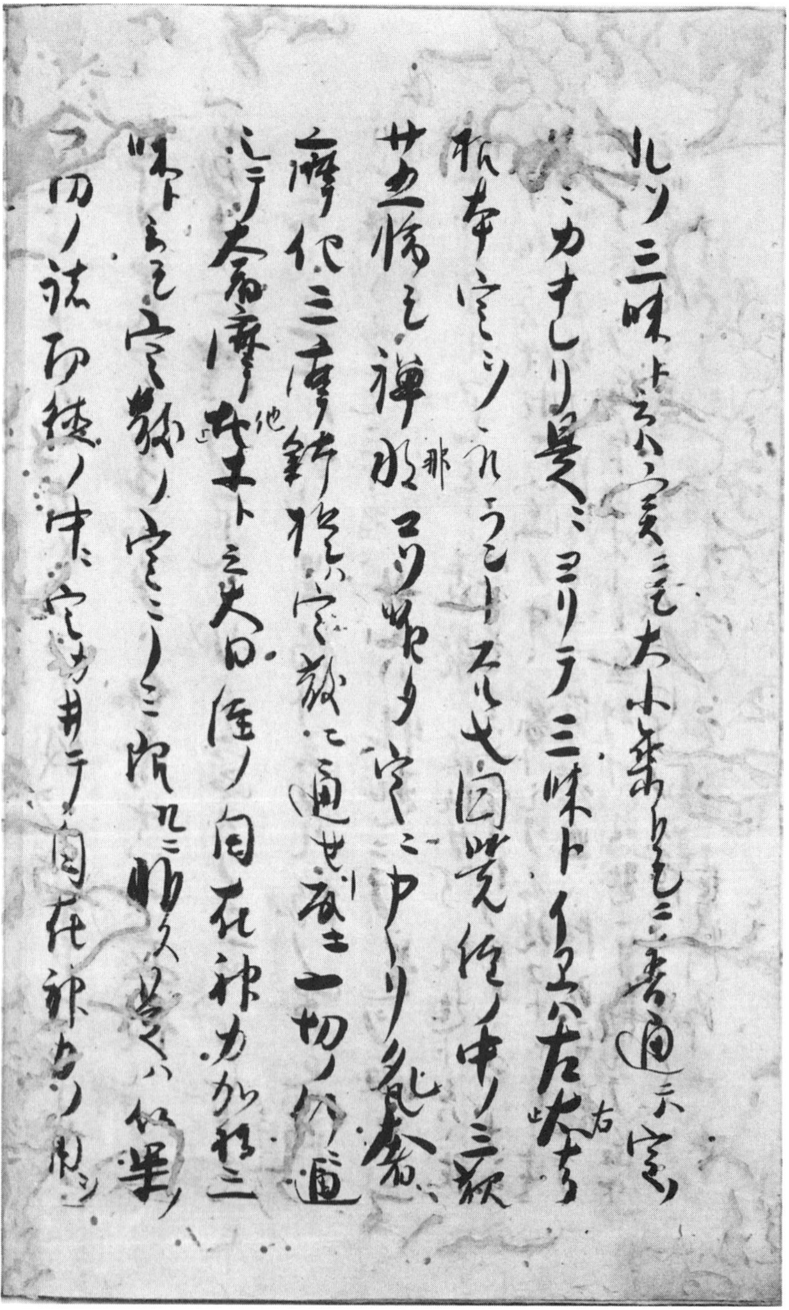

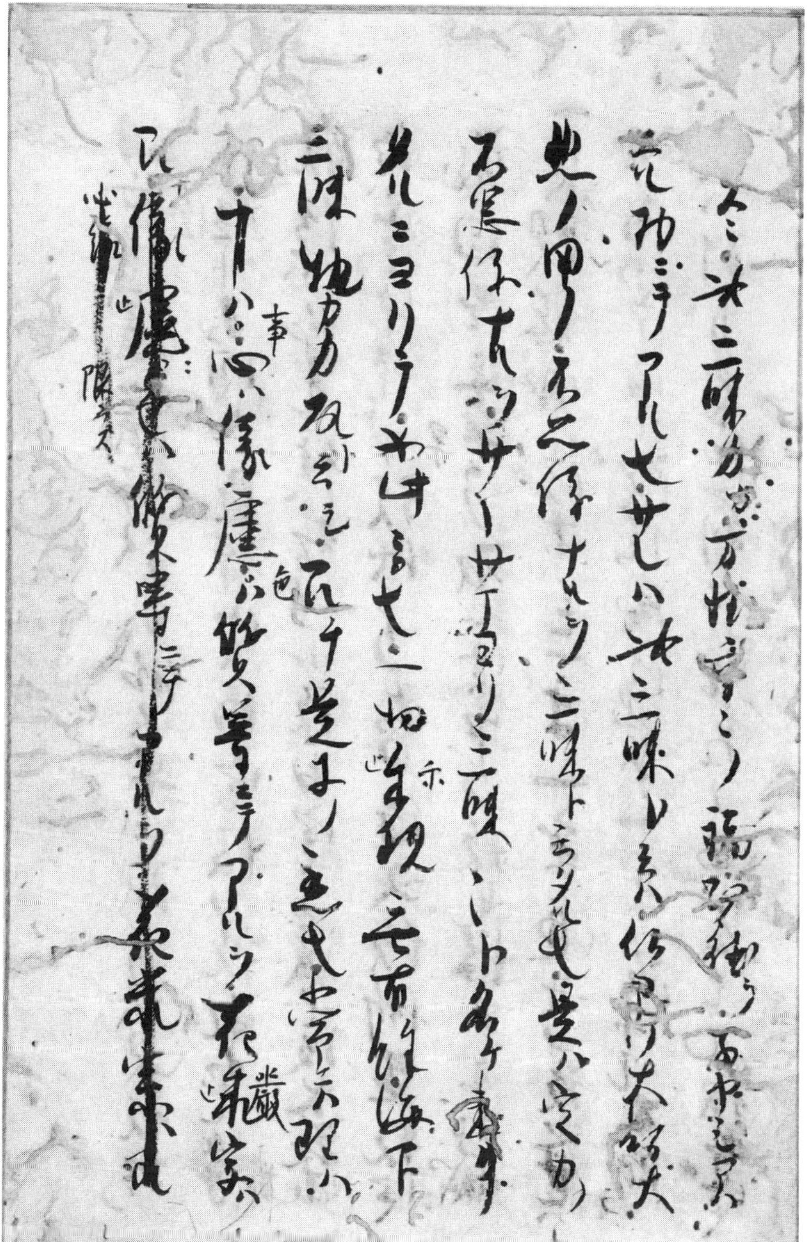

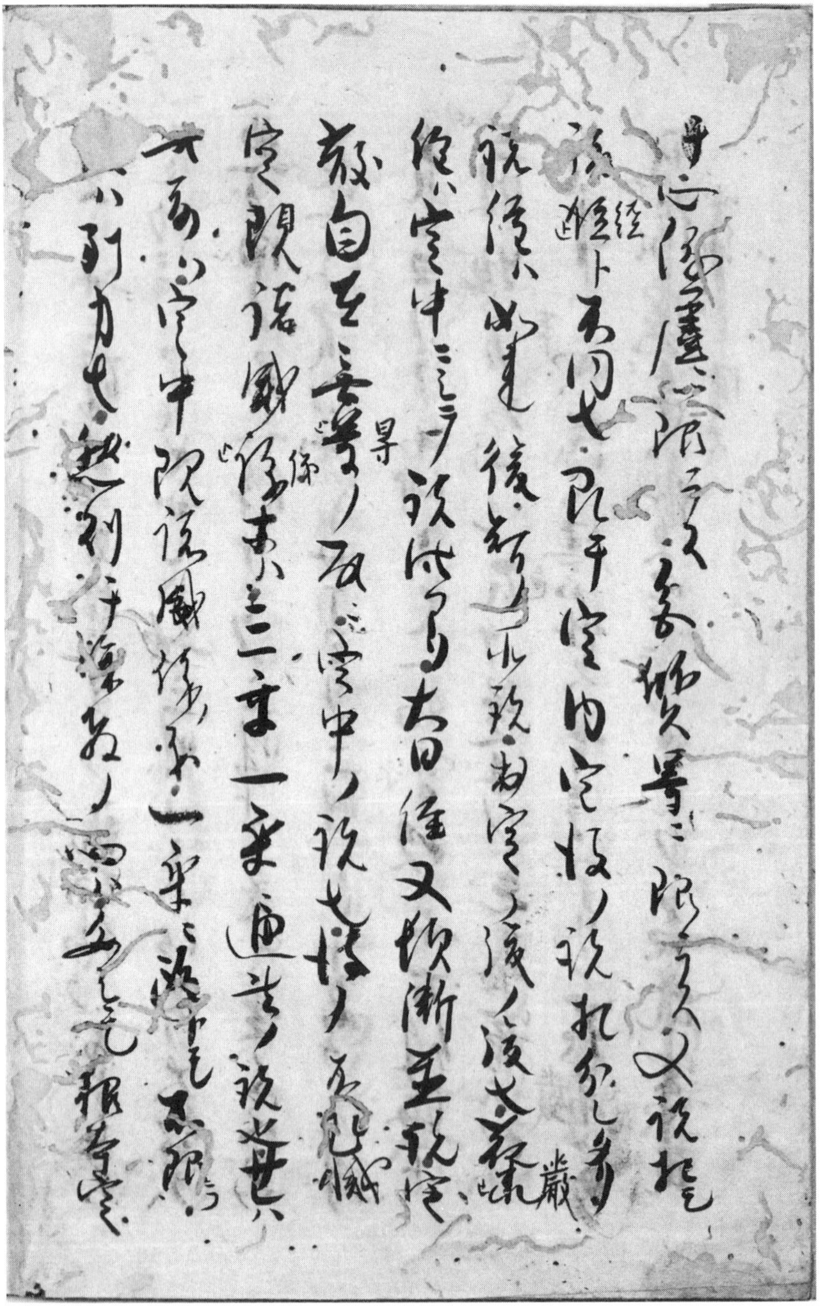

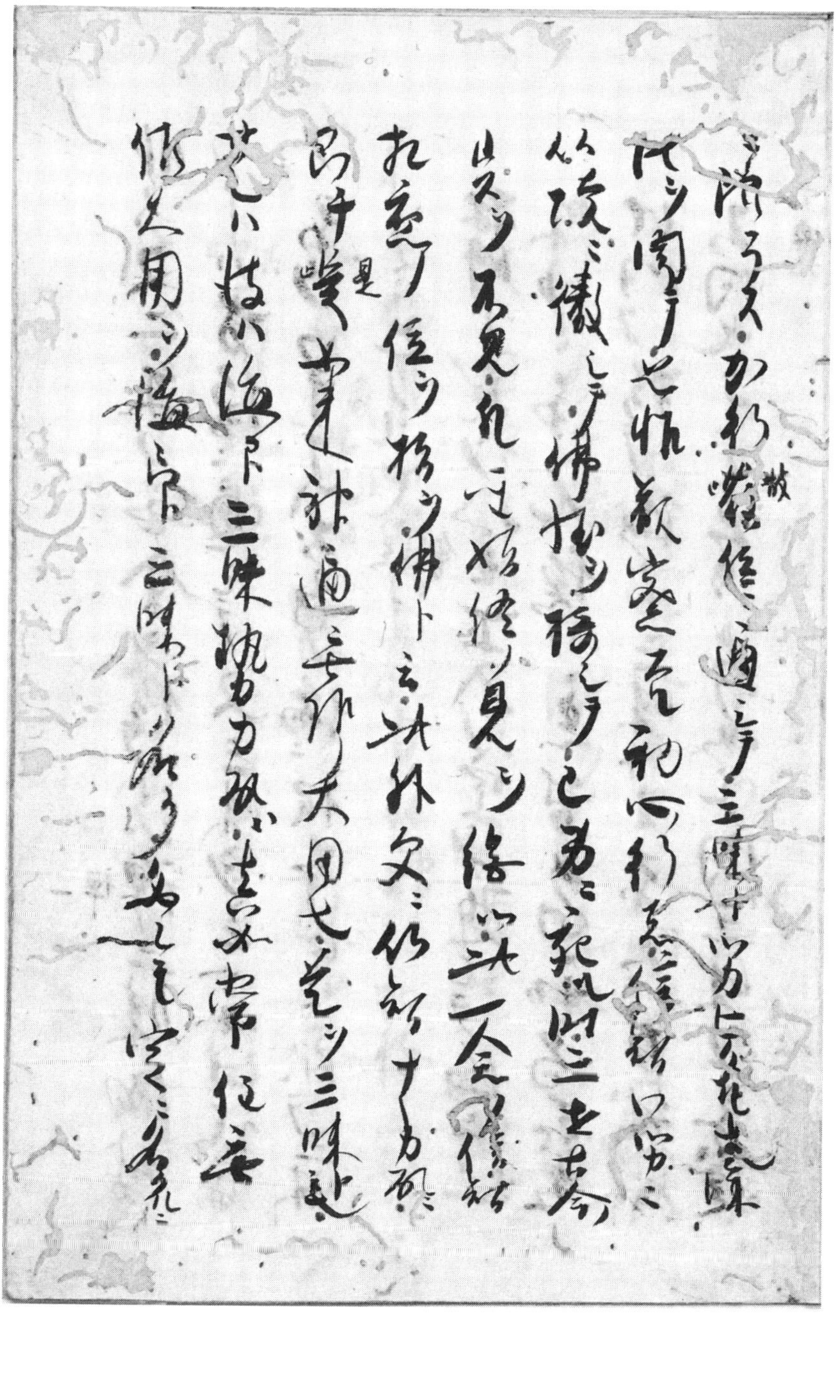

解脱門義聴集記　第七（三一オ）

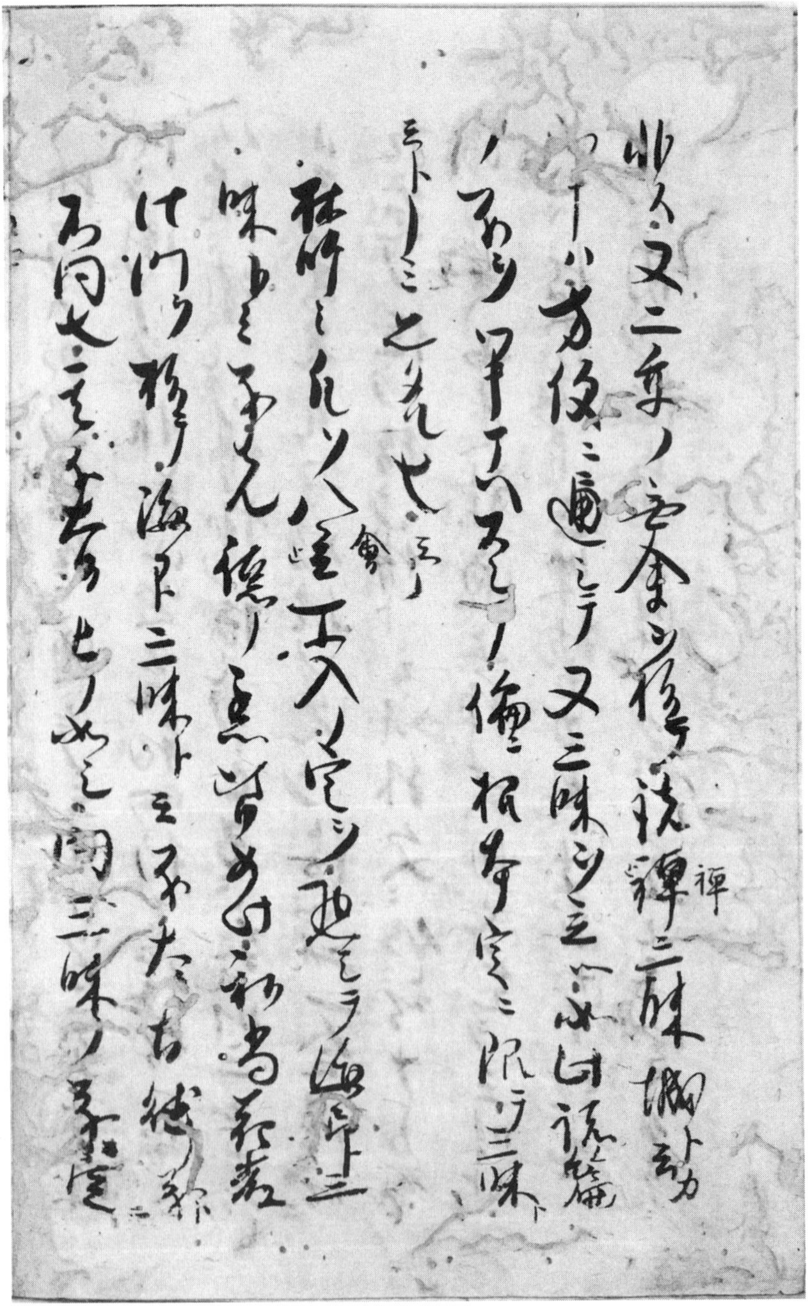

説ヲ為ル主ハ本仏毘盧舎那也是ニ三昧ヲ修スル名
花厳ノ宗義ニ由ルニ本ヒニ大日経ヲ以テ
此経ノ説禅ニ三昧城ヲ為ス説禅ト云ニ
彼ニ由テ帰シ于今又同覚三藏丹
出勝月ニテ文ニ大日経ノ在神力加持三昧ト
文殊花厳経ニ之境界下ニ一味ト云テアリ
此所ノ流レ宗ニ限テ入ニ依リ法門ヲ釈ス
宗ト果ヲ見ハタリ是ハ先来大日ニ見テノ

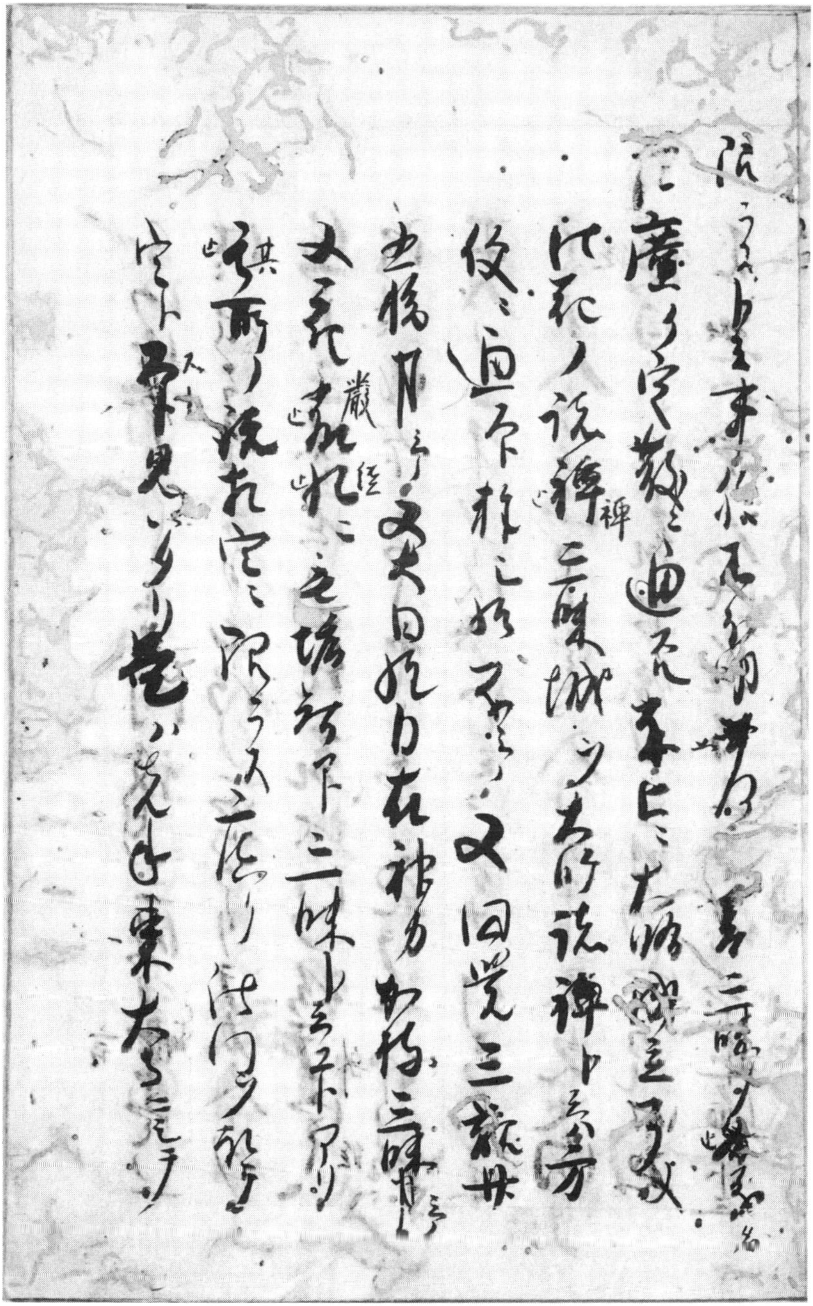

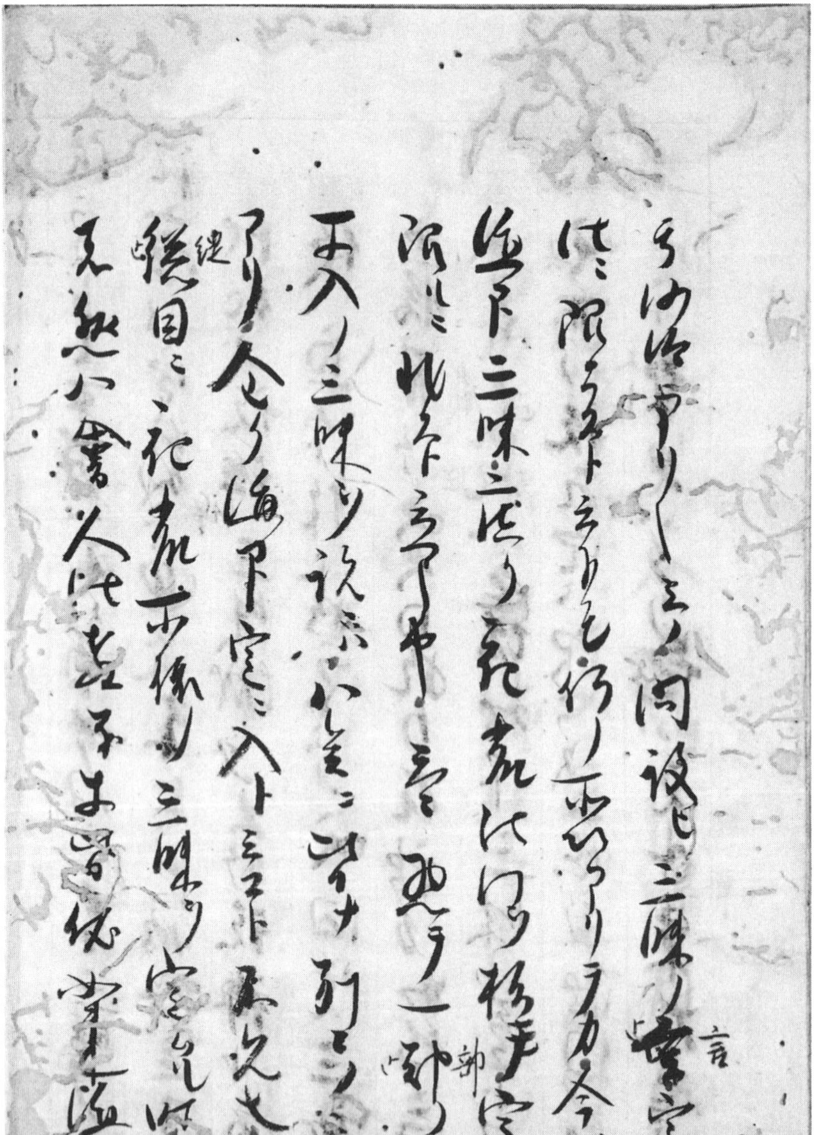

味ミ所顕《頭》ス所ノ事縁海下流ノ上ニ通有無ト云
先縁ノ両思ハ依ノ空ト有ト不有ト清濁
尋《答》人ハ此義ノ事上ニハ見テ不離此門ノ不依縁
大概ニ一乗円通ノ義可謂ニ應テ不依経《棒》ト
究竟ノ人ハ義ヲ上ニ一向ニ取見俊不沈メ
純シ海不ニ一味ト下名此顕ニ不入ノ別空シ
内外ノ別ニ一会ニ云不入空ニ不モ猿《旋》縁海下
謂含ニ通有ト云事混ニ也云テハ云ニ通テ

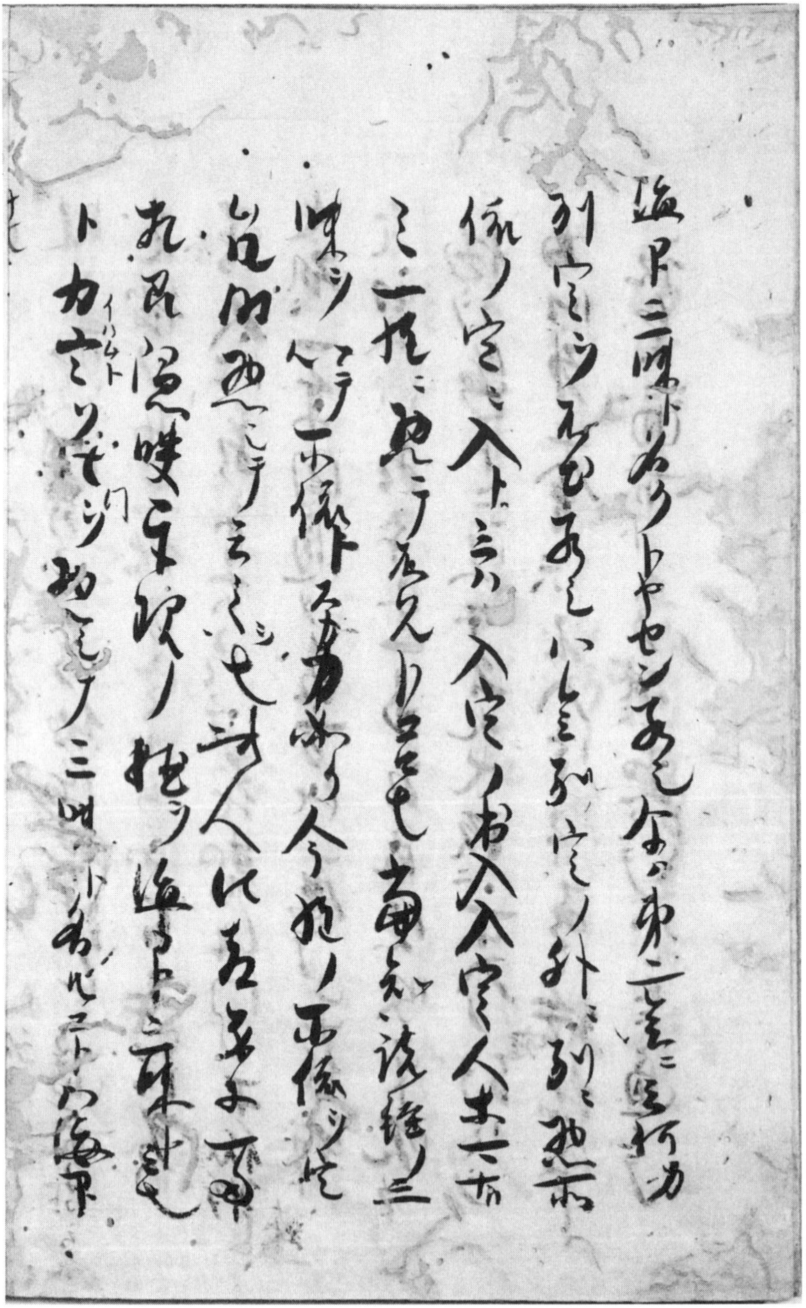

解脱門義聴集記　第七（三三一ウ）

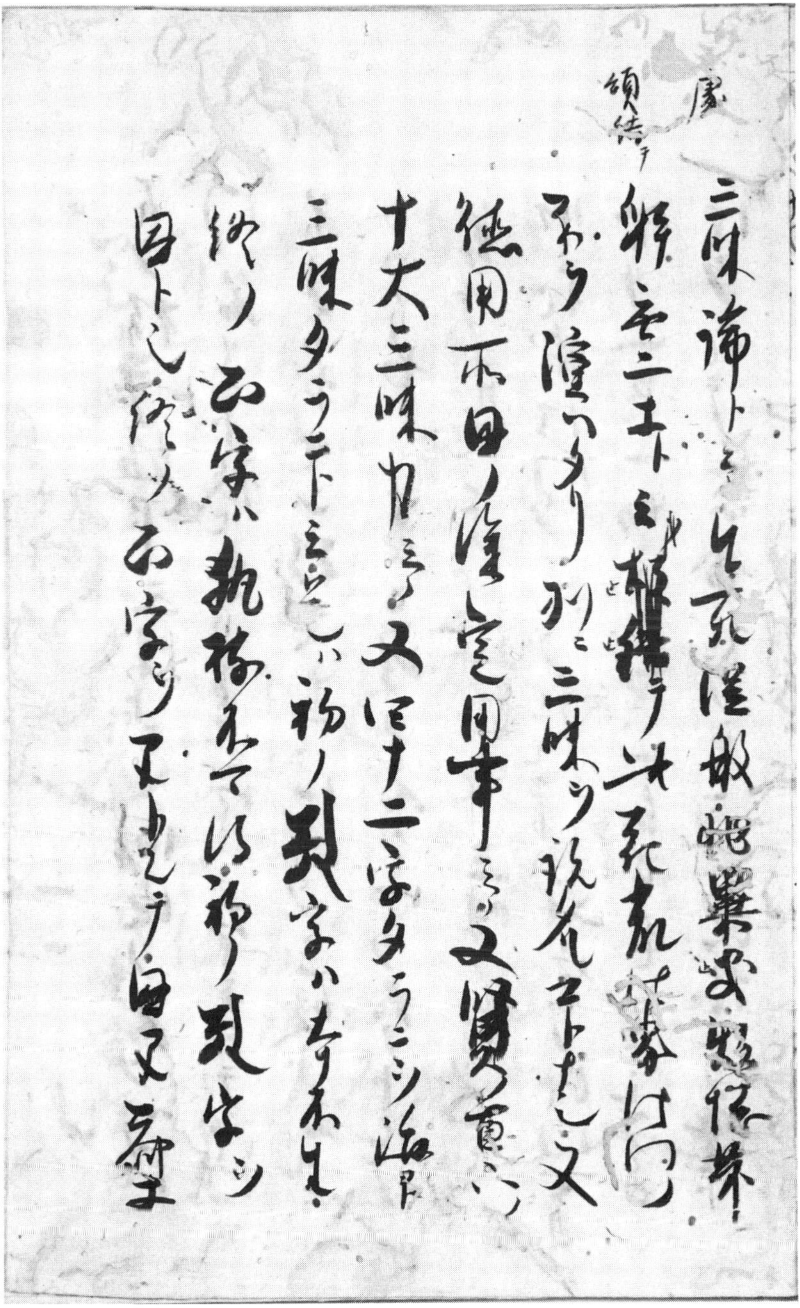

解脱門義聴集記　第七（三四オ）

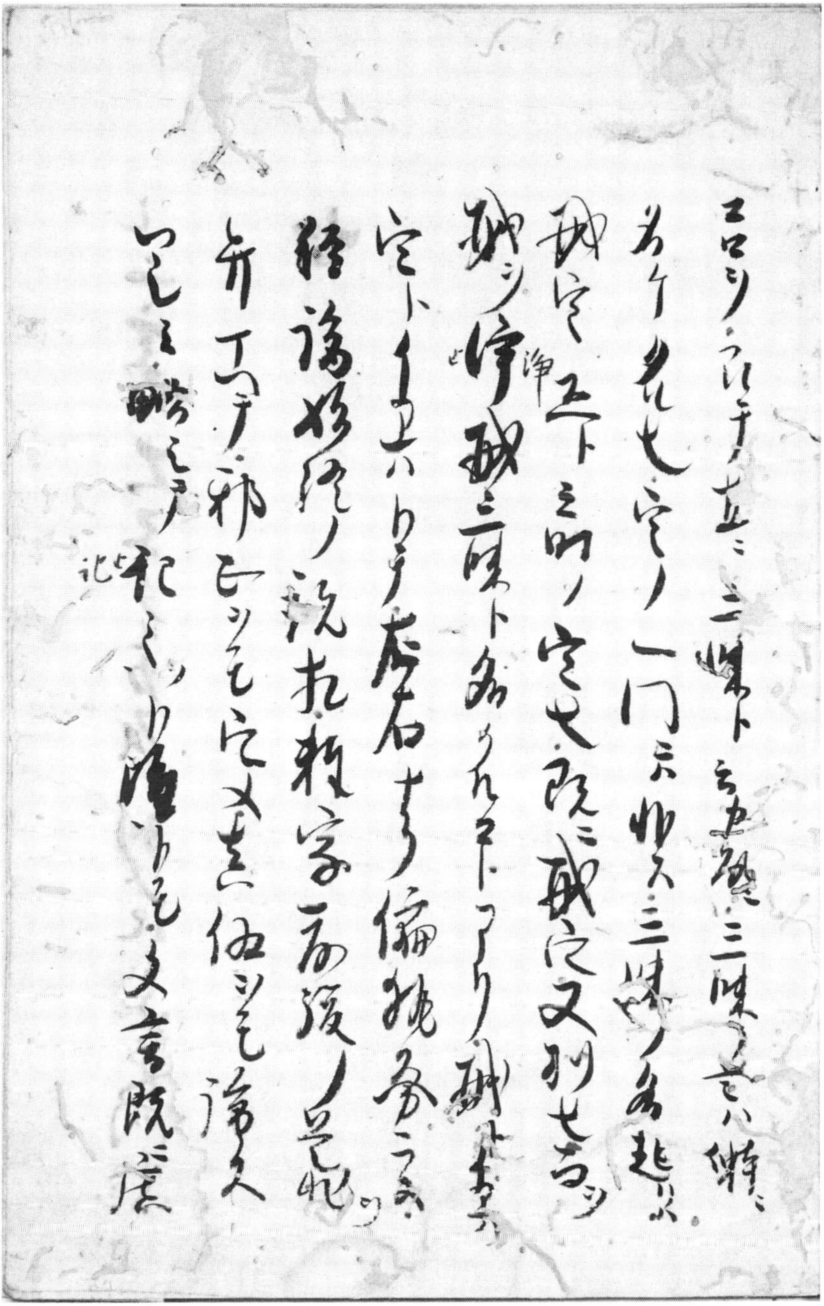

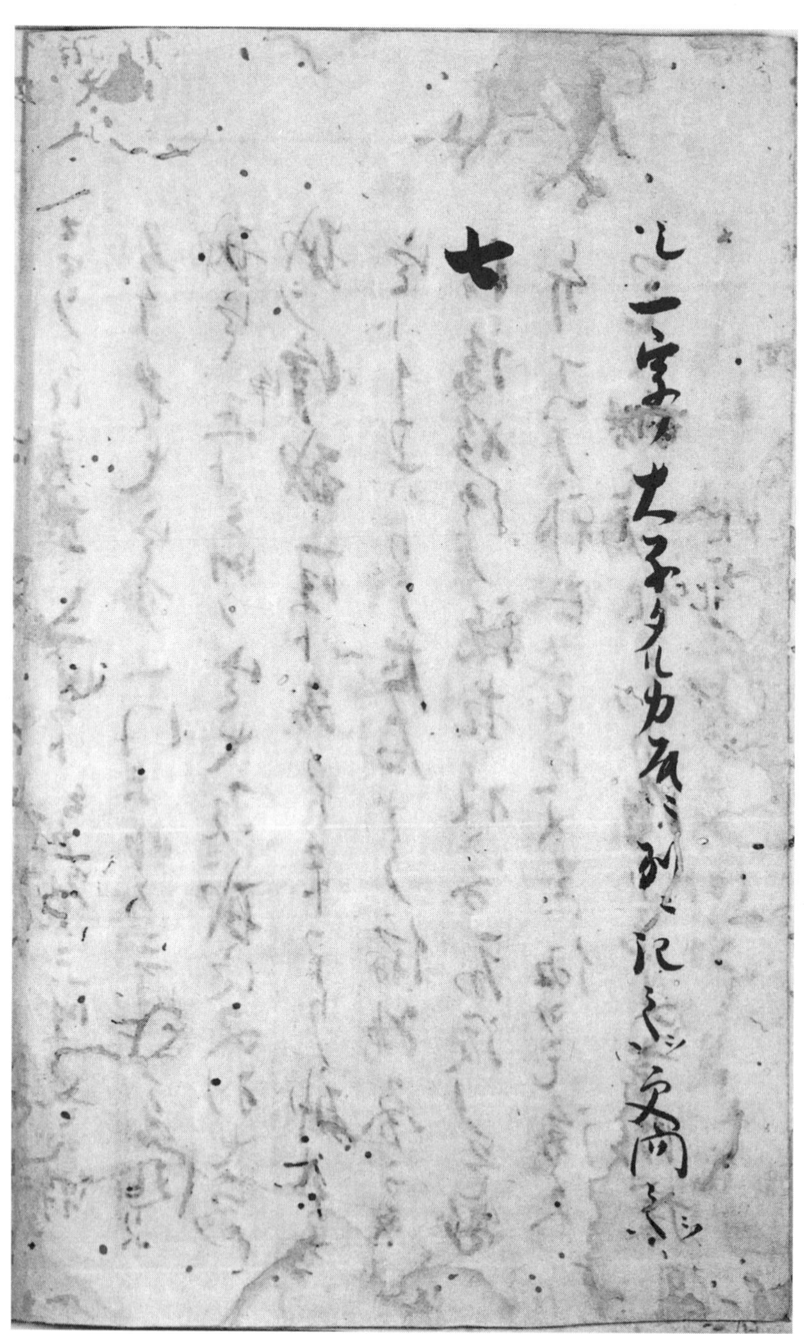

（共紙原裏表紙見返）

解脱門義聴集記　第七（共紙原裏表紙）

解脱門義聴集記　第七（覆表紙裏）

編著者略歴

土井　光祐（どい　こうゆう）

1963年広島県生まれ。

中央大学大学院文学研究科博士課程後期満期退学。

北海道大学助手、実践女子大学専任講師、同助教授、駒澤大学准教授を経て、

現在、駒澤大学文学部教授。博士（文学）。

鎌倉時代法談聞書類の国語学的研究　影印篇㈠

平成二十二年六月九日　発行

編著者　土井光祐

発行者　石坂叡志

整版印刷　モリモト印刷

発行所　汲古書院

〒102-0072　東京都千代田区飯田橋二－五－四

電　話〇三（三二六五）九七六四

FAX〇三（三二二二）一八四五

第一回配本（全五冊）

ISBN978-4-7629-3577-0　C3381

KYUKO-SHOIN, Co.,Ltd.　Tokyo